1990年访学墨尔本和福柯研究专家马泰博士合影

1996年夏在加拿大蒙特利尔淘书

1999年任教美国耶鲁大学

1999年任教耶鲁大学时与孙康宜教授走访印第安人保留地

2000年在夏威夷

2001年9月8日在北京王府饭店会见德里达：右一为王宁教授，女士为张柠教授

2001年1月访学剑桥大学国王学院

2001年在曼彻斯特大学拜访文学理论家伊格尔顿

2004年4月和李亦园院士乔建教授徐新建教授参观贺兰山岩画

2006任教新西兰奥塔古大学

2007 年在上海

2012 年在鄂尔多斯文化考察

2015 年 9 月第八次玉帛之路考察在青海格尔木

2015年第六次玉帛之路考察，在固阳县秦长城

2016年7月昆仑河源道科考在中巴边界

2017年夏在中国社会科学院出席复代神话论坛合影

2019年参加二里头夏都遗址博物馆开馆仪式（胡建升 供图）

2019年10月上海交大"玉成中国：神话学与考古学专家对话"论坛合影

2019年4月上海交大神话学研究院首届新成果发布会合影

2021年5月咸阳博物院:"仰韶玉韵:尹家村遗址出土文物展揭幕仪式"合影

2023年春在苏州出席中国比较文学学会常务理事会

2023 年 12 月 22 日西安：神话学文库学术出版现象研讨会合影

2023 年 12 月 22 日在西影代表上海交大神话学研究院揭牌中华文明探源影视创意中心，右侧为西影董事长赵文涛、陕西考古研究院院长孙周勇

2024年8月在大连外国语大学出席中国比较文学学会第十四届年会暨国际学术研讨会

编委会

(按姓氏拼音排序)

安 琪	柴克东	陈金星	陈连山	陈跃红
程金城	邓启耀	冯晓立	冯玉雷	胡建升
户晓辉	黄 玲	黄 悦	黄景春	金立江
李 辉	李继凯	李永平	廖明君	刘宗迪
马知遥	梅雪容	那木吉拉	纳日碧日戈	
彭兆荣	祁志祥	史忠义	苏永前	宋炳辉
宋亦箫	谭 佳	唐启翠	田兆元	王宪昭
王 倩	王 艳	王子今	王振复	吴玉萍
夏 敏	熊承霞	徐杰舜	徐新建	杨 骊
杨 朴	杨庆存	臧克和	张呈瑞	张 辉
张 进	张开焱	张新科	朱 鸿	昃 昊

圭璋特达

叶舒宪先生学术理论与方法研究文集

GUI ZHANG TE DA

胡建升 编

陕西师范大学出版总社 西安

图书代号　SK24N0833

图书在版编目(CIP)数据

圭璋特达：叶舒宪先生学术理论与方法研究文集 / 胡建升编. — 西安：陕西师范大学出版总社有限公司，2024.6
ISBN 978-7-5695-4388-9

Ⅰ.①圭… Ⅱ.①胡… Ⅲ.①叶舒宪—神话—学术思想—文集　Ⅳ.①B932.2-53

中国国家版本馆CIP数据核字（2024）第091474号

圭璋特达：叶舒宪先生学术理论与方法研究文集
GUI ZHANG TE DA:YE SHUXIAN XIANSHENG XUESHU LILUN YU FANGFA YANJIU WENJI

胡建升　编

出版统筹	刘东风　冯晓立
责任编辑	刘存龙　庄婧卿　王娟娟　刘　畅
责任校对	张旭升
封面设计	前　程
出版发行	陕西师范大学出版总社
	（西安市长安南路199号　邮编710062）
网　　址	http://www.snupg.com
印　　刷	中煤地西安地图制印有限公司
开　　本	787 mm×1092 mm　1/16
印　　张	35
插　　页	4
字　　数	779千
版　　次	2024年6月第1版
印　　次	2024年6月第1次印刷
书　　号	ISBN 978-7-5695-4388-9
定　　价	268.00元

读者购书、书店添货或发现印刷装订问题，请与本公司营销部联系、调换。
电话：(029)85307864　85303635　传真：(029)85303879

献给叶舒宪先生七秩华诞

目 录

序言一　叶舒宪的神话原型研究 ·· 王振复　1
序言二　"神话学者叶舒宪"与"学者叶舒宪神话" ······················· 王子今　7
序言三　峰峦千仞，波澜万顷
　　——读《叶舒宪先生学术理论与方法研究文集》 ············· 臧克和　13
序言四 ··· 田兆元　19
序言五　真正的旗手 ··· 徐新建　23

学术思想研究篇

神话学助力上海交大文科建设——叶舒宪教授与神话学研究院 ········· 杨庆存　郑倩茹　3
温润如玉　坚韧如钢——谈谈叶舒宪教授及其团队 ···························· 王一川　9
何为中国：叶舒宪认知中华文明起源的学术贡献 ································ 胡建升　12
叶舒宪：指引我生命的神话 ·· 杨朴　17
大笔如椽绘宏图、大气磅礴开新篇
　　——叶舒宪教授在文学人类学、美学文化学领域的杰出贡献 ······ 祁志祥　25
文学可以如是说：人类学的一种关涉——兼述叶舒宪教授的相关研究 ····· 彭兆荣　29
从金枝到玉叶：《中华文明探源的神话学研究》读后感
　　——兼论良渚文化与帝舜"班瑞群后"问题 ··································· 田兆元　37
文学人类学学科述论 ·· 李永平　邱玉祺　42
早期中国与神话历史研究
　　——关于中国文学人类学"四重证据法"的对话 ········ 谭佳　韩鼎　李川　60
"世界眼光"与"中国学问"——叶舒宪神话学思想论略 ····················· 苏永前　72
探寻中国文化编码：叶舒宪的神话研究述论 ··· 王倩　80
中国古典文学研究与文化人类学——以叶舒宪的研究为例 ················· 吴广平　94
新时期文学人类学的本土化建构：从比较神话学谈起 ············ 公维军　许悦　102
浅谈"神话观念决定论"与神话研究范式转型 ······································ 苟世祥　109
叶舒宪文学人类学的理论视野 ·· 赵周宽　118
原型何在？何以中国？神话何为？ ··· 林科吉　126
口头、仪式与经典：文学人类学的研究范式再思考 ······························ 梁昭　131
探寻远古文明之旅的新路标——读叶舒宪《熊图腾：中华祖先神话探源》 ···· 陈定家　135
新发现常山下层文化新遗址调查与其玉器、篮纹陶器研究 ····· 张多勇　王博文　142
互文与共生：文学人类学"三驾马车"学术写作的互文性初论 ··· 陈泉宇　巴胜超　156

I

玉成中国·人物·文化文本
　　——叶舒宪文化人类学理论对中国设计学的启示 ········· 熊承霞 167
四重证据法与跨文化阐释 ································ 陈　敏 177
叶舒宪教授教学思想与实践探赜 ························ 金立江 184
格物致知：从"霜落熊升树"到《熊图腾》 ················ 梅雪容 191
传播符号学视域下文学人类学的价值阐释 ················ 许在元 196
立论与立人：文学人类学理论方法在研究生教育（2002—2023）中的应用考察
　　——基于258篇硕士、博士学位论文的计量分析 ······ 秦崇文 214
"玉教"何以可能，何以可为？——以涂尔干宗教社会学理论为参照 ···· 许诗怡 228
文化叙事的跨学科探索：时间性和物质性之于四重证据 ···· 张安雯 239
理论的激情，激情的理论——论文学人类学理论建构的激情 ···· 吴　越 245
探索台湾岛上的神话信仰——读《宝岛诸神：台湾的神话历史古层》 ···· 苏映竹 250

跨学科研究篇

再谈红山文化的熊崇拜 ································ 郭大顺 259
语言相对论 ································ 纳日碧力戈　邹　君 271
维柯与赫尔德：一种奥尔巴赫式的关联 ·················· 张　辉 281
从神话学立场论夏朝的存在 ···························· 陈连山 291
神话文本：从天地创生到万物显灵 ······················ 徐新建 300
唤醒记忆、疗治创伤与生态重建
　　——以阿来长篇小说《云中记》的叙事分析为中心 ···· 宋炳辉 307
仰韶文化玉器的再认识 ································ 张天恩 317
中国南方汉藏语系民族犬祖神话比较研究 ················ 那木吉拉 336
中国神话叙事研究三条主要路径及成果概观 ·············· 张开焱 363
"禹兴西羌"说考辨 ································ 杜美娟　刘宗迪 375
黄帝神话的在地化生产及其文化产业开发 ················ 黄景春 388
文化记忆与身份认同：白马人族源神话的多元叙事 ········ 王　艳 398
"田野"与"踏查"
　　——兼论文学人类学跨学科研究方法的同一性问题 ···· 李　菲　邱　硕 407
甲骨文"商"字新解：柄形器立祭几上 ···················· 丁　哲 417
"武乙射天"与晚商政局之考辨——以"屯南"卜辞为中心 ···· 柴克东 427
明代人的海外异国想象——以《天下九边分野人迹路程全图》为中心 ···· 刘雪瑽 448
"二重证据法"的海外传播及其启示 ······················ 刘建树 461
陇东地区出土多孔玉刀初探 ···························· 冯玉雷 467

附录一　文物彩图 ···································· 480
附录二　作者名录 ···································· 492

后记 ·· 496

序言一
叶舒宪的神话原型研究

王振复

著名学者叶舒宪教授的重要学术贡献，主要在于其所长期从事的关于中国神话的人类学原型批评。神话原型研究成为其学术的关键性主题，其所创获的学术成果，在当今学界的影响日益光大。从1987年主编主译《神话－原型批评》、1992年著作《中国神话哲学》二书至今，数十年间，舒宪兄撰写、出版的学术著作大约65部（专著、合著与译著等）、主编丛书12套，并发表有数量可观的论文。诚可谓著作等身，学殖强健。其中甘苦，大约只有浸淫于学问中人才得体会一二。舒宪是一位视野宽广、思维敏捷、勤奋笃行的学者。作为学术同行，我真的是由衷钦佩。

陈寅恪先生评述、概括王国维学术研究特色时说，观堂先生的"学术内容及治学方法，殆可举三目以概括之者"，"一曰取地下之实物与纸上之遗文互相释证"，"二曰取异族之故书与吾国之旧籍互相补正"，"三曰取外来之观念与固有之材料互相参证"。[①] 百年以来，我国人文学科的代代学人，踵学术前贤而受濡染者尚多，叶舒宪是取得较多成果的一位。

舒宪教授关于中国文化的神话原型研究，开始时曾受启于荣格与弗莱的原型批评学说，但并未拘泥于西学而亦步亦趋。他注意到，做一种有关中国文化原型的"本土化研究"，关键在于自身的学术能否具有真理性的发见，他是一个有创说的学者。

叶兄说，"我在20多年前（引者按：约指80年代中叶）翻译原型批评和结构主义时，基本上延续的是文学性的神话研究路径"，"近十年来，希望把神话从文学本位解放（或者称释放——原注）出来，作为文化的编码和基因来看待"。他谈到，弗莱的"原型批评理论就深受艾利亚德的启发，不过他还只在文学范围谈原型，局限性明显"。他意识到，"神话是文、史、哲、艺术、宗教、心理、政治、教育、法律等的共同根源"，"人类学的'文化文本'概念，足以打通以往相互隔绝的学科关系。像文学文本、艺术文本、历史文本等

---

① 陈寅恪：《王静安先生遗书序》。

等，统统可以视为文化文本的某种形态，处于同样有待于诠释和解读的召唤状态"。① 这就不难理解，关于《山海经》，为什么鲁迅先生称其为"古之巫书"②，而叶舒宪改称其为人类学意义的"神话编码"的缘由了。这一人类学神话观，是将原古巫文化等包括在内的，是一种在西方人类学界颇为流行的神话学大概念。

叶舒宪十分重视《山海经》一书，以为在某种意义上，中国所有传世典籍中，没有任何一部书能够跟《山海经》平起平坐，而世界几乎所有文明都是由神话编码的。这一关于人类包括中华文明的"神话历史"说，受启于西学而具有可以向前推进的思维特点，引动关于神话与历史原型意义上真实联系的进一步思考。王铭铭在《人类学讲义稿》一书中说："我国神话学似乎总是沉浸于解答三个问题：（1）能不能把一部分古代史还原为神话？（2）能不能把国内不同民族和地区的神话视作一个以国家为单位的神话体系的一个'多元一体格局'？（3）在汉文献中远比神话丰富的灾异迷信、鬼神说、变形记能否被视为神话或原始信仰的素材来研究？"③ 无疑，在关于人文原型的学术思维上，将传统历史学意义的历史观，改造为人类学意义的新的"神话历史"说，这首先值得肯定的，并非学术思想的一些具体结论，而是学术思维的有所突破。诚然，叶兄从事的这一学术领域所涉及的"人类学难题"很大很多，证明学术真理的探索，是一个无尽的时间历程，任何学者都难以做到毕其功于一役，然而舒宪的学术研究，给人提供的启迪确实良多。

叶舒宪教授的学术研究，大致经历了两大阶段。其一，从文学转向文化人类学的研究，这在他的学术生涯中，仅仅是一个短暂的"序幕"，却并非可有可无。他所说的"文学人类学"，实际是文化人类学，他的神话学观念，归根结底属于人类学。其二，以西方人类学关于神话原型说的译介为契机，先是利用文献进行了诸如《山海经》等的神话原型研究，揭示了譬如《山海经》的有关记述，与甲骨文"四方风名"的对应，终于转向"中国玉"这一世界文化中东方独异之物的神话原型研究，注重与西方神话原型说的比较，坚信可以从远古神话意义的这一神异之物，追寻中国文化的根因根性即其历史与人文原型。舒宪所主要从事的，是关于文化之"物"而非文化"形态"等的人类学研究，取得了令人瞩目的成果。

舒宪高远的学术期待，在于紧紧抓住了"中国玉"这一特殊文化的"中国问题"，这在他与著名学者萧兵亦师亦友、合作良久而取得的不少成果中体现出来，一定程度上，革新了从谢六逸、闻一多、鲁迅、茅盾到袁珂、杨伯达等学者的研究理念与方法。这一革新，是从研读一些西方人类学著作起步的。英国文化人类学家弗雷泽的《金枝》和《〈旧约〉中的民间传说》等西方人类学经典，曾经成为他由文学研究转向人类学关于神话-原型批

---

① 廖明君、叶舒宪：《迎接神话学的范式变革》，载《民族艺术》2009年第3期。
② 鲁迅：《中国小说史略》，见《鲁迅全集》（第9卷），人民文学出版社，1981年。
③ 王铭铭：《人类学讲义稿》，民主与建设出版社，2019年，第203—204页。

评的一大学术机缘。舒宪说,"从那以后,我就迷上了人类学"。

这一个"迷"字,生动地凸显了舒宪教授几乎一贯的学术生态。笔者知道,做任何学术,其精神境界假如能够进入虔诚宗教徒一般的迷恋状态并且锲而不舍,诚如孔夫子门生子夏所言"博学而笃志,切问而近思,仁在其中矣"(《论语·子张第十九》),那么,他离学术上的大获其成,也就可能不远了。舒宪是一位以学术为生命的学者。王国维所说的"学无中西"(《国学丛刊序》)一语,作为研究理念与方法,是至理名言。在中国学界,以"西"释"中",还是以"中"释"中",一直是有争论的。诚然,这一不分"中西"、以"西"释"中"之学,应是批评地看待西学而努力结合本土的研究,尔后才可能有所发现、有所创说。

舒宪兄关于"中国玉"的文化原型研究,主要做了两件事。一是截至2023年底,时间持续近十年之久,完成了十六次玉帛之路的系统考察。这一"准田野"(有别于考古人类学的定点式田野发掘)的考察活动,今天一般的中国学者是做不来的,而叶舒宪教授及其团队坚持做到了,这也得感谢上海交通大学校方的有力支持。

从西方人类学研究史看,"田野调查"这一人类学的理念与方法,大约始于1846年美国人类学家摩尔根在北美易洛魁部落的"田野作业"。摩尔根被易洛魁印第安人原始部落收为养子并在部落生活过一段时间,他调查、记录与研究了这一部落的生活习俗、仪式和制度。尔后,英国人类学家马林诺夫斯基将其提升为西方古典人类学的方法论而受人尊重。迈克尔·扬的《马林诺夫斯基——一位人类学家的奥德赛,1884—1920》序言有云:"马林诺夫斯基的'田野调查'这一严格的学术'成年礼'","带来了英国社会人类学的突破性变革"。西方人类学研究的优良传统,确实在于重视与践行"田野调查",但又不仅仅是"田野"。

这不等于说,一般不践行于"田野"却广泛、正确地搜求大量资料而撰成的人类学著作,就一定不会在学术上取得成功。讥讽那是"书斋里的人类学",固然不算刻薄,而在"田野作业"之后,一旦舍弃"书斋"而会是什么样的"人类学",这真的是不好说。或者可以这样说,尽可能地进行"田野作业"固然重要,在此之后,还有大量耗尽心力而深入的理论研究和理论建构,"田野"兼"书案",是可能把握学术真理的必要条件。

西方人类学史一再证明,诸如泰勒的《原始文化》、弗雷泽的《金枝》与列维-布留尔的《原始思维》等,由于大量搜集了世界范围内那些真实的有关文化材料(其中偶尔有中国的一些材料和传闻记录),并进入了深度的理性研究层次,在探讨人类的原始神话、图腾与巫术等文化原型方面,都不同层次、不同程度地获得了积极的学术建树。再如,美国女性人类学家本尼迪克特的《菊与刀》一书,作者从未到过日本,却利用广泛搜集的日本文化材料,进行了深入的理性思考,从而写出人类学的一部名著,成为当时美国政要认识、制定与处理二战后政策上如何对待日本的参考书目之一。当然,该书缺乏作者进行"田野调查"这一环,终究是颇有些局限的吧。因而可以说,无论"田野"抑或"书案",关键在于真正践行"科学"二字。我国的历史学、考古学领域,曾经有顾颉刚先生等的"疑古"与李学勤先生等的"信古",应当说,这二者都有不同程度的科学因素在。因而在根本意义上值得大力提倡,是科学地"释古"。当今诸多学者包括叶舒宪教授,他们都在努力实践。

做学问殊为难得的,是达到历史与逻辑、实证与理念的真正统一。假如没有逻辑,这个世界对人而言是杂乱无序的,根本不会有学术理论与思想的系统建构。一旦不注重实证,则所谓的理念与理论"建构",便缺乏学术思想真正的洞见。对于神话原型研究而言,也总是历史、实证优先的,这是一个铁律。在某些学术偏于空疏而无当的今天,舒宪教授重视并践行的考察与治学的这一精神,值得提倡。

其二,叶教授的学术抱负很高,对一些现存的学术之见,往往投以质疑的目光。是的,对于一个学者而言,首要的学术能力,首先在于自觉地意识到,在学术上,凡是已经存在的未必都是合理的。归根结底是"问题意识",催动进入研究历程,才有解析、实证和解决问题的可能。这证明,所谓学问,"问"比"学"更为本体。舒宪提出、论证过诸多学术命题,产生了颇为广泛的学术影响。如"大传统、小传统"与"四重证据"说等,这些是属于治学方法论方面的命题;又如认为在青铜器时代之前,中国有一个"玄玉时代",提出"玉成中国"与"原型编码"说;等等。凡此,都是舒宪教授学术思维与思想活跃的一个明证。

这里,仅就"大传统、小传统"说略言几句。舒宪说:"什么是大、小传统呢?我们针对雷德菲尔德的概念,反其意而用之:将汉字编码的书写文化传统,即将甲骨文、金文以及后来的这一套文字叙事,称为'小传统';而将先于和外于文字记录的传统,即将前文字时代的文化传统和书写传统并行的口传文化传统,称为'大传统',比如崇拜玉、巨石、金属(青铜、黄金等——原注)的文化等。"① 这种"反其意而用之"的学术思维,是从"接着讲"发展到"反着讲"。他将美国人类学家雷德菲尔德《乡民社会与文化》一书站在"文化精英的立场,把文字书写传统视为大传统,把无文字的乡民社会看作小传统"的看法,加以改造而自裁新见,是需要建立于一定学识之基的眼光的,否则便不会由彼及此,触类旁通。

舒宪诸如"大传统、小传统"等多种学术新命题的提出,富于积极的学术启迪意义,学界有些质疑的声音纯属正常。一个新见的提出和论证,如果在学界毫无反响有如泥牛入海,那才是学术的不幸。它要么并未引起注意,要么实际上并非什么"新见"。舒宪将人类无文字的文化传统称为"大传统",强调了这一传统的"原生"意义。这里的"大",甲骨

---

① 叶舒宪:《中国文化的大传统与小传统》,载《传承》2012年第17期。

文意义为"本始""原始",它与人类有文字之后"小传统"的次生性,确有本、次之别。诚然,后起的"小传统"文化,对"大传统"必然总是有所遗忘、有所选择而有所"遮蔽";然而"小传统"作为"子"文化,除了"遮蔽",同时还有"开显"的一面,没有也不可能与作为"母"文化的"大传统"绝然无涉。某种意义上,"小传统"是"大传统"的具有意义的文字记忆和表述,必然具有文化"大传统"的文化血缘。关于这一点,舒宪教授表述为:"小传统之于大传统,除了有继承和拓展的关系,同时也兼有取代、遮蔽与被取代、被遮蔽的关系。"① 这里,他的重点在于强调"小传统"对"大传统"的"取代"和"遮蔽",目的在于凸显神话原型批评、原型研究的不可替代性,这是可以理解的。

一个有学术理想、有实证的学术素养、努力追求实证与理念相统一的学者,在尊重实证的前提下,难能可贵的是首先能够善于发现问题、提出问题,尔后才谈得上始终以实证兼逻辑的方式,加以证实或证伪,这也便是胡适所说的"大胆假设,小心求证"。无论自然科学抑或人文社会科学,都须遵循这一治学原则。舒宪教授的一系列学术命题,是在有所实证的前提下提出的。实证与理念相统一的追摄,又是一个无尽的实践兼认知的过程,在此意义上可以说,实证、理念以及两者达成真正的统一,是把握学术真理所必需的对于学术实践和学术理性双兼的敬畏和尊重。

舒宪兄主要以"灵玉"这一史前之"物"的神话原型研究,在人类学研究领域,自当并未阻塞其他与此不一的研究视角、方法和途径。笔者相信,为了实现如上海交大老校长唐文治所言"做第一等学问"的崇高目标,多种学术见解之间的探讨甚而争辩,是必要而应该的。

舒宪是我多年文友,相互间曾有多种著述的赠阅。子曰:"三人行,必有我师焉。"(《论语·述而第七》)笔者对于舒宪兄的学术研究,一向比较关注。从其《神话-原型批评》《中国神话哲学》到《金枝玉叶——比较神话学的中国视角》《比较神话学在中国》与《玄玉时代:五千年中国的新求证》等著述,则常在我的案头,其中有的曾经拜读多次。可以说,我对舒宪学术的了解不亚于学界任何人,然而总也抱着学习的态度,努力做一次次"同情的理解"。如上所言,未必有当,权作序文,祈舒宪与识者教正。

---

① 叶舒宪:《中国文化的大传统与小传统》,载《传承》2012年第17期。

序言二
"神话学者叶舒宪"与"学者叶舒宪神话"

王子今

初识叶舒宪教授，是因筹划写作《史记的文化发掘：中国早期史学的人类学探索》。舒宪专程光临寒舍，当时我住在北京大有庄100号中央党校。

当然，知道叶舒宪大名，其实是比较早的。这是因为他在陕西师范大学读书治学的突出表现。我们作为1977年通过高考，1978年初入学的同一级学生，虽然陕西师范大学和西北大学的空间位置同样处在汉唐古都西安城南，两个学校历史学科的本科生和研究生有相当多的交往，但是舒宪就读于陕西师范大学中文系，我在西北大学考古专业，在校时彼此并不相识。然而他的论著译作质量特别优异，很早就名声响亮。而且作为极少数以破格晋升职称的青年学者，在学界有很大的影响。

舒宪在见面的时候告知，他和萧兵先生主编的"中国文化的人类学破译"丛书得到湖北出版界的支持，将陆续推出，其中拟列《史记》一种，商量由我撰写。这套丛书稍早已经面世的，有萧兵的《楚辞的文化破译》（1991年），叶舒宪的《诗经的文化阐释》（1994年）和萧、叶二位合著《老子的文化解读》（1994年）。有的已经拜读，对于其考察视角和研究方式的创新努力，我是深心佩服的。本科和攻读硕士学位时读到萧兵老师的一些文章。记得散见于不少高校学报的萧兵的神话学研究的新论，得到青年学子的共同赞誉。我们同班同学中，后来在陕西省文物局担任领导工作，研究玉器特别是汉代玉器多有成就的刘云辉①，当时已经与萧兵老师有通信联系，令同学们羡慕。曾在陕西省文物管理委员会和陕西历史博物馆工作的刘福德则受萧兵老师启发，进行过相当深刻的神话学、文化人类学研究。他曾经出版《上古史发掘》，署名"刘夫德"，总结了自己早期有关上古史和神话学研究的成果。②细心的读者们，可以从这部书中察觉萧兵学术风格的影响。福德后来相继旅日旅加，仍然持续进行相关学术主题的思考和写作。

我自己踏上学术初阶的日子里，也曾经在萧兵老师的影响下写过若干篇涉及古代传说

---

① 参看王子今：《读〈陕西出土汉代玉器〉有感》，载《中国文物报》2011年3月4日。
② 刘夫德：《上古史发掘》，陕西人民出版社，2010年。

和具有神秘主义色彩民间礼俗的文章①。我曾经与周苏平教授合译日本学者吉田祯吾的《宗教人类学》②，以及其他几种译作③，也是大致遵循同样思路进行的工作。我后来进行的其他主题的学术研究，也有若干论文分别表现出接受萧兵老师启示的或深或浅的痕迹。以萧兵、叶舒宪《老子的文化解读》出版10年为时段计，大略可以举出《汉代神车画像》《西汉长安的"胡巫"》《古晋语"天开之"索解——兼论秦晋交通的早期发展》《汉代民间的"苍天"崇拜》《秦始皇造铸"金人十二"之谜》《汉代民间的西王母崇拜》《镇墓兽原始》《秦史的灾异记录》《秦法"刑弃灰于道者"试解——兼说睡虎地秦简〈日书〉"鬼来阳（扬）灰"之术》《钱神本事》《"息壤"神话与早期夏史》《"度九山"：夏禹传说的农耕开发史解读》《战国秦汉时期的女巫》《秦汉民间信仰体系中的"树神"和"木妖"》《"东海黄公"考论》等。④

接受萧兵教授和叶舒宪教授交给我的任务，拙著《史记的文化发掘——中国早期史学的人类学探索》的完成，主要依据的是在西北大学读书时精读《史记》的读书笔记。按照指导教师林剑鸣教授的要求，读硕士期间必须通读《史记》《汉书》《后汉书》《三国志》和《资治通鉴》。他定期检查我们的读书笔记。吴玉贵教授曾著《资治通鉴疑年录》，指出《资治通鉴》中的纪时疏误，即"纪事时间上的近九百条错误"。⑤ 正如李学勤先生在为此书所作的序中所指出的："《资治通鉴疑年录》不妨说是作者反复精读原著的结果。只要略加翻阅，不难看到作者以怎样的细心和毅力，对卷帙浩繁的《通鉴》全书考察推求，得到丰硕的收获。这样的精读，实际上是深入的学术研究，所获成果既有裨于《通鉴》的研讨，又便利了整个的古史研究工作。因此，《资治通鉴疑年录》必将传于久远。"⑥ 我后来为吴著写书评，也冒昧地写道：与所有富有学术价值的历史学专著一样，《资治通鉴疑年录》也

---

① 如王子今：《猎头与头骨用器的远古风习》，载《化石》1984年第4期；《文明初期的部族融合与龙凤崇拜的形成》，载《文博》1986年第1期；《从玄鸟到凤凰：试谈东夷族文化的历史地位》，见《中国文化研究集刊》第5辑，复旦大学出版社，1987年；《共工神话与远古虹崇拜》，载《民间文学论坛》1988年第Z1期；《シャーマニズム辨义》，载《民族译丛》1988年第3期；《龙与远古虹崇拜》，载《文物天地》1989年第4期；《秦德公"磔狗邑四门"宗教文化意义试说》，载《中国文化》1995年第2期。

② ［日］吉田祯吾：《宗教人类学》，王子今、周苏平译，陕西人民教育出版社，1991年。

③ ［日］高山纯：《文身的意义和特点》，王子今译，载《民族译丛》1986年第2期；［日］江上波夫：《关于旧石器时代的女神像》，于可可、殷稼、王子今译，载《北方文物》1987年第4期；［日］吉田祯吾：《印第安人服用致幻植物的风习》，王子今译，载《民族译丛》1990年第6期；［日］江上波夫：《匈奴的住所》，王子今、殷稼、于可可译，载《西北史地》1991年第3期。

④ 这些文章分别发表于《陕西历史博物馆刊》第3辑，西北大学出版社，1996年；《民族研究》1997年第5期；《史志研究》1998年第2期；《学术月刊》1998年第6期；《陕西历史博物馆馆刊》第5辑，西北大学出版社，1998年；《世界宗教研究》1999年第2期；《寻根》1999年第6期；《秦俑秦文化研究——秦俑学第五届学术讨论会论文集》，陕西人民出版社，2000年；《陕西历史博物馆馆刊》第8辑，三秦出版社，2001年；《寻根》2002年第2期；《中州学刊》2003年第5期；《河南科技大学学报》（社会科学版）2003年第4期；《古史性别研究丛稿》，社会科学文献出版社，2004年；《周秦汉唐文化研究》第3辑，三秦出版社，2004年；《陕西历史博物馆馆刊》第11辑，三秦出版社，2004年。

⑤ 吴玉贵：《资治通鉴疑年录》，中国社会科学出版社，1994年，内容提要。

⑥ 吴玉贵：《资治通鉴疑年录》，中国社会科学出版社，1994年，序第2页。

不免千虑一失。考校如《资治通鉴》这样内容宏博的巨著，个别遗漏在所难免。今试补举西汉史中的二例，仿《资治通鉴疑年录》文例，妄为续貂：1. 元帝初元三年（前46），"夏四月，乙未晦，茂陵白鹤馆灾；赦天下"①。《汉书·元帝纪》："（初元三年）夏四月乙未晦，茂陵白鹤馆灾。"②《汉书·五行志上》："元帝初元三年四月乙未，孝武园白鹤馆灾。"③ 今按："陈垣《二十史朔闰表》：初元三年四月乙酉朔，乙未，十一日，非晦日。如陈表不误，疑《元纪》'晦'字衍。《通鉴》从《元纪》，误。" 2. 元帝竟宁元年（前33），"（三月）癸卯，〔章：乙十三行本'卯'作'未'；孔本同；张校同；退斋校同；传校同。〕复孝惠皇帝寝庙园、孝文太后、孝昭太后寝园。"④ 今按："《汉书·元帝纪》：'三月癸未，复孝惠皇帝寝庙园、孝文太后、孝昭太后寝园。'⑤ 按陈垣《二十史朔闰表》，竟宁元年三月庚午朔，当月无癸卯日，当从乙十三本。"⑥ 记得曾经与吴玉贵教授回忆，这些读《资治通鉴》的心得，其实是攻读硕士学位时林剑鸣老师要求我们完成的作业的一部分。

1997年10月，拙著《史记的文化发掘：中国早期史学的人类学探索》由湖北人民出版社出版，后来叶舒宪教授发表过严肃而诚恳的批评，大致主要针对文化人类学理论方面的缺失。这一批评是切实中肯的。萧兵老师评价的语言则稍缓和，但是也将列维－斯特劳斯著作借给我，敦促尽快修正充实，促成湖北人民出版社再版。这样的期望，最终没有能够实现。后来，《史记的文化发掘：中国早期史学的人类学探索》一书，山西有出版家考虑重印，以"附录"形式加补了两篇文章：《史家的"童心"：〈史记〉阅读体验》《英雄歌哭：太史公笔下刘项的心思和表情》。起初曾经考虑加入的内容还有《〈史记〉时间寓言试解读：神秘的"四十六日"》⑦等文，但是因为已经收入山西人民出版社出版的我的另一种书⑧，最终未能如愿。增补这些内容，是试图适当提升全书的学术水平。这部书以《千秋太史公：司马迁的史学与人类学》为题再版⑨，也曾经形成一定的影响⑩。现在回想，《史记的文化发掘：中国早期史学的人类学探索》虽然没有达到萧兵老师和叶舒宪教授期望的水准，但是就《史记》研究而言，其实还是有秦汉史以及文献学和史学史的价值的。尽管未能实现他们设计的"中国文化的人类学破译"的要求，但是对于萧兵老师和叶舒宪教授前前后后对我的启示和引导，至今深心感激。

---

① 《资治通鉴》，中华书局，1956年，第906页。
② 《汉书》，中华书局，1962年，第283页。
③ 《汉书》，中华书局，1962年，第1335页。
④ 《资治通鉴》，中华书局，1956年，第946页。
⑤ 《汉书》，中华书局，1961年，第298页。
⑥ 王子今：《读〈资治通鉴疑年录〉》，载《历史研究》1996年第1期。
⑦ 王子今：《〈史记〉时间寓言试解读：神秘的"四十六日"》，载《人文杂志》2008年第2期。
⑧ 王子今：《王子今学术经典文集》，山西人民出版社，2014年。
⑨ 王子今：《千秋太史公：司马迁的史学与人类学》，书海出版社，2018年。
⑩ 李鑫：《太史公的人文世界——读〈千秋太史公：司马迁的史学与人类学〉》，载《太原晚报》2018年5月28日24版；方木鱼：《千秋太史公，心事有人知》，载《北京日报》2018年6月5日14版；李鑫：《瑰丽的史家世界——评〈千秋太史公：司马迁的史学与人类学〉》，载《文汇读书周报》2018年7月30日5版；李鑫：《分析〈史记〉的历史人类学》，载《海南日报》2018年8月6日22版。

以上回述了多年来接受萧兵老师和叶舒宪教授积极的学术影响、学术支持和学术帮助的直接经历。其实，阅读其论著，则是多所获取学术营养、学术扶持和学术激励的主要途径。

这里举这样一个例子。我在中国人民大学国学院开设的"汉书研读"课程中第三讲"《汉书》的二重证据法研究"中，曾经介绍过叶舒宪提出的"三重证据法"。回看2007年制作，以后历年授课又有所修改补充的课件，有如下内容：

1925年7月，王国维向留校学生发表题为"最近二三十年中国发见之学问"的公开演讲，提出了"古来新学问起大都由于新发见"的著名论断。

他说："古来新学问起大都由于新发见。汉文壁中书，晋文汲冢书，均其著者也。而最近二三十年古器物图籍之发见，又非昔日所能比。"

王国维将最近二三十年中国新发见的材料以及学者的研究结果分为5项：①殷墟甲骨文字；②敦煌塞上及西域各地之简牍；③敦煌千佛洞之六朝唐人所书卷轴；④内阁大库之书籍档案；⑤中国境内之古外族遗文。

《斯坦因在东土耳其斯坦沙漠中所获汉文文书》中所发表的敦煌汉简，对于研究汉代敦煌地区的军事生活和社会状况提供了直接的资料。

中国学者罗振玉和王国维于1914年完成的震惊国内外学术界的名著《流沙坠简》以及此后发表的一系列论文，都是在对这批简牍文书进行研究的基础上完成的。

王国维的研究，是考古学与历史学结合的开创性的研究。他提出的"二重证据法"，就是以地下实物资料和历史文献资料互相印证的方法，对近代史学的进步有重要的影响。

《流沙坠简》这部书就是运用这种研究方法的成果之一，在国内外学术界都引起了极大的反响。① 国外学者称赞这是清代考据学在新的时代条件下实现的重要进步。

1925年，王国维在清华国学研究院设"古史新证"演讲课。

在此之前，他已有《殷卜辞中所见先公先王考》《殷卜辞中所见先公先王续考》《殷周制度论》《毛公鼎考释》等著名论文发表，《古史新证》可以看作在这些论著的基础上又迈上了新的学术阶梯。

在《古史新证》第一章《总论》中，王国维提出了著名的古史研究"二重证据法"。

> 吾辈生于今日，幸于纸上之材料外，更得地下之新材料。由此种材料，我辈固得据以补正纸上之材料，亦得证明古书之某部分全为实录，即百家不雅训之言，亦不无表示一面之事实。此二重证据法惟在今日始得为之。

《古史新证》一书就是运用"二重证据法"的学术实践，如以甲骨文资料证明《史记》卷三《殷本记》所载商王世系确为实录，具有相当强的说服力。

1934年，陈寅恪曾经概括王国维等人所倡起的新的学术风格的特征："一曰取地下之实物与纸上之遗文互相释证"；"二曰取异族之故书与吾国之旧籍互相补正"；"三曰取外来之观念，以固有之材料互相参证"。他认为，这一进步，"足以转移一时之风气"。②

有了"二重证据法"，又有学者提出"三重证据法"。

---

① 鲁迅《不懂的音译》写道："中国有一部《流沙坠简》，印了将有十年了。要谈国学，那才可以算一种研究国学的书。开首有一篇长序，是王国维先生做的，要谈国学，他才可以算一个研究国学的人物。"参见鲁迅：《鲁迅全集》第1卷，人民文学出版社，2005年，第419页。

② 陈寅恪：《王静安先生遗书序》，见《金明馆丛稿二编》，上海古籍出版社，1980年，第219页。

对于所谓"三重证据法",有两种不同的说法。

李学勤先生说:"王静安先生是讲'二重证据法',最近听说香港饶宗颐先生写了文章,提出'三重证据法',把考古材料又分为两部分。这第三重证据就是考古发现的古文字资料。如果说一般的考古资料和古文字资料可以分开,那么后者就是第三重证据。像楚简就是第三类。①考古学的发现基本上可以分为两种,一种是有字的,一种是没字的。有字的这一类,它所负载的信息当然就更丰富。有字的东西和挖出来的一般东西不大相同,当然也可以作为另外的一类。"李学勤先生认为,考古发现的没有字的东西,对于精神文化的某一方面,甚至于对古书的研究也很有用。"当然,今天更重要的东西还是带文字的东西。带文字的发现,即第三重证据,是更重要的,它的影响当然特别大。王静安先生讲近代以来有几次大的发现,都是带文字的材料。""王静安先生说,中国历代发现的新学问都是由于有新的发现。他举的例子很多,最重要的是汉代的孔壁中经和西晋的汲冢竹书,都是地地道道的古书。这些古书发现之后,对于中国文化和学术的发展起了很大的推动作用,这种作用到今天还能看到。"②

有的学者提出过另一种"三重证据法",即在运用王国维"二重证据法"的同时,再加上"文化人类学"的资料与方法的运用。

叶舒宪最早较为明确地提出了这一观点。他还指出:"超越二重证据的研究实践在建国以前的学术界已经积累了一大笔丰硕成果。"一些历史文献研究学者的学术成就实际上在这一方向已经踏出了新路。

叶舒宪说:"假如把王氏的《观堂集林》同郭沫若的《甲骨文字研究》稍加对照,从'二重'到'三重'的演进轨迹也就一目了然了。"郭沫若在这部书的《序录》中所列出的14种主要参考书,"除前9种为甲金文专著外,后5种却都是域外著作,如恩格斯的《家庭、私有制和国家的起源》、叶列妙士的《古代东方精神文化纲要》、威德讷尔的《巴比伦天文学概览》第1卷等。这些外文文献说明郭沫若已在尝试某种跨文化的人类学研究思路,而他所倚重的恩格斯的著作本身就是人类学史的经典文献。可以说从'二重证据'到'三重证据'的演进在某种程度上正是考据学、甲骨学同人类学相沟通、相结合的结果。"

叶舒宪提出,国学的进步,应当"借鉴我们自己传统中阙如的世界性通观视野和人类学方法"。他确信,"把本国本民族的东西放置在人类文化的总格局中加以探讨,这将是顺应时代发展趋势的一种融通中西学术的有效途径"。③

这一课程的视频有所推广。也就是说,我对叶舒宪有关"三重证据法"论点的肯定和推崇,是扩展至中国人民大学的课程之外的。可惜没有介绍他后来提出的"四重证据法"。

---

① 饶宗颐说:"王国维先生有二重证据法,大意指以传世材料结合地下出土材料,以考证上古史实。我从1982年起,即已提出三重证据法,特将王先生二重中的地下出土材料分成甲骨和不带刻文的文物两种。""后来吸收了杨向奎先生和门人郑君炜明的意见,发展成五重证据法。简单说是分为甲:直接证据1.实物(考古学资料);2.出土文献中带刻文的如甲骨、金文、简帛文献、碑记文献材料等等;3.传世文献,如历代经典材料等等;乙:间接证据;4.民族学、人类学资料;5.异邦同期应予以比较的古史资料。""最初我只以此方法研究夏代或我国上古史地,现在想来,或可扩充至研究文史各领域。"

② 李学勤:《走出疑古时代》(修订本),辽宁大学出版社,1997年,第3—5页。

③ 叶舒宪:《人类学"三重证据法"与考据学的更新》,见《诗经的文化阐释——中国诗歌的发生研究》,湖北人民出版社,1994年,自序第1—16页。

"四重证据法"是在"文化人类学"旗帜下,首先面对"神话学"研究方向生成的。据有的学者总结:"所谓四重证据法,简言之,一重证据指传世文献,二重证据指新出土的文字材料(甲骨文金文和竹简石刻等),三重证据指口传与非物质遗产等民间活态文化,四重证据则指文物和图像。"论者指出:"它们彼此之间的参照、互证与检验、辨伪效果,称谓'证据间性',能起到去伪存真的法庭审判效果,也足以突破传统国学单纯依赖传世文献的局限,构建出一种多视角的立体性文化文本,找回因文字记载的疏漏而失落的历史文化信息。"① 以"新文科方法论"学术高度提出的"四重证据法",在逻辑关系和解说方式方面与此前的"二重证据法""三重证据法"有异,有些理念或可讨论。但是提出者的探索精神和创新意识,是让我真心敬佩的。

我读叶舒宪教授著作,从《中国神话哲学》《诗经的文化阐释》《高唐神女与维纳斯》,到后来的《文学人类学教程》《中华文明探源的神话学研究》,等等,每每体会新见,往往多受启发。他因学术论著的丰收,创造了"叶舒宪神话"。然而他的最突出的贡献,是研究领域的不断扩展和研究方法的不断创新。

他以永远蓬勃的活力努力探索,发表卓见,开拓新局,似乎从不歇息。这是我最佩服的。

谨以深心敬意为舒宪教授七秩华诞贺喜,也愿意就此回顾友情,向舒宪表达健康快乐的祝福。这里不妨借用汉代瓦当文字及汉镜铭文以寄所愿:"延寿长久""屯泽流远"②,"老复丁,丁复宁","浮游天下敖四海","揽睹四方昭中央","与天毋极如日月之光"。③

---

① 薛伟平:《以四重证据法重述"神话中国"——文学人类学派关于中国神话研究的新成果》,载《文汇读书周报》2017 年 5 月 22 日。
② 陕西省考古研究所秦汉研究室编:《新编秦汉瓦当》,三秦出版社,1986 年,第 307、322 页。
③ [美]福开森编:《历代著录吉金目》,江苏广陵古籍刻印社据商务印书馆 1939 年影印版,1990 年,第 1276、1278、1329、1292 页。

序言三

峰峦千仞，波澜万顷
——读《叶舒宪先生学术理论与方法研究文集》

臧克和

一、学术体系与学术史

先哲有言，一个时代有一个时代的学术。要是考虑到人类认知的先天相对性、局限性，还有下面提到的语言文字构建定型世界的梦幻、颠倒，现成套用先哲的句样，也许可以说，一个时代自有一个时代的"神话"。

舒宪先生从20世纪至新时代，有越半个世纪，神话学术研究思想，堪称造化之冶炉——华夏文明的探寻者、发覆者、阐释者。至于学科创辟建设，使得华夏神话学原本作为新中国成立以来民俗学的附庸，开拓发展到今天中国神话学的蔚然大观，这已积淀成为当代学术史上标志性的事件——

①20世纪80年代的神话－原型思维的人类学经典跨文化传播；

②20世纪90年代上半叶的中国经典神话人类学"破译"阐释；

③出土文献田野调查，升华神话哲学；

④多重证据链方法论的提倡与实践；

⑤"玉器文明时代"探索；

⑥"大、小传统"拓展架构。

由神话谱系到神话哲学，由神话考古方法论到文学人类学教程体系，就学科建设意义而言，不啻奠定人类学坚实基础、开创人类学神话学中国文学学派。真正为博大精深的华夏文化传承，构建庞大的学科体系。究义谛于无量，通至道以神话。收入本集的文章，从学术思想，跨学科方法，乃至人才培养，学林交往，称得上是舒宪先生学术体系的几个重要领域不同侧面的反映。

钱锺书先生在考察《老子王弼注》过程中，曾经揭示小学专业者的局限："清代以来，治子部者，优于通训解诂，顾以为义理思辨之学得用文字之学尽了之，又视玄言无异乎直说，蔽于所见，往往而有。"① 就笔者所从事雕虫专业，所蔽者也多。为煌煌"雅集"作

---

① 钱锺书：《管锥编》第二册，中华书局，1979年，第404页。

序，方之于"珪璋"多边，总觉汪洋在前，但生望洋兴叹之感。古人所谓"自知短绠之词，何叙无尽之美"。不过，舒宪先生各个学术发展阶段代表作，大都使笔者得到沾溉，受益甚至，要非浅鲜。由于这一因缘，便从这一"边"入手，于"文明溯源，体系传承"，管窥体味一二。佛家所谓"一解即是一切解，一切解即是一解"，或可援引以为藏拙地步。

二、思想观念与方法论

（一）学科交叉

跨学科的学术，说到底是研究方法的有机融合。人文领域，各类文献，本应面面观照。规则原理，原本属于一种客观存在。人类所能做的，就是取得与之的联系。这种联结工作，无间文理。能够揭示这"无尽藏"的，要取决于研究者的专业修养与知识结构。学界相关专业领域都了解，舒宪先生西学中学贯通，学术结构由考据到义理，是以各个相关学科领域都能"入乎其内"，复"得其环中"，创辟为新时代学术范式。如果按照当下"新文科"的"人文学科实验室"来看，舒宪先生学术范式，实在是难得的成功范例。

从考古学研究资料来看，近年出土文献成批发表，这些文献大多属于战国中晚期的楚墓竹简，其中有若干部分的解释，需要用到舒宪先生提倡的人类学研究范式，这属于典型的跨学科类型。这里也许可以顺便举两个例子，可见这类研究范式的解释力。

1.《柬大王泊旱》与战国楚地禳灾术

上海博物馆藏《战国楚竹书》第4册《柬大王泊旱》篇，整理者认为本篇记载了战国早期有关楚国简大王的两件轶事：简大王病疥和楚国大旱。其中，关于简文"向日"，编者认为"古人向明而立，高明广大之象"云云。实为虚词浮比之类。简文记载楚简王向日祈雨弭旱的具体仪式程序段落——曝日而立以为祈祷弭旱。"向日"和"暴露"，为祈雨弭旱仪式的基本情节段落，流俗无间古今中外。①

第16简："晶（三）日，王又（有）埜（野），色逗者（睹）又（有）□人。晶（三）日，大雨，邦蒚（沥）之。"整理者解释句读如此。关于第16简的简文上句，整理者申说本句意谓"三日，王去四郊之外，惊愕地看着饥荒者"。这些理解，让人总有些"过于通"所带来的"现代化"感觉。首先，国王"有于某处"，并不是标记寻常到了某地。"有事于野"，即躬祀于野，这是古书的通例。同时，从简文的前后联系来看，也是跟本篇上接第15简"王许诺修四郊"相互衔接，而不是节外生枝。更加奇崛之处，还是整理研究者们关于"色""逗"等处的出色说明，简直有些匪夷所思。其实就整体来看，都不过是修祀四郊的仪式内容。"色"，与有事于郊野的祭祀安排有关，依随四郊土色。文献无须远征，即以整理者所援引《五礼通考》卷23，关于《太祖实录》的荟萃，祷雨设坛："每坛牲用犊羊豕各一，币则太岁风云雷雨，用白，余各随其方色。笾豆簠簋，视社稷，登一实，以大羹铏二实，以和羹，仪同常祀。"《禹贡锥指》卷10"厥土惟黄壤"条："林氏曰：天下之物，得其常性者最贵。土色本黄，此州黄壤，故其田为上上，而非余州之所及。"

至于"逗"字，整理解释者亦不知所云。按楚简等文献往往用于记录祭祷活动。包山楚简《卜筮祭祷记录》第219简："諻为绷佩，之厌一豰于地宝；赛祷一白犬，归冠于二天

---

① 臧克和：《读字录》上册，上海古籍出版社，2020年，第205、208页。

子。甲寅之日，逗于疋昜。"楚简本篇读作"投"，用为郊祀水神，投以求雨。《尔雅注疏》卷5："祭川曰浮沉。注：投祭水中，或浮或沉。"《尔雅翼》卷15："入水为蜃蛤。《淮南》云'燕之为蛤'是也。今人言蜃，是蛟类。吐气为楼台，伺燕栖集则食之。又言龙噬烧燕，水枯竭者，投之立涨，今人亦投以求雨。"《史记·屈原贾生列传》记载："（贾谊）过湘水，投书以吊屈原。"又本传"澹台灭明"《正义》引《括地志》云："延津在滑州灵昌县东七里。《水经注》云'黄河水至此，为之延津。昔澹台子羽赍千金之璧渡河，阳侯波起，两蛟夹舟。子羽曰："吾可以义求，不可以威劫。"操剑斩蛟。蛟死，乃投璧于河，三投而辄跃出，乃毁璧而去，亦无怪意'。即此津也。"北京图书馆金石组编《北京图书馆藏中国历代石刻拓本汇编》（下简称"《汇编》"）第24册第82页，著录唐代开元二十七年（739）的《大房山投龙璧记》，详细记载了弭除旱灾的仪式。唐开元二十七年《赵庭墓志铭并序》（《汇编》第24册第88页）："服阕，甲子廿八，属今天子有事于南郊，君以先后之亲，得陪位。……三考又我皇上展柴祭之仪于泰山。特敕授东封斋郎，改任卫州司士。"太壹山人申屠泚撰，集贤院御书手赵守□□。唐天宝八载《□□□（忠义）墓志铭并序》（《汇编》第40册第124页）："天宝六载二月，岁始东作，有事南郊，功臣预奉方坛，咸陪大礼。"唐天宝十三载《开国伯上柱国何德墓志铭并序》（《汇编》第40册第133页）："天宝六载，有事南郊。以公元勋，特拜将军。"唐开元二十四年《白鹿泉神君祠碑》①："开元□□□，日在东井。自春不雨，至于是月。济肃承嘉命，有事名山。斋宿泉源，静恭旁祷。神必响答，灵液□□。嘉苗来苏，岁以穰熟。夫后造化而出，奇功也。"例不胜赘。

2. 日食与天文

上海博物馆藏《战国楚竹书》第5册第一篇《竞建内之》有"日既"记录，整理编者只是援引《左传·隐公元年》杜预注，泛泛解释为"事毕"。《春秋左氏传·桓公三年》："秋七月壬辰朔，日有食之，既。"孔颖达疏："食既者，谓日光尽也。"王充《论衡·说日》："其合相当如袭辟者，日既是也。"《汉书·五行志下之下》："诛众失理，兹谓生叛，厥食既，光散。"是知"日既"为古代天文学术语，用以指日全食。简文"日既"，为本篇提供讨论的基础。②

3. 以其古敓之

《包山楚简》中就有不少"敓"祭的记载，如：恒贞吉，少有忧于躬身，且志事少迟得，以其古（故）敓之。鬼攻解于人禹。③ 其中的"古"，被整理者解释为"故"。其实，据楚简文字数据库记录，"以其古敓之"为固定结构，结构当中的"古"，对照汉简，实为"由"即"祝由"字。战国楚简所记录的，属于早期的"由"即"祝由"解脱方式。④

显而易见，出土文献古文字解释存在的问题，出在不同学科专业间的隔膜，这里具体落实就是舒宪先生提倡的交叉学科背景下的人类学认知视野。

---

① 拓片碑高183厘米、宽102厘米。韦济撰，裴抗隶书并篆书。碑左侧刻三川野叟诗，右侧刻唐、宋人题名等，此本未收。《汇编》第24册，第4页。
② 臧克和：《简帛与学术》，大象出版社，2010年，第90页。
③ 湖北省荆沙铁路考古队编：《包山楚简》，文物出版社，1991年，第32页。
④ 臧克和：《简帛与学术》，大象出版社，2010年，第160页。

（二）图象①圆览

思想观念史上，人的认知层越是升华高端，就益发"自觉"到人类认知的局限性与相对性。除了人类认知的先天相对性，还有语言构建的世界的真实性也是相对的，而由文字定型下来的东西，更是信息无法保真从而打了许多折扣。②相对语言文字的信息不能保真，图象文献相对保持完足。

近年来，真正属于读图生活时代。"二维码"图象识别，进入日常社会生活各个领域。舒宪先生各个时期的学科开拓，无不强调古文字学、考古学基础。他所指导的博士、博士后，不乏以"三礼"等古代经典为课题者。这几年所带的博士研究生，其学位论文就有甲骨文字学方向的。在学术思想方法论上，以为表意文字源于图象，力倡重视考察先于文字文献的图象意义，或者说神话文献考古与图象结合起来的原则。

最早的古文字集合《说文解字》，建构"六书"体系。具体分析起来，其中"会意"为"意会"余地最大，也是最为复杂的部类。其他各书类型，也都要经过"意会"过程，才能生产"知识"——要将参加会合的几个字符成分整理出一个构字意义，说得简单些，就是靠解读者的"意会"。俗语道，"只可意会不可言传"。在专业学者看来，人类认知发展史上，意会知识是一切知识的基础和源泉。能够诉诸逻辑言传的部分，也许只是冰山一角。图象可"会意多边"，作为知识挖掘过程，即使这两年风靡全球的 OPEN AI 生成式 ChatGPT4.0，于古文字图象"意会"知识，目前尚无能为力。

（三）玉石为媒

文明史的溯源明流，就是关注其间的过渡发展历程。世界各个文明类型考察，将来恐怕不会是机械套用一下子冒出来符合现代文明的有限的几个指标那么简单。换句话说，史前文明普遍存在一个漫长的发展过渡时期。这个过程的不懈寻绎，用力维勤，尤其体现出叶舒宪先生作为跨学科研究带头人的学养见识与探索勇气。将石器时代的"玉类"，视为文明密码传播的主体性媒介，正如收入本文集第二部分"跨学科研究篇"当中的《神话文本：从天地创生到万物显灵》所作论述。

万物有灵，玉器内涵尤为丰富突出。本文集概览回眸舒宪先生学术思想学科建设等诸多领域成就，书名取乎"圭璋"，即皆属玉器。"圭璋特达"，指玉之德性，即本地风光。

殷商甲骨文　周代金文　战国楚简　古陶文　战国秦诅楚文　珪说文古文

甲骨文象圭玉之形，形呈长条状，上尖而下方，有的专业研究者以为此符即占卜验辞"吉"字之声符。③ 金文抽象，简省为上下二"土"。古陶文以及秦国刻在玉石上的"圭"形，沿袭了青铜器铭文风格。战国楚简增益为形声结构，添加玉符，标记其本质。《说文》古文为形声兼会意字，从玉圭声，圭兼表义。

---

① "图象"之"象"，取"立象尽意"义。
② 唐代白居易《读禅诗》："须知诸相皆非相，若住无余却有余。言下忘言一时了，梦里说梦两重虚。"
③ "吉"字出土甲骨文青铜器铭文使用的结构如此：甲骨文，金文。

至于"璋",同样标记为玉器的一个门类,作用为礼器。通过各种尺寸小大,彰显出内在的等级制度,由此标志其"德性"。《尔雅·释器》:"珪大尺二寸谓之玠,璋大八寸谓之琡。"《说文解字·玉部》:"璋,剡上为圭,半圭为璋。从玉章声。"《玉篇·玉部》:"璋,半珪也。又明也。"

商周金文 古玺文 古陶文

这种玉器文字标记的发展值得注意:早期青铜器铭文只使用"章"形,后来添加玉符加以分工为"璋"。这一分化历程,或可提醒我们在文字使用过程中注意:观测出土商周玉器类文字,对于并未使用玉符的字符标记功能的认知,不能过分简单化。

万物显灵,玉灵通神。

金文 战国楚简 古陶文 诅楚文 汉印 石刻篆文 说文小篆 说文或体

《说文解字·玉部》:"霝,霝巫。以玉事神。从玉霝声。灵,霝或从巫。"《玉篇·玉部》:"霝,神灵也。"《说文》正篆从玉霝声,又以"靈"为异体。金文、战国简帛或从"示",或从"心"。"巫""玉""示""心",互为补充,都与神灵、祭祀有关。楚辞《九歌·东君》"思灵保兮贤姱",也记录了"灵保"名称,指神巫。① 其中"保"字,在部分金文里也如同"灵"字一样,存在"玉"的成分。有关字形结构集合可以让我们直观地观测到: 。

由上述"会意","玉"的灵性就不难联系起来了。玉器类不过是更大外延的"石器"类当中较为特殊的一种,被先民赋予了丰富的文明意蕴。以此为媒介,沟通天地万事万物,显示同构,复同频共振。

(四) 多重证据链的方法论意义

中国汉唐章句训诂到清代朴学,大抵遵循着由点及面个别到整体的技术线路。

孟子解诗,持"以意逆志"说,惜乎代远言湮、解人难索。《孟子·万章上》:"故说《诗》者,不以文害辞,不以辞害志,以意逆志,是为得之。"

---

① 王国维《宋元戏曲考》:"盖群巫之中,必有象神之衣服形貌动作者,而视为神之所冯依,故谓之曰灵,或谓之灵保。"《后汉书·马融传》也可以找到有关记载:"导鬼区,径神场,诏灵保,召方相,驱厉疫,走蜮祥。"另外,宋代《广韵》《集韵》《类篇》等字汇韵书里,都贮存了一个从巛符的古文。《集韵》:"霝靈霻靁㸑,或从巫,古作霻霝㸑。"其中古文"霻"字难解。该字下部结构,为州形的变异。州、巛、咒读音同。巛,《广韵》之六切入声字,汉语史上有"巛物""巛法"合成词。这种变异,较早见于秦汉简文——睡虎地秦简, 里耶秦简, 西汉马王堆简帛书, 西汉武简, 西汉居新简,历代刻石及汉印—— 汉印, , 石刻篆文, 东汉从事冯君碑, 东汉华山庙碑, 东汉朐忍令碑, 东汉夏承碑, 东汉鲜于璜碑, 东汉杨震碑,等等。《晋书》卷127《慕容德载记》时谣曰:"大风蓬勃扬尘埃,八井三刀卒起来。四海鼎沸中山颓,唯有德人据三台。"其中"八井三刀"指并州,描述了"并州"地理用字楷化情形,可见当时这类写法是盛行的。"巛"即"州"形之变体,"州"殆即"巛"形之省便,咒呪巛说通用,然则古文"霻"字跟巫师方士诅咒有关,从"巛"符者,特标志其功能耳。

其一，"不以文害辞"。文与辞，就是字词语句等基本文本构成结构单位。"不以文害辞"，直解就是提醒解说《诗》的人，通过文字来了解词句，但望形附会、纠缠字面而不见词句意义，是"以文害辞"流弊反映。其二，"不以辞害志"。辞者，承前句"文"即"字"而来，为更高一级结构单位。"辞章"结缘成词，在孟子看来，谓之词句，属于整体结构单位的更大一级。"志"即"诗言志"之志，通过诗歌"章旨"体现出来，属于结构单位的第三级也就是《诗》篇整体。其三，关于"以意逆志"。此一组结构关系中，意，上文所谓《诗》字词句各级单位所达之意，也就是字意词意句意。志，即作品整体体现出的主旨，也就是诗人通过作品所传递的情志，由此种种单位，形成读者/说诗者认知基础。上下文结构中各字使用地位，见于《说文解字》及相关出土文字结构：逆有倒、迎两边，俗语称"倒推"。汉语史所谓"逆子""逆水""逆施"之类即是。是逆、迎也，迎、逢，对接，今语即为"对应"。①即部分语义单位的理解，要受整体作品的制约，要建立在跟整体意旨联系的基础上。

知人论世，由作者的思想意志整体，去把握其具体作品之体现，进而之理解，这是顺方向；而斯人不在，只有由其所存作品去推求其观念意图，即由部分到整体的解释，这是逆方向，俗语谓之"倒推"，故用"逆"即"逆料"字。

《管锥编》体现为"阐释循环"。"乾嘉'朴学'教人，必知字之诂，而后识句之意，而后通全篇之义，进而窥全书之指。虽然，是特一边耳，亦祇初桄耳。复须解全篇之义乃至全书之指（'志'），庶得以定某句之意（'词'），解全句之意，庶得以定某字之诂（'文'）。……积小以明大，而又举大以贯小；推末以至本，而又探本以穷末；交互往复，庶几乎义解圆足而免于偏枯。"②

"多重证据论"，则属于"超文本"观照。各重证据，又构成自己的"语言天地"。由此可以说，舒宪先生"证据多重"方法论，即认知世界的多维论。

三、文明探源，体系传承

这两年，所谓文明探源工程方兴未艾，文化传承课题络绎不绝。然而，人们所见惯的现象，大部分不过旧本重排，有的甚至只能算得上是"复印"，以至于各大图书馆泛滥成灾，庋置为难。

文明的渊源，有待于跨学科的不懈探索。文化的传承，则在于学术思想体系的建树。诚如本文集里老领导杨院长的学科建设总结，舒宪先生作为学校中国神话研究院首席学科资深教授，从青年学术团队的培养、学科教材的匹配、学术传播平台的架构，到学术观念上的学术史自觉，构成体系，具备传承之载体，始有传承其功能。

吉日兮辰良，五言兮为觞——

住取菩提道，添得寿无量。链接有多维，神话无尽藏。

---

① 犹如《尚书·吕刑》："尔尚敬逆天命，以奉我一人。"今语即为"对应"。
② 钱锺书：《管锥编》第一册，中华书局，1979年，第171页。其中，涉及清代朴学的名著有《东原集》卷一《古经解钩沈序》、卷九《与是仲明论学书》等。

序言四

田兆元

孔子曰:"吾十有五而志于学,三十而立,四十而不惑,五十而知天命,六十而耳顺,七十而从心所欲,不逾矩。"这样看,七十是学者人生迈入思想的自由王国的门槛,何其美妙!叶舒宪先生七十华诞,是神话学的盛典,我们祝福他健康长寿,思想自由驰骋,学术生命长青,凌云健笔意纵横!

神话学是人文社会科学最为重要的基础性学科,也是民族文化传承具有培根固元意义的文化根基。20世纪初,上海成为神话学诞生的圣地,黄石、谢六逸和茅盾先生的三部中国神话学的奠基著作都是在上海出版的,谢六逸、茅盾先生还在大夏大学、上海大学讲授神话学。而被视为古史辨殿军的杨宽先生,是光华大学学生,后来也是光华大学教授,与其师吕思勉先生,建起了神话学历史派的重要阵营。想当年,上海的神话学云蒸霞蔚,与国内其他地区的学者一起,撑起了中国神话学的天空。

作为在上海的神话研究者的一员,在20世纪末,我们常常有种忧思,上海的神话学如何延续世纪初的辉煌呢?如果这一学科在上海衰败了,除了说明我们无能,没有别的理由。这种压力无形地压在我们头上,所谓知我者谓我心忧,不知我者谓我何求。新世纪有一则信息传来:叶舒宪先生来到上海交大了!在南上海,黄浦江畔,上海交通大学与华东师范大学比邻而立。当时我们有一种预感,神话学是不是要在南上海发出强音?

叶舒宪老师是前辈,虽然我们都是20世纪50年代出生的,但在学术界,相差五六年就是一辈人。我们读研究生的时候,他编的《神话-原型批评》一书就出版了,可那时我们还在摸索着怎么写好论文。20世纪80年代,全社会都热爱文学,是理想主义洋溢的岁月。学界青年才俊竞相出头,学界风起云涌。叶舒宪先生那时是意气风发的青年学者,指点江山激扬文字,参与了弄潮。我们来到上海读研稍晚了几年,有点像看着水里的游泳健将搏击风浪,自己水性还不好又想跳下去,急得在岸上搓手的样子,那时我们只是一个观潮者。文学批评方法潮中,神话-原型批评是其中独特的一种,但是神话-原型批评有符号学、结构主义、心理分析等方法集成其间,内容是博大精深的。叶老师当时编选这部论集,不仅惠及学界,他自己也一下子站到一个高点。叶舒宪先生中外贯通,读万卷书行万里路,树蕙滋兰,著述繁富,对于神话学的付出与成就,是空前的。后来,我请他来给华东师范大学师生做一次神话学讲座,叶老师欣然前来。我们做了海报,结果来了满屋子听讲座的人。叶老师劲爽的身形,铿锵的话语,感觉是个小伙子。我们不仅为其精彩的学术构想赞叹,更是为其神采所感染。就觉得,中国神话学真是很有希望,上海的神话学空间更有了一个爆发的基础。

现代中国学术，从向西方学习开始，是我们这一代人所走的路径。到后来，有些人逐渐开始形成自己的话语，这是一些成熟的学者做出的选择。叶老师是把具有自主特色的神话学理论的旗帜举得最高的一位。他将"四重证据""神话历史""玉成中国"等话语，以文学人类学为旗号号召天下英雄，擂响战鼓，形成神话学盛大的阵势，最具影响力。

非常有幸，在叶老师带领下，我们一起推进了上海市创世神话学术工程的落实，并取得了很重要的成就。无论是方法论的实践、神话理论的探索、田野图像资料的整理、学术著作的出版，还是媒体传达、公开讲座、大型展览，在中华创世神话领域，都有突破，都有很大影响。我们以学术为本位，把神话研究当作中国当代文化精神构建的一件大事来做，把神话当作中华文明探源、中华文明传承发展的大事来做。在上海，中华创世神话工程传播研究是与中国共产党诞生地传播研究等量齐观的两大工程，两个项目的开头都冠以"开天辟地"的口号定位，强调其创造性。这是一次调集国内神话学家一同攻关的壮举，也是对中国神话学队伍的一次检阅，叶老师很好地领导了该工程。

强调神话在人文学科的本源地位是叶老师的一贯主张与学术实践。《中国神话哲学》是对中国传统思维与认识论的重要探索。该书对于中国人的思维结构与认识模式进行了深入明晰的剖析，呈现给世人——中国人的思维与认识模式脱胎于神话，依旧依偎在神话的怀抱。后来我们熟悉的叶老师推进"神话历史"研究，强调神话与历史的一致性与关联性，强调神话在历史学科中的地位。同样，文学人类学学科的建构，也是注重神话在文学中的基础地位及其独特价值。让神话在文史哲这样经典的学科中凸显自己的位置，这是叶老师的雄心，也是其不断的实践。今天，我们不能说得到了文史哲学科的整体认同，但是在文史哲学科中划下了深深的印痕，文史哲学科对于神话的认知在逐渐加深。

神话学对于中华文明探源的深度参与，是叶老师的重大行动。我们可以看到考古学对于神话学参与的欢迎态度与不安情绪。这种参与也许让考古学界突击学习神话学知识，自己进行神话解读，形成考古圈的闭环。他们也会大谈扶桑神树、青铜大立人神话等问题。中华文明探源这件大事离不开神话研究，已然成为共识。

叶老师对于玉文化的研究，从神话学的角度看，一是神话研究进入"物"的研究，一是神话学对文明与礼制的根本问题的研究。玉文化研究是王权政治研究、经济研究，还有生命本体的研究。所以神话学的玉文化研究是文明基石的研究，绝非普通的对把玩件的赏析，其重要性不言而喻。

这些研究看起来都是探讨古老的文明问题，但也都是鲜明的、强烈的现实关怀行为。一个"玉石文化先统一长三角，再统一中国"的话题，让人们恍然大悟：长三角一体化国家战略，神话学学术研究可以助力。至于那么多的"玉帛之路"的考察，对于国家"一带一路"倡议的意义，只要不是傻瓜都能够看得出来。

神话学的自主话语建设，神话研究从学术出发，参与人文社会科学诸学科的建设实践，投入地区、国家以及人类发展的重大问题。叶老师的研究与主张，提升了神话学的格局与境界，这是一个基本事实。人生七十，壮举如此，可为赞叹！

将精彩的文章献给寿星汇编成集，这是学界成例。我这里引用一段傅斯年先生的话："这一篇文是我在'九一八'以前所作《民族与古代中国史》一书中的三章。这一书已成之稿，大致写在'九一八'前两年至半年间。这三章是二十年春天写的，因时局的影响，研究所迁徙两次，我的工作全不能照预定呈规，所以这一书始终不曾整理完。现在把其中的三章,即本文的三章,编成一文,敬为蔡子民师寿。"此举令人赞叹。傅斯年先生把原创作品献给蔡元培先生寿诞纪念文集,《夷夏东西说》是中华早期文明研究的代表性经典。《庆祝蔡元培先生六十五岁论文集》作为"中央研究院"历史语言研究所集刊外编第一种,分上下册,都是学术大师的奉献。这种传统,可谓美善。

寿诞文集不苟作,献精品,是一种美德。祝寿文集分为两类,一是颂赞评论类,二是论文精品类,二者都是礼赞,而提出原创学术观点和见解更是挚诚奉献。本书是国内学术界各方人物在叶舒宪先生七十华诞时刻的献礼,是对叶舒宪先生神话学与文学人类学学术成就的研究心得,同时也有对于中国神话的原创佳作。此编问世,是对中国神话学家自主理论与创造的总结,有继往开来,推进神话学中国话语建设的重要意义。所谓彰往而察来,析理以明道。是圭璋特达,也赤诚臻萃!是为序。

序言五
真正的旗手

徐新建

随着年纪增大，岁月流逝，给后辈著作写序的事也慢慢多起来。但为同辈好友，并且是其从教五十周年的纪念文集而作，于我还是头一回。

自20世纪90年代结识以来，舒宪便成了我学涯中的真诚挚友，自始未变。他秉持多学科（去学科、破学科、无学科）信念，涉猎非常宽泛，成就太过耀眼，林林总总且几乎五年一变，真是无从概括，一言难尽。

还在相识之前，我就开始读舒宪的文章。作为80年代入道的同行，我们都属西部，他在西北，我在西南；他译介弗莱的神话批评，我注重西南的多民族田野。由于彼时"文革"延续的"计划学术"限制，自上而下掌控的知识和信息都处在由京城精英垄断分配的格局之中；正是舒宪加盟的"走向未来"与"文化：中国与世界"等丛书践行者的积极努力和大量引进，不但冲破了僵化体制的封锁，且通过思想国门的重新开放，让地处"四夷"的同辈学人大开眼见，深受指引，开始知晓本土文化具有普遍价值，地方研究亟需世界眼光。

再后来，在对人类学共同迷恋的驱使下，原本地处边缘、各在一方的我们终于汇聚到了一起。受乐黛云、汤一介、李亦园等前辈的激励鞭策，我们很快与萧兵、彭兆荣、方克强、庄孔韶、郑元者、王铭铭、易中天、杨儒宾等好友一道，在厦门举办首届文学人类学学术年会，将号称前沿交叉学科的一面旗帜高举起来。在我看来，自此，舒宪就成了这个学科的真正旗手。他对文学人类学的开拓，创见，投入，用心乃至执着，痴迷，无人可比。

舒宪治学有很多特点，既长于沿袭传统，对经典表述"接着讲"；也善于别开生面，与流行话语"对着讲"；最后还敢于挑战权威，倒置"惯习"，对学界熟知的常识"反着讲"。

舒宪"接着讲"的突出体现是在王国维"二重证据"的基础上，添加活态民俗及视觉图像，发展为"三重证据""四重证据"乃至还可因事延伸的"多重证据"。"对着讲"的事例，表现在当时代重新盛行"丝绸之路"话语之时，舒宪另辟途径，提出重释"玉石之路"（"玉帛之路"）的主张，并且率队田野，在祖国大地探查十数次之多，出版报告一大摞。

最后，舒宪敢于"反着讲"的主要成果则呈现为对人类学家雷德菲尔德"大、小传统"说的倒置发挥，在承认文化传统可有大小之分的前提下，将垄断文字的上层精英视为"小"，将无文字、前文字的底层大众称为"大"，从而不但颠覆了人类学经典话语中的认知结构，并且将对人类文化与文明的研究视野和尺度做了极大延伸。

不过依我之见，舒宪的突出贡献乃在于开风气之先的"创新讲"，从20世纪八九十年代首倡的"经典破译""文化文本""N级编码"，到21世纪接连不断提出的"熊图腾""神话历史""万年中国"等等，无不令同人刮目相看，在学术研究的想象、胸怀及方法上触动良多，受益匪浅。

舒宪对学术创新非常敏感。

1997年，我从贵州社科院调到川大任教，参与创立文学人类学的硕博士学科点，同时扩展以前局限在云贵高原从事的西南研究，将关注视野拓展至青藏高原东沿的岷江流域和四川三个少数民族自治州甘（孜）、阿（坝）、凉（山）。不久便与石硕、徐君等当地学友一道，在李绍明、冉光荣及后来介入的王明珂、黄树民等学者鼓励下，发起了围绕"藏彝走廊"的系列讨论。

舒宪对我们的动态非常关心。他听闻我计划启动有关"藏彝走廊"的研究计划后，专门约我谈过一次，提醒我考虑换词——不要沿用"藏彝走廊"。我问为什么？他说一则以族名命名地域不妥，二则等于是炒前人冷饭。

——别人早已说过的东西，你们就不能想点新说法吗？

舒宪的话让我触动很深，沉思之后，决定改变。就这样，受他启发，我依照自然生态与历史地理的特征沿革演变，将"藏彝走廊"改称"横断走廊"，并以此为前提，策划组织了我们三人共同参与的"中国民族文化走廊丛书"的出版计划。在云南教育出版社的合作下，同时推出了聚焦地域走廊的系列"三部曲"：《河西走廊：西部神话与华夏源流》（叶舒宪）、《岭南走廊：帝国边缘的地理和政治》（彭兆荣）与《横断走廊：高原山地的生态与族群》（徐新建）三部著作。

与舒宪共事的滋味是什么呢？压力山大！刚认识的那几年，他还和大家一起摆龙门阵，有时甚至也说说包括自己的八卦。渐渐地，人就变得单一起来，从日出到日落，整天沉浸于学术之中：读书，演讲，写作，出版……像拼命三郎和苦行僧一样，近乎不吃不喝不睡，也不娱乐——除非去泡古玩地摊或看科幻大片，连笑话也不说了。每年发表的成果难以计数，也不分刊物级别，从权威核心到师专学报，都投，都发，感觉他一人一年做完了众人若干年的活儿。

2010年前后，上海交大筹划把舒宪从京城"挖"走。按程序要通过专家组面试评估，院士校长闻讯赶到，打断议程，只提了一个问题：叶教授在同行序列里的影响因子如何？待获知"排名第一"后，二话不说当即拍板：引进！

再后来，舒宪主持的国家社科基金重大项目结项验收，完成的成果堆了好几张桌面，阵仗惊人。评委王一川做总结，半开玩笑半认真地说：舒宪兄你把标杆抬那么高，叫同行弟兄以后怎么活啊！

舒宪不说什么，默默微笑。

如今，文学人类学已在中国发展为一门学科、一种话语、一支团队和一项众人参与的学术事业。无论后人如何评价我们的今日努力，相信都不会无视其中的闪亮旗手——叶舒宪。

学术思想研究篇

神话，尤其创世神话，是民族记忆、民族精神和民族文化的重要载体，也是民族文化"根"与"魂"之所在。中华神话研究可以说是中国文化培根固源的基础工程，也是中华民族塑魂铸魄的文艺复兴工程。上海交通大学神话学研究院的成立与中华创世神话研究基地的揭牌，为神话学研究的深入开展搭建了更为宽阔的学术平台，也为实践和弘扬唐文治老校长关于"为第一等学问、为第一等事业、为第一等人才"和"砥砺第一等品行"的教育理念创造了条件。

几十年来，叶舒宪通过长期的田野调查与深入的学术思考，深入思考"中国何以为中国"问题，提出了一系列关于中华文明起源的文化命题，诸如"万年中国""玉成中国""神话中国""玉文化先统一中国"等等。这些答案或命题不是凭空臆想出来的，也不是跟随西方学术风气，生搬硬套臆造出来的，而是用自己勤奋的双脚，踏遍整个华夏大地，六万里路云和月，八千余天雨与风，二十余年辛勤耕耘，反复论证，再三斟酌，将学术智慧书写在中国本土的大地上，不照搬他者理论，做到有一份证据，说一份话。独创自己的方法论，即四重证据法，勇敢地穿梭在考古学、人类学、神话学、古典学、民俗学、国学、生物基因学、大历史等诸多学术场域，积极开展整体释古，强调交叉学科知识互证互补，梳理出"中国何以为中国"的精神特质与文化基因，总结出中华文明发展的深远脉络与独特道路，功泽国家，惠及当下。

在我看来，叶舒宪就是一个现代神话。在学术研究的道路上，他以永不疲倦、永无止境的追求，用一部又一部的学术著作，用一种新的学术道路的开拓，用一种研究范式的革命，用一种超越前人的方法论和具体学术成就的创造，用自己对学术研究的影响与指引，把自己写成了一部现代神话，一部令人赞叹与敬仰的现代神话，一部对这个时代文学研究产生深远影响的现代神话，一部对现代社会产生生命指引的现代神话。

神话学助力上海交大文科建设

——叶舒宪教授与神话学研究院

杨庆存　郑倩茹

上海交通大学人文学院资深教授叶舒宪先生是备受学界称誉的著名学者，尤以神话学研究的突出建树蜚声海内外。他的《中国神话哲学》《中华文明探源的神话学研究》《玉石神话信仰与华夏精神》等多部原创性学术著作，深受好评。叶教授开阔深邃的学术视野、气魄宏大的学术格局与勤奋刻苦的治学精神，既让人肃然起敬，又给人深刻启迪。今喜逢叶舒宪教授七秩华诞，故应约结撰本文，表达真诚的敬意与祝贺。

一、学术共识：将神话学研究作为学科建设的新亮点

人类由传说、表演、图画、器物、文字五大骨干支柱形成的庞大文化载体群，是纵贯古今，遍布全球的思想、智慧、艺术的巨大宝藏，是取之不尽、用之不竭的文化资源富矿。其中的神话，尤其创世神话，是人类先民观察思考宇宙自然和理解诠释现实世界的重要方式，它不仅蕴含丰厚深刻的人类初始文化元素与人类文明始源信息，而且成为促进人类文化发展和社会文明进步的重要思想资源。神话学研究对于人类文化寻根铸魂和诠释人类命运共同体意义重大。深入研究、深刻认识和科学诠释神话性质、内涵、特点与规律，特别是用中国文化的理论与方法来研究和认识神话学，创建神话学的本土化理论体系与话语体系，充分运用和发掘神话研究的学术成果，推动新时代的文化创新与建设，乃是学界义不容辞的历史责任。

2015年5月12日，上海交通大学新人文学院成立。作为首任院长，杨庆存将加强学科建设作为学院发展的当务之急与重中之重。学院根据已有师资与科研力量的实际情况，经过认真思考与综合评估，并与叶舒宪教授、高有鹏教授等反复谋划磋商，决定以中文系文学人类学研究团队为基础，将神话学研究作为学科建设的突破口与重要抓手，着力在平台搭建、师资队伍、成果转化与人才培养诸方面下功夫。杨院长与叶教授将这个想法与思路首先向学校领导做了口头汇报，叶教授从学科建设与专业发展的角度，汇报了神话学研究的巨大学术价值及潜在文化意义，得到校领导的充分肯定和积极支持。学校党委书记姜斯宪还亲自安排专门时间听取叶老师关于神话研究与玉文化研究进展情况的汇报，认为此事关乎中华文明历史、国家文化形象，既与学科建设与学校发展紧密相联，又与国家文化建设和文化强国战略直接相关。姜书记热情鼓励研究团队深入研究中华民族源远流长的辉煌历史，为创建具有民族特色的世界一流学科多做贡献，极大增强了大家开拓神话学研究的信心与勇气。

二、扎实推进：成立神话学研究院的酝酿与准备

2015年7月，人文学院与学校宣传部共同举办"玉帛之路"新闻发布会。叶舒宪教授

带领的文学人类学研究团队，将玉石考古、神话研究与田野考察相结合，研究中华民族文明起源问题，不仅提出中华文化史已有9000年的新观点，而且在吸收前贤成果与借鉴西方学说基础上，提出"大传统、小传统"的划分、"四重证据法"的运用等等，引起学界高度关注，也开辟了中华文明探源的新途径。这是事关中华民族文明历史和国家世界形象的重大学术问题，成立神话学研究院展开深入专门研究的想法，由此产生和酝酿。此事向当时分管文科建设的学校党委常务副书记郭新立（2017年7月任山东大学党委书记）做了专门汇报，拟以文学人类学研究中心为基础，利用已有玉文化与神话学研究的人才优势、成果优势和影响优势，成立上海交通大学神话学研究院，建设世界一流学科，得到郭书记充分肯定和积极鼓励。

其后，文学人类学研究中心即开始筹划在上海交通大学召开第七届学术年会以蓄势。叶舒宪教授既是中国文学人类学研究分会会长又是中国神话学会会长，具有很强的学术凝聚力、影响力与号召力，遂决定以"重述神话中国"为主题，于2017年4月15日在闵行校区召开年会。全国80多位专家与会并展开深度交流。杨庆存院长在会议致辞中明确指出，文学人类学是当代异军突起的新兴交叉学科，而与此关联密切的神话学研究，将是21世纪人类文化寻根、人类命运共同体诠释的重点内容。叶舒宪教授将玉石考古和田野考察运用于中华创世神话研究，突破了文献研究的固有模式，创造了重新探索中华文明起源、重新塑造中华民族历史形象的新路径和新格局。神话研究将是今后10年、20年乃至更长时期学术研究与文化建设的热点、焦点与亮点，其人类视野、国家观念、文化价值和学科意义，不容低估。上海交大人文学院将把文学人类学特别是神话学研究，作为学科建设的重点和人才培养的抓手，将玉文化、创世神话作为研究的重中之重，打造世界一流学科品牌和国际学术研究重镇。这个表态引起与会者的强烈关注。

需要特别指出的是，此次学术年会召开时，正值中央2016年5月17日在北京召开哲学社会科学工作座谈会、习近平总书记发表重要讲话一周年前夕，而中央全面深化改革领导小组2016年12月30日审议通过了《关于加快构建中国特色哲学社会科学的意见》已广为人知。上海市委正在以《"开天辟地——中华创世神话"文艺创作与文化传播工程》为抓手，实施中央"文化强国"战略，落实习近平总书记"5·17"讲话精神，旨在将上海打造成中华创世神话的艺术创作高地、学术研究高地和教育传播高地。参与组织实施这项文化工程的上海社科联专职副主席任小文同志，多次来上海交大考察调研，认真阅读了相关研究成果，这次又出席年会并致辞鼓励。叶舒宪教授神话研究的新视角、新方法和新观点，及其学术团队取得的突出成就和展现的学术活力、研究潜力与精神风貌，赢得了点赞和认同，上海交大人文学院不仅被公认为全国文学人类学研究的第一学术重镇，而且神话学研究成果之丰富领先世界。由此，上海交通大学成了最早为"开天辟地——中华创世神话"工程提供学术支撑的高校，以叶舒宪教授为首席专家的研究团队，承担了上海市特别委托重大项目"中华创世神话与玉文化"研究系列，负责为文艺创作与文化传播提供学术支持。人文学院2015年7月召开"玉石之路"新闻发布会即开始酝酿并筹划成立神话学研究院，迎来新契机。

当学术年会结束后向郭新立书记汇报相关情况时，郭书记当即建议抓住时机，同学校文科建设处一起，加强与上海市社科联、市社科规划办的联系和沟通，并尽快拿出工作方案、建设方案，向学校党委汇报。遵照郭书记的意见，学院立即组织力量，经过一个多月艰苦奋战，6月中旬完成《关于成立上海交通大学神话学研究院的工作方案》、《〈上海交通大学中华创世神话研究基地〉建设方案》以及《上海市社会科学创新研究基地申请书》的起草与填写，并提交学院党政联席会讨论通过。与此同时，启动筹备召开"中华创世神话上海论坛"。

尤其令人难忘的是，学校主要领导同志对这项工作高度重视并给予充分支持。学校党委书记姜斯宪听取汇报后，不仅鼓励有加，表示全力支持，而且还与学校党委常务副书记顾锋一起，向上海市做了汇报，得到大力支持，奠定了中华创世神话研究基地获批的坚实基础，更增强了成立神话学研究院的动力与信心。林忠钦校长则召集专门会议，听取学院汇报，并征求文科建设处及相关专家意见，做出具体部署，提出明确要求。2017 年 10 月上旬，向上海市哲学社会科学规划领导小组办公室递交《上海市社会科学创新研究基地申请书》，12 月初"中华创世神话研究基地"即获得市委特批，且与上海市社科联共建，这是上海市"十三五"发展规划的第一个创新研究基地，也是上海市特批成立的第一个市级文科创新中心和高端智库。12 月 11 日，人文学院正式向学校党委会汇报《关于成立上海交通大学神话学研究院的工作报告与建设方案》，顺利通过，获得批准。

至此，成立神话学研究院、申请创世神话研究基地均获批准，而在 2017 年 12 月 22 日如期召开的"中华创世神话上海论坛"开幕式上，研究院与创新基地同时揭牌，"双莲并蒂"，尘埃落定，由此上海交大神话学研究一支队伍、两块牌子，且形成跨学科、跨院系、携手全国专家共同工作的开放格局。

三、精构平台：神话学研究院与创新基地同时揭牌

2017 年 12 月 22 日，"中华创世神话上海论坛"在上海交通大学徐汇校区举行。这是上海围绕中华创世神话研究举办的首届学术论坛，论坛以"中华创世神话的文化精神"为主题，旨在通过学术与人文的对话交融，共同推动中华创世神话研究沿着创造性转化、创新性发展的路径扎实前行。上海交通大学党委常委、副校长奚立峰的欢迎辞侧重于学科建设，强调了神话学研究院的职责与任务，指出："中华创世神话作为中华优秀传统文化的重要组成部分，有着生生不息的强健活力，蕴含着永恒的艺术魅力和民族文化智慧。成立上海交通大学神话学研究院，旨在对接国家文化战略的同时，加强学科建设力度，协调校内外相关学科的力量，努力成为国内和国际领先的一流学科。"领导的致辞不仅明确指出了此次论坛的重要意义，而且也说明了神话学研究院、创新研究基地的特殊性与重要性。

开幕式上，燕爽与奚立峰共同为"上海交通大学神话学研究院""上海交通大学中华创世神话研究基地"揭牌。上海交通大学人文学院讲席教授、中华创世神话基地首席专家叶舒宪，中国比较文学学会会长、中国人民大学原副校长杨慧林，上海市文艺评论家协会主席、复旦大学中文系教授汪涌豪，上海交通大学人文学院院长、特聘教授杨庆存，分别在开幕式上做主题发言。上海市文学艺术界联合会党组书记尤存、人文学院院长杨庆存共同为首批承担研究课题的 15 位专家颁发特聘研究员聘书。上海市社科联专职副主席任小文、上海交大文科建设处处长吴建南教授分别主持开幕式与闭幕式。上海十多所高校领导及北京大学、中国社会科学院、香港中文大学等 20 多家单位的著名学者共计 100 多人出席。论坛的规格、层次和影响不言而喻。

四、高效运转：开拓神话学研究新境界

研究院的成立和创新基地的揭牌，标志着上海交通大学神话学研究的发展建设进入新

阶段。神话学研究院由叶舒宪教授担任首席专家,上海交通大学党委常务副书记顾锋教授任院长,人文学院院长杨庆存教授任常务副院长,与研究团队齐心协力开展工作。其实,不论是学术界的认同还是学校党委的支持,乃至上海市的重视与信任,都蕴含着同一个意思——满满的希望与期待。人文学院与研究团队深深感受到其中沉甸甸的责任与压力,必须出成果、出思想、出人才、出影响,开拓创世神话研究新境地,成为大家的共同信念和愿望。

根据国家发展战略部署和学校"双一流"建设需要,研究院与创新基地设计的主要工作目标包括四个方面:一是建成世界神话学研究的学术重镇,二是建成国家级神话学研究的高端智库,三是建成神话学方面上海文化创意与文化传播的学术支撑基地,四是建成神话学世界一流学科、上海交大学派。而着力构建有中国底蕴、中国特色的神话学理论体系、话语体系和人才培养体系,形成人文学科建设的亮点和品牌,自然是重中之重。尽管在神话学研究方面已经推出"神话学文库""神话历史丛书""文明起源的神话学研究丛书""华夏文明之源·玉帛之路丛书""玉帛之路文化考察丛书",出版了《神话叙事与集体记忆》《断裂中的神圣重构》《礼制文明与神话编码》《神话气象——山海经的神话世界》《魏晋风度与中国文化基因》《神圣仪式与神秘符号》等系列原创性著作,叶舒宪的《玉成中国:玉石之路与玉兵文化探源》《中华文明探源的神话学研究》《图说中华文明发生史》等更是分量厚重、影响深广,以上成果让交大当时在这一领域占据世界领先地位,有了很好的基础,但是,实现规划的四方面目标,依然任重道远,需要多方面的合力与努力。

研究院与创新基地揭牌后,学校与上海市相关部门都加大了指导力度和支持力度。揭牌3个月后,学校就于2018年4月召开神话研究工作推进会,市社科联、市社科规划办主要领导均出席会议并提出建议。7月中旬,神话学研究院召开"中华创世神话与玉文化"中期研讨会,市委与学校相关领导与会并做具体指导。这些都确保了工作的正常开展与有效推进。与此同时,叶舒宪教授带领的研究团队更是不辞辛苦,在确保完成教学任务的前提下,既抓紧时间对"中华创世神话与玉文化"项目展开深入研究,发表了一批阶段性成果,又承担了对上海市社会科学界、文艺创作界、文化传播界的骨干进行创世神话学术研究成果方面的知识普及与培训,受到热烈欢迎,获得好评。

揭牌周年前夕的2018年12月6日,神话学研究院通过了学校组织的专家论证,被纳入高校首批"双一流"建设项目,获批上海交大"双一流"建设校级研究院。以上海社科院文学所所长荣跃明研究员为组长的专家组,充分肯定和高度评价研究院已有成绩的厚重基础和今后工作开展的具体思路。学校党委常委顾锋副书记、副校长奚立峰、统战部部长张卫刚,以及文科建设处、重点建设办、人力资源处等部门领导出席会议,给予政策、资金等方面的支持。

揭牌刚满周岁,学校又于2019年1月16日组织召开年度工作汇报会。上海市社联任小文副主席、市社科规划办主任李安方教授等,学校党委常务副书记顾锋教授,以及上海社科院、复旦大学、华东师大等单位著名专家参会。会议对研究院一年来积极承担上海市社科重大委托项目、国家社科基金项目,深入开展科学研究取得丰硕成果,并在人才培养、社会服务、国际交流等诸多方面的出色表现,以及2019年度的工作计划表示满意,同时也提出了切实的建议和殷切希望。召开"首届新成果发布暨专家论坛",即2019年度工作计划中的重要一项。

时隔不足3个月,"首届新成果发布暨专家论坛"于4月7日在上海交大如期举行,会议成果形成《深度认识中国文化：理论与方法讨论集》，"中国文化理论与方法"突出了本土化视角与方法论高度，"深度认知"则是文集内容的轴心与重心。

五、成果转化：神话学研究院首届新成果发布会

2019年4月7日上午，上海交通大学神话学研究院、上海市社会科学创新研究基地"中华创世神话"首届新成果发布会暨专家论坛，在上海交大闵行校区学术活动中心演讲厅开幕。首届，表明这是研究院与创新基地揭牌后围绕神话研究组织的第一次新成果发布与专家论坛。

杨庆存院长主持会议，他以屈原《天问》开篇"遂古之初，谁传道之？上下未形，何由考之"、李白《把酒问月》"青天有月来几时，我今停杯一问之"、苏轼《水调歌头》"明月几时有？把酒问青天"发端，指出"这些震撼天地、惊心动魄的经典金句，表达和透露的都是对宇宙形成、人类起源和未来发展的思考、探索与追问。这是一个人类发展史上从未停止过思考的大问题。在文明高度发达、新材料新方法不断涌现和高新科技飞速发展的当今时代，更是加快了这种探索和认识的速度，成为当今推动中华优秀传统文化创造性转化、创新性发展的重要方面。今天发布的四部新书与各位专家即将交流的发言讨论，都是探索过程中阶段性成果的一部分"。开幕式由此进入昂扬振奋、高潮迭起的状态。

上海交通大学党委副书记、神话学研究院院长顾锋教授在致辞中指出，这次发布的新成果"中国文学人类学理论与方法研究"的四部系列专著——《玉石神话信仰与华夏精神》《文学人类学新论——学科交叉的两大转向》《四重证据法研究》《希腊神话历史探赜》，对根植中国人的文化心理重要问题做出了全新阐释，为中华文明的探源找到了"玉石信仰"的突破口，并从文学人类学层面，探索和初步创建起中国本土文化理论体系。这是"文学人类学中心和神话学研究院进行学科交叉、视界融合研究的集中呈现，为中国文科学术进行范式转型、走向'创新主导'提供了宝贵的经验"。由此说明了新成果的深厚思想内容、重要学术价值和现实文化意义。上海市社会科学界联合会专职副主席任小文、复旦大学出版社总编辑王卫东也分别致辞，对神话学研究院成立与中华创世神话研究基地揭牌以来取得的首批新成果表示祝贺。而人文学院资深教授、神话学研究院首席专家叶舒宪的主旨演讲——"玉石神话观：华夏文明信仰之根"，香港中文大学中国考古艺术研究中心主任、德国考古研究院通讯院士邓聪教授的考古报告——"世界最早玉石之路"，相继将新成果发布和专家论坛推向高潮。

参加这次会议的国家一级学会会长如中国社会科学院学部委员、民族文学研究所所长、中国民俗学会会长朝戈金，中国社会科学院学部委员、历史研究所研究员、中国先秦史学会会长宋镇豪，中国人民大学国学院教授、秦汉史学会原会长王子今，文学人类学研究会名誉会长萧兵，上海交大资深教授、欧洲科学院外籍院士、人文艺术研究院院长王宁，上海大学党委副书记、故宫博物院原副院长段勇教授，等等，这些重量级专家的精彩发言，不仅赢得阵阵热烈掌声，而且文字稿成为论文集的主体内容。以上所述不仅足以表明这次学术会议的高规格，而且尤其彰显了学术分量的厚重度。

此次会议的另一亮点是文化业界的深度参与。会议不仅有众多著名专家的与会支持，有新华社、中央电视台、《人民日报》、《中国社会科学报》、《解放日报》、《文汇报》等主要媒体的积极参与，还有央视九频道的导演团队、北京电影学院动画专家、上海电影集团领导以及国内电视剧收视率位居第一的华策影视克顿传媒等文化业界的领军人物参会并深入交流,且与神话学研究院形成共识并达成部分合作协议。主持人宣布,神话学研究院将在 2020 年与央视合作完成 16 集纪录片《山海经奇》的创意制作,并携手中国比较文学学会、中国先秦史学会、中国秦汉史学会、中国神话学会,在上海交大举办首届"《山海经》与中国神话历史"国际研讨会。与此同时,将以北京电影学院团队的动画片《山海搜神》、央视纪录频道的电视片《山海经奇》、上海交大人文学院文学人类学研究中心的"中国文化深度认知的新理论和新方法论"为基础,努力打造交大神话研究学术品牌与大众传播品牌的共赢局面。

六、结语

神话,尤其创世神话,是民族记忆、民族精神和民族文化的重要载体,也是民族文化"根"与"魂"之所在。中华神话研究可以说是中国文化培根固本的基础工程,也是中华民族塑魂铸魄的文艺复兴工程。上海交通大学神话学研究院的成立与中华创世神话研究基地的揭牌,为神话学研究的深入开展搭建了更为宽阔的学术平台,也为实践和弘扬唐文治老校长关于"为第一等学问、为第一等事业、为第一等人才"和"砥砺第一等品行"的教育理念创造了条件。

新成果发布暨专家论坛闭幕后,按原定计划编辑会议论文集正式出版。鉴于对神话学研究院成立与中华创世神话研究基地申请的参与谋划和过程熟悉,首席专家叶舒宪教授特邀请神话学研究院常务副院长杨庆存教授撰写前言。杨庆存院长在前言中撰写了成立神话学研究院前后过程的部分文字,留下以神话学研究推进新学科建设的迹痕。而今遵照杨庆存教授的布置和要求,重新进行整理修订和补充,形成目前的文字,谨奉此文恭贺中国神话学会会长、文学人类学研究分会理事长叶舒宪教授七秩华诞。

温润如玉　坚韧如钢
——谈谈叶舒宪教授及其团队

王一川

2019年4月6日，我从那时工作的北京大学艺术学院专程赶去上海交通大学校园，是要对叶舒宪教授表达双重祝贺：一是祝贺他领衔的国家社科基金重大招标课题组"中国文学人类学理论与方法研究"成果发布会召开，二是祝贺他担任首席专家的上海交通大学神话学研究院的成立。

我与舒宪教授相识多年，可谓老朋友了。不过，我和他之间平时几乎没有什么往来，大都只在学术活动时偶遇，借机聊聊而已。但在我心目中，他就是一位没什么个人爱好，只以学术为志业的成果丰盈的真学者。因而凡是他的学术成果，我总是关注，凡是他有需要，我总愿到场尽一份力。这或许就是人们所谓的"君子之交淡如水"吧。这样的真朋友，在一个人的一生中想必都不会多，所以我个人觉得异常珍贵。

这里我想谈三点，主要是围绕舒宪教授和他领军的团队所做的工作。一个学者能够取得著作等身的学术成果，已经了不起了。他不仅如此，而且还能带领一拨同行，持续多年，共同完成重大学术课题。这样的事，说说容易，而如今还有多少人能办到呢？更能像他这样呢？

一、治学三阶段

我自己对文学人类学及神话学都没有专门研究，仅仅作为一名旁观者来谈，当然就不一定准确，只能算一种友情观察而已。回看舒宪教授的40年学术道路，中间经历过若干变化，但其间还是可以隐约显出大致三阶段轨迹：第一阶段为神话研究，第二阶段为文学人类学，第三阶段即现在进展到文化文本论或文化发生论。

在20世纪80年代后期开始的神话研究阶段，他从当时的那些如今可能早被遗忘的学术热点上撤出来，一头扎进当时属于冷门的神话研究领域，阅读原著，做翻译，在此基础上撰写研究著作，从而陆续有众多著述问世。有他译编的《神话－原型批评》（1987）、《结构主义神话学》（1988），著作《探索非理性世界》（1988）、《英雄与太阳：中国上古史诗原型重构》（1991）、《中国神话哲学》（1992）、《诗经的文化阐释》（1994）、《高唐神女与维纳斯——中西文化中的爱与美主题》（1997）、《庄子的文化解析》（1997）等。给我印象最深的是他的《高唐神女与维纳斯——中西文化中的爱与美主题》，他从自己感兴趣的两种文化传统中分别抓取一个美人形象作为代表，展开跨文化的神话传统比较。这是过去没有人做过的事情，向学术界初步显示了他的学术研究的独创性。

在随后的文学人类学阶段，好比从巍巍昆仑山脉下来的他，顺势进入文学人类学的戈壁滩，在那里潜心耕耘多年，直到树立起文学人类学著作的绿洲和森林：《文学人类学探索》（1997）、《阉割与狂狷》（1999）、《原型与跨文化阐释》（2002）、《千面女神》

(2004)、《文学与人类学》(2003)、《圣经比喻》(2003)、《人类学关键词》(合著，2004)、《山海经的文化寻踪》(合著，2004)、《老子与神话》(2005)、《熊图腾：中华祖先神话探源》(2007)、《神话意象》(2007)、《现代性危机与文化寻根》(2009)和《文学人类学教程》(2010)等。

在最近的文化文本论阶段，他似乎重新走上昆仑探宝的道路，但这次寻找的已不再是中西神话中的最美女神，而是他逢人开口必谈的玉石。这些年来，每每开会偶遇他，总是三句话不离本行，必跟你谈玉。他谈话的中心点不外是，"丝绸之路"最初和根本上不是寻找丝绸，而是寻玉。中国帝王爱玉简直爱疯了，派出一拨拨人到西边去找玉，从而无意中开创了后人所称的"丝绸之路"。这"丝绸之路"当然是确确实实的，但实在最初只是为了寻玉，是由寻玉而附带出来的意外收获，所以实质上是"玉石之路"。而且据了解他的朋友们插话说，他每到一地，逢玉必观，已经练就玉石鉴定的火眼金睛了，也就是成了远近闻名的玉石鉴定专家了。

一边听舒宪如此眉飞色舞、两眼放光地说着，再想想他接连出版或主编的多部新著，就更能理解他这些年的动力之所在了：《玉石神话信仰与华夏精神》(2019)、《四重证据法研究》(合编，2019)、《文学人类学新论——学科交叉的两大转向》(合编，2019)《重述神话中国——文学人类学的文化文本论与证据间性视角》(主编，2018)、《人类学关键词》(合著，2018)、《文化符号学——大小传统新视野》(合著，2018)、《玉石之路踏查续记》(2017)、《中华文明探源的神话学研究》(2015)、《玉成中国：玉石之路与玉兵文化探源》(主编，2015)、《文化文本》第一辑(2021)等。

这次用这些成果来完成国家社科基金重大招标项目的结项工作，来支撑神话学研究院的成立，我看不仅成果丰硕，而且绰绰有余。

二、学术特色

一个团队的成功，关键在于领军人物的治学风范。要评说舒宪教授及其团队的学术特色，那需要真正的行家，而我只能从旁提一点粗浅的感受。我的突出感觉有四点。

其一，宽广且丰厚。他从中国语言文学学科领域出发，稍不留神就伸展到了人类学、民族学、历史学、考古学和图像学等多学科领域，在那些地方探路寻宝，屡屡取得收获，再由此反哺于中文学科。

其二，多变而专一。他的治学路径在过去40年来发生了多次转变，从中可以清楚地见出他主动求变的踪迹，但终究还是围绕着文学这个圆心去转动。立足于文学这个圆心，他不停地求新求变，力求让文学之圆画得更圆，并且产生出一个又一个更大的外围圆圈，而外围圆圈无论有多少圈，都总是围绕这个圆心在旋转，不会飞出这个圆心之外。

其三，丰产又育才。他的治学特点在于，既自己产出丰硕的学术成果，又力推出众多学术人才，包括前来合作的朋友和众多后辈学人。在如今这个急功近利的学术界，要做到他这样很不容易。

其四，方法论创新，特别是提出"四重证据法"并加以实践，即将文字训诂、出土文献、民族图志、考古发现等四重方法融会为一体。这里有丰富的材料搜集、整理，更有新理论的提出，还有具体研究方法的支撑和具体化。

这样，舒宪教授通过多年的努力，逐渐地形成了一个多层次的完整有序的学术共同体。

三、原创性建树

舒宪教授和他领军团队做出的学术建树是多方面的，无法在此一一列出，但假如需要归结起来的话，那就是万变不离其宗地集中为文学的文化原根探寻。无论是第一阶段的神话研究，如高唐神女和维纳斯等，还是第二阶段的文学人类学，如"千面女神"探索，以及第三阶段的文化文本论，如玉石等，终究都指向文学的文化原根探寻，也就是说清楚支撑中国文学的那种原初的集体意义根基或意义根源究竟如何。

这些表明，舒宪教授和他的团队在文学的文化原根探寻上做出了独树一帜的学术建树，是中国语言文学学科中独放异彩的学术重镇。这也是值得在此向上海交通大学和人文学院致以祝贺的。

最后，期待这支跨学科、跨领域、跨机构的队伍，能够继续其学术攻坚势头，产出更多的学术果实，特别是在神话学研究院成立之后，在神话学领域做出更多建树。

如果说对舒宪教授和他这支队伍有所建议的话，那就是适当走出文学研究的理性或神秘性，从文学的文化原根追寻而返回到文学经典文本的体验之中，也就是带领读者从多少有些神秘意味的文化原根上重新返回到文学经典的直接吟诵、真切体验和深度细读之中，以便呈现上述文化原根探寻在文学文本解读上的应有贡献。

我想这或许可以成为这个团队近期值得做的一项返本开新的基础性工作。因为，按我个人的理解，当前中国语言文学学科、艺术学科以及其他相关学科，都在期盼这样的成果问世呢。

2019 年 4 月 5 日初稿于北京大学均斋，
2023 年 11 月 24 日改定于北京师范大学

何为中国：叶舒宪认知中华文明起源的学术贡献

胡建升

何为中国？中国人从哪里来？中华文明如何诞生？促成中国发生发展的文化精神是什么？这些问题成为叶舒宪一生孜孜以求的重大学术问题。

近几十年来，他通过长期的田野调查与深入的学术思考，对这些问题，逐渐有了新的答案，提出了一系列关于中华文明起源的文化命题，诸如"万年中国""玉成中国""神话中国""玉文化先统一中国"等等。这些答案或命题不是凭空臆想出来的，也不是跟随西方学术风气，生搬硬套臆造出来的，而是用自己勤奋的双脚，踏遍整个华夏大地，三万里路云和月，八千余天雨与风，二十余年辛勤耕耘，反复论证，再三斟酌，将学术智慧书写在中国本土的大地上，不照搬他者理论，做到有一份证据，说一份话。独创自己的方法论，即四重证据法，勇敢地穿梭在考古学、人类学、神话学、古典学、民俗学、国学、生物基因学、大历史等诸多学术场域，积极开展整体释古，强调交叉学科知识互证互补，梳理出"中国何以为中国"的精神特质与文化基因，总结出中华文明发展的深远脉络与独特道路，功泽国家，惠及当下。

一、万年中国：大历史维度

认知中国，可以从不同的时间维度入手。如果从政治国家的维度入手，秦始皇建立统一中国，不过2200余年。如果从甲骨文入手，商代晚期到现在也不过3300余年。如果从司马迁《史记》的五帝文本叙事入手，将黄帝、颛顼、帝喾、尧、舜等神话传说都算进来，可能也难以超过5000年。可见，由于学者立足的时间维度不同，认知中国的时间深度也存在很大的差异。

叶舒宪立足于考古出土的玉器圣物，认为要认知中国，不能仅仅拘囿于文字书写的小传统（3300年），而要重视具有万年之久的文化大传统。审视中国范围内考古出土的玉器，中国文化之根脉的确可以长达万年之久。如辽宁省海城市东南部的孤山镇青云山脚下小孤山遗址，出土了近20000年前的玉石片与玉质双刃尖状器。河北省磁山遗址也发现一块距今10300年左右的古玉石。吉林省白城双塔遗址新石器时代遗存出土了双塔一期文化的玉石环1件，距今为10000至9150年。黑龙江省饶河县小南山遗址2015年Ⅲ区出土了一批小南山文化玉器，包括玉管3件、玉璧5件、玉珠2件、玉斧1件、玉料1件，玉质为透闪石玉与蛇纹石玉，共有12件玉器，距今约9200至8500年，亦接近10000年。这些考古出土的玉器都是早期人类的人文遗迹，也是文化遗留物。从这些出土玉器出发，我们就能看到万年中国的文化起源与生命脉络，也能触摸到最早中国的文明雏形是什么样子。

叶舒宪还立足史前中国的农业发展，认为在北方有近万年的小米耕作传统，在南方有上万年的大米稻作传统，大米文明与小米文明的交互传播与文化融合，也成为中华文明发生发展的重要生产动力。万年农耕文明，奠定了中华文明发展的物质经济基础与文明特质。

叶舒宪还从生物基因研究的角度，重视人类70000年前走出非洲，50000年前来到东亚地区，并在中国境内落户生根。尤其重视近万年来，随着本土农业的发明与发展，中华文明在南方与北方都出现了繁荣的农业景观。利用生物学的基因研究，也可以为理解中华文明提供科学技术上的有利证据，对于综合理解中华文明与文化，以及中国北方小米文明与南方稻作文明之间的互动交流关系，都具有重要的证据作用。

大历史维度决定了叶舒宪认知中华文明起源的深度与广度。他始终认为，文字小传统的文化精神一定诞生于文化大传统，而文化大传统是文字还没有诞生之前的文明与文化传统，它又深深扎根于中国早期人类的精神世界与物质生活之中。

二、神话中国：神话历史维度

以前，我们提到神话，立即会将神话与虚构、故事联系在一起，认为神话是历史的对立面，是不可信的东西。

叶舒宪认为，神话是文化之根，是文化基因，要深度认知中华文明起源，必须从神话入手，并开启了以神话学探究文明起源的新路径。人类初民在口耳相传的时代，爷爷奶奶口耳相传的关于部落、族民、祖先的故事，听起来充满神话传说色彩，但却融入了一代又一代族民对部落祖先、神灵的崇敬之情，神话故事已经渗透到族民文化的骨子里去了。

神话不仅活在过去，而且因着族民心灵碰撞，充满鲜活的生命力，依旧活在今天。并且随着神话故事的传递与滋润，也将活在未来。从此种意义上来讲，神话成为连接过去、现在、未来的重要文化纽带。

神话不仅伴随着历史的发展，而且成为历史的内容，是历史事件的叙事表现。这种叙事形式可以是物质图像的，也可以是口耳相传的，其符号形式多样。前者是实物图像状态，后者是口头语言状态。实物图像状态的神话，诸如玉器、骨器、青铜器、黄金、岩画、壁画等，可以通过各种考古途径被发现。至今，我们已经获取了无数的古代实物图像，这些远古的人文产品都是早期人类神话故事叙事的重要符号形式，也成为我们今天与古人对话交流的重要媒介形式。随着文字的到来，口头神话一部分被文字书写定格为早期经典，诸如《诗》《书》《易》等。另一部分被民间艺人口耳相传，成为民间文学最为重要的组成部分，也成为民族文化传承中最具原汁原味的部分。

当我们回首历史时，历史已经成为过往云烟，只是以话语、物质、图像等诸多符号形式来叙说历史遗迹的时候，历史开始成为历史的神话叙事，神话的诸多话语符号表现形式成了历史叙事的表现形式。此时，历史与神话的交叉互动，真实与叙事交相辉映，浑然一体，难以分开。

叶舒宪在长期文明探源过程中，深深体会到，早期中国的符号叙事受到神话思维的支配。这种神话支配主要表现在考古出土的各种物质图像中，由此神话成为讲述中国早期历史与人文精神的根基所在。从这个角度来看，中国之所以是中国，在于万年神话将中国族民的精神凝聚在一起，使得历代先民在神话历史中，获得自我社会身份的文化认同，由此也获得所在族群的价值自信。

神话中国直接决定中国历史的特殊性与文化性，历史与神话的交融互补，让中国历史增添了一些独特性与神秘性。历史叙事的重点不能仅仅拘囿于人与人之间的社会关系，而是依据人与神的特殊存在逻辑，叙说祭祀与神鬼、圣人与俗人、王者与臣民的神圣文化关系。在这种神话思维的基础上，人在社会中的层级关系，都可以在人与鬼神的神圣空间距离中找到他们的特殊文化逻辑。

三、神熊中国：动物神话维度

在萨满文化中，动物不是肉眼所见的动物现实形态，而是人神之间特殊交流的媒介形式，它们成为人神沟通的灵媒使者。叶舒宪极为重视这些神话动物意象的研究，这些神话动物意象自然成为他透视早期中国的重要文化意象。

动物作为自然的神话使者，在神话世界中，其神圣力量也存在高低大小之分。诸如熊与龙、虎、兔、牛等神话动物，在中华文明中，扮演着不同的文化角色。我们通常认为，中国人是龙的传人，将神龙当成华夏族民的图腾动物。历朝历代的皇帝自喻为真龙天子，是真龙转世，凭借这种龙兽神话，合法地将自己放置在所有凡民之上。正是有了神龙与天子的特殊对应关系，神龙成了俗世社会中最为重要的神话动物，其神圣性不可侵犯。

但叶舒宪在考察红山文化牛河梁遗址时，发现在5000多年前的史前女神庙中，没有神龙的意象，却有神熊与神鹰的意象，这点燃了他辨析是熊图腾还是龙图腾的学术好奇心。华夏民族到底是熊图腾，还是龙图腾呢？带着这个惊世骇俗的学术问题，他考察了红山文化的各处考古遗址，以及相关的史前文化期、夏商周秦汉以来的各类出土实物，结合关于黄帝、鲧、大禹的各类传世文献，以及考古出土的楚帛书，展开互证考释。最终，他认为，史前中国黄帝号有熊氏，居有熊国，不是纯粹虚构的神话传说，而是传承了极为古老神熊图腾的文脉精神。熊兽的冬眠与复苏成为古人观察自然规律、体悟生命、渴望重生的重要神话动物符号形式，这与《山海经》文本中的熊穴极为相似，熊穴夏天开启，冬天关闭，是神熊崇拜的时空神话叙事。

经过艰辛的知识考察与严谨论证，叶舒宪认为，熊图腾才是中华文明与文化的动物原型。但随着时间的推移，熊兽与龙兽合为一体，神熊的文化精神逐渐转移到了神龙之上，慢慢地大家遗忘了神熊的文化转换与节候变化，神龙开始成为华夏族民的图腾动物。

叶舒宪关于中华文明图腾动物的辨析，可谓一语惊人，联系《庄子》文本的熊经鸟申、《马王堆帛书》的导引图以及华佗的五禽戏，神熊在中国文化中的确扮演了极为重要的文化角色。史前居民首先是从神熊的日常生活习性中把握了宇宙自然的运化规律，利用神熊动物冬眠春苏的自然规律，将动物熊兽加以神圣化。而龙兽是一种相对抽象的动物形态，在现实中，找不到与之相对应的动物原型，可见相对于神熊动物，神龙可能是一种后来居上的文化动物。

叶舒宪不惜花费气力，为神熊正名的图腾辨析，将熊兽从污名化的世俗状态，还原成为神龙的文化原型，为理解中国文化中的人与自然关系，提供了一种可供实际考察的动物原型。由此可见，中国历史叙事中的祖先原型，诸如伏羲、女娲、黄帝、鲧、大禹等，他们都与神熊之间有着极为相似的神话事迹，这也足以表明，熊兽的神话生命成为历代华夏祖先的生命模型，人熊互化，成为中国人孜孜以求的特殊存在模式。

四、玉成中国：文化基因维度

叶舒宪曾多次宣称："自己五十以学玉。"2005年的红山文化之旅，使他彻底跨越了文献研究的老路子，一头扎进了古老的玉文化研究中，由此提出了一系列从玉文化视角理解中国的文化观点。

叶舒宪认为，玉神话是中华文明的文化基因。史前文化期出土的玉石实物具有万年之久，这足以说明，中国人喜玉好玉，不是一种普通的物质文化现象，而是一种具有万年之久的玉石神话信仰，有时候他又将这种玉石神话信仰称为"玉教"。也就是说，天玉神话支配着万年传承的中国人，使得历代中国人对玉石物质具有一种近乎疯狂的神话信仰，而且这种玉石文化现象成为5000年前中国的独特文化景观。万年玉石神话信仰，促成了红山文化、凌家滩文化、良渚文化、龙山文化、齐家文化、石家河文化、石峁古城遗址、二里头文化等文化独特的玉石奇观，而且成为理解中华文明与文化精神的重要文化基因。到了文字小传统时代，儒家君子提倡"君子比德于玉"，道家圣人主张"被褐怀玉"，这些文化命题都可以在万年玉石神话信仰中找到其文化起源的历史脉络。

在玉石神话信仰基础上，他提出玉成中国的文化观点。中国的地理版图是随着西部玉矿资源的不断发现，而逐渐向西部地区扩张的。在5000年前，红山文化、大汶口文化、凌家滩文化、良渚文化，几乎完成了玉石神话信仰的北玉南传的文化迁徙。仰韶文化晚期与龙山文化早期开启了西玉东输的玉石之路，由此形成了0.1版、0.2版、0.3版、0.4版的中国版图模式。0.1版的中国指代甘肃武山鸳鸯玉来到中原，成为西玉东输的第一次玉文化运动。0.2版的中国指代祁连山玉输入中原，0.3版的中国指代马衔山、马鬃山的玉石相继传到中原，0.4版的中国指代新疆和田玉传至中原。也就是说，随着玉石神话信仰在中原地区生根之后，中原历代统治者不断向西部寻求优质玉料，最终发现了宇宙间最为精美的和田玉。从鸳鸯山的蛇纹石玄玉，到和田玉进入中原，这个过程是从仰韶晚期（距今5500年）开始，至商代（距今3000年左右）完成，历时约2500余年。史前玉石原料的西玉东输，一方面完成了和田玉传入中原的玉石输入，另一方面奠定了中国地理版图不断向西部扩展的终点所在，可以将其概括为，玉之所在，即国之所在。

由此叶舒宪批评德国学者李希霍芬提出来的"丝绸之路"。李希霍芬的丝绸之路是从汉代张骞出使西域开始的，距今不过2000余年而已。如果从武山鸳鸯玉输入中原的时间来看，玉石之路长达5500年。齐家文化、石峁古城使用了马鬃山与马衔山的玉料，距今4000余年。二里头遗址与商代妇好墓出土的玉器中，已经出现了和田玉料，距今3300多年。可见玉石之路的重新发现，对于我们理解中华文明的本土形成，以及与世界文化的交流传播，都具有重大的文化交流史意义。可以说，玉石之路是丝绸之路的文化原型，丝绸之路不过是史前玉石之路的历史发展而已。

叶舒宪根据长期的西部文化考察，还提出距今5500年至4000年左右，中原地区曾经存在一个玄玉时代。这个玄玉时代不是根据文献记录提出来的，而完全是依据踏遍中原大地，考察出土玉石的文化现象总结出来的。玄玉时代涉及的地理范围包括甘肃西南部、陕西北部、山西南部与河南西北部，是中原地区首批玉石文化的覆盖之地。考古版的玄玉时代，与《山海经》文献记录中的黄帝服食玄玉、播种玄玉的文字记录，可谓天祚之合，足以显示黄帝与玄玉之间的真实性和可信性。也为我们理解夏人尚玄、《周易》龙血玄黄、老子尚玄等文献叙事，提供了考古出土的相关实物证据。

叶舒宪的"玉成中国"，还可以细分出两大关于中国史前历史的重要命题：一为玉文化先统一长三角说。这个命题涵盖环太湖地区的上海、浙江、江苏、安徽，在这些地区，都出土了距今5300年至4400年的良渚文化玉器，呈现出玉钺、玉璧、玉璜、玉琮等玉石礼器的文化统一现象。二为玉文化先统一中国说。中国的统一可以分为三次：一为秦始皇统一中国，这是政治的统一，距今约2200年。二为甲骨文的诞生，这意味着文字的统一，距今约3300年。三为玉文化统一中国，这是文化编码的统一，距今约4000年。在三次统一中，玉文化最早统一中国，时间在距今4000年左右。综览整个史前中国，北部的小南山文化、兴隆洼文化、红山文化、小河沿文化、夏家店文化，东部的河姆渡文化、马家浜文化、崧泽文化、大汶口文化、龙山文化，中原的仰韶文化晚期、龙山文化、陶寺文化、二里头文化、商代文化，南部台湾的卑南文化、澳门的黑沙文化、广东的石峡文化，以及西部的齐家文化、石峁古城文化等，都出土了4000年前的玉器圣物。由此可见，玉文化以其独特的文化形式，已经征服了4000年前中国的五方先民，成为统一中国的最早文化景观，为后来的文字统一与政治统一奠定了文化观念基础。

五、格物中国：物质图像维度

如果从文字传统来认识中国，从最早的甲骨文算起，也不过3300余年，怎么也达不到5000年。叶舒宪认为，要深度认知中国，不能跟着文献跑，也不能跟着西方人跑，只能依据考古出土的物质图像来判断。这种认识中华文明与文化的全新视野和知识观念，打开了认知中国的格物传统。

叶舒宪的格物传统与他的大小传统理论是密不可分的。大传统指代文字还没有诞生之前的文化传统，即3300年前的文明与文化传统。小传统指代文字诞生之后的文化传统，即3300年后的文明与文化传统。在这两个文化传统之间，大传统是根，是源，是主要的。小传统是叶，是流，是次要的。大小传统辨明了中华文明的源流关系，由此可以清晰辨识，哪些东西是文化基因的东西（大传统），哪些东西是后来发展衍生出来的枝叶的东西（小传统）。

同时，格物传统重视大传统的物质图像证据。大传统时代，连文字都没出现，留下来的只有物质图像，这就足以彰显考古出土的各类实物图像在文化大传统时期的元语言功能。先民在各类文化活动中，鲜活的语言与各种实物图像是并置同存的，尽管先民的声音随风而逝，但见证先民文化意义与精神实质的实物图像却保留下来了。考古出土为我们提供了这类丰富多彩的实物图像，只要有能力让其口开启，激活出土实物图像，让其讲述古老的文明故事，这是当前学者优于司马迁以来历史学者的关键所在。

格物传统讲究一份证据，说一份话，用考古出土的实物来实证中华文明。我们知道，民国以来，古史辨学者通过文献考辨的方式，对传统经典进行一一辨伪，认为这些经典文献都是"层累造成的古史"，是不可信的。古史辨学者解构了传统经史文献的神圣性，认为"东周以前无信史"，也为中华文明与历史带来很多虚无成分。叶舒宪继承了古史辨学者的怀疑精神，同时大胆利用考古出土的实物证据来考据中华文明与文化的本土起源问题，属于新时代新型的考据派。

他在讲到四重证据法时，多次强调，物质图像证据是最为重要的证据材料，甚至提出，物质图像证据的优先性原则，即物证优先原则。他认为，在四重证据中，第一重和第二重证据都是文字证据，第三重证据是活态的语言和文化证据，这些口头言辞、文字书写的证据都需要实物图像证据（第四重证据）来检验。可见，实物图像证据成了讨论中华文明起源最为重要的客观证据。如果只有言辞、书写证据，而没有考古出土的实物证据，依旧要保持存疑态度。只有考古出土的实物证据与口头言辞、文字证据相同统一的时候，才能获得最佳的证据效应。可见，重视实物图像证据，物质图像证据优先，成为认知中华文明极为重要的新标准，也是格物认知传统的核心观念。

叶舒宪：指引我生命的神话

杨 朴

一、叶舒宪是我们时代的一个神话

每个民族、每个社会、每个族群、每个人都应该有属于自己的神话。当有了属于自己的神话的时候，这个民族、社会、族群和个人都会获得神话的指引，从而获得神话的无穷的力量。关于神话，弗莱有最经典的定义："如果主人公在性质上超过凡人及凡人的环境，他便是个神祇；关于他的故事便叫做神话……"① 坎贝尔说："什么是神？神是一种引发动机的力量或一套价值系统的人格化表现，这两者会同时在人类生活及宇宙中起作用——表现出来就是你体内的力量和大自然的力量。神话不仅隐喻着人类心灵层面的潜力，同时也是赋予人类生命活力的力量，赋予宇宙万事万物活力的力量。"② 弗莱和坎贝尔所论述的是指人类虚构的故事，但在人类生活中，还有一些人，他们继承了远古神话精神，以超越于他们同类和他们所生存的环境，以实际生命活动故事写出了他们的现代神话。这种以自己生命活动写就的现代神话，同样甚至比远古神话更加具有指引生命的力量。正如坎贝尔所说："活的神话象征最重要的意义在于唤醒并引导生命的能量。这一象征是释放和指引能量的符号。它不但能像他们现在所说的那样激活人，使人觉醒，而且能引导人，使人沿着这条路勇往直前。这一象征使你具有某方面的能力，而这一能力会引导你投身到社会群体的生活和意向中。"③ 在我看来，叶舒宪就是一个现代神话。在学术研究的道路上，他以永不疲倦、永无止境的追求，用一部又一部的学术著作，用一种新的学术道路的开拓，用一种研究范式的革命，用一种超越前人的方法论和具体学术成就的创造，用自己对学术研究的影响与指引，把自己写成了一部现代神话，一部令人赞叹与敬仰的现代神话，一部对这个时代文学研究产生深远影响的现代神话，一部对现代社会产生生命指引的现代神话。

正是在这个意义上，我把叶舒宪老师看作指引我生命的神话。在我看来，叶舒宪是这个时代的普罗米修斯，作为一支火炬，他的《神话-原型批评》辉煌之光，照亮了许多人类学者前行的路。叶舒宪开凿了由当下通向远古文明的文化大运河，把远古文明源头之水引向了今天。叶舒宪是这个时代的文化英雄，他开创的在文化大传统中解释小文本和四重证据法，成为文学和文化研究的新范式，为人们开辟了新的道路。叶舒宪是这个时代的愚公，他以超乎常人的忘我写作劳动，破译了从《诗经》到《蛙》、从无文字时代的图像到

---

① ［加］诺思罗普·弗莱：《批评的解剖》，陈慧、袁宪军、吴伟仁译，百花文艺出版社，2006年，第45页。
② ［美］约瑟夫·坎贝尔、比尔·菲耶斯：《神话的力量：在诸神与英雄的世界中自我发现》，朱侃如译，浙江人民出版社，2013年，第40页。
③ ［美］约瑟夫·坎贝尔：《指引生命的神话：永续生存的力量》，张洪友、李瑶、祖晓伟等译，浙江人民出版社，2013年，第81页。

当今的元宇宙,为人们敞开了另一个广阔美丽世界。叶舒宪是这个时代的后羿,他以自己的利箭,射下文学和文化的禁锢之日,跨文化与破学科思想不知使多少学人跨过学术的藩篱,进入一个新的天地。叶舒宪是这个时代文学研究界的领袖,他创造领导的团队和围绕他的团队以及跟随他的团队进行文学研究的实践,使这个时代的新的文学和文化研究队伍,呈现出蔚为壮观的景象。

从文本解读的实践,到文学批评方法的建构或批评道路的开辟,从自己的文学研究实绩到对当代学人的重大影响,从团队的建构到对一代一代新学子影响的涟漪式的扩大,叶舒宪都做出了表率。叶舒宪的研究方法是整体的,可操作的,行之有效的;叶舒宪的学术贡献不是哪一篇文章哪一本书,而是全方位的,超越前人的,范式性改变的贡献。

我们没有办法调查叶舒宪对当今文学和文化界究竟产生了什么样大的影响,但是,我们可以从两个方面思考这个问题。第一,可以看看文学人类学批评方法、用文化大传统解释文本和四重证据法究竟给文学和文化研究带来多大的影响。第二,可以反向问一问,文学和文化研究界,有多少人还不知道文化大传统和四重证据法?

我把叶舒宪看成一个神话,那是因为,在我看来,他的学术贡献超越了他的同道,也超越了他存在的环境。我把叶舒宪看成是一个现代生活中的神话,那是因为,在我的学术道路上,叶舒宪起到了一种发动机的作用,他像一个神话人物那样,影响着我,鼓舞着我,激发着我,给我以力量。我把叶舒宪看成一个现代神话,那是因为,在我的学术研究实践中,在受到叶舒宪帮助之前和之后,发生了翻天覆地的变化,认识叶舒宪之后,犹如获得神助,使我从愚笨贫乏平庸状态走出来,并获得学术研究的一些新成绩。因此,我有一个很深刻的生命感受:叶舒宪是指引我生命的神话。

二、叶舒宪对我几十年的生命指引

几乎每一个大学教师都想成为一个研究专家,或者有成就的学者,至少要较快地立项,写出几篇论文或一两本著作,能够尽快地评上讲师、副教授和教授。但是,立项和写出较好的论文和出版著作,谈何容易,那是困扰许多大学中青年教师,使之寝食难安,惶惶不可终日地压在他们心头的大问题。我同样经历了这个痛苦过程,并且因为个人原因,这个痛苦更为严重些。我是个工农兵学员,而且大学没有读完就被抽出去当美术老师,后来又回到中文系,我没有读过硕士,更没有读过博士,底子相当薄,而且没有经过系统的学术训练,写起文章来很难,也下苦功夫读了一些书,比如苏联学者的文学理论,以群、蔡毅的文学理论,车尔尼雪夫斯基、杜勃罗留波夫和别林斯基的批评著作,以及当时的著名批评家的文章和著作。以这些著述为基本观念和方法写了些文章,但是,那些文章都是些原来观点的重复,没有一点儿自己的见解和创新,它们被淹没在文章的大海里,引不起一点儿波澜、浪花和涟漪。我当时好像一个用两只手拔着自己的头发超越大地的精神病患者,但是使出九牛二虎之力,也仍然是徒劳的。作为一个年轻教师,我陷在极度焦虑、苦闷和无望之中。

正在这个时候(1987年末),我读到了一本书,这本书是使我心灵开窍之书,使我思想觉悟之书,使我发生根本转变之书。这本书的名字叫《神话-原型批评》。这本书为我奠定了另一种文学思想,为我提供了另一种批评方法,为我敞开了另一种批评道路。仿佛使我在暗夜中得到了指路明灯的照耀,从此我开始了走上了原型批评之路。最初的实践当然是生涩僵硬带有模仿性的,但经过一段实践之后,就获得了自己的体会和收获。我主要在两个方面进行原型批评的学习实践，一个是中学语文文本解读，一个是我的家乡东北二人转研究。叶舒宪在中国社科院，我在东北边陲一个小学校，根本接触不到那个了不起的学者，如何向叶舒宪学习？就是跟着叶舒宪学，读他所有的文章与著作。后来有一天我读到了清华大学梅贻琦校长的一番话，恍然大悟：原来我摸索着跟叶舒宪学习的方法，就是"尾随"式"从游"。梅贻琦说："学校犹水也，师生犹鱼也，其行动犹游泳也。大鱼前导，小鱼尾随，是从游也。从游既久，其濡染观摩之效自不求而至，不为而成。反观今日师生关系，直一奏技者与看客之关系耳，去从游之义不綦远哉！"

当明白了"尾随"与"从游"是一种行之有效的科学方法之后，我就把"尾随"式"从游"作为更自觉的学习方法并把它推向了极致。叶舒宪的每一篇文章、每一本著作我都读，有的是反复的读；我看叶舒宪引用了什么书，我就去找来读什么书；叶舒宪研究什么问题，我就跟着思考什么问题。我把叶舒宪当作文学海洋里那条最大的大鱼，我这条小而又小的鱼就紧紧地"尾随"着他游。

"尾随"式"从游"成为我跟着叶舒宪学习最重要的方法，"尾随"式"从游"使我获得了极大的成功。我说使我获得了极大的成功，是指它明显地超越了我自己，改变了我自己，当然也是指超越了我周围的一些人。

"尾随"式"从游"主要体现在两种研究成果上。一个是写出了一篇《此恨绵绵无绝期——〈长恨歌〉的原型批评》，它发表在我校学报的头题上，后来被人大复印资料全文转载，再后来又被有的文学批评教材收录。另一个是对我家乡地方戏东北二人转的研究。正是由于用叶舒宪倡导的文学人类学这种全新的解释，《二人转与东北民俗文化研究》获得了1996年的国家重点项目，这个项目也是我们学校建校以来第一个国家项目。这在我们学校引起很大反响。

《二人转与东北民俗》出版之后，我把它寄给了叶舒宪老师，叶老师很快给我回信，对这本书给予高度肯定性评价。为什么一个祖国边陲小学校的小老师敢于给叶舒宪老师寄书与写信呢？因为这本书是依据叶老师所倡导的方法写作的，或者在某种程度上可以说是模仿叶老师的方法写作的，因而，我觉得，会得到叶老师的阅读与意见。叶老师在鼓励性肯定的同时，也指出了这本书的问题，说如果能够直接引用外文就更好。但叶老师哪里知道，我用来考试评职晋级的是日本语，是不能够读懂英语原文的。

从那时起我和叶老师就来往通信。我开始获得了叶舒宪老师的直接指导，一直到现在已有20年以上。在有了电子邮箱之后就用电子邮件，再后来有了手机微信之后就用微信通信了。我记得有了联系的几年后，叶舒宪老师来信说，以后我们可以兄弟相称，不必称老师，这是我绝对没同意的。叶老师年龄虽然比我小几岁，但是，他是我的老师，而且是我永远的老师。有了各种通信方式之后，我们来往更密切了，我的"尾随"式"从游"就更便捷了。

但是，自从结识了叶老师之后，我的"尾随"式"从游"就变成了叶老师对我的"提携"式"带游"（带着向前游）。从"尾随"式"从游"到"提携"式"带游"（从梅贻琦比喻的角度说，是大鱼带着小鱼游），主动者发生了颠倒性变化，"尾随"式"从游"，我是主动者，到了"提携"式帮助，叶老师变成了主动者。在20多年的通信中，叶老师向我推荐了不少书目，多次把他新近发表的文章或出版的著作送给我或寄给我，还针对我的研究提出了不少问题。他多次邀我参加文学人类学等会议，并安排我发言。他多次领我到各大书店，给我选书。记得那是2006年元旦那天，天刚刚放出熹微之光，我才走出车站大门，叶老师就已经在站门口等我了。那一天他领我去了几个书店，然后又去了潘家园文物市场，给我一件一件的讲解玉器造型。也是那一天，他建议我将《二人转与东北民俗》再版。在我再版那本书的时候，应我的请求，他给我的书写了题为《二人转艺术的由来之谜》的序，序中充满了热情洋溢的高度评价："《二人转的文化阐释》一书确实是开拓性的，在人文研究的视野和方法方面，树立起一个范例、一个标尺。尤其在当今全球化浪潮冲击之下，本土文化自觉和重新认识口传与非物质文化遗产的大背景之中，这部书截然不同于学院派架空的文学理论高头讲章，而是从我国本土文化的实际出发，又能够解决实际问题，发微索隐，从二人对唱的现实表象背后追溯出二神对舞的神圣性爱仪式，透辟地阐明了二人转表演模式中'女爱男'主题的所以然，这就更显得意味深长。"① 由于叶舒宪老师给我作序，《二人转的文化阐释》这本书产生了很大影响，由此我被冠以"二人转研究专家"。叶舒宪老师的序言给我以极大的鼓舞和信心，使我对二人转研究一发而不可收拾，接连写出了《二人转探源》《二人转与萨满研究》《传统二人转表演方式》《戏谑与狂欢——二人转艺术特征论》《二人转启示录》等近10本书；在刚刚出版的"东北二人转文化研究大系"（第一辑）6本中收录了我的2本。

我的二人转研究成绩的取得，在于叶舒宪老师三个方面的带领：一是带领我学习文学人类学著作，重视口传与非物质文化遗产研究；二是指导我如何写再版的二人转；三是在写作过程中自觉地对叶老师研究方法的借用。

叶老师对我的提携与"带游"还表现在我的《红楼梦》研究上。《红楼梦》是中国文学的喜马拉雅山，我是不敢也没有能力攀登的。之前只是在谈到文学人类学方法解读作品的例证时，曾以"通灵宝玉"和贾宝玉梦见太虚幻境为例子，那也只是浅尝辄止的一种做法。真正开始《红楼梦》研究，还在于叶舒宪老师的指导。那是2019年8月在朝阳市召开的古代熊文化国际研讨会期间，我与叶老师住在一个房间，谈到了很多学术问题，其中谈到了《红楼梦》，叶老师说，你由"通灵宝玉"和贾宝玉梦见太虚幻境开始，可以研究《红楼梦》了。叶老师的提议，给了我极大的鼓舞和信心，从那时起就开始了《红楼梦》的研究。我的学生给我开了一个公众号，发表了50多篇文章，在杂志公开发表文章十几篇，获得了一些好评。

叶舒宪老师提携与帮助的不仅是我自己，还有我们学校。在近20年的交往中，他专门去我们学校做学术报告5次，先后讲过文学的原型批评、文学人类学、跨文化与跨学科问题、四重证据法和熊图腾等，并与教师进行多次交流。这对我们学校具有极为特殊的重大意义。吉林师范大学有自身的特点，它的前身是师范学院，师范学院的前身是师专，这就形成了自己的师范传统，相对来说，学术研究较为滞后。吉林省位于我们国家的边陲，吉林省的大学大多分布在长春市而我们学校坐落在四平市，四平市就这么一所大学，我们这个大学就孤零零地在存在这个边缘的地方。没有大学群，没有刊物群，更没有知识分子群，周围就是农村，它处在一个相对封闭的文化环境中。我们培养的是中学教师，传统的优势是强化基础知识、基本技能和基础能力等。但在整个大学都在强化科研的背景下，我们这种优势就成了拖累我们的包袱。如何打破传统观念，跟上时代潮流，是我们学校发展亟待解决的大问题。叶舒宪老师在我们学校做的几次学术报告，掀起了一场又一场观念革命、

---

① 杨朴：《二人转的文化阐释》，文化艺术出版社，2007年，序第1—2页。

学科革命、思维革命的风暴。每一次学术报告，一千多人的大礼堂座无虚席，师生仿佛在参与一场文化盛宴。叶老师带来的文学人类学特别是跨文化与破学科观念，使师生们受到极大震动，对其产生的影响广大而又深远。

正是在叶老师的帮助下，我们学校成立了东北文化研究院，在成立大会那一天，叶老师邀请了萧兵、田兆元等许多著名学者前去讲学，那是一场盛况空前的文化活动。叶舒宪、萧兵和田兆元等老师的学术报告，对开启我们师生的心智、解放思想、开阔眼界、改变思维，起到了空前的成效。由于我们东北文化研究院的成立，使我们走在了东北高校东北文化研究的最前列。其后开展的东北大母神研究、萨满研究、东北民间故事研究、东北大秧歌研究、东北剪纸研究、东北作家研究和二人转的深入研究，都取得了前所未有的成绩。这个东北文化研究院的成立，锻炼了队伍，培养了人才，打破了学科界限，提高了学术研究的能力。东北文化研究院，已经成为吉林省重点研究基地。东北文化研究院的成立和学术研究的展开，叶舒宪老师起到最关键的作用，没有叶舒宪老师的带领、督促和帮助，这些都是不可能的。叶老师看到了我们学校的特殊情况，因而给予了加倍的关爱、扶持、提携和帮助。

三、"尾随"与"带游"的收获

从"尾随"式"从游"到"提携"式"带游"，几十年走下来，我的学术研究发生了翻天覆地的大变化。如果没有对叶舒宪的"尾随"式"从游"和叶舒宪对我"带游"式"提携"，我就仍然是那个边陲小学校的教书匠。然而，经过对叶舒宪的"尾随"式"从游"到叶舒宪对我"带游"式"提携"，我的学术思想发生了根本性变化，在学术研究上也取得到了原来不可能取得的成绩。

当思考叶舒宪究竟给我带来什么变化的时候，我发现自己在三个方面的学术研究成果在此前是绝对不可想象的。叶舒宪的文学人类学思想方法使我在三个方面的获得了较大的进步。第一个是在中学语文文本解读方面，这是我们师范大学最重要的任务，由于我把文学人类学引入了这个方面，从而带来很明显的突破。第二个方面是东北二人转，这是我们父老乡亲最喜欢的艺术样式，我对它的文学人类学解释有了新的突破。第三个方面是我们中国最伟大的小说《红楼梦》，我用叶舒宪文学人类学思想方法进行新的解释，也有新的体会。

用叶舒宪文学人类学思想方法解读中学语文，是我一个特别自觉的追求。我之所以这样做是基于以下几种考虑：第一，《诗经》《楚辞》和唐诗等那些非常重要的文学经典已经被叶舒宪等同道解释过了，我不可能再有什么新的解释；如果硬要去解释也是抄袭他们的观点。第二，中学语文文本还缺少文学人类学的解释。我的想法是把叶舒宪所倡导的文学人类学方法运用到中学语文文本解释中去，一方面会扩大文学人类学解释范围，另一方面也容易取得学术成果。于是，这样我就先写了系列文章，后又在北京大学和中国社会科学出版社出版了两本书。

其中有一篇文章当时影响很大，就是2004年发表在《文学评论》上的《美人幻梦的置换变形——〈荷塘月色〉的精神分析》。关于《荷塘月色》，我写了10篇文章，其中既有精神分析的，也有文学人类学的，是两种方法的结合运用。这些文章主要是参考了叶舒宪的《高唐神女与维纳斯》和《文学人类学教程》等几本书。《美人幻梦的置换变形》的主要观点是，"朱自清以荷塘月色为素材做了一个投射美人爱欲的梦。荷花的结构形式与朱自清潜意识中美人的结构形式是'同构'的；而远古江南采莲旧俗的联想则是朱自清潜意识中美人爱欲的表现符号。朱自清即以荷花意象象征了美人，又以采莲习俗移植了爱欲，美人爱欲才是《荷塘月色》真正的形式意义"。同时还认为所谓"荷塘月色"就是《诗经》"月下美人"原型的置换变形。《荷塘月色》是高中语文重点篇章，历来的讲法是表现大革命失败后朱自清思想苦闷的主题。这个主题的解释来源于在社会背景和作家人格解释作品的原则。我运用叶舒宪文学人类学方法，打破了这种惯常的讲法，也指向了这种讲法后面的文学观念和解释原则，因而引起了很大反响。该文在知网被下载6000多次，引用率70多，不少学者发表文章与我商榷，后来我把争鸣文章出版了一本小册子。

关于《雷雨》我也写了系列文章。其中也有一篇发表在《文学评论》上，过去评论认为，周朴园和侍萍的爱情悲剧是由门当户对婚姻决定的。我们可以谴责周朴园的软弱，顺从了家庭的意志。但是，同时，我们也应该思考，周朴园为什么那样软弱顺从了家庭的意志，门当户对的婚姻何以有那么大的力量，可以改变一个人的思想，可以改变一种真挚的爱情，可以造成一系列的悲剧？我们也可以用阶级论来分析，说周朴园家庭的门当户对观念是一种阶级论，是这种阶级观念害了周朴园和侍萍。但是，我们仍然觉得那还不足以把问题说得很清楚。文本解读有一种方法，是在文化文本中解读文学文本。所谓文化文本，就是文化传统，把文学文本放在文化传统中去解读，可以获得不同于原来解读方法的新的意义。遵照这样一种方法，我们把门当户对放在文化传统中去解读，就会发现我们原来解读方法没有发现的内容。

周朴园与侍萍的爱情悲剧和人生悲剧就发生在周朴园家庭要周朴园与有钱有门第小姐结婚的事件中。周朴园家庭要周朴园与有钱有门第小姐结婚，是周家对周朴园结婚必须门当户对的一种规范。但从文化的角度看，那是在为周朴园举行的一种相当于"成人礼"仪式。正是那个相当于"成人礼"的文化仪式，才产生了毁灭周朴园与侍萍爱情并使周朴园变成了另一种人的巨大力量。周朴园婚前可以与"女下人"产生爱情，但是结婚对象则必须是有钱有门第的小姐；婚前可以放纵自己甚至可以与"女下人"生孩子，但是结婚则必须承担起家族振兴的使命与责任。周朴园与侍萍的爱情悲剧和人生悲剧就发生在相当于周朴园"成人礼"的婚姻上。所谓"成人礼"是人类学家对原始部落人生转换仪式的研究。原始部落的少年进入成年的时候，要举行"成人礼"仪式，以一种象征性的模拟，使人的生命状态得到转变。那种"成人礼"的模拟方式便成为一种转变手段，从一种情感方式转入另一种情感方式，从一种生活模式转入另一种生活模式，从一种价值观念转入另一种价值观念。进入文明社会之后，这种原始状态的"成人礼"慢慢消失了，但旧时代大家庭儿子的结婚却成了"成人礼"的一种置换形式。"成家立业"就是对"成人礼"人生转变的一种最好诠释。

周朴园的门当户对婚姻就是他的"成人礼"仪式，这个"成人礼"不仅是他的家庭对他的规范，也是整个社会对他的规范。因为结婚中的人生转变是整个社会对青年人的规范。那既是一种阶级的制约，也是一种文化传统的规范，因而是一种非常强大的类似于社会制度的力量，作为个体的周朴园是没有一点儿力量进行反抗的，因而周朴园压根也没有想到反抗。周朴园要遵从家庭和社会的规范，从个人爱情转入家庭要求的婚姻，从一己自由转入家业振兴。

我对中学语文文本进行的叶舒宪式的文学人类学解读，在中学语文教育界产生了一定影响。我曾先后受邀到东北师大语文组、北华大学文学院、内蒙古民族大学、博达文学院、吉林省语文教师骨干班、四平一中、四平实验中学等学校讲解我的解读。

二人转,是我最用力用叶舒宪文学人类学研究的艺术样式,二人转研究是我最用力地运用叶舒宪倡导的文学人类学方法的研究项目。那是在系统读了叶舒宪关于文学人类学方法之后,又反复读了他的相关著作的同时,对二人转的一种新的文学人类学的研究,也可以称之为原型批评方法的研究。我把二人转与东北大秧歌、萨满、远古红山文化联系起来,对其造型方式追根溯源,使二人转获得全新的解释。在我研究二人转与萨满关系时,就借用了叶老师的图像学理论,将现在二人转舞蹈构型与东北大秧歌和东北各民族民间舞蹈构型相比较,然后又将东北各民族民间舞蹈构型与东北远古岩画图像相比较,从而得出二人转造型是东北远古岩画图像原型的变形。这就较有说服力地证明了当今二人转与远古萨满的一脉相承的文化关联。

对《红楼梦》研究,我主要是运用叶舒宪神话学思想以及他对史前玉文化考察和研究成果。叶舒宪关于神话的一系列研究著述,特别是关于史前玉石考察研究成果,我充分地运用到了《红楼梦》研究之中。用这些观点重新看《红楼梦》,使我非常吃惊地发现,《红楼梦》之所以以女娲补天神话开篇,还有女娲补天"宝玉"置换为神瑛侍者,神瑛侍者灌溉绛珠仙草的神话,还有那些相当于神话的太虚幻境梦,等等,其实是以神话为原型的;而现实对神话特别是对太虚幻境梦的重复,那其实是《红楼梦》原型与重演的结构。《红楼梦》的神话批评,与蔡元培的索隐派、胡适的考证派和1949年后流行的贾府兴衰与宝黛爱情悲剧说等《红楼梦》研究,绝对不同,是一种全新的解读。神话批评方法的解读,重新发现了《红楼梦》更丰富更深刻更厚重的内容,而且是此前研究所没有充分注意或根本就没有注意到的内容。我将我运用叶舒宪的文学人类学理论进行《红楼梦》研究的成果发了50多篇公众号(每篇均1万字以上),公开发表的十几篇文章,并在几个线上相关群里讲解《红楼梦》的神话批评,均获得了很好的评价。

四、"尾随"与"带游"的几点体会

讲述我自己的研究成果为的是说明,我对叶舒宪"尾随"式"从游"和叶舒宪"提携"式"带游"取得的收获,这种收获是此前绝对不能获得的。记得在上海交大某年的一次学术会议上,我在发言中说"我是吃叶舒宪的'奶'长大的"。会场立刻爆发了一片哄笑,但紧跟着哄笑之后的是一片热烈的掌声。我非常感动与会者深深地理解了我比喻言语的意思,我是读叶舒宪老师的书,跟着叶老师学习,在叶老师携带下成长起来的学者。我深知,我不是一个有大成就的学者,但是对个人来说,我绝对超越了我自己,而且超越得很高。没有"尾随"叶舒宪的"从游",没有叶老师的"提携"式"带游",这是绝对不可能达到的。由此我产生了几点深刻的体会,愿意分享给大家,特别是愿意分享给那些更年轻的学者。

(1)对叶舒宪老师"尾随"式"从游"是顺利进入学术研究过程的一个非常便捷的方法。叶舒宪老师是改变范式的学者,是开拓了新的研究道路的学者,是在整体上提供了新的研究方法的学者,在多方面学术研究取得了辉煌成就的学者,是在研究方法和具体文本解读都起到典范作用的学者,是影响了几代人的学者,我们对他采取"尾随"式"从游"会获得样板、榜样和模范,即叶老师提供的模范作用是可操作的。叶舒宪开拓出来一种行之有效的研究方法,我们可以沿着这种方法获得长足的进步。我们不可能达到叶老师的高度,但我们会很快获得变化和提高,我相信很多"小鱼"逐渐会变成很多"大鱼"。当然,

如果能够获得叶老师的"带游",那你的进步会更快更大。

（2）我自己的学术教训再一次证明,学习的问题不是接受新知识,而是摆脱旧观念。而摆脱旧观念的一个很好的方法,就是对叶舒宪著述的系统性学习,从他编著的《神话－原型批评》到《文学人类学教程》,从《探索非理性世界》到《高唐神女与维纳斯》,从《文化符号学》到《玉石神话信仰与华夏精神》,从《老子的文化解读》到《中国神话哲学》,从《玉石里的中国》到《中华文明探源的神话学研究》,等等,只要系统读下来,我们的文学观念、批评方法,特别是文本解读能力就会发生根本性的变化,我们的知识结构就会发生巨大变化,原有的那些僵化观念和批评范式就会对我们失去效用。

（3）依我自己的学术研究实践,可以证明,把握到叶舒宪的神话学方法,就可以探测文学和文化的秘密,探测作家创作的秘密,探测文本的秘密,探测人物心灵深处的秘密,探测文本与文化传统的秘密。

（4）既然叶舒宪的文学人类学方法是一种行之有效的方法,那么就可以把他的方法推广到更广大的文科领域。叶舒宪老师的文学人类学方法,即使在文学领域,也不应该只局限在神话领域,局限在博士论文范围,而应该扩大到更大的文学研究和文学批评领域,扩大到文学史和文学教学之中去。走出小圈子化,在更广大的范围和领域开花结果。

（5）可以召开专题学术研讨会,研究叶舒宪的学术道路、学术方法、学术贡献等,使更多的人了解叶舒宪的学术思想。

坎贝尔说："英雄就是能够战胜个人的和当地的历史局限性的男人或女人,这些局限针对的普遍有效的常规人类模式。英雄的愿景、观点和灵感来自人类生活与思想的原始动力。因此他们雄辩,是有说服力,他们表达的不是当下分裂的社会和精神,而是社会重生的永恒源泉。作为一个现代人,英雄已死,但作为一个不朽的人——更加完美、非特定的、普遍存在的人,他已经得到了重生。因此英雄的第二个项任务与功绩是他们在改变模样后回到我们之中,传授他所学到的有关重生的经验与教训。"① 坎贝尔所说的英雄其所指就是现代神话人物,叶舒宪就是这样的回到我们之中的神话性人物。

在文学研究领域有一个很奇怪的文化现象：在其他领域可以有这样那样的大师,但在我们文学研究领域却没有自己领域称呼的大师。这令人百思不得其解。今天,在叶舒宪老师 70 岁华诞的时候,我们送上祝寿的鲜花与美酒,献上对他创造文化奇迹的赞美诗与对他未来人生最美好的祝福,就是我们这个领域对大师的最好爱戴和礼赞。

---

① ［美］约瑟夫·坎贝尔：《千面英雄》,黄珏苹译,浙江人民出版社,2016 年,第 14—15 页。

大笔如椽绘宏图、大气磅礴开新篇
——叶舒宪教授在文学人类学、美学文化学领域的杰出贡献

祁志祥

有一句话叫"光阴似箭，日月如梭"。过去不知道这句话的真实含义，现在算是感同身受、切实体会到了。曾记得我与舒宪兄一起从文艺理论、从中华美学学会青年美学研究会出发，那时都是风华正茂、青春勃发的有志青年。一转眼，舒宪已年届七十，而我也紧随其后，作为同道，要为他的七十诞辰写点祝贺文字了。我们心有不甘，感到时间过得太快，但事实上时间对于每个人都是公平的。我们能做的，就是安之若素，乐天知命。

我们都是新时期改革开放、恢复高考政策的受益者。舒宪是1977届考上大学的，我是1978年考进大学的。我们都是考的中文系。那是一个百废待兴、怀揣理想的年代，那个时候的文学创作和文学理论都特别繁荣。卢新华的一篇《伤痕》，令洛阳纸贵；上海文艺出版社出版的文艺理论探索书系，令中文学子如痴如醉。我本来痴迷于文学创作，梦想成为作家，但创作方面并未露出什么才华，倒是文学理论方面展现了一点闪光之处，得到了中国社会科学院文学研究所文艺理论研究室钱中文先生的奖掖和栽培。1987年，我考上华东师范大学中文系文艺理论大家徐中玉先生的研究生，从此走上了文艺理论和美学的研究之路。1992年，中华美学学会青年美学研究会在青岛开会，我第一次与舒宪相见，领略了他青年时期玉树临风的风采。其时在青岛大学执教的臧克和是我华东师大的研究生同学。他从文化学的角度阐释文字意义，对当时从神话原型的角度阐释文学意义的叶舒宪很是佩服。以会会友，臧克和在会议期间邀请舒宪和我等人到他家一聚，从此与舒宪结下不解之缘。后来克和到华东师范大学中文系任职，舒宪每到上海，必与臧兄一叙，我也因此有机会与舒宪多次相见。后来舒宪游走多地工作，学术兴趣转向神话学研究，我也辗转多处任职，但一直在文艺美学理论的园地里耕耘。由于天各一方，学术专攻有所不同，故而联系减少。两年前，我受王宁院长之邀，来到上海交通大学人文学院，担任访问教授，有幸与早已加盟上海交大、担任交大神话学研究院首席专家的叶舒宪教授重新相遇，一同共事。2022年起，我应邀给辽宁的《艺术广角》主持《大家视角》，向舒宪约稿，他很快给了我一篇《万年中国说与美学史重构》的长文，我编发在《艺术广角》2022年第2期上。后来我又给《艺术广角》开设《名家谈治学》，向他组稿，他又很快提交了《七十自述：从"六个主义"到"玉成中国"论》。2020年12月，他主编的"玉成中国：中华创世神话考古专辑"丛书在上海人民出版社出版。2022年初，上海市社会科学联合会召开中华创世神话研究工程首批成果发布会，我应邀做主题发言，也得以对叶舒宪所著的代表作《玄玉时代：五千年中国的新求证》有仔细的研读，对他神话学研究的主要创见有实证的了解。回顾我们这段交往的经历与缘分，既让人兴奋，又令人感慨。

叶舒宪教授出版的第一部书，是1987年主编主译的论文集《神话－原型批评》，这是他的成名作。通过这部书，叶舒宪将西方20世纪中期文学批评理论派别之一的原型批评较

为系统地译介到中国学界。原型批评理论的基本思路是：文学现象不宜孤立地看待，而应以系统性的文学观和文学史观加以观照。文学的发生和发展，有一个起点，那便是神话及催生神话的信仰－仪式综合体。只研究神话，是文学艺术范围内的专业研究；而要探究神话背后的信仰－仪式综合体，就成为文化人类学研究。这就预示着：叶舒宪在这部书以后，一步步沿着从文学专业向人类学专业的跨越，从而转向交叉学科——文学人类学。原型批评将全部文学整合为一个整体，让神话充当这个生成性整体的发动机。译介原型批评理论的过程，导致叶舒宪在几十年以后，坚持追问中国文明发生的整体问题。神话原型批评实践运用的直接效果，是高度强调神话研究在整个文学和文学史研究中的优先性。

于是，就衍生出叶舒宪教授后来的一系列相关成果：

《家庭美学》（合著），陕西人民出版社，1987 年。
《探索非理性的世界》，四川人民出版社，1988 年。
《符号：语言与艺术》，上海人民出版社，1988 年。
《英雄与太阳：中国上古史诗的原型重构》，上海社会科学院出版社，1991 年。
《中国神话哲学》，中国社会科学出版社，1992 年。
《高唐神女与维纳斯》，中国社会科学出版社，1997 年。
《原型与跨文化阐释》，暨南大学出版社，2002 年。
《神话意象》，北京大学出版社，2007 年。
《熊图腾：中华祖先神话探源》，上海锦绣文章出版社，2007 年。
《河西走廊：西部神话与华夏源流》，云南教育出版社，2008 年。
《现代性危机与文化寻根》，山东教育出版社，2009 年
《文学人类学教程》，中国社会科学出版社，2010 年。
《金枝玉叶：比较神话学的中国视角》，复旦大学出版社，2012 年。
《图说中华文明发生史》，南方日报出版社，2015 年。
《中华文明探源的神话学研究》，社会科学文献出版社，2015 年。
《比较神话学在中国》（合著），社会科学文献出版社，2016 年。
《中华创世神话六讲》（三人合著），上海交通大学出版社，2018 年。
《玉石里的中国》，上海文艺出版社，2019 年。
《玉石神话信仰与华夏精神》，复旦大学出版社，2019 年。
《〈老子〉与神话》，陕西人民出版社，2020 年。
《庄子的文化解析》，陕西人民出版社，2020 年。
《诗经的文化阐释》，陕西人民出版社，2020 年。
《玄玉时代：五千年中国的新求证》，上海人民出版社，2020 年。
《盘古之斧：玉斧钺的故事九千年》，上海人民出版社，2021 年。
《世界神话二十五讲》，北京大学出版社，2024 年。

据不完全统计，叶舒宪教授独著和与他人合著的著作有 60 余部之多。此外，作为国内相关学科的领军人物，他还主编过 12 套丛书，共 172 本专著：

第 1 套："20 世纪国外文艺学译丛"，2 本，陕西师范大学出版社，1987 年。
第 2 套："中国文化的人类学破译丛书"，10 本，湖北人民出版社，1991 年。
第 3 套："中国生肖文化丛书"，12 本，社会科学文献出版社，1998 年。
第 4 套："文学人类学论丛"，8 本，社会科学文献出版社，1999 年。

第 5 套："神话学文库"，已出 2 辑 38 本，陕西师范大学出版总社，2019 年。另有第三辑 22 本待出。

第 6 套："神话历史丛书"，13 本，南方日报出版社，上海交通大学出版社，2010 年。

第 7 套："文明起源的神话学研究丛书"，8 本，社会科学文献出版社，2015 年。

第 8 套："玉帛之路考察丛书"，7 本，甘肃人民出版社，2015 年；6 本，上海科学技术文献出版社，2017 年；3 本，陕西师范大学出版总社，2020 年。

第 9 套："文学人类学原创书系"，39 本，陕西师范大学出版总社，2018 年。

第 10 套："中国文学人类学理论与方法研究丛书"，5 本，复旦大学出版社，2019 年。

第 11 套："中华创世神话研究工程系列丛书·中华创世神话考古专题·玉成中国"，8 本，上海人民出版社，2020 年。

第 12 套：《中国民间文学大系·神话卷》，6 本，中国文联出版公司，2019—2021 年。

综观叶舒宪教授 30 多年的学术历程，以获准立项中国社会科学院重大项目 A 类"中华文明探源的神话学研究"的 2009 年为界标，可划分为两个阶段。前一个阶段是 1987—2009 年，共 22 年，可视为这重大项目的学术准备阶段，包括从文学人类学交叉学科的雏形呈现，到有关人文社会科学的"人类学转向"讨论；从文化大小传统再划分理论到文化文本多级编码论；从三重证据法到四重证据法的新方法论体系建构；等等。后一个阶段是 2009 至今，有 14 年。2009 年重大项目展开以后，叶舒宪的学术方向是基本一致的，即从理论上阐释世界上唯一没有中断的五千年中国文明的奥秘所在。而这方面的研究成果和基本观点，集中体现在 2020 年 12 月上海人民出版社出版的《玄玉时代：五千年中国的新求证》中。

首先，"玄玉时代"概念的提出及其研究，将探索华夏文明的源头的实证材料往前推了 2000 年，意义非凡。研究中国早期文明，过去多以文字文献为依据。中国最早的文字是殷商的甲骨文和金文，距今不过 3600 年的历史。认识中国早期文明的上限，至多不过夏朝开始的青铜器时代。叶舒宪的研究以考古挖掘的大量玉礼器为据，综合文字文献及口传神话、民俗礼仪等神话学、民俗学的成果，给文物提供被激活的还原语境，并细致地揭示了在距今 5500 年仰韶文化后期至距今 4000 年龙山文化晚期的青铜器时代开端，在中原曾经存在过一个玉礼器时代，其玉料是墨绿色、玄黑色的蛇纹石玉。所以，作者命名为"玄玉时代"。其时对应的传说历史人物，是黄帝到夏禹的时期。从《山海经》所记黄帝播种玄玉（"瑾瑜"），到《尚书》所云夏禹建立王权时天神赐以"玄圭"，无不体现出玄玉是那个史前时代的至高显圣物。华夏文明不是直接从石器时代进入青铜器时代的，而是经由玉器时代过渡到青铜器时代的。这就叫"玉成中国"。这是文学人类学派提出的独特概念，是对华夏文明源头的独特发现和实物叙事。这个观点是振聋发聩的，但论证则是逻辑自洽、自圆其说的，值得学界重视和认真对待。

其次，"玉成中国"的研究发现对"玉"的文化意义和历史地位做了全新揭示。以前我们看玉，它在中国传统文化中只处于配角的地位。古人说"玉"之美"有五德"，所以"古之君子必佩玉"。玉充其量只是古代君子的佩饰。"玉成中国"原理则告诉我们，"玉"在中国文化的发生、发展中不是配角，而是主角。原因就是早在 10000 年前此类美观的石头就被神圣化，成为崇拜信仰的对象。《玄玉时代：五千年中国的新求证》描述了 5500 年前到 4000 年前中原和西部地区礼仪用玉的取材情况，用调研所得大数据作为依据，探究了玄玉崇拜和"以黑绿两色相间相杂（蛇纹石）为美"的"史前期古老审美风尚"①，以及在华夏大地上"玉材"的"西玉东输"与以神话为标志的"玉文化"的"东玉西输"。书中涉及的这个时期的玉礼器实物图片有玄圭、玄钺、玄琮、玄璧、玄璜、玉斧、玉刀、玉铲、玉环、玉笄、玉凿。玄玉在光线照耀下的光晕变化，不仅是通神显圣之物②，也是王权贵族的象征。它印证了"巫以玉事神"的古老传统，也开启了秦皇以玉为国玺的先声。"玄玉时代"以黑为美的风尚一直延续到夏代。所以《礼记·檀弓》有"夏后氏尚黑"的记载。但随着距今4000年左右玄玉礼器逐渐被从昆仑山大批东输而来的白玉（又称"和田玉""昆山之玉"）取代，人们在审美风尚上又发生了以纯白为美的重要转向，也就是《礼记·檀弓》说的"殷人尚白"吧。叶舒宪把这种转向称为"玄素之变"。周代服色虽然出现了"尚赤"的变化，但羊脂白玉礼器的崇拜并没有改变，并经由战国时期的和氏璧神话和秦始皇的传国玉玺一直延续到清末。《红楼梦》形容贾府"白玉为堂"，即明证。

再次，"四重证据法"所带来的方法论上的革新意义。传统的研究方法是依据文字文献为据，包括传世文献与出土文献（金文、甲骨文、竹简、帛书）二重证据。叶舒宪觉得这还不够。他主张兼顾民族学、民俗学的材料证据和考古发掘的实物、图像证据。这就分别构成三重和四重证据。在《玄玉时代：五千年中国的新求证》中，我们看到了大量的从田野考古考察和各地博物馆中搜集、发现的玉器实物照片以及对这种无声之物的独到"叙事"，看到了对中国各民族相关的口头传说的神话故事及活态化的风俗礼仪、祭仪式的广泛搜罗与特殊解读，以及与上古传世的历史文献、神话文献、古文字文献的相互印证。"四重证据"的相互印证可以产生新的具有革命意义的认识和发现，只是真正做起来相当不易。它需要有扎实的训诂学、文献学、历史学、文化学功夫，还需要有民俗学、民族学、考古学、人类学的积累。若非通才大儒不能为也。同时我们注意到，该书既是学术著作，具有深厚的学术含量，同时又是可读性很强的文学著作，试图用"讲好中国故事"的方式，融汇史料，对中国早期的文明产生做出有吸引力的解读。据说出版以来，丛书颇受市场欢迎，就是该书将学术与文学方法结合起来取得成功的证明。

七十岁是一个令人感慨的年龄，但叶舒宪教授以惊人的才华和极为充沛的创造力，在文学人类学、美学文化学、中国神话学、上古历史学等方面出版了若干著作，奉献了若干真知，取得了杰出成就，是无悔的人生、值得欣慰的人生。现在的生活条件好，舒宪的身体状态、精神状态也很好。我衷心祝福舒宪教授永葆良好的身体状态，以积极的精神状态不断前行，取得新的成绩，谱写新的辉煌。

---

① 叶舒宪：《玄玉时代：五千年中国的新求证》，上海人民出版社，2020年，第238页。
② 叶舒宪：《玄玉时代：五千年中国的新求证》，上海人民出版社，2020年，第233页。

文学可以如是说：人类学的一种关涉
——兼述叶舒宪教授的相关研究

彭兆荣

> 人类学也许可以比作这样一种国际象棋，它已经发展出奇妙而惊人的开局。
> ——罗伊·瓦格纳①

文学人类学，许多人视之为一个新兴的分支学科，这固然不错，却十分"浪费"。② 理由是，文学人类学恰好是人类在思维与表述、形态与原型、客观与主观等多层次结合和互动的学科交融，涉及认知性知识，参照中国传统文化体系，还包括超越二元对峙分类，文化表述的差异，冲破"写文化"（writing culture）③ 的权力规训和话语界限等，完全不是一个小小的分支学科所能负载。在此，叶舒宪教授，毫无疑义，是我国在这一全新领域中最重要的推手。

一、思维之镜可以鉴

我们相信，所有的文化现象都是以人为主体的认知性产物，文化所以不同，在于思维和表述的差异。两点需要厘清：第一点，思维具有人类的共性，只有这样，人类方可借以沟通和交流。人类学家在了解"异文化"（other culture）时，通常以思维形态为选择路径，即要了解特定部族的文化，需要体认其思维，只有到达思维的层面，才有机会"知其然亦知其所以然"。换言之，只要在分类上属于"人类"（mankind），必有其相通与共者，而思维即在首先。第二点，每一种文化皆有其特定、特殊和特点，这也是在思维相共属性的前提下而言者，否则，文化的多样性便没有根据。换言之，认识与尊重不同族群的文化差异，也只有在人类思维相共的前提下可达成共识。共性是思维性认知，差异是多样性表述。

缘此，人类学家常常使用诸如"野性的思维""原始思维""神话思维""前逻辑思维""原逻辑思维"等术语，其中必包含二者之要。美国人类学泰斗博厄斯在《原始艺术》中开章明义：

> 我们以两条原则为依据——笔者认为研究原始民族生活的各个方面都应该以这两条原则为指导：一条是在所有民族中以及现代一切文化形式中，人们的思维

---

① 转自[美]伊万·布莱迪：《人类学诗学》，徐鲁亚等译，中国人民大学出版社，2010年，第35页。
② "不浪费的人类学"为我国学者庄孔韶教授所提出。
③ 参见詹姆斯·克利福德、乔治·E.马库斯编：《写文化——民族志的诗学与政治学》，高丙中、吴晓黎、李霞等译，商务印书馆，2006年。

过程是基本相同的;一条是一切文化现象都是历史发展的结果。①

然而,思维的同质性是有限度和限制的,特别是在跨越时间链条的"断裂"时需要特别谨慎。这一点在西方学者那里常显悖论而无法突围,根本原因在于死抱着"欧洲中心"不放,将自己置于"现代"(包含着"文明""进步"等语义),而将非西方的"他者"——按照萨义德的"他者说",东方他者是被欧洲人凭空制造出来的,东方他者原是一种思维方式②,一并置于"原始"(包含"野蛮""落后"等语义)范畴,并配合以"社会进化论"要旨。这样的设限在凸显权力的同时,又将自己推到了矛盾深渊,不能自拔。这便是"西方悖论"。纵使是列维-布留尔——《原始思维》的作者,晚年也已倾向于放弃自己的原始思维说,无奈他的这个"孩子"("原始思维")已经长大和独立,他已无法控制。所以,他在为《原始思维》俄文版补作的序中有这样的文字:

> "原始"一语纯粹是个有条件的术语,对它不应当从字面上来理解。我们是把澳大利亚土著居民、菲吉人(Fuegians)、安达曼群岛的土著居民等等这样一些民族叫做原始民族。当白种人开始和这些民族接触的时候,他们还不知道金属,他们的文明相当于石器时代的社会制度。因此,欧洲人所见到的这些人,与其说是我们的同时代人,还不如说是我们的新石器时代甚或旧石器时代的祖先的同时代人。他们之所以被叫做原始民族,其原因也就在这里。但是,"原始"之意是极为相对的。如果考虑到地球上人类的悠久,那么,石器时代的人就根本不比我们原始多少。严格说来,关于原始人,我们几乎是一无所知的。③

类似"原始思维"这样的语用与其说是语言逻辑问题,还不如说是"欧洲中心"自我制造的话语麻烦,它既认可人类祖先具有共同的属性和特征,又要在人类中区隔"我者/他者"。所以,在今日反思的趋势下,其命运可想而知④——正被历史发展逐渐抛弃。

当然,我们也知道,悖论是超语境性的,在具体的语境中,任何悖论都具有其特殊的逻辑,正如"原始思维"一样,无论是概念的使用还是价值的限度,"原始思维"都存在着不可克服的矛盾和悖论,无论是突出"欧洲中心"的政治话语之用意,还是任何自我认同的"连续性"断裂,都将它推到了无法自圆的境地。然而,就思维形态而言,当文化人类学在开始的阶段,以认识"他者文化"为己任的学理依据和学科规定,具有产生"制造"原始"野蛮人"的历史土壤和表述语境。今天,在同样的窘境中反思被自己"制造"的对象时,人类学这一学科相对豁达地在其内部进行反叛性革命,即断然摒弃诸如"野蛮""落后"这样的词汇,有些人类学家甚至连像"图腾"这样的用语都建议不用,尽管这样的词汇已经构成人类学知识谱系的重要部分。⑤

有意思的是,当世的人们有鉴于全球化的社会现实所带动的潮流,这股潮流又极大地

---

① [美]弗朗兹·博厄斯:《原始艺术》,金辉译,贵州人民出版社,2004年,前言第1页。
② [美]爱德华·W·萨义德:《东方学》,王宇根译,生活·读书·新知三联书店,1999年,第1—2页。
③ [法]列维-布留尔:《原始思维》,丁由译,商务印书馆,1981年,第1页。
④ 参见叶舒宪:《文学与人类学——知识全球化时代的文学研究》,社会科学文献出版社,2003年,第50—51页。
⑤ 参见叶舒宪:《文学与人类学——知识全球化时代的文学研究》,社会科学文献出版社,2003年,第45页。

损害了仍处于相对封闭地区的族群文化时,就像那些生物物种在现代化的进程中,其生活境遇遭到了灭顶之灾,生存难以为继时,保护生物多样性,进而保护文化多样性于是也在全球化、现代化的轰轰声响中发出嘤嘤细语。于是,"原始"又在不同程度上转换面目,改装上台,诸如"原生态"等表述再次"悖论性"地登上语义场。① 这种"静静的革命",在原本已在反思,甚至批判的"原始"意义上注入了新的意义。更有甚者,西方学术界试图在超现实主义的主张中,重新释用"原始",将"原始主义"作为"现代主义"批判的工具。② 那些原属于"原始文化"范畴的用语、法术、魔幻等重新被派上用场,充斥在电影、美术、绘画、美学、技艺等诸领域。

值得特别提醒的是,中国传统的文化在许多西方学者的表述中,也被归于"原始思维"的范畴。这里出现了值得认真对待的问题:思维以认知为基础,认知以分类为基本,西方的认知分类为二元对峙论,即排中律式"非白即黑"的表述恰恰不合于我国传统的思维形态和文化表述。中国传统的认知性思维是建立于天地人"三材",即"天人合一"的基础上,这是任何"原始思维"——西方制造的范式都无可适用的。我国的文化是"体性的":一方面包含身体行为,包含对对象的认知,对主、客体生命的价值体认;另一方面也包括特殊的表达方式。③ 一如"气"之于生命。甲骨文"气"作"三",从西周到东周的古字形演变,确认"气"与"三"的关系。④ 甲骨文字形 ☰ 与"三"相似,代表天地之间的气流。《礼记·月令》:"天气下降,地气上腾。"金文 ☴ 为使之区别于数目字"三",将第一横写成折笔 ∟。造字本义:易于在天地之间均匀扩散、飘逸的第三态物质,气流。金文 氣,由 气(气,自由扩散、飘逸的第三态物质)和 米(米,代食物)组成,表示食物产生气体。《说文解字》释:"氣,馈送客人的饲料和粮食。"这样的思维和表述,不是任何诸如"互渗"可以解释和适用的。⑤

总之,我国传统文化中的思维形态是独自的、独立的和独特的,以天地人沟通参照为镜鉴,表述则在"中行"(中庸之道),非西式所设计之"原始思维"二元对峙性和"非我即他"("我者/他者")的话语表述范畴。

二、原型之制可以训

原型是文学与人类学通缀的重要结合点,诚如叶舒宪教授所说"原型作为跨文化解释的有效性",确实成为人类学解释文化的一种有效的范式。⑥ 众所周知,将原型成功植入文

---

① 参见彭兆荣:《原生态的原始形貌》,载《读书》2010年第2期。
② 参见叶舒宪:《文学与人类学——知识全球化时代的文学研究》,社会科学文献出版社,2003年,第51页。
③ 彭兆荣:《体性民族志:基于中国传统文化语法的探索》,载《民族研究》2014年第4期。
④ 于省吾:《甲骨文字释林》,商务印书馆,2010年,第79—82、501页。
⑤ "互渗"(participation)是列维-布留尔《原始思维》中的核心概念,强调原始思维中主客相互渗透的关系。
⑥ 参见叶舒宪:《原型与跨文化阐释》,暨南大学出版社,2002年,第1—21页。

学人类学的学者是加拿大学者弗莱①,在《批评的剖析》中,"模型"成为基本的范式入径②。因为原型具有对特定文化表述的模型性归纳功能,包含着人们熟悉的结构等,故有学者将其归入"结构主义"之一种。③ 而弗莱自己说:"文学中的常规、文类和原型不会简单地出现:它们一定经过从不同源头,或者也许从同一源头的历史性的演化。"④ 于是,神话便在追溯历史和知识谱系的源头时需要给予特别关怀和关照的。就西方而论,"两希"神话也因此成为原型的肇端。

中国的神话原型亦可训,惟有自己的表述。比如中国的时序神话,遵循着一个特定的模式,叶舒宪就此分析:从这个规定的时空秩序的神话中,我们看到了四组等值的象征。它们可以确证对四首仪式歌的多重语义分析,使我们有把握初步确定中国神话宇宙的原型模式的时空坐标:

1. 东方模式:日出处,春,青色,晨,旸(汤)谷。
2. 南方模式:日中处,夏,朱色,午,昆吾。
3. 西方模式:日落处,秋,白色,昏,昧谷。
4. 北方模式:日隐处,冬,黑色,夜,幽都。

其实,重要的仪式化主题——无论是语言性还是行为性的,都可以理解为类型神话的行为化。通常人们是通过礼的经典化、伦理化来接受它,殊不知,礼更是一种"仪",其原生形态是仪式行为,属于人依据认同的文化模式的一种践行。人类学所熟知的"神圣-世俗"也都具有模式化、类型化的意思,并通过仪式加以凝固。⑤ 艾里亚特(Eliade)在分析萨满仪式时,就在日常和现实的社会里,清晰地区隔出它与"神圣"世界的关系,以建构所谓的"整体性他者"(Wholly Other)。⑥ 在这里,"他者"并不是后殖民主义理论所使用的"我者/他者"的关系,而是通过仪式和仪式的程序、巫术等以建立一个超常规的秩序——一个整体的"非常"性的格局和结构。在那里,"常"与"非常"都坚守着各自文化的类型底线。

物之于礼的最基本特征之一就是具有类型性的母题(motif),比如中国的礼器大都围绕着与神、祖先的享用和交流。张光直认为,神属于天,民属于地,二者之间的交通要靠巫觋的祭祀。而在祭祀上的"物"与"器"都是重要的工具;"民以物享",于是"神降之嘉生"。⑦中国的神话礼仪通过器物的使用,建立起一种非常特殊的原型关系。这样,对历史的解释,物就不仅仅只是一种实物的遗存,也是对这种历史负载的认知和评判。我国古代有"礼藏于器"之说。比如鼎等礼器就成了国家和帝王最重要的祭祀仪式中的权力象征。

---

① "原型"这个词来自西方哲学的鼻祖柏拉图,指人们可经验的现实世界背后,还有一个看不见的理念世界。 参见叶舒宪:《熊图腾》,上海文艺出版社,2007年,第96页。
② [加]诺思洛普·弗莱:《批评的剖析》,第一篇"历史的批评:模式理论",陈慧等译,百花文艺出版社,1998年。
③ 刘康:《普遍主义、美学、乌托邦——弗莱"文学原型说"散论》,见王宁、徐燕红编:《弗莱研究:中国与西方》,中国社会科学出版社,1996年,第46页。
④ [加]诺思洛普·弗莱:《批评之路》,王逢振、秦明利译,北京大学出版社,1998年,第17页。
⑤ 参见杜尔凯姆(又译涂尔干)的《宗教生活的基本形式》,见史宗主编:《20世纪西方宗教人类学文选》,上海三联书店出版社,1995年,第61页。
⑥ Mircea Eliade. *The Sacred and the Profane*. New York: Harper & Row, 1959, p.9.
⑦ 张光直:《考古学专题六讲》,文物出版社,1986年,第99页。

中国迄今为止在考古发现中最大的礼器鼎叫"后母戊大鼎"。《尔雅正义》引《毛传》云："大鼎谓之鼐，是绝大的鼎，特王有之также。"① 所谓"商曰祀，周曰年，唐虞曰载"都与物的祭祀有关。②《左传》："国之大事，在祀与戎。"③ 郑玄注《礼记·礼器》："大事，祭祀也。"④因此，鼎具有母题性、原型性。

如果说，礼器的礼仪化多属于展演性表述的话，那么，汉字的原型与"象"的关系，则属于形意性表述。中国自古就有根据不同的现象而带动认知、积累经验和知识表述，这些与人们所说的"思维"相符合；同时，也由此形成了使用方法上的特点。比如《周易》所言"观物取象"和"因象见意"，儒家诗教所倡导的"引譬连类"等，都与中国传统的思维方式发生关系，并形成了鲜明的特点。⑤ 汉语的语汇用法也彰显了语用与类型的关照。叶舒宪教授以"狂狷"为例，说明了这一概念在世界文化表述中的原型意义，中国汉语文化中所包含的特别指喻。汉语中的"狂"与古时候人们对"狂犬"的认知有关。有意思的是，孔子将狂与狷归入"可交的小人"之列。《论语·子路》有："子曰：不得中行而与之，必在狂狷乎。狂者进取，狷者有所不为也。"只是这两类人都不"中行"（"中庸之道"）。⑥

相对而言，西方对疯狂母题的表述和演绎，与我国的情形迥异。"疯狂"在西方知识谱系上是一个类型化的表述。在柏拉图的《斐多篇》中有这样的讨论：

苏格拉底：说到疯狂，有两类，一类产生于人的弱薄，另一类神圣地揭示了逃离世俗束缚的灵魂。

斐多：这是真的。

苏格拉底：神圣的疯症又可分为四种，预言式的、发端式的、诗风格、性爱的，由四位天命分别掌管着。

其实，疯狂是动物性的一种超常的表达，具有非常鲜明的原型性依据，比如"酒神"的文化特性正是疯狂，也是人类在正常的生命中的"异常性"表达，也是所谓太阳神式理性的对立面，因此往往具有"革命性"的意味。当然，它也因此成为人类文化史上的重要原型。⑦

至于人类学所惯常的话题，如图腾等，其实也都在泛义上具有原型之意。"图腾"一词虽然来自北美印第安人奥吉布瓦（Ojibwa）语言中的ototeman，即今天totem的本源，意为"他的亲族"（以亲属制度的"拟亲"方式解释某些与特定族群有着特殊关系的动、植物等现象）。英国人类学家亚当斯·库柏在《发明原始社会》一书中从后殖民主义立场出发，认为图腾说是西方白人学者描述文化他者的"原始性"而建构出来的，而弗雷泽、弗洛伊

---

① 〔清〕邵晋涵：《尔雅正义》卷七，清乾隆53年面水层轩刻本。
② 王云五主编：《尔雅义疏》卷三，台湾商务印书馆，1965年，第46页。
③ 杨伯俊编著：《春秋左传注》，中华书局，1981年，第861页。
④ 〔汉〕郑玄注，〔唐〕贾公彦疏：《礼记正义》，中华书局，1980年，第1243页。
⑤ 参见叶舒宪：《原型与汉字》，见王宁、徐燕红编：《弗莱研究：中国与西方》，中国社会科学出版社，1996年，第201—211页。
⑥ 参见叶舒宪：《阉割与狂狷》，上海文艺出版社，1999年，第230—235页。
⑦ 参见彭兆荣：《文学与仪式：文学人类学的一个文化视野——酒神及其祭祀仪式的发生学原理》，北京大学出版社，2004年。

德等都在重蹈覆辙，因此图腾说已不合时宜。① 然而，当一个概念经历了历史社会化之后，其语义也已经在不断的"建构""发明"和"误读"中产生新的语义。重要的是，图腾作为一种特定族群对特殊文化类型在集体认同的基础上，已然经过了长时间的传承，成为特定文化的实际构成和构造。所以，今日之"图腾"其实仅仅是借用，这一语辞背后语境性的政治话语部分早已淡化，剩下只是对这一概念采借的逻辑性依据和知识性认可的问题。叶舒宪教授也同张光直教授一样，认可并使用这一概念于中国传统文化的分析，比如"熊图腾"。② 当然，此前的诸如"龙图腾""狼图腾"等已经用得很多。

三、方法之技可以用

文学人类学在方法上具有鲜明的特点，既超越了传统文学以文字和文本（literary text）的一体"身段"，又不拘泥于单一性的材料证据。这种自古而然的文人-文献互疏互注模式，包括"六经注我/我注六经"的方法，在文学人类学的研究方法中早已被突破和打破。不仅是口述的、对话的、交流的、互动的，而且经常是在现场的，也构成人类知识和智慧的一个有机部分。然而，在传统学问的问学中，纵然是"论语式"的正统方法也未能得到更充分的发扬。更值得肯定的是，这些不同的取证方法和由此获得的材料，除了作为学术研究的佐证之外，本身已经成为一种全新的展示。比如，汉字的表述历史与汉字的材料史（陶泥、山崖、木材、动物皮、石料、龟骨、牛骨、青铜、帛锦、竹片、纸等）相同构。

人类学这一特殊的学科，依据其对"异文化"研究的初衷和原旨，必然而自然地超越了单一的考据方式（文字），而从至少二重的考据以求证之。因为那些"原始民族"多数没有文字，即使有之，亦非"本位"出发，至多是"客位"描述，在欧洲史上，那些传教士、殖民者、冒险家和旅行者，都可能成为"口述者"，而这些无法取信的材料必须与文献相互佐证，以配合对特定对象的研究。西方早期的人类学研究常使用之，代表人物弗雷泽即采用的"二重证据法"，即口述与文献结合的方法。他听取传教士和旅行者的口述故事，并将它们与文献同置，代表作就是人们所熟知的《金枝》。另一位具有相同学术理想的人类学家简·艾伦·哈里森，这位同为剑桥学派的重要传人则在方法论上明确提出"二重证据法"，用考古及文物材料，配合古典文献对古希腊宗教、神话，特别是仪式进行阐释。③

众所周知，我国学术史在进入20世纪以后，考古发现对传统经学形成了一种冲击，这种冲击包括自考古学这一外来学科在近代以降的"西学东渐"过程中，借由日本转道进入中国以来，对我国"地下"的文化遗产进行了前所未有的挖掘，同时伴随着各种科学的方法和手段，对我国旧有的、相对狭窄的金石学方法是一个巨大的启示，并以期在方法上的革新。更为重要的冲击，是由考古挖掘所获得的大量"地下的材料"应用于传统学问的问学之中。张光直先生将考古学概括为"现代考古学基本上是实地研究和实地挖掘地上材料和地下材料的学科。这门学科一方面是发掘新材料，一方面又是研究新、旧材料的"。④ 对于这一在我国传统学问和学术史上，特别是材料史上从未出现过的文物资料，它们如何与

---

① 参见叶舒宪：《熊图腾：中华祖先神话探源》，上海锦绣文章出版社，2007年，第99页。
② 参见叶舒宪：《熊图腾：中华祖先神话探源》，上海锦绣文章出版社，2007年。
③ 参见简·艾伦·哈里森：《古代艺术与仪式》，刘宗迪译，生活·读书·新知三联书店，2008年，第1页。
④ 张光直：《考古学专题六讲》，文物出版社，1986年，第54页。

"文献注疏"的传统形成配合等问题,迅速成为近代中国学者所关注和热议的话题,一些学者也开始了他们在研究上的尝试。"二重考据法"说由此出世。1925 年,王国维在清华研究院讲"古史新证"时曾这样说:

> 吾辈生于今日,幸于纸上材料之外更得地下之新材料。由此种材料,我辈固得据以补正纸上之材料,亦得证明古书之某部分全为实录,即百家不雅训之言亦不无表示一面之事实。此二重证据法,惟在今日始得为之。虽古书之未得证明者,不能加以否定,而其已得证明者,不能不加以肯定可以断言。①

对此,不少学者不仅给予了充分的肯定,而且以不同的方式加入讨论和研究之中,但多数未能超出王氏的框架。到了郭沫若那里,算是有了重要的进展,他在继承王氏"二重"之上注入了外国的内容,特别是将人类学的研究方法和手段用于研究中国古史。其他学者,包括闻一多、鲁迅、朱光潜、朱自清、郑振铎、凌纯声、钟敬文等人也都纷纷从各自从事的学科范畴、范围和角度进行讨论和实践。

近年来,我国的学术界在这方面讨论最为集中和深入者当属叶舒宪教授,他除了在"中国文化的人类学破译系列"(代表作《诗经的文化阐释》《庄子的文化解析》《中国神话哲学》《文学人类学探索》)中讨论并使用这些方法之外,在近些年提出"四重证据"说。在新作《图说中华文明发生史》中,他对四重考据做了图像实例了考述。② 所谓"四重证据",包括传统的文字训诂、出土的甲骨文金文、多民族民俗资料以及古代的实物与图像等。③ 而叶舒宪在近期强调的"实物与图像"是他根据国际学术界对物质文化研究(material cultural studies)以及人类学"物的民族志"(ethnography of object)研究范式所进行的整合性使用。近年来,他借用人类家雷德菲尔德在 20 世纪 60 年代所提出的"大传统/小传统"(great tradition/ little tradition)的概念。④ "大传统"指城市和复杂的生活方式,并带有强烈的、正式的历史意识;"小传统"则指相对简单的乡村农民生活以及所伴随的地方知识。⑤ 叶舒宪将这一对概念改造为:"大传统指汉字产生之前就早已存在的文化传统,小传统指汉字书写记录以来的文明传统。"⑥

这使得文学人类学在方法论上有了突破,特别在"考据"上出现了新的划分。文学人类学大量采借当代文化人类学的研究方法,当代学科所使用的所有学科性和取证方式都可能使用,所取得的材料都可能、可以被利用,包括人类的身体方面的测量数据,DNA 样本,自然环境中的相关资料,仪式现场的各种信息,诸如方向、器物、口述、音声、形体动作、服装等,都可以入用。文学与人类学两学科的交汇,必然会产生方法论连带方法上的革新,主要原则体现在:

---

① 王国维:《古史新证》,北京来薰阁书店,1934 年。
② 叶舒宪:《图说中华文明发生史》,南方日报出版社,2015 年。
③ 叶舒宪:《文学人类学教程》,第九章"文学人类学与国学方法更新——从一重证据法到四重证据法",中国社会科学出版社,2010 年。
④ Robert Redfield. *The Little Community, and Peasant Society and Culture*. Chicago, IL: University of Chicago Press, 1960.
⑤ Thomas Barfield (ed.). *The Dictionary of Anthropology*. Malden, MA: Blackwell Publishing Ltd., 1997, p. 470.
⑥ 叶舒宪:《图说中华文明发生史》,南方日报出版社,2015 年,第 2 页。

（1）学术反思。今日之学术，反思不仅作为特定语境下的背景，更是一种原则，在这一原则之下，既往的所谓本体论、认识论和方法论所得到的结果都可能受到挑战，学术界的诸如"后殖民主义""后结构主义""后现象学"等都包含着对既定的反思、反省和反叛。比如既往的文化"成规""定律"建立在"欧洲中心"的逻辑前提之上，而反思的成果必然包括来自方法论，甚至是方法的变革。

（2）学科整合。如果说在当今的学术研究范畴有什么最令人"匪夷所思"的话，那就是新学科范畴、领域、分支等如雨后春笋，迅速占领许多学术高地，其中重要的特点在于不同的学科"间隙"，交叉出形形色色的"新学科"。这些新兴学科也必然带动对传统研究方法的革新，而人类学所惯常使用的"整合"（holistic）特色和优势因而得到更加充分的发挥。

（3）方法变革。当今之世，人们在对"书写文化"批判的同时，也将原来那些不为"严肃学术"所认可的文字以外的方法，诸如歌唱、表演、口述、民俗生活、巫术巫技、符号、自然"异象"等都从"失语"的状态中被解放出来。这些不同的表述和表达相互印证，同构成一个较之传统以"权威性"——包括官方文书、御用典材、文人笔墨，以及正统分类，如经、史、子、集等——更为广泛而多样的材料证据链。

这些在反思性方法论的主导下，各类、各重"证据"都可能出现在文学人类学之中。从这个意义上看，文学人类学何尝不是反思原则下的尝试和实践。

文学人类学或许只是文学的一种另类研究，或许只是人类学借以对"有文字民族"一种新的对待，因为应用人类学早已跨越了旧式人类学所谓"异文化"的畛域。当然，也可以是两个学科的智慧相携，优势互补。在我国，文学人类学还有一个重要任务，这就是通过全新的研究视野和研究方法，突破中国文化传统的限制和瓶颈，使国学发出新的学术光芒。

从金枝到玉叶：
《中华文明探源的神话学研究》读后感
——兼论良渚文化与帝舜"班瑞群后"问题

田兆元

一、专业的神话学家对文明探源的研究

叶舒宪老师以神话学家的身份加入中华文明探源工程，并完成出版了《中华文明探源的神话学研究》一书，在神话学界与考古学界都引起了震撼。相较于此前的陆思贤老师的神话考古方面的研究，美国张光直先生的殷周神话研究，那是考古学者的神话学尝试，叶老师的著作则是神话学家主动切入中华文明探源问题的研究，是专业的神话研究学者参与考古文化，探索文明起源的研究。

神话学在中国有100多年的发展历程，神话学研究以研究者的投入区分，可以将前期称为神话学的兼职研究，将后期称为神话学的专门研究。

因为20世纪初，神话学才在中国发展起来，那时从事神话学研究的人，都是不同专业的，兼及神话学研究。他们的身份，或者是文学家，或者是历史学家，或者是人类学家，都是顺便做了一段神话学研究。他们对自己研究神话，并不觉得有多大事。比如茅盾，说自己年轻时期搞神话研究，是好不急之务，是"嗜痂"行为。

顾颉刚先生年轻时期通过"禹是一条虫"涉及神话问题，把尧舜禹说成神话，并不是要贡献神话学科，而是反传统，认为儒家圣人代表人物都是神话，那儒家的一套自然站不住脚。业师吴泽先生曾经说起，他问杨宽先生当年为什么要搞古史辨，杨宽先生说是为了反传统。三皇五帝传说，被说成是"战国秦汉之澜言"，由于成为经典，积以成习，蒙蔽千载。这在他们看来，神话是没有什么价值的虚假的东西，是编出来的，是造伪，尤其是战国秦汉的伪造。

当然才情横溢的顾先生很快就发现，这样搞下去是危险的，尤其是抗战爆发，民族精神受到考验的时候。所以他很快就收手，并且反其道而行之，开展《禹贡》的研究，中国边疆研究，历史地理研究。从对大禹的颠覆，到对大禹的建构维护，这一过程的转变是明显的。其实顾颉刚先生编完第五册《古史辨》以后就没有参编了。20世纪30年代中期，有一段《禹贡》与《古史辨》的并行期，看起来《禹贡》好像是《古史辨》的延续，但性质是完全不同了。因为这时，大禹神话不再是一条虫的问题，而是华夏根本的大问题。神话学的意义彰显了。这时，还在说大禹是一条虫的俗话就有点格格不入了。这个转变，神话学界是注意得不够的。大家还在津津乐道其"古史层累构成"的顾先生的青春话语，但是轻舟已过万重山，顾先生已然是民族文化守护的坚强战士。现在很多人都在讨论《禹贡》半月刊的爱国主义、民族主义、实证等问题，是看到了顾先生的重要转变。当然不悔少作，

顾先生不会否定自己的青春之作。但是我们要是只看到一个辨伪的顾颉刚、历史是层累构成的顾颉刚,假如我们没有看到爱国的顾先生、拯救中华民族的顾先生,那真是误读了顾先生了。

同时发生转变的还有闻一多先生。年轻的时候,他是五四青年,也是反传统斗士,骂龙凤也很起劲,当然这种习惯在后面弘扬龙文化的时候,还会时不时流露一下。但是在国破家亡之际,他的《伏羲考》把龙作为了华夏族的图腾,尤其把大禹家族与龙文化的渊源揭示出来,这个意义非同寻常。然后,将苗族龙文化与伏羲文化联系起来,构画出中华民族的认同符号。神话在闻一多先生这里,就达到了空前的高度。

抗战粉碎了三皇五帝的神话虚无论,神话成为民族团结的纽带。大夏大学社会研究部谢六逸、吴泽霖在贵州做苗族研究,目的是巩固民国时期的抗战大后方,那时,敌特挑拨当地苗族,破坏抗战后方的稳定。大夏大学社会研究部调查研究苗族的创世神话等当地神话,增强民族认同与国家认同,团结了抗日民族统一战线。至今《贵州苗裔社会研究》一书还留下那时调查的珍贵的神话资源。

与此同时,马克思主义史学阵营研究史前社会,多以神话作为研究资料。郭沫若的《中国古代社会研究》,吕振羽的《史前期中国社会研究》,吴泽的《中国原始社会史》,结合当年有限的考古材料,将神话作为重要资料,建立起原始社会的形态。他们明确指出,神话代表了历史的分期。原始社会的形态初步建立起来。

古史辨之所以刹车还与殷墟考古的发现有关。王国维先生据甲骨卜辞研究殷先公先王,发现《史记》记载没有大的问题,那么战国秦汉的记录都有问题?看来这种想法才是问题。王国维先生的研究,开拓了文献研究者研究历史的新篇章,引发了方法论的变革,即二重证据法。纸上材料与地下材料互补互证。这为神话学进入文明起源研究奠定了基础。

说到这些,是想表达:20世纪前期,中国神话学从最初的虚假无用论,到后来的民族历史根本论,神话的意义被彰显了。但是,那个时期的神话研究者,基本上是兼职顺带的神话研究。很少有专职的神话学研究者,这在一定程度上制约了中国神话学的发展。而20世纪前期的考古参与,物证思想,都是神话学的重要进步。

20世纪后期开始,神话学研究的画风丕变。首先是神话研究的专业人士出现了。袁珂先生是第一位终身以神话研究为业的学者。神话的地位也是进一步提高。神话是马克思、恩格斯等马克思主义经典作家所论述过的,希腊神话人类童年的天真梦想,具有永久的魅力。这不是对文明起源的经典表达吗?至于说,神话是用想象和借助想象以征服自然力、支配自然力,这就是说,神话是希腊人的梦想吧?马克思的诗性神话观,恩格斯的社会神话观,极大提升了神话的人文地位。中国神话学将神话界定为人民与自然斗争的伟大精神体现,与统治者压迫进行英勇奋斗的牺牲精神体现,追求美好爱情的崇高精神体现,以及浪漫主义想象力的天才体现,所以神话是一种中国精神的体现。

二、从金枝到玉叶:中国神话学的学术自觉与自主

到了20世纪后期,以及21世纪以来,诞生了一个较大的研究神话学的专业群体,全国多所院校,出现了多个导师为教头的神话集体。所以是全新局面。其中,叶舒宪老师转战多地,带出迄今为止应该是最大的神话学研究队伍,这是令人尊敬的劳作与贡献。

叶舒宪老师在神话学领域有多样性的贡献,这里不一一表述。小文单就叶老师在中华文明探源的神话学研究的贡献,尤其是玉文化研究的贡献,谈一点粗浅的体会与感想。

前段时间，央视《寻古中国》播放了一部多集的纪录片《玉石记》。我一边看，一边想，这是不是该请叶舒宪老师说说呢？结果看完了，也没有见到叶老师的影子。后来看到联合拍摄的单位是央视和国家文物局，合作单位都是博物馆与考古单位，想一想，这文明起源问题文物局一家贡献真大，文明探源是要求多学科一起来做的，他们就自己干。他们也找了一些其他学科的专家，如地质方面的，还有玉器制作方面的，好像是一个非遗传承人。但是，关于神话的专家，就没有出现。尤其有一集叫《神玉寻踪》，都是考古学者自己担纲讲述。神话的解说权，谁都可以有的。现在神话已经越出专业研究的边界，各类人物都在讲述神话了。作为神话学家，我们提供专业的解读，以扎实学术征信读者和受众。所以神话学家不应该是文明探源的局外人。

当我们翻开《中华文明探源的神话学研究》一书，发现这是以玉文化为中心的文明探源之书。上篇为理论篇，是我们熟悉的四重证据、大小传统与神话历史等叶老师神话理论的核心话语，这些理论有力支撑神话在文明探源中的话语解读。中篇直奔主题说玉，是文明起源的玉器时代。从比较文化的视野中，由外到内，触及中华古老的玉石考古文化、玉教文化、玉文化与中华文化认同等问题，以及熊龙问题，作为国家管理的班玉政治问题。下篇是夏商周的神话历史，一开篇就是讲从夏代的玉的叙事与神话说起，终结于秦汉的玉玺、玉衣等问题。读完本书，我们恍然大悟：神话学的中华文明探源，原来是从玉器入手，始终从玉器说开去的。

这里我们想起了一个有趣的问题，金枝玉叶本是指高贵的出身。金与玉都是珍贵的物质。有句俗话：黄金有价玉无价。这里表明黄金具有货币的属性，从古到今皆如此。玉石没有成为金钱的尺度，但是玉石的价值难以判定，而进一步的理解是：玉石是无价之宝。在人类学民俗学的学科经典著作中，西方弗雷泽的《金枝》可谓奠基性的代表之作。但是该书并不主要讨论金器。有意思的是：中国金属之黄金，使用的时间比较晚，不像埃及，以及西亚中亚地区，黄金早早地被使用起来，埃及人木乃伊黄金覆面的时候，比我们要早很多。所以距今3000—5000年间的三星堆遗址出土了残存的金面具、金杖，便轰动一时。而更加晚近的金沙遗址的金箔四鸟绕日的图像，成了中国文化遗产的标志。我们玩金器的历史偏短，但玩玉器的历史就长了，比金器要早5000年左右。所以中国文化的代表真的应该是玉，而不是金。我们有将金钱往贱处说的，如视金钱如粪土。但从来不说视玉石如粪土，因为中国人对玉器有着深厚的情感。本文题目说从"金枝"到"玉叶"，有西方重视金器，中国重视玉器的意思，也有从西方人类学神话学的话语传统，到中国神话学人类学的话语传统的意思。当然也有中国玉器与神话研究是叶姓学者的意思。这是一个中国学术从外来借鉴到自主自立的过程。叶老师的玉文化研究，不是孤立的物的研究，而是一套自主话语的实践，是中国神话理论的创造性构建。

我们没有能力整体评价本书，其中国神话学家话语表达贡献突出。书中创新说法，天才见解比比皆是。我觉得对于神话学最突出的贡献，除了切入考古视野，探索文明起源这一重大贡献外，那就是神话学的物——玉器的研究。无论是语言文字表达，还是图像描述，都是间接的记录形式。玉器——器物本身，是神话学最直接的证据。我们把图像和物质糅合在一起，称为物象叙事，即包括物质器具与图像两部分。图像与实物，密切关联，但是性质完全不同。一个是真的，一个是模拟的。从文明起源时代，到夏商周神话历史，以玉器为中心串联起来，这花费了很大的精力。我们知道叶舒宪先生东奔西走，合纵连横，中外交流，付出巨多，也硕果累累。关键是研究的对象都是实实在在的传世的活生生的物本身,这为神话研究带来了实证的学风。神话似乎都是空穴来风,难以坐实。但是,我们通过存世的玉器本身的神话记录,或者玉器与文献关联的记录,把神话做实——不是说神话叙事是真的,而是对其在历史上的叙事时间与场景做出真实的解读,这在很大程度上,提升了神话学的学术地位。尽管有些以玉为业为生的人不在意神话学家的努力,或者有意忽视神话学家的观点,那恰恰证明是神话学家在文明起源研究中做出了不同寻常的贡献。

三、关于"班瑞群后"——良渚文化是否帝舜文化的实证?

叶老师在文明起源的玉器时代这一编中讨论了帝舜"班瑞群后"问题,对此让人遐思。我完全同意叶老师说"班瑞"是一个政治神话。也非常高兴看到叶老师论述道:班瑞群后是盟誓的符信。我们在研究盟誓史的时候,曾经认为这是盟誓的具体仪程,即分剖玉器,盟主与诸侯各执一半,有如虎符。但我们写作的时候,却根据文本,觉得辑五瑞是把帝尧发出去的瑞信收回了,班瑞群后是帝舜再颁发给各地诸侯,作为瑞信。关于"五瑞",《白虎通义·文质》称是"圭、璧、琮、璜、璋"五种玉器。这也是根据《尚书正义》的意思。但是究竟是什么玉器,《盟誓史》没有讨论。阅读《中华文明探源的神话学研究》时候,发现叶老师讨论涉及具体的器物,提到圭,也提到钺等,并配了一张运城盐湖地区一家博物馆的图像。正巧我们编写中华创世神话人物谱系——帝舜谱系的时候也用到这张图。这是清朝孙家鼎等人编写的《钦定书经图说》第一册的一幅题名"班瑞群后"的图。图中帝舜面前的案子上摆放的似乎是玉璧与玉圭两种。当然这是清代人绘制的,是不是有前朝传图为依据不得而知。可见至少在清代,大家觉得这两种玉器可作"瑞信"之物。但是我们也没有办法论证帝舜时代班瑞群后就是颁发玉璧、玉圭。

我觉得这个故事不是发生在运城的故事,更大的可能是发生在良渚文化中的故事。良渚的玉器及其周边的玉器,应该是帝舜"班瑞群后"的实证。班瑞是盟主对联盟成员、各地诸侯臣属颁发的具有神话符号的玉器的权力凭证。良渚发掘的玉器众多,但玉琮、玉璧是其中重要的类型,它们是五瑞中的重要类型。

良渚文化的代表是刻有相同神灵形象的玉琮。良渚王国,有人认为是蚩尤氏的王国,有人认为是夏后氏的王国,有人认为是帝舜的虞朝王国。我比较认同良渚文化虞朝说,认为遍布大江南北的良渚文化遗址是帝舜"班瑞群后"的虞朝方国。其政治中心在良渚,是王都,其玉琮王之神徽就是王国的神话标记。玉琮与玉璧在良渚周边的分布,应该是作为中央王国颁发四方管理者凭信,也就是国王"班瑞群后"的产物。

其理由,前人已经指出,帝舜的族徽或者图腾是鸟,而良渚玉琮神徽的核心羽冠鸟爪,清晰表现出鸟图腾的痕迹;帝舜活动的时间在夏王朝之前,即4000多年前,从时间上是相符的。更重要的是,浙江一带有虞舜活动的地域传说证明,如余姚,如上虞,如姚江。据说上虞地名在甲骨文就有,而秦代置上虞县,不是无来由的。传上虞为帝舜后人封地,帝舜避丹朱即在此地。此处离良渚一箭之地,可见良渚文化与虞舜关系实在是最密切的。舜为姚姓,传余姚为舜后裔封地,并有舜耕历山之传说,还有一条百公里长的姚江。这些都邻近良渚之地,这些故事并不是有了良渚文化发掘之后才有的。我们现在多认为山西临汾陶寺是帝尧唐文化所在地,也是根据后代的传说。那么同样传说丰富的帝舜文化所在地发现的古代文化,也基本可以认为,良渚文化是虞舜王朝的所在地。尊重文献、传说相关的表达,才能更加有利良渚文化实证中华文明五千年才是可靠的。按照国际上通行的"传说"概念:有基本的历史依据,有神圣的意味叫传说。我们在研究良渚文化,怎么可以忽视传说的历史价值呢。

"班瑞群后"可能是又一件可以论证良渚文化属于虞舜王朝的证据。帝舜班瑞群后的记载见于《尚书》，见于《史记》，也是硬核的文献资料。

由帝舜颁发带有神徽符号的玉琮以及玉璧给四方土司首领，即所谓的"班瑞群后"，有丰富的考古材料证明。上海福泉山良渚文化，是"四岳"之东岳领土，有玉琮，有玉璧符信；苏北蒋庄良渚文化是"四岳"之北岳领土，守卫北方，防止来自北方的进攻，所颁发的瑞玉如玉琮、玉璧，为北方诸侯镇守一方的符信，"尚方宝剑"；常州石墩与苏州草鞋山应该是西岳领土，这些地方都出现了刻有神徽的玉琮，以及大量玉璧等。

所以，我们从叶老师的书中得到启示，认为帝舜"班瑞群后"至少可以拿良渚玉为例子来讨论。至于确证良渚文化为虞舜的王国，以后我们将寻找进一步的证据。本文只是先提出这样一个观点，并初列证据。帝舜的文化传说地如上虞、余姚，这些2000年前古老的地名不会作假，那么，有哪一个证据会比帝舜的神话传说与良渚历史更接近呢？

《中华文明探源的神话学研究》一书是中国神话学者对于中华文明探源的开创性研究著作，既富有想象力，也有物的证据。读后思路大开。全面评论尚需要长期研究玉文化才有发言权。本文谈感想如此，感谢叶舒宪先生给我们以智慧的启示。

文学人类学学科述论

李永平　邱玉祺

　　文学人类学在深厚的材料积累和全球性广泛的当代理论参照下，从比较文学、文学理论和文学批评的专业范围出发，继"语言学转向"之后，勾勒出20世纪"人类学转向"对人文学科，特别是文学研究带来的变化线索和发展态势。在这个基础上，进一步从中国实际出发，立足于跨文化、跨学科的视野，从族群、民俗、神话、宗教信仰等多重角度拓展了比较文学的范式和发展空间，深入阐释和反思本土文学与文化现象，其学术成就和实践不但为文学研究开辟了新的生长点，而且也为文化学、民族学、宗教学等多方面学科构建了新的平台。

　　新时期以来，中国的文学人类学研究已走过了40多年的历程，其萌芽要追溯到20世纪早期闻一多、郑振铎等学者的研究。但是改革开放后的40年才是中国文学人类学由方法到学科、由奠基到壮大的时期。

一、文学人类学学科的产生背景

　　文学人类学被理解为以人类学视野思考和研究文学的比较文学研究流派，是20世纪比较文学领域催生的跨学科研究。孕育文学人类学的学术潮流有二：一是文化人类学的文学转向，又称人文转向；二是文学研究的人类学转向，又称文化转向。

　　知识全球化与地理大发现带来的全球航行与全球贸易，加速了世界一体化格局的形成，与之相伴而来的是建立在世界一体化格局基础上的知识更新与观念变革，继而催生出了世界文化的整体意识，及把世界各地的人视为同类的"人类"意识。在此基础上，人类学这门学科得以诞生。人类学的主要研究对象是非西方的文化传统。人类学家在世界各个边缘地区广泛的田野作业经验将西方传统以外的知识和信息传播于世，对单一的以欧洲中心主义为基准的知识观念发起挑战，对自古希腊罗马以来确立的西方知识体系的普遍价值与合法性提出质疑，促成多元主义的文化思想的新格局。其中，人类学的文化相对主义原则要求一视同仁地看待世界各族人民及其文化，通过人类学家的田野作业深入文化他者的生活，以他者的眼光反观自身文化的局限性。由此消解各种种族主义文化偏见和历史成见，消解"我族中心主义"价值取向，超越本土主义的束缚，获得文化反思的认知能力，使得理性关照下的再阐释成为可能。①

　　19世纪后期诞生的人类学在20世纪中后期发生研究方法的范式性转变，从"人的科学"转向文化阐释学。美国人类学家克利福德·格尔兹（Clifford Geertz，1926—2006）发展了赖尔的"深描"理论和帕森斯的社会行动结构理论，认为民族志是阐释性的，它所阐释的对象是社会话语流，这种阐释将社会话语"言说"固定在阅读形式中。由此，民族志

---

① 详见叶舒宪：《文学人类学教程》，中国社会科学出版社，2010年。

应当追求类似于文学写作中的细节真实。这一系列的理论创见，引导着人类学这门学科在20世纪后期发生根本的转向。在《文化的解释》中，格尔兹强调人类学写作具有多层阐释的意义，人类学著述是小说，意味着它们是"虚构的事情"①。因此，民族志的真实不可能是实事，其真实程度只可能介于小说的真实和报告文学的真实之间。有鉴于此，理解文化现象时，有时像要解读一部作品："分析工作就是理清意义的结构……它本应像文学批评——并确定这些意义结构的社会基础和含义。……民族志是深描。民族志学者事实上所面临的是……大量复杂的概念结构，其中许多相互迭压，纠缠在一起，它们既奇怪、不规则，又不明确……从事民族志就像解读（在'构建有关……的阐释'意义上）一份手稿。"② 对文化用文本细读的方法进行阐释，使人类学与文学在此交叠、重合，跨越了学科之间的界限。

从文学文本的角度去阐释文化，是阐释人类学派的理论贡献。其实早在《文化的解释》第一章中，格尔兹就引用一个民族志片段：一个犹太商人、一个柏柏人酋长与一个法国士兵的冲突事件。对事件起因、过程和结局进行"深描"之后（对这个故事的解释和阐释是以一种背景知识呈现的，并融入了故事之中），格尔兹认为，这个故事是极文学文本性质的，和福楼拜小说《包法利夫人》没有区别，一个是记录，一个是虚构，但本质都是"造物"的。人类学家不但是文学批评家，进一步地，其撰写的民族志本身也是文学作品。当然，最典型的要数法国20世纪上半叶的《忧郁的热带》，它是一本人类学家克洛德·列维-斯特劳斯在巴西、东南亚等地的非虚构写作。因此，人类学家是作家兼批评家。在20世纪的人类学学科史上也有过"人类学诗学"一派，"以人类学家的文学创作为基础和前提，其根本宗旨是用诗学和美学的方法去改造文化人类学的既定范式，使之更加适合处理主体性感觉、想象、体验等的文化蕴含"③。格尔兹更进一步，希望消除横亘在学科间专业鸿沟，让作家、文学批评家与人类学家身份得到某种重合。

文学与人类学的渗透互动是双向的，在文学领域，同样发生着人类学转向。首先，从文学创作上，出现了具有民族志般文化记忆功能的民族志小说。格尔兹提出的"地方性知识"正成为人类学和文艺创作共同关注的新领域。其次，人类学拓宽了文学研究的视野。文学人类学的研究不再将研究领域局限在书面文本，而是扩大到了语言的文本。在这一意义上，对口头诗学的研究被重新重视，"民族志诗学"应运而生。再次，将文学文本看作文化文本。文学人类学家在进行文本研究时，更加注重挖掘文本产生时的文化语境。比如文学与仪式的关系，文学与治疗、禳灾之间的关系，形成了文学与社会的互动，多方面立体地揭示了文学产生的文化土壤，从而对文学的功用与价值做出新的情境还原式的认识。

文学人类学的产生一方面依靠通过人类学来认识文学，一方面经由文学来反观人类学，文学与人类学两个学科之间的壁垒被破除，最终整合为"文学人类学"这一整体，表明了文学人类学是从跨学科研究到交叉学科研究的统一的学科元话语。文学和人类学的双向互

---

① [美]克利福德·格尔兹：《文化的解释》，纳日碧力戈、郭于华、李彬等译，上海人民出版社，1999年，第17—18页。

② [美]克利福德·格尔兹：《文化的解释》，纳日碧力戈、郭于华、李彬等译，上海人民出版社，1999年，第10—11页。

③ 徐杰舜、叶舒宪：《人类学与文学的互动——人类学者访谈录之十二》，载《广西民族学院学报》（哲学社会科学版）2001年第5期。

动正在方兴未艾地展开，这种互动给双方面的学者带来跨学科研究和更多契机。近40年来，文学人类学的研究者们从理论上关注文化文本及阐释，针对中国文化和华夏文明的实际情况，倡导融合多学科知识的新方法论，并努力建构本土化的新理论，努力尝试构建一个中国版的文学人类学新理论体系。

二、文学人类学在中国的发展史

文学人类学学科在中国的确立，与人类学密切相关。在对文学人类学学术史展开研究之际，人类学在中国的发展历程同样是需要考察的一项重要内容。回顾历史，人类学传入中国之际，在本土化进程中逐渐从西方人类学的完整谱系中解离，形成为注重实用、关注现实的价值取向。

1930年，陈寅恪先生曾提出"预流"与"未入流"之说①，发现新材料，或者重新解释，我们才能找到新问题，引领知识创新。在现代中国，文学人类学的研究萌芽于20世纪早期域外"东方学"研究激荡起的"发现中国""建构国学"的社会文化转型。1918年北京大学发起的"歌谣运动"，对童谣、谚语、格言等进行搜集整理，拉开了文学人类学或者说文学的人类学研究在现代中国的序幕。②

起初，文学人类学作为比较文学的跨学科研究的一种范式在中国生发。从学术史脉络看，比较文学等以比较为特色的新学科在20世纪传播到中国，对国学视野和研究范式、方法有实际的拓展作用。随着人类学派神话学的输入，一些学者采用古典进化论人类学理论从事神话故事与上古文化研究，开启了文学人类学研究的先河。

约从20世纪20年代后期起，文学人类学的初期研究趋向繁荣。比较文学的先驱学者王国维用叔本华哲学的视角阐释《红楼梦》，此后不仅有茅盾等采用人类学理论从事中国古典神话研究，更有郑振铎、郭沫若等将人类学理论引入古史研究领域，开辟出中国古典学术研究新范式。

1926年《古史辨》的出版标志着人类学与国学研究的学科交叉融合，促进了文学人类学的发展。郭沫若、郑振铎的《甲骨文字研究》（1929），《汤祷篇》（1932）等研究成果，皆运用了人类学知识对古史进行"重释"。20世纪初期，中国文学人类学方向研究主要集中于两个方面：一是用人类学的新方法为神话、传说等与经典文学相对的民间文学、民俗文学提供新的阐释视野，重现上述文本背后的文化景观。二是运用人类学的研究方法对中国传统考据学进行革新。

20世纪80年代，文学人类学顺应改革开放潮流在我国文学学科内得到了进一步的发展。历经40年的发展历程，文学人类学现在已有了独立的新学科体系、理论体系和新方法论系统，正在国内发挥着引领人文学科变革方向的重要作用。

1978年以来的改革开放，为我国的人文学术界带来了知识全球化的图景。对国际领先的学科、理论和方法论的重视与重新学习，促成了对新方法论译介和讨论的热潮。

在学理上，人类学与域外直接关联的是20世纪80年代以来对西方论著的译介，其中

---

① 陈寅恪：《金明馆丛稿二编》，生活·读书·新知三联书店，2001年，第266页。
② 《北京大学征集全国近世歌谣简章》，载《北京大学日刊》1918年2月1日；《新青年》第4卷第3号，1918年3月15日。相关研究可参阅徐新建：《民歌与国学：民国早期"歌谣运动"的回顾与思考》，巴蜀书社，2006年。

包括人类学家弗雷泽、文艺理论家弗莱、精神分析学派代表人物卡尔·荣格的著作。此后，格尔兹的《文化的解释》，马尔库斯、费彻尔编撰的《作为文化批评的人类学——一个人文学科的实验时代》，克利福德和马库斯编的《写文化——民族志的诗学与政治学》，伊瑟尔的《虚构与想象：文学人类学疆界》和布莱迪的《人类学诗学》是这一工作的延续。《人类学诗学》主张虚构人类的本质力量，或认为人不仅是生物的存在和经济与社会的动物，就其本质属性而言也是"故事讲述者"（Storytellers），从而提出创建围绕文本、表演及审美现象等展开的"民族志诗学"（Ethnopoetic）。①

1985—1988年，中国民间文艺出版社推出"外国民间文学理论著作翻译丛书"，翻译出版了弗雷泽的《金枝》、马林诺夫斯基的《巫术科学宗教与神话》《文化论》、柳田国男的《传说论》、大林太良《神话学入门》等著作。对文学人类学学科的建设产生了重要影响。在此基础上，1987年陕西师范大学出版社推出了"20世纪国外文艺学译丛"，其中包括新时期文学人类学研究先驱叶舒宪编译的《神话－原型批评》和《结构主义神话学》。前者出版后产生了持久的学术影响，成为国内引用率很高的专业入门工具书，对形成有中国特色的文学人类学研究学派起到基础建设性作用。一批20世纪以来的人类学、宗教学和神话学著作相继汉译，为新兴的文学人类学批评提供了基础条件。

20世纪80年代初，文学人类学还只是作为一种文学批评方法，处在"学科"诞生的准备阶段。从90年代初开始，创建"文学人类学"学科的设想被明确提出。《文艺争鸣》于1990年推出《方克强的文学人类学批评》和《中国文学与原型批评笔谈》两个栏目，1992年又开辟《叶舒宪的文学人类学研究》专栏；《中国比较文学》也自1992年起增设《神话原型研究》专栏。这些主题集中的学术专栏承前启后、沟通中外，有效地推动了原型批评的中国化进程和文学人类学的发展。文学人类学研究成为文艺学界的热门现象，它逐渐溢出文艺学领域，走向民族文学研究和对传统国学的"改造"实践。②

在与民族文学研究的交叉方面，徐新建教授主编的西南研究书系侧重对云贵高原少数民族文学与文化的专题探讨。在"新国学"方面，叶舒宪、萧兵、陶思炎等中国文学人类学先驱人物希望通过文化人类学新知的视角来重读上古华夏经典，将传统经学的格局引向现代文化阐释方向。湖北人民出版社不遗余力地推出"中国文化的人类学破译"丛书，先后出版了萧兵的《楚辞的文化破译》，叶舒宪的《诗经的文化阐释》《庄子的文化解析》，叶舒宪、萧兵合著的《老子的文化解读》，王子今的《史记的文化发掘》，臧克和的《说文解字的文化说解》等8部著作。这套"中国文化的人类学破译"丛书从全新的角度解读中国上古最重要的典籍，将传统训诂－文献格局引向现代跨文化阐释的方向，凸显了文化人类学视野对于文本研究的穿透力，在学界引起强烈的反响，促成了文化阐释热潮。

行政管理机构确认"文学人类学研究"始于1996年。这一年在长春，"中国文学人类学研究会"正式成立。在厦门举办的首届文学人类学年会上，多学科前沿的中青年学者曹顺庆、庄孔韶、杨儒宾、易中天、郑元者、宫哲兵及潘年英等纷纷发言，向学界宣示了一门"现代学术传统中有本土色彩与独创性、能与西学方法接榫并创新的新兴学科"的诞生。中国比较文学学会成立文学人类学研究会，标志着中国文学人类学学科进入了自觉的学术

---

① ［美］伊万·布莱迪编：《人类学诗学》，徐鲁亚等译，中国人民大学出版社，2010年。
② 谭佳：《整合与创新：中国文学人类学研究七十年》，载《中国文学批评》2019年第3期。

理论建设新阶段。

2008年推出的"中国民族文化走廊丛书"涵盖了对"河西走廊""横断走廊""岭南走廊"的相关研究。2011年，该丛书获得第二届中国出版政府奖提名，这使得文学人类学"以越来越引人瞩目的姿态进入学界视野"，从跨学科研究朝新兴交叉学科的确立迈出坚实的一步。2010年，叶舒宪出版了国内第一部文学人类学研究生教材《文学人类学教程》，这是对近30年筚路蓝缕的文学人类学学科建设的阶段性总结。在此之前，从本科生到博士生，尽管文学人类学相关课程的教学，已经在国内20余所院校开展了20多年，但是，对此前文学人类学研究进行教科书式总结，这还是第一次。

《文学人类学教程》被纳入中国社会科学院研究生重点教材。乐黛云先生在序言中高度评价，认为"文学人类学是20世纪比较文学领域催生的跨学科研究，在中国人文学界形成了富有创新活力的知识群体"，该群体从中国实际出发，立足于跨文化、跨学科的视野，"深入阐释和反思本土文学与文化现象，其学术成就和实践不但为文学研究开辟了新的生长点，而且也为文化学、民族学、宗教学等多学科建构了新的平台"。①

从2011年开始，陕西师范大学出版社相继推出大型丛书——"神话学文库"，共计38种中外神话学研究论著，在全景视野中展开了中国神话与世界各国神话的比较关照。随着中国文学人类学者研究成果的丰硕壮大、学术影响的不断扩展，2010年9月20日，叶舒宪主持的"中国文学人类学理论与方法研究"项目入选国家社会科学基金重大项目。此后，彭兆荣、徐新建、程金城、李永平、宁梅、张进等学者陆续获得国家社科基金重大招标项目。2018年，《文学人类学研究》创刊，2021年《文化文本》创刊。2018年，在中国文学人类学诞生40周年之际，经重新整理、修订，由陕西师范大学出版总社出版的"中国文学人类学原创书系"出版，这是文学人类学学科发展中的重要事件。

历经70年发展，中国的文学人类学派已建立了完备的机构组织、成熟的团队合作和日常运行规则。在新老学者的不断努力下，现已有中国社会科学院研究生院、上海交通大学、四川大学等20余所高校设有文学人类学专业，招收硕士和博士研究生。在培养体系方面，徐新建教授将之总结为"本、硕、博一体的培养体系"，就目前中国高校文学人类学人才培养模式而言，有面向本科生开设的"文化人类学""新生研讨课"，有面向硕士生开设的"文化人类学概论""民间文学""民族志专题研究""口头传统专题研究""田野考察"，有面向博士生开设的"文学人类学理论与实践"。这些课程虽然在不同阶段上分类设置，但在实际的教学过程中，课程是向不同阶段、所有年级的学生开放。这一体系开实践之先，为文学人类学的本科专业教育应如何开展与实践提供了借鉴。

三、文学人类学学派的主要理论创新

随着文学人类学理论的不断推进演化，该学科的研究团队逐渐形成，他们从不同的角度开展各具特色的研究，为建构有中国特色的文学人类学理论而不懈努力，把文学人类学的学科建设引入了多元开放的新境界。文学人类学的研究者们积极运用这些理论阐释、剖析中国的文学和文化现象，取得了学界认可的丰硕的理论成果。如叶舒宪教授在经典与重释、文化文本、神话历史、大传统与小传统、玉成中国、四重证据法、N级编码等领域的

---

① 叶舒宪：《文学人类学教程》，中国社会科学出版社，2010年，序第1页。

方法和理论开拓，彭兆荣教授在文学仪式、文化遗产、文学民族志等方面的创建，徐新建教授在多民族文学与文化、口头传统与民间叙事、文学生活、生死观、数智人文与科幻叙事等面向的关注与聚焦，李永平教授从古典学、民俗仪式、功能与结构方面关注文学的阈限书写与隐蔽秩序等，都深入推进了文学人类学在中国的理论体系建构。

目前中国文学人类学研究方向大致可以划分为以下四个：对早期经典的重释、早期中华文明探源工程、文学民族志研究以及跨学科的研究方法的开拓。

（一）经典重释

以叶舒宪教授为首的文学人类学理论开拓者，熟悉先秦典籍，特别重视文字训诂等小学传统和古文经学传统，对文字常常追溯到甲文及其之前的大传统，探求字的本义。这样，文学人类学研究，反思了西方学术对中国语言文字传统的隔膜，从某种意义上说，文学人类学研究是一种新国学研究。这从文学人类学的两套成果即中华典籍的破译系列和神话历史丛书就可以看出。正像乐黛云先生所评价那样，从中国实际出发，立足于跨文化跨学科的视野，从族群、民俗、神话、宗教信仰等多重角度，拓展了比较文学的范式和发展空间，深入阐释和反思本土文学与文化现象。

萧兵曾以人类学、民俗学、神话学等方法对《楚辞》进行重释，其目的在于使长期以来仅限于单一文化范围内的训诂——文献学研究在世界范围内重新寻找自己的位置，借人类学的普遍模式的演绎功能使传统考据学所不能彻底认知的远古文化"密码"在跨文化的比较分析和透视下得到破解。① 在文化语境和人类学的跨文化视野中，来对单一文化环境中不能彻底认知的远古文化的种种"哑谜"进行"破译"与"解谜"。将纯粹的字、词考证还原到上古文化语境之中，又借助跨文化的同类材料的比照，进行不同文化之间的互阐和互释。在萧兵与叶舒宪合著的《老子的文化解读》一书中，两位学者运用文化人类学的视野和方法，将《老子》放回到其产生的文化语境与思维模式当中，对《老子》一书中的神话思维、永恒母题、大母神崇拜等做了追本溯源式的阐释。

不同学者运用人类学的方法对中国浩如烟海的历史文献、传世经典进行解读，以此来挖掘中华文明内核，为文学人类学在中国的本土化进程做出了重要贡献。

（二）中华文明探源

文学人类学的初始诉求即寻找在暗中支配着文学编码现象的文化语境和文化法则，即"文学的文化原型"，神话学及原型研究一直是中国文学人类学的核心组成部分。

在原型批评中，神话不再专指古人讲述的幻想故事，而被定义为具有原型意义的一种叙述程式，从而成为一个纵贯整个文学史的基本术语，用来概括文学发展中重复出现的一种叙述结构原则。这就使得批评家不只关注作品中所运用的神话典故，更重要的是力求发现特定的文学表现法则及其演变规律。原型则是文学作品中反复出现的、可以独立交际的单位，将孤立的作品联结起来，使文学成为一种传承往复的特殊形态。弗莱进一步指出，原型分为两类：一类是具有仪式内容的属结构式叙事的原型，另一类是具有梦幻内容的属典型或象征的原型。②

---

① 萧兵：《四十年，惊鸿一瞥》，载《文学人类学研究》2018 年第 1 期。
② 吴持哲编：《诺思洛普·弗莱文论选》，中国社会科学出版社，1997 年，第 105 页。

中国文学人类学一直试图解决的问题是作为西学的人类学如何与中国本土文化资源相接壤。从一开始中国学者运用西方神话学的理论对中国经典进行诠释到立足本土的"神话中国"理念的提出，再到对中华文明的探源，不难看出中国文学人类学的发展轨迹：从立足文学与人类学的交合地带——神话研究，寻找中国神话的原型和结构；到全面反思现代学界将上古分为神话与历史的二元对立模式；再到从中华文明起源特质和思想起源视域，重新勾勒早期中国思想演变脉络，尤其注重研究中华文明起源的信仰和观念驱动因素。①

20世纪二三十年代，闻一多、郑振铎等人将原型批评运用于分析文学与民俗文化的联系，关注民间的价值取向，对文学作品的解释和评价创造了新的可能性。改革开放以来，原型批评被正式引入中国，神话、仪式、民俗、原型等视角的引入有助于对文学现象的多层次认知，诸多学者纷纷从神话和原型的角度重新解读本土作品。叶舒宪先生作为中国文学人类学研究的先驱人物，深受比较神话学与原型批评的影响，著译有《神话-原型批评》（1987）、《结构主义神话学》（1988）、《中国神话哲学》（1992）等多部著作，将原型概念由文学推至文化领域，发现其深层的内蕴。上述神话原型批评最早传入我国后的运用和衍变，体现了原型批评在中国本土化、实践化的过程。

在用神话原型批评方法阐释中国文学、文化的探索实践中，叶舒宪先生也在不断对其进行反思。与20世纪初期的文学家们拥有了西方传来的神话概念，就在古籍中寻找"中国神话"的做法不同，经过神话学转向之后，获得一种打通文史哲不同领域的神话思维，可以引导我们对中国文化做追本溯源式的全盘理解。② 这一反思的成果则是由"中国神话"转向了"神话中国"。

2009年，文学人类学学界提出了"神话历史"观。神话如今早已不是仅仅局限在民间文学课堂上的早期文学体裁了，神话作为初民智慧的表述，代表着文化的基因。由此，神话成为引领人们重新进入所有文明传统之本源和根脉的一个有效门径。研究实践表明，神话作为跨文化和跨学科的一种概念工具，它具有贯通文史哲、宗教、道德、法律诸学科的多边际整合性视野。从这种整合性视野看，神话是作为文化基因而存在的，它必然对特定文化的宇宙观、价值观和行为礼仪等发挥基本的建构和编码作用。后世出现的文史哲等学科划分都不足以涵盖作为整体性的神话，作为神圣叙事的神话与史前宗教信仰和仪式活动共生，是文史哲的共同源头。中国早期历史具有"神话历史"的鲜明特点。文学人类学与历史人类学的会通视角，是重新进入华夏文明传统，重新理解中国神话历史的门径。从《尚书》《春秋》到《周礼》《说文解字》，这些古代经典体现着神话思维编码的统一逻辑，中国的历史叙事发源于一种"神话式历史"。③ 由此，叶教授呼吁学界从文学视野的"中国神话"转到文化整体视野的"神话中国"思维上去。

"神话中国"所要揭示的不是单个作品的神话性，而是一种内在价值观和宇宙观所支配的文化编码逻辑。从"中国神话"到"神话中国"思维范式转变，体现了从研究文学文本到研究文化文本的转变。从文学人类学视角看，文化文本不是指客体存在的、静止不动的

---

① 谭佳、韩鼎、李川：《早期中国与神话历史研究——关于文学人类学"四重证据法"的对话》，载《文艺研究》2020年第7期。
② 叶舒宪：《金枝玉叶——比较神话学的中国视角》，复旦大学出版社，2012年，第42页。
③ 详见叶舒宪：《中国的神话历史——从"中国神话"到"神话中国"》，载《百色学院学报》2009年第1期。

文本，而是带有历史深度认知效应的一种生成性概念，是指在主客相互作用下不断生成和演变之中的文化符码系统本身。相对于后代的一切文本（不论是语言文字的还是非语言非文字的），文化文本的源头期最为重要。没有源头的，即没有找到其原编码的文本，是没有理论解释力的。① 文化文本的概念意味着对文本阐释的方式可以运用到对文化的阐释当中，用以发掘文化背后的符号系统及其意义生成规则。叶舒宪教授所建构的从"中国神话"到"神话中国"的体系，是体现"文化文本"的新理念的绝佳范例，引领着我们打通文史哲诸学科的脉络，从而获得整合性认知视野。

2010年，文学人类学研究者们对美国人类学家雷德菲尔德（Robert Redfield）的大小传统观进行创造性的改造，提出了"文化的大小传统"理论。雷德菲尔德认为，在某一种文明里面，总会存在着两个传统：一是一个由为数很少的一些善于思考的人们创造出的一种大传统；二是一个由为数很大的、但基本上是不会思考的人们创造出来的一种小传统。大传统是在学堂或庙堂之内培育出来的，而小传统则是自发地萌发出来的，然后它就在其诞生的那些乡村社区的无知的群众的生活里摸爬滚打挣扎着持续下去。②

雷德菲尔德所指的"大传统"代表了由少数知识阶层所掌控的书写文化系统，即"精英文化"；而"小传统"则代表由大多数农民通过口传等方式所传承的大众文化系统，即"通俗文化"。雷德菲尔德的这种划分方法体现了一种西方式的二元对立，蕴含着精英主义的价值取向，与"眼光向下""关注边缘"的人类学转向相背离。因此，叶教授及国内同仁对这对概念进行重新改造：将文字记录之前和之外的传统，即前文字时代的文化传统和与书写传统并行的口传文化传统，称为"大传统"；将由汉字编码的书写文化传统，称为"小传统"③。依照这种划分标准，我们能够恢复被书写文字遮蔽掉的历史原貌，从中国大传统的基因——神话观念入手，重建前文字时代的神话历史以及后文字时代未被记录的民间文化传承。

近年来，大小传统理论日益引起学界重视和反思，并逐渐被运用到中国传统文化探讨和重释之中。2012年6月，在重庆文理学院举行的中国文学人类学研究会第六届学术年会提出了"重估大传统：文学与历史的对话"主题，足以洞见学人对这一理论的重视程度。叶舒宪④、唐启翠⑤、赵周宽⑥、李永平⑦等学者纷纷加入讨论。徐新建教授指出，中国文学人类学的基础理论探求过程中，经过近年以"前文字时代"为中心对西方人类学经典理

---

① 叶舒宪：《文化文本：一场认知革命》，见李继凯、叶舒宪主编：《文化文本》（第一辑），商务印书馆，2021年。
② ［美］罗伯特·雷德菲尔德：《农民社会与文化——人类学对文明的一种诠释》，王莹译，中国社会科学出版社，2013年，第95页。
③ 唐启翠、叶舒宪编著：《文学人类学新论——学科交叉的两大转向》，复旦大学出版社，2019年，第255页。
④ 叶舒宪、章米力、柳倩月编：《文化符号学——大小传统新视野》，陕西师范大学出版总社，2013年。
⑤ 唐启翠：《文化"大传统"之述与见——田家沟"玉蛇耳坠"出土意义再探》，载《百色学院学报》2014年第1期。
⑥ 赵周宽：《大传统的思想意义》，载《长安大学学报》（社会科学版）2014年第2期。
⑦ 李永平：《文化大传统的文学人类学视野》，陕西师范大学出版总社，2019年。

论中所谓"大小传统"的排序颠覆和话语重建①。

大小传统理论的提出，使文学人类学界开始深入思考，从大传统到小传统，是否可以按照时代的先后顺序，排列出 N 级的符号编码程序。2012 年，在从本土文化自觉立场上对中国历史、文化及文学的再认识的基础上，叶舒宪教授首次提出 N 级编码理论的初步构想。无文字时代的文物和图像，有着文化意义的原型编码作用，可称为一级编码，主宰着这一编码的基本原则是神话思维。其次是汉字的形成，可称为二级编码或次级编码……三级编码指早先用汉字书写下来的古代经典……今日的作家写作，无疑是处在这一历史编码程序的顶端，我们统称之为 N 级编码。② N 级编码理论体现出从物的叙事、图像叙事转向文字叙事的实证研究思路。在从口头文学到书面文学的进程中，文本从一级编码开始，自然地会向二级编码、三级编码递进。递进的根本变化是编码符号媒介的更新，从无文字的图像和物，到有文字，再到文字文本和早期经典。

文学人类学者所建构的 N 级编码理论，重在提倡对中国文化的编码进行自觉解码。只有洞察无文字时代大传统中原始神话思维的文化编码，才能够真正对小传统的文字再编码实现追根溯源，追溯中华文明的源头。对 N 级编码理论进行研究的代表性学者还有代云红③、柳倩月④、赵周宽⑤、李永平⑥等，他们共同为构建一套编码解码指导性理论而不懈奋斗着。

文学人类学团队的理论贡献体现在"神话历史""文化的大小传统""文化文本"等，方法论贡献则是 2005 年提出的"四重证据法"。自从 1996 年在中国比较文学学会第五届学术年会期间成立作为二级学会的"文学人类学研究会"以来，逐渐将其独家倡导的人类学方法（以田野作业为特色的方法，关注非文字的符号证据，包括口传与非遗）和研究视野的引入，作为国学考据学方法的"第三重证据"，从而在国学研究原有的 20 世纪新方法论"二重证据法"基础上，拓展为"三重证据法"。⑦ 在 2005 年进一步融合考古学和艺术史方面的学术资源，再度拓展出"四重证据法"。

文学人类学所特别关注的文化文本，不同于结构主义者的共时性的文本概念，而是一个历时性概念。王国维倡导的二重证据法，以传世文献为一重证据，以出土的甲骨文为二重证据。二重证据法关注的范围还局限于文字文本之中。文学人类学所定义的第三重证据特指人类学方面的证据，即如今被称为口传与非物质文化遗产的内容，包括口传文化传统、

---

① 徐新建：《文化即表述》，参见叶舒宪、章米力、柳倩月编：《文化符号学——大小传统新视野》，陕西师范大学出版总社，2013 年，代序第 1 页。

② 叶舒宪、章米力、柳倩月编：《文化符号学——大小传统新视野》，陕西师范大学出版总社，2013 年，第 6—7 页。

③ 代云红：《论"N 级编码理论"的思想内涵、理论要义及问题》，载《百色学院学报》2013 年第 3 期。

④ 柳倩月：《女神复活：土家女儿会的神话原型编码分析》，载《湖北民族学院学报》（哲学社会科学版）2013 年第 5 期。

⑤ 赵周宽：《N 级编码理论与挖不透的表象之墙》，载《百色学院学报》2013 年第 5 期。

⑥ 李永平：《论大传统文本与"N 级编码理论"、"N 重证据"的关系——兼与叶舒宪教授商榷》，载《社会科学家》2014 年第 1 期。

⑦ 孟华主编：《三重证据法》，吉林大学出版社，2009 年。叶舒宪：《诗经的文化阐释》，湖北人民出版社，1994 年，自序第 1—16 页。

礼仪表演的传统和民俗传统等，这些都可被归入非文字的文化文本范畴。而第四重证据，是指文字符号和语言符号之外的符号或符号物，包括图像、遗址、文物和其他一切承载着人类意义或文化意义的物证。四重证据法的提出，意味着研究者不能像古代的国学研究者那样，一味附和和迁就文献史料的说法，需要对古老的文字证据（文本）的权威性加以质疑和批判，才能更为客观地对古老的文化文本进行研究和重建。①

四重证据法的原理在于运用跨文化比较的视野和材料，超越简单比附的误解，重建一个文化文本符号编码变迁的脉络，对问题给予通观的诠释。如此，彰显四重证据法在重建文化文本方面的特殊工具效应。②2010 年提出"文化大传统"（Big Tradition）的全新理念，特指无文字时代的或先于文字符号的文化传统。自觉地引领研究者走出文字和文献本位的研究窠臼，将文化传统的深度探索目标进一步理论化，即引导学者从文字文本研究朝向"文化文本"构拟的创新之旅。在此基础上，尽量找出从无文字大传统到文字小传统的"榫卯结合部"，从而形成对文化整体的和深度的动态认识。与此同时，参照民间口传的活态文化及其他文化和文明（第三重证据），以便重建在当今的书本知识世界中早已失落的古代文化，实现动态重建，或者成为再语境化，或称情境化，尝试努力"激活"文献叙事和考古发现的文物图像。③ 叶舒宪教授从黄帝号轩辕又号有熊的千古谜题开始，联系伏羲为何号黄熊，鲧禹皆能化熊，楚王为什么会有 25 位都要以熊为名号，从穴熊和鬻熊开始，直到熊通、熊丽、熊狂……辽宁建平的牛河梁红山文化女神庙中出土真熊头骨和泥塑熊像和熊掌，追溯至距今 5000 年以上的"熊图腾"，堪称石破天惊的考古新发现。从齐家、二里头出土镶嵌绿松石熊形铜牌，红山文化遗址出土的玉质熊神偶像的塑造到夏商周三代，从物证着手，破解黄帝时代的神话、图腾与信仰情况，都是这一工作的范例。

四重证据法优先选择与神话传说时代人物相关并能够提供实物证据的遗物，作为集中力量去求证和阐释的对象④。四重证据法的提出打破了书面证据在传统考据学中的霸权地位，对物证的重新发掘与重视，形成了书面证据、物证及人证互鉴的跨学科实践。近年来，有学者对四重证据法进行扩容，对应 N 级编码理论提出"N 重证据"法。一重证据为传世文献，二重证据为出土地下文献，三重证据为民间地方流传的口头与身体叙事，四重证据包括考古发掘或传世的古代文物及其图像，第五重证据则包括民俗仪式（礼乐）叙事、仪式展演。多重证据理论都建立在视听等知觉经验的基础之上，如同灵感和知觉同样是知识传统一样，证据也存在超越经验基础之上的全息式证据，所以第 N 重证据亦可称作超视距的多维全息证据。⑤

李永平教授指出，四重证据所勘验的是视听经验渠道上的证据，从理论上讲，技术的进步，使得人类有获得超越"感觉经验"和"超视距"证据的可能。所以"N 重证据"是

---

① 叶舒宪：《羌人尚白与夏人尚黑——文化文本研究的四重证据法示例》，载《文学人类学研究》2018 第 1 期。
② 叶舒宪：《国学考据学的证据法研究及展望——从一重证据法到四重证据法》，载《证据科学》2009 年第 4 期。
③ 李继凯、叶舒宪主编：《文化文本》（第一辑），商务印书馆，2021 年。
④ 叶舒宪：《物证优先：四重证据法与"玉成中国三部曲"》，载《国际比较文学》2020 年第 3 期。
⑤ 李永平：《文化大传统的文学人类学视野》，陕西师范大学出版总社，2019 年，第 17 页。

针对文化事项发生场域，打通人体的各个感官领域，基于多重技术、多重媒介的证据整合，即全息证据。"N 重全息证据"是一种带有跨文化跨学科视野的方法论，实现了不同学科之间的交叉互证与阐释。①

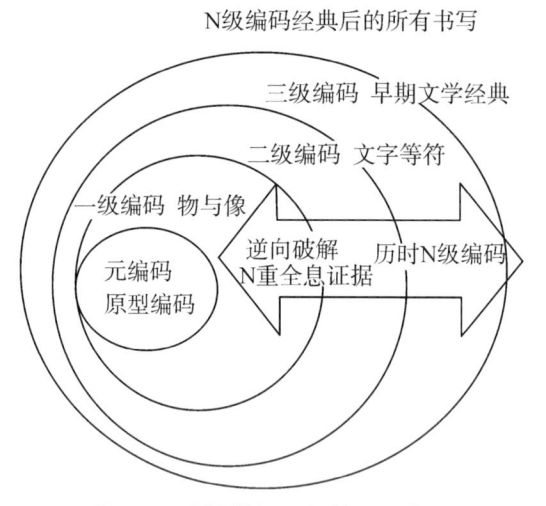

图 1　N 重证据与 N 级编码示意图

随着中国文学人类学理论体系的建构日益成熟，叶舒宪教授带领的团队在"文化大传统""文化的 N 级编码"理念指导下，运用四重证据法与田野调查等多重互动的方法，对中华文明进行解码与探源，深入挖掘中华文化中的玉石信仰，尝试从神话学的角度对中国玉器起源进行分析，提出"玉教说"，展开玉石神话与中华民族认同研究。

2008 年，叶舒宪首次提出"玉教是中国人的国教"② 这一观点，列举了红山文化玉雕熊龙、凌家滩文化 M23 号墓主人佩玉等，指出这都是对玉教传统的捍卫和延续。2010 年，叶舒宪及其团队开始探讨玉石神话信仰问题，对"玉教"为中国史前"国教"问题展开进一步论证，认为"玉教"是迄今可知中国境内最早发生的信仰现象，并力倡将"玉教"视为凸显中国文化基因和原型编码的"国教"。③

原始先民将玉视作与天人沟通的媒介，其背后所承载的神话观念铸就了华夏文明发生前的核心价值观：以玉为圣，以玉为宝，以玉为生命永续的象征，以玉礼器为天人沟通的符号。④很显然，"玉教"是作为华夏先民独特的神话编码规则而存在的。通过在西部玉矿地区等地进行的大量的田野调查工作，通过考古新发现的文化遗址、文物、图像等第四重证据，以此求证中华文化中的玉石神话信仰，梳理华夏精神的渊源与脉络。用考古发现的新材料和人类学新方法讲述以往被遮蔽的玉石神话，包括儒道释三家与"玉教"神话的渊源或置换关系，儒家君子如玉的伦理和道教玉皇大帝的原型，最终指向融合多民族为一体

---

① 李永平：《文化大传统的文学人类学视野》，陕西师范大学出版总社，2019 年，第 16 页。
② 叶舒宪：《中国圣人神话原型新考——兼论作为国教的玉宗教》，载《武汉大学学报》（人文科学版）2010 年第 3 期。
③ 叶舒宪：《玉教与儒道思想的神话根源——探索中国文明发生期的"国教"》，载《民族艺术》2010 年第 3 期。
④ 唐启翠、叶舒宪编著：《文学人类学新论——学科交叉的两大转向》，复旦大学出版社，2019 年，第 267 页。

的"化干戈为玉帛"的中华民族共同体理想。①"玉石信仰"和"玉文化统一中国说"是重建中华文明起源论和中国文化整体解释理论的尝试，是站在跨学科的视角进行的前沿性探索，是对中华文化进行持续性与整体性观照。

30多年来，文学人类学始终坚持在"世界眼光"与"中国学问"思想下对西方理论与方法的吸收与创造，使之能适应中国本土的问题；以"破"为策略，跨越学科藩篱，消除学科本位意识和门户之见对学术研究的阻力，逐步完成了从文本到田野的研究观念和研究范式的变革；以"立"为目标，创立具有中国内涵和特色的文学人类学理论话语体系。②经过30年的实践和理论探索，中国文学人类学研究已初步形成了自身的一些学术话语，如神话中国、神话历史、大小传统、文化符号编码理论、文学人类学表述、文化遗产等。我们看到，文学人类学已成为名副其实的前沿交叉学科，发挥着引领知识创新的作用。

（三）文学民族志研究

中国文学人类学新时期的发展有助于文学史观的进步，这是通过中国文学人类学对两个问题的反思体现的。首先是少数民族文学"失语"的问题。在通行的文学史著作中，少数民族文学的研究往往被忽视，这导致了众多民族的文学在文学史中的"失语"，"中国文学史"只是"中国汉族古代文学史"。其次是口传等原生态文学"失语"的问题。历史上长期存在着的夷夏之辨和雅俗之分，使文学研究者先入为主地局限在"精英文学"的范畴内，而"精英文学"是建立在书写基础之上的，很明显地忽视了广泛存在的口传文本。③文学人类学以其对主流之外、文字之外的文学样式的关注，拓宽了文学研究的视野，丰富了中国文学的内涵。不仅有利于破除汉民族文化霸权、精英文化霸权，也是对西方中心的文化霸权的消解与反抗。

文学民族志（literary ethnography）是文学和人类学两个学科互相结合的成果。将民族志作为一种方法应用于文学研究中，以人类学参与观察的方法——"田野作业（field work）"④介入文学作品，包括到作品的发生地，对作品中的原型、原景、原物进行调查，包含了"四合四维"的阐释性结构。因此，文学民族志体现着多学科交叉的实验性质。⑤

文字表述参与了现代国家的表述与建构工作，致使"书写文化"（writing culture）成为名副其实的权力话语⑥，造成了书写/口头、文明/原始的二元对立。在以文字文本占据主导权的现代文明社会，必然导致以其他表述方式记录的民族处于一种"失语"的状态。传统人类学的研究重心多数是无文字民族和族群，与之相结合的文学民族志研究以无文字的表

---

① 叶舒宪：《物证优先：四重证据法与"玉成中国三部曲"》，载《国际比较文学》2020年第3期。
② 代云红：《新时期以来中国文学人类学的历史展望》，载《文学人类学研究》2018年第1期。
③ 曹顺庆：《三重话语霸权下的少数民族文学研究》，载《民族文学研究》2005年第3期。
④ 人类学田野作业讲究参与观察，要求民族志者参与到生活中去跟人民同吃同住同劳动，成为他们中的一分子，尽可能从他们的角度去理解社会，去对社会进行性质的判断，即人类学所谓的"质性研究"。
⑤ 彭兆荣、杨娇娇：《乡土的表述　永远的秦腔——贾平凹小说〈秦腔〉的人类学解读》，载《暨南学报》（哲学社会科学版）2019年第2期。
⑥ 参见詹姆斯·克利福德、乔治·E.马库斯编：《写文化——民族志的诗学与政治学》，高丙中、吴晓黎、李霞等译，商务印书馆，2006年。

述材料为中心，将口头诗歌、巫术、仪式、器物、宗法制度等非文字材料纳入其研究领域，力图修正人类进入文字时代以来的书写文化霸权，从社会生活的多种表述中发掘真实性，有助于听到被覆盖、被淹没的、"失语"的多民族的声音。

文学民族志书写在内容上倾向于关注异质文化、少数民族文化、地方性知识和原始文化等被排挤在边缘的族群文化，力求还原不同文化族群生活的客观性与真实性。因此，对文学民族志的研究关注对地方性知识的探讨与保护，体现在对口传文学、非物质文化遗产等非文字材料的再发现与研究上。文学民族志研究要打破书写的权力垄断，让口述的、巫术的、行为的、民间的、视觉的、绘画的等等回其本位，使那些传统中被窄化的、他者化的、被权力化的、科班性的文学，回归到更落实、更民间、更乡土的本位。①

自从文字产生之后，人类深受书写传统的遮蔽，文本中心主义在文学研究中体现得极为明显。文学研究要走出文本中心，走进民族文化的热土，植根于两个田野，一个是文字文本的田野，一个是无文字的社会生活本身，从仅仅局限于文学性和文学内部研究的范式，走向文学文化语境还原性研究范式，重建文学人类学的本土文学观，彰显本土价值。徐新建教授在这方面做了一些尝试，出版了专著《民歌与国学》。其他学者的相关成果也不少，如《到民间去》《眼光向下的革命》等，共同的意图是力求从总体上考察并阐释民族、民间和民俗的文学表达，也就是要研究人类学意义上的"大文学""活态文学""草根文学"，乃至"生命文学"与"终极文学"。②

文学民族志中对口传文学的重视与再发现，挑战与革新了传统的文学文本观念。在文字产生以前，族群中的文学表述更多的是具有仪式性与集体性的口传文学展演。以文字为中心的书写文学丧失了原初的仪式性。文学民族志研究者致力于对活态文学的研究，并将其还原到具体的传播语境当中去，进而发现和描述从口传到书写的文学变异，以及由此而产生的信息缺失、传达变形、阐释误读等多重张力。

与文字文本相比，文学民族志研究范式将目光从文字文本转向了文化文本，这些文化文本包括一个仪式、一种制度、一段生活史或任何适于阐释或描述的行为单位。③ 中国文学民族志研究范式聚焦于以下几个方向：

（1）回归本土，还原生活本来面貌。彭兆荣对贾平凹《秦腔》的研究④，以及近年来对"乡土中国"的阐释体现了向本土的回归。人类学中国范式的一个重要特征是人类学家对乡土的执着。以"宗族"为关键词的乡土性是中国这个"社稷国家"的终极说明与核心要义。林耀华的著作《金翼》以小说体的叙事方式讲述了限定于五服—姻亲范围内的张家、黄家两个家族在辛亥革命之后30多年兴盛与衰落的故事，从而展现了农村社会生活的全貌

---

① 彭兆荣：《文学人类学的再文学化与文学在场》，2011年永川会议讲话稿（未刊）。
② 参见徐新建：《民歌与国学》，巴蜀书社，2008年；[美]洪长泰：《到民间去：1918—1937年的中国知识分子与民间文学运动》，董晓萍译，上海文艺出版社，1993年；赵世瑜：《眼光向下的革命——中国现代民俗学思想史论（1918—1937）》，北京师范大学出版社，1999年。
③ 参见詹姆斯·克利福德、乔治·E.马库斯编：《写文化——民族志的诗学与政治学》，高丙中、吴晓黎、李霞等译，商务印书馆，2006年，第43页。
④ 彭兆荣、杨娇娇：《乡土的表述 永远的秦腔——贾平凹小说〈秦腔〉的人类学解读》，载《暨南学报》（哲学社会科学版）2019年第4期。

及社会文化的变迁。①

（2）对活态文学的研究。苗族的史诗"亚鲁王"是至今仍在民间口头传诵的"活态史诗"②，是苗族的"长篇英雄史诗"，冯骥才进一步指出其为"口述的、诗化的民族史"③。徐新建教授强调其性质应为为亡灵诵唱的"送魂歌"，并且应该将"亚鲁王"视为口头传唱及仪式综合体，体现了苗人的魂灵信仰、鬼神崇拜及相关仪式。④尽管"亚鲁王"已被整理成了文字文本，但其特质仍是口头践行，它需要在现场环境中，依赖传唱人和听众们的双向互动，从而形成特定的仪式场景被呈现与表述。

（3）对仪式的重视与研究。人类学家将仪式作为观察和体验他者社会历史生活的实践场域，"基本的神话宗教情感的真正客观化不是在众神的赤裸裸的偶像中，而是在敬奉神祇的祭祀中……正是祭祀构成神话的原始形态和客观基础"⑤。萧兵⑥对《楚辞》各篇章的内涵做了仪式诠释；李亦园⑦则运用列维-斯特劳斯的结构观念，以及宗教人类学有关仪式与神话相互关系的理论，对中国古代寒食节的仪式、风俗以及介之推神话做了较为完备的分析；彭兆荣先后出版两部著作⑧来对人类学仪式进行全方位的讨论与总结。

（4）多民族文学研究。除了上述研究方向外，文学民族志的范式研究还重视打破边缘与中心民族之间的二元对立，对民族文学进行深入发掘与研究，致力于消解文化中心主义，推动"多民族文学史观"的建构。"多民族文学"的含义即在民族多元的基础上体现出的文学多样性。这意味着对什么是文学不能仅从一个民族、一种形态来限定。⑨ 无文字的民族世代传承的口头文献，负载着其最为核心的民族认同与历史记忆。以文学民族志的范式对民族文学进行研究，体现了人类学的整体观念，有助于形成多元一体的对话互动新格局。

（四）文学跨学科研究

作为文学与人类学联结的成果，文学人类学代表了一种跨学科、跨文化的范式，其研究视野开阔，处于"破学科本位"的前沿地带。文学人类学既重视文化大传统中的元编码，又重视元编码背后的结构逻辑。文学人类学对中国学界的影响是巨大的。首先，文学人类学与生俱来的"跨学科性"早在新文科建设的倡导之前就已经浮现。打通人文学科之间的界限是叶舒宪先生一以贯之的学术追求，而文学人类学学科给予了学人们打通学科界限的利器。用叶舒宪的话说，不要把自己的眼界局限于现有的学术框架，不要让已有的知识成为思考的障碍。就文学本身而言，"文学本来就是属于人类的，把它分成中国的和外国的，

---

① 彭兆荣、赖景执：《存在与超越——论人类学的中国范式》，载《西北民族研究》2022年第3期。
② 《英雄的民族英雄的史诗重大的发现重大的成果》，载《中国艺术报》2012年3月9日。
③ 冯骥才：《发现〈亚鲁王〉》，载《当代贵州》2012年第21期。
④ 徐新建：《生死两界"送魂歌"——〈亚鲁王〉研究的几个问题》，载《民族文学研究》2014年第1期。
⑤ ［德］恩斯特·卡西尔：《神话思维》，黄龙保、周振选译，中国社会科学出版社，1992年，第241页。
⑥ 萧兵：《引魂之舟：战国楚〈帛画〉与〈楚辞〉神话》，载《湖南考古辑刊》1983年第2辑。
⑦ 李亦园：《一则中国古代神话与仪式的结构学研究》，见《第一届汉学会议论文集》，1981年。
⑧ 彭兆荣：《文学与仪式》，北京大学出版社，2004年；彭兆荣：《人类学仪式的理论与实践》，民族出版社，2007年。
⑨ 徐新建：《"多民族文学史观"简论》，载《民族文学研究》2007年第2期。

中国又分成古典、现代、近代的,越分越窄的话,就变成铁路警察,只管这一段。火车从哪儿来到哪儿去,根本不管"①。

李永平对"热闹"从本土审美进入故事情节的编码过程的解读,给出了个案。文学只是文化原型编码的表层,以对"闹"的分析为例,提起"热闹",人们首先想到的是熙熙攘攘的人群,兴高采烈的氛围,举家团圆的节日庆典等本土审美场景。然而,"大闹"的原编码肇始于远古的神话与祭祀仪式。"闹"和"大闹"仪式在中国文化传统中呈现为"神圣空间"和"神圣时间"中的"热闹"场面。②

"热闹"更多地表现为民俗仪式活动,其时间节点大都处在重大节日或人生的重要关口。热闹的表层首先是气氛热烈,其次是人数众多,最后是处于传统社会内部。作为民俗意义上的热闹,有极为丰富的社会功能。首先,热闹存在于成人仪式的内在结构之中,帮助个体渡过关煞;其次,热闹有助于重组生活环境;最后,热闹是群体渡过阈限阶段的方式,渡过阈限才能进入新的阶段,而这个阈限阶段的仪式活动有助于消除污染、恢复洁净。热闹的内部机制是渡过阈限阶段,在这一阈限阶段,由萨满完成降妖、伏魔的仪式性来进行禳灾,并且处于阈限阶段的大闹孕育着人神共睦或混沌未开的危险与生机。过去每逢除夕、元宵等岁时节日,方相氏、僮子(由村民装扮)与无形的超验世界(鬼疫之属)冲突激烈,热闹非凡。可以说,传统社会的灵验时间和神圣空间,要周期性地演述"大闹-斩妖"仪式,通过大闹仪式,搬演热闹的场面以此达到禳灾、净化的目的。③

在对元结构与阈限进行深入研究后,李永平借助人类学仪式论的观点对神话叙事中的"通道"进行研究,进而提出文学人类学的阈限视角与阈限书写理念。"阈限"一词源于人类学概念,源于拉丁语"limen"或"limin"。法国人类学家阿诺尔德·范热内普(Arnold Van Gennep)在《过渡礼仪》中,将"阈限"一词用来描述人们在参加过渡仪式中的模糊而不确定的,在结构中分离之后而未进入新的结构的过渡阶段。20世纪60年代后期,英国人类学家维克多·特纳(Victor Turner)在范热内普的基础上进一步拓展了"阈限性"的概念。特纳认为,阈限性或阈限人具有不确定和不清晰的特征,这是因为阈限实体处于一种中介性的状态,摆脱了文化空间中既有的结构。

纵览中国神话故事的图谱序列,不难发现船只、桥、葫芦(壶)、花朵、仙洞(山洞、地洞、水帘洞)、天门、天窗等风物是神话得以展演的显著凭借。在这些神圣物的背后含纳着神圣时空的迁移与流转的阈限物(人)或阈限空间。

在中国民间文化传统中,人神两个空间的界限是通天之门,即"天门"。对于普通住宅,门是外部世界与家内世界间之界线;对于寺庙,它是平凡与神圣世界间之界线。所以"跨越这个门界"(seuil)就是将自己与新世界结合在一起。④"天门"就是凡人进入天界的入口。因此,进入"天门"的通道就是神话叙事中的阈限空间,而通过"天门"的历程则是中国古人"升天成仙"的阈限阶段。"天门"及与之形成的神话观念——"天命""天人合一","黑洞""虫洞"与"星际之门"分别是通天神话前世与今生的不同诗学框架的阈

---

① 叶舒宪:《金枝玉叶——比较神话学的中国视角》,复旦大学出版社,2012年,第239页。
② 李永平:《"大闹":"热闹"的内在结构与文化编码》,载《民族艺术》2019年第1期。
③ 李永平:《"大闹":"热闹"的内在结构与文化编码》,载《民族艺术》2019年第1期。
④ [法]阿诺尔德·范热内普:《过渡礼仪》,张举文译,商务印书馆,2010年,第17页。

限性书写。①

阈限性书写指文学人类学从历史边缘、附属、间隙、未定等地带发掘出人与物的"新元素"的书写。现代人文学科中的很多新知都是从模棱两可的边缘地带重新发现并得以书写和传播的。阈限书写在文学人类学研究中促成了人类学、民俗学、历史学、文学等多个学科间的跨学科视域的形成，这是一种新的视界融合。②

"大闹"背后的元逻辑与阈限书写，都是从跨学科的方式出发，对文化文本背后的结构逻辑进行追索。近年来，李永平将自然科学与人文科学之间的壁垒打通，用一种科学范式研究元编码的内部结构，提出了隐蔽秩序的理念，体现了文学思维与科学思维范式的统一。

民俗仪式、本土宗教、神话观念、纪念碑性器物、标志性设计、特定的命名背后，体现了一种秩序，即与人类心智相表里的文化大传统的隐蔽秩序，它决定了文字产生以后的书写小传统——诗歌意向、叙事结构、主题选择、文体形式。用现代科学术语来表达，这个拨弄人类的隐蔽秩序就是习焉不察而又不可逾越的"万有"引力。天地空间中万有的引力秩序，使得神话前世的关键词中，最重要的一部分都是关于神话空间的表述，它可以概括为"天""通天""天门"及与之形成的神话观念——"天人合一"。③

人类通天通神的理想亘古久远。但在诗歌里边支离破碎地提到了一些通天的意象，如羽化、蝉蜕、登遐、乘龙等，志怪和传奇里边的游历仙境，将其还原到本土的文化语境，是通天通神传统的孑遗。以"仙乡淹留"④故事范型为例，"仙乡淹留"模式的意义在于它隐含着民众挣脱空间和时间束缚的内在愿望，这种愿望已经发展成中外文学中的一个共同母题。

通过对中国游仙诗歌进行系统的考察，李永平指出，游仙诗类诗歌的共同点是，通过飞升、羽化、蝉蜕等神秘方式，骑乘六龙、八龙、白虎、凤、虎、仙鹤等动物，或凭借灵芝、玉英、玉树、扶桑、建木等到达另外一个空间，远古萨满信仰所催生的神话思维背后隐藏着宇宙起源这个古老而神秘的问题。萨满"登天入地，进行宇宙飞行"的过程中，对具有象征天地沟通的战略性资产"白玉"的使用，转变为祭政合一的王权神授的神话观念，再转化为文明时代的原始拜物教，它背后的隐蔽秩序是：人类自古以来难以超越自然秩序重力，向地球引力相反的方向——天空运动（超越）。后世通天、以德配天等活动，试图通过人事上的"修行"与天道运行相榫卯，实现天人感应，达成"天道有常"的目的。

文学主题与现代相对论的耦合方面，李永平教授认为，宇宙探索中"爱因斯坦－罗森

---

① 李永平：《众妙之门：神话编码中的隐蔽秩序》，载《上海交通大学学报》（社会科学版）2020年第6期。

② 详见李永平、李泽涛：《从阈限书写进入：文学人类学研究的一个视角》，载《中国比较文学》2022年第1期。

③ 李永平：《众妙之门：神话编码中的隐蔽秩序》，载《上海交通大学学报》（社会科学版）2020年第6期。

④ 参见"仙乡淹留、光阴飞逝"，见［德］艾伯华：《中国民间故事类型》，王燕生、周祖生译，商务印书馆，1999年，第176页。对于这类传说故事，前人从不同的研究视角，采用了不同的命名，如"仙乡奇遇"（刘守华）、"烂柯山故事"（林继富）、"仙窟艳遇型故事"和"观仙对弈型故事"（祁连休）。金荣华则在AT844将其分属宗教故事，并有AT844A"仙境一日人间千年"；AT844B"仙境遇艳不知年"；AT844C"龙宫岁月非人间"三种亚型。参见金荣华：《中国民间故事集成类型索引》，中国口传文学学会，2007年，第304—306页。

桥"的发现，在远古盘古开天辟地传说、老子复归混沌初始之神话、轴心时代"圣人抱一为天下式"的人文宗教、口传时代的"仙乡淹留"神话叙述、道教仙话的"洞天"（神圣容器）的象征隐喻和科学时代的"时空隧道"之间实现了某种结构的会通和形象的隐喻，对升天观念背后隐蔽秩序关系的揭示，意味着现代意义上的人文学科与自然科学的互动联结。

四、总结：文学人类学探索的意义

比较文学是各个民族国家从封闭走向开放交流的大趋势在文学研究领域的结果，这一趋势的未来目标可称为"文学人类学"。① 文学是人类的自我表述、相互连接以及群体认同与生命救赎。从表面上看，文学人类学似乎仅仅是文学与人类学相互走近、聚合，实际上却包含着历史语境、认知逻辑、学理依据、学科整合和方法采用等综合价值。②

文学人类学的研究重心在于被主流学术界忽视、边缘化、遗忘了的东西，而这恰恰是文学人类学最需要关注的对象。这样的研究重心与研究视野打破了西方"中心"与"边缘"、"文明"与"野蛮"的二元对立的思维模式，更有助于发现人类生存、生活中存在的普遍问题，对全人类的命运进行整体性的观照。文学人类学主张对不同文明、文化背后的生成逻辑进行解码，致力于发现其具有支配性的文化密码与支撑其发展的文化动力，对人类文明形态进行追本溯源式的分析与求索。

文学人类学在中国的发展成熟，有两个学术增长点，一是文学理论的更新，二是研究方法的更新。在文学思想方面，要启发本土文化自觉，引导中国文学的重新认识。受到20世纪后期的反思人类学派和后殖民批判的影响，研究者们积极反思、解构西方中心主义的学科范式，倡导本土文化自觉，并充分利用人类学的多元视野反观和重估本土经典文本与非物质文化遗产的价值，起到了学术先导的作用。③

近年来，文学人类学研究取得了很多成果，叶舒宪、徐新建、彭兆荣、程金城、王宪昭、张进、李永平、宁梅等以文学人类学理论引领的国家重大社科招标项目相继获批立项，文学人类学理论取得了进一步拓展。如今，超越近代殖民话语体系——西方话语，走出与中国文化传统相扞格的写文化藩篱，在口头与田野实践中把握人类叙述的诗性根脉，主张多学科交叉融合，它引领的文化和学术转向会随着时间的推移进一步显现出来。在教学活动中，亟须体现近十年来，文学人类学研究新的成果。

随着社会思潮的急剧转向，高等教育发生了深刻的变革，总结起来包括，高等教育面向大国复兴的社会实践转向，学术研究向新文科、新工科的交叉融合转向，教育手段向高技术和数字化转型。尤其是近几年学术研究范式的革命——"新文科"建设：要求进一步"学科交叉融合"，通过跨学科交叉、多学科协同为各学科人才培养、知识体系创新与发展注入活力、提供动力。深度参与中国特色话语体系建设，切实发挥学科建设的引领作用。④

---

① 陈惇、谢天振、孙景尧主编：《比较文学》（第三版），高等教育出版社，2014年，第317页。
② 彭兆荣：《文学人类学——一种新型的人文学》，载《吉首大学学报》（社会科学版）2021年第1期。
③ 叶舒宪：《本土文化自觉与"文学"、"文学史观"反思》，载《文学评论》2008年第6期。
④ 宁琦：《社会需求与新文科建设的核心任务》，载《上海交通大学学报》（哲学社会科学版）2020年第2期。

正像钱乘旦所讲的那样，今天到了这么一个临界点：若再不打通学科之间的界限，那么不仅知识的增加日益不可能，而且连更深入的研究都难以做到了，学科界限成了障碍。到这时，突破学科分割，实行学科之间的交叉，用不同学科的方法和角度以及不同学科之间的知识积累，对某些问题做共同的探讨，就成为新的需要。①

文学人类学研究的"跨学科性"与生俱来。简单来说，文学人类学就是要用人类学的视野和方法来研究文学，在跨学科方面，它和比较文学是相通的，可以构成比较文学的一个研究方向。"自1990年代后，文学人类学则成为了中国比较文学研究领域的一个新的分支。"②学科交叉促进新知识的诞生，新观念的形成，使研究走向深化，这些在单一学科的框架下是得不到的。文学人类学借助文献学、考古学、分子人类学、大历史的学科交叉，通过文理交叉推动了学科向纵深发展，形成了神话考古、神话与古史、认知神话学、文化文本、图像学、故事人类学、文化禳灾、文学治疗与医疗社会史等研究领域。

文学人类学是20世纪后期的跨学科研究大潮中涌现的新兴交叉学科，作为预流，从文学文本到文化文本，由书写本位上溯信仰驱动的神话观，仰赖具有方法论意义的四重证据法，重建文化大传统新视野，从中细化出以物与图像叙事为基点的N级编码理论，进而借助于玉石神话信仰探索华夏文明认同的深层文化基因。虽然就华夏文明的某些特性或称"中国性"（Chineseness）而言，我们可能永远也无法确切地知道中国性，到底是如何形成的，也难以彻底了解古代中国性的所有详情，而且，需要研究的问题永远比答案多。③ 但也正因如此魅力的存在，随着知识考古学新知的不断更新与推进，新文科建设及"学科交叉融合"深入，这就为适时发挥文学人类学理论的阐释效力、探究此类问题提供了可能性契机。

---

① 钱乘旦：《文科为什么要交叉——兼论知识发展的一般规律》，载《文化纵横》2020年第5期。
② 曹顺庆等：《比较文学论》，四川教育出版社，2002年，第316页。
③ 刘莉、陈星灿：《中国考古学：旧石器时代晚期到早期青铜时代》，生活·读书·新知三联书店，2017年，第419页。

早期中国与神话历史研究

——关于中国文学人类学"四重证据法"的对话

谭 佳 韩 鼎 李 川

谭 佳 文学人类学一直是中国比较文学的重要领域,也是中国社会科学院比较文学研究中心(以下简称"中心")的重点发展领域。中心一直致力于探索比较文学的中国性研究,诉诸立足本土文化根脉进行跨文化的问题意识碰撞,探索具有本土生命力和世界眼光的理论范式。基于此,2019年12月10日,中心邀请美国著名汉学家、达慕斯大学教授艾兰(Sarah Allan)在文学研究所进行题为"神话的本质和中国早期文献的理解问题"的演讲。下午,围绕早期中国研究,邀请方召开"夏的神话历史"工作坊(下文简称"工作坊")。在工作坊上,中国比较文学学会副会长、文学人类学研究分会理事长叶舒宪教授发表题为"物证优先:'玉成中国三部曲'的求证策略"的演讲,介绍了文学人类学研究团队近十年来为回应20世纪影响最大的学派——古史辨派所遗留下的古史难题,专门设计和实施的三个重大项目进展及研究策略,由此进一步反思上古史研究的理论和方法论。叶舒宪尤其强调,面对无法讨论清楚的夏问题,以及夏之前的无文字时代,文学人类学倡导用四重证据法中的"物证优先"原则展开研究,逐步提炼形成一套本土的文化理论体系。考古学者韩鼎副教授在工作坊上质疑了叶舒宪对夏的认知方式,认为四重证据法存在对所引文献缺少系统认识、文献与对象的关系倒置等问题。二人观点针锋相对、精彩迭出,会后还有不少学者关注和追问,可谓余音未了、意犹未尽。遗憾的是,受会场时间所限,诸如早期中国的研究背景、四重证据法的历时发展与理论诉求,神话历史的旨趣等重要问题皆未涉及。

这次争论可以为我们今天就中国文学人类学相关问题所展开的三人对话提供很好的切入点。这是因为,一方面,作为中国比较文学的重镇以及跨学科范式代表,中国文学人类学的发展不再仅仅诉诸文学与人类学嫁接,而是愈发重视与海外汉学、考古学和思想史相结合。我们希望借这次对谈能呈现出这个学科的前沿风貌。另一方面,中外学界对早期中国的不同理解与研究成为描述中华文明起源和特质的关键。作为学科领军人物,叶舒宪提出的"四重证据法"及"神话历史"理论,正是中国文学人类学在早期中国研究领域最具创新所在,多年来引发出各种讨论。我是这次工作坊的策划人和召集者,对各方情况熟悉。李川和韩鼎分别是工作坊的发言嘉宾和评议嘉宾,李川尤擅古典政治学和比较神话学,韩鼎专攻早期美术考古的个案研究与方法论探索。不妨讲,这次三人对话是不同学科、不同领域的学者所进行的碰撞与争鸣,能为学界理解早期中国研究、反思中国文学人类学的发展提供宝贵机会。

一、文学人类学的早期中国研究诉求

谭 佳 韩鼎为工作坊准备的演讲题目为"西方学者的夏文化研究:兼评四重证据

法"。受时间限制，他仅简述了对四重证据法的评议，现在请大致介绍西方学者的研究。

韩　鼎　我的演讲本来准备以出生年为序介绍顾立雅（H. G. Creel）、张光直、艾兰（Sarah Allan）、杜朴（Robert L. Thorp）、贝格利（Robert Bagley）、罗泰（Lothar von Falkenhausen）、刘莉、吉迪（Gideon Shelach-Lavi）、李旻等知名学者的早期中国研究的特点。"早期中国"这一概念在美国学者吉德炜（David N. Keightley）1975 年创办刊物《早期中国》（*Early China*）后被广泛使用。"早期"一般泛指从新石器晚期到汉代。按照如何看待文献中关于夏的记载，他们的研究可分为两大派——信与疑。信者以张光直为代表，强调夏商周纵向传承与横向互动，认为二里头遗址与夏代存在关联。而绝大部分汉学家对文献中的夏持怀疑态度，主张将文献记述与史实相区别，夏是后人基于某种目的建构的历史记忆或神话叙事。他们普遍认为只有在确凿性证据（比如文字）出现后，才能将文献与考古发现结合，这也是认可三代传承有序的前提。这方面的典型论点，如认为《史记·夏本纪》《左传》等正史所记的"夏"充满神话性，"中华文明"是后起的、不断变化的概念；中国的考古学研究和历史观不应受文献记载影响而倒置逻辑，主张重新审视神话传说的有限性。我认为，这些国际主流观点应该进入我们反思国内上古研究视域，我对"四重证据法"的追问就立足于此。

谭　佳　在根本意义上，"早期中国"是个西方汉学词汇，国内一般叫古史研究、先秦研究、上古研究等。海外汉学家为何凸显"早期中国"问题？中国最早的一批经典至迟定型于汉，且佛教由东汉时期传入，以汉为分界可形成相对纯粹的中华文明本土发生发展的研究视域。早期中国研究包含了如何看待中华文明起源，如何看待中华文化共同体的有效性与特点，如何看待历史事实、历史文献、历史精神与情怀等焦点问题。顺此思路，不难看出中国文学人类学的发展轨迹：从立足文学与人类学的交合地带——神话研究，寻找中国神话的原型和结构；到全面反思现代学界将上古分为神话与信史的二元对立模式；再到从中华文明起源特质和思想起源视域，重新勾勒早期中国思想演变脉络，尤其注重研究中华文明起源的信仰和观念驱动因素。如果我们不讲这些学科背景与理念，仅从夏的有无入手进行方法探讨，恐是无的放矢。笼统讲，中国文学人类学对现代学界主流古史观的反省在于：西方人类学和社会学逐渐规定了一种世界范围内的历史"理性化"发展叙述，即从非理性到理性、从神话到历史、从宗教化到理性化的线形递进发展，这类思路构成对社会历史发展规律的宏观基调，也是当下文史哲研究的潜在前提。然而，早期中国既非人类学意义上的部落社会，也非社会学概念中的国家与社会，不等同现代民族国家，没有西方宗教学意义上的神话与神学，更没有西方哲学意义上的"突破"期。那么，早期中国的起源特性，尤其是无文字时代的中华文化基因是什么？中华文化延绵承传的核心是什么？我们需要借助考古学不断揭示的具体文化情境进行再勘定。有别于之前的神话学研究，文学人类学并不直接参与早期中国的半神话性人物的无休止争辩，也尽量回避对号入座式的随意论说，而是专注于考古学所呈现出来的中华文明起源面貌，及其实物证据进行文化阐释，今天所讨论的四重证据法，正是其具体实践所在。

李　川　从字面意义上，在对早期中国的研究中运用"证据"探索历史，实为一个求真的过程，比如根据韩鼎的介绍，西方汉学界用考古证据来呈现"事实"时，尤其强调不应被文献和历史情感左右。四重证据法之"法"，按理可理解为被遵循的研究法则或模式。换言之，若其他研究者拥有相同的研究材料，遵循此"法"就可以得到相同或相近结论。然而，到目前为止，四重证据法并没能给那些悬而未决的早期文化现象提供一锤定音、四海皆准的准则。但是，它提供了一种思考维度和理论视域。当把"四重证据法"上升为打开中华文明特质研究的管钥时，它的针对性和利弊是什么？我们有必要进行层层剥离与辨析。

二、方法论的演进与得失

谭　佳　我先简单介绍四重证据法。它由叶舒宪在《第四重证据：比较图像学的视觉说服力》（载《文学评论》2006年第5期）、《大禹的熊旗解谜》（载《民族艺术》2008年第1期）、《二里头铜牌饰与夏代神话研究——再论"第四重证据"》（载《民族艺术》2008年第4期）等系列文章中提出并不断完善。"四重证据"包括文献证据、出土文字证据、人类学或民俗学证据以及考古文物或图像证据。正如这次工作坊上，叶舒宪明确提出：要充分利用考古发现所建立的新知识系统（第四重证据），去对照后世文献记录中的相关内容（第一、第二重证据），先做出真伪虚实的判断和筛选，选择求证的方向，尽量找出从无文字大传统到文字小传统的"榫卯结合部"，进而形成对文化的源流认识。在此基础上参照民间口传的活态文化及其他文化和文明的同类现象（第三重证据），以便重建在当今世界中早已失落的古代文化语境（再语境化，或称情境化），尝试努力"激活"文献叙事和考古发现的文物图像。针对这些观点，先请韩鼎简单评价。

韩　鼎　首先，我很认同将文物和图像作为所论时代的实证性证据，我也认为"物证"在四类证据中独享优先意义。"物"即考古资料，尤其是与精神文化相关的物质遗存，阐释其意义对理解古人的精神世界至关重要。其次，所谓"四重证据"是从四个维度阐释"物"之内涵，但在此过程中，若将不同维度的材料通过研究者的论证需要而联系在一起，阐释过于主观，就会失去学科方法论所应具备的严谨。从艺术考古学立场，我主张让"物"在同时代的证据链和考古学语境（如埋藏环境、所属文化、时代背景）中彰显意义，而不是将四个维度的"证据"混淆时空、切割语境进行主观关联和阐释。

谭　佳　韩鼎认为四重证据法有混淆时空、切割语境、主观关联和过度阐释之嫌，确实如此吗？我想，这需要层层辨析。另外，四重证据法究竟是立足阐释还是实证？"物"的作用究竟应占多大比重？这也需要将"四重"分开讨论，找到每重证据在使用时的初衷、意义及风险，才便于我们统一权衡。韩鼎能从一重证据开始分析吗？

韩　鼎　第一重证据指传世文献，但利用传世文献来研究无文字时代历史，我们面临以下复杂情况：一是时代差异大，即文献时代与研究对象时代相距甚远。二是文献性质混杂，即记述与托古混杂，神话与历史不分，虚实不辨。三是文献内容混乱，即材料零散模糊、相互抵牾。目前，很多学人在以传世文献为证据时多忽略这些特征，对所引文献缺乏所属语境的系统认识。我以"禹铸九鼎"为例来说明：《左传·宣公三年》《墨子·耕柱篇》《史记·封禅书》《汉书·郊祀志》对"禹铸九鼎"均有记载，似是经多方证实的确论，不少学者据此研究"九鼎"对于早期王权国家的意义。然而，通过考古材料足以明证，二里头文化中鼎的权威性尚不如爵。更甚者，该历史时期的工艺根本无法铸出饰有"百物"的青铜鼎。文献中的"禹铸九鼎"仅是周人基于对当时的鼎（属性及纹饰）的认识，为迎合宗周"列鼎制度"要求而对夏进行的想象性叙述，并托古于禹、启来烘托其神圣性。可见，用后世文献去说明无文字时代之"物"很容易遮蔽历史本真。所谓的经史正统性很可能就是一套充斥着目的性的叙事策略而已，其内容反映史实有限，仅通过文献永远难以得到对历史的确论。

李　川　从文本叙事角度出发，"铸鼎象物"最早也只能追到战国早期，是东周史官对王权理解的一种表述。此类文献叙事究竟是为了强调史料意义上的真,还是政治意义上的正确?是诉诸事实,还是诉诸价值呢?细究"五经"的性质则不难看出古今"史观"存有断裂。《左传》《史记》等经典所建构的史学传统既要"究天人之际,通古今之变",也要显示其"判天地之美、析万物之理、察古人之全"的性质。现代历史学科将关注人之存在与意义状态的古典诉求,变革为证明材料可信的纯粹技术诉求,以是非对错的标准取代了好坏善恶的标准。所以,我们不能简单用真伪观去衡量具体语境中的叙事价值。我不反对前者,但更倾向于后者。由此而论,我认为韩鼎所说的"一重证据"研究包含两类学理路径:第一,把先秦文献视为普通史料而求真。这时他所说的"混淆语境""为我所用"问题确实在学界司空见惯。第二,作为建构历史的叙事方式来探讨。这时考古学所揭示的传世文献之不尽其然处,恰可成为研究文本历史意义的有效证据。

就此我想问谭佳,文学人类学学者使用"一重证据"时,究竟是要像现代历史学科那样证明文献的真伪,还是要整合文本叙事的真伪与价值,从而追求对历史叙事结构、文本意义、文献所传承精神的讨论?

谭　佳　中国文学人类学的研究当然不完全等同于现代历史学和考古学,它充分借鉴这些学科的成果,但有自身的问题意识。比如研究《周礼》,考古学与文献学已然证明《周礼》非周人所著,文本存有大量时人想象和建构内容。文学人类学的研究不是仅去证明文献真伪,更不会用《周礼》或更后世的记载去对应周人的礼制观,如此便可避免韩鼎所说的"语境混淆"。相应,文学人类学可以通过大量的民族志材料和考古学成果,考察文本与无文字时代的礼制观之传承关系;或借助文学研究特有的文本修辞和结构分析,揭示人们建构《周礼》的意义、目的和影响等问题;通过神话学和人类学去重新考察文本的巫史思维渊源、隐喻等新问题,并在神话历史视域中勾勒《周礼》的思想史意义。韩鼎的质疑为我们提供了很好的警示视角,一个学科的问题意识正是在不断地碰撞、反思甚至泥淖中自识自省而形成。请韩鼎再谈谈他对"二重证据法"的认识。

韩　鼎　二重证据法之"二"指传世文献和出土文献,"重"指两者"重合"的那部分(如下图所示)。二重证据法在其提出者——王国维的研究中是自洽的,即文献与文献、文字与文字的重合对应(并非后来学者常误解的传世文献与出土文物的对应)。

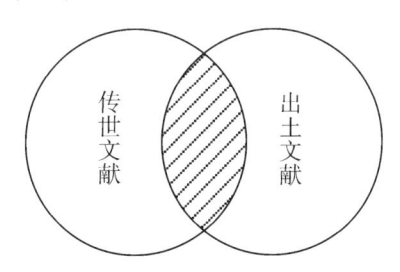

两方面材料因为有交叉,才能相互证明。"重"强调了两类证据具有关联,这种关联是证据自身所蕴含的,而非人为赋予的。与此对应,王国维运用二重证据法具有如下特征:其一,强调出土文献与传世文献间,文字与文字、内容与内容的对应。两者一致时相互证明,不一致时则证伪传世文献。其二,是出土文献之所以成为证据,核心原因在于其所属时期和研究对象属于同一时代(如用甲骨文研究商王世系,用金文研究周代历法)。其三,研究对象多为客观存在(世系、制度、地名、历法),较少涉及意识形态方面的研究。因此,王国维运用"二重证据"的结论相对来说客观扎实。而在四重证据法的内容里,出土

文献多作为传世文献的补充而存在（非重合的那部分），而且，出土文献的时代与所探讨的早期历史之间存在几百年间隔。所以，我认为四重证据法很难如二重证据法那样客观有效。

谭　佳　我的看法与韩鼎不同。二重证据法的第二重指出土文献，但出土文献与传世文献不一致，怎么就一定是证伪呢？恐怕情况比真伪要复杂得多。因此，现代简帛学界基本不再用"证伪"之类的词，而是主张用对话、分析、阐释。从历史叙事立场看（尤其是针对东周诸侯列国的不同立场），出土或传世文献都是一种叙事策略而已，出土文献不一定就更具真实性。除此，我的更大存疑在于，王国维的研究真的客观、自洽吗？国人最早注意和提到兰克史学并见诸文字的正是王国维，他的史学思想直接受其师藤田丰八的影响。藤田丰八的史学观源于德国兰克派史学，傅斯年的史学观也受此影响。然而，王国维的《古史新证》要针对的就是傅斯年、顾颉刚等人的疑古倾向。傅斯年以著名的"夷夏东西说"来解释夏商关系，可王氏认为殷周不是两个种族，都是帝喾后代，只是在制度上有极大变革和差异。《古史新证》第二章《禹》通过钟铭二器上的文字对应古籍，证实禹是真实不疑的历史人物；又于第四章《商诸臣》文末呼应首三章考证，肯定古史之真。傅斯年敏感地抓住王氏的弦外之音，批评他有违史家客观的立场："殷周之际有一大变迁，事甚明显，然必引《礼记》为材料以成所谓周公之圣德，则非历史学矣。"① 看来，二重证据法留给我们的疑问恰恰是：同样受惠于兰克史学派并高举实证大旗，王国维为何与当时的"古史辨"结论相左？

李　川　我的理解，"证据法"（无论是二重或四重）想要得到公允的"客观"结论，也许并不可能，尤其是用所谓证据去解决历史信仰与精神层面的问题，更是困难重重。王国维有一名言："可爱者不可信，可信者不可爱。""可爱"与"可信"构成了王氏的二元精神世界。他看到了西方科学和历史学的进步，承认中国传统学问所不及处，但他从根本上批判西方文明观念，将清末以来的政治乱象归结于国人盲目追随西方而放弃了传统文化。然而，他的学术研究按照可信的原则，遵循实事求是的精神，这又并不能完全承载他对文化价值的追求，二重证据法打开了研究的新视野，某种程度上，也让他更无措于叩问历史精神的大门。一个世纪过去了，今天的文学人类学在吸收二重证据法时，究竟要学习王国维的哪个面向？我想，在历史事实与历史价值的之间，在实证的某些无效面前，文学人类学才会主张用"第三重证据"来阐释历史。

韩　鼎　虽然在研究中希望让证据或证据链自己"说话"，可是人文学科很难避免基于主观倾向的描述。用"证据"二字去"证"信仰与精神时，价值与事实求真之间必然有不可调和的沟壑。据此我们是否可以说，文学人类学对早期中国的信仰或精神层面研究，采纳"四重证据法"本身就有偏颇？

李　川　不尽然，这个问题要放在学术史发展中去理解从"二重""三重"扩充到"四重"的必要性。我认为，这是文学人类学派在20世纪提出"新国学"运动，即提出三重证据法后的一种战略需要。字面意义而言，古史研究中的"三重证据法"早有学人提及。顾颉刚在1935年发表的《战国秦汉间人的造伪与辨伪》提出史料可分成实物、记载和传说。孙作云在1941发表《中国古代图腾研究》提出书本、古物和古俗的"三层证明法"。

---

① 王汎森：《王国维与傅斯年——以〈殷周制度论〉与〈夷夏东西说〉为主的讨论》附录《傅斯年藏书眉批》，见孙敦恒、钱竞编：《纪念王国维先生诞辰120周年学术论文集》，广东教育出版社，1999年，第30页。

真正引起学界重视的是1982年，饶宗颐在《谈三重法证据——十干与立主》一文中提出从田野考古、文献记载和甲骨文来研究夏文化，即"三重证据法"。有别于前人，叶舒宪提出的三重证据法指传世和出土文献以外的人类学资源，比如民间地方的口传叙事和仪式礼俗，以及少数民族乃至域外民族的材料。以此方法论为核，20世纪90年代，萧兵、叶舒宪、臧克和等倡导的"中国文化的人类学破译"丛书便是充分实践，他们先后出版了对《楚辞》《诗经》《老子》《庄子》《山海经》等经典文献的三重证据阐释。这套丛书以文化还原为研究目标，旨在揭示中国上古文化的神话知识体系及其与世界上古文化相类同的文化形态。

韩　鼎　对先秦文献的人类学阐释肇始于郑振铎、闻一多等大家，他们尊奉的古典进化论在当下考古学前沿一直被检讨。我们再审视能看出，三重证据法用民俗学材料做论据，论证几千年之久的非本民族、非本地区的历史，其前提假设是：几千年间某一文化不仅在不同民族、不同地域传播，而且传承不断。这一前提显然夸大了传承和传播的可能性，并且将动态过程静态化，将不同时空的现象简单视为共时性的可比较材料。虽然叶舒宪讲过，第三重证据是"通过跨文化的横向比较来把握某些具有普遍性的思维和观念模式"，"借鉴了比较文学的研究方法，从弗雷泽和弗莱的人类学理论归纳出某些人类文化通则"[①]。但我认为，这类研究应该被限制在一定的时空关系中，在有传承、传播证据的基础上才有意义。当然，我们不排除文学人类学的"原型"研究提出了许多真知灼见。然而，所有的早期艺术都能通过"原型"理论或在后世民俗学材料中得到解释吗？这样的研究是基于几千年来传承有序的事实，还是研究者的主观判断？就算早期艺术与民俗志中的某些记载有联系，我们也不能期望二者完全契合（很难想象一种习俗几千年来毫无变化）。如将二里头铜牌饰墓葬所出器物与当代萨满的装束、道具进行对应，甚至误读一些器物的功能来迎合萨满的巫具，如将81YLM4的"玉管"状铃舌，释读为萨满的"神杖"等[②]，这样的研究失之偏颇。我甚至认为，三重证据法视野下的研究容易陷入主观同质化假设，也很容易随着考古学的发展而被修正乃至推翻。

谭　佳　我部分同意韩鼎的说法，这恰能启发我们看到"四重证据法"虽有不足，但势必被提出。确实，三重证据下的早期中国研究有套用西方理论之嫌，例如在上述"中国文化破译"阶段，中国文学人类学界的泰斗萧兵先生对《楚辞》的研究就有一定代表性。从本质上讲，萧兵所进行的是有关《楚辞》所承载的神话原型研究。这类神话原型的研究预设了"环太平洋文化"的同质性以及"太阳英雄神话"的共同原型。在此预设下可以"自由"展开类比和阐释工作，而无论如何阐释和类比，最后必然要归于这两大主旨。当然，从19世纪晚期，比较神话学鼻祖缪勒（Friedrich Max Muller）通过预设人类语言的共同模式和太阳象征来展开研究，这种预设同质性的研究理念屡见不鲜于各时期、各国度的神话研究中。文学人类学界在不断反思这类借助人类学、社会学对中国文化的研究，与上古社会的契合度究竟如何。人类学的"仪式"等于中国的"礼仪"吗？举个例子，《周礼·地官·师氏》中"以三德教国子。一曰至德以为道本，二曰敏德以为行本，三曰孝德以知逆恶"，这句话已经把"孝顺"及相关仪式深化为人伦道德—修身养性—通天地的信仰境界，这三个层次绝不再是简单的仪式活动和伦理行为。当我们使用其他部落的仪式材

---

① 杨骊、叶舒宪：《四重证据法研究》，复旦大学出版社，2019年，第19页。
② 参见叶舒宪：《中华文明探源的人类学视角——以二里头与三星堆铜铃铜牌的民族志解读为例》，载《文艺研究》2007年第7期。

料、神话传说来阐释上古文化时，此"礼"非彼"礼"。"第三重证据"所面临的最大挑战是：横向的主观联系能否带来一个本土化、情景化的阐释对象？在此背景中可看出"四重证据法"提出的迫切性。

李 川 我很认可提出四重证据法的意义，但对它不完全赞同，而有同情之理解。我不赞同四重证据法过分强调物证、贬斥文本的非文字主张。我始终坚持早期中国问题是镶嵌在整个传统中国的问题之中，而其本源是以"六经"为核心的斯文道脉，天地之蕴尽在于兹。前文字时代、无文字社会的资料可与之相辅相成，却难以离析，更不能厚此而薄彼。以非文字和地下材料"互证"、纠错传世文献并不具备合理性，它们之间并无本质差异。我赞同"四重证据法"的提法，因为这是"二重证据法"真正的精神嫡嗣，具备陈寅恪所归纳的"地下实物与纸上遗文""异族故书与吾国旧籍""外来观念与固有材料"等方法。"地下实物"并不等同于"新材料"，而是饶宗颐等所谓的"一般的考古数据"。实物与文字能够互证是因为其直观性，那种只有文字与文字方可互证的主张并不可取。反对者或认为，没有文字则对实物的解释具有或然性，但这样的情况也完全是文字材料所面临的困境。文字材料亦不能避免歧义性，出土文献更是如此，对文字的理解也是一种"阐释"，作为"证据"而言，文字并不一定比实物具有确定性，厚文字而薄实物的态度殊不足取。

韩 鼎 也就是说，李川不认为"物证"必然优先，更强调物与文字的共生性。然而无法否认，从时间上看，文字确实晚于物的出现，如何处理二者关系呢？不管怎样强调"四重证据法"的整体性，我都坚持认为，对早期中国的研究应以"物"为基础，第四重证据才是直接来自所论时代的实物，而其他证据可能与之已有几百甚至几千年的时代差异。比如，不能仅从第一重（即文献）入手重构历史"应有的"发展体系，忽视考古证据链所体现的事实。从文献和民俗学材料，即从第三重证据来认识早期历史，其实是加了"期待视野"，若带着这种"期待"去"寻觅"考古证据，同样很容易忽视考古证据自身所属的证据链。将器物放在其考古语境中来认识，往往会得出与第一重、第三重证据"烛照"看到的不同的结论。因此，应该权衡各重证据作为论据的效力优先级。作为考古学者，我仍主张用更加规范的学科工具来解决问题。

谭 佳 如果四重证据法一味强调"物"优先，强调文字叙事的不可靠，寄希望于用"物"来自证，那么同样研究物质文化的考古学人当然会从自身学科范式提出诸多方法论质疑。同理，作为考古学者，韩鼎也很难理解李川对文字叙事的倚重。对此，我们需要不断自识和反思：文学人类学的研究为什么强调"物"？我们必须看到方法论背后的理论诉求。

三、方法何为：走进中国式神话历史

谭 佳 我先介绍什么是中国式神话历史。作为固定搭配，"神话历史"（Mythistory）一词在国外早有使用，例如1985年，美国学者威廉·麦克尼尔（William H. McNeill）在美国历史协会第100届年会上发表了题为"神话历史：真理，神话，历史和历史学家"的演讲。1990年，唐纳德·凯利（Donald R. Kelley）在论文《兰克时代的神话历史》中使用该词。影响最大的是以色列学者约瑟夫·马里（Joseph Mali）的专著《神话历史——一种现代史学的生成》。在这些论著中，"神话历史"的提出都直接受新史学潮流和解构主义影响，强调历史叙事的修辞性与不确定性，以及神话中可能含有的真实性。我们提中国式神话历史，除受此影响，更是基于对中国神话学的层层剥离与反思。不妨借用在工作坊上，艾兰教授所强调的中西神话差异来概括：神话是古希腊与古罗马传统的核心，我们不应该

奢望古代中国有希腊意义上的神话。中国人没有为神创造另外一个世界，关于神话与历史很难做出区别。许多学者（中国学者和西方学者都一样），却用以欧洲和近东为根据发展出来的一般性理论来解读中国文化。艾兰教授的观点已经说明，研究早期中国不能将神话与历史分离对立，而是要综合起来讨论。换言之，中国的历史叙事本身（比如经史正统所描述的三代圣人和王道），中国人对历史、祖先和圣人的崇拜构成中国最大的神话。这些年，我和中国神话学界的同人也在这方面不断讨论，可参见《神话中国：中国神话学的反思与开拓》（生活·读书·新知三联书店2019年版）。从20世纪90年代至今，文学人类学对早期中国的认识不断推进，其重要成果是推出"神话历史丛书"（南方日报出版社）。"神话历史"概念和这套丛书不再执念于"神话"与"历史"的对应而排斥神话，重在探索"神话"在不同历史阶段的政治功能，在不同文本中的潜在观念约束力量。继而，我们又推出"中华文明探源的神话学研究"丛书（社会科学文献出版社），基于国际国内有关中华文明起源研究中神话学者的"失声"状态，这套丛书既有学术史反思，又有对器物、图像、文献的综合研究，提供了从神话观念与信仰角度解释中华文明起源及其特征的可能性路径，代表了目前文学人类学研究的新高度。

韩　鼎　看来"神话历史"诉诸突破早期中国研究中的神话与历史二元对立观，从其方法论，即四重证据法的效果来看，果真突破了吗？正如叶舒宪在工作坊上强调："'物证优先'说的选择原理在于'弃虚就实'，暂时回避那些目前知识条件下还无法证明的东西，将研究者的有限精力聚焦到可以证明的东西。"在我看来，这些观点都说明"神话历史"还是以对信史的实证为主，只不过先挑能说清楚的而已。这种筛选出有效（真实可考）史料的思路，难道与古史辨派的"神话—古史"对立观不同吗？

李　川　恐怕不能完全等同，关键在于史料被"挑选"出来要说明什么。疑古派的目的是要解构上古一统，破除正史叙事的合法性。然而，文学人类学借助考古实证，要说明中华文明起源所独有的"玉器时代"现象，并出自对文化延续性与整合性的研究，诉诸在中国式神话历史视域中展开讨论，其就细节而言不乏可商，就整体而言，却难以反驳。提炼中国人的精神生活，阐释器物崇拜在中国人价值取向上所起的作用，挖掘中国人之"礼"的历史渊源，进而溯源万年以前华夏精神认同之起源，这些研究目标若没有四重证据法，其实践在深广度上都会大打折扣。因此，四重证据法不应当被视为科学意义上的实证方法论，而应当视为一种综合实证与阐释的方法。四重证据法不仅局限于事实判断，而且还突破了事实判断的局限性，试图赋予文化价值判断的合法性。从实证的证据链来说，上天下地、无所不包的四重证据难以环环相扣，然而从本质直观的方法来说，提出者恰恰通过这些证据"悟"到华夏之所以为华夏的深层因素。所谓"形而下者谓之器"离不开"形而上者谓之道"。思接千载，心游万仞，即"器"见"道"，四重证据局部论证固多疏略，但却能够表达出对上古文明予以整体把握的学术格局。

谭　佳　韩鼎的质疑和李川的认同，从正反两方面为文学人类学敲了警钟，侧面说明四重证据法的提法，在某种程度上可能让旁人忽视了其研究目的：在更广阔的世界性、整体性视域中阐释中国文化渊源和传承，尤其关注被前人忽略的文明起源的信仰与观念驱动问题，破除用现代性工具理性观来规避中国王制中的"神—人"关系和礼乐文化渊源的弊端。神话与历史二元对立解释不了中华文明发生、发展的独特性，我们需要新的文化理念研究早期中国。对此，文学人类学的贡献在于突破常见路径，将神话与普通传说、仙话区分开来，强调神话既是神圣的集体记忆，又是世界各大文明起源都离不开的神权背景，以及在神圣诉求下建构的世俗权力法则。具体而言，结合中华文明起源所独有的玉器时代和玉器崇拜，研究从拜物到格物，从圣物到圣人，从玉礼制到礼乐制度，中国思想发展独特的物论思想与神圣观念，这套观念并非既定的学术话语所能认知。甚至可以说，中国文学人类学的理论探索是要对现代人文学术传统及范式进行深刻反思和再造。

韩　鼎　谭佳强调的方法论诉求是走进"神话历史"，即从更具有中华文明特质的玉器时代研究早期中国。目前所看，无论强调"物"还是"神话"，都重点针对"玉"。叶舒宪也指出："玉石神话信仰作为一种精神文化元素，早在公元前2000年左右就先从精神文化领域统一了中国。""华夏史前先民在不同地域不约而同地生产和使用玉礼器，其现象背后是共同的玉石神话信仰。"① 这是否能理解为，关于玉的神话是一种心理崇拜模式。但这些研究都基于一些潜在的假设。比如在若干文化中均发现某种纹饰或器型，就认为这些文化所属的时空范畴内均有相同的信仰体系；如果不是同一时代，则被视为传承；如果不是同一区域，则被视为共享同种信仰。当然，我并不排除早期区域文明间很可能会发生远距离沟通，对玉石这一材质的观念也彼此影响，但难以承认它们有着共同信仰和神话。从考古学视域看，即使相似的纹饰和造型，在不同文化中其使用模式、宗教功能等方面也可能不尽相同。在早期中国的广泛区域内，不同文化如何共享共同信仰和神话？而且，当尝试将不同文化相关联时，这些研究往往仅从宏大的器物群中挑选个别相似器物或纹饰作为例证，它们并不具有代表性。如果具有共同的信仰和神话，其他被忽略的器物为什么不能满足这一假设？

谭　佳　文学人类学如此强调无文字之前的玉文化，是要烘托中华文明独一无二的玉器时代，理解中华文明的起源特色与传承特点，以及中华文明的信仰之根从何来。玉石在东亚（而且只在东亚）的广大地域获得相对普遍的认同，并且只有中国形成灿烂的玉器时代，上古先民对玉的崇拜、用玉的礼制化与后世的经史子集叙事直接呼应，更与中华礼乐传统直接关联。基于此，启动"玉石之路"调研的初衷就是要避免韩鼎所质疑的主观臆断。这一调研的核心目的是研究区系文明的互动融合，探讨玉石崇拜及其观念、物质的传播和认同，如何超越具体的地域界线和族群界限，拓展出一整套以祭祀礼乐为基石的价值观和世界观，并对后来的中华认同的形成起到奠基性作用。

李　川　叶舒宪在工作坊中曾介绍"玉石之路"，其研究是要做大量田野调研和玉料标本的采样工作，用以厘清"玉石之路"的年代和地理线索。他认为，这是自周穆王西游昆仑和张骞通西域以来，一直没有学者去做的瓶颈。我们不妨追问，为何一直没有学者去做？也许是因为要到达研究目的，需要启动多学科攻关，比如矿物学、地理学、分子人类学等，这种有一份材料出一点见解的实证研究非常困难。而我认为目前的"玉石之路"研究没有集合如此多的领域，也没有完全诉诸实证研究。在目前的研究成果中，有大量对玉文化功能、古人文化心理、神话思维等非实证探讨旨趣，尤其是一再用原型理论来强调"玉"是中国文化的原型。对此，我想问，采用"原型"的研究策略是否反而弱化了"玉石之路"的宏大旨趣？

谭　佳　将实物（玉）作为文化原型，对此我持怀疑态度。中国文学人类学较圆满地完成了原型理论的本土文化嫁接工作。比如叶舒宪的《中国神话哲学》把文化现象做结构

---

① 叶舒宪：《"玉器时代"的国际视野与文明起源研究》，载《民族艺术》2011年第2期。

化处理，从逻辑上把文化作为能被分析的文本。但从讨论玉文化开始，也把所有说不清的、非现代科学理性现象称为"神话"，并把早期器物称为原型或原型编码，那么这些文物或图像的原型又是什么？我认为过分强调具体器物是整体文化的原型是一种危险。"原型"（atchetype）出自希腊文。"arche"本是"最初的""原始的"之意，"typos"意为形式，柏拉图最早使用这个概念来指事物的理念本源。荣格从心理学角度提出"神话原型"，指人类世代相传的典型心理经验。叶舒宪在列维－斯特劳斯的理论基础上发展弗莱的原型观，探寻文化文本（通过神话）的原型结构。但是，若执着于发生学意义上的实物，那就既不是荣格的原型心理，也不是弗莱的文学模式，某种程度上，也背离了文学人类学之前对文化结构的讨论，并弱化了"物"背后更为复杂的理论演绎可能。值得期待的是，中国文学人类学相继提出"文化大传统""文化文本"等命题，强调相对于后代的一切文本（不论是语言文字的，还是非语言、非文字的），文化文本的源头期尤为重要。就中国情况而言，旧石器时代的符号材料十分稀少，因而暂且侧重研究新石器时代以来的时段。一个古老文明的标志性文化现象（礼乐制度、天人合一和圣人崇拜等）在先于文字符号的更早年代有表征，这就必然要诉诸考古学和史前史的全新知识领域。至于用"原型"还是其他命题去撬动这个全新知识领域，值得我们去探索，这也是文学人类学必须与考古学相结合的意义所在。

李　川　我赞同谭佳的说法。玉文化与后世文化的关系，从根本上看是通过研究"物"去探究中华文明的起承转合。所以，与其选择用实物倾向的"原型"去囊括，我更倾向从汉字思维的独特性去看待物象之辨、文字与器物之关系。前文字时代是一个惟恍惟惚、其中有物的"观象"时代。以器物象征和寓意为"言说"方式的早期玉文化（或称为玉礼制），为何能与汉字和文献享有同样的表征意义？这与汉字的形成、与最早的文本叙事特点有根本关系。饶宗颐指出汉字的书写特质是："汉字源于图画，始终一脉相承，没有间断；文字主要还是表意，辅以声符表音……文字的社会功能，不是口头语言而是书面语言，在这种情况下，文字与语言是游离的。不象西亚，文字必须与语言结合。为了方便才发明字母来记录口头语言，才可取得语、文必须一致的效果。"[①] 汉字书写体系实际上是以取象为根底、以表意为趋向、以表声为辅弼的一套全息文字系统。所以，"四重证据法"不应是纯粹的"物质文化"研究。物、象与文字之间，有多重关联与张力，以玉为代表的物研究是在探寻一种新的表达意义的系统。诚恳讲，目前也只有中国文学人类学将"玉器时代"这种独特的文明现象与后世文献叙事、礼乐文明、政治制度、文艺观念等进行了全面衔接和前所未有的勾勒。

韩　鼎　筚路蓝缕之路必然充满荆棘，我对文学人类学的各位前辈和同道表示由衷钦佩，尤其听到叶舒宪在工作坊上呼吁："中国道路或中国模式，可以专指中国文明发生的特色路径，这一定不是任何外来理论所能预设和洞见的，一定要从完全接地气的本土材料出发，特别是以往所不知的考古新材料。"这种当代学者的使命与担当意识令人肃然起敬。因此，我也坦言疑惑所在。考古学者许宏在工作坊发表题为"考古学参与传说时代探索的有效性"的演讲中强调："考古学要把更多精力投入到它所擅长的，对聚落形态、人地关系、社会结构、技术经济、生计贸易等方面的研究，从而对古史研究乃至史学理论与方法论的

[①] 参见饶宗颐：《符号初文与字母：汉字树》，上海书店出版社，2000年。

建设做出更多更大的贡献。"相比考古学人清楚的自我定位与前瞻,文学人类学的自我定位究竟是什么?其实,直到这次二位介绍了"神话历史"后,我才基本明白。然而,我还是为其方法论担忧,原因如下:一是将文献记载与考古遗存相关联的理由和原则是什么?二是如何才能证明神话传说是自有渊源还是后人臆造?三是如果研究的前提仅是研究者自我认定的假设,那如何看待建构在这一假设之上的所有论述的可靠性?我认为这些操作中的陷阱与学科的扩张、交叉有关。当文学人类学走出文学、文献的范式,甚至已超越人类学材料的局限性时,它尝试结合实物证据来探索早期历史,前瞻可贵,勇气可嘉,但方法论可能并没有完全妥当。当然,这也是开拓新领域必然伴随的过程,我相信随着理论与个案的不断深入,方法论一定会日趋完善,从而进一步推进文学人类学对早期中国的研究。

谭　佳　韩鼎的质疑充分说明在不断探索中,如果太倚重抵抗或否定文本研究,过于依赖物质文化研究,那么"文学"的学科优势就从名义上被"浪费"了(虽然在实际研究中仍发挥着很大作用),并把文学人类学自身纳入与专注研究物质文化的考古学,以及"他者"问题的人类学相等同的学科逻辑。相比文史哲的研究,考古学和人类学范式并不见得能更妥善地解决中华之所以为中华的意义和价值所在。中国文学和经史传统所呈现出来的中国文化内核,无法简单用纯物质文化和田野调查来阐释。研究几千年不曾间断的中华文明之精神与价值承传、文献的修辞与意义等问题,并不是这些学科的特长。同时,我们也承认,文学研究者往往缺乏对他者文化的内部分析(尽管有比较文学的传统研究范式),不太关注文本之外的器或物的维度。这时,文学人类学的优势与意义得以凸显。从物到文字,以观念、叙事和文艺精神为桥梁,如何衔接文明起源与后世经史文化之间的关系,如何在"道—器"之间、在形而上与形而下之间探索中国文化渊源及经典文本的生成,这正是文学人类学理应且正在提供给学界的贡献。所以,我们在讨论方法论之利弊得失的同时,不能忽略方法背后的理论旨趣。

李　川　甲骨文的发现有效解决了殷商之有无问题,随着时代与学科发展,能被物证解决的问题,为何不能被积极考虑?叶舒宪强调暂时回避那些目前知识条件下还无法证明的东西,将研究者的有限精力聚焦到可以证明的东西,我很认同。正如他在工作坊的演讲中所说:"假定夏商周断代工程确认的公元前2070年为夏代王朝之起点,研究者依然不能只将考察的视野局限在距今4000年前后的历史时段,所以我们不妨先关注从距今5000年到距今4000年之间的中原文化发展脉络情况,尤其是有关物质文化发展谱系的知识重建,这要比纠缠不清的人物附会更重要。"有别于前人(以及相当多的今人)从传统文献中找神话来研究,"神话历史"针对中国现代神话学的理论盲区(甚至误区)调整视角,立足于中华文明起源和发展的特点,从圣物、圣人、经史、帝系话语系统中找寻中国的神话现象,探寻它们对中国社会神圣性诉求、权力意识、道德规范的决定性影响。相应的,与这些研究策略相关的新理念和研究方法呼之欲出,尽管方法论的建构有待更完善,但已经是了不起的反思与开拓。

谭　佳　在《剑桥先秦史》的序言里,作者将考古发现对中国古代史学所引起的史学改观称之为"新信息的浪潮",他们(著名汉学家鲁惟一和夏含夷)认为:"这个新信息的浪潮使我们不断地改变着我们的历史观。到目前为止,还没有人贯通地对这些新证据和传统文献做出一些公认的诠释。"① 20 余年过去了，不难看出，中国文学人类学的"四重证据法"就是一种"贯通"的诠释尝试，其得失利弊关系着我们不断调整走进早期中国研究的姿态与方法。跨学科研究，往往需要研究者对其他学科的理念和方法具备与该领域学者同样的水准，所以，"跨学科"也很容易沦为对相关学科成果的简单采用，或对概念的单向套用，最后规避或减损了这个学科所蕴藏的丰富问题意识。在欧美学界，文学人类学与历史人类学、艺术人类学、医疗人类学等跨学科发展有不同，它并未引发太大学术效应，在中国却呈现出独有的蓬勃发展景象，这正是与它有效介入了中国文化研究，尤其在早期中国研究领域取得诸多突破有莫大关系。文学人类学不是简单的文学与人类学融合，它是志在有全新理论建树与方法论构建的人文领域，是一个丰富立体的群像，与之相关的学人都在孜孜不倦地探索。我相信，这次对谈于我们各自的学科反思，以及在未来更好进行研究都非常有帮助。

---

① *The Cambridge History of Ancient China*, Cambridge University Press, 1999. p. 1.

"世界眼光"与"中国学问"

——叶舒宪神话学思想论略

苏永前

在中国当代文艺学与比较文学界,叶舒宪是一位极富活力的学者。自20世纪80年代以来,他一直致力于文学人类学的倡导与研究,迄今已出版50多部著作。在其影响之下,一批国内学人立足于跨文化视角,援用西方人类学、神话学理论和方法对中国文化、文学原典进行释读,先后推出了"中国文化的人类学破译""文学人类学论丛""神话历史丛书"等系列专著,引起学界的广泛瞩目。

值得注意的是,最初启发叶舒宪走上文学人类学道路的,是英国人类学家弗雷泽《旧约民俗学》一书中的洪水神话研究。因而,神话学不仅与文学人类学一道贯穿于叶舒宪的学术历程,而且成为其文学人类学的理论基石之一。从20世纪80年代中后期至今,叶舒宪的神话研究已历20余载。这期间,他一面翻译、介绍西方神话学的前沿理论,一面又不断融会贯通,将西方理论运用于中国神话研究,同时就中国神话的特殊性提出了一系列极具前瞻性的命题。

一、作为中国文化原型编码的神话

自19世纪后期神话学在西方率先诞生以来,不断有学者就神话的本质进行探讨,进而形成了不同的神话学流派。比如,早期人类学派的爱德华·泰勒认为,神话是"原始的科学",随着理性时代的到来,神话最终会被现代科学所取代;德裔学者麦克斯·缪勒从其印欧比较语言学者的职业本位出发,提出神话产生的"语言疾病说";列维－斯特劳斯则认为,神话是人类文化深层结构的一种表征。就中国神话学界而论,整个20世纪居于主导地位的是人类学派的神话学。"五四"前后,周作人率先将安德鲁·兰的神话学说介绍到国内,此后,人类学派的神话学一直影响到茅盾、钟敬文、郑振铎、闻一多等人的神话研究。1949年后,随着马克思主义在意识形态领域主导地位的确立,早期人类学派的神话学说更是一枝独秀。

从叶舒宪的学术历程来看,他最早是从翻译、介绍西方的神话－原型批评而走上神话研究,出版于80年代后期的译文集《神话－原型批评》和专著《探索非理性的世界:原型批评的理论与方法》,便是这一领域的代表作。这使得其神话研究与国内其他学者有着明显分野:后者往往侧重于神话本身的内涵与流变,叶舒宪却从一开始就着眼于中国文明早期的一些文化难题。他敏锐地意识到,这些问题的解决有赖于神话学知识,因为人类早期文明的主要载体便是神话。随着研究的不断深化,叶舒宪终于提出"神话是中国文化的原型编码"的命题。关于此,叶舒宪谈道:

> 我在20多年前翻译原型批评和结构主义时,基本上延续的是文学性的神话研究路径,也试图将哲学和认识论方面与文学打通,所以有神话哲学的探究。近十

年来情况发生了改变,主要目标不在译介,而在于探讨解决中国文化特殊性的研究方法问题。涉及人类学和史学方面的思考更多一些,希望把神话从文学本位解放(或者称释放)出来,作为文化的编码和基因来看待……①

其实,叶舒宪对神话本质的这种理解与神话-原型批评仍然有着一定的关联。在原型批评的代表人物弗莱看来,整个西方文学的源头可以上溯至神话,文学不仅是对神话的继承、转化和变异,而且从神话中获得中心的结构原则。②从这个意义上讲,我们也可以将神话视作西方文学的"原型编码"。不过,叶舒宪并未停留于弗莱式的原型研究。一方面,他打破了弗莱"欧洲中心主义"的拘囿,将原型批评从西方引入中国;另一方面,他又着眼于中国文化的特质,将"文学原型"拓展到"文化原型"。对叶舒宪的神话研究历程做一考察会发现,他的这一思想自研究之初即已萌芽。出版于1988年的《探索非理性的世界》,系当时有着广泛影响的"走向未来"丛书中的一种。该书中,作者在系统介绍神话-原型理论的同时,首次将这种理论运用于中国文学、文化研究。在《汉书·礼乐志》中,记载着一组汉代郊庙歌辞,名称分别为"青阳""朱明""西颢""玄冥"。由于时隔久远,这组古歌的原始内涵似乎难以索解。从表层语义看,古歌描述的无疑是一年春夏秋冬四季的自然现象。不过,叶舒宪并不满足于"谜面的解释",而是试图通过一番"知识考古"去发掘其深层的"谜底"。他从古歌名称中"阳""明""颢""冥"四个字的字型结构入手,借助跨文化的比较,最终揭示出了这组古歌的深层原型,即太阳的年周期与日周期运动。由此可见,华夏先民对太阳的信仰及其神话无疑成为解开这组古歌之谜的一把钥匙。这里实际上已经触及中国文化的"原型编码"问题。

如果说上述对西汉古歌的解释主要是为了证明神话-原型批评在中国的有效性的话,那么其后出版的《中国神话哲学》,可以视作对中国传统文化中一些主要范畴的系统"破译"。在该书导言中,叶舒宪指出:

> 如果说西方哲学的思维模式是在扬弃了神话思维模式之后发展起来的,那么可以说中国哲学的思维模式是直接承袭神话思维模式发展起来的。原因之一是,中国的汉字的象形特征使直观的神话思维表象得到最大限度的保留,而语言文字作为思维的符号和文化的载体,必然会对中国人的思维方式、文化心理结构产生潜在的铸塑作用。早期的中国哲学家如老子、庄子等在很大程度上表现出神话思维的特征,而中国哲学中的基本范畴,如太极、道、阴阳、五行、变、易等等,几乎无一不是从神话思维的具体表象中抽象出来的。③

根据这段表述,"神话—神话思维—汉字—文化心理—中国文化"构成一组逻辑推演。要理解中国文化的深层内涵,最终需要反向诉诸神话。借助于神话的"原型编码"功能,中国文化中一些聚讼不已的难题,比如明堂之制、黄帝四面、新年礼仪、"息壤"与"神州"等,均可以迎刃而解。拿明堂之制来说,自西周以来,这种制度为后代历朝帝王所效法。但由于各种记载的歧义,对其产生的根源众说不一。叶舒宪首先通过文献的钩沉对明堂进行了重构,从而证明明堂与神话宇宙模式之间的对应关系;进一步又将中国明堂与埃

---

① 廖明君、叶舒宪:《迎接神话学的范式变革》,载《民族艺术》2009年第3期。
② 参见叶舒宪:《文学与人类学——知识全球化时代的文学研究》,社会科学文献出版社,2003年,第127页。
③ 叶舒宪:《中国神话哲学》,中国社会科学出版社,1992年,第2—3页。

及金字塔、印加太阳神庙进行跨文化比较，揭示出明堂与日神崇拜之间在发生学上的关联。由此，关于明堂含义的演化过程——"观测太阳—日神崇拜—帝王的神化"便有了清晰的线索。

在后来的《中国古代神秘数字》《庄子的文化解析》《〈老子〉与神话》①等著作中，叶舒宪延续了这一思路，从神话学角度对中国上古文化中的一些难题进行破译，最终在2010年为"神话历史"丛书所作的序言中，对这一思路进行了正式的理论总结。需要指出的是，神话作为中国文化的原型编码，并非仅仅表现在用文字记载下来的上古典籍中，而是表现在包括传统建筑在内的中国文化的各个领域。比如，位于北京中轴线中央的故宫及其四周的天地日月四坛，在叶舒宪看来，显然也有着神话编码的特殊意义。因此，不懂得中国神话，对于中国传统文化的理解便无从谈起。

二、从"中国神话"到"神话中国"

20世纪以前，西方知识界往往以希腊、罗马神话为参照，得出"中国神话贫乏"乃至"中国无神话"的结论，因而"中国神话"这一提法的合理性一度受到怀疑。在其影响之下，许多国内学者也认为中国神话"不够发达"，并试图对其原因做出解释。作为中国现代神话学的草创者之一，鲁迅在其《中国小说史略》中，就中国神话"仅存零星"的原因提出了下述观点："其故殆尤在神鬼之不别。天神地祇人鬼，古者虽若有辨，而人鬼亦得为神祇。人神淆杂，则原始信仰无由蜕尽；原始信仰存则类于传说之言日出而不已，而旧有者于是僵死，新出者亦更无光焰也。"② 在《白话文学史》中，胡适认为中国神话"匮乏"的原因在于："古代的中国民族是一种朴实而不富于想象力的民族。他们生在温带与寒带之间，天然的供给远没有南方民族的丰厚，他们须要时时对天然奋斗，不能像热带民族那样懒洋洋地睡在棕榈树下白日见鬼，白昼做梦。"③ 20年代末，茅盾首次对保存在汉语典籍中的神话进行了系统研究，结论是"中国古代北方民族之曾有丰富的神话，大概是无疑的"，但同时又提出"问题是这些神话何以到战国时期就好像歇灭了"。对此，茅盾的解释是："中国北部神话之早就销歇，一定另有其原因。据我个人的意见，原因有二：一为神话的历史化，二为当时社会上没有激动全民族心灵的大事件以诱引'神代诗人'的产生。"④

20世纪50年代以后，袁珂对中国古代典籍中的神话资料进行了全面搜集，在此基础上梳理出中国神话的"神谱"。至此，经过半个多世纪的讨论，"中国神话"终于得到了国内外学界的普遍认可。不过，在上述研究的基础之上，叶舒宪又从另外一种角度提出了中国神话学中的一个根本问题：

> 一个世纪以来的中国神话研究，将主要精力用于从古籍中寻找类似古希腊神话故事的工作，却完全忽略了一个根本性的问题：中国古人为什么不能研究神话？

---

① 此书原系与萧兵合著《老子的文化解读》（湖北人民出版社，1994年）的上篇部分，2005年由陕西人民出版社单独出版。
② 《鲁迅全集》第9卷，人民文学出版社，2005年，第24页。
③ 《胡适文集》第8卷，北京大学出版社，1998年，第188页。
④ 《胡适全集》第28卷，人民文学出版社，1996年，第168页。

换另一种问法：中国古汉语中为什么就没有"神话"这个词呢？①

对此，叶舒宪从中国文化的特殊性入手寻求解答，进而认为："中国文化传统的最大特征就在于其完全的和弥漫性的神话特质。不仅遍布城乡各地的无数孔庙和财神庙，无言地见证了这个多民族国度的巨大造神能量，就连被西学东渐以来的现代学者视为'中国哲学'、'中国历史'和'中国科学'的许多根本内容，也离不开神话的观照。"② 譬如，上文所提到的故宫（紫禁城），就是一种纯粹的神话式命名，因为人们确信地上的皇宫对应着神话想象中的天上紫微宫，后者是天帝位居天廷中央的统治标志。再如，作为古汉语第一部字典的《说文解字》，其9000多字的编排顺序始于"一"而终于"亥"，其中也体现着神话宇宙观的时间和空间秩序。经过上述考察，叶舒宪得出结论："中国古人不用讲'神话'这个词，因为他原来就生活在神话所支配的观念和行为之中！"③ 于是，在中国学人长达半个多世纪为"中国神话"正名之后，叶舒宪又提出了"神话中国"的命题：

> 和20世纪初年的文学家们拥有了西方传来的神话概念，就在古籍中寻找"中国神话"的做法不同，经过神话学转向之后，打通理解的神话概念，可以引导我们对中国文化做追本溯源式的全盘理解。其直接结果就是认识到整体性的"神话中国"。④

何谓"神话中国"？按照叶舒宪的界定，它指的就是"按照天人合一的神话式感知方式与思维方式建构起来的五千年文化传统"，它"所要揭示的不是单个作品的神话性，而是一种内在价值观和宇宙观所支配的文化编码逻辑"。⑤ 因而，神话在中国无时、无处不在，由于习焉不察，中国古代便没有人如古希腊荷马或赫西俄德那样将各种分散的神话材料编排起来。叶舒宪关于中国神话零散原因的这种解释虽然不无商榷之处，但它起码提醒我们注意中国神话研究中长期被忽略的一个方面。

在"神话中国"命题的统摄之下，中国神话学中的一些所谓"定论"有了重新审视的可能。长期以来，人们认为绝大多数中国上古神话资料保存在诸如《山海经》《楚辞》《淮南子》等与道家思想有关的典籍中，儒家则由于孔子"不语怪力乱神"，似乎与神话绝缘。事实是否如此？叶舒宪认为，只要抛开先入为主的成见，就不难发现儒家典籍和思想中其实也有不少神话。《论语》中有"入太庙，每事问"的记载，表明孔子最喜欢去的地方就是宗教圣地神庙。在孔子自己的语汇中，与神话有关的一个重要概念就是"天命"。上古的神在殷商时代称作"帝"，在西周以后称作"天"，词汇变了，但是内容基本一致。由于神掌握着世间一切，所以人类的命运、世间的兴衰祸福都被看成是"天命"所注定。孔子去

---

① 叶舒宪：《神话作为中国文化的原型编码——走出文学本位的神话观》，载《中国社会科学报》2010年8月12日，第12版。

② 叶舒宪：《神话作为中国文化的原型编码——走出文学本位的神话观》，载《中国社会科学报》2010年8月12日，第12版。

③ 叶舒宪：《神话作为中国文化的原型编码——走出文学本位的神话观》，载《中国社会科学报》2010年8月12日，第12版。

④ 叶舒宪：《中国的神话历史——从"中国神话"到"神话中国"》，载《百色学院学报》2009年第1期。

⑤ 叶舒宪：《中国的神话历史——从"中国神话"到"神话中国"》，载《百色学院学报》2009年第1期。

世后，弟子尊其为"天纵之圣""天之木铎"，这正是中国文化中最具有原型意义的造神运动。①

尤为重要的是，叶舒宪还将儒家神话的源头追溯至远古时期的"中国国教"——"玉教"，这也是道家圣人神话的源头。正是对玉的信仰和崇拜，构成儒道两家共同的神话渊源。这样一来，由儒道两大本土传统构成的神话基因，渗透于中国文化的各个领域，于是，由对"中国神话"的发掘自然会上升为对"神话中国"的揭示。

三、图像叙事与物的叙事：走出文学本位的神话观

从19世纪后期至今，西方学界围绕"神话"一词做出了众多界定，不过，这些界定中比较一致的地方，就是把神话首先视作一种"故事"。甚至到20世纪后期，在西方神话学范式经历了几次重大转型之后，一些学者仍然坚持这种文学本位的神话观。比如，英国神话学家罗伯特·A. 西格尔在《神话理论》中写道："我提议把神话定义为一个故事。不论一则神话是否还是别的什么事物，它首先是一则故事，这一点似乎是不证自明的。毕竟，当被要求列举一些神话时，我们中的大多数人首先会想到古希腊、罗马诸神和英雄的故事。"② 对于诸如E·B·泰勒和列维-斯特劳斯等并不侧重神话情节或表层叙事的研究者，西格尔认为："诚然，E·B·泰勒将故事转变成了一种不言而喻的概括，但这一概括依然要由故事来承载。克劳德·列维-斯特劳斯超脱于故事以寻求神话的'结构'，但同样的，结构要由故事来承载。从象征意义而不是字面意义来解读神话的理论仍然把神话的主题——或者说意义——看作是故事的展开。"③

与上述视神话为"故事"而固持文学本位的研究者不同，20世纪后期，西方另外一些学者自觉走出文学本位的藩篱，以寻求神话研究的新突破。美国考古兼神话学家M·金芭塔斯在《女神的语言》《女神文明》《活着的女神》等一系列著作中，凭借其考古学家的专业优势，借助于横跨欧亚大陆的史前文化的考古资料，来重建远古时代的"古欧洲"社会及其"女神崇拜"。由此，神话学的研究对象拓展到了图像和实物，神话资料也由文字出现以后延伸到了史前时代。

就中国而言，文学本位的神话观向来根深蒂固。"五四"以后，最早介绍和研究神话的学者，是以周作人、鲁迅、茅盾等为代表的文学家，他们无一例外地将神话作为中国文学的源头，从汗牛充栋的汉语典籍中搜寻神话资料，同时借用西方古典人类学的理论进行解读。抗战爆发以后，随着知识分子的南迁，中国神话研究的中心由北京等学术重镇转移到了远在西南的昆明。一些学者如芮逸夫、马长寿、岑家梧等深入西南少数民族地区，对当地的口传神话进行采录，将流传于苗、畲等民族的盘瓠神话、伏羲女娲神话与汉语典籍中的神话进行比较研究，得出了一些非常重要的结论。不过，无论汉族古典神话，还是少数民族的口传神话，都是以故事为载体，因而这些研究均未超越文学本位的神话观。

针对中国神话研究的滞后，近年来，叶舒宪在一系列著作、讲演和访谈中，倡导"走出文学本位神话观"：

---

① 叶舒宪、苏永前：《神话学与"中华文明探源"——叶舒宪先生学术访谈录》，载《甘肃社会科学》2011年第6期。
② 罗伯特·A.西格尔：《神话理论》，刘象愚译，外语教学与研究出版社，2008年，第168页。
③ 罗伯特·A.西格尔：《神话理论》，刘象愚译，外语教学与研究出版社，2008年，第169页。

许多人把叙事仅仅当成是故事，在这种观念的支配下，只有像大禹治水、女娲补天、夸父逐日等有故事情节的叙事，才被当作是神话。其实，叙事有许多种，故事只是叙事中的一种，在文学叙事外，还有图像叙事、物的叙事、仪式叙事等多重叙事。①

2004年，叶舒宪推出了《千面女神——性别神话的象征史》，该书以比较图像学方法全面展示世界性的女神文化及其各种象征语言。从30000年前的母神偶像到后现代的广告造型，都成为作者揭示女神文化的源流和发展脉络的研究材料。2007年出版的专著《熊图腾：中华祖先神话探源》，可以看作是利用出土实物研究史前神话的范例。依据历代流传下来的书面文献，我们向来以为中华民族的图腾象征物为龙，对于此前华夏民族的信仰和崇拜，因文献缺载而无从得知。对此，叶舒宪亲到许多中华文明早期遗址进行田野考察，利用各种出土实物所传达出的叙事，重构出华夏历史上失落已久的"熊图腾"时代。2008年至今，叶舒宪在《民族艺术》杂志连续开设《神话图像》专栏，对包括玉器、青铜器、彩陶等在内的华夏文明的早期器物进行神话学释读。上述研究，均可以看作对"走出文学本位神话观"的实践。基于此，叶舒宪提出了神话研究中的"五重叙事"和"四重证据"，前者指文字叙事、口头叙事、图像叙事、物的叙事和仪式叙事，后者指文字证据、口传证据、图像证据、实物证据。② 传统的中国神话研究，一向侧重的是前两种叙事，即作为书面文本和口传文本的神话。而后三种叙事，尤其是图像叙事和物的叙事，长期以来受到神话学界的冷遇。其实，这两种神话叙事的意义不可忽视。首先，由于焚书、战乱等种种历史原因，以书面形态保存下来的神话毕竟有限，而口头文本由于其载体的特殊性，只能从表演现场获取。在这种情况下，图像叙事和实物叙事可以和前两种叙事构成互补。更为重要的是，与整个人类文明相比，人类文字的历史是非常短暂的。对于前文字时代的神话，我们凭借哪些材料进行研究？载录在书面文献中的史前神话，毕竟数量非常有限，而且载入典籍时，大多数经过了改动，已失去其原始面貌。因而，最为可取的是利用史前考古材料，对蕴含于其中的"神话叙事"进行解读。在"物的叙事"中，叶舒宪尤其看重史前玉器。一方面，玉是华夏文明所特有的文化现象，考古学界向来有"西方重金，华夏重玉"之说，因而，对玉的神话学研究可以揭示出华夏文明发生期的特质；另一方面，华夏"玉器时代"界于石器时代和青铜时代之间，与石器和青铜器相比较，玉器因材料获取和加工的难度大，并不具备实用性，而它在史前墓葬中的大量出现，只有从宗教信仰的角度可以解释。于是，玉器也就成为史前神话的重要，甚至是唯一载体。当我们对一件玉璧或玉琮等礼器进行解读时，实际上是在同史前神话直接对话。这也是叶舒宪近年来热衷于玉器研究的原因所在。

四、"神话历史"与"走出疑古"

神话与历史之间的关系，一直是东西方学者长期思考的问题之一。早在古希腊时代，欧赫美尔就对希腊神话进行了历史化解说，认为这些神话讲述的是受人崇拜的英雄的事迹。在中国，对神话的历史化也有着十分悠久的渊薮，《尸子》《大戴礼记》《韩非子》等所载

---

① 叶舒宪、苏永前：《神话学与"中华文明探源"——叶舒宪先生学术访谈录》，载《甘肃社会科学》2011年第6期。

② 参见叶舒宪：《中国圣人神话原型新考——兼论作为国教的玉宗教》，载《武汉大学学报》（人文科学版）2010年第3期；《文学人类学教程》，中国社会科学出版社，2010年，第366—376页。

孔子关于"黄帝四面""黄帝三百年""夔一足"的解释，便是神话历史化的典型案例。至汉代，司马迁著《史记》始于"五帝"，中国早期的神话传说被正式纳入了历史。

"五四"以后，以顾颉刚为代表的学者掀起了疑古辨伪思潮，将中国上古史中的神话成分剥离了出来。古史辨派的做法固然使中国上古史得以正本清源，但由于矫枉过正，认为古史中的神话均系战国秦汉时人的伪造，这种过激态度自然招致许多人的质疑。20世纪80年代之后，便不断有学者呼吁"走出疑古"。近年来，叶舒宪提出的"神话历史"命题，可以说是对这种呼声的一种响应。在一次访谈中，叶舒宪提出：

> 如果说八十年前的"古史辨"派学人，本着科学实证的历史学宗旨，要把一部中国上古史还原为神话或者"伪史"，那么，从今日神话学大发展的学术背景看，完全可以期待一场"神话辨"派的反向运动：从神话传说中诠释出一部失落的古史线索；或者是众多的边缘性叙事的复数的"古史"线索。①

叶舒宪所谓的"神话历史"当然不是对"神话历史化"的简单回归，从知识谱系看，它源自以色列学者约瑟夫·马里。在《神话历史：一种现代史学的生成》②一书中，马里将myth与history合并为mythistory一词。不过，叶舒宪基于自己的思考，在将"mythistory"对译为"神话历史"的同时进行了重新阐释。在叶舒宪看来，神话历史首先是一种本体论意义上的历史存在，中国历史在本质上具有神话性质。其次，神话历史也是一种研究思路，它的展开主要在两个层面：一方面，揭示历史本身的神话性质，亦即历史和神话的不可分割性和一脉相承性；另一方面，从看似荒诞的神话传说中钩沉失落的上古史。2008年出版的《河西走廊：西部神话与华夏源流》，就体现出这种研究取向。这部著作中，作者基于田野调查，就中国上古史中的一些重要问题做了解答。比如，汉文化关于河西走廊的历史记忆始于"丝绸之路"。自汉至唐，中原王朝在开疆拓土武力征伐的同时，派出一批批使者向远方异国交好，终于打开了一条由长安直抵西亚乃至欧洲的商贸通道。自此，中原的丝绸茶叶与中亚的奇珍异宝源源不断地擦肩而过。不过，在丝绸之路之前，中西之间的商贸往来是否已经开始？由于相关记载的缺失，这个问题一直悬而未决。该书中，作者从华夏先民的玉石信仰与神话叙事入手，证明了早于"丝绸之路"数千年即已存在的"玉石之路"。再如，《穆天子传》中所讲述的周穆王驾八骏西巡以及与西王母相互赠答的事，通常被认为是荒诞不经的神话传说。不过，叶舒宪通过仔细研究，在神话叙事背后发现了历史的线索，即西周帝王对华夏版图西边所特有的神玉源头的朝圣之旅。因为在华夏文化中，玉不仅是一种名贵的石头，更重要的是，它还具有通神的特异性能。所谓玉璧、玉琮、玉圭、玉璋，都是祀神时的礼器。因为这种神圣性，玉成为中国历代帝王不远千里求取的对象。由此，向来被视作神话叙事的《穆天子传》，在作者的观照之下，便有了历史的内涵。更为重要的是，这段历史不见于历代正史，而是隐藏在神话叙事后面，"神话历史"的提出也就具有了正经补史的重要价值。

2010年，叶舒宪主编了"神话历史丛书"，首批书目已由南方日报出版社出版。该丛书共计划出20卷，分为中国神话历史和世界神话历史两个系列。世界神话历史系列，包括苏美尔神话历史、希腊神话历史、日本神话历史、韩国神话历史等，为审视中国神话历史

---

① 廖明君、叶舒宪：《迎接神话学的范式变革》，载《民族艺术》2009年第3期。
② Joseph Mali. *Mythistory: the making of a modern historiography*, The University of Chicago Press, 2003.

提供世界文明及东亚文明的大背景参照。中国神话历史系列，包括一卷总论和各卷分论。分论以先秦两汉的重要经典为个案，如《尚书》《论语》《春秋》《礼记》《穆天子传》和《淮南子》等，分别透视其所承载的神话历史与神话哲学之内涵，展示与以往不同的解读途径。这一宏伟计划，正是叶舒宪近年来神话历史思想的集中体现，其目的正是揭示中国历史与神话混融的特质。

　　作为一位不断自我超越的当代学人，叶舒宪的神话学思想当然不限于上述所谈。由于篇幅的原因，这里无法逐一展开论述，文中所论及的仅是其中最具代表性的几个方面。不可否认，与任何富于首创精神的思想一样，叶舒宪关于中国神话的思考难免会在学界引起争论。不过，这些思考起码提醒我们，神话并非全然荒诞不经，其表层叙事之下很可能隐藏着某种真实。此外，这种既放眼世界，又立足本土的研究范式，不仅对国内神话学，而且对整个文艺学的知识创新无疑具有重要的启示意义。

探寻中国文化编码：叶舒宪的神话研究述论

王 倩

一、引言

本质上讲，学案写作属于思想史的范畴，其写法虽各不相同，但皆以阐释思想家本身的主张为宗旨。问题的关键在于，思想家是在何种时代背景下发表其言论的？他们意欲成就什么？他们为何提出这些主张？他们的理论解决了什么问题？上述问题的探讨离不开内部语境与外部语境的分析，即对思想家理论生成语境的思考。所谓内部语境，指的是"学术语境，即这些理论家在研究工作中或多或少在专业方面受到的制约"；外部语境则指的是"较大范围内的文化世界，即包括政治、宗教、审美、经济等方面的文化整体"。① 事实上，外部语境在思想家的生活中扮演着弥足轻重的角色，尤其是 20 世纪的社会现实对于知识分子的生存格局发挥着塑造性作用，有时甚至左右了思想者的思维方式与理论意向。除此之外，内部语境是思想家理论得以生成的语言背景，它有助于我们理解理论自身的意义，并获知作者的理论意向。

这种强调理论生成语境的研究路径被冠以"语境主义研究方法"（contextualist approach）之名，其倡导者为剑桥思想史家昆廷·斯金纳（Quentin Skinner）②。语境主义研究方法强调某一语境下理论的相关性，即思想家在发表言论时，那个时代发生了什么，其他人都发表了什么言论。除此之外，语境主义研究强调文本自身所处的语境——理论所得以存在的上下文。语境主义研究方法的另外一名倡导者罗伯特·安伦·琼斯（Robert Alun Jones）指出，文本"必须在其寓于其中的语言框架中理解，因为正是这一语言框架先验地提供了文本意义的基础"③。换言之，语境主义研究方法既强调赋予文本意义时代背景的重要性，亦重视文本语境对于理论意向的影响。

需要指出的是，本文的写作受益于昆廷·斯金纳与罗伯特·安伦·琼斯倡导的语境主义研究方法，将探讨的理论置于时代背景与学术语境中，逐一分析其生成过程以及带给相关学科的影响。自然，无论多么优秀的学案都无法替代研究者自身所从事的创新研究，但这种研究方式比文本考据更具有针对性，因而能够更为准确地折射出思想家创建理论时所发生的实际状况。

另外要特别强调的是，本文的研究对象叶舒宪先生从事的是神话学研究，似乎算不上

---

① ［美］伊万·斯特伦斯基：《二十世纪的四种神话理论》，李创同、张经纬译，生活·读书·新知三联书店，2012 年，第 17 页。
② Quentin Skinner. "Meaning and Understanding in the History of Ideas", *History and Theory*. 1969 (8), pp. 3 – 58.
③ Robert Alun, Jones. "Demythologizing Durkheim: A Reply to Gerstein", in H. Kukick and E. Long (eds), *Knowledge and Society*. V. Greenwich, Conn: JAL Press, 1984, p. 75.

中国的显学范畴。因为目前的神话学在中国现有的学科机制内并不是一门学科，只有在民间文学的课堂上才能够讲授神话。但在西方学术界，神话学却是引领人文社会科学思想潮流的显学，它是唯一能够打通文史哲各个学科的一门综合性学问。自 19 世纪诞生以来，神话学就一直扮演了学术前沿阵地的角色，该领域的一些学者对欧美学术界产生了极为重要的影响，诸如恩斯特·卡西尔（Ernst Cassirer）、列维－斯特劳斯（Claude Lévi-Strauss）、布劳尼斯拉夫·马林诺夫斯基（Bronislaw Malinowski）、米尔恰·伊利亚德（Mircea Eliade）等等。在连接西方神话学与中国神话学方面，叶舒宪先生起到了极为重要桥梁的作用，他对神话学的贡献与创建性工作，值得该领域的所有学人瞩目。

二、从神话原型到原型编码

每一位对神话学怀有兴趣的人，都最终会为叶舒宪先生的论著折服。撇开论著的质量不谈，仅看叶舒宪先生迄今出版的 40 余部论著，便足以令人不容小觑。饶有兴趣的是，在叶舒宪先生的众多学术著述中，关于神话原型的有 13 部①。从 20 世纪 80 年代编译的《神话－原型批评》一书，到近期主编的《文化符号学——大小传统新视野》论文集。实际上，叶舒宪先生的学术生涯始于神话原型，其学术创新亦源自神话原型。既然如此，我们就从叶舒宪关于神话原型的译介工作开始。

从叶舒宪自身的表述来看，他对神话原型的兴趣最初源自剑桥人类学派的奠基者詹姆斯·乔治·弗雷泽（James George Frazer）。叶舒宪的童年是在北京外国语大学法语班度过的，但时代的变化很快便把他送到了西安。他先是在西安第四十一中学读书，"作为'可以改造好的对象'，中学毕业时分配到一家兵工厂当学徒。7 年后赶上恢复高考，以 24 岁的年龄走进大学中文系一年级的课堂"②。大学毕业后留校于陕西师范大学文学院任教的叶舒宪，因个人求知与工作需要，大量涉猎了文学之外其他领域的书籍，如考古学、人类学、神话学、神学等等。关于这一点，叶舒宪先生有明确的表述，他说："为了弄明白《圣经》洪水神话的性质，我在北图借到了弗雷泽的大著《〈旧约〉中的民俗》，这位人类学家俯视全球的学术气魄和详瞻的资料收集功夫，给我了很大的震动。这也就是促动我在 20 世纪 80 年代中期醉心于译介原型批评的潜在因素。当我看到加拿大批评家弗莱在《批评的解剖》中称赞弗雷泽的《金枝》为伟大的文学批评著作时，一种打通人类学与文学研究的意愿就开始萌发了。一部人类学的经典著作，竟然被文学理论家视为本学科的珍宝，这是否可以

---

① 具体论著信息如下：叶舒宪：《神话－原型批评》（译编），陕西师范大学出版社，1987 年；叶舒宪：《探索非理性的世界：原型批评的理论与方法》，四川人民出版社，1988 年；叶舒宪：《英雄与太阳——中国上古史诗的原型重构》，上海社会科学院出版社，1991 年；叶舒宪：《中国神话哲学》，中国社会科学出版社，1992 年；叶舒宪：《太阳女神的沉浮——日本文学中的女性原型》，陕西人民教育出版社，1992 年；叶舒宪：《高唐神女与维纳斯——中西文化中的爱与美主题》，中国社会科学出版社，1997 年；叶舒宪：《原型与跨文化阐释》，暨南大学出版社，2002 年；叶舒宪：《千面女神——性别神话的象征史》，上海社会科学院出版社，2004 年；叶舒宪：《神话意象》，北京大学出版社，2007 年；叶舒宪：《熊图腾：中华祖先神话探源》，上海锦绣文章出版社，2007 年；叶舒宪：《河西走廊——西部神话与华夏源流》，云南教育出版社，2008 年；叶舒宪：《金枝玉叶——比较神话学的中国视角》，复旦大学出版社，2012 年；叶舒宪：《文化符号学——大小传统新视野》，陕西师范大学出版总社，2013 年。

② 叶舒宪：《激情》，上海文化出版社，2003 年，第 15 页。

提示人们，学科的藩篱是人为的，而事物的存在本来是不分学科和专业的。从那以后，我就迷上了人类学。如今回想起来，她也许是人文、社会科学中最能使人心胸开阔、眼界开阔的一门学科了。文学理论家弗莱之所以能够创立他的原型批评体系，显然同人类学的强烈影响度密不可分。由于同样出身于文学专业，我对神话学、人类学的兴趣使我自然地选择了弗莱的理论取向，从翻译、介绍到尝试应用原型批评（以及结构主义、精神分析等等）的眼光重新审视中国文学现象。"①

从中可以看出，叶舒宪对神话原型的兴趣首先始于个人学术爱好，其次是以弗雷泽为代表的剑桥人类学派看待问题的整体性视角，以及神话原型具有的宏观性、系统性特征。正是基于对神话原型的这种学术认同，青年时代的叶舒宪开始在中国系统介绍神话－原型批评。他的第一部系统介绍神话－原型批评的著作是《神话－原型批评》，其次便是《探索非理性的世界：原型批评的理论与方法》。这两部著作重点在于阐释神话－原型批评的理论与方法。在20世纪80年代的中国大陆，此时正是中国学界引入西方理论与方法的高潮时期，加之中国大陆文艺学界出现本体论转向，学者们对原型与本体的探讨为神话原型在中国的传播提供了学术氛围。叶舒宪对于以弗雷泽代表的文化人类学派极为推崇，但他早期关于神话－原型的译介中并未重点阐释与介绍剑桥学派，而是将其与以荣格为代表的分析心理学派、以卡西尔为代表的象征哲学学派置于同等地位，将三者视为神话－原型批评的理论渊源。叶舒宪仅用简短的一句话表明了自己对文化人类学的认知："可以说，来自上述三方面的跨学科动力，及其在文艺学中的重新组合，奠定了原型批评坚实的理论基石。其中以人类学的影响渗透最早，也最为重要，因而也有人把原型批评理论称为'文学的人类学'。"②

作为一种外来理论，神话－原型批评是在总结西方学现象与规律基础上提出的，其适用度尚待进一步检验。方克强先生早就指出，因弗莱等倡导者自身学养的限制，神话－原型批评忽略了东方文学，具有跨文化研究的不彻底性，中国学者在运用神话－原型时应特别谨慎，尤其要注意三个方面的内容：第一，神话概念与批评对象的选择；第二，原型概念与批评方法的运用；第三，人类集体意识、集体潜意识概念与批评目标的达成。③ 关于这一点，叶舒宪其实非常明白，只不过他对神话－原型批评理论的兴趣并不在于单纯译介，而是另有目的。"从叶氏原型批评的实践来看，他并非单是倡导原型在中国文学中的应用，也不只是拿中国文学文本来检验原型理论，其首要主旨是利用原型批评来探寻中国文学的发生机制，进而重构中国文学的生成语境。"④ 这方面的内容留待后文细说，这里先要指出一种现象，即叶氏关于神话原型的应用多半与中国的女神有关。早在1987年，叶舒宪主持的课题《高唐神女与维纳斯——中西文化中的爱欲主题》⑤，获得中华人民共和国教育部首届青年社会科学基金立项资助。他后来的一些论著或译著，诸如《太阳女神的沉浮——日本文学中的女性原型》《千面女神——性别神话的象征史》《活着的女神》，不少都与女神

---

① 叶舒宪：《原型与跨文化阐释》，暨南大学出版社，2002年，自序第1—2页。
② 叶舒宪：《探索非理性的世界：原型批评的理论与方法》，四川人民出版社，1988年，第43页。
③ 方克强：《文学人类学批评的内容与前景》，载《上海文学》1992年第1期。
④ 王倩：《阐释与重构：原型批评在当代中国的发展》，载《文艺理论研究》2010年第5期。
⑤ 该课题完成后定名为《高唐神女与维纳斯——中西文化中的爱与美主题》，于1997年由中国社会科学出版社出版。

相关。那么，这究竟是神话原型理论所致，还是另有其他缘由？

对于神话的痴迷以及对神话原型的应用，使叶舒宪发现了中国文化与文学现象中的一些难题，他敏锐地感觉到，这些难题无法用神话原型的理论来解决，必须从思维模式或发生机制入手进行探讨。

利用神话原型重构中国本土文学发生机制，这样的尝试在20世纪90年代就已经开始了，只不过叶舒宪关于原型的理解依然局限在文学范畴，并未突破弗莱的界定。在研究范式上，叶舒宪一方面采用弗莱的整体文学思路，另一方面采用了弗雷泽的比较研究模式，将研究对象置于世界范围内，以此获得宏大的比较效果。叶舒宪极为认同弗雷泽的比较研究模式，他甚至在学术回顾中这样写道："备课阅读中让我受惠最多的不是文学研究家，而是人类学家弗雷泽。他的巨著《〈旧约〉中的民间传说》让我第一次体会到什么是知识全球化的打通式境界。回过头来再看那些就一部作品或一位作家而评头品足的文学批评，会显得单调乏味。眼界被局限在民族国家这种近代以来'想象的共同体'之内的学人，难以练就一种俯视寰宇的学术气魄，也就不易打开知识创新的局面。这种意识或许在暗中驱动我逐渐脱离东方文学、外国文学和文艺理论的教学，热衷加入比较文学领域。"① 需要指出的是，尽管弗雷泽的比较视野开阔，但同时存在将同一现象罗列堆积的不足，国外一些学者对此颇有微词。从事人类学研究的学者 E. E. 埃文斯－普理查德（E. E. Evans-Pritchard）将这种比较称为"剪刀加糨糊"的方法，他颇为严厉地指出："这里压根儿就没有比较，有的只是将那些似乎有些共同性的事项拼凑在一起。对此，我们确实可以说，它使得作家们能够做初步的分类，而在此种分类中，大量的观察能够被置于数量有限的标题之下，由此导入一些秩序；就此而言，它曾有过价值。但是，与其说它是比较研究方法，不如说它是一种描述，差不多就是心理学家过去所说的'猎奇法'（anecdotal method）。大量偶然的事例被拼凑在一起，以阐释某种一般性的观念，并支持作者论述那种观念的论文。从来不曾有过以未被选择的事例来检验其理论的尝试。当从一个任意的猜测推导出另一个任意的猜测（被称作假说）时，连最起码的谨慎也被忽略了，归纳法（求同法、求异法和共变法）的最简单的准则也被忽视了。"② 这种批评不无道理，叶舒宪当然明白弗雷泽比较方法的不足，但他并非简单套用，而是欲借助神话原型的理论与弗雷泽的比较模式研究中国本土文学与文学现象，继而解决中国文学与文化发生机制问题。因此，进入20世纪90年代之后，他关于神话原型的研究就从阐释转向了重构，直至创造性地提出原型编码的学说。

叶舒宪在20世纪80年代关于神话－原型理论的译介与阐释中的原型并未摆脱文学范畴，但这种以文学意象和象征形式出现的原型内涵促使叶舒宪先生在21世纪提出了"原型图像学"这个术语。所谓原型图像学，实为一种跨学科的图像阐释理论，叶舒宪先生对其阐释特征做出了概括："比较图像学的方法特征有二，即横向比较与纵向比较。横向比较指的是不同文化的图像之比较，希望能够达到异中求同的'打通'效果；或者从同中见异，更加明确地把握不同文化的艺术形象特色。纵向指的是某一个原型图像与其后代的各种变形图像之间关联的认识。"③ 国外神话学与图像学领域并不存在"原型图像学"或"比较图像学"这样的概念或术语，叶舒宪先生之所以创造性使用这样的术语，实乃希望借助于二

---

① 叶舒宪：《我的"石头"记》，载《民族艺术》2012年第3期。
② [英] E. E. 埃文斯－普理查德：《原始宗教理论》，孙尚扬译，商务印书馆，2001年，第12页。
③ 叶舒宪：《千面女神》，上海科学院出版社，2004年，第5页。

者打通原型与图像之间的隔阂，并在理论上加以提升。因缺乏足够的理论建构体系，比较图像学或原型图像学方法在叶舒宪的图像研究中并未上升到方法论层面，真正富有方法论意义的图像理论建设是"原型编码"概念的提出。

"原型编码"也称"N级编码理论"，是叶舒宪先生近期提出的原型概念，其内容指向了文本、图像、口传等几种表述方式。叶舒宪这样界定原型编码的概念："将文物和图像构成的大传统文化文本编码算作一级编码；将文字小传统的萌生算作二级编码的出现；用文字书写成文本的早期经典，则被确认为三级编码；经典时代以后的所有写作，无非都是再再编码，多不胜数，统称N级编码。"① 此处的概念出现了"大小传统"，尚需略加解释。"大小传统"这一概念并非叶氏首创，其名称最初源自美国人类学者罗伯特·雷德菲尔德（Robert Redfield）。罗伯特·雷德菲尔德一直致力于分析非西方世界原住民的思维方式与文化传统，他在《农民社会与文化》一书中提出了大、小传统的概念。雷氏眼中的大传统指代表着国家与权力、由城镇的知识阶级所掌控的书写的文化传统，小传统则指代表乡村的、由乡民通过口传等方式传承的大众文化传统。② 叶舒宪先生改造了大小传统的概念与内涵，赋予它们以特定的意义："由汉字编码的文化传统叫做小传统，将前文字时代的文化传统视为大传统。"③ 就像罗伯特·雷德菲尔德的大小传统一样，叶氏的大小传统也有着特定的文化背景，它是针对中国文化传统的现状而提出的，有轻文字而重非文字资料的倾向。关于这一点，叶舒宪先生有明确的表述："我们再造大传统小传统划分的目的，是为了摆脱书本主义知识观、历史观的束缚，面对实际的新材料、新知识，有效地重建新的中国文化观。"④ 换言之，叶氏对雷氏大小传统的改造服务于重构中国文化观这一现实诉求，即希望借助于文字之外的图像、实物、符号、仪式、口传叙事等非文字资料，重构中国文化大传统，以此还原被文字叙事遮蔽、扭曲乃至颠覆的历史与文化本相。

那么，原型编码这种主张是针对什么而提出的？与神话原型究竟有何关系呢？概括地说，原型编码的学术是针对中国长时段前文字时代的大传统与短时段的文字小传统而言的，要解决的是人类如何记忆文化原型的过程问题。该理论的核心内容强调，人类记忆文化的过程并非杂乱无章，而是按照某种编码规律进行的。史前无文字书写时代的人类的神话与信仰是后世文字时代所有文化编码的源头，即一至N级编码的文化原型。明显能够看出，叶氏的原型编码强调神话信仰时代的叙事对后世文化表述的编码作用，这里的原型属文化而不是文学范畴。换言之，这是叶氏对原型内涵的扩展与改造，与20世纪80年代引进的原型概念有着根本不同。"从理论渊源来看，原型有两种类型：荣格的心理学原型与弗莱的文学原型。尽管二者同时被称为原型，但它们之间其实存在很大的差别。荣格从心理学视角关照文学，强调原型的非理性因素，其理论模式侧重于描述文学创作的心理过程及心理动力。在这个意义上，荣格的原型其实等同于原始意象。另外，荣格的原型批评主要探讨

---

① 叶舒宪：《文化文本的构成：从"表述"到"编码"》，见《文化符号学——大小传统新视野》，陕西师范大学出版总社，2013年，第3页。
② Robert Redfield. *Peasant Society and Culture: An Anthropological Approach to Civilization*. London: The University of Chicago Press, 1956, p.71.
③ 叶舒宪：《探寻中国文化的大传统——四重证据法与人文创新》，载《社会科学家》2011年第11期。
④ 叶舒宪：《文化大传统研究及其意义》，载《百色学院学报》2012年第4期。

文学创造过程中心理意识的历史，更多带有一种将文学与社会联系起来的意图。就原型的内涵而言，弗莱的原型批评是一种文学的研究模式，原型因而属于文学范畴，它是一种文学的功能性单位，用来揭示文学自身的发展规律。弗莱的意向并非强调原型的独立性与创造性，而是偏向于考察原型的传统性与历史性，其原型批评的最终旨趣是探索文学自身在发展过程中的内部规律，从文学自身去描述文学之本质。该批评模式带有鲜明的整体文学史意识。"① 所以说，叶氏的原型编码已经脱离了荣格与弗莱的心理学与文学范畴而进入文化层面，指向了人类文化表述与记忆的编码问题。

叶氏的原型编码仅仅具有时间上的指向，对于空间并无具体所指。一个突出的特征乃是，原型编码下文化涵盖的空间范围极为宽泛，且不说其他国家，姑且以中国为例，它指向了现代中国版图上的所有地域，东西南北中各有所指。但这里同时存在的问题就是，同一时间限度下的中国文化具有明显的地域特征与差异，譬如，广汉平原的三星堆文化迥异于同一时期的中原文化，出土文物展现的各种特征已充分表明这一点。因此，如何利用各级编码阐释中国版图内不同区域的文化在同一时段内的互动关系，继而重构该时期的文化传统，这一问题成为当前原型编码学说建构的关键。从理论层面而言，该论题的难度极大，论及内容极为复杂，涉及史学、人类学、民族学、考古学、神话学等相关学科。因此，原型编码迄今尚不能称之为理论，充其量只能是一种学说或假说，因为其理论深度与逻辑框架皆有待于不断完善，其普遍性与适用性尚需在实践中不断验证。

至此，我们不仅要发问：叶舒宪先生为何要提出原型编码这种主张？这个问题无论如何也无法回避，因为它涉及原型编码的生成语境。因此，笔者这里做简略补充。大致说来，催生原型编码主张的缘由有三种：第一，文学人类学学科理论建构的需要；第二，神话原型自身的不足；第三，神话自身作为文化基因的特征。这里重点阐释第一种缘由，其他留待后文交代。作为一种跨学科的阐释模式，文学人类学的生成历史可追溯至 20 世纪上半叶，但直到 20 世纪末叶，它才成为严格意义上的学科。确切地说，文学人类学的跨学科模式始于 20 世纪上半叶，凝聚了茅盾、闻一多、郑振铎、鲁迅等早期先行者的努力，他们以西方人类学视角阐释中国本土文学及文学现象的研究，开启了中国文学人类学跨学科阐释模式的先河。② 进入 21 世纪，中国文学人类学面临学科理论建构的艰巨任务，关于这一点，叶舒宪先生有明确的表述："现在大家面临新学科建构的任务，需要建立自己的理论体系，这个理论体系起码有以下几点基本诉求：一要有学理依据，能够有效解释较为复杂的研究对象；二要有独树一帜的开拓性，发前人所未发，见前人所未见；三要有可传播性，便于学习、推广和应用。不希望搞成玄虚的自娱自乐或纸上谈兵。出于传播的考虑，要尽量避

---

① 王倩：《阐释与重构：原型批评在当代中国的发展》，载《文艺理论研究》2010 年第 5 期。
② 因缺乏人类学的田野实地考察，所以他们的阐释模式某种程度上是借用人类学的视野观照中国神话，但各有侧重。茅盾主要利用人类学的神话仪式学派相关观点解读中国古代神话，闻一多在《伏羲考》中运用了人类学者芮逸夫收集的苗族关于伏羲女娲的神话传说，以及人类学关于图腾的相关理论来解读伏羲；郑振铎的《汤祷篇》直接运用弗雷泽替罪羊理论改写了中国古典文献中的商汤祈雨故事，将商汤表述为一位代民受过的替罪羊形象。通过一系列的文学解读工作，这些早期的学者实际上创造了一种文学人类学跨学科的阐释模式，它不同于后期学科意义上的文学人类学，本质上为解读中国本土文学及其现象的一种路径。

免将中、西方的东西彼此生硬地翻译,选择采用简明的、便于表现和记忆的术语。"① 在此背景下,叶舒宪先生建设性地提出了"四重证据法"②与"大小传统"之概念,试图以此建构中国文学人类学的学科理论框架。当然,这就涉及第二重缘由,即与神话原型理论的缺陷有关。荣格等人倡导的神话原型理论限于文学范畴,且不涉及神话图像,在实践中有许多现象无法解释,叶舒宪先生改造之后的原型编码主张则能够解释弗莱神话原型无法解释的文化传承问题。最后,原型编码的提出与神话自身作为文化基因的特性有关。国外神话学因自身为跨学科研究范式,对于神话的界定并未限于文学范畴,神话的文化属性已成为所有神话研究者解读神话的前提。但在中国,神话尚属于文学范畴,文学本位主义的研究依然在学界盛行,这也是叶舒宪最后要破除文学范畴神话理念的原因所在。

一旦意识到神话具有的塑造文化传统与历史叙事的功能,叶舒宪的原型编码学说便与中国几千年的文化大传统注定有不可分割的关系。原型编码便不仅仅是针对重构中国文化传统的问题,它面对的将是重构中国历史叙事与发生机制的问题,由此出现另外一个概念,那就是"神话历史"。

三、"神话历史"与"神话中国"

从 2009 年开始,叶舒宪的神话研究中频繁出现了"神话历史"(mythistory)这个语词,与中国新兴学术术语出现的还有"神话中国"这个名词。那么,在叶舒宪的学术名词中,究竟什么是"神话历史",什么是"神话中国"呢?叶舒宪使用这些学术术语的意图何在?在回答上述问题之前,笔者对"神话历史"一词做简短梳理。

就"神话历史"一词的来源而言,叶舒宪并不是这个术语的首次使用者,他只不过是这个术语的借用者。确切地说,"神话历史"这个词语源自新史学,是新史学反思历史属性的产物。"神话历史"一词首次出现于 1985 年,美国学者威廉·H. 麦克尼尔(William H. McNeill)是这个术语的创作者。在 1985 年的美国历史协会第 100 届年会上,作为会长的威廉·H. 麦克尼尔发表了题为《神话历史:真理,神话,历史和历史学家》的演说辞。③当年威廉·H. 麦克尼尔使用"神话历史"一词时,其意图在于反思历史的虚构性,"神话

---

① 叶舒宪:《文化文本的构成:从"表述"到"编码"》,见《文化符号学——大小传统新视野》,陕西师范大学出版总社,2013 年,第 2 页。

② 所谓"四重证据",指的是如下四个方面的研究资料:一,传世文献及传统文字训诂,谓之第一重证据;二,传世文献中所没有的新出土文字资料,包括甲骨文、金文及竹简帛书等书写文献,谓之第二重证据;三,汉语传世文献和出土文献之外的、具有人类学特色的材料,包括民间口传叙事、仪式、礼俗,民俗学、民族学提供的跨文化资料,谓之第三重证据;四,考古出土的和传世的实物及其图像,谓之第四重证据。表面看来,"四重证据法"似乎有一种工具论的色彩,从命名上可以看出这一意味,但实际上,"四重证据法"不单是一种方法论意义上的古史重构路径,也是人类学重构本土文学框架的基本路径,其背后是"文学共同体"这一宏观文学理念。

③ 参见 William H. McNeill. "Mythistory or Truth, Myth, History, and Historians", *American Historical Review* 91(1986), pp. 1 – 10;该文后被收入麦克尼尔论文集《神话历史及其他论文》(*Mythistory and Other Essays*. Chicago:The University of Chicago Press, 1986, pp. 3 – 22)一书。中文译文曾刊载于《史学理论》1987 年第 1 期,后被《现代外国哲学社会科学文摘》1988 年第 8 期全文转载,最后被收入《现代史学的挑战:美国历史协会主席演说集》一书。见中国美国史研究会编:《现代史学的挑战:美国历史协会主席演说集》,王建华等译,上海人民出版社,1990 年,第 475—488 页。

历史"指的是神话般虚构的历史。"在使用神话历史这一术语时,麦克尼尔强调:历史叙述只不过是历史事件的阐释,历史的根本属性是神话性——虚构,作为科学的历史并不存在,只有作为阐释学或诗学的历史。在麦克尼尔的神话历史范畴内,神话并非历史的代名词,而是虚构的同义词,它与真实相去甚远。麦克尼尔的立足点是史学的诗学性质或虚构性,他本人并未对神话与历史生成的先后顺序做任何甄别。"① 时至1990年,新史学理论的另外一名倡导者唐纳德·R. 凯利(Donald R. Kelley)再次对"神话历史"做了阐释。② 唐纳德·R. 凯利眼中的"神话历史"指的具有诗性性质的历史,即强调历史的叙事性。与此同时,纳德·R. 凯利又强调神话叙事的真实性。"历史起源于神话并且逐渐摆脱了这种神话特性,直到马基雅维利和奎恰尔迪尼时代,它获得彻底觉悟为止——或者可能是伏尔泰和吉本时代,或者可能是蒙森和兰克时代,或者可能是这个世纪'新'的经济、社会和文化史等等。"③ 本质上说,新史学研究者眼中的"神话历史"概念与新史学关于历史属性的再界定密切相关,它要破除的是历史作为科学这样一种宏大历史观,强调历史是诗学或阐释学的本质属性。对于神话,麦克尼尔与凯利并未做过多阐释,他们至多承认神话在叙述历史层面具有真实性的一面。

  进入21世纪之后,新史学对于"神话历史"有了新的理解。身为以色列特拉维夫大学历史学教授的约瑟夫·马里(Joseph Mali),对"神话历史"做了更为深入的阐释。马里的"神话历史"概念则以承认神话作为历史性叙述为前提,探寻神话如何进入历史。在他看来,神话在历史之前产生,并且指出神话作为历史的"史前史"而存在这样一种历史事实。马里坚持认为,神话被证明是根本的起源性叙述,因此,神话是第一位的,历史是第二位的。他断言:"一则神话无论多么富有传奇意味,它并不表示编造或纯粹的虚构,因为它通常包括共同体历史中所含有或涉及的关键问题,诸如共同体共同的祖先和边界的传奇。这些问题需要并能催生关于历史的神话,因为它们不仅适于形而上学的神秘事物,诸如共同体的最初起源和命运,而且更为关键的是,这些真实的叙述是共同体成员所信赖并经历的事实,即便(或者正好因为)它们是神话的而非逻辑的或历史演绎的。"④ 不难看出,马里的"神话历史"概念强调神话的凝聚力即神话整合社会文化情感的功能。就像麦克尼尔与凯利一样,马里的"神话历史"概念是其反思历史的概念性工具,其基本意图在于通过神话探寻历史的原初面貌,继而重构历史及史学观念。

  熟知西方知识界动态的叶舒宪先生,极为敏锐地觉察到了"神话历史"一词的整合性作用,他将其应用在神话学领域,用来彰显神话的塑造性功能。颇有意味的是,叶舒宪先生使用"神话历史"这个概念时,淡化了它原来所指的历史诗学性质,而强调神话在历史进程中具有的整合文化作用。他在一次访谈中指出:"按照《神话历史》一书著者马里教

---

  ① 王倩:《论文明起源研究的神话历史模式》,载《文艺理论研究》2013年第1期。
  ② 参见 Donald R. Kelley. "Mythistory in the Ages of Ranke", *Leopold von Ranke and the Shape of the Historical Discipline*, Eds. G. G Iggers, J. M. Powell, Syracuse & New York: Syracuse University Press, 1990, pp. 3 – 20.
  ③ 唐纳德·R. 凯利:《多面的历史:从希罗多德到赫尔德的历史探寻》,陈恒、宋立宏译,生活·读书·新知三联书店,2003年,第1页。
  ④ Joseph Mali. *Mythistory: The Making of a Modern Historiography*. Chicago: The University of Chicago Press, 2003, p. 4.

授的判断,这个词在古代的对应称呼应是'历史的神话'(historical myth)。对于华夏文明而言,则是把经书神话、圣人神话、皇权神话等看做是'天人互动'范式支配下构成的历史神话(叙事)。'历史的神话'或'神话历史'概念的再提出,可以驱散'历史科学'说造成的假象,消解历史与神话的截然对立,将神话从狭小的文学本位的学科概念局限中释放出来,使它发挥文化编码和神圣叙事的方法论作用,成为探索中华文明本源的一把观念钥匙。华夏文化几千年传统并未像古希腊传统那样,让神话被哲学和科学代表的理性主义所取代。神话作为一种信仰和思维,从史前的口传时代穿越漫长的文字历史,早已作为文化根基和编码规则。"① 上述这些话语已经非常明确地表明了叶舒宪本人的意图:他使用"神话历史"这个概念并非强调历史的诗性特征,而是强调神话具有的文化编码和神圣叙事功用,以此来揭示并重构中国本土文化传统。因此,他在"神话历史"的思维方式基础上提出了"神话中国"这个概念,以此表明神话在中国几千年文化传统中的塑造性作用。关于为何使用"神话历史"与"神话中国"这两个语词,叶舒宪本人有非常明确的表述:"研究神话历史,不等于研究神话,而是要研究文化文本及其编码程序。出于这个目的,才会有研究对象从'中国神话'到'神话中国'的根本性转换。"②

那么,究竟是什么是神话中国呢?叶舒宪对此有所界定:"所谓'神话中国',指的是按照天人合一的神话式感知方式与思维方式建构起来的五千年文化传统,它并未像荷马所代表的古希腊神话叙事传统那样,因为遭遇到'轴心时代'的所谓'哲学的突破',而被逻各斯所代表的哲学和科学的理性传统所取代、所压抑。惟其如此,神话思维在中国绝不只是文学家们的专利。从屈原到曹雪芹的本土文学家群体固然都是再造神话感知与神话叙事的行家里手,不过,由老子、孔子开启的儒道思想传统同样离不开神话思维的支配。道家理想中的神仙们和儒家推崇备至的圣人和圣王,无不是最具有本土特色的'神话中国'之体现。"③ 不难看出,"神话中国"并非地理范畴,而是文化范畴,它指向了中国久远的历史文化传统。可以这样说,叶氏的"神话中国"绝非为了反思中国的历史属性而创造的,在这一点上,他与西方新史学的研究者有着本质性不同。根据叶舒宪本人的论述,我们能够判断,"神话中国"是叶舒宪为了重构中国文化传统而建构的一个术语,其工具便是前文探讨的原型编码理论。从叶舒宪先生 2009 年以来的神话研究来看,与其说他的"神话中国"是重构中国的文化大传统,倒不如说是为了验证"神话历史"这个概念。因为叶舒宪所有的神话研究都围绕神话般的中国传统文化而进行的。他的研究表明,中国 8000 年的文化传统具体说来是以玉器崇拜为源头的文化传统,都是按照"天人合一"的神话思维模式进行编码的。这就表明,中国的文化传统是以神话为基因而进行编码延续下去的,那么中国的文化传统就是神话文化传统,只不过这种传统一般人难以觉察,需要借助于神话编码理论加以解读。

较之于西方新史学的"神话历史"概念,叶氏的"神话中国"明显缺乏理论支撑与逻

---

① 叶舒宪、廖明君:《新世纪神话观的变革与神话研究新趋势:中国神话学会前沿对话》,载《百色学院学报》2013 年第 6 期。
② 叶舒宪:《N 级编码与"神话历史"》,见《文化符号学——大小传统新视野》,陕西师范大学出版总社,2013 年,第 11 页。
③ 叶舒宪:《中国的神话历史——从"中国神话"到"神话中国"》,载《百色学院学报》2009年第 1 期。

辑论证，并且中国史学界对这个术语似乎不是特别感兴趣，相关的探讨少之又少。在笔者看来，"神话中国"这个术语所指是中国几千年来具有神话性质的文化传统，这一点已经偏离了这个术语的能指，因为"神话中国"的语义核心是中国，而叶氏的界定是文化传统，这就在称谓上给人一种错觉。另外，"神话中国"中的"中国"实际上也不是很恰当。叶氏拿"神话中国"来重构中国5000年甚至8000年的文化传统，但是在5000年或8000年之前，那个时候的人们是否将其所处的地域称为"中国"，这还是个问题。

在"神话中国"这个概念中，神话占有极为重要的地位。叶舒宪曾经不止一次地宣称，中国学界应当突破狭隘地将神话当作文学范畴的做法，还原神话应有的文化基因面貌。他明确表示，中国当下的学科体制将神话划归到文学的做法是一个大错误，因为神话概念远大于文学。"研究实践表明，神话作为跨文化和跨学科的一种概念工具，它具有贯通文史哲宗教道德法律诸学科的多边际整合性视野。从这种整合性视野看，神话是作为文化基因而存在的，它必然对特定文化的宇宙观、价值观和行为礼仪等发挥基本的建构和编码作用。因而，不光是学习文学要从神话开始；要进入历史，首先面对的就是神话历史；要进入哲学史，首先就要熟悉神话哲学和神话思维。"① 实际上，这种强调对于叶舒宪而言非常无奈，它是叶舒宪出于神话在中国学界的错误定位而发出的呼喊。因为国际神话学界早就将神话学作为一门科学，自19世纪诞生以来，神话学与文学、历史、人类学、考古学等学科一样，在人文社会科学中占有一席之地。自然，西方的神话在概念与范畴上均是独立的，除却神话学之外，它并不属于任何一门学科。但在中国，因现代学术语词中并未出现"神话"一词，现有的"神话"概念"是20世纪初期梁启超、蒋观云等人引入现代汉语中的。在此之前，中国学术话语中没有这个词，当然也没有神话学这门学问。最初热衷于介绍和研究神话的学者以文学家为主体，如鲁迅、周作人、茅盾、郑振铎、谢六逸等，所以至今我国的神话学教学仍然只限于在大学中文系的民间文学课程范围里进行"②。这种还原神话地位的呼声大概源自两个方面：其一，国外神话学日新月异的研究与对神话文化范畴的定位；其二，国内学界对国外神话学的隔膜以及学科机制将神话视为虚构文学叙事的做法。与第二个原因密切相关的是神话的文学范畴，这一点是叶舒宪极为不满的。叶氏这种将神话从文学中解放出来的做法实际上与他倡导跨学科的神话研究方式有关，因为将神话视为虚构之物的文学本位主义的研究方式极为严重地阻碍了中国神话学的发展。毕竟，国外神话学的研究是多方位多学科交叉进行的，出现了众多的理论流派与方法③，中国神话研究的单一模式需要有人打破，并将中国神话学与国际神话学对接起来。

从研究路径上看，叶舒宪"神话中国"的概念主要是依靠玉石神话的研究进行的，叶舒宪对此有极为严肃的总结："探索中华大传统的关键，是弄清从多元到一体的转变奥秘。玉石神话观的传播就恰好起到奠定文化认同基石的作用。"④ 这并不奇怪，因为叶舒宪的学

---

① 叶舒宪：《中国的神话历史——从"中国神话"到"神话中国"》，载《百色学院学报》2009年第1期。

② 叶舒宪：《神话作为中国文化的原型编码——走出文学本位的神话观》，载《中国社会科学报》2010年8月12日，第12版。

③ 20世纪国外神话学理论与方法有了突飞猛进的发展，这方面研究成果的阐释可参见王倩：《20世纪希腊神话研究史略》，陕西师范大学出版总社，2011年。

④ 叶舒宪：《我的"石头"记》，载《民族艺术》2012年第3期。

术生涯源自神话原型，他对原型的理解早已超越了文学范畴而进入图像原型世界，玉石具有的特殊性质与功用使得叶舒宪敏锐地意识到玉石神话对于中国文化传统的塑造性作用。那么，我们还是看看叶舒宪关于玉石神话的研究吧。

四、玉石神话

叶舒宪关于玉文化的研究始于2006年，最初的契机是他在2006年第5期《文学评论》发表的论文《第四重证据：比较图像学的视觉说服力——以猫头鹰象征的跨文化解读为例》。因"第四重证据"理论建构，他开始将玉器、青铜器、彩陶等作为第四重证据的资料纳入研究视野。但此时他对于玉器的关注仅限于作为第四重证据的物证，并未关注玉器自身的形制、质地与相关情况。直到2009年他主持的中国社会科学院重大课题"中华文明探源的神话学研究"启动，因探讨文明发生机制的需要，他才正式将玉器列为重点研究对象。2012年，该项课题结项，通过一系列的玉器图像研究，叶舒宪意识到玉器对于中华早期文明的重要性。在2012年课题结项之后，继续投身于玉器研究，并提出了"玉石神话"这个概念。叶舒宪为此总结道："2012年结项的中国社会科学院重大项目'中华文明探源的神话学研究'得出结论：伴随华夏文明产生的神话想象有其深远的史前根脉，远远不是汉字出现的年代所能局限。华夏神话之根的主线是玉石神话及由此形成的玉教信仰。从神话学视野看东亚地区的玉器起源，可以发现每一种主要的玉器形式（如玉玦、玉璜）的发生，背后都有一种相应的神话观念在驱动。"①

只不过，叶舒宪关于玉石神话的定义过于简单，他采用了一种描述的方式来界定玉石神话："在大自然提供给人类的物质材料中，石头曾经是人类祖先时代接触最多也最为熟悉的一种。在旧石器时代向新石器时代过渡之际，石头中的某些特殊种类获得先民的青睐。成为宗教崇拜的对象，成为所谓神石或圣石，玉石神话由此应运而生。从黑曜石和绿松石，再到青金石、金和铜等金属矿石，所有这些特殊的石头都曾经被神话思维赋予类比天神的联想和宗教意义。"② 从上述界定中，我们无法获知玉石神话的起源、发展以及时间与地域分布，更无法获知其具体所指，即玉石神话是中国特有的还是史前时代世界普遍存在的一种神话信仰？从叶舒宪一系列的研究中似乎可以看出，玉石神话普遍存在于苏美尔文明、埃及文明以及中国早期的神权政治时代，只不过玉石神话信仰渐渐从上述两个文明中隐退，而在中国一直延续到封建帝国时期，甚至延展到了近代中国社会。

那么，为何史前人类将石头作为崇拜的神圣之物呢？叶舒宪并未做相关阐释，这里做个简短的补充。从比较神话学的国际视野来看，史前时期即旧石器时期和新石器时期的世界各地普遍存在石头信仰，只要看看世界各地出土的石头建筑、石制物品乃至于石头洞穴可以明白。即便是到了王权时期，世界各地依然继承了巨石文化的传统，留下了诸如德尔斐阿波罗神庙、帕特农神庙、金字塔，以及卢克索神庙（Luxor Temple）、卡尔纳克神庙（Temple of Karnak）之类的遗迹。史前时期文化传统中的石头不同于现代化学意义上作为硅铝酸盐、硅磷酸盐、硅硼酸盐等化合物的石头。一种普遍的认知乃是，石头因为其自身的质地与存在方式较为恒久而得到了关注。按照宗教学者米尔恰·伊利亚德的说法就是，石

---

① 叶舒宪：《西玉东输与华夏文明的形成》，载《光明日报》2013年7月25日，第11版。
② 叶舒宪：《玉石神话信仰与文明起源》，载《政大中文学报》2011年第15期。

头具有特殊的外形与性质："它的伟力、它的静止、它的体积以及它奇特的外形与人类绝无共性；它们同时表明存在着某种外形炫目的、可怕的、富有吸引力的以及颇具威胁的事物。它以其崇高、坚硬、外形状和色彩，使人类直面某种与他所属的世俗世界判然有别的实在和力量。"① 总之，正因为石头的这种属性，它成了持久、永恒、不休，乃至于神圣的象征符号。世界各地的石头崇拜与玉石神话建立在石头的特殊的性质之上，后起的玉石神话也与石头质地有关。

叶舒宪先生为何要建构玉石神话？难道仅仅是出于个人喜好？实际上，玉石神话是一种策略，是叶舒宪先生重构中国文明之根与文明发生动力机制的工具。他明确表示："探究中国文化大传统，需要立足于世界文明的全局视野，找出华夏特有的要素。判断文明的起源，国际学界通用的有三要素指标：文字、城市、青铜器。在这三要素之外，华夏还有另外一个非常突出的文化要素：玉的信仰和玉器生产。也就是说，世界主要古文明的起源均有三要素的推动之功。而探讨华夏文明发生历程，还必须加上更为深远的一种动力，那就是史前的玉文化。在文字、城市、青铜器三者都没有出现于东亚的情况下，玉文化却率先出现于北方地区，并且随后在辽河流域、黄淮流域和长江流域的广大的范围里长期交流互动，逐渐形成中原地区以外的几大玉文化圈，最后汇聚成华夏玉礼器传统，同后起的青铜器一起，衍生出文明史上以金声玉振为奇观的伟大体系。"② 不难看出，叶舒宪的玉石神话研究强调神话图像在建构宗教意识形态与王权机制方面的建构性作用，它对文明起源研究带来的冲击是不言而喻的。因为长久以来，文明探源的研究者习惯了从文字、城邦、金属冶炼技术等方面探讨文明起源，却没有充分意识到图像尤其是神话图像在文明起源研究中发挥的建构性作用。原籍希腊的美国学者南诺·马瑞纳托斯（Nanno Marinatos）在一部叫作《米诺王权与太阳女神》的专著中，借助于对米诺时代地中海金戒指与神话图像的研究，还原出一个具有共同女神信仰的"地中海文化共同体"。③ 从比较神话学的视野来看，叶舒宪关于玉石神话的研究可以与南诺·马瑞纳托斯相互对照揭示出世界范围内的石头崇拜神话是如何在不同地区与国家分化，最后演变为玉教神话与黄金神话这两种类型的。

关于玉石神话对中国文明发生机制的塑造性作用，叶舒宪有自己的理解，他反复强调："玉石神话观对于理解当时的宗教意识形态及神权政治体制，具有不可或缺的作用。屈指可数的几种主要玉石，一方面装点着各大文明五花八门的圣物和宝物，另一方面则充当着绘制天国或神仙世界图景的美学符号。"④ 需要指出的是，世界各地的玉石神话信仰源自史前时期的石头崇拜信仰，后来的宗教与神权政治出于建构意识形态的需要而选择了天青石、绿松石、和田玉与各种美玉，将其作为通神的媒介以及权力、社会身份乃至于地位的象征物。但在古代中国，玉器的佩戴者仅仅限于宗教人士与有社会地位的人，一般人是没有权

---

① ［美］米尔恰·伊利亚德：《神圣的存在：比较宗教的范型》，晏可佳、姚蓓琴译，广西师范大学出版社，2008 年，第 206 页。

② 叶舒宪：《探寻中国文化的大传统——四重证据法与人文创新》，载《社会科学家》2011 年第 11 期。

③ Nanno Marinatos. *Minoan Kingship and the Solar Goddess: A Near Eastern Koine*. Urbana, Chicago, and Springfield, University of Illinois, 2010; 中文译本由王倩译，陕西师范大学出版总社 2013 年出版。

④ 叶舒宪、唐启翠：《玉石神话信仰：文明探源新视野——叶舒宪先生访谈录》，载《社会科学家》2011 年第 11 期。

利佩戴美玉的。只要去看看中国各个朝代的墓葬就会明白，凡是有玉器出土的墓葬，其主人的地位都比较高，平民的墓葬中不会出现美玉。这里就出现了一个问题，即玉石神话的信奉者并非平民百姓，而是社会地位较高的统治者。这样一来，玉石神话的受众范围就极为有限，玉石神话能否代表中国民间真实的神话形态，这个问题还需要进一步探讨。

在笔者看来，发端于旧石器时代的石头信仰是玉石神话信仰的前身与源头，对于中国而言，历史时期的神权政治出于建构政治意识形态与话语的需要，才开始将玉石作为王权与神权的象征物，进而建构了一系列的玉石神话，诸如玉斧、玉璋、玉璧、玉琮、玉钺、玉圭等。关于这一点，中国的礼仪制度有明确的规定，略懂古代礼仪文化的人都有印象。但在民间，史前的石头信仰并未消失，它依然以口传神话、实物神话、仪式神话的方式存在于人们的生活中，众多中国少数民族的神话与仪式表演是这方面的明证。不用说自史前沿袭到当下的民间石制墓穴，只要看看伟大领袖毛泽东的乳名"石三伢子"就会知道，这种石头信仰在中国社会是多么根深蒂固。因此，叶舒宪的"玉石神话"仅仅能够解决中国文化大传统中上层社会的意识形态起源问题，无法适用于民间社会的思想机制。如何解决民间社会的思维机制起源，进而全面重构中国的文化大传统，这样的学术难题似乎更有挑战性。

五、结语

就叶舒宪上述三个方面的建树而言，他要解决的是神话与历史之间的关联问题，即神话如何进入历史这一话题。"神话原型编码""神话中国""玉石神话"等一系列概念与术语的提出，表明叶舒宪对神话如何进入历史的思考是多方位的，其证据也是多层面的，图像文本、仪式、口传资料均是其重构中国历史与文化传统的依据。不过总的来看，叶舒宪偏重从实物与图像两个方面探讨神话与历史的关联问题，书写文本在其使用的证据中并不占据重要地位。

从国际神话学关于神话与历史关联的探讨来看，神话进入历史有三种路径："对于王权象征符号而言，神话通过图像叙述进入王权意识形态；就族谱叙述而言，神话以神话思维的方式编造族谱时间链而将王室族谱神话化；就城邦创建而言，神话借助于英雄流浪神话和神谕神话为土地制度提供叙述框架。"[①] 这就意味着神话进入历史的方式是多样化的，它对历史的建构性功能也是多层面的。就神话的内涵而言，多数学者达成的共识就是，作为历史源头的神话，它并非一种虚构的叙述，更不是一种荒诞不经的故事，而是一种以多种方式存在的文化基因，它能够被文化不加验证地接受并转换为巨大的叙述性力量，继而发挥整合文化编码的功效。多数研究者在面对神话这一古老而具有多面性的存在形式时，承认其作为口传时代的元历史这样一种事实。概而言之，作为元历史的神话是历史发生的叙述性动力机制。因探讨范围主要限于神权与史前宗教意识形态，叶舒宪使用的证据多半为图像与实物，但他给出的神话图像通过编码方式进入历史的答案并不具有全面性，需要后人在理论与实践上加以补充。

叶舒宪上述三个方面的创建促使他反思神话在中国学科机制内的定位，他充分意识到

---

① 叶舒宪、唐启翠：《玉石神话信仰：文明探源新视野——叶舒宪先生访谈录》，载《社会科学家》（社会科学版）2010年第11期。

中国学科机制将神话置于文学范畴的狭隘性，极力倡导一种大神话理念，即将神话视为文化基因与编码的文化神话概念："从整合性视野看，神话是作为文化基因而存在的，它必然对特定文化的宇宙观、价值观和行为礼仪等发挥基本的建构和编码作用。要把握当代比较神话学整合性视野的优势，一个认识上的前提是：必须把神话概念从现代性的学术分科制度的割裂与遮蔽中解放出来。最重要的转变就在于：将归类为民间文学一种体裁的神话，还原为文化编码基因的神话。"[①] 实际上，这种呼声是对中国学科机制的反思，以及对封闭自守的学科本位主义的批评，意欲倡导一种跨学科乃至于破学科的学术研究范式，从而更为有效地阐释并重构中国文学与文化传统。

---

① 叶舒宪：《物的叙事：中华文明探源的四重证据法》，载《兰州大学学报》（社会科学版）2010年第6期。

中国古典文学研究与文化人类学

——以叶舒宪的研究为例

吴广平

中国古典文学研究历史悠久，传统积淀十分厚实。"千家注杜""五百家注韩"等说法，足以表明随意掀开古典文学帷幕的哪一角，都可以看到前人皓首穷经的心血与智慧。传统深厚，往好里说，是一笔财富；往坏里说，则又是沉重的包袱。由之，有人看了咋舌，不敢钻研；有人一头扎进故纸堆里，被压得喘不过气来，以致知古不知今，更遑论知外。随着全球信息化时代的到来，中国古典文学研究小农经济时代那种坐井观天、画地为牢的狭小格局必须打破。借鉴当代意识，赋予传统以新意，以使之发扬光大，为创建面向现代化、面向世界、面向未来的新文化服务，是时代的使命和召唤。创新，是民族的灵魂；与时俱进，是时代的要求。中国古典文学研究，怎样创新，怎样与时俱进，是一个值得我们深思与探讨的课题。而文化人类学，正可以为中国古典文学研究提供宏观视域和有力武器，有助于学科的创新和与时俱进。

五四新文化运动以后，受欧风美雨的洗礼，许多学者借鉴西方的文化人类学的理论与方法从事古典文学研究，使传统的研究面貌焕然一新，并取得了世所公认的成就。如闻一多的《高唐神女传说之分析》、郑振铎的《汤祷篇》、茅盾的《神话研究》等，都是运用文化人类学研究古典文学的范例。20世纪80年代以来，萧兵先生和叶舒宪先生运用文化人类学的理论与方法阐释中国古老的经典如《诗经》《楚辞》《老子》《庄子》《论语》《山海经》等，出版了内容厚实而又新意迭出的系列著作，已引起中国海峡两岸暨港澳和日本、美国、韩国等国家和地区学者的广泛兴趣。叶舒宪先生更以强烈的学科意识为文学人类学摇旗呐喊，既大量译介西方文学人类学理论，又深入探讨文化人类学介入古典文学研究的方法、原则与功效，其成绩更是世所共知。受此两位成绩的鼓舞与影响，目前国内自觉运用文化人类学来研究古典文学者大有人在。由于知识背景原因，从前还有个别老先生对此另眼相看，视作旁门左道，而现在国内连学院派的学者，甚至一些老学者培养的博士也参与到这一行列。如傅道彬教授、王小盾教授、刘毓庆教授、江林昌教授、张君教授等都获得博士学位，且现在大都是博士生导师，而他们都运用文化人类学研究古典文学。像傅道彬先生运用文化人类学研究唐诗的意象，所著《晚唐钟声》，副题即为"中国文学原型的精神考古"。因此，文化人类学介入古典文学研究，是一种潮流，一种趋势，是任何人阻挡不了的。问题是，我们现在怎样尽快了解它，掌握它，运用它，以便更好地为古典文学研究服务。下面我想分两部分来谈，第一部结合古典文学研究从理论层面来谈，第二部分从一个文学公案来看文化人类学阐释的有效性。

一、文化人类学理论与古典文学研究

文化人类学观点、方法很多，我在这篇短文中不可能一一涉及，想较多地结合叶舒宪运用此理论来研究古典文学的实例具体介绍三对范畴。

1. 全球性（globality）与地方性（localize）

文化人类学具有一种全球性的视野和国际性的高度，提倡一种跨学科、超学科，甚至是反学科的态度与研究方法，通过"跨文化研究"（cross-cultural studies）和"科际整合"（Interdisciplinary），探讨和发现具有普遍主义价值的知识形态。在所有学科中，也只有文化人类学才具有这种高屋建瓴、俯瞰全球的气魄和胸怀。运用文化人类学的方法，采用异域文化和民间文化的材料来阐释中国古典文学，能克服传统研究画地为牢的局限，拓宽学术视野，提升学术水准。有些文学公案、学术死结，运用文化人类学，从国际的角度去看，就迎刃而解。比如说，《文选》卷三十一江淹《杂体诗三十首》其十一《杂体拟潘岳述哀诗》李善注所引《宋玉集》一段文字，与《文选》所录《高唐赋》开头一段大体相同，唯多了一句神女自我介绍："我帝之季女，名曰瑶姬，未行而亡，封于巫山之台……"未行而亡即未嫁而死。美丽的巫山神女为什么不嫁人却又给楚怀王"自荐枕席"呢？要破解神妓女巫破戒诱引的原始宗教神话之谜，必须放眼世界。英国人类学家罗伯特·布里福特在《母亲：情操与制度的起源研究》一书中指出，世界各地早期宗教中普遍出现的女祭司现象并非偶然。女祭司产生的共同历史条件是高度发达的神圣王权观念：男性帝王们以现实人神的身份君临世界，他们也需要非世俗的女性作为配偶，通过仪式性的神圣结合，确保他所统治的自然秩序的生命力。充当女祭司者除了必须具有足以同爱神美神相比的天然美貌外，往往还要求她们是未婚少女。女祭司的神性特征表现为巫术和预言的能力，获得这种超自然力的代价则是永远失去了同凡人结婚的资格。而中国古代的"巫儿"，她们也是类似的处女祭司。《汉书·地理志》叙述齐国风俗时说："襄公淫乱，姑姊妹不嫁，于是令国中民家长女不得嫁，名曰巫儿，为家主祠；嫁者不利其家。民至今以为俗。"叶舒宪先生正是联系以上中外文献材料并结合闻一多对瑶姬名义的破解，因而弄清了充任圣婚仪式女主角的巫山神女为什么必须是处女的问题。可以说，没有世界眼光，巫山神女的身份就难以勘破。

文化人类学解构了过去那种大而无当的所谓"放之四海而皆准"的"宏大叙述"。"虽然他们意欲将之归为一体的囊括对社会学研究的所谓'一般性理论'仍在我们中有其信众，但其实质已逐渐空泛，这种企望已渐被视为虚妄。"① 因之又将一向为人所轻视的"地方性知识"提到了空前的高度。"对文化人类学者而言，从一些陌生的不同的观念中理清其结构，去塑造自己的知识，总是不可避免地要地方化，这与了解其方式方法以及其思想方法等是密不可分的。人们虽可以或者用粉饰性的修辞去遮掩它，或以一些激进的理论去使之模糊，但难以驱走它。"② 我们一般笼统称呼的"雪"，因纽特人却做了40余种区分；西方现代植物学的分类单位为1300种，而菲律宾的哈努诺族竟多达1800种。从这两个例子即可以看出，"地方性知识"有时比所谓的"普遍性知识"还要丰富和深刻，我们不能以"普遍性知识"遮蔽"地方性知识"，更不能以"普遍性知识"去衡量和评价世界上所有的

---

① ［美］克利福德·吉尔兹：《地方性知识——阐释人类学论文集》，王海龙、张家瑄译，中央编译出版社，2000年，第2页。
② ［美］克利福德·吉尔兹：《地方性知识——阐释人类学论文集》，王海龙、张家瑄译，中央编译出版社，2000年，第3页。

"地方性知识"，因为有时你的"尺"还太小。文化人类学的这一观点对于我们研究中国古典文学也是有启发意义的。譬如说，我们的《中国文学史》，目前在文学体裁上完全是按照西方的诗歌、散文、小说、戏剧四大类来介绍的，而中国的文学体裁事实上似乎比西方丰富得多、复杂得多，分类似乎也比西方复杂、细致。三国曹丕《典论·论文》最早把文体分为4科8类，晋代陆机《文赋》分为10类，南朝萧统《文选》分作39类，明代吴讷《文章辨体序说》分作59类，徐师曾《文章明辨序说》多达127类。尽管中国古代文学与非文学不分，但由此还是可以看出中国古代文学体裁之众多。过去我们编写的《中国文学史》由于完全按西方的"文体学"（Genology）来讲解中国古代文学，许多最有中国特色的类型就被遮蔽，或被看作形式主义的东西，而受到鄙薄，如辞赋、骈文、对联。而辞赋、骈文、对联的气象、韵味，却最能代表民族气派与民族特色，将这三类文体否定或遮蔽，"地方性知识"也就丧失了。

与重视"地方性知识"相关的，还有"文化相对主义"（cultural relativism）观点。"用别人的眼光看我们自己可启悟出很多睽目的事实。承认他人也具有和我们一样的本性则是一种最起码的态度。但是，在别的文化中间发现我们自己，作为一种人类生活中生活形式地方化的地方性的例子，作为众多个案中的一个个案，作为众多世界中的一个世界来看待，这将会是一个十分难能可贵的成就。只有这样，宏阔的胸怀，不带自吹自擂的假冒的宽容的那种客观化的胸襟才会出现。如果阐释人类学家们在这个世界上真有其位置的话，他应该不断申述这稍纵即逝的真理。"① 文化相对主义实际上是一种人道主义，是一种伦理关怀。只有培育自己具有文化相对主义的立场和世界观，才能在"自我"与"他者"间摆正位置，才有助于克服"我族中心主义"和"文化沙文主义"，学会尊重"他者"。在文化人类学视野中没有二等公民，各民族文学不论历史长短、数量多少、影响巨细，都一律平等。因此，古典文学研究者只有受过文化人类学思想的洗礼，才会既重视多数民族文学，也重视少数民族文学；既重视主流文学，也重视非主流文学（包括亚文学、边缘文学、口头文学）。也只有这样，文学研究才会朝着"人性化"的方向发展，才会把各民族文学和各种类型的文学看作中华民族共同的精神财富，看作相互依赖的整体，从而促进各民族人民的相互理解和团结友爱。从文化人类学的视角看，"壮志饥餐胡虏肉，笑谈渴饮匈奴血"，汉族人大讲特讲时，就没有考虑"他者"的感情，这是不利于各民族的团结的。再如，由于大家对中国少数民族的"三大史诗"（藏族的长达150万行的《格萨尔王传》、蒙古族的长达20多万行的《江格尔》、柯尔克孜族的《玛纳斯》）熟视无睹，因此争论很久的"中国为什么没有史诗？史诗为什么不发达？"就是一个伪问题。而只重视书写文化，不重视口传文化，将一部所谓的《中国文学史》，写成了汉族文学史，更反映出我们古典文学界的偏见与盲视，尤其值得我们反思。另外，从文化相对主义的立场来看，要特别防止"文化霸权"与"符号暴力"对文学的遮蔽与戕害。想一想过去，以有无阶级性和人民性为标准来评价古典文学，于是山水诗、田园诗就被打入另册，由此可知这种现象的危害之巨了。

全球性与地方性的关系，即普遍性与特殊性的关系、共性与个性的关系。在古典文学研究中，只有将中华民族的文学纳入世界民族"总体文学"的大视野进行考察，才能发现

---

① ［美］克利福德·吉尔兹：《地方性知识——阐释人类学论文集》，王海龙、张家瑄译，中央编译出版社，2000年，第19页。

带有人类普遍价值的知识形态;也只有重视中国56个民族文学各自的"地方性知识",才能保证各民族文学的个性、差异不被遮蔽。因此,辩证处理好这一对关系,是我们古典文学研究者值得重视的问题。

2. 浅描(thin description)与深描(thick description)

阐释人类学大师吉尔兹(Geertz,亦译作格尔兹)说:"我与马克思·韦伯一样,认为人是悬挂在由他们自己编织的意义之网上的动物,我把文化看作这些网,因而认为文化的分析不是一种探索规律的实验科学,而是一种探索意义的阐释性科学。"① 吉尔兹的阐释人类学深受符号人类学的影响。因此他特别重视对文化符号的象征意义的发掘。他说:"我所坚持的文化概念既不是多所指的,也不是模棱两可的,而是指从历史沿袭下来的体现于象征符号中的意义模式,是由象征符号体系表达的传承体系,人们以此达到沟通、延存和发展它们对生活的知识与态度。"② 既然如此,文化必然有民俗的、礼仪的、宗教的、制度的背景,认识符号不一定真正懂得文化,精通语言也不一定就懂得文化,只有"在解释之上的理解",才可能理解文化。因此,吉尔兹主张人类学的描述不能停留于"制度性素材的堆砌",那样的"浅描"是没有什么价值的,而应该把"深描"作为追求的目标。他说:"作为可解释性符号的交融体系,文化不是一种力量,不是造成社会事件、行动、制度或过程的原因;它是一种这些社会现象可以在其中得到清晰描述的即深描的脉络。"③ 深描的特征就是重视"文本(text)"的"细读"。"典型的人类学方法,是通过极其广泛地了解鸡毛蒜皮的小事,来着手进行这种广泛的阐释和比较抽象的分析。"④ 格尔兹提醒人们注意:"人类学或至少是阐释人类学,其学科进步的标志与其说是达成一致的尽善尽美,不如说是争论的精细化。"⑤ 以吉尔兹为代表的阐释人类学家的这些观点不但在人类学界引起了较大反响,而且对叙事学也产生了重大影响,对我们研究古典文学也是有重要启示意义的。譬如说,过去我们对许多古典文学作品注释,遇到动物、植物等意象,往往从纯生物学的角度做解释,由于隔靴搔痒,往往不明底里。如《离骚》:"羿淫游以佚畋兮,又好射夫封狐。固乱流其鲜终兮,浞又贪夫厥家。"封狐,过去注家大多解释为大狐狸。但羿射大狐,屈原为什么会持批判态度呢?莫非屈原是一位野生动物保护主义者?再者,这样理解,似乎前言不搭后语。因为如果羿真的是射狐狸的话,屈原怎么接着说他是"乱流"即淫乱之辈呢?看来传统的注解是表面肤浅的,属于吉尔兹所说的"浅描"。叶舒宪先生指出此处所言"射""封狐"不是狩猎,而是猎艳。封狐乃化身美人的狐精,即《天问》中的眩妻纯狐。"射"字的用法与《招魂》"二八侍宿,射递代些"的"射"字相同,是用射箭来象征性

---

① [美]克利福德·格尔兹:《文化的解释》,纳日碧力戈、郭于华、李彬等译,上海人民出版社,1999年,第5页。
② [美]克利福德·格尔兹:《文化的解释》,纳日碧力戈、郭于华、李彬等译,上海人民出版社,1999年,第103页。
③ [美]克利福德·格尔兹:《文化的解释》,纳日碧力戈、郭于华、李彬等译,上海人民出版社,1999年,第16页。
④ [美]克利福德·格尔兹:《文化的解释》,纳日碧力戈、郭于华、李彬等译,上海人民出版社,1999年,第24页。
⑤ [美]克利福德·格尔兹:《文化的解释》,纳日碧力戈、郭于华、李彬等译,上海人民出版社,1999年,第33页。

交。后羿"好射夫封狐",即后羿喜欢与化身美女的狐狸精性交的隐语。① 通过这样剥笋抽丝,层层挖掘,埋藏在诗句背后的宗教神话秘密就彰显出来了,而这四句诗也才变得语脉贯通。由此可见,"深描"的阐释效果。

3. 主位(emic)与客位(etic)

20世纪40年代,美国语言人类学家派克(K. L. Pike)根据语音分析的两个重要概念phonemic(音位)和phonetic(音素),去掉phone而创造了emic(主位,又译作"内部")和etic(客位,又译作"外部")两个概念。后来,"主位研究"(emic approach)和"客位研究"(etic approach)就成了文化研究的两种不同角度,即"从内部看文化"的研究和"从外部看文化"的研究。美国文化人类学家马文·哈里斯说:"辨别心理活动与行为的差别,并不能解决如何才能全面说明整个文化的问题。问题在于可以从两个不同的角度去观察人们的思想和行为:即从事件参加者本人的角度去观察和从旁观者的角度去观察。从这两种角度都可以作出科学的、客观的评价。在前一种情况下,观察者所采用的观念和不同之处是参加者认为有意义的、适当的;在后一种情况下,旁观者所采用的观念和不同之处,是旁观者认为有意义的、适当的。前一种研究文化的方法叫作主位研究法(emics),后一种研究方法叫作客位研究法(etics)。"② 主位研究法与客位研究法更被吉尔兹概括为一系列的二元对立项:内部视角与外部视角,第一人称的描写与第三人称的描写,现象学方法的与纯客观方法的,认知性的理论与行为性的理论,贴近感知经验与遥距感知经验。③ 吉尔兹介绍了自己在爪哇、巴厘岛和摩洛哥等地做田野作业的经验,就是既不以局外人自况,又不自视为当地人;"而是勉力搜求和析验当地的语言、想像、社会制度、人的行为等这类有象征意味的形式",从中去把握"每一个社会中人们如何在他们自己人中间表现自己以及如何向外人去表现自己"。④ 这种研究工作本身同我国古代学者强调阅读、研究文学作品既要入乎其内,又要出乎其外的理念是一致的。但文化人类学系统、翔实的操作规程,对我们研究古典文学有重要的借鉴意义。比如说,屈原在《离骚》《天问》中所表现的飞升境界和迷狂状态,过去我们用"虚写"和"浪漫主义"来评价,总觉得不是那么回事。原因就在于我们完全是从客位视角来理解、分析。如果我们接触过萨满教(shamanism),就知道萨满(巫师)都相信自己具有致幻通神、沟通天人、自由飞行的超凡能力。伊利亚德(M. Eliade)认为萨满教最根本的有三条,一是迷昏技术,二是飞行技术,三是萨满与自己的"精灵"助手保持密切的关系。如果我们能做到像马林诺夫斯基(Malinowski)所说的以"文化持有者的内部眼界"(the native's point of view)去描述阐释《离骚》的话,那么就会发现屈原请灵氛占卜、巫咸降神以及三次飞行(或称神游),恐怕都是受了萨满教文化的影响。张光直曾言《楚辞》中的疏麻即大麻一类的致幻物质,蔡大成研究发现高唐神女精魂所化的灵芝实际上是致幻通神的毒蘑菇,这些都有助于我们理解屈原的迷狂、《高唐赋》《神女赋》所描写的幻梦的宗教背景。当然我们也不能忘记吉尔兹关于"人类学家应该怎

---

① 叶舒宪:《原型与跨文化阐释》,暨南大学出版社,2002年,第164页。
② [美]马文·哈里斯:《文化人类学》,李培茱、高地译,东方出版社,1988年,第16页。
③ [美]克利福德·吉尔兹:《地方性知识——阐释人类学论文集》,王海龙、张家瑄译,中央编译出版社,2000年,第72页。
④ [美]克利福德·吉尔兹:《地方性知识——阐释人类学论文集》,王海龙、张家瑄译,中央编译出版社,2000年,第75页。

样使用原材料来创设一种与其文化持有者文化状况相吻合的确切的诠释"的忠告："它既不应完全沉湎于文化持有者的心境和理解，把他的文化描写志中的巫术部分写得像是一个真正的巫师写的那样；又不能像请一个对于音色没有任何真切概念的聋子去鉴别音色似的，把一部文化描写志中的巫术部分写得像是一个几何学家写的那样。"①

二、从一个文学公案谈文化人类学阐释的有效性

下面我再从一个著名的文学公案，来探讨文化人类学介入古典文学研究的有效性。

战国时楚国辞赋作家宋玉写了一篇著名的《神女赋》，其中描写的到底是楚襄王梦神女，还是宋玉梦神女，这是一个古今争讼不已的问题。从通行的《文选》本《神女赋》原文"其夜王寝，梦与神女遇"来看，梦神女的应是楚襄王。但自宋代开始，有一种意见认为这篇赋的开头部分几个"王"字和"玉"字相互弄错了位置，真正梦见神女的应是宋玉而不是襄王。宋代沈括《补笔谈》卷一就这样说："其夜王寝梦与神女遇者，王乃玉字耳。明日以白玉者，以白王也。王与玉字误书之耳。前日梦神女者怀王也（指《高唐赋》），其夜梦神女者宋玉也。襄王无预焉。从来枉受其名。"其后，宋代姚宽《西溪丛语》，明代张凤翼《文选纂注》，清代何焯《义门读书记》、余萧客《文选音义》、许巽行《文选笔记》、汪师韩《文选理学权舆》、胡克家《文选考异》、胡绍煐《文选笺证》、张云璈《选学胶言》、朱珔《文选集释》、梁章钜《文选旁证》，都赞成此说。今人俞平伯《宋玉梦神女，非襄王梦神女》（载《光明日报》1961年5月21日）、袁珂《宋玉〈神女赋〉的订讹和高唐神女故事的寓意》（载《光明日报》1962年8月19日）、杨牧之《襄王枕上原无梦》（载《读书》1979年第3期）、魏峡《人间错说高唐梦》（载《文史杂志》1979年第5期）、杨炳校《楚襄王梦神女辨》（载《古典文学知识》1988年第4期）均赞同并发挥了沈括等人的观点。袁梅《宋玉辞赋今读》、朱碧莲《宋玉辞赋译解》、金荣权《宋玉辞赋笺评》等宋玉辞赋注译本也均采纳了这种看法。尽管这种观点得到了大多数学者的普遍支持，仍有学者不同意沈括这种改动文字另立新说的看法，根据文本实际，坚持梦神女的应是襄王，而非宋玉。清人张惠言说：

> 沈存中（括）、姚宽以王、玉二字疑互易，盖玉梦而王问之，故作赋也。此非。上篇（指《高唐赋》）云"王将欲往见之"，又云"往自会"，则主于王会神女，若此梦在玉，何得云"果梦与神女遇"邪？②

清代另一位学者赵曦明说：

> 二赋，《高唐》之末曰"王将欲见之"云云，《神女》之起曰"其夜王寝，果梦与神女遇"，上下紧相承接，岂得欲见者是襄王，入梦者反不是襄王而是宋玉？《容斋五笔》所载其谬固有不待辨而可明者。"调心肠"以下复加"王曰"者，既答而复言，《语》、《孟》中皆有之。乃张凤翼不悟其非，攘为己说，改第二、第三、第五、第六四王字为玉字，第三、第四、第五三玉字为王字，义门（何焯）老眼，亦极口称之，不管二赋文理承接，云何其可怪也。"白"以告、语为义，上下可通，即如"锡"为上锡下之词，而师锡帝曰，下亦用之于上矣。梦是王梦，

---

① [美]克利福德·吉尔兹：《地方性知识——阐释人类学论文集》，王海龙、张家瑄译，中央编译出版社，2000年，第73—74页。
② 《七十家赋钞》卷一。

赋是王使宋赋，所以少陵诗曰："侍臣书王梦，赋有冠古才。"①

黄侃《文选平点》，赞同并发挥了赵曦明的观点：

"其夜王寝"句，或云当作"玉寝"，然则梦神女者其玉也耶？若以先王所幸，襄王不应梦，则宋玉应梦之耶？不知"昔者先王"，宋玉固未尝实指其为怀王，然则朝云之庙盖已远矣。"明日以白玉"句，上告下亦可称白，白犹报也。沈存中、姚宽之误皆由不解此白字耳。赵（案指赵曦明）举锡字为例，侃曰赣亦是也。"复见所梦"句，复见所梦者，存想之也。"王曰状何如也"，据别本王改玉。"玉曰茂矣美矣"，据别本玉改王。下云"他人莫睹，王览其状"，正承此王言而说。"王曰若此盛矣"，此"王曰"乃更端之词。赵曰："《语》、《孟》皆有之。"惟上"王"、"玉"二字倒耳。盖梦与神遇者王也，以状告玉者亦王也。自下玉赋，乃承王之命，因王之辞而赋之。诸校勘之家皆于此未能照了，故所说多误。前一"白"字，此一"王曰"，是致误之由。若皆知"白"本上下通文，等于诏、赣，"王曰"更端常例，证在《易》书，则宜僚弄丸，两难俱解。若作玉梦神女，则"试为寡人赋之"及"王见（广平案：见当作览）其状"不可通。侃所说竟与赵曦明同，今夜览孙志祖《文选考异》，见之为之一快。……"王览其状"句，若作"玉览其状"，何云"试为寡人赋之"？……"望余帷而延视兮"句，"余"者宋玉代襄王自余也，下同。②

黄侃引申、发挥清人赵曦明的观点，指出"白"字上下通用，"王曰"为更端之辞，"余"者乃宋玉代襄王自余（代言体），从文字训诂、篇章结构、叙述方式三方面将前人的三大疑惑通通排解，将宋玉梦神女说驳倒、推翻，使襄王梦神女说坚实地立了起来。

但黄侃的卓识，由于他后来的又一表态，以致影响了人们对其价值的重视。《文选平点》是黄焯编辑的黄侃遗著，所据为壬戌年（1922年）黄侃寓居武昌时的平点本（平点即评点）。但1922年后，黄侃看了日本正平时代（元顺帝至正前后，约14世纪四五十年代）古抄无注三十卷本《文选》，《神女赋》"其夜王寝""王异之""王曰晡夕之后""王览其状"四处中的"王"字皆作"玉"；而"明日以白玉""玉曰其梦若何"两处中的"玉"字皆作"王"，据此他在过录的此抄本的批语中又认为："《神女》玉王互讹，证存中之妙解。"肯定沈括的宋玉梦神女说是正确的，认为通行本《神女赋》存在"玉""王"混淆讹误的问题，和《文选平点》的看法完全相反，以致屈守元先生据此认为："《文选平点》并不能反映季刚（黄侃）先生对《文选》的校勘成就。"③但是我们认为黄侃对此学术公案前后发表的相反意见，还是他原来的看法更合理，《文选平点》能反映其对《文选》的校勘成就。屈守元先生认为日本古抄无注三十卷本《文选》，尽管是14世纪的抄本，却是渊源于隋唐者。他引用了岛田翰的说法："所谓渊源于隋唐者，如《左氏集解》、《礼记子本疏义》是也。是皆当日古博士据旧本所传抄，误以传误，讹以传讹，真本面目，丝毫不改。故虽名为传抄本，而实与隋唐抄本无异矣。"④我们觉得抄书者在抄宋玉《神女赋》时，绝

---

① 〔清〕孙志祖辑：《文选考异》卷一《神女赋》"其夜王寝"条引。
② 黄侃平点、黄焯编次：《文选平点》，上海古籍出版社，1985年，第73—74页。
③ 屈守元：《跋日本古抄无注三十卷本〈文选〉》，见俞绍初、许逸民主编：《中外学者文选学论集》上册，中华书局，1998年，第445页。
④ ［日］岛田翰：《古文旧书考》卷一《旧抄本考序》。

对有可能受沈括等人的宋玉梦神女说的影响，据此对原文作改动，是否"真本面目，丝毫不改"，是很难说的。故此问题仍有继续讨论的必要。

到底是谁梦遇神女？是宋玉还是楚襄王呢？要破解此学术公案，我们需要一个广阔的视野和角度，而这只有文化人类学能够提供。人类学家考察了世界各地的春季仪式，发现新春祭祀仪式都以男女交合为重要内容，"春祭礼仪虽然伴随有集体性的男女交媾，但是仪式表演的核心人物却只有两位，那就是模拟谷神或天父、代表着宇宙间阳性生命力的国王和模拟爱神或地母、代表着宇宙间阴性生命力的女祭司。由于他们二人的性结合是整个春祭礼仪的核心的内容，所以人类学家和宗教史家们给此类春祭仪式起了一个美好的专名——圣婚仪式（the sacred marriage rite）。"[①] 叶舒宪先生根据英国弗雷泽（J. G. Fraser）所著的《金枝》、美国克拉默尔（S. N. Kramer）所著的《圣婚仪式》、英国胡克（S. H. Hooke）所编的《宗教、仪式和王权》以及德国纽曼（E. Neumann）所著的《大母神：一个原型的分析》等书，发现圣婚仪式在古代苏美尔文化、巴比伦文化、希伯来文化、埃及文化、希腊罗马文化，尤其是古希腊Eleusis城的秘传宗教中，非常流行。而且圣婚仪式上的男主人公毫无例外是国王自己扮演的。叶舒宪先生研究还发现，《高唐赋》和《神女赋》所描写的性梦发生地分别是"云梦之台"和"云梦之浦"，均是举行春祭地母——高禖仪式的圣地，因此是以圣婚仪式为宗教背景的。《神女赋》既然是以圣婚仪式为宗教背景，因此梦遇神女的就绝对是楚襄王，而不可能是宋玉。[②] 叶舒宪先生解决此一学术公案，突破了民族的和学科的界限，从宏观的视野和国际的角度进行探讨，从而发现了跨文化传统的共同点，不但破解了千古学术公案，而且由此得出了具有跨文化意义的因而也是更有普遍价值的结论，这不正是我们从事文学研究的人所追求的一种更高境界吗？由此我们亦可看出，文化人类学能有效地介入中国古典文学研究。

---

① 叶舒宪：《中国文学中的美人幻梦原型》，载《文艺争鸣》1992年第5期。
② 叶舒宪：《中国文学中的美人幻梦原型》，载《文艺争鸣》1992年第5期。

新时期文学人类学的本土化建构：
从比较神话学谈起

公维军　许　悦

回溯发展史，中国文学人类学历经了挪用、借鉴与改造、反思与建构三个重要阶段。在挣脱西学话语藩篱与破局学科交叉之困中，萧兵、叶舒宪、彭兆荣、徐新建等文学人类学拓荒者立足中国实际，理论探索与实践运用相辅相成，齐头并进，不断建构着这样一套本土化理论体系：从文学文本到文化文本，从文学本位的神话观到信仰驱动的神话观，依靠整合多学科知识的四重证据法，重建文化的大小传统理论，并细化为 N 级编码理论，发掘出作为文明发生潜在驱动力的玉石神话信仰，以期更精准高效地探索中华文明认同的深层文化基因。[①] 因此，中国文学人类学理论建构本土化的第一环便可着眼于比较神话学在中国的发端与发展。

一、文学人类学新时期的诞生语境

文学人类学，是文化人类学与比较文学交叉融合部分，也是互动再生新兴研究领域，走的是破学科与多元融合道路。人类学的内在属性也决定了在知识全球化的今天，文学人类学的发展无法脱离跨文化研究。比较文学并非古已有之，但比较的文学现象却由来已久，不仅奠基于中国文化传统，跨越东西方文化，还致力于异质文化之间的文学互识、互补和互动。诚如叶舒宪所言，比较文学是通向文学人类学的必由之路。[②] 而要厘清文学人类学何以完成本土化建构的问题，首先需要走进比较文学。

（一）比较意识的自觉觉醒

人类文明或文化从世界范围来看，可整体性划分为东方文化和西方文化。东方因与蒙着"先进、优越"面纱的西方在政治、经济、社会发展诸方面差异过大，在近代化过程中逐渐失去话语权，文化自然也被边缘化。乐黛云在探讨中国早期传统学术为何没有孕育出以跨越异文化为根本特征的比较文学时指出，强大国家的研究者在自身处境较为满足的时候，往往出于在"异域"中找到与"本土"相似的东西来证明自己文化的正确性和普适性的目的，企图将"异域"的东西纳入"本土"意识形态中。与之相反，弱小的国家则常出于不满足本国境况而积极向外拓展，希望在他者的帮助下重构乌托邦社会。[③] 纵观近现代西方学术思想在中国的传播历程，中学做出的回应显然难逃这方面的嫌疑。处于比较文学发

[①] 公维军：《新世纪以来文学人类学的理论建构》，载《社会科学》2015 年第 3 期。
[②] 叶舒宪：《文化对话与文学人类学的可能性》，载《北京大学学报》（哲学社会科学版）1996 年第 3 期。
[③] 参见乐黛云：《中国比较文学的发展》，载《新东方》1998 年第 3 期。

展第二阶段的法国，文学自豪感被无限放大以至于展现出了狭隘民族主义色彩，但中国却与之相反，在屈辱与被动中接受西学的同时，彰显出立于世界文化并寻求中外文化对话的东方气质。19世纪20年代前后，对传统文化的批判逐渐上升到全面、全局地步，西学成为主流，一度达成需借西方文化改造中国的"共识"。即便历史证明对西方文化的吸收和借鉴是正确且必要的，中国文化由此受到长久压抑却是不争的事实。对"西学东渐"稍加审视便不难发现，它带来的中西文化比较不能视为真正意义上的学术研究，毋宁说中国国内因变革需要而诞生的社会文化现象。

（二）比较文学的"跨文化研究"发展

有学者认为中西文化比较现象源于中西对立思维模式，是不透彻的，只看到中西对立的一面，而看不到中西统一的一面。① 近代中国在寻求中外文化对话时，会不自觉地设置先验条件，即西方文化是先进的、可改造的，而中国文化是落后的、需要被改造的，两者天然对立。但进入学坛，学人便将目光下沉至国学，学术上的比较意识让跨文化研究逐渐褪去这种弊病。胡适率先指出国学近三百年来的成绩与缺点并存，其中的缺点在于研究范围窄，重功力，轻理解，参考比较材料匮乏。闻一多则将比较意识引入文学研究，超前性地提出需改变中文系和外文系对立的学科体制。王国维借西学思想撰成《红楼梦评论》，鲁迅撰成《摩罗诗力说》，这两部经典作品都是中国早期的比较文学研究专论。20世纪20年代至30年代末，被誉为中国比较文学之父的吴宓率先拉开比较文学教学序幕，将其引入中国传统学术，更集结陈寅恪等著名学者于清华大学，为我国培养出第一代比较文学研究人才②，此后，比较文学作为学科正式在中国出现。可以说，清华大学是比较文学在中国发展最具代表意义的缩影。由此展开，从点到面，诞生第一部教材、第一次课程，第一代学者又相继培养出一批比较文学学者。其后，各大高校相继开设比较文学学科，这门新兴学科由此蓬勃发展起来，其从第一次进入课堂到1990年被纳入《研究生培养学科目录》，用时60余年。新时期以来，比较文学在发展中又先后经历了自由发展时期和规范创新时期，具有的跨越东西方、时间种族的独特气质逐渐在文学研究走出去的呼声中彰显出来，对中国传统学术视野和研究范式、方法产生了实质性的拓展作用。由此观之，比较文学的意义远不止为中国栽植了一门新学科，更在于它在20世纪后期所形成的最主要的跨学科研究潮流，是孕育出文学心理学、文学社会学和文学人类学等边缘学科的现实土壤。③

二、文学人类学理论建构影响因子

事实上，文学人类学已然成为比较文学领域的重要组成部分。从比较意识的自觉觉醒到学科建设视角下的中国比较文学，探讨目的并不在于勾勒比较文学在中国的发展脉络，而重在抽丝剥茧式透析中国比较文学立于世界文化之下，逐渐凸显与熟练运用的"比较"研究方法和不断扩大的研究视野。神话在比较研究方法的介入下，得以突破"国别"的狭隘世界，进而在对话与交流中找到世界性价值。

---

① 参见黄玉顺：《从"西学东渐"到"中学西进"——当代中国哲学学者的历史使命》，载《学术月刊》2012年第11期。
② 赵连元：《吴宓——中国比较文学之父》，载《学习与探索》1993年第3期。
③ 叶舒宪：《文学人类学教程》，中国社会科学出版社，2010年，第4页。

(一) 作为学科渊源的比较神话学

在中国,神话在萧兵、叶舒宪等学者的开拓性研究中得以作为文化编码基因重新被认识,是"重新进入中国传统的本源和有效门径,具有贯通文、史、哲、宗教、道德、法律诸多学科的多边际整合性视野"①。在当前文学人类学的理论建构中,有着以文、史、哲、宗教等不分的中国"神话历史"作为认识目标的一环。可以说,如何同西方比较理论和范式形成有效结合,做好文化体系对接的同时跳出套用桎梏,是文学人类学能否实现本土化的关键。中国比较神话学的发生有着自在内恰的逻辑和需求,即在对照他者之下或反思,或找到自己的神话体系。茅盾作为建立中国神话学体系的先行者之一,其神话研究就源于比较视域下对中国神话有无体系问题的思考,"知世界各地半开化民族亦有其神话,但与希腊神话、北欧神话比较,则不啻小巫之见大巫……五千年文明古国之中华民族不可能没有神话,《山海经》殆即中国之神话"②。鲁迅则将神话同中国文学和文化勾连对应,与人类学派代表人物泰勒、安德鲁·兰形成相似的神话认识论,即神话是代表初民精神世界的蒙昧之思。不过,鲁迅展现出了"在套用中超越"的特点,他提出一切将神话视作荒唐之言、无稽之谈的想法都不可取,而要从神话中去了解一个民族的本根,"如何顺着鲁迅的思考,从神话的比较中去理解一个民族的'本根',这事实上构成了比较神话学在 20 世纪 80 年代以后发展的重要线索"③。鲁迅基于重新审视中国传统社会和民族文化内核的立场上的超越,不失为中国文学人类学在比较神话学这一环走向本土化特色建构的重要缩影。那么,比较神话学又何以成为文学人类学建构的学科渊源呢?这又不得不回到比较神话学同西方比较理论和范式之间的缠绕纠葛上。

(二) 指向民族的比较神话学

在比较神话学的发展历程中,王国维可视为比较神话学研究倾向出现的典型,章太炎则重在个案研究。王国维的研究重在文史哲贯通,他将历史与考古结合、纸上材料与地下新材料结合,提出的"二重证据法"成为中国古史研究的活水之源。最明显有关比较神话学的研究莫过于他对由张之洞审定的《奏定学堂章程》做出的批驳,认为应该增设比较神话学。而章太炎却与王国维呈现出相反的一面,他关注到西方学者麦克斯·缪勒的"语言疾病说",站在语言的角度以期排除掉"神话之病",但必须强调的是,他"通过片面地理解缪勒的神话学思想来重新阐释以音韵、文字和训诂为内容的'小学'特征,诉诸民族国家的建构"④。其实不仅是王国维、章太炎,还有认为比较神话学就是要研究各民族思想之渊源的梁启超,以及撰写了国人最早的比较神话学专著《中国人种考》的得力助手蒋观云,他们的身上都展现出一种相似的特质——神话思想指向民族。其中,他希望借神话溯源中国人种的做法莫过于晚清以来民族危机不断加深,民族认同不断减弱之下学者们做出努力的一个缩影。这一时期,"亡国灭种"的危机感笼罩在整个中国社会上空,先进知识分子开始基于文化自觉的现实所需,纷纷加入建设民族主义大旗的队伍之中,重构中华认同以抗

---

① 叶舒宪:《中华文明探源的比较神话学视角》,载《江西社会科学》2009 年第 6 期。
② 茅盾:《神话研究》,百花文艺出版社,1981 年,第 1 页。
③ 叶舒宪、谭佳:《比较神话学在中国》,社会科学文献出版社,2016 年,第 79 页。
④ 叶舒宪、谭佳:《比较神话学在中国》,社会科学文献出版社,2016 年,第 84 页。

击"敌对"族群带来的文化主宰危机。至于如何重构中华认同，他们适时选择了神话和神话比较。

三、切入人类学资源的比较神话学

神话学在中国的发展始终存在两股并行的学术思潮，一是西方传来的人类学派神话学的理论和方法，一是以搜神述异传统为主导的中国传统神话理论和方法。① 西方人类学派对中国神话学研究有着深刻影响，如前所举茅盾的神话研究就主要借鉴和运用了人类学派神话学家安德鲁·兰的理论，突出体现在对比研究中探讨中外神话的异同、内在联系与相互关系，着眼于本民族神话体系的建立。一叶知秋，茅盾神话观的建立过程其实映照出五四时期西方人类学派部分神话理论已被实际运用的社会境况。

（一）人类学派神话学与西方比较神话学

西方比较神话学的出现和建立绕不开人类学的建立和人类学家的出现，典型代表人物除却前文所举安德鲁·兰，还有泰勒、弗雷泽等。用科学的方式、平等的眼光，拔除关于肤色、种族的偏见，探寻地球上诸多文化普遍性是人类学家最重要的存在意义之一。19世纪中后期，西方人类学家在欧洲以外的民族和部落中发掘出大量新的神话素材，让神话研究者走上一条迥异于神话学派、语言学派的道路。可以说，他们是神话学家的同时更是人类学家，开辟了对世界范围内的同类神话进行比较研究的崭新道路。② 其中，最为学界所称道的莫过于弗雷泽及其巨著《金枝》，在大量神话的对比中剥离出人类文明之根，深刻影响着包括中国在内的后世神话学研究。

需要特别值得注意的是，人类学派在摒弃神话学派、语言学派另辟蹊径中用进化论的观点进行神话阐释，至于研究领域自然也从狭窄的民间神话和民族语言中拓展到社会的、人类的、世界的整体范畴中，同时更加关注未开化的野蛮人，主张用人类学"取今以证古"③的方法还原人类诞生之初的社会和文明真实情况。泰勒所创的"遗留说"就遵循着相似原则，从现存原始文化质素中去描绘、说明原始社会的原初面貌并追溯发展历史。此后，随着神话比较研究逐渐推进，相继出现了传播学派、心理学派、结构主义学派和宗教学派等不同主流学派，各个学派的神话研究彰显出不同气质的同时，却有着相同的比较视野。西方神话学的比较特征和比较旨趣也由此显现出来。

（二）中国的"人类学家"与中国比较神话学

伴随着麦克斯·缪勒《比较神话学》的问世，比较神话学从学科意义上得以确立。促成这一结果的外在因素很大程度源于现实社会，同中国形成明显反差。西方工业革命的成功让传统社会结构和文化均发生重大变革，催化了学术界对新学科和新研究的诉求，进而加快了比较神话学的学科成熟。而中国在西方文化长驱直入的情况下，在被迫反抗中又主动积极学习，走过从"器物"到"制度"再到"文化"的曲折历程。先进的知识分子总是

---

① 刘锡诚：《20世纪中国神话学概观：〈中国神话学文论选萃〉（增订本）序言》，载《西北民族研究》2010年第1期。
② 杨利慧：《神话与神话学》，北京师范大学出版社，2009年，第212页。
③ 茅盾：《神话研究》，百花文艺出版社，1981年，第45页。

充当着重要的角色,他们善于接受新潮的思想,并有的放矢地运用到研究实践中,不失为撬动和丰富中国神话研究的"人类学家"。

马昌仪曾在勾勒中国神话学发展脉络时指出:

> 1937年到四十年代末,是中国神话学的拓展期。随着抗日战争的爆发,北平、天津、上海等大城市沦于敌手,许多大学和研究机构先后迁到了西南边疆。一大批民族学家、社会学家、文学研究家和美术史学家在西南少数民族地区进行了史无前例的少数民族神话田野考察和多学科的综合研究……中国神话不再局限于汉文典籍上的古代记录,学者们拥有了许多现存的后进民族甚至还处于氏族社会末期依靠传承而保存下来的口头神话材料。①

不难看出,从20世纪初到40年代末,中国神话学的视野得到扩展,素材愈加丰富。其中,民族神话的纳入不得不说是中国神话发展史上浓墨重彩的一笔。若再往前回溯至神话研究之始,不难发现神话定位等同于某种用以阐释民族历史和文化的"工具"。饶有兴味的一点是,被阐释的历史和文化很大程度上是"汉民族"的。目前关于"民族"概念的出现和界定,为学界所认同的是最早出现于1902年梁启超在《中国学术思想变迁之大势》一文中的"中华民族",使用较为混乱,既可指汉族,又可指少数民族。其后梁启超又做出了进一步界定,指出其包含中国所有民族,是多元混合的。② 黄兴涛认为,梁启超以"中华民族"一词取代或超越"汉族",并不只是一个民族称谓的改变问题,同时意味着一种观念的转变,那就是历史地、连续地、融合地、开放地看待汉民族形成和发展的历史。③ 然而,观念的转变并未放大其"多元混合"的民族特点,反而一度陷于对概念的界定和讨论中。匹配以神话学的发展来看,没有提早将"多元混合"民族观纳入其中,不得不说是一大遗憾。

不过,进入19世纪30年代,"中华民族"概念界定形成一定共识,且随着日本侵略逐渐加剧,多民族认同感愈加强烈。1939年,政府发文强调:"禁止沿用苗夷蛮猺猓等称谓,其西南边地有少数民族若专为历史及科学研究便利,应将原有名词一律予以改订,以期泯除界限,团结整个中华民族。"④ 这一政令最值得注意的地方在于,少数民族因能为历史及科学研究提供便利而进入统一视野。

众所周知,传统历史于20世纪二三十年代在顾颉刚为代表的古史辨派掀起的"疑古"风潮下被颠覆。随着考古学和人类学的日益兴起,中国古史研究开始有意识自觉运用起文献记载、考古材料和民族材料等,以更加科学地进行古史重构。不过,少数民族的发现要比这更早进入神话研究者的视野,如1937年芮逸夫的《苗族的洪水故事与伏羲女娲的传说》就将云南地区苗族纳入研究视野,后又出现了马长寿的《苗族之起源神话》、岑家梧的《槃瓠传说与瑶畲的图腾制度》等一批关注少数民族神话材料的著作。其中也不乏闻一多等大学者,他在20世纪40年代末的研究"多参照古籍,也注重国外资料和活的民间文

---

① 马昌仪:《中国神话学发展的一个轮廓——〈中国神话学文论选萃〉序言》,载《民间文学论坛》1992年第6期。

② 梁启超:《历史上中国民族之观察》,载《新民丛报》1905年第65—66号。

③ 黄兴涛:《现代"中华民族"观念形成的历史考察——兼论辛亥革命与中华民族认同之关系》,载《浙江社会科学》2002年第1期。

④ 孙中山:《孙中山全集》(第2卷),中华书局,1982年,第2页。

学，特别是少数民族神话"①。我们有理由相信，中国从来就不缺乏"人类学家"，他们向内关注到了少数民族，中国的比较神话也得以在"发现原始"中得到发展，这些通过下列表格会有更直观的体现。

	西方	中国
发现时间	19世纪中后期	20世纪30、40年代
发现地点	欧洲大陆以外	中国
发现对象	文明发展程度不一的民族、部落	少数民族，尤其西南地区少数民族
谁去发现	人类学家、旅行者、传教士……	历史学家、民俗学家、考古学家……
代表人物	泰勒、弗雷泽、安德鲁·兰……	钟敬文、闻一多、凌纯声②……

四、走向本土化建构的文学人类学

中国比较神话学的发展一直有一条主线贯穿其中，即指向"民族"问题。可以说，无论是从一开始聚焦"中华民族"，还是之后对少数民族的"发现"，比较神话研究都在自觉或不自觉地思考民族存在、民族独立、民族溯源等问题，以至于新时期以来的比较神话研究仍延续了这样的特点。对此，有学者明确指出："新时期比较神话学仍呼应了西方比较神话学的主轴，并延续了中国比较神话学在发生过程中的重要特征：聚焦文明和人种溯源研究，从文化交流和互动中揭示中华文明渊源。"③探索文明起源对五大文明古国中唯一没有中断过的中国来说，远比了解各中辉煌更加诱人，这也成为学术界最感兴趣和关注所在。而神话自然地承担起一定社会责任，成为一个有效的认知路径，研究者们开始有意识地通过比较神话学来探讨中华文明起源的若干问题。如叶舒宪在《中华文明探源的比较神话学视角》一文指出："中华文明探源工程缺失了神话学视角，因而阻碍着考古学素材和人文学科阐释之间的沟通。比较神话学是重新进入中国传统的本源和有效门径，它具有贯通文、史、哲、宗教、道法、法律诸多学科的多边际整合性视野。"④王倩在《神话学文明起源路径研究》中类比国外比较神话学的文明探源工作，探讨了比较神话学关于文明起源研究的学科优势以及比较神话学如何处理解决了诸多文明要素的起源问题。⑤这背后关涉的是学界讨论已久的问题，即"神话中国"的转向和"神话历史"的新认识。

新时期的神话研究"经过神话学转向之后，打通理解的神话概念，可以引导我们对中国文化做追本溯源式的全盘理解。其结果是认识到整体性的'神话中国'"⑥的变化，并且得出了"神话历史"的新体认，可以说是学者自觉切入中国视角的结果。当下，"神话中国"的研究不再是简单的神话研究，已然转向文化文本研究以及符号编码，又嵌入四重证

---

① [俄]李福清：《从比较神话学角度看看闻一多〈伏羲考〉》，载《岱宗学刊》2001年第1期。
② 时为中央研究院社会科学研究所民族学组专任研究员，于今吉林省松花江下游对赫哲族进行了为期三个月的田野调查。
③ 叶舒宪、谭佳：《比较神话学在中国》，社会科学文献出版社，2016年，第172页。
④ 叶舒宪：《中华文明探源的比较神话学视角》，载《江西社会科学》2009年第6期。
⑤ 参见王倩：《神话学文明起源路径研究》，中国社会科学出版社，2015年。
⑥ 叶舒宪：《中国的神话历史——从"中国神话"到"神话中国"》，载《百色学院学报》2009年第1期。

据法以更好地把握复杂研究对象。这些要素构成了中国文学人类学的理论体系，它的形成也承载着中国学者的现实期望——解说华夏文明发生的特殊性，通过对非实在的、看不见的文化文本的整体认识，重建出让看得见的文学文本得以构成的文化编码和再编码规则。①从一开始贯穿于比较神话学中的民族溯源问题到今天借助神话进行文明溯源，从比较神话学切入人类学资源到今天文学人类学在文学研究基础上切入人类学资源，两者之间仿佛一条平行线，被中国学者自觉拉扯并支持着。

五、余论

中国传统学术历来主张"文史哲不分家"，与比较文学所主张的"跨学科融合"不谋而合，更与今天文学人类学所倡导的多边际整合视野遥相呼应。对于从比较神话学角度切入，在溯源式讨论中勾勒出对文学人类学的中国本土化建构历程，尚是一种站在前人研究基础上不甚成熟的尝试。但是这也为我们提示了一些问题，中国早期的"人类学家"在靠近和处理多元民族神话素材上总是夹杂着政治的、历史的等诸多潜在目的；不断强化少数民族为研究对象，忘却一开始将少数民族纳入神话研究的初衷，毕竟站在今天看来，对民族统一性的强调何尝不是中华文明溯源的一部分，民族问题依旧值得关注。总而言之，文学人类学在中国构建本土化理论体系的历程，仍值得从多方进行探讨。

---

① 叶舒宪：《文学人类学的理论与方法》，载《上海交通大学学报》（哲学社会科学版）2019年第1期。

浅谈"神话观念决定论"与神话研究范式转型

苟世祥

20世纪后期，在狭义神话论、广义神话论与若干神话学术派别或观点的学者们的共同推动下，"求证中国神话"取得了显著的学术成就。与此同时，"国际性的学术思想与方法也日新月异地走向中国"，中国神话研究从文学范畴向文学人类学范畴的"人类学转向"，也逐渐拉开了序幕。叶舒宪先生、萧兵先生等神话学者，以其敏锐的学术触觉，率先"吸引海内外文化人类学的较新成果与方法"，去寻找"凝聚着'系统'之生成与转换规则的'模式'"，使中国神话"从对单一的文化对象的调查和实证性研究转向对文化系统——蕴含着意义、象征、价值和观念的系统——的总体把握"。①

20世纪80年代，绝大多数中国学者把中国神话视为文学范畴，但是，有的学者则敏锐地意识到，20世纪全球性的"人类学转向"对人文学科，特别是文学研究带来了"变化线索和发展态势"。乐黛云先生指出，"在这个基础上，进一步从中国实际出发，立足于跨文化、跨学科的视野，从族群、民俗、神话、宗教信仰等多重角度拓展"，"比较文学的范式和发展空间，深入阐释和反思本土文学与文化现象"，有利于为文学研究开辟新的增长点，为文化学、民族学、宗教学等多方面学科构建新的学术平台。② 叶舒宪先生正是顺着20世纪全球性的"人类学转向"为中国神话带来的学术变化与发展的思路，以翻译与评介"神话 - 原型批评的理论与实践"作为切入点，为21世纪逐渐进入"解读中国神话"的中国神话研究阶段，提供了新的理论储备与可资借鉴的实践方法。

一、对原型批评理论学术话语体系的认知

1987年，叶舒宪先生在《神话 - 原型批评》一书中指出："纵观现代学术进展的历史，不同学科的相互影响渗透、交叉融合已经成为一种必然之势，由此而产生的新理论、新方法、新角度确实给旧有的相对封闭的各学科体系带来了发展变化的生机。原型批评也不例外，其产生和发展曾至少分别受益于以下三个不同的学科，它们是以弗雷泽（J. G. Frazer）为代表的文化人类学，以容格为代表的分析心理学和以卡西尔为代表的象征哲学。"③ 叶舒宪先生回顾他在20世纪80年代着手翻译、评介原型批评的情景时说道："为了弄明白《圣经》洪水神话的性质，我在北图借到了弗雷泽的大著《〈旧约〉中的民间故事》，这位人类学家俯视全球的学术气魄和详赡的资料收集功夫，给我了很大的震动。这也是促动我在20世纪80年代中期醉心于译介原型批评的潜在因素。当我看到加拿大批评家弗莱在《批评的

---

① 参看叶舒宪、萧兵、王建辉：《"中国文化的人类学破译系列"的说明》，见萧兵：《楚辞的文化破译——一个微宏观互渗的研究》，湖北人民出版社，1991年，第1—3页；
② 参看叶舒宪：《文学人类学教程》，中国社会科学出版社，2010年，序第1页。
③ 叶舒宪：《神话 - 原型批评》，陕西师范大学出版社，1987年，第3—4页；

解剖》中称赞弗雷泽《金枝》为伟大的文学批评著作时,一种打通人类学与文学研究的意愿就开始萌发了。一部人类学的经典著作,竟然被文学理论家视为本学科的珍宝,这是否可以提示人们,学科的藩篱是人为的,而事物的存在本来是不分学科和专业的。从那以后,我就迷上了人类学。如今回想起来,她也许是人文、社会科学中最能使人心胸开阔、眼界开阔的一门学科了。"①

叶舒宪先生认为:"在早期人类学家中,对 20 世纪的文学和文学批评影响最大的莫过于弗雷泽。他一生著述甚多,以《金枝》最为著名。该书先以两卷的篇幅问世于 1890 年,后经不断扩充,至 1915 年又以 12 卷的形式再度出版。该书内容是对以巫术为中心的仪式、神话和民间习俗的比较研究。因其中所收集的材料几乎遍及全球,素有人类学百科全书之称。"弗雷泽在《金枝》中论述了"巫术—宗教—科学的历时程序",正是在这个历时程序之中,"许许多多神秘的仪式和奇异的神话才变得完全可以理解了"。弗雷泽对神话和仪式的研究成果,"使在古希腊罗马流传下来的关于阿弗罗狄忒与阿都尼斯、维纳斯与阿都尼斯、得墨忒尔与佩尔塞福涅等众多神话的本质和来源都大白于天下。不仅如此,弗雷泽还在同西亚的阿都尼斯崇拜的关联中找到了基督教核心观念——耶稣基督死而复活的历史渊源,从而揭示出一个在西方文化和文学中极为普遍的重要原型"②。

叶舒宪先生将以弗雷泽为代表的文化人类学派与以容格为代表的分析心理学派、以卡西尔为代表的象征形式哲学学派都视为原型批评的理论来源。可以说,20 世纪 90 年代初期,叶舒宪先生已开始思考利用译介原型批评理论为中国神话研究从文学范畴转向文学人类学范畴建构学理体系。为此,叶舒宪对于"原型批评理论的体系"做出了较为详细的译介与评述。他对"神话-原型批评的集大成之作"弗莱(N. Frye)的《批评的解剖》一书重点做了译评。结合对由弗雷泽影响而形成的"剑桥学派"(Cambridge school)与"神话-仪式学派"(Myth and Ritual school),容格学派——原型心理学研究(鲍特金等人),原型的文化价值研究(蔡斯等人),原型的语义学和语用学研究等原型批评方法(威尔赖特、大卫·洛奇等人)的评述,以及入选的 20 篇代表原型批评理论的译文,叶舒宪先生阐明了原型批评理论的"元语言"(meta-language)的学术话语体系,强化了人们对原型批评理论学术话语体系的认知,并对其进行了深层次发掘与思考。叶舒宪先生指出:弗雷泽把文学批评这一范畴划分为两种实际类型,一种是学术式批评,另一种叫审判式批评。前者有助于知识的累积,因而从属于科学的领域,它从事于尽可能深入细致的描述和分类;后者算不上科学,只属于"书评"的领域,批评家有如判官,做出各种肯定或否定的价值判断:一部作品是好还是不好,是否值得一读,等等。审判式批评无助于知识的累积、文学经验的扩展和学术的进步,因为价值判断往往是由审判官的个人趣味所左右的,难免具有偶然性、任意性和易变性。弗莱认为原型批评乃是学术式批评的代表,批评家所关注的是文学的有机构成,而从不把自己置身于审判官的席位上。尽管不是所有的原型批评家都信守弗莱的这一主张,重认知而轻判断的确是该派批评实践中的重要特点。所谓认知,就是对在文学中反复出现的、可交际的原型性的文体,原型性的叙述或表现程式,原型性的意象、母题、人物乃至主题的识别和归纳,使个别作品的研究趋向于形式化、科学化,有助于探索文学

---

① 叶舒宪:《原型与跨文化阐释》,暨南大学出版社,2002 年,第 1—2 页。
② 叶舒宪:《神话-原型批评》,陕西师范大学出版社,1987 年,第 4—5 页。

作品的构成和文学发展演变的规律性。借用荷兰学者弗克马（D. W. Fokkema）评价结构主义的说法，也可以把原型批评的这种努力看作探求一种文学研究的"元语言"的努力。对此，简单地斥之为形式主义是失之肤浅的。问题在于如何将形式化的认知与社会历史的、文化的、审美的价值判断有效地结合起来。因为缺乏研究的轻率判断固然不足取，但建立在认知基础上的判断也未必不是好的文学批评所当具有的职能。诚如黑格尔所言："对那具有坚实内容的东西最容易的工作是进行判断，比较困难的是对它进行理解，而最困难的，则是结合两者，作出对它的陈述。"重认知轻判断的要求反映了文学批评向学术研究深度进展的趋势，但将认知理解与价值判断完全割裂和对立起来的做法，同时是原型批评本身局限的反映。这种批评能帮助人们理解其他批评难以揭示的作品的深层内容，却不能圆满地回答下列问题：为什么一部包含了原型内容的优秀作品能够给我们以审美的愉悦，而另一部包含了同样原型内容的低劣作品却不能呢？弗莱认为，原型批评是学术式批评的代表，学术式批评与审判式批评是一组相对概念。审判式批评是非科学的，"无助于知识的累积、文学经验的扩展和学术的进步"。相反，学术式批评则是科学的，有助于知识的累积、文学经验的扩展和学术的进步。①

有论者指出，在叶舒宪先生已出版的几十部论著中，"关于神话原型研究的有13部。从20世纪80年代编译的《神话-原型批评》一书，到近期主编的《文化符号学——大小传统新视野》论文集来看，其学术生涯始于神话原型，学术创新亦源自神话原型"②。笔者认为，叶舒宪先生为中国神话现代学术建构的贡献是多方面的，其中最重要的贡献之一就是为"从探寻'中国神话'到认识'神话中国'"转型③，做出了长期的知识累积与理论创新的开拓。其中，神话原型的译介与研究是他迈出的第一步，对神话哲学的研究则是他迈出的第二步。

二、重构中国神话哲学的"元语言"

1992年，叶舒宪先生推出了《中国神话哲学》一书，在此书导言中，叶舒宪先生指出："神话哲学这个汉语合成词可以从两种角度去理解，一是指神话之中所蕴含的哲学观念内容，即神话中的哲学；二是指对神话所做的哲学研究，即神话的哲学。"④叶舒宪先生在此书中"主要从第一种意义上来使用神话哲学这个术语，侧重探讨的是中国神话中的哲学蕴含以及中国哲学思维模式的神话基础问题"⑤。

《中国神话哲学》一书主要从第一种意义上来使用"神话哲学"这个术语，实质上表明了叶舒宪先生主要透过中国神话叙事的形式、内容，去解读其蕴含的哲学观念，这无疑是迈向"神话观念决定论"的关键一步。运用原型批评理论去解读中国神话叙事中的哲学观念，是此书最突出的特色。

---

① 叶舒宪：《神话-原型批评》，陕西师范大学出版社，1987年，第17—44页。
② 王倩：《探寻中国文化编码：叶舒宪的神话研究述论》，载《中国矿业大学学报》（社会科学版）2015年第1期。
③ 叶舒宪、谭佳：《比较神话学在中国——反思与开拓》，社会科学文献出版社，2020年，第400页。
④ 参看叶舒宪：《中国神话哲学》，中国社会科学出版社，1992年，第1页。
⑤ 叶舒宪：《中国神话哲学》，中国社会科学出版社，1992年，导言第1页。

叶舒宪先生指出：

> 为了实现同国际学术相交通、对话的初衷，笔者特别注意引用当代文化人类学研究中的原型模式理论，并努力从这一角度出发重构出中国神话哲学的"元语言"，以期超越目前国内神话研究和文化研究的无规范、无系统的状态。所谓"元语言"（metalanguage）又称"后设语言"或"普遍语言"，按照英国学者哈特曼（R·R·K·Hartmann）和斯托克（F·C·Stork）的定义，元语言"指用来分析和描写另一种语言（被观察的语言或对象语言）的语言或一套符号，如用来解释一个词的词或外语教学中的本族语。"他们还强调说，在语言分析中，把被语言学家观察的语言（对象语言）同语言学家用来进行观察的语言（元语言）区分开，是十分重要的。借鉴语言学分析的这一原则，我们可以说，在整个人文科学的研究领域中，寻找和确立一种同所研究对象的语言相区别的"元语言"是使研究趋向于规范化、系统化的重要前提。假如我们站在当代符号学家的立场，从比喻的意义上，把所要考察的神话或文化对象看作是一种"语言"，那么，什么才应是可供我们这种"语言"进行观察、描述和解释的"元语言"呢？笔者以为正是原型模式。人类学家的经验告诉我们，文化是一个系统，是蕴含着意义、象征、价值和观念的系统，只有找到了凝聚着该系统的生成及转换规则的内在模式，这个系统才能得到理性的把握。①

这段论述揭示出20世纪中国神话学处于"探寻中国神话"阶段所面临的困惑。一方面，从方法论角度看，神话研究受到"以微观的考据为特长的'小学'传统的影响"，难以"走出传统考据之学的死胡同"；另一方面，国内神话研究基本上处于一种"无规范、无系统的状态"，"远远没有达到系统观照的当代科学高度"。② 为了突破从"探寻中国神话"向"认识中国神话"转型时的学术瓶颈，寻找和确定一种同研究对象——中国神话的叙事语言相区别的"元语言"，已成为中国神话研究"趋向于规范化、系统化的重要前提"。实际上，叶舒宪先生已开始思考中国神话学从"求证中国神话"阶段向"解读中国神话"阶段发展的"规范性的建构路径"。运用"当代文化人类学研究中的原型模式理论""重构出中国神话哲学的'元语言'"，显然是至为关键的一环。为此，构拟原型模式成为《中国神话哲学》贯穿全书的重要的方法论。

"上编 易有太极——神话哲学的元语言"，该篇论及《史记·乐书》记载的四首仪式歌曲：春歌《青阳》、夏歌《朱明》、秋歌《西颢》、冬歌《玄冥》中歌词所暗示出的原型象征意义；"作为文化元语言的宇宙模式"③；"原型模式与神话礼仪"④；"道的原型"⑤ 等方面。作者指出："总结本章的讨论，中国哲学中的最高范畴'道'至少有两个不同的来源，其一是现实取向的来源，'道'的本意指日常经验中的道路，这是儒家思想中'道'的来源；其二是神话取向的来源，'道'指的是由太阳和水的运动所体现出的一般法则或原理——循环往复，这是道家哲学中的'道'范畴的由来。……笔者倡导从神话原型的角度

---

① 叶舒宪：《中国神话哲学》，中国社会科学出版社，1992年，导言第5—6页。
② 叶舒宪：《中国神话哲学》，中国社会科学出版社，1992年，导言第7页。
③ 叶舒宪：《中国神话哲学》，中国社会科学出版社，1992年，第43页。
④ 叶舒宪：《中国神话哲学》，中国社会科学出版社，1992年，第59页。
⑤ 叶舒宪：《中国神话哲学》，中国社会科学出版社，1992年，第107页。

研究'道'的范畴发生问题，追溯了'道'的诸种特征同其原型之间的关系，并讨论了以'道'的循环运动为潜主题的具体神话，以期对于研究'道'范畴以及其他中国哲学范畴，提供了一个新的角度和思路。"①

"中编 黄帝四面——神话的时空哲学"，该篇在论及"神话的时空哲学"时，从创新性的角度，提出了许多发人深省的观点：

"上圆下方且环于水的明堂，作为神话宇宙模式的缩影"②；"明堂是一种宗教礼仪性的建筑，帝王按月居住在明堂的不同房室的规定，正对应于人类学所说的'仪式历法'（Ceremonial calendars）"③；"考据家们虽然已尽可能详尽地复原出三千年前中国天子的早朝礼仪程式，但是尚未从'所以然'方面说明问题：为什么一国之君要在东方天色刚刚发亮的时候就端坐明堂太庙之中？……在这种因袭三千年而未改的行为模式背后，原来是神话思维的类比逻辑在发挥作用：当大宇宙中的太阳将其生命之光辉照耀在人间大地的时刻，世俗的太阳——天子，也要出现在小宇宙模型（明堂）中，将其假设中的光辉普照于臣民和国家。……连帝国的尊称'皇'和'帝'字，本来也是太阳出土放光明的意思。……至于神话传说中的古帝王名称，如姜亮夫先生指出：'古帝王中有太昊、少昊、金天、葛天、祝融诸帝王，此光明崇拜之反映于最高统治阶级之说明。……考以日名之事实，但见帝王及其妃、母，平民是否亦以名，则吾人可自王室之大臣、小臣、史、卜、百官等名姓考之，则以日为名者，竟无一人，则民众不得以日为名甚显。……世界几大古代文明都有藉太阳神崇拜来美化帝王的现象，但由于唯独中国文明历经沧桑延续至今，没有在历史长河中消逝灭亡，所以将统治者认同于太阳就形成了一个源远流长的文化原型，并经过代代沿袭和重复而得到强化、固化，渗透到整个华夏民族的集体无意识中，同'天子坐明堂'的象征性行为模式交相对应，一隐一显，不断为新的统治者提供神化的根据，并不断滋生出新的文学作品的隐喻表达式"；"假如说明堂建筑是中国远古'金字塔'，即太阳堂或太阳方坛的一种物化符号残存形式，那么，'黄帝四面'的神话传说便是负载着同样文化信息的一种语言符号残存形式"④；"四面母题除了象梵天和黄帝那样以原型形式出现外，还可以转换为各种变体形式而出现"⑤；"从商代的帝到周代的黄帝，太阳创造主的观念在中国上古史上是不绝如缕的。黄帝的四张面孔象征着由他所钦定的神圣四方空间，因此，'黄帝四面'这四个字所构成的千古密码，实应破译如下：创造主太阳神的循环运行'钦定'了四方和四时。若再加上'黄帝生阴阳'一句密码的破译，我们终于可以重构出因理论化的曲解而失去本义、淹没无闻了几千年的上古创世神话的原型结构：创世主太阳神从黑暗中出生（升），创造成光明与黑暗二分的世界，它的循环运行钦定出东西南北和春夏秋冬，确立了人类赖以生存的宇宙时空秩序。至此，我们对神秘数字四的起源与人类四方空间意识的发生的讨论便都被概括到一个神话表象之中了，这个表象便是四面的创世之神黄帝"⑥。

"下编 九州方圆——神话的生命哲学"，在该篇论及的"息壤原型发隐"一节中，叶

---

① 叶舒宪：《中国神话哲学》，中国社会科学出版社，1992年，第141页。
② 叶舒宪：《中国神话哲学》，中国社会科学出版社，1992年，第152页。
③ 叶舒宪：《中国神话哲学》，中国社会科学出版社，1992年，第166页。
④ 叶舒宪：《中国神话哲学》，中国社会科学出版社，1992年，第177页。
⑤ 叶舒宪：《中国神话哲学》，中国社会科学出版社，1992年，第187—188页。
⑥ 叶舒宪：《中国神话哲学》，中国社会科学出版社，1992年，第226页。

舒宪先生指出：

> 诚然，从直接的文献材料中看不到中国上古时期有陆地潜水型创世神话存留下来，因而我们在这里的研究同对黄帝创世神话、鸡人创世神话的研究一样，具有某种考古发掘的性质，要根据某些重要线索将失传的中国神话重构出来。这样一种尝试要求我们首先具有跨文化比较的广阔视野，运用当代原型理论和结构模式分析方法，对于文献中残存的蛛丝马迹进行深入细致的开掘。
>
> 笔者确信，中国上古曾有潜水型创世神话流传。它虽然没有以完整的叙述保存到后世文献中，但却留下了两个基本的叙述结构要素——原始大水和动物取土造陆。根据它们在后代生活中反复出现的情况，我们可以把这两个结构素看成上古华夏文化的重要原型。从这两个原型同世界神话中同类原型的比较中，似可追索出已失传的中国原始创始神话的结构模式。
>
> 潜水型创世神话无疑当属于高木敏雄针对大陆类型而划分出的海洋类型的创世神话，因为这一类型的神话叙述鲜明地体现着海洋民族的世界观，世界之始是一片无边无际的茫茫大水，由某一漂在水上的动物（或人的图腾动物祖先，或某一神人）潜入水中，从水底衔出或抓出一块土，用这块土开始创造陆地的工作。这类创世神话在中欧地区演变为上帝与魔鬼从原始水中造出大陆的故事。值得我们特别关注的是，这类神话和故事同鲧窃帝之息壤以埋洪水的中国神话在结构上十分近似，有必要加以详细地比较研究。①

在"息壤的功能：创世与再创世"一节中，叶舒宪先生指出"我们不厌其烦地引证以上创世神话和洪水神话，意在说明息壤原型最先出现于潜水取土造陆的创世神话，后来又被运用到洪水神话之中，成为在洪水之后再创世的物质原质，而在中国的洪水神话中出现的息壤，绝不会是孤立存在的，它预示着一个先于洪水神话而存在的海洋型的中国创世神话的原始母型"②；"正是由于自'新石器'时代至夏代和商代，华夏先民的集体意识中已牢固确立了由原始创世神话所奠定的原始大水和息壤的原型表象，所以虽然原始神话随着夏王朝的覆灭而湮没无闻，并且后代又产生了种种新类型的创世神话，但基于上述原型表象的神话宇宙观——天圆地方，地载于大水——却已经固化在'神州'、'九州'、'四海'这样一些符号形态中，成为中国传统宇宙生成论的深层结构了。正像在太平洋彼岸至今仍可找到亚洲祖先的原始创世神话一样，后起的女娲化生创世神话也好，盘古化生创世神话也好，都只能占据中华民族的意识层次，却无法将同我们的文明本身一样古老的深层的原型结构素，从民族的无意识层次中磨灭掉。意识层次的权威一旦动摇，无意识层次的原型必然要显现；而沉睡千年的种族记忆苏醒之时，离古文化流变之谜的破解也就不会太远了"③。

纵观《中国神话哲学》全书及上述与原型批评理论相关的部分内容，该书作为列入"社科学术文库"的专著性著作，具有中国社会科学出版社在"出版说明"中所言的"在各个学科领域里选题重大，研究深入，见解扎实和学风严谨"④的特点。笔者认为，至少

---

① 叶舒宪：《中国神话哲学》，中国社会科学出版社，1992年，第336—338页。
② 叶舒宪：《中国神话哲学》，中国社会科学出版社，1992年，第350页。
③ 叶舒宪：《中国神话哲学》，中国社会科学出版社，1992年，第362—363页。
④ 叶舒宪：《中国神话哲学》，中国社会科学出版社，1992年，出版说明。

以下两点可以作证：

（1）注意吸收、消化国际学术前沿理论成果，构拟出具有深层解释中国神话哲学的原型模式，显示出作者深厚的理论素养与前瞻性思考的学术视野。

美国学者韦勒克（L. Wellke）认为，原型批评与马克思主义批评、精神分析批评鼎足而三，"是仅有的真正具有国际性的文学批评"。① 20世纪80年代，原型批评理论在中国的传播形成文化热潮，"其标志性学术事件是《神话－原型批评》一书的出版"②。在原型批评理论中国本土化的过程中，成就最突出者无疑是叶舒宪先生。国内学术界公认最早系统地评介神话原型批评理论的论文是叶舒宪先生在《陕西师范大学报》（哲学社会科学版）1986年第2期、第3期上发表的《神话－原型批评的理论与实践》。在该文上篇中，叶舒宪先生一开始就以全球化和跨学科的视野论述道："鸟瞰二十世纪艺术史，神话因素不约而同地出现在毕加索的绘画，斯特拉文斯基的音乐，叶芝和艾略特的诗歌，乔伊斯、福克纳、加缪、戈尔丁、加西亚·马尔克斯和艾特玛托夫的小说中，足以显示现代艺术发展一个重要趋向。在文艺学范围内，对神话的兴趣逐渐升华为一种研究旨趣、批评方法乃至理论体系，便是'神话－原型批评'。最初，流行的称谓是'神话批评'（myth criticism），加拿大批评家弗莱（N. Frye）在五十年代又确立了'原型批评'（archetypal criticism）的概念。此后，神话批评和原型批评成了并行不悖的同义词，于大多数场合并无严格的语义区别，为了便于统一，我们可将这两个概念统称为'神话－原型批评'，简称则用'原型批评'，以免同神话学研究的概念相混。"③ 与不少学者忽视原型批评理论的跨学科动力与多维性特征不同，叶舒宪先生在《中国神话哲学》里充分运用系统的原型批评理论，"使古老的中国文献得到新的理解，为素以残缺、简短、含混而著称的中国神话材料构拟出原型模式系统，并根据模式的理论演绎功能，参照跨文化的（包括少数民族的和外国的）同类材料，对若干残缺不全或完全失传了的上古神话做出原型重构"④。在使原型批评理论中国本土化的过程中，《中国神话哲学》将弗莱的原型批评理论、容格的集体无意识和原型理论、卡西尔的象征形式哲学，以及在弗雷泽影响下，由一批人类学家、古典学家和文化史学家形成的剑桥学派、神话——仪式学派和当代人类学家、文化学家、美学家、史学家葛拉斯、基辛、哈维兰、利普斯、列维－斯特劳斯、汤因比、鲁道夫·阿恩海姆、阿甫基耶夫等现当代国际人文学科发展中的理论和方法融为一炉，发前人所未发，新意叠见。尤其值得一提的是，在此书中，叶舒宪先生已关注到国际神话研究顶级学者、新神话主义代表人物约瑟夫·坎贝尔的神话理论。⑤ 因此，正如叶舒宪先生所说，本书"可以说自觉寻找国际学术的共同语言，使中国神话、哲学和文化研究走向世界的一种尝试"⑥。

（2）受20世纪80年代思想解放运动大潮的影响，叶舒宪先生对于神话研究既敢于大胆创新、积极开拓，又善于吸收前人成果，坚持实事求是，绝不以虚证虚、凌空驾虚。

---

① 叶舒宪：《神话－原型批评》，陕西师范大学出版社，1987年，第3页。
② 王倩：《阐释与重构——原型批评在当代中国的发展》，载《文艺理论研究》2010年第5期。
③ 叶舒宪：《神话—原型批评的理论与实践》（上），载《陕西师大学报》（哲学社会科学版）1986年第2期。
④ 叶舒宪：《中国神话哲学》，中国社会科学出版社，1992年，导言第4页。
⑤ 叶舒宪：《中国神话哲学》，中国社会科学出版社，1992年，第50页。
⑥ 叶舒宪：《中国神话哲学》，中国社会科学出版社，1992年，第94页。

在《中国神话哲学》的撰写过程中，与现当代许多神话学研究者一样，叶舒宪先生同样要面临"残缺、简短、含混"的中国神话材料、"若干残缺不全或完全失传了的上古神话"的难点问题。叶舒宪先生广泛吸收王国维、郭沫若、茅盾、陈梦家、顾颉刚、杨宽、童书业、吕思勉、闻一多、凌纯声、丁山、姜亮夫、徐中舒、徐旭生、杜而末、张光直、朱芳圃等多位前辈学者的研究成果。尤其值得注意的是，他还多次吸收袁珂先生《中国古代神话》《中国神话传说词典》《中国神话传说》《古神话选释》《神话选译百题》等书的神话研究成果。例如，在论证"东方模式：春天的神话与仪式"一节中，叶舒宪先生在对"司生命的木神句芒"的原型重构时，将袁珂先生在《中国古代神话》和《中国神话传说词典》的研究成果有机地结合在一起了，合理地运用"广义神话论"收集、考证的神话材料，将大量神话"碎片拼成完整的图形，找到它们共同的核心"，即中国神话哲学观念。①笔者认为，叶舒宪先生在《中国神话哲学》中体现的"选题重大，研究深入，见解扎实和学风严谨"的一以贯之的科研精神，不仅"把神话学的研究重心从对个别神话文本的解释转向对神话思维的普遍模式和规则的探讨，转向对中国语言文字与中国神话及中国哲学思想的相互作用关系的探讨"，而且为进一步提出"神话观念决定论"，实现从"求证中国神话"到"解读中国神话"，从神话研究的文学范畴向文学人类学范畴的转型，打下了理论研究与实践探索的坚实基础。②

三、结语

东方学学者爱德华·沃第尔·萨义德（Edward Wadie Said）在《理论旅行》（*Traveling Theory*）中探讨"理论旅行"的时空位移，提醒研究者们应该注意"一个观念或一种理论，从此时此地向彼时彼地运动是加强了还是削弱了自身力量，一定历史时期和民族文化的理论放在另一时期或环境里，是否会变得截然不同"。③追本溯源，中国神话研究从文学范畴向文学人类学范畴的转型，是"从神话原型批评起步"的。④叶舒宪先生出于对原型批评理论的深刻认知与透彻领悟，使原型批评理论在中国学术领域的"理论旅行"中，"经过三十年的研究积累"⑤，经历了神话原型批评—中国神话哲学—神话观念决定论的理论研究与实践探索的发展路径，正率领他的高水平的学术团队，大步流星地建构具有中国特色的神话学研究的全新的理论体系。

在《神话观念决定论刍议》一文中，叶舒宪先生指出"在认识人类的行为与人类文化的走向方面，迄今的科学探索尚未成功。从狩猎部落进入农业社会、文明国家、再到工业社会，都不是人类理性预设的结果。人类是'被发展'的，即被一种看不见的力量驱使前行。人作为文化动物，必然受其文化观念的支配。探寻每一个文明的观念之源，需要诉诸

---

① ［英］凯伦·阿姆斯特朗：《神话简史》，胡亚豳译，重庆出版社，2005 年，第 149 页。
② 叶舒宪：《中国神话哲学》，中国社会科学出版社，1992 年，第 60—68 页。
③ ［美］爱德华·W·萨义德：《世界·文本·批评家》，李自修译，生活·读书·新知三联书店，2009 年，第 400 页。
④ 叶舒宪、公维军：《从"中国神话"到"神话中国"——文学人类学对神话研究范式的变革》，载《文化学刊》2017 年第 3 期。
⑤ 叶舒宪、公维军：《从"中国神话"到"神话中国"——文学人类学对神话研究范式的变革》，载《文化学刊》2017 年第 3 期。

史前至文明之初的神话观念的形成史"。他又说："根据如今达到的学术水准，就人类行为因果关系解释而言，能够大致论述清楚的，就在于文化决定论：是特别的文化传统决定该文化群体成员的一般行为。至于要问为什么位于北非的古埃及文明创造出大金字塔，南亚的古印度文明创造出印度教和佛教的隐修生活方式，只有东亚的华夏文明孕育出万里长城和传国玉玺，那就必须诉诸每一种文明的内部视角，求解其内在的文化法则。这样才不至于泛泛而谈和大而化之。这也就从旁说明，为什么文化人类学的学科定性，从19世纪初创时的'人的科学'转向到20世纪后期的'文化的解释（学）'（克利福德·吉尔兹的著作名）。从追求放之四海而皆准的人类文化进化之通则，转到逐个地认识和理解每一种地方文化的特有属性。'人'的概念终于从高度抽象走向相对具体。古代中国人之所以不同于古埃及人和古希腊人的所有奥秘，都需要在全球文明大视野上重新开启再认识的工程，而文化差异与文明的差异一样，只能诉诸该文化或文明的深层观念结构，也就相当于生物的基因层面，才能找到有效解答的路径。"①

笔者认为，神话观念决定论表明神话观念在神话研究中通常具有决定性的作用。在神话研究从文学范畴向文学人类学范畴的转型过程中，叶舒宪先生从"文学与人类学的最重要交集点——'原型'和'神话'"入手，抓住了"文学人类学的研究重点与优势所在"②，把原型批评理论与对中国神话叙事中蕴含的哲学观念的解读有机地结合起来，对连司马迁在《史记·乐书》记载中疏漏的四首仪式古歌的神话零片也不放弃③，从而"对若干残缺不全或完全失传了的上古神话做出原型重构"。如同"新神话主义"著名学者凯伦·阿姆斯特朗主张的"制作信仰说"④，叶舒宪先生在研究神话叙事的基础上，提出了"神话观念决定论"的理论命题，其重要功能之一是"要凸显神话观念对意识形态的原型性编码作用。一旦某个文化共同体的原型编码得以揭示，该文化文体的历史生成演变轨迹，其编码与再编码的永恒性运作关系就能够显现出来。人类'赖以生存的神话'（Myths to Live By，约瑟夫·坎贝尔的著作标题）这个当代命题，也就能够获得透彻的理解了"⑤。可以说，对中国神话的原型重构与原型编码，在揭示中国神话的历史生成演变轨迹之时，叶舒宪先生如同袁珂先生一样，全身心地守护着自己视为珍宝的每一块中国神话的碎片，尽最大努力阻止有人歪曲和剥夺人类赖以生存的神话，并"错误地将孩子（整整几代孩子）和浴盆里的水一起倒掉"⑥。

作为中国神话学界的领军人物，叶舒宪先生以其令人瞩目的学术成果、超乎寻常的实践智慧与能力，开拓出中国神话学研究从"经验性路径"向"规范性的建构路径"转型的学术之路，率领着一批优秀的神话学者，揭开了21世纪"解读中国神话"的新篇章。

---

① 叶舒宪：《神话观念决定论刍议》，载《百色学院学报》2014年第5期。
② 叶舒宪：《文化与符号经济》，广东人民出版社，2012年，引言第11页。
③ 叶舒宪：《中国神话哲学》，中国社会科学出版社，1992年，导言第2页。
④ 叶舒宪：《"神话历史"：当代人文学科的人类学转向》，载《社会科学家》2013年第12期。
⑤ 叶舒宪：《神话观念决定论刍议》，载《百色学院学报》2014年第5期。
⑥ ［美］约瑟夫·坎贝尔：《指引生命的神话：永续生存的力量》，张洪友、李瑶、祖晓伟等译，浙江人民出版社，2013年，第10页。

叶舒宪文学人类学的理论视野

赵周宽

叶舒宪的文学人类学研究已经成为当代中国学人本土文化自觉和自省的一种独特范式,并不断吸引着深思敏学之士加入研究队伍。叶舒宪的文学人类学研究,广泛涉及文史哲国故与新知,调动起人类学、神话学、宗教学、政治学、证据法学、图像学、考古学等综合、边缘或跨界学科的方法和观念,化用西方人文学科的系统方法,在"人文化成"这一最大的文化概念背景中定位文学。在参酌中西古今文学与文化表达的基础上,叶舒宪的文学人类学研究激活中国文化的观念背景,历史性回溯至中华文明玉神观的观念原点,以玉为神,确立了中华文化的自我意识,并多向多极链接起人文学科、社会科学和自然科学诸领域,形成一种左右逢源、葳蕤成林的系统理论。

叶舒宪的文学人类学研究,仍然处在其学术体系的生长期。简单回顾叶舒宪文学人类学研究的历程,可以对这一人文科学的独特范式的发展逻辑予以把握,深度参与到其进一步的发展过程之中去,并对当代人文学科的基本观念做出反思。

一、中外文学的对照与互证

叶舒宪自述其文学人类学的探索,起于外国文学的教学。在本科毕业留校陕西师范大学任教之初,外国文学的教学与研究,为他的理论探索提供了世界范围文学表达的丰富的样本和经验。在中外文学阅读与研究中,文学表达跨越民族与文化而具有人类共通性的形式与结构,引起他最初的理论兴趣。同样的文学表达形式和母题在他所教授的日本文学、印度文学以及欧美文学中重复出现。爱情、生与死、永生等文学表达的永恒主题,启发叶舒宪去探索跨文化的文学表达中共通的形式结构和规则。出于这种理论研究的兴趣,叶舒宪在20世纪80年代自觉开始从原型结构和形式方面开始了文学基础原理的探索。结构主义与原型批评理论著作的翻译(《神话–原型批评》《结构主义神话学》),正是这一阶段理论自觉性的体现。文学表达依照某种固定的形式原理,揭示这些共同的形式法则。循此形式法则路线深入研究,有望在基础理论方面深化文学研究,此一方向深度契合20世纪80年代的"方法论热"。这一阶段可以称为叶舒宪文学人类学研究的"形式冲动期"。

原型与形式,不仅表现在文学的表达中,在更广泛的文化表述中,叶舒宪同样探索到形式化法则。这些法则与文学中的形式规则和共同母题一样,都具有跨文明的普遍性。基于此洞察,叶舒宪在阐释老子"复归婴儿"思想之精义时,将比较神话学的永恒回归思想、基督教"失乐"与"复乐"的观念、宇宙创生与衰亡,还有馄饨与新年礼俗等尽收眼底,形成跨文明、跨语际多向互证的阐释力(《〈老子〉与神话》);在分析庄子四段式循环宇宙论时,将斯宾格勒、弗莱和邵雍等跨时空的思想与言说挫于笔端,娓娓道来(《庄子的文化解析》);在"重寻中国太阳英雄"(《英雄与太阳》)时,调用时空相隔邈远的两河文明史诗《吉尔伽美什》中的英雄叙事,对参源自俄国形式主义与叙事学研究的故事结构模型,还原了英雄从上升到陨落的完整历程；而在中国神话哲学的体系构建中，开篇直指神话哲学的"元语言"（《中国神话哲学》）。

"形式冲动"的理论旨趣，将叶舒宪带到人文学科"基本语法"的层面，赋予其文学研究和文化研究以哲学的品格。从"形式"导向哲理思辨的路径表明，文学的研究，不可限于情感的感染和表达技巧的提炼这些浅表层面，在普遍意义上的文化表述中，蕴藏着人类共同的"观念模因"和"形式语法"。

二、创伤与治疗：表述的奇效

叶舒宪通过跨文明的广泛文本对照，像做 CT 扫描一般，让不同文明间相同的表达形式"透显"出来，并带领读者到达人类共通的文化表述语法中。以丰富的文化表述为例，叶舒宪提供了一种既渊源有自又新颖独特的文学生产机制，即"文学创造文学"。后世的文学创作要想捕获和征服读者，就应该向流传久远的经典学习，遵循那些已经被一再证明行之有效的表达形式，采用共通的母题，通过学习已有的形式经验来征服当下和未来可能的读者。在莫言获诺奖之后，叶舒宪以类似于写作技巧培训班的形式，抽丝剥茧地分析了其"蛙"系列中的形式基因和丰产母题，阐明了其文化文本表述与再表述的"N级编码理论"。他认为后世的文学大多通过对文化原编码的一再编码而生产出新的文学作品（《文化符号学——大小传统新视野》）。后世文学要想成功，就需要不断回溯到原编码中去寻找灵感。从传统中寻找灵感当然没错，但如果你属意于文学创造的灵动与革新，你自然会提出这样的问题：那些被用滥了的形式技法，与好莱坞编剧满世界兜售的讲好故事的技巧何异？为什么只有依附于流传几千年、遍及不同文明的基本形式语法，才能征服读者？难道读者不会厌烦吗？

叶舒宪对此问题做了两个层面的回答。第一，就整体文明和特定民族而言，深层的表述语法具有文明之根、文化之魂的性质，并不是你想不想这么写、想不想这么表达的问题，而是只有当你自觉到这种原型形式，才能够参与到民族文化的重述和革新之中去，成为这一文明延伸至未来的自我表达和不断重述中的一环；反之，如果你没有这种自觉，而只凭突发奇想或以小技巧吸引人，即使取得暂时的成功，最终还是会从文化表达的链条中脱落的。文化的表述和再表述，既遵循着深层形式语法（《文化符号学——大小传统新视野》），又能够引动时潮，促成文化符号的良性生产（《文化与符号经济》）。立足文化和文明表达整体层面的上述回答，深层阐释了特定文化观念模因的稳定性，具有为特定文化"立命""立心"的作用。这个特定的文化和文明，就是中华文化和华夏文明的万年赓续，我们将在叶舒宪的"玉教"观念中深入展开。

在文学生产的机制问题上，叶舒宪的文学人类学研究所提供的"文学产生文学""形式启发形式""经典激活经典"的模式，既是纵横磅礴、师心自用的天才创构，又在文学发生学上具有谨守传统而压缩个体想象空间的可能。要深化对这一矛盾的理解，就需要我们结合具体的文学经典来追问：作家在延续传统形式规则时，其自主性究竟何在？

在文化整体层面的阐释之外，叶舒宪还拓展了作家诗人个体层面的阐释，以回应上述问题，即为什么那些流传久远的文学形式和观念模因一再重复出现，却不会令一代又一代的读者厌烦？这里最关键的词，是"文学治疗"。叶舒宪认为，作家诗人或者借传统形式进行一次次的再表述，或者对传统形式进行一次次的再表述，落实在创作者的个人生命中，就是对于他个人身心疾患的一个治疗过程。对于传统形式的一个完整的学习、模仿和再生产（再创造），就是作家一个完整的自我治疗过程。文学创作不仅仅是继承原型形式，也是以一再重复的过程对那些身处困境的孤独心灵实施的治疗。这种治疗将一个个孤独无依的灵魂引入传统形式的神圣空间之中，把他们与久远的神圣力量连接起来，完成对个体灵魂的疗救（《文学与治疗》）。不仅仅是那些与宗教叙事有关的文学作品能够把神秘的生命力传输给信众读者，在后世的世俗性作品中，作家诗人也通过文学形式的延续和创新性完成了自我的疗救。在叙述作品中，作家通过叙述主人公深陷困厄进而摆脱困境的历程，实际上是通过对困难的形式化模仿和克服而实现自我治疗。如同顺势疗法一样，诗人作家沿着内心痛苦发展的路径形式化体验一个完整过程之后，从痛苦中走出来，完成了自我的治疗。

文化和文明整体层面，与作家诗人个体层面的形式传承，提供了一大一小两个版本的文学发生学理论。前者突出了形式对于个体的先天性和强制性，后者则在具体而精微的创作心理学层面提供了个体回归身心康泰的原理机制。可以看出，这两个层面的文学发生学，都已经远远超出狭义的文学表达，而指向更普遍的文化表述。叶舒宪此一阶段的文学人类学研究，尤其强调文化模因的先在性以及其整合社会、疗愈个体的作用，可以称之为"文化整合论阶段"。文学和文化表达既能整合社会机体，也能整合个体之身心。

三、文化的脉络和肌理

叶舒宪的文学人类学研究，通过从文学表达到文化表述的扩展，抵达"文化"概念。文化概念是人类学中的超级概念，叶舒宪对于文化概念的贴近，首先是将其作为表达体系和话语体系的。文学表达是文化表述的一部分，那些以文学想象的形式表达出来的观念和理想，在非虚构的文化表述中同样存在。这样，狭义的文学创造和广义的文化表述一样，都是特定文化之观念的再现形式，两者共同构成文学和人类学的核心主题。叶舒宪首创性地将文学的"人学"性质与人类学的"人学"性质关联起来（《文学与人类学》），形成文化再现与表达系统中一虚（文学的想象性，"虚构"）一实（田野工作的"写实性"及文化研究的实证性）的双线结构，既丰富了文化人类学的表达方式，也拓宽了文学性的意义空间：文学和人类学在叶舒宪的文学人类学研究中得到双向"扩容"。

在与文化概念对接之后，叶舒宪的文学人类学研究深层回应了文化人类学中的若干基本命题。与传播主义的"同心圆理论"相应，叶舒宪阐明了中华文明中"礼失求诸野"的表达逻辑；与功能主义相应，叶舒宪阐明了玉神观念在中华文明初创期的精神-物质黏合剂作用。但与古典人类学的"原始-文明"二元观截然不同，叶舒宪一再重申这种二元格局的人为性和殖民主义色彩；在闯入文化概念的核心地带之后，叶舒宪反戈一击，对古典人类学的欧洲中心主义、精英主义和文字中心主义提出批判。

叶舒宪的文学人类学研究革新了文化观念，将文化观念理解为一种纵贯古今、相对固定的文化基因，从而一定程度上淡化了"古今之争"，而将注意力主要放在文化观念的功能性阐释方面。因此，无论是秦始皇的开国玉玺，还是鸿门宴上刘邦敬献西楚霸王的玉璧，或者是《红楼梦》中贾宝玉的通灵宝玉，抑或是2008北京奥运会上的金镶玉奖牌，都与渊源久远的以玉为神的观念连接起来。叶舒宪强调了玉神观念的古今绵延，凸显玉神神话观念的社会整合和文明发生学价值，而并未深度触及观念实质内容的与时俱迁。这导致一正一反两个理论后果，从其正面意义而言，玉神观的伦理规范意义（玉德）和象征价值，引导文学人类学走向哲学思辨，在中华文明发生源点打通了宗教、哲学和儒家、道家的伦理观念，建构起一个立体化的文明发生学说①，为中华文明探源工程提供了观念层面的支援。就其可能引发的误读而言，玉神观念的恒久持有，会让人忘却古今之变，沉湎于超历史性的古老观念之中。叶舒宪本人在现代方法观念的锐意革新方面堪称突击尖兵，而他所构建的玉神观，则是一个几乎完美无缺的"观念圆环"。要以叶舒宪倡导的观念革新推进研究，就要防止后来者不小心掉入一个永恒而完美的"观念玉环"之中，以为那些流传久远的玉神观念不仅能够用来解释既往，也能够以同样的方式和影响力来规范未来。

由于玉神观念在古代方国之间的普遍共享，对玉石的物质性占有和精神性垄断、共同体之内精神性的凝聚和各方国之间领导权的竞夺、横向的共同体凝聚力与纵向的神圣观念的竞逐，构成玉神观的文明建构动力模型。叶舒宪与神话研究的同行一道，将中华文明发生动力细致勾勒出来。这一动力结构模型，是对文化人类学的文化结构功能理论的"在地化"推进，其中华文明本体意识与方法革新，使其成为文明探源工程中的一支劲旅。

在以玉为探杖叩问中华文明观念原点的过程中，叶舒宪深化了"文化"的概念。叶舒宪的文学人类学研究从比较文学起步，经过对人类学核心概念"文化"的深度重构，重归中国文学和文化经验，完成了一个方法与观念的迂回和回归。再次回归中国文化经验的文学人类学，用中华文明中的基本观念，整合了神话学、考古学、历史学、人类学、语言学、哲学、证据法学等人文社会科学，以及分子生物学、认识心理学等自然科学的知识和方法，玉成一个圆融通脱的"文化"概念。此一层面的研究中，叶舒宪以中华文化为方法，实现了对文化概念的"深描"，可称之为"文化深描的路径"。

四、文化符号的有无辩证法

叶舒宪的文学人类学研究，在探索到神话观念时，在符号形式上发生了一个重大逆转，即文化观念的符号，从书写的文字到图像叙事，进而推进到书籍不可考、图像未曾见的口传叙事阶段。如前所述，叶舒宪的文学人类学研究切入"文化"概念，是从表述层面进入的。在经典文学作品、文化意识与观念和图像、文明期玉石器物等多重证据中，以玉为神的远古观念得到反复印证。这就在已有的文化表述中证实了一种铸塑中华文明精神与信仰的悠久传统。这个传统在文字记录中的表达，被叶舒宪称为"小传统"，这主要是由文字所记录的。早于这个小传统并构成其深远背景的，则是以口头叙事的方式或活态仪式保存下来的"大传统"。中华文明发生期的"玉神观"，既有文字符号反复表述和不断更新着的小传统证据，也得到口传大传统的有力证明。与小传统中的文字叙述相比，大传统的观念原型具有本原性，它比任何可证可考的小传统观念都更加久远，并且规定着小传统中观念的基本价值。

就文化符号的形式特征而言，当大传统的意义得到重要强调时，符号就发生了从实到

---

① "立体化"不仅意味着不同宗教与思想对于玉神观的共同信仰，也意味着文明的"发生"不是一次性完成的。我们至少可以在叶舒宪的论述中找到以下数次的"发生"过程：原始的天神信仰的神话观念阶段（其中又有玄玉阶段和白玉阶段），儒家"玉德"为中心的成人之说所导致的儒家伦理的确立，儒道在玉神信仰中的汇流，玉神观念对佛教的接引，中华文明共同体对玉神观的再确认，等等。就此而言，叶舒宪本人及其团队对于玉神观的"发现"和阐明，也未尝不是玉神文明"再发生"的过程。这个发生过程还将继续启发后世连绵不绝的再发生过程。

虚、从视觉到听觉的转变。几乎就像老子"以无为用"的有无辩证法一样①，在文学人类学中，符号能指层面也实现了一次辩证的逆转。由实转虚的文化符号，为文学人类学赋予崭新的学术品格。第一，口传叙事引领我们克服文字之"障"，直接面向思想的实事本身，在文化观念的原编码中直击本源性思想，从而将文学人类学的研究从文化符号的能指层面引向思想观念的所指层面。第二，由于思想观念的本源性，在物质与精神的胶着关系中，文学人类学提供了一个二者之关系的改进版本。在古典人类学的文化概念中，包含物质的与精神的两种基本要素，但这两者的关系，并没有得到深度的处理。文学人类学观念优先性的立场，并不能简单理解为精神相对于物质的绝对决定性，而是首先彰显了精神因素在文化发生学中的重要意义。另外，早期定型的文化观念对于后起的文化诸因素（包括物质的和精神的）具有先天规定性，对于自觉的文化意识也具有深层规定性。但是在回溯这一文化观念的形成历史时，则同样会使其特定的物质性条件和背景浮现出来。叶舒宪在分析玉教观念时，并没有将精神性的决定作用绝对化，而是同时展现精神观念之后的物质条件。多重理路中展现出的物质与精神的互证，并不必然导致无意义的循环，而是将文化人类学中一直未得到充分探讨的物质－精神互动关系展现出来。我们尚不能肯定，文学人类学是否通过物质与精神之间的复杂回环解决了这个高度思辨的二元关系难题，但至少它否定了单向的还原主义和决定论，揭示了人类文化发生发展中的复杂的机理和结构。

五、大历史与科幻指引的未来

叶舒宪的文学人类学研究与人文科学诸领域均有理路相连，大有"九州通衢"之气象。在文化观念溯源至无文字的口传叙事之后，一个大时段历史与观念的远景在考古学、测年学等专业知识与新技术的加持下浮现在理论的地平线上。"大历史"的概念，由大卫·克里斯蒂安等学者在世界历史的范畴中提出，日渐成为历史学中的显学。在时间的跨度上，大传统的观念虽不及"大历史"，但其包含的整体历史的雄心却毫不逊色。大传统观念基于中华文明历史原点的观念，把理论观察的焦距调到最远，不仅将大小传统同时纳入视野，还在整体历史的意义上创构出一个气势恢宏的历史哲学观。

"整体历史"意味着，整个人类既往时间范围内的万事万物，均可在一种完整自足而又具有结构性的框架内做出整体表达。② 其中至少应包含两个方面的内容，第一，那种触发历史之形成的原始动力，在历史发展的整个过程中保持着相对的恒定性并持续发挥作用。在叶舒宪的文学人类学大传统中，这种恒定的历史动力，即历史发展的自变量，正是绵延古今的"以玉为神"的观念。在这一观念的深层影响下，华夏文明的历史就表现为玉神观念从大传统向小传统的发展与置换，以及在世俗观念中崇玉观念的连绵与更替（《金枝玉叶》）。第二，这种原动力性质的玉神观念，在后世的社会建构中，依然起着中华文明共同体的凝聚作用，并能够形成不同阶层与社会阶级的有序分布。真正的美玉，必然只有那些占据物质与精神资源的上层阶层才能占有，而对于底层民众来说，具有永生功效的美玉则可以用其他的物质符号象征性替代。对于不同的社会阶层来说，美玉的神圣永生是一样的，

---

① "埏埴以为器，当其无，有器之用。凿户牖以为室，当其无，有室之用。故有之以为利，无之以为用。"（《道德经》第 11 章）

② "整体性"和"结构性"，正是"大历史"所追求的。参见赵周宽：《大历史的方法与观念》，见叶舒宪、李继凯主编：《文化文本》第 2 辑，中信出版社，2023 年，第 55—86 页。

这是在中华文明整体历史中得到认可的统一性原则；而对于不同时代、不同阶层的人来说，美玉的永生力量和象征意义通过不同的替代物同样得到实现。

大传统构建起了有关既往的整体叙事。而关于未来的设想，则使叶舒宪将研究的兴趣投向科幻叙事。近年来随着中国科幻在世界文学舞台上的闪亮登场，有关科幻叙事的研究渐成热点。科学叙事的想象力和对未来的预先筹划，成为极具思想挑战的一个研究课题。叶舒宪以敏锐的理论洞察力将目光投向科幻叙事，补足整体历史中的未来一极的缺失。如同以色列新锐历史学家尤瓦尔·赫拉利的历史整体观中既有"过去"（《人类简史》）和"现在"（《今日简史》），也有"未来"（《未来简史》）一样，在叶舒宪的整体历史哲学规划中，同样具有时间三维（过去—现在—未来）的并存与呼应。

叶舒宪的历史哲学视野，既回溯历史的源点，又远眺未来世界的景观，并仍然处在其大历史视野的扩展之中。在过去与未来的交叉点即当下之中，如何融通历史动力学的原则，揭示一种将时间三维统合起来的基本观念，是具有历史哲学抱负的文学人类学研究者需要进一步探索的课题。叶舒宪近年来对大历史与科幻叙事研究的集中运思，应该是这方面努力的体现。在华夏文明范围内，叶舒宪已经用以玉为神的观念统合了全部既往历史，形成一种相对自洽而有说服力的历史哲学体系。我们可以进一步追问的是，未来世界的可能性，如果用科幻世界的想象力作为构型法则，那么这种值得期待的未来世界，与玉神观统摄着的既往历史究竟有何相关性呢？在论及文化模因对个体创造者的深层规定时，叶舒宪已经将臆想纷飞的想象力排斥在文化表述的主流之外，认为只有那些领悟到文化模因并对其进行自觉再表述、再编码的作品，才会有神灵附体般的生命力。而在论及科学幻想时，叶舒宪则提出"幻想引领人类"的命题。两相对照，自然会有这样的问题：我们该如何自洽而一致性地理解想象力的作用呢？叶舒宪把科幻作为人类古老的幻想能力在当代科技社会中的变相遗留。这种能力如果能发挥引领人类的作用[①]，它与文明开端处的玉神观念关系如何呢？

六、作为观念学的哲学

叶舒宪的文学人类学研究，涉及哲学史中的诸多重大课题。在其早期的中华原典重释中，他已经娴熟运用文史哲思想与资源对读互释的方法进行阐释，而中外哲学思想之间的对照辨析更是让人应接不暇。叶舒宪自述要"打通"文史哲，而其论述的效果，在笔者看来，则更可称之为"融通"和"会通"。叶舒宪论述的哲学问题与课题，主要是远古的"观念"形式。这些观念与众所周知的德国观念论（康德、费希特、谢林）不同，它不是为知识精英所独占的精微思辨的哲学体系，而是遍及整个华夏文明共同体中不同邦国与地域，并被所有阶层的成员认可的以玉为神的观念。这种观念具有神圣性，因而它与文明早期的本原宗教直接相关；但它同时具有彻底的世俗性，融渗在最日常的生活习俗和礼仪之中。

因与"以玉礼天"的神圣仪式直接有关，这种玉神观念本质上是一种原始宗教的观念。在儒家对这一宗教观念的世俗性转换中，圣与俗的观念对接问题就成为叶舒宪"观念学"

---

① 叶舒宪：《幻想引领人类——从神话信仰到科学崇拜》，载《上海交通大学学报》（哲学社会科学版）2020年第6期。

的重要技术课题。君子佩玉的儒家礼俗以何种方式继承了神话观念,又如何完成了神圣观念的世俗转化,对此叶舒宪思理细致地做出文献疏解和逻辑推阐(《玉石神话信仰与华夏精神》)。文学人类学中的玉神观念的另一个特点在于,它又具有明显的日常性,弥漫在古人生活之中,具有一种古典宗教弥漫性的特征。有鉴于此,叶舒宪对中国哲学发生学研究中的"哲学突破说"提出明确的反对意见。他认为大小传统之间的转换与接引,是在习俗、仪轨甚至是日常生活中有机而自然发生的,并不存在一个从弥漫性玉神观念"突破"至高度思辨性运思方式的过程。

如果中国哲学从未实现从原始宗教观念到世俗性思辨理性的"突破",我们就不能以理解思辨理性的方式来理解玉神观念。这可能导致在面对西方哲学范式时的自我贬抑。叶舒宪明确拒绝这种自我贬抑,相反,他恰恰是在这种弥散性的玉神观念的古今连绵中确立了中国哲学的自觉和自信,认为正是这种道器不二的观念学,与生活世界、信仰世界融通无碍,体现了中国哲学的独特之处。这种能够上下一体、古今融贯的思想观念,不仅成功地从原始祭天意识中转接到了儒家君子的自我意识中,还将来自印度的佛教也转化为能与玉神观兼容的思想资源,进而让礼天敬天的观念更具普泛意义。叶舒宪的哲学思考本质上是一种观念学。这种观念虽渊源久远,但无时无刻不体现在中国人的日常生活中。

在其"玉教说"的2.0版本中,叶舒宪继续溯源,探测到中华文明"玉教"信仰中比白玉信仰更早的"玄玉时代"(《玄玉时代:五千年中国的新求证》),并创造性化用马克斯·韦伯"新教革命"的概念,把从玄玉崇拜向着白玉崇拜转变的时期称作"玉教"观念中的"新教革命"。无论是"玄玉崇拜"还是"新教革命",都是对"玉教说"观点的重申和方法论加固。在从"玉教说"到"新教革命"的理论推进中,得到强化的依然是观念的影响力,即以玉为神的观念。这种观念最终被强调为文明萌芽和发展的重要动因,被确立为文明发生动力学中的唯一自变量。在强调的意义上,叶舒宪此阶段的文化理念,可以称之为"观念论阶段"。观念论哲学与早期阶段的原型、结构思想,分别构成叶舒宪文学人类学体系的"质料因"和"形式因"。前者更强调文化表述中的主题和内容,后者更突出其表达形式。

七、万"象"更新

叶舒宪的文学人类学研究融汇人文社会科学与自然科学多门学科的知识与方法,形成集群论证的超强说服力。以上所谓"阶段",并非严格对应叶舒宪不同时期的探索,更多是从其方法论逻辑层面的理解把握。由于不同方法论的调用,叶舒宪的文学人类学研究唤醒纷繁多样的研究对象。文学原型、神话传说、仪式叙事、图像叙事、物的叙事、口传叙事、实物证据等一一被叶舒宪纳入文学人类学视野,成为其宏伟建筑的"础石""山墙""廊柱"和"拱梁"。[①] 在叶舒宪的全新阐释和解读中,这些内容从其所属的固有学科领域中被解放出来,在其创制的新体系中释放出更强的阐释力。比如,文学原型、母题和仪式的研究不再只是文学研究中的技术性课题,而是与文学创作背后更深厚的人类观念相连,成为通达文学哲学和哲学人类学的神秘编码;考古所见的器物与古玉,除了让人看到更久远的历史真相,更是让文化观念的"实事本身"现象学式浮现出来;口耳相传的故事和传说,

---

① 这里以中西方不同建筑中的结构为喻综论叶氏的体系,意在表明其理论结构的中西融通性。

摆脱民间文学的狭窄论域，上升为一种人类的集体记忆形式，与经典文学作品《荷马史诗》一样，表达的都是人类共有的信仰与观念。

文学人类学体系具有极强的涵摄力和生长性，并给那些被纳入其中的新材料赋予鲜明的叶氏风格。经典文学作品、神话故事、口头传说、文明期古玉等物象与符号在叶氏的体系中焕发新的阐释力，其他学科中的传统资源或新知，在被纳入叶舒宪的文学人类学体系巨构之后，互相连通，形成复杂交织关系。

叶舒宪的文学人类学研究从文学的形式研究推进到文化的结构分析，在其最新的探索中，作为文化之本源的观念呈现出来。文学人类学最终敞现出文化观念本体论的视野。在中华文明的萌芽期，玉神观念催生了华夏大地上共同体的诞生，而在以后的文明发展中，则发挥着观念黏合剂的作用。这种观念甚至在神话观念不再时，依然维系着华夏精神共同体。叶舒宪揭示了文化观念的跨历史性存在，从而深度参与到中华文明共同体的研究之中，为此重大的时代课题提供了一个观念本体论的方案。

叶舒宪教授的文学人类学研究，至今仍在体系的伸展过程之中。在其发展过程中，文学人类学已经基本实现了其作为革新版"文学理论"的抱负，也自成一格，提供了对文化概念的升级和扩容。在以人工智能为典型代表的新科技的迅猛发展中，传统人文学术面临深刻挑战。西方近代以来逐渐形成的自然科学、社会科学与人文科学的三分局面，随时可能瓦解。在此形势下笼统地谈论跨界融合，已经是老生常谈了。对于当代人文学者来说，如何具体而富有成效地"跨过去"和"融起来"，才是应该重点探索的课题；在跨界融合之后，我们能够提供一种什么样的全新人文世界，则是人文科学革新中的总问题。叶舒宪的文学人类学研究已经对上述问题做出深入探讨，并提供了独具一格的回答。文学人类学之"万象更新"，最核心的就是对传统人文观的更新。理解和把握叶舒宪文学人类学研究的要旨和精义，更重要的就是对其新人文观的学习领悟。探索新人文，开启新世界，叶舒宪的文学人类学研究路径值得"溯游从之"。

原型何在？ 何以中国？ 神话何为？

林科吉

子贡曰："……夫子之墙数仞，不得其门而入，不见宗庙之美，百官之富。得其门者或寡矣。"（《论语·子张》）

中国神话学有如一座高大的宫殿，我们大概能够想象其宏伟、其富丽、其深邃，要寻其门径，入其堂奥，殊为不易，若有幸得一好导师加以指点引领，即可收事半功倍之效。

一、原型何在？

因为偶然的机会我有幸成为叶老师的学生。记得一次跟老师路过川大西门，街边有老妪摆摊，叶老师指着绣花鞋和扎着各种图案的鞋垫说，这都是文化，文化！当时我并不懂得"文化"在人类学上的特别含义，也没领会老师的良苦之心。20世纪90年代曾经出现过一次"文化"热潮，由学术界波及全社会，人人都在谈文化，几乎所有事情无不冠以"文化"之名。大传统的如儒家文化、道家文化等等，涉及革命历史的名曰红色文化，而关乎百姓日用的小传统文化就更多了，比如饮食文化就包括烹饪文化、茶文化、酒文化，喝水可以说水文化，抽烟也就叫烟文化，农民养猪就包含了猪文化，等等。似乎没有这些"文化"的标签，就谈不上"文化中国"，就显得我们都没有"文化"。

我发现自己不但跟"文化"之间有一层隔膜，对"神话"尤为陌生。"文学人类学"这个专业的学业课程中，神话研究占据相当比重，读了叶老师的《结构主义神话学》《神话–原型批评》《中国神话哲学》等著作，还是懵懵懂懂，神话在我心里依然是一个神秘的存在。随着科学技术的进步，神话会离我们会越来越远，直到某一天从我们的文明中消失吗？但事实又好像并非如此。国外的神话学似乎方兴未艾，比如弗莱在英语文学中追踪神话源头，从而梳理出一个文学发展史的脉络和文学批评的宏大框架，坎贝尔的神话研究虽然不被学院派认可，却能指导电影大师卢卡斯拍出《星球大战》那样的票房巨制。由此感觉到神话不仅是一个学术课题，也是一个理解文化和文明的方法、一条进入人文研究的门径，还是文化想象力和创新力的源头。

上面提到的几本书，对20世纪90年代中期在国内掀起的神话热起到了至关重要的作用，凡涉及"原型""神话"研究的学术论著，这些书目几乎都在必引之列。因为刚打开国门不久，当时从国外引进的各种理论、方法都会令人耳目一新，并掀起一阵研究热潮，如方法热、美学热、文化热、熵论、神话热、三论等等，所谓"各领风骚三五年"。那个时候，凡出国深造的学子，哪怕是短时间的进修交流，回国后学术成果往往会井喷式爆发，迅速成为学术新星，受到追捧。但是，10年、20年之后，我们回过头去审视这段历史，就会发现很多人只是将国外理论的名词概念搬运过来，根本来不及消化和吸收，更遑论以其为工具用以解决我们自己的问题，"中国化""本土化"自然无从谈起，这些热潮在一阵热闹后难免于沉寂的结局。而神话–原型批评理论却表现出顽强的生命力，维持了较长时间的热度，究其原因，这应该跟叶老师在介绍引进该理论时特别注重实践应用有关。在《神话－原型批评》一书中，叶老师不但编译了西方原创理论著述，还包括中外学者的应用研究，这无疑给中文、外语专业的大学老师的文学研究提供了案例和模板，让大家的学术探讨和论文写作变得有章可循。紧接着，20世纪90年代后期，湖北人民出版社付梓的"中国文化的人类学破译"系列丛书面世，其中以萧兵先生和叶舒宪老师打头阵的《楚辞的文化破译——一个微宏观互渗的研究》《诗经的文化阐释——中国诗歌的发生研究》，对中国文学史上最早的两部文学巨著进行了别开生面的读解，展示了运用神话与民俗的方法研究古代典籍的魅力和潜力。该丛书冠以"破译"一词，表露了作者对这种新方法的信心和坚持。这套丛书也的确发挥了引领和示范作用，虽然不能说作者在短时间里就能破解两千多年来未解的全部谜题，但的确在许多问题上找到了突破口，发前人所未发，道今人所未言。

但是，先行者们这种探索的价值往往不会被立即理解。从王国维开始，到郭沫若、顾颉刚、闻一多等前辈学者，20世纪初就已开始冲击甚至突破旧的范式，在他们的带动下，当时有一批学者已充分自觉展开了一种全新的尝试，如果没有战乱的破坏和历史的波折，相信中国人文社会研究将在较短时间里迎来革故鼎新的历史机遇，并最终确立现代学术的基本格局。但历史终究不能假设，由于前人开创出来的学术根脉一度中断，改革开放后成长的新生代学人在知识结构和学术素养方面都存在局限，对曾经挺立于古今与中外之十字路口的大师们并未有足够的认知，也未能很好承续这些前辈所开启的早期神话研究，因此对"神话""原型"这些概念、内涵，一时半会儿还难以全面领会，更谈不上实践运用，不少人干脆抛开神话找"原型"。没有了神话之根，原型成了水面上漂移的浮萍，当一些学者找到自己想要的原型时，在命名上基本也是自出胸臆，因此"原型"一下子泛滥成灾，跟情节、人物、主题等人们原先熟悉的名称混淆不清，甚至可以全部覆盖它们，成了文学研究中的一个超级概念。还有人接受了西方学者的观点，承认中国神话呈零散状态，没有体系可言；也有人推想是因为中国人民自古以来注重实用、缺乏玄思妙想的品质，所以神话不发达。如此一来，人们理所当然地要怀疑神话－原型批评还能走多远？中国文学人类学的旗帜还能打多久？简单地"援西释中"必然会产生严重错位，原创于西方的理论未必能切合中国的实际，也绝不能直接解决我们自己的问题。鉴于这种情况，叶老师很长一段时间基本不提"原型"，只有潜心解决"中国神话"这一谜题，"原型"才能落地；理解和建构了我们自己的民族神话学，神话－原型批评和文学人类学理论才有立足之地。

在学术领域里跑马圈地插旗当然更容易，但接下来还需要修房造屋栽树，这必然是一个异常艰苦的工作。

二、何以中国？

华夏古老文明及其神话传统源远流长，它作为文化基因一直存储于我们的机体中，流淌在我们的血液里，深潜于我们的无意识领域最幽暗之地，更以各种文学艺术形式及其他象征符号在数千年历史长河里开出绚烂的花朵。毫无疑问，我们拥有值得骄傲的民族神话宝库，先祖们为我们建造了一个繁复的神话大厦，它的宏伟瑰丽不亚于任何其他古老文明的神话传统，也绝不输于以古希腊罗马和古希伯来为源头的西方世界的神话体系。

"神话"原本是由西方率先建立起来的专业学科，彼时的西方神话研究虽然具有一定的比较视野，但也仅限于对其殖民地文化的接触及其相关神话传说的收集整理，大多是一些由传教士和冒险家们带回的记录和事后的回忆，难免带着根深蒂固的西方中心主义的傲慢和偏见，他们对于庞大的东方帝国并无应有的接触和了解。创建原型批评理论的神话学大师弗莱承认，他的理论是基于两希神话传统和英语文学史，而且主要是从叙事性文学中总结归纳出来的。西方的宗教信仰和神话叙事的传统，生命力的确很强，且延续至今，而中国却没有体制性的宗教制度，中国文学则以抒情传统为正宗。因此，从西方神话观念的视角来看，华夏民族生活在一个神话贫瘠之地。那么，这个古老的、唯一未曾中断的文明居然没有神话信仰的支撑？如果中国学者不能解决这个问题，也就相当于丢掉了华夏民族的根基，这就大大不利于我们的文化自信，甚至于伤害到许多人的民族感情。

文献上不难查到"中国"二字最早的出处，考古学领域可以不断挖寻祖宗的遗留物，这些都是"中国人"存在的证据，都可以帮助提升民族自豪感。但如何从文化上证成中国，我们祖先特有的宇宙观，他们观察世界的角度、想象力的起点，他们如何定位人类在自然中的位置、如何认知我族与他者的关系，等等，这些民族文化的核心成分，综而合之即构成民族神话学，是民族文化最有价值的宝藏，但也埋藏得最深。要建构我们自己的神话研究的学术宫殿，对华夏民族独特的神话学进行"深描"，这就要求我们勇于借鉴西方学术理论和成果的同时，必须突破西方的"神话"观念，并超越学科分割的门户之见，将典籍的、甲金文字的、考古的、田野的各种材料进行多重证据的对勘融汇，真正实现方法论的革命。必得如此，方可增加成功的希望。

为了探究文化中国的根蒂，叶舒宪老师多年来一直孜孜以求，早期对《诗经》《山海经》《老子》《庄子》等代表性原典进行了解读、阐释，以敏锐的眼光洞穿历史的迷雾，厘清前人的成说，甄别今人的新解，展示出文献处理的功力却避免了考据之烦琐，援引西方理论又绝无"食洋不化"的扞格，视野开阔而又敏锐，风格沉潜而又灵活。叶老师曾多次提及其学术研究受到《金枝》的启发，这与萧兵先生的学术道路很相似，他们的一些著作也表现出"弗雷泽式"探究方式和书写模式，即广泛收集和排列出各种证据材料，取得不言自明的证明效力。或许有人并不理解这种研究方法，有人觉得一本学术著作插入那么多图片，似乎有损其应有的深奥与严肃，殊不知这种方式需费绝大力气才能做到，难在证据材料的收集和拣选。其实，前辈学人如胡适等早已提到这种比较研究法，就是将材料并列，不需多余的解释，让材料自身说话，抵得上论者的千言万语。

受到 20 世纪初前辈学人的精神指引，并得到西方人类学研究方法和成果的启发，叶老师的前期研究中大力倡导四重证据法，多学科融合、多角度交叉，并以多种属性的证明材料加强证据力。同时，基于对传统国学考据学的深度反思，明确提出反对中原中心主义、大汉族中心主义、汉文字中心主义，提倡一种反思性研究的观念与方法。后期研究中，就如何突破西方经典人类学理论与方法的不足，针对华夏民族这样具有悠久历史的超长时段的庞大文明，叶老师进一步提出"N 级编码"之说，从历史的纵深方向上再次突破文献与文字的局限，将无文字时期的农业文明纳入考察的范围，并追溯到农业文明之前的女神文明时期，将其视为华夏文明之第一级编码符号，甲、金文字则为第二级编码符号，而相当于轴心时代的诸子经典被列为第三级符号，其后则以此类推；同时在反思性研究西方人类学的基本范式和概念后，叶老师又提出大小传统再划分的观点，将无文字时代以及文字之外的民俗、民间文化传统命名为"大传统"，而文字文明则降格为"小传统"。在方法论建设中，叶老师有继承有发挥，有扬弃有重建，可谓继往开来，倘无阔大襟怀和绝大气力，绝无此气魄，也无此作为。在他的理论框架中，第一、二两级编码符号具有华夏文明之源的性质，是民族文化之元语言、元话语，体现了原型编码及其神话思维的基本范式，规范了其后的历史文化的发展走向，正如河床之于流水，具有导向和约束作用。

叶老师善于运用最新的考古发现，并借鉴西方当代神话学理论，不断刷新其研究进度，于是有熊图腾、女神文明、儒家神话等一系列神话研究与探索。正当各界学人从自身的专业角度纷纷提出"何以中国"的疑问时，叶老师则携带着扎实厚重的研究成果，挺身而立，毫不含糊地答曰："玉成中国。""中国"本为名，文化乃其实，文化不仅在书本文献上，不仅在考古器物上，更在于中国人的思维模式和行为方式，及其背后的心理、情感方面，而这些皆非无本之木、无源之水。而源头何在？在于神话也。

前人有说"知难行易"，有说"知易行难"，也有说"知难行亦不易"，而"知行合一"只是许多人心目中的理想境界。叶老师多次踏查玉石之路，以足迹绘制中国的文化地图，学问存于心，又身体而力行，也是一种"眼光向下的革命"。如果我们要描画中国文学人类学者的典型样范，心头自会浮现这样一个身背行囊行走于华夏大地的身影。

三、"神话"何为？

有了方法论的突破，有了丰富的研究实践，民族神话学的重构自然是水到渠成。环顾今日学坛，神话研究已然摆脱门前冷落车马稀的尴尬境地，越来越多的人对神话发生兴趣，不少人正是通过神话的门径进入传统文化的殿堂。

中国神话研究并非一片空白，袁珂先生曾耗费毕生心血证明了我们是一个神话大国，其搜集校勘、整理编排之功，非常人所能克任。袁先生主要以古籍整理的方式研究古代神话，却敏锐地看到兄弟民族神话的重要价值，也曾表示应搜集民间口承故事，并提出了"广义神话"的概念，但终因时代局限和物质条件的制约，这方面的工作并未如愿展开，而且在他所处的时代，其研究也未能得到广泛响应，也就不可能实现学术的革新。

叶老师不断强调学科建构，还提到学科理论和概念的"可传播性"，当然是希望尽其可能地宣传推广，非为自我光耀，其意唯在于推进学科建设，寄望于现代学术的确立。学术昌明紧密联系着国运昌隆，我们民族国家的强大，一定有待于传统学术的现代转化。在今日全球化语境中，必定要有整体视野，要看到社会历史与文化的全貌，而非仅仅是乡村中国、城市中国，或古代中国、现当代中国这样分块切段的单元。反过来说，如果没有相应与相当的学术的出现，也就不能应对和处理今日之中国所面临的复杂形势。

章学诚《文史通义》有云："故隋唐以前，学校并祀周、孔，以周公为先圣，孔子为先师，盖言制作之为圣，而立教之为师。"古人将政教典章人伦日用属之于周公，意味着只有像周公那样处在崇高官位上的圣人才有制作发明权，而孔子虽被后世封为圣人，无奈他活着的时候不得其位，所以就只能解释阐述周公的所作所为，然后将其心得付诸微言大义而传之其人，故称"述而不作"，只好退而求其次，也是不得已而为之。远古之时官与师的职司有所不同，似乎师不如官，从历史看，这也是分工的必然。如果用今天的话来说，周、孔其实都是中华历史上的文化英雄，他们都是华夏神话的原创作者。周公可能代表了神话的实现，而孔子则更多地代表了神话创造的可能性，也就是尚未变成现实的那部分神话想象。历史上，周公依据原始想象力草创了最早的典章制度，但不可能完成全部的工作；孔子的时代，看到礼崩乐坏的局面，虽然声称要恢复周公的原始大义，实际上是加入了自己的想象力，并通过传教于众多弟子，致使儒家教义深入人心，最终造成社会人心之变革，于是儒家神话得以最终确立，开出两千多年的中华文明史。但时移世易，人们发现儒家神话不可能引领我们实现文明的最理想状态，相反，在历史的特定阶段，其阻碍社会和人性发展的恶的一面表现得越来越明显。在曹雪芹看来，以玉石信仰为核心所构成的"龙/凤"之神话学编码与"君/臣""男/女"之社会学编码的同构，形成了戕害无数年轻女子性命的邪恶力量，是故挺身而出解构"龙/凤"之政治神学，猛烈批判金玉神话传统，希望创造出更符合人性、更能促进社会平等的新神话。曹氏发前人所未发，见古人所未见，他并未弃绝远古玉石信仰的精髓，却解构了陈旧的才子佳人叙事模式，试图重构符合人性的新神话，可谓振聋发聩，直入人心。

一个时代有一个时代的学术。我们今天研究神话，阐释神话，发微探赜，稽古烛幽，就是要求得民族文化的源头，回到文化想象力的起点，立足于华夏民族的神话传统，并回应时代的召唤，以求创造更加辉煌灿烂的未来。

口头、仪式与经典:
文学人类学的研究范式再思考

梁 昭

一、引言:背景和问题

中国文学人类学在过去数十年的发展历程中,形成了清晰的学术脉络。其研究角度包括:用文学研究的方法来研究人类学的民族志写作,以及用人类学的方法来研究文学作品。其具体的研究实践及成果有:口头文学的研究(朝戈金、徐新建等),重释中国古代经典以及"四重证据法"的运用(叶舒宪),表述问题的论述(徐新建),以仪式理论解读文学作品(彭兆荣)等理论方法的总结和运用。①

以上研究实践体现了文学人类学以跨学科的视野,扩展人文学科研究对象,在一定程度上刷新了人文学科的研究范式。其一,它倡导了多元平等的文学/文化观,推动文学从书面文本到口头文本、文化文本;其二,倡导了新一轮的知识启蒙,即以对历史的另一种可能性的发掘,以人类学研究对象的多样性和丰富性来补充、拓展文学/文化知识谱系的空白,达到了纠正主流知识的偏见的作用。总的来说,文学人类学研究主要从观念更新和知识伦理的建立两个角度,为人文学科做出了贡献。

而作为一门跨学科的研究,这门新兴学科尚有一些理论方法的梳理值得讨论:一门学科的理论和知识话语的样态,如何渗入另一门学科的知识脉络,转化为新的知识言述,即文学学科和作为社会科学的人类学,两者的学科理论和知识如何互相渗透?最近有学者通过介绍美国学界的新研究——以人类学的理论和论域观照简·奥斯丁小说描述的亲属关系、舞会仪式和复调叙述,讨论了以人类学的范畴来解读经典文学作品的范式。② 这对于我国文学人类学研究具有切实的方法论启迪作用。应当加强这一方面的讨论。

二、突破:以人类学的方法研究文学

这里首先以法国人类学家葛兰言的著作《古代中国的节庆与歌谣》,说明葛兰言如何以人类学的理论和方法来研究中国文学文本。

葛兰言其人对中国古史的研究,经民国学人介绍到中国以后,曾引起人类学界、民族学界的激烈争论。争论的焦点即在于葛氏的社会学方法,能否适用于从中国上古文献中发

---

① 关于近三十年来中国文学人类学的研究实践总结,参见李菲:《新时期文学人类学的范式转换与理论推进》,载《文艺理论研究》2009 年第 3 期。
② 刘珩:《文学的人类学研究范式——评汉德勒和西格〈简·奥斯汀以及文化的虚构〉》,载《文艺研究》2011 年第 7 期。

现"事实"。① 近年来，随着中国人类学界对人类学"法国学派"了解的增多，人们对葛兰言的社会学路径有了更多的认同，也认知了他"探索中国历史的总体面貌在总体社会学中原创性地位"。② 此处重在说明葛兰言如何以社会人类学的方法来重构《诗经》文本。表面上看，葛兰言用《诗经》作为解读中国古代社会的材料，从中复原了上古社会的仪式和习俗，与闻一多以及当代的涉古民俗学的路径相似。

但值得注意的是，葛兰言对《诗经》作品的解读，并未停留于复原、论述习俗的层面，而是将对习俗的论述推进到探讨"中国古代社会的宇宙观与社会形态"③。更需要关注的是，在这样的推演论证过程中，葛兰言凭借的是法国社会人类学家涂尔干开创的社会学学派对"社会事实"的研究理路，来完成他对中国上古社会形态的论述。葛氏的论述步骤如下：

第一，将《诗经》作品（主要是"国风"）作为一种"社会事实"来研究。"社会事实"的概念来自于涂尔干，他将"社会事实"确定为社会学的研究对象，强调其是经验性的，是可观察、可研究、可解释的，具有"实在"的特征。④ 葛兰言将《诗经》文本作为"社会事实"解释，就是把其中的内容作为社会世界的直接反映，直接以此复原《诗经》中的古代世界。

此外，类似于涂尔干提倡的"以社会事实来解释社会事实"的方法，葛兰言强调解释《诗经》的原则，是"尽量以《诗经》解《诗经》"。他反对借助"在一种发达的宗教法则中精致化的或者被虔诚的考古学家们重构出来的仪规"⑤ 来解释《诗经》文本世界，也反对参照象征性的解释，而主张从《诗经》的韵律、从同类诗的相互比较中，去复原诗的意义。由此，他从文本中解读出了习俗背景、演唱情态、演唱目的，进而分析出最初社会与自然规则的统一性。

第二，强调"社会"对节庆、神圣时刻的构建。在涂尔干看来，"社会"具有超越个人存在的强制性特征，他在《宗教生活的基本形式》中论述了神和宗教是"社会"的创造。⑥ 在解释从《诗经》中复原的古代世界时，葛兰言展现了相近的思路。他不急于把诗歌作品描述的某种习俗、自然崇拜确定为一种古代习俗的遗留，也不确定为一种"信仰"——他反对以部分的现象去推导整体的社会解释。相反，葛兰言从"节庆"这一社会仪式的整体，去解释贯穿于其中的林林总总的个体性行为。在他的解读里，《诗经》展现的季节性约婚的社会形态，是超越村落的日常生活形态，在神圣的时刻缔结社会公约，由这种社会行为，赋予了集会地点以神圣性。

总之，借助社会学方法，葛兰言开创了解读《诗经》的新道路。在中国《诗经》学的

---

① 桑兵：《四裔偏向与本土回应》，见《国学与汉学——近代中国学界交往录》，浙江人民出版社，1999 年，第 11 页。

② 王铭铭：《葛兰言何故少有追随者》，载《民族学刊》2010 年第 1 期。

③ 覃慧宁：《葛兰言〈古代中国的节庆与歌谣〉的学术意义》，载《西北民族研究》2006 年第 4 期。

④ ［法］涂尔干：《社会学方法的准则》，狄玉明译，商务印书馆，1995 年。

⑤ ［法］葛兰言：《古代中国的节庆与歌谣》，赵丙祥、张宏明译，广西师范大学出版社，2005 年，第 15 页。

⑥ ［法］涂尔干：《宗教生活的基本形式》，渠东、汲喆译，上海人民出版社，2006 年。

研究序列中，宋代的朱熹、五四时期的郑振铎等学者，亦反对关于《诗经》的象征性阐释，提倡推倒诗序，重新追求《诗经》的原意。葛兰言的工作与这种研究谱系可堪比较。而他追求"原意"的方式，是以中国传统学问方式所没有的社会学（人类学）方法来达到的，也区别于一般的民俗学方法。葛氏对《诗经》世界的重构，其方法论意义值得文学界进一步总结。

三、拓展：以文学理论研究人类学

接下来，笔者拟用詹姆斯·克利福德的《论民族志寓言》①为例，来讨论美国人类学家如何借用文学理论来讨论人类学民族志作品。

《论民族志寓言》是《写文化：民族志的诗学与政治学》的论文之一。《写文化：民族志的诗学与政治学》为中国人类学界熟知。很多人都注意到这部论文集的主题是反思人类学学科的"科学性"，提出了人类学在描写异文化方面遭遇的"表述危机"，并倡导进行民族志的实验。② 这本书体现了美国人类学的"文学转向"。但除此之外，该书的作者们如何应用文学理论和文学方法来讨论民族志的写作形式，国内学界尚未见相关讨论。

以该书的主编之一詹姆斯·克利福德的论文《论民族志寓言》为例。这篇论文谈论了一个看似科学、客观的民族志，实际包含多个的"寓言"层面。如玛乔丽·肖斯塔克的《尼萨》记录的是一个昆人妇女口述的自己的生命历史，其记录的方式是通过将昆人妇女的代表尼萨讲述的自己的故事，编织成符合昆人一般生活方式的一生的叙事。

克利福德认为，这个民族志文本同时有如下三种寓言式记录：

一是成为科学知识来源的、一个文化主体的表述；

二是一个性别主体的建构（什么是女人？）；

三是一种民族志生产和关系模式的故事（亲密的对话）。

从最简单的层面看，这里的"寓言性"意义，是通过分析文本的叙述特征得出来的，粗略地说，等同于民族志文本叙述的含义。但不止于此。克利福德自称其参照了美国解构主义学派保罗·德曼的"寓言"理论来优先观照民族志的"寓言性"。这是何意？

寓言，英文为"allegory"，本来指所讲述的故事有另一层含义。解构主义批评家保罗·德曼将其发展为文学批评的关键词，强调"寓言"为文学语言的内在特征：其表达的意义是不连续的和多义的，而不是像"象征"一样表现了整体的、同一的意义。③ 由此，文学文本就是"寓言性"的文本，只有对其进行"寓言性阅读"，才能消除言意合一的幻象，并读出文本的其他含义。④ 总之，"寓言"在保罗·德曼那里，既是关涉语言本性的修辞

---

① ［美］詹姆斯·克利福德：《论民族志寓言》，见［美］詹姆斯·克利福德、乔治·E. 马库斯：《写文化：民族志的诗学与政治学》，高丙中、吴晓黎、李霞等译，商务印书馆，2006年，第136—162页。

② 高丙中：《〈写文化〉与民族志发展的三个时代》，见［美］詹姆斯·克利福德、乔治·E. 马库斯：《写文化：民族志的诗学与政治学》，高丙中、吴晓黎、李霞等译，商务印书馆，2006年，第6—17页。

③ Paul de Man, *Blindness and Insight: Essays in the Rhetoric of Contemporary Criticism*, University of Minnesota Press, 1983, p. 207.

④ ［加］高辛勇：《修辞学与文学阅读》，北京大学出版社，1997年，第41—49页。

格,又是一种阅读方式。

借用这个角度,克利福德说民族志是寓言式的记录,即是说,民族志文本不是客观的——哪怕它是现实主义式样的文本。民族志文本表面上看起来仅仅是实事求是地写一个对象,实际上是通过写这个对象而言说另一个对象,是寓言式的"言此意彼"。值得注意的是,这里的"言此意彼",区别于象征性的用"这一个"代表/象征着更大的"那一个"的含义,而是强调"这一个"实际上是关于"那一个"的故事。因此,在肖斯塔克的民族志《尼萨》里,不是说尼萨代表着/象征着昆人/全人类,而是说,作者虽然只提供了尼萨这个个体的成长事实,但这个文化事实不断引起读者对昆人妇女、西方妇女,以及西方女性主义、我者和他者的关系模式的联想。

将"寓言性阅读"引入民族志阅读,是提示科学描写的文化事实具有另一重意味。对于阅读者而言,民族志的意义是不可控制的,是开放的,优秀的民族志在不同的历史阶段唤起对其意义的不同解读;就写作者而言,民族志是关于他者的写作,优秀的写作者总是在关于他者的文化事实的叙述中嵌入与自我联系的双重结构,通过关于他者的言说而言说自身,从而更好地揭示文化的差异性和共通性。因此,作者认为:"优先关注民族志的寓言性,使我们注意到了直至最近仍被忽视的文化描写方面。""寓言要求我们注意到这类写作过程的诗意的、传统的、宇宙论的天性。"

总之,如果说克利福德等人的论文开启了后现代人类学中的"文学转向",那么,这里的"文学转向",并不仅仅是多样化的文学叙事、文学风格对人类学民族志书写的扩展,还是指奠基在某些文学批评理论基础上的对"语言"和"文本"的新解读。

四、结语:跨文化比较中的文学人类学前景

通过对葛兰言的《古代中国的节庆与歌谣》和克利福德的《论民族志寓言》两部人类学文献的梳理,展示了欧美学者如何将人类学方法运用于文学研究,以及如何将文学理论运用于人类学论域。虽然两位学者并未宣称自己是文学人类学的学者,但他们的著述却展现出合理而有效的跨学科知识论述。

中国学界在援引西方著作时,通常重视作者的观点、结论,但对于著述的学术传统、学理基础、论证角度不甚了解。这无助于更好地参照和吸收西学,为我所用。中国的文学人类学发展,固然有其自身的语境,致力于解决中国的问题,而且破除"文学"边界、倡导多元伦理确为当务之急。不过一种良好的理念要转化为坚实、有效、普遍的学术知识生产,需要对知识生产传统进行总结和反思。

总之,文学人类学的跨学科研究要继续推向前进,就应当厘清以往的学科史,看两个学科的知识论述如何相互影响,如何实际性地交织,并以跨文化的国际比较为助推,从而产生新的论述角度和新的学科话语。

探寻远古文明之旅的新路标

——读叶舒宪《熊图腾：中华祖先神话探源》

陈定家

叶舒宪先生的《熊图腾：中华祖先神话探源》（以下简称《熊图腾》）就要出版了，这无疑是一部被学术界期待已久的著作。自2006年5月作者提出"熊图腾"的爆炸性学说以来，它在媒介与学界所产生的冲击波至今仍有强大的穿透力，互联网上的相关信息就是例证。我们相信，《熊图腾》的出版，必将引发更为密切的关注和更加强烈的震撼。

叶舒宪先生是中国文学人类学的代表人物，他所提出的"四重证据法"可谓治学之利器，从中获益的学人正日益增多；他所倡导的"破学科而不破学问"的研究方法，在学术界也获得了越来越广泛的影响。借助于跨学科综合研究的优势，数十年来，叶舒宪先生以一种放眼全球的宏阔视野和贯通古今的博大胸怀，为中国学术界奉献出了数不胜数的具有开创性意义的研究成果。更令人称奇的是，他涉猎异常广泛却能自成体系，多有惊世之说却总是言必有据，以忘我精神治学却反成治学对象，已有人研究过"从闻一多到叶舒宪"学说，还有人把叶氏理论研究写成学位论文……因此，有人说叶舒宪是当代优秀学人中有口皆碑的路标式的重量级人物。这样的评价，他可以说是当之无愧的吧！

学术的花朵唯靠心血与汗水浇灌。"叶舒宪对西学的如饥似渴令人惊讶，而他的大学专业又是中文，西北的窑洞和海南的棚屋他都住过；讲英语的主要国家他也快跑遍了。这样的学力和游历使他自然和那些固守一地的国内学者很不一样。可以想见，以这么丰富的学术背景去思考问题，自然比局限在某种单一的语言资料中做学问要有利得多。……他对中国古代文化典籍的重新解读突破了几千年来有关中国上古文化的种种误读和众多陈说。这种文化阐释工程是前无古人的，实为当代中国学术文化界的巨大贡献。"[①]

自2006年春季以来，叶舒宪先生"关于中华祖先图腾的辨析与反思"所提出的"熊图腾"说及其贯通古今的考辨与融会东西阐释，又一次在学术界产生了触及文化本源的深层震撼。作为中国文学人类学和中国神话等多个学术研究领域的领军人物，叶舒宪及其学术同好们对神话与图腾文化的研究已经取得了令世界学术界刮目相看的一系列成果。相比之下，《熊图腾》也许只能算作叶舒宪学术园林中新近开花的一株幼苗，但是，这株幼苗的根须却令人惊异地把中华五千年文明与失落已久的远古文化图腾紧密地联系了起来。

说来有趣，《熊图腾》作为理性思维与科学考证相结合的纯学术著作，竟然与近年来畅销小说《狼图腾》及其所引发的"狼族精神"的媒介争论有直接关系。按照叶舒宪先生的说法，作为小说的《狼图腾》原本是想象的故事，但在文学与媒介策划畅销书的合谋过程

---

① 权雅宁：《当传统文化遭遇"三重证据法"——评叶舒宪著作六种》，转引自"文化研究网"，http://www.culstudies.com。

中，这部小说却自觉与不自觉地承担起了重要的学术论说功能。特别是小说"编者荐言"提出的"我们是龙的传人还是狼的传人"的命题，明显具有"把文学写作变成文化史专题考据"的意向，并使似是而非的"狼图腾"说产生了一定的轰动效应。为了避免由小说虚构而导致认识上的误导，叶舒宪先生针锋相对地提出了"狼图腾，还是熊图腾"的命题。尤为值得注意的是，在随后相关的"熊图腾"——"中华古文明的文化探源"的研究过程中，叶舒宪先生在其本人创立的"三重证据法"的基础上，又进一步体悟到了出土文物和传世文献作为"第四重证据"的特殊作用。①

究竟什么是"熊图腾"呢？根据叶舒宪先生的研究以及网络、书刊提供的资料得知，"熊图腾"，古代许多生活在北半球的部落都有"熊崇拜"现象，如布里亚特和达尔哈特人常用"祖先"（dbege）、"神圣的"（qairqan）、"奥图格"（otog）来称呼熊，将它看成是猛兽之王。在猎熊时，他们遵循自古以来传承的"熊祭仪"，举行许多奇特的祭祀仪式。俄国学者、地理学家卡扎罗夫于19世纪末在漠南蒙古地区旅行时，在青海记录了一则柴达木盆地的蒙古人的寻根故事。故事将人熊同居所生之子视作部族的先人，因此，直到今天，柴达木的蒙古人和藏族人都非常崇拜熊，并称其为"天狗"。

熊崇拜遗迹大量存在于北半球，布里亚特邻近的北亚地区便存在着大量有关熊崇拜的遗存，其中可以见到"熊祭仪"和与熊有关的习俗禁忌。达尔哈特人在猎熊时遵循一套非常特殊的习俗和礼仪，比如，公熊四季均可捕猎，但母熊则不能，要等到它生养了小熊，到了春天走出洞穴之后才开始捕猎。在洞穴捕杀熊时，首先要在洞口抛三次火。捉住熊后，熊头在一定时间内不能剥皮，把头和两条前腿放置在特定的尊贵的位置上，必须向熊祭祀后才能剥皮煮熟，举行仪式。品尝时，从村里最长者开始，依次让每家都吃到熊头肉，吃完后将剩下的熊头骨拿到野外，挂在树上。这种熊祭的习俗并非布里亚特人、达尔哈特人所独有。在欧洲古芬兰的卡累利阿人，莱呵米人，亚洲的埃文基（通古斯）人、优卡吉尔人、鄂伦春人、鄂温克人，都普遍存在着与此相近的熊崇拜习俗。

正如叶舒宪先生所强调的，"熊图腾崇拜并不仅仅限于中国"。居住在欧洲、西伯利亚、北美大森林和冻原地带的居民对熊有着特殊的感情。西伯利亚和远东的同种同文化原始居民，诸如汉蒂人（Khants）、曼西人（Mansis）、涅涅茨人（Nenets）、克特人（Kets）、乌德盖人（Vdygeis）和乌尔奇人（Ulchis）中普遍盛行熊崇拜。在这些民族举行的一系列熊宴仪式中，要杀死并剥掉熊皮，吃掉熊肉，看护好熊的骨骼。西伯利亚和美洲的居民把熊宴安排在成功猎取熊之后。居住在鄂毕河（Ob）的乌戈尔人（Ugrians）也在猎取熊之后举行意在使熊重生的熊宴，他们认为熊是他们的祖先。阿穆尔河流域的乌尔奇人、尼夫赫人、奥罗奇人和奥罗克人以及萨哈林岛的阿伊努人专门饲养熊用于熊宴。在举行熊宴时，为了祭拜被杀死的熊，人们将熊抬回居住地，举行道歉仪式并唱歌。仪式后，将熊肉煮了吃掉，接着将熊的骨骼埋掉。熊崇拜的本质在于，人们在熊宴上要吃掉熊肉，并举行一系列仪式，意在减轻狩猎者因猎取禁忌的图腾动物而产生的罪过感，并使熊得以重生。熊宴的盛餐往往要伴随一系列仪式和舞蹈进行，这与图腾崇拜仪式有共同之处。②

以上所介绍的资料虽然是熊崇拜遗迹的残存，但却反映了非常古老的图腾观念。比如

---

① 叶舒宪：《秦文化源流新探——熊图腾与中原通古斯人假说》，载《学术月刊》2007年第6期。
② ［俄］苏科洛娃：《熊崇拜》，郭孟秀译，载《满语研究》2001年第1期。

直呼熊为祖父、父亲、祖先，这正是人们把熊看成与自己有血缘亲属关系的表现，所以用相应的亲属称谓称呼它们，像亲属一样对待它们，这便是图腾亲属观念的反映，而且产生于图腾文化的早期。一些熊与妇女相交生子的神话传说，则反映了古人希望能像熊那样凶猛，甚至幻想变成熊，表现了人类早期"恐惧创造神"的特征。我们的问题是，这些古老的图腾观念与中华民族引以为豪的"龙图腾"究竟有什么关系呢？

众所周知，在中国多民族文化融合过程中，龙是最为普遍的图腾生物。《说文解字》说："龙，鳞虫之长，能幽能明，能大能小，能长能短，春分而登天，秋分而入渊。"传说炎帝、黄帝、尧、舜和汉高祖刘邦的诞生及其形貌，都与龙有关，是龙种、龙子。古越人也以为自己是龙种，故断发文身，以像龙子。直至今日，我们还常说"龙的传人"或"龙的子孙"，这些都是图腾祖先观念的残余。至于龙图腾神观念，更为普遍，大多数民族都曾把龙视为保护神。① 不难看出，"龙图腾"在中华民族形形色色的图腾崇拜中占有无可争辩的强势地位。但龙作为远古神话想象的虚构物，明显具有神秘莫测的超验性，而究竟何为其神幻意象的来源和基础，却一直存在着许多未解之谜。

千百年来，人们对龙之原型的认识与理解，可谓见仁见智。有人认为龙的原型是鳄鱼，也有人认为是蜥蜴，其他如猪、马、鹿、蛇、闪电、虹霓等等，真可谓是无奇不有，人们对龙图腾起源的猜测几乎把人类的想象力发挥到了极致。其中比较有代表性的一种说法认为："以蛇为图腾的黄河流域的华夏族战胜了其他氏族，组成了巨大的氏族部落联盟，同时吸收了其他氏族的图腾，组合成龙图腾。"② 但20世纪以来，我国北方的考古学界不断涌现出的图腾崇拜的出土物越来越清楚地表明，龙的动物原型主要是猪、鹿和熊。特别是熊，它竟然作为崇拜偶像出现在5500年前牛河梁女神庙之中，这一现象引起了专家们的密切关注。

2006年春夏之交，叶舒宪从内蒙古和辽宁考古现场归来。在仔细研究过各地考古现场和旗县博物馆及文物部门提供的考古文物资料之后，他发现，红山文化区域出土的熊龙与神话传说中的华夏民族共祖黄帝的关系十分密切。参照北方萨满教传承中有关熊的仪式、信仰和观念，叶舒宪敏锐地意识到，熊作为中华北方史前图腾的一条主线，已经较为清晰地呈现出来了。经过大量的资料发掘辨析以及和图像与实物的比照研究，叶舒宪确信，熊图腾不仅远比狼图腾充分得多、悠久得多，而且它正是中华"龙图腾"的原型。2006年5月13日，在北京大学举行的比较神话学国际会议上，叶舒宪提交了题为《熊龙考：熊图腾神话源流》的论文，第一次旗帜鲜明地提出了"龙图腾"源于"熊图腾"的基本观点。

在《熊龙考：熊图腾神话源流》中，叶舒宪从"熊图腾与史前女神的对应关系"入手，对远古时代熊崇拜的现象进行了文化人类学阐释。他认为，欧亚美大陆的考古学家在石器时代造型艺术中发现的众多动物形象中，熊的地位明显与众不同，例如，它常常被远古先民视为再生、复活之神的化身。进入文明社会之后，熊女神的各种遗留形态依然清晰可见，古希腊阿尔忒弥斯女神节和中国民间舞傩仪式上的熊神崇拜都是生动的例证。从进化的历程看，熊是数百万年以来猿人狩猎活动的重要对象之一。北方地区的熊所特有的季节性活动规则，尤其是冬眠的习性，更加容易给初民造成一种能够死而复活的印象。于是

---

① 参见百度百科的"图腾"及"龙图腾"等条目。
② 张红梅：《神话学会会长叶舒宪中原解读"图腾"密码》，载《大河报》2006年8月15日。

就在史前信仰之中，熊便成为代表生死相互转化观的一个神奇标本，成为被崇拜的神秘和神圣对象，这也就使它充当了图腾观念首选的物种之一。应该说，"熊图腾"和"史前女神崇拜"都只是些常识，但惊人的学术发现，往往得益于专业常识的跨学科碰撞。叶舒宪先生在近20年以来的史前考古发现中捕捉到了这样一个重要信息：自8000年前的兴隆洼文化，到5500年前的红山文化，再到4000多年前的小河沿文化，熊神偶像似乎都是作为人形的女神形象的象征对应而出现的。他说：

> 在赤峰地区方圆二百多平方公里地区的新石器时代文化中，先后三次发现人工塑造的熊神偶像，而且几乎每次都是熊的形象与女神形象对应出现，这就明确提示出中国北方史前女神宗教与北美、西伯利亚、日本北海道和韩国的动物图腾——熊神崇拜之间的文化关联。这种联系与欧亚大陆西端的石器时代熊女神崇拜形成跨文化的呼应对照……从伏羲和黄帝等远古祖先的名号中都有"熊"字的现象来推测，中华成文历史在开篇之前就已经延续了数千年之久的女神传统与熊图腾传统，那些圣王、先祖们名号中的"熊"符号只是对那遥远的逝去的远古时代的依稀追忆而已。借助于20世纪后期主要的考古学发现材料，我们可以站在新的高度重新审视汉字书写文明开始以后有关熊图腾、熊崇拜、熊占卜、熊禁忌的种种现象，寻回那失落已久的古文化层。①

在这里，中国当代的考古学成果与西方石器时代的女神崇拜悄然相遇了。在此时，叶舒宪先生以全球化时代前沿学人的学术眼光，把中国东北地区出土的熊龙放在欧亚大陆的熊祖神话的背景下进行比较与探索，得出了这样一个惊人的论断：中华民族的"龙图腾"实源于北方民族的"熊图腾"。科学上的许多看似偶然的发现，其实大多是发现者长期孜孜不倦上下求索的必然结果。

在此之前，"熊图腾"的想法几乎和先期出土的"猪龙与熊龙"形象一样，早已是叶舒宪难以释怀的"心事"。在《"猪龙"与"熊龙"——"中国维纳斯"与龙之原型的艺术人类学通观》②一文中，叶舒宪分析了从熊图腾偶像到熊龙形象的发展演变轨迹，在新石器时代红山文化的女神信仰和后代第一神话动物"龙"之间，寻觅出一条潜隐的发生线索，揭示埋藏在熟知的"龙的传人"表象背后的"熊的传人"之真相。在随后发表的《熊与龙——熊图腾神话源流考》③一文中，叶舒宪先生继续探讨了熊图腾及其神话在早期汉族文学、史书文本和周边民族传说、习俗中所留下的或显或隐的痕迹，以及在非文字的图像世界中所遗存下来的丰富的神话动物造型传统，并着重诠释了古代文化中种种对熊的神化和神话化现象。这项非大家难以为之的艰深考据工作有一个极为明确的意图，那就是要从熊图腾文化整体上揭示其观念底蕴。

这显然是一个需要庞大学术团体才能完成的重大理论课题。令人难以置信的是，叶舒宪却以"虽千万人我往矣"的勇气，单枪匹马地闯入了浩瀚无际的文献之阵。大将出马，

---

① 叶舒宪：《狼图腾，还是熊图腾——关于中华祖先图腾的辨析与反思》，《长江大学学报》（社会科学版）2006年第4期。
② 叶舒宪：《"猪龙"与"熊龙"——"中国维纳斯"与龙之原型的艺术人类学通观》，《文艺研究》2006年4期。
③ 叶舒宪：《熊与龙——熊图腾神话源流考》，载《博览群书》2006年第10期。

必有斩获,虽如大海捞针,但他还是找到许多极为宝贵的相关材料。不过,学术勇气毕竟不能代替智慧和方法。叶舒宪先生特别重视考古实物和图像资料对于文献资料的补充证明作用,并通过文字训诂、古文献中有关熊的名物之分析、多民族民俗的参照以及考古学实物的视觉说服力,让这四重证据产生相互作用和共振效果,重新描述出一个几乎被后人遗忘已久的熊图腾神话传承的文化史线索。

所谓"第四重证据",在《熊与龙——熊图腾神话源流考》一文中,作者有这样一个相对明确的说法:"由于新出版的15卷本《中国出土玉器全集》,以及《中国汉画像石全集》《中国汉画像砖全集》等提供的丰富的图像资料,旁及石雕、骨雕、陶器、铜塑、漆器、铜镜图案等方面的新材料,足以构成强有力的第四重证据,大大弥补文献资料的匮乏。"叶舒宪认为,系统地搜集整理这方面的资料,从图像人类学的角度分析其流变过程,诠释图像所蕴含的宗教神话信念内涵,必将给古代文史研究带来方法论上的革新契机。

龙的起源与远古熊图腾有直接关系,这是叶舒宪先生从发生学意义上得出的结论。他认为,解读女神庙出土的熊与泥塑的蕴涵,寻找从熊女神崇拜到熊龙的发生线索,可揭示出在后代父权制的中原文明中失落的女神神话传统。猪龙、熊龙和鹿龙等新的假说,就是建立在出土的玉雕像实物基础上的。这意味着,过去局限在文字训诂和文本窠臼之中的龙起源问题,由于考古学视角的出现而改观,尤其是牛河梁女神庙下方的积石冢"熊龙"的出土①,直接为"熊龙"说提供了有力的实证。考虑到积石冢还出土了另外一些双熊首玉器,叶舒宪联想到了考古学家金芭塔斯的说法,双头或者成双的动物是母神再生产功能的象征。这样就使墓冢中作为葬器的玉熊与庙宇中作为神偶的泥塑熊相互照应起来,成为母神职能的不同体现。考古学家苏秉琦曾将女神庙中的女神头像指认为"红山人的女祖,也就是中华民族的共祖"。应该说苏氏的这个说法对叶舒宪多少具有一定的启发和借鉴作用,而叶舒宪的研究又反过来给苏秉琦的论断提供了强有力的理论支持。结合至今在北方流传的熊祖神话,以及上古时期楚国君王姓熊等大量事实,一个结论至此已水到渠成——"龙的传人"之中当有重要一部分为"熊的传人"。②

这个看似平常的结论,实际上关乎民族文化的源头与根本。它的重要意义在叶舒宪先生即将问世的新著《熊图腾——中华祖先神话探源》中有令人折服的论证。笔者有幸浏览过叶舒宪先生论"熊图腾"这一专著的清样,觉得"熊图腾"说虽然是一个极为深奥的学术问题,但对于一般读者而言,也有许多足以引发阅读兴趣的话题。

事实上,"图腾"本身就是一个充满神奇魅力的话题,与此相关的话题几乎无法穷尽。例如,"自从盘古开天地,三皇五帝到如今",这是大多数中国人都熟悉的一句俗语,毛泽东在《论反对日本帝国主义》一文中就曾引用过。长期以来,人们都认为这句俗语只是建立在神话传说的基础之上的虚妄之言。且不说盘古开天地纯属想象,即便夏以前的"三皇

---

① 牛河梁女神庙下方的积石冢就出土一对玉龙曾被当作"猪龙",后经考古学家仔细究辨,终确认其为"熊龙"。 因为, "这类龙的头形、吻部、眼睛形状,特别是有耳无鬣等主要特征看,非猪的特征,其短立耳、圆睛却与熊的一些特征相似。 这与女神庙中泥塑龙具熊的特征正相吻合"。 参见郭大顺:《龙出辽河源》,百花文艺出版社,2001年,第61页。
② 叶舒宪:《狼图腾,还是熊图腾——关于中华祖先图腾的辨析与反思》,载《长江大学学报》(社会科学版)2006年第6期。

"五帝"几乎也只是传说，人们并未见到足以证明其存在过的文物。以黄帝为例，长期以来，有关黄帝的传说只见于古籍记载，却基本没有可靠的考古实证。传说黄帝为中原各族共同祖先，本姓公孙，号轩辕氏，又号有熊氏。据《史记》记载，黄帝"教熊罴貔貅貙虎，以与炎帝战于阪泉之野"。这里的熊、罴、貔、貅、貙、虎等，一般以为是黄帝部族内以野兽为图腾的诸部落的名称，黄帝"号曰有熊氏"极有可能就是因为黄帝部落崇拜熊。关于这一点，牛河梁红山文化坛庙冢发现的玉雕熊龙似乎恰好为黄帝部落的熊崇拜说提供了实证。许多媒介报道过考古学家苏秉琦这样一个观点："黄帝时代的活动中心，只有红山文化的时空框架与之相应。"这为红山文化以熊龙为动物神的主神一说提供了进一步的学术支持，更重要的是，考古发现和专家的研究实际上已经为有关黄帝传说的记载和考证提供重要实证。叶舒宪的研究将与此相关的许多猜想和推论大大地向前推进了一步，例如，他成功地为黄帝时代的"熊图腾"提供了令人心悦诚服的"四重证据"。

叶舒宪先生关于"熊图腾"的思想是一个相对完备的学术体系，深入具体的了解还有待阅读作者的原著，即将由上海文艺出版社出版的《熊图腾》一书将集中呈现叶舒宪的相关研究成果。关于这部新著，除了前文所说到一些体现叶舒宪治学精神的基本品质外，还有许多体现作者学术个性的突出特点，专以该书图文互补的品相而言，与一般插画本学术著作的差异至少体现在这样几个方面：

其一，图文并茂，出自叙事说理的需要，虽然洋溢着诗画交融的艺术气息，却保持着"天然去雕饰"的学术本色。大量蕴含着远古文明气息的考古实物照片，足以让市面上流行的那些令古玩收藏家们醉心的文物画册黯然失色。精美图像恰到好处的运用，顺应了数字化生存语境下学术成果出版不再无视包装的大趋势。作为一部"类无专属"的跨学科"奇书"，作者那丝丝入扣的逻辑推演与轻快活泼的行文风格，使这本严肃的学术著作气韵充盈、丰神隽永，洋溢着文学艺术所特有的审美色彩。

其二，书中图片资料与传统文献出神入化的互证与对释达到了珠联璧合的境界，字画之间，处处浸透着作者斟酌质文的匠心和融会雅俗的智慧。尤为令人叹服的是作者对既有材料化腐朽为神奇的妙用，例如，作者对"羸""熊"古代互通的援引，又如对古人训"能"的评述，皆如点石成金，令人拍案叫绝："汉字'能'的本义是训熊，说的是能量、能力、才能等，在金文中就被写作一只熊的形状。这足以说明，熊能够随季节而循环变化。由于坚信熊具有这种自我复生能力，所以古人才视之为神力的化身，即超人能量的体现者。"书中的书法作品虽然具有醒人眼目的装饰效果，实际上却是直观说明"熊""龙"关系的佳证。

其三，充分调动"用图像说话"的雄辩潜能，让远古遗存证物揭晓"图腾"假说的谜底。一张张实物照片的恰当运用犹如一枚枚重磅炸弹，以摧枯拉朽之势粉碎了许多纯属臆想的陈词滥调。作者精选的近半个世纪以来的相关图片令人大开眼界。"商代玉器中就发现有熊头鸟身造型的坐熊，西周玉器中也有大批熊造型。从春秋战国至西汉，熊形的玉器、陶器、铜器更是呈现为多姿多彩、层出不穷的局面，商周以后出现的双熊首玉佩、熊龙、熊龙璧，以及自卷尾熊抽象到熊龙的各种神奇造型，许多都是以往的古史学者们前所未见的。"作者灵活地借用当下流行的"图像叙事"方式断言："中国境内的出土文物足以呈现出熊图腾传承的清晰历史。"

《熊图腾》虽然是一部从源头开始改写中华文化史的专著，但作者并没有把自己脚踏实地的研究成果绝对化。在探索"熊图腾与中原通古斯人假说"的《秦文化源流新探》一文中，他将自己的祖先神话探源理论谦虚地称为"假说"，认为古老的中华文明所留下的历史文化之谜，"不会因为由于有了一两种推论或假说，就限制了后人探寻的目光。随着新的考古发现的不断问世，也许终究有一天，会有更加确切的解答吧？"如此看来，对《熊图腾》的理解和阐释也不应该局限于文本。换句话说，《熊图腾》真正的意义，也许不在于它纠正了"龙图腾"源于"狼图腾"的错误，而在于它为人类探访远古文明之旅，竖立了一块划时代的全新坐标。

新发现常山下层文化新遗址调查与其玉器、篮纹陶器研究①

张多勇　王博文

"常山下层文化"是1979年中国社会科学院考古研究所泾渭工作队胡谦盈组织发掘并命名的文化遗址②，并被认为是齐家文化的源头③。多年来常山下层文化虽有研究，如王晓明以《常山下层文化研究》为题撰写硕士学位论文④，但研究进展有限。

齐家文化是因19世纪20年代受聘于当时北洋政府的瑞典地质学家安特生于1923—1924年间，在甘肃境内广河县齐家坪发现而命名，安特生于1925年出版了《甘肃考古记》，对其在甘肃的考古调查进行了报道。⑤ 1945年夏鼐先生等人通过宁定阳洼湾齐家文化墓地的发现，找到了齐家文化与仰韶文化的打破关系，认为甘肃仰韶文化的年代要比齐家文化早，并指出齐家文化的年代不会比公元前2000年早过太多，确定了齐家文化的基本年代。⑥ 在以后的考古发掘中，先后发现了甘肃武威皇娘娘台、临夏大何庄、永靖秦魏家、临夏新庄坪、广河齐家坪、临潭磨沟，青海乐都柳湾、民和喇家、互助总寨等众多遗址，其主要分布在青海省的东北部，以及甘肃武威以东至兰州地区，向南分布到了甘南地区。齐家文化在整个中华文明玉文化、青铜文化的传播中具有重要的作用。

齐家文化是公元前20世纪前后数百年间活动在我国西北地区的一种原始文化遗存，是铜石并用的原始文化。⑦ 常山下层文化属于龙山文化前期，其显著特点是橙黄色、红褐色陶器，绳纹纹饰与仰韶文化酷似，篮纹独树一帜，附加堆纹常见。齐家文化有许多器物，如篮纹单耳罐、单耳杯、双耳杯、侈口罐等与常山下层文化有关，胡谦盈提出，常山下层文化是齐家文化的重要来源。⑧ 也有学者认为齐家文化是甘肃龙山文化⑨；齐家文化是马厂文

---

① 国家社科基金项目"黄河上游宁蒙段历史上河道变迁研究"（批准号22XZS022）；教育部人文社会科学重点研究基地重大项目"西北地区山地生态系统的认知和保护史研究"（项目批准号：22JJD770053）。
② 中国社会科学院考古研究所泾渭工作队：《陇东镇原常山遗址发掘简报》，载《考古》1981年第3期。
③ 胡谦盈：《试论齐家文化的不同类型及其源流》，载《考古与文物》1980年第3期。
④ 王晓明：《常山下层文化研究》，硕士学位论文，吉林大学，2015年。
⑤ [瑞典]安特生：《甘肃考古记》，乐森璕译，《地质专报》甲种，农业部地质调查所印行，1925年。
⑥ 夏鼐：《临洮寺洼山发掘记》，见《夏鼐文集（上）》，社会科学文献出版社，2000年，第293页。
⑦ 胡谦盈：《试论齐家文化的不同类型及其源流》，载《考古与文物》1980年第3期。
⑧ 胡谦盈：《试论齐家文化的不同类型及其源流》，载《考古与文物》1980年第3期。
⑨ 夏鼐：《碳-14测定年代和中国史前考古学》，载《考古》1977年第4期。

化的继续和发展①；齐家文化是马家窑文化的继续和发展，并吸收了客省庄二期的文化因素②。因此，我们有必要在此对以上分歧重新做一讨论。

一、常山下层文化与齐家文化的关系

常山下层文化发现于甘肃省镇原县城南的茹河南岸阶地上，1979 年中国社会科学院考古研究所泾渭工作队组织发掘，发现土窑式房子 8 座，窑穴 16 座，生产工具有磨石、石斧、石锛、石刀、陶刀、石凿、镞、弹丸、石纺轮、陶纺轮、锥、骨刀柄等。发现陶器 70 多件，颜色以橙黄色、红褐色为主，纹饰以绳纹多见，篮纹次之，器皿采用泥条盘筑法制成，陶器富有特征的纹饰是篮纹，大多数器皿显得矮肥，这与齐家陶器多瘦长的特点恰恰相反，胡谦盈将该遗址命名为"常山下层文化"。③ 经 C – 14 测定，常山下层文化年代在公元前 2930 ± 180 年（树轮校正年代）。常山下层文化经济生活大概以农业为主，石斧、石刀和陶刀是当时最主要的农业生产工具，刀的特征是单孔刀，钻孔部位靠近刃部。这与客省庄第二期文化石刀相同，值得注意的是这里首次发现使用泥坯烧制的陶刀，它的出现似非偶然，也

图 1　常山下层文化篮纹高领红陶瓮

许是因当时农业发达，生产工具需求量较大的一种迹象。胡谦盈在《试论齐家文化的不同类型及其源流》一文中首次提出，常山下层文化是齐家文化的重要来源。④ 张忠培在《齐家文化研究》一文中认为，"常山下层文化的提出，促进了齐家文化渊源的研究"，宁夏隆德县上齐家、西吉县兴隆镇"是目前能推知的齐家文化的较早源头"。⑤ 郎树德提出甘肃东部地区的文化发展序列是："大地湾一期—相当于半坡类型的仰韶早期—相当于庙底沟类型的仰韶中期—相当于西王村类型的仰韶晚期（暂称作大地湾仰韶晚期遗存）—常山下层文化—齐家文化。"⑥ 肯定了常山下层文化是齐家文化的源头。

宁夏菜园林子梁遗址分属于两种年代有别、性质各异的考古学文化。其中第一、二段以带篮纹或刻画纹的单耳罐、颈部贴塑泥条的篮纹小口罐、篮纹瓿、素面单耳或双耳罐、

---

① 石涛：《黄河上游的父系氏族社会——齐家文化的社会经济形态》，载《考古》1961 年第 1 期；吴汝祚：《甘肃地区的文化的概貌及其相互关系》，载《考古》1960 年第 1 期；石兴邦：《有关马家窑文化的一些问题》，载《考古》1962 年第 6 期；青海文物管理处考古队、北京大学历史系考古专业：《青海乐都柳湾原始社会原始墓葬第一次发掘的初步收获》，载《文物》1976 年第 1 期。
② 端居：《齐家文化是马家窑文化的继续和发展》，载《考古》1976 年第 6 期。
③ 中国社会科学院考古研究所泾渭工作队：《陇东镇原常山遗址发掘简报》，载《考古》1981 年第 3 期。
④ 胡谦盈：《试论齐家文化的不同类型及其源流》，载《考古与文物》1980 年第 3 期。
⑤ 张忠培：《齐家文化研究》（下），载《考古学报》1987 年第 2 期。
⑥ 郎树德、许永杰、水涛：《试论大地湾仰韶晚期遗存》，载《文物》1983 年第 11 期。

双錾罐等器类为代表,其文化性质与以往命名的常山下层文化内涵相同,年代相当于龙山时代的前期。石沟遗址、切刀把墓地、瓦罐嘴墓地、寨子梁墓地和二岭子湾墓地,无疑和林子梁遗址一期一段、二期二段相同①;而三、四、五段以颈部带附加堆纹的鼓腹罐、绳纹罕、腹耳壶、素面豆等器类为代表,其文化内涵与宁夏隆德页河子遗址发现的所谓的"齐家文化"遗存基本一致,是一种新的文化遗存,年代相当于龙山时代晚期。也就是说,宁夏菜园除了林子梁三、四、五段属于龙山时代晚期,其余属于龙山时代前期的常山下层文化。

陈小三的《河西走廊及其邻近地区早期青铜时代遗存研究》认为陇山山麓灵台桥村、隆德县林子梁、页河子,麟游蔡家河,天水师赵村和西山坪等不是齐家文化,是晚期龙山文化,并将其分为两个类型:页河子类型和师赵村类型。师赵村类型主要分布在陇山西麓的天水、武山、礼县等地区,恰好在古代通过汧河河谷到达甘肃的通道上;而页河子类型则主要分布在陇山偏北两麓地带,包括宁夏海原、西吉,甘肃庄浪、镇原以及灵台等地,是古代沟通甘肃地区与关中地区的重要交通通道。② 陈小三将齐家文化分了三个类型:皇娘娘台类型、柳湾类型和磨沟类型。皇娘娘台类型代表性的遗址有武威皇娘娘台、临夏大何庄、永靖秦魏家、临夏新庄坪、广河齐家坪、宁定阳洼湾等;柳湾类型主要分布在青海地区的湟水流域,代表性的遗址有乐都柳湾、民和喇家、互助总寨等;磨沟类型主要分布在洮河上游地区的临潭、卓尼、岷县等地区。陈小三认为常山下层文化不会是皇娘娘台类型的直接来源,皇娘娘台类型夹砂罐主要是继承了页河子类型中的同类器物;高领罐可能是受到客省庄二期文化的影响而产生的;空三足器则应是继承了师赵村类型中的同类器物;小双耳罐应是受到东部地区的页河子类型或师赵村类型影响;从葬俗上看,是继承了马厂文化的传统。③

我们赞成陈小三的分期方法,也赞成其将齐家文化分为三个类型。这个观点搞清楚了齐家文化的渊源问题,但是回避了常山下层文化与齐家文化的关系。根据齐家文化出现有单耳罐、单耳杯、双耳杯、侈口罐等器物,可以断定齐家文化与常山下层文化存在某种直接关系或间接关系。这样就明确齐家文化渊源的一个序列:龙山文化早期(常山下层文化)—龙山晚期文化(页河子类型和师赵村类型)—齐家文化(皇娘娘台类型、柳湾类型和磨沟类型)。笔者不赞同陈小三提出的,齐家文化柳湾类型对马厂文化有明显承袭的关系和磨沟类型来源于皇娘娘台类型。为此,笔者前往青海乐都柳湾、民和喇家做了实地考察,所见柳湾和喇家均有篮纹陶器,常山下层文化的典型器物褐色篮纹高领深腹罐在柳湾、喇家均有出现,反映出柳湾、喇家的齐家文化与常山下层文化有一脉相承的关系。我们不排除齐家文化不是单一来源的说法,齐家文化毫无疑问受到客省庄二期文化和马厂文化的影响。

---

① 张忠培:《宁夏菜园——新石器时代遗址、墓葬发掘报告》,科学出版社,2003年,序第ii—iii页。

② 陈小三:《河西走廊及其邻近地区早期青铜时代遗存研究》,博士学位论文,吉林大学,2012年,第30页。

③ 陈小三:《河西走廊及其邻近地区早期青铜时代遗存研究》,博士学位论文,吉林大学,2012年,第30页。

二、新发现的常山下层文化遗址

常山下层文化提出之初,就有人质疑,陈昱、洪方的《陇东镇原常山下层遗存浅析》一文,认为"常山下层文化"之命名是错误的。① 为此,胡谦盈在《答〈陇东镇原常山下层遗存浅析〉》一文作了回答。② 王晓明以《常山下层文化研究》为题,撰写硕士学位论文,以宁夏菜园切刀把、林子梁两遗址,瓦罐嘴、寨子梁、二岭子湾、石沟、马缨子梁等墓地进行分段和归组。王晓明认为,常山下层文化是一支分布于甘肃东部和宁夏南部,以单耳罐、双耳罐、小口罐、深腹罐、双大耳罐、单大耳罐、匜、壶、瓮、盆、钵等为基本陶器组合的考古学文化,与半山文化晚期大致相当。③

常山下层文化遗址发现于镇原县城南的城关镇常山村,位于茹河河畔南岸二级台地上,面积 30 万平方米,距今约 4900 年。胡谦盈命名时就认为,常山下层文化所属地域在陇东地区和宁夏南部。今天在镇原县发现常山下层文化遗址 300 多处,类似遗址和出土物在陕北地区,宁夏固原地区,甘肃兰州地区、天水地区、定西地区、临夏地区、白银地区经常出现。2016 年 6 月 24 日,笔者在镇原县和庆阳市调查,发现镇原县及其周边的陇东各县内还有大量的常山下层文化遗址。遗址发现窑洞式居室,室内地面为白灰面,出土文物有贝壳、石镞、石弹丸和骨刀等,特别是出土标志性器物——斜行横篮纹高领深腹罐不胜枚举。这些遗址的出土物更为全面地揭示了常山下层文化的面貌,特别是陇东地区尤为密集,镇原县最多,现将调查的 10 处重点遗址做一简略报道。

1. 镇原老虎咀遗址

老虎咀遗址位于镇原县庙渠镇四合村老虎咀北 1500 米,地处背后沟和桃渠壕沟交会的三角台地上,四周沟壑纵横,梁峁起伏。地理坐标:35°57′30.2″N,107°07′14.3″E,海拔 1305 米。东临桃渠壕沟,西至上坪台,南依耿梁头,北接留洼沟,遗址中心区分布在南北方向的山梁上。遗址南北长 600 米,东西宽 300 米,面积约 18 万平方米。文化层厚 1—2 米,距地表 1.5 米,暴露有灰坑,白灰面住室,墓葬。有窑洞居

图 2 镇原县老虎咀遗址出土红陶罐

址 6 处,采集到标本有夹砂红陶高领罐、网格纹彩陶钵、篮纹红陶罐、附加堆纹红陶罐、石斧、贝壳、双孔石刀、灰陶盆等器物残片,出土器物有夹砂红陶水管,篮纹红陶盆,篮划纹单、双耳红陶罐等。农民耕地时曾出土过玉璜、玉璧、鹿角、三耳罐、陶鬲等器物。老虎咀遗址人类居址为窑洞,面积 8 平方米。同时在遗址沟底二级阶地上出土陶水管 37

---

① 陈昱、洪方:《陇东镇原常山下层遗存浅析》,载《考古》1982 年第 4 期。
② 胡谦盈:《答〈陇东镇原常山下层遗存浅析〉》,载《考古》1991 年第 3 期。
③ 王晓明:《常山下层文化研究》,硕士学位论文,吉林大学,2015 年。

节，节节相扣，每节长46—60厘米，直径12—16厘米。可见当时先民利用陶管道作为排水或引水设施，是我国史前考古的重大发现。根据采集到的篮纹陶器标本和出土器物综合分析此遗址为新石器时代典型的常山下层文化遗存。2023年被甘肃省人民政府公布为省级文物保护单位。

图3 镇原县老虎咀遗址出土红陶水管 　　图4 镇原县老虎咀遗址出土玉斧

2. 镇原大塬遗址

大塬遗址位于镇原县三岔镇大塬行政村大塬自然村东南500米，农户吴善泽门前地里。东临三庄洼沟，南依大塬沟，西至槐树庄，北靠中咀。地理坐标：36°05′04.3″N，107°10′05.7″E，海拔1429米。东西长约500米，南北宽约300米，面积约15万平方米。该遗址北高南低，呈山岜（注）地，三面邻沟，中间平坦。该遗址文化层厚1—2米，距地表1.0米左右，灰坑、墓葬、窖穴均有暴露，墓葬为土坑墓、竖穴，先后出土过泥质高领折肩红陶罐，泥质划纹单、网格纹高领彩陶瓮，篮纹双耳灰陶、红陶罐（耳均在腹部），单耳单錾红陶罐，绳纹单耳红陶杯，绳纹制陶托盘，篮划纹单耳四联罐，双耳罐，高领敞口篮纹陶瓮；石器有石斧、石刀等500多件，现存镇原县博物馆。采集到的标本有鬲足，红陶罐底、耳，石斧，陶纺轮，窝纹、网格纹红陶杯盖等器物残片。根据采集到的标本和出土器物综合分析，此遗址为新石器时代常山下层文化遗存。2011年被甘肃省人民政府公布为省级文物单位。

1993年镇原县博物馆在大塬遗址抢救性清理墓葬一处，出土遗物有：

玉瑗：现藏庆阳市博物馆，常山下层文化，玉呈圆环形，蛇纹玉，好大于肉，直径10厘米。

玉斧：现藏镇原县博物馆，常山下层文化，长10厘米，宽4厘米，呈楔形。

篮划纹单耳红陶罐：现藏镇原县博物馆，常山下层文化，高9厘米，底径5厘米。单耳，敞口，束颈，器外饰篮纹、其上饰斜刻划纹。

篮纹单耳红陶罐：现藏镇原县博物

图5 镇原县大塬遗址出土玉瑗

馆，常山下层文化，高10厘米，底径4厘米。单耳，敞口微侈，束颈，器外饰斜篮纹。

篮纹高领红陶瓮：现藏镇原县博物馆，常山下层文化，高49厘米，底径14厘米。敞口，高领，束颈，器外饰斜行篮纹。

由于地形复杂，该遗址尚未正式发掘，具体情况有待进一步发掘考证。该遗址整体保存较好，但由于长期经风雨侵蚀，水土流失较严重，三面临沟，加之洪水冲刷，村民修庄建宅、修建道路等活动，均对其有不同程度的破坏。

1998年镇原县博物馆又在三岔镇大塬村抢救性清理墓葬8座，其中M4的墓主人是一男性巨人，仰身曲肢平躺在墓穴中，年龄在45至50岁，身高达1.70米左右。身体左侧分三排堆放随葬品，计有陶器72件，玉器3件，其中泥质红陶篮纹高领瓮20件，篮纹单耳红陶罐52件。

镇原县博物馆为了展出更具吸引力，将1993年在大塬遗址墓葬清理中发现的玉环模型放置于1998年清理的M4巨人左侧（如图），造成叶舒宪先生"巨人佩玉"① 之说。

图6　镇原县大塬遗址出土玉铲

图7　镇原县大塬遗址出玉斧

图8　镇原县大塬遗址出土玉锛

图9　镇原县大塬遗址出四联罐

3. 庆城吴家岭遗址

甘肃省庆城县玄马乡吴家岭遗址在庆城县博物馆文物台账上登记的是仰韶文化遗址。1981年出土玉环1件，外径11.5厘米，好径6.5厘米。目前，在所公布的资料中，全国仰

---

① 叶舒宪：《陇东史前巨人佩玉之谜——第九次玉帛之路（关陇道）踏查手记》，载《百色学报》2016年第2期。

韶文化出土玉器不多。陕西南郑龙岗寺仰韶文化半坡类型墓地中，曾发现24件斧、铲、锛、凿、镞等形制的玉器①；河南省灵宝西坡仰韶文化中期墓，地出土的10件玉器，分为钺和环两类②；河南临汝北刘庄仰韶文化晚期遗址，发现玉璜1件③。笔者对吴家岭遗址是不是仰韶文化，产生疑问。

图10　庆城吴家岭遗址出土玉环　　　图11　庆城吴家岭遗址陶片

2016年7月3日，笔者前往吴家岭遗址考察，所见，该遗址位于庆城县玄马乡玄马村吴家岭柔远河与刘坝沟交汇处二级台地上。该遗址分布于庆华公路（庆城县—华池县）东西两侧，文化层在地面2米以下，文化层厚2—4米，有灰坑、白灰地面、红烧土地面、生活垃圾，文化层主要含有篮纹灰陶片，个别橙黄色陶钵、灰色陶器口沿、夹砂陶缸口沿、橘黄色刻划纹陶片、红褐色篮纹陶器口沿等，属于常山下层文化与仰韶文化相互叠压典型地层。据70岁的赵青海回忆，20世纪70年代农田基本建设，平田整地时在路东出土直径超过1米的大缸，在路西出土玉环很多，均是相互叠压，一摞十几个，大约有十几摞，有玉戈1件，有孔，黑色，被村支书挂在家里，后被河南籍医生朱国斗收集。据77岁的王忠信回忆，1974年修梯田，出土很多玉环，有黑色、黄色、灰色，后均遭破坏，用架子车倒入壕沟，今已无法找到。可见，路西是一个祭祀场所，用玉环当是祭天，农田基建时期可能破坏了此处祭祀遗址。地理坐标：36°8′23″N，107°54′29″E，海拔高1100米。

2016年7月6日，笔者再次来到此处复查，发现有仰韶文化与常山下层文化的叠压，所见器物标本有夹砂侈口罐口沿、泥质红陶钵残片、泥质敛口罐、夹砂瓮或缸口沿、彩陶盆（纹饰有弧边三角纹、弧线三角纹、平行弧线纹）等，属于仰韶文化遗物，红褐色泥质口沿饰篮纹的高领折肩罐、灰陶肩部饰篮纹折肩罐等。笔者在路西观察，发现剖面处有白灰面2处，白灰层厚10厘米，上覆红烧土，厚8厘米，一个白灰面在窑洞内，窑洞已被黄土填满，在地面捡到两颗球状钙结核，表面有加工痕迹，直径6厘米。

吴家岭遗址发现的颈部和口沿饰篮纹的陶器与页河子遗址极为相似。④ 发现灰陶篮纹陶

---

① 陕西省考古研究所：《龙岗寺——新玉器时代遗址发掘报告》，文物出版社，1990年。
② 马萧林、李新伟、杨海青：《灵宝西坡仰韶文化墓地出土玉器初步研究》，载《中原文物》2006年第2期。
③ 河南省文物研究所：《河南临汝北刘庄遗址发掘报告》，载《华夏考古》1990年第2期。
④ 杨朋、王辉：《宁夏隆德县页河子新石器时代遗址发掘简报》，载《考古》1990年第4期。

器与青海喇家遗址相似，并且发现有仰韶文化与常山下层文化的叠压关系，对该遗址的发掘可以很好地解决仰韶文化与常山下层文化的关系。

4. 西峰永丰遗址

位于甘肃省庆阳市西峰区什社乡永丰村北门。1981年出土三孔玉刀1件，今存庆城县博物馆。玉刀刃长42厘米，肩长40厘米，宽9.8厘米。青色泛黑，经查看为透闪石。

2016年7月9日，笔者考察了永丰村遗址。据当地老人描述在今永丰村委会附近有一墓葬群，以前地面残砖瓦片堆积很多，并有拴马桩等遗物。由于20世纪六七十年代农田基建，平整土地，削高填低，地表高处很多地方一般都削平，填入壕沟，在今永丰村村委会附近一带，地面散布大量布纹瓦片，当地居民收集有一页几乎完整的布纹瓦片。永丰村委会地理坐标为：36°00′09.8″N，107°50′10.3″E，海拔1220米。

在今永丰村西沟沿处有一清代堡子，N35°37′49.0″，E107°49′51.6″。地面散布大量明清砖瓦、瓷器残片。堡子今存南墙长50米，高7—8米，夯层厚6—10厘米，堡子南崖面处裸露一白灰面，长2米，厚15厘米。在原村部所在地，堡子北门附近捡到两件常山下层文化篮纹陶片。这里1981年曾出土一件玉刀，现藏庆城县博物馆。

堡子北有一南北向道路，可通往什社乡，由于多年人车行走、碾压，今已下切成一条宽10米，深5—8米的槽形胡同。据村民描述，此条道路为以前什社通往南部一带的唯一道路，过堡子以后沿沟沿绕行，可以通往宁县瓦斜等地方，后来公路改道，以前道路部分地段已经废弃，今可看到废弃道路地段杂草丛生，部分地方已经被水冲垮。

5. 镇原河滩洼遗址

河滩洼遗址位于镇原县三岔镇寺庄湾村寺庄湾部向南1000米的前梁地（农户何其龙承包地）。地理坐标：36°00′32.8″N，107°00′31.1″E，海拔1435米。东至郭家山，南靠寺岔，西至河滩洼，北距寺庄湾1000米，东西宽约300米，南北长约650米，面积约18.5万平方米，西高东低，东南北三面沟壑纵横。2007年何其龙平田整地时，破坏一部分遗址，暴露10多处墓葬及灰坑。出土器物有单耳红陶罐，双耳带盖红陶罐，划纹红陶罐、石斧、石铲、石刀等器物，采集标本有篮纹、划纹、堆纹红陶罐、瓮、缸等器物残片。根据出土器物和采集到的标本分析，此遗址为新石器时代常山下层文化遗存。2012年被庆阳市人民政府公布为市级文物保护单位。

图12 庆阳市西峰区什社乡永丰村出土三孔玉刀　　图13 镇原县河滩洼遗址出土陶罐

6. 镇原六十亩坪遗址

六十亩坪遗址位于镇原县庙渠镇六十坪村六十坪北60米的圆山崾岘地里。地理坐标：

35°59′13.1″N，107°06′25.1″E，海拔1385米。北依三岔镇刘塬村安岔，南依清水河，东邻六合梁沟，西邻六十亩坪，面积约20万平方米。该遗址文化层密集区分布在圆山峁耕地里，文化层厚0.6米，暴露出灰坑、窑址、住室，出土不少陶器，采集到标本有篮纹单耳红陶罐、鬲、瓮等器物残片。本次调查时发现地面随处可见单耳红陶罐、高领瓮、鼓腹罐等器物残片，还暴露5处灰坑、墓葬等，采集到大量篮纹红陶罐残片。根据采集到的标本综合分析，此遗址为新石器时代常山下层文化遗存。1990年被镇原县人民政府公布为县级文物保护单位。2012年被庆阳市人民政府公布为市级文物保护单位。

图14　镇原县六十亩坪遗址出土陶罐

图15　镇原县瓦罐梁遗址陶片

7. 镇原瓦罐梁遗址

瓦罐梁遗址位于镇原县三岔镇寺庄湾村何岔组西200米的瓦罐梁上。地理坐标：36°01′00.3″N，106°58′56.0″E，海拔1481米。当地梁峁形似瓦罐，古称瓦罐梁，东临何岔驴尾巴梁，南依铁芦山，西接四湾，北与米家川相望，东西长约500米，南北宽约400米，面积约20万平方米。该遗址东西两面临沟，中间有一长梁，耕地里陶片遍布，文化层厚1—2米，距地表1米，暴露遗迹有灰坑、窑址、墓葬，标本有红陶线纹小口瓶、折肩篮纹红陶罐、红陶缸、窝纹罐、高领瓮、灰陶罐等器物残片。根据出土器物和采集到的标本综合分析，此遗址为新石器时代常山下层文化遗存。2012年被庆阳市人民政府公布为市级文物保护单位。

图16　镇原湫子洼阳山遗址篮纹陶片

8. 镇原湫子洼阳山遗址

湫子洼阳山遗址位于镇原县中原乡原峰村湫子洼东北1000米的半山腰上（阳山）。地理坐标：35°30′39.0″N，107°04′50.0″E，海拔1382米。东临城南沟，南隔沟与条子岭相望，西邻堡子沟，北依阳山，东西宽约300米，南北长约500米，面积约15万平方米。该遗址文化层厚0.5—1米，距地表3—4米，遗址内有红、灰陶片散于地表，并发现有灰坑6处，窑址3处，灰层1处，长14厘米，厚4—5厘米，采集到标本有泥质绳纹红陶罐、泥质红陶敛口盆、泥质灰陶曲腹罐、尖底瓶、篮纹附加堆纹、窝纹红陶罐、瓮等器物残片。根据出土器物和采集到的标本综合分析，此遗址属新石器时代仰韶文化和常山下层文化遗存。2012年被庆阳市人民政府公布为市级文物保护单位。

图17　镇原何家山遗址出土陶罐

9. 镇原何家山遗址

何家山遗址位于镇原县平泉镇赤马村赤马组向北500米山台屺地上。地理坐标：35°33′15.5″N，107°09′33.2″E，海拔1426米。东至马岭沟，南连何家山岭，西依何家阴山，北靠八山沟。东西长约600米，南北长约300米，面积约18万平方米。该遗址文化层堆积厚1米，距地表1.5米。暴露灰坑、石灰面住室十几处。采集到的标本有夹砂绳纹红陶罐、泥质红陶罐、泥质单、双耳罐等残片。根据采集到标本综合分析，此遗址为新石器时代常山下层文化遗存。2012年被庆阳市人民政府公布为市级文物保护单位。

10. 镇原刘路遗址

刘路遗址位于镇原县开边镇张庄村刘路北200米的刘湾山。地理坐标：35°47′47.4″N，107°02′39.6″E，海拔1261米。东至阴洼山山沟，南至公路，西依路庄山，北靠刘家湾。东西长约400米，南北宽约450米，面积约18万平方米。该遗址文化层厚2米，距地表3米左右。遗址内遍布红陶片，在山底断崖处暴露有灰坑及白灰层。采集到可辨器型有夹砂红陶罐、尖底瓶、绳纹罐、绳纹瓮、划纹红陶残片及夹砂红陶残片等。根据采集到的标本综合分析，此遗址为新石器时代仰韶文化和常山下层文化遗存。2012年被庆阳市人民政府公布为市级文物保护单位。

图18　镇原刘路遗址篮纹陶片

新发现常山下层文化新遗址调查与其玉器、篮纹陶器研究

11. 周边类似的 3 个考古遗存

值得一提的是，已经进行考古发掘的延安芦山峁遗址、西峰南佐遗址、佳县石摞摞山遗址，这几个文化遗存与常山下层文化有一定亲缘关系。

芦山峁位于延安市芦山峁，文化年代不甚清楚，出土玉器有玉璧 2 件、玉琮 2 件、玉璇玑 1 件、玉璜 5 件、玉铲 3 件、玉瑗 3 件、玉环 2 件、玉斧 2 件、玉笄 1 件、玉镯 2 件、七孔玉刀 1 件、玉虎 1 件、玉饰 1 件、玉器残片 2 件。① 芦山峁遗址有篮纹陶器，反映了黄土高原在龙山时期篮纹陶器可能普遍存在。

南佐遗址在甘肃省庆阳市西峰区后官寨乡南佐村，在西锋区西南 7 公里，位于黄土高原最大的残塬——董志塬原面上，文化层暴露面积约 16000—20000 平方米。这里有 9 个夯土筑成的墩台，当地人称之为"九女万花台"，初次报道为"疙瘩渠"遗址。1962、1984、1986、1994、1996 年甘肃省考古队和北京大学组织过 5 次发掘。② 南佐遗址是一个大型仰韶文化晚期至向龙山文化过渡时期的遗存。发掘已清理出房基 8 座，其中大型房屋建筑 F1，东西宽约 18.8 米，南北长约 35.5 米，室内面积约 630 平方米，有两个柱洞直径 1.6 米。南佐遗址出土中国当前所发现的最西北的古栽培稻。③ 笔者在遗址剖面观察，发现南佐遗址有相当数量的篮纹陶器，同时还发现 3 件篮纹高领红陶瓮，房屋有白灰面，其实存在仰韶文化至齐家文化的过渡类型——常山下层文化遗存。

石摞摞山遗址位于陕西省佳县的一座名为石摞摞山及其附近区域，距离黄河约 15 公里，2003 年陕西省考古研究所对此遗址做了考古发掘。发现用石块包崖镶坡所筑的内外城墙、宽大的护城壕和保存较好的石砌护坡等遗迹，古城始建约在距今 4500—4600 年。出土陶器、石玉器、骨器等遗物 200 多件。④ 石摞摞山遗址出土夹砂篮纹陶器、玉环，是陕北地区的龙山文化的古城遗址，因山峁上分布有 9 个大小不等的石堆，故名石摞摞山。这 9 个石摞摞与南佐遗址的"九女万花台"极其类似，而且篮纹陶器也反映了与常山下层文化的情缘关系。

我国龙山时期出土陶瓦的遗址有延安芦山峁、神木石峁、灵台桥村、泾川、宝鸡桥镇、襄汾陶寺等 6 处地点，从分布范围来看，除陶寺遗址外其余 5 处遗址主要位于黄土高原的东、南边缘，由此可以看出黄土高原是为我国陶瓦的主要起源地。⑤

三、玉礼器文化西传的进行时与篮纹纹饰

常山下层文化是陇山东西的早期龙山文化，常山下层文化后来通过龙山晚期文化页河

---

① 姬乃军：《延安市芦山峁出土玉器有关问题探讨》，载《考古与文物》1995 年第 1 期。
② 赵建龙：《庆阳县疙瘩渠新石器时代遗址》，见中国考古学会编：《中国考古学年鉴 1986》，文物出版社，1988 年，第 231 页；阎渭清：《西峰市南佐新石器时代晚期遗址》，见中国考古学会编：《中国考古学年鉴 1987》，文物出版社，1988 年，第 272 页；赵雪野：《甘肃省西峰市南佐疙瘩渠仰韶文化大型建筑址》，见中国考古学会编：《中国考古学年鉴 1995》，文物出版社，1997 年，第 251—252 页；赵雪野：《西峰市南佐新石器时代遗址》，见中国考古学会编：《中国考古学年鉴 1997》，文物出版社，1999 年，第 233 页。
③ 张文绪、王辉：《甘肃庆阳遗址古栽培稻的研究》，载《农业考古》2000 年第 3 期。
④ 陕西省考古研究所院：《陕西佳县石摞摞山遗址龙山遗存发掘简报》，载《考古与文物》2016 年第 4 期。
⑤ 赵东：《陕西芦山峁和石峁遗址出土陶瓦的意义》，载《砖瓦》2019 年第 5 期。

子类型和师赵村类型的过渡，与客省庄二期文化、马厂文化共同影响下发展成为齐家文化的黄娘娘台、磨沟、柳湾等类型。

常山下层文化目前见得到有玉器9件，类似的文化遗存石摞摞山遗址也出土玉环1件。

大塬遗址出土有玉瑗、玉斧、玉锛、单孔玉铲、单孔玉斧、玉铲。其中，庆阳市博物馆藏4件。玉瑗：呈圆环形，青绿色，为蛇纹玉，好大于肉，外径10厘米，好径6厘米，肉2厘米。玉锛：长8.5厘米，宽3.2厘米，蛇纹玉，单面刃。单孔玉铲：长9.5厘米，宽4.2厘米，蛇纹玉，双面刃，其上有孔。镇原县博物馆藏3件。单孔玉斧：长10.1厘米，宽3.8厘米，青墨色蛇纹石，呈楔形，其上有孔，双面刃。玉斧：长10厘米，宽6.2厘米，蛇纹玉，双面刃。玉铲：长7.5厘米，宽3.5厘米，厚0.4厘米，蛇纹玉，其上有钻孔。

吴家岭遗址出土玉环和玉璜2件，均藏于庆城县博物馆。2016年7月6日，得到庆城县博物馆馆长贺兴辉的支持，笔者鉴定了吴家岭遗址出土的玉环和玉璜，均为透闪石。玉环为白色，有不规则褐色沁斑，石性较大，半透，外径11.5厘米，好径6.5厘米，肉2.5厘米；玉璜为青玉，长13.3厘米，宽3.3厘米，厚0.8厘米，全透。

永丰玉刀。刃长42厘米，肩长40厘米，宽9.8厘米。青色泛黑，为透闪石，青玉，几乎被墨色沁斑占满，与青海大通县上孙家寨出土的梯形四孔玉刀极为相似，刃部没有使用痕迹，玉质似祁连玉。

《尔雅·释器》云："肉倍好，谓之璧；好倍肉，谓之瑗；肉好若一，谓之环。"所谓"肉"，即璧的实体；所谓"好"，指璧的中孔。依照《尔雅》标准，吴家岭遗址出土的玉环、大塬遗址出土的玉环，均为"好倍肉"，当为玉瑗。事实上，璧上的肉与孔的比例从来就不太严格，一般专家学者把好较大者，称为环，好较小者称为璧。

《说文解字·玉部》释"靈"曰："巫以玉事神。"杨伯达认为，在原始社会玉被原始宗教领袖及神学贤哲——巫觋攫取用以事神。于是玉被罩上"神物"的外衣供天神以食以飨，或制之为"神器"，巫、玉、神三位一体的神秘氛围笼罩着当时的整个人群。[①] 史前玉文化实质上是"事神"的玉文化，也就是巫教玉文化。[②] 叶舒宪认为中国拥有独特的玉器时代，形成了独特的"玉教"信仰，在这一漫长历史中，"玉教"被视为凸显中国文化基因和原型编码的"国教"，"玉教"从8000年前开始，用了大约4000年时间基本上统一了中国。[③] 韩建业认为"早期中国文化圈"形成于公元前4000年左右的庙底沟时代。[④]

依照《周礼·春官·大宗伯》记载："以玉作六器，以礼天地四方。以苍璧礼天，以黄琮礼地，以青圭礼东方，以赤璋礼南方，以白琥礼西方，以玄璜礼北方。"常山下层文化属于龙山文化早期，这时已经出现玉礼器。位于河南省灵宝市阳平镇西坡村西北的仰韶文化中期最晚阶段（公元前3300年左右）的西坡遗址墓葬，在发掘揭露的22座墓葬均为长方形竖穴土坑墓中，6座墓随葬有玉器，出土玉器共计10件，其中玉斧9件、玉环1件。玉环在女性17—20岁墓主右膝盖外侧，玉为墨绿色蛇纹石，硬度4.5—5度，外径7.2厘

---

① 杨伯达：《中国史前玉文化板块论》，载《故宫博物院院刊》2005年第4期。
② 杨伯达：《巫玉之光·续集》，紫禁城出版社，2011年，自序第2页。
③ 叶舒宪：《玉教与儒道思想的神话根源——探寻中国文明发生期的"国教"》，载《民族艺术》2010年第3期。
④ 韩建业：《最早中国——多元一体早期中国的形成》，载《中原文物》2019年第5期。

米，内径 5.3 厘米。西坡墓地随葬的玉钺具有礼器的性质。①

关于玉礼器的使用，浙江余杭反山 11 座良渚文化墓葬，共出土玉璧 125 件，尤其是出土重达 6.5 公斤的玉琮王。② 反山遗址年代距今约 5000—4800 年，与常山下层文化 C-14 测定其年代是公元前 2930±180 年（树轮校正年代）③ 相当。这反映出玉礼器文化在良渚文化中产生，向常山下层文化传播。根据常山下层文化出土玉环、玉璜、玉刀、玉斧，说明玉在常山下层文化中不是作为生产工具，而是作为礼器在使用，常山下层文化已经产生了"玉教"文化体系；也正反映了中国玉文化的信仰，在公元前 2900 年左右，不仅局限于某地，已具有全国性。常山下层文化是玉礼器向西传播的初级阶段，常山下层文化尚不见玉琮、玉璧，常山下层文化反映了良渚文化对西部玉文化影响的程度，是中国玉礼器文化向西传播的进行时。经过常山下层文化，玉礼器向西传播，至齐家文化出现玉琮、玉璧，玉礼器完成了由东向西的传播过程，可以说齐家玉器的源头在常山下层文化。目前所见齐家文化玉器，除了静宁博物馆藏品"静宁七宝"外④，大部分玉器不够精细。玉器雕琢的粗化，反映出文化扩散过程的精准和变形。

篮纹纹饰是常山下层文化的标志。常山下层文化的陶器有绳纹、篮纹，篮纹陶器有橙黄色、红褐色，也有少量的灰陶。绳纹、篮纹、指甲纹、锥刺纹、刻划纹共有。篮纹陶器大多器型精美，器型较大，如橙黄色篮纹高领深腹罐，当是属于上流社会使用的器物。篮纹纹饰多见于常山下层文化和齐家文化，在全国各地也有出现，但数量较少，或者不典型。所以我们认为，常山下层文化篮纹陶器是绳纹陶器在龙山文化早期、黄土高原地区的地方变种。今天当地普遍使用植物榆树条、柳树条编制的篮子称为"筐"，作为农作物、植物果实搬运时的承载物，运土、运柴草普遍使用。特别值得一提的是，当地粮食贮备使用榆条编织的囤子，晾晒农作物也用藤条编制的筛子，黄土高原上好的编织物首选榆树枝条作为编制的藤条，因为榆树藤条风干以后，皮厚、耐磨，经久耐用。常山下层文化篮纹无疑是从这些藤条编织器物得到的启示，陶器篮纹纹饰或者是制作陶器时，运用藤条编织拍打而成，篮纹纹饰是当地藤条编织物在陶器纹饰中的反映。篮纹纹饰在常山下层文化占据优势，在齐家文化中仅存于精美器物上，齐家文化大众器物还是以绳纹的单耳罐、双耳罐为主，保留了少量篮纹罐，但都是作为精品出现，是上流社会使用的器物。秦汉之际绳纹陶器、绳纹瓦普遍使用，但篮纹纹饰不复存在，篮纹纹饰在中国陶器史上存在了 1000 年左右。所以我们认为，篮纹是常山下层文化普遍使用、齐家文化上流社会使用的器物纹饰，是黄土高原沟壑地带稀树丛林藤条编织器物在陶器纹饰上的特殊反映。河南、河北、浙江、湖南、重庆、山东等地龙山文化也有少量的篮纹陶器，但数量少，器物不典型，似乎是受到黄土高原篮纹陶器的影响，或是龙山时期文化互动交流的结果。

常山下层文化与延安芦山峁遗址、西峰南佐遗址、佳县石摞摞山遗址有一定亲缘关系。

---

① 马萧林、李新伟、杨海青：《灵宝西坡仰韶文化墓地出土玉器初步研究》，载《中原文物》2006 年第 2 期。

② 浙江省文物考古研究所反山考古队：《浙江余杭反山良诸墓地发掘简报》，载《文物》1988 年第 1 期。

③ 中国社会科学院考古研究所泾渭工作队：《陇东镇原常山遗址发掘简报》，载《考古》1981 年第 3 期。

④ 李天明：《齐家玉器遗珍——静宁七宝》，载《丝绸之路》2013 年第 11 期。

反映了陇东地区与陕北地区在龙山文化时期，具有共同的文化内涵，或者就是一个文化共同体，常山下层文化就是陕甘宁蒙毗领地区的龙山文化，后来发展成为齐家文化，向西传播。也说明历史时期地处鄂尔多斯盆地——陕北地区、陇东地区、宁夏、内蒙古鄂尔多斯市的"陕甘宁蒙毗邻地区区域共同体"[①]，在龙山文化时期就已经形成。旧石器晚期人类居住地集中在黄土高原北部边缘地带，与今天的农牧交错地带重合[②]，这一地带在新石器时代是北方农业的发生地，也是中华文明的起源地，与伏羲、黄帝、炎帝的传说来自黄土高原亦相吻合。

---

① 张多勇：《陕甘宁蒙毗邻地区区域共同体研究》，见张多勇主编：《豳风论丛.第2辑》，中国社会科学出版社，2016年，第29—49页。
② 张多勇：《鄂尔多斯盆地旧石器时代的地理环境变迁》，载《干旱区资源与环境》2011年第10期。

互文与共生：文学人类学 "三驾马车"学术写作的互文性初论

陈泉宇　巴胜超

对叶舒宪、徐新建、彭兆荣三位学者共同出场的第一印象，是2008年我第一次参加在贵阳举办的文学人类学年会，"三驾马车"齐聚，开幕论坛时，叶老师一袭绿衣（似"道袍"），拿了两本刚在《文学评论》发表的文章，给左右两边的徐老师、彭老师。虽是一个细微的动作，但给我留下了深刻的印象，学者之交，学术为大。在与学界同仁交流中，还听过一个徐老师和叶老师的故事，年轻时他们一同参加学术会议，徐老师半夜醒来，发现叶老师不见了，见洗漱间有微光，原来叶老师在洗漱间写论文。当我把这些前辈的故事，告知我的学生时，他们被老先生们的勤奋所动，甚为惊叹。我们最熟悉和最为经典的视觉记忆，是三位学者在云南西双版纳某棵大榕树下的三人合影。年轻俊朗的三个人，在大榕树的气生根前，坚定的微笑，仿佛预示着文学人类学的枝繁叶茂。借用植物界气生根的生物特性，我们从"三驾马车"一路驶来所留下的学术飨宴中取一瓢，仅从原型批评、文化文本、文化表述和格致方法几个侧面，对他们"三人行"的学术写作，进行互文性初探，不当之处，请三位先生海涵。

一、"原型批评"——从比较文学到文学人类学

在现代中国，文学人类学的兴起可以追溯到20世纪早期，这一发展是在国际上兴起的"东方学"研究浪潮以及社会文化转型的影响下形成的。例如，清末民初之际，刘师培的《原戏》（1904）和《舞法起于祀神考》（1907）、王国维的《戏曲考原》（1909）和《宋元戏曲史》（1913）等论著，已从巫术仪式的角度对舞蹈、戏曲的起源进行探究，从中可以窥见文学人类学的影子。[①]

初期，文学人类学在中国作为一种跨学科的比较文学范式开始发展。从学术史脉络看，比较文学等以比较为特色的新学科在20世纪传播到中国，对国学视野和研究范式、方法有实际的拓展作用，成为接引文学人类学的研究范式在中国人文深厚传统中新鲜问世的"引魂之幡"。[②] "随着人类学派神话学的输入，一些学者采用古典进化论人类学理论从事神话故事与上古文化研究，开启了文学人类学研究的先河。"[③] 在20世纪初期，中国文学人类学

[①] 苏永前：《20世纪前期中国文学人类学研究述要》，载《湖北民族学院学报》（哲学社会科学版）2017年第3期。

[②] 叶舒宪：《文学人类学的中国化过程与四重证据法——学术史的回顾及展望》，载《社会科学战线》2010年第6期。

[③] 苏永前：《20世纪前期中国文学人类学研究述要》，载《湖北民族学院学报》（哲学社会科学版）2017年第3期。

的研究重点主要集中于两个方面：一方面，对于传统中被称为"语怪"的神话、传说等内容，文学人类学提供了全新的解释视角。这些文本往往因其不合常规的形式和内容而被较少涉及，但文学人类学运用人类学的方法，从文化、社会等角度重新审视这些"语怪"，揭示了它们背后的文化内涵和意义。另一方面，文学人类学在探索中国传统考据学方面也发挥了重要作用。通过引入人类学的方法和理论，研究者们试图从更广阔的视角出发，审视传统考据学的方法和范式。这种创新有助于拓展传统考据学的研究领域，使其不再局限于传统的文献学方法，更加注重文化、社会和历史的因素。

20世纪80年代，随着改革开放的浪潮，文学人类学在中国获得了进一步发展。在经历了40多年的演进后，文学人类学已然成为一门独立的新学科，并成功构建了完备的理论体系和方法论系统。作为国内人文学科变革的重要推动力量，文学人类学在引领相关领域的发展方向上扮演着关键角色。改革开放以来，中国的人文学术界开始追求知识的全球化。对国际领先学科、理论和方法的重视和学习，引发了对新方法论的译介和讨论热潮。从1985年到1988年，中国民间文艺出版社推出了"外国民间文学理论著作翻译丛书"，其中翻译出版了弗雷泽、马林诺夫斯基等人的著作，对文学人类学的学科建设产生了深远影响。这一时期的翻译运动为文学人类学的理论引入和传播提供了契机。在此基础上，1987年陕西师范大学出版社推出了"20世纪国外文艺学译丛"，其中就包括叶舒宪老师编译的《神话－原型批评》和《结构主义神话学》。

三位学者中较早对文学与人类学结合可能性进行探索的是叶舒宪先生。最先尝试文学人类学研究的学者大都以原型批评为始，叶老师运用西方的"原型批评模式"来研究中国古代神话和典籍，并对其进行创造性的重新阐释，取得了显著的成就。1986年的文章《神话－原型批评的理论与实践》[①]，"首次较为系统地评述了这一批评派别的产生和发展过程，其应用中的不同倾向和分支，并试图结合中国文学批评的实际指出其特点与局限"[②]。他的研究涉及多个方面，包括中西文化的爱与美主题、中国上古史诗原型的重构、《诗经》的文化阐释等。通过方法论的革新，他在这些领域都取得了突破性的进展。

在这一时期的文学人类学理论探索中，叶老师的《神话－原型批评》一书被广泛认可为重要的开创性作品。在引言部分，他对神话－原型批评理论的源流、神话与原型概念的起源与演变、原型批评理论的体系、不同的原型批评方法以及原型批评的特点和限制等进行了精细的论述，尤其是对原型理论渊源的阐述得到了学界广泛的认可。

此外，叶老师与俞建章合著的《符号：语言与艺术》也在这一时期引起了关注。作者将原型视为人类神话思维时代的符号体系，并认为神话思维向艺术思维的转变产生了"原型"。这本书认为原型是一种连接神话与艺术、跨越不同文化的基础性概念，为研究神话、文化和艺术提供了新的视角。

随后，叶老师在《探索非理性的世界——原型批评的理论和方法》一书中进一步追溯了原型理论的根源，并对可行的操作方法进行了总结。这本书进一步深化了对原型批评的理论探讨，并对如何运用原型批评方法进行研究提供了指导。这本书强调了原型批评作为

---

① 叶舒宪：《神话－原型批评的理论与实践》（上），载《陕西师大学报》（哲学社会科学版）1986年第2期；叶舒宪：《神话－原型批评的理论与实践》（下），载《陕西师大学报》（哲学社会科学版）1986年第3期。

② 叶舒宪：《神话－原型批评在中国的传播》，载《社会科学研究》1999年第1期。

一种方法论在文学人类学研究中的重要性，为学者提供了理论和实践的指导。

综上，叶老师的学术作品为文学人类学和原型批评的理论发展提供了重要的思想和方法支持，他在阐释原型理论的渊源和应用方法方面发挥了重要作用。这些作品不仅为学术界提供了深刻的理论洞察，也为后续的研究者和学者提供了宝贵的参考资料。

将文学与仪式作为研究重点的学者，我的导师彭兆荣先生的《文学·人类学解析》①涵盖了关于原型和仪式在文学、人类学及神话方面的讨论。彭老师表达了原型批评理论在人类学和文学结合中的重要性，但也提到了对该理论的检讨。原型（archetype）被视为"原始模型"的简称，其与古风、神话、宗教仪式和原始思维等概念相关联。文章指出，原型一词最早在犹太人斐洛讨论人身上的"上帝形象"时被使用。它与古代文化、神话、宗教仪式等联系在一起，是一种集体无意识的文化积淀，与远古人类对自我存在的观照和世界认识模型有关，神话被认为是原型的存储库和意义的源泉。

在文章中，彭老师提到一种"回归原型"的趋势，这在古典文学作品中尤为明显，回归到宗教仪式、神话等范畴，寻找原型的影子。文章还提到了"酒神原型"作为神话、仪式、文学和人类学的连接点，以及希腊神话中的酒神祭祀仪式对悲剧产生的影响。仪式与神话的关系被比喻为"孪生子"，原始宗教和仪式被认为是人类文化现象的重要焦点。文章引用了弗雷泽和神话仪式学派的观点，强调仪式对神话的阐释作用。

最后，文章提到了西方现代文学中"原型性仪式"的叙述，许多作家如艾略特、劳伦斯、乔伊斯、庞德、叶芝等运用原型和仪式的概念，表达生命循环、复活等主题。叶老师、彭老师对原型批评的探索研究，在比较文学研究基础上，孕育着文学人类学的学科新趋向。

二、"多元发展"——文学人类学理论与方法的逐渐成熟

（一）学科起步

在中国文学人类学的发展历程中，1996年是关键时间节点。中国比较文学学会1996年在长春召开了第五届年会，与会学者们商议并同意成立一个二级学会，即中国文学人类学研究会。这个学会的成立标志着文学人类学在中国的地位逐渐得到认可，并且在学术界形成了一个独立的学术组织，以促进文学人类学的研究和发展。同时，在1996年，海南大学重点学科"比较文学"确定将文学人类学作为该学科的主要方向，这意味着文学人类学在高等教育领域获得了更多的关注和支持，有助于推动该学科的深入发展。1996年的中国比较文学学会成立以及海南大学"比较文学"学科的建设，标志着中国文学人类学进入了一个自觉的学科建设新阶段。这一年为文学人类学的发展提供了更加稳定和有组织的平台，也开启了三位学者持续至今的学术互动。

1996年，在《文学人类学研究的方法与实践》（下）中，叶老师对文学人类学研究的探索实践进行了详细梳理。在总结与展望时，叶老师引用了彭老师对文学人类学的评价："回眸原型的历史线索与走向决无意于训诂，徒想在两支'人学'之间求索历史的逻辑依据；神话本身就象在人文学科中凌空飞架的桥梁，从神话中寻找原型的'影子'因此成了文学人类学的指向。"②

---

① 彭兆荣：《文学·人类学解析》，载《当代文坛》1993年第4期。
② 叶舒宪、胡芸：《文学人类学研究的方法与实践》（下），载《中文自学指导》1996年第5期。

1997年11月13日至17日，中国文学人类学迈出了重要的一步，首届文学人类学学术研讨会在厦门大学人类学研究所隆重召开。这次研讨会聚集了来自海峡两岸的文化界和学术界50余名专家学者，萧兵、叶舒宪、庄孔韶、曹顺庆、彭兆荣、徐新建、易中天等学者纷纷发言，围绕文学人类学这门新兴学科的前景以及如何应对学术挑战等深刻问题展开了激烈而深入的讨论。在有关文学人类学学科定位的讨论中，"叶舒宪教授认为，学科相撞的目的在于学理的相通。任何学科都是相对的、滞后于科学研究成就的概念"，"徐新建教授以发生在贵州黔东南苗族十三年一次的'牯脏节'（砍牛仪式）的亲身观察、体验和实录为例，阐述了一种民族文化现象从本文到文本的变异过程和展演规则"①。

此次研讨会的召开不仅为中国的文学人类学研究注入了新的活力，也为学科的发展方向和范畴的界定提供了一个重要的平台。

（二）"文本"与"本文"

"三驾马车"在研究文学与人类学互动关系时提出了"两种转向"的概念，即"人类学的文学转向"和"文学的人类学转向"②。这两种转向的实质是对不同书写方式的关注，人类学关注民族志文化的书写方式的反思与创新，而文学研究则关注各种文学与文化文本的书写结果。然而，这两种转向最终都聚焦于一个共同问题，即文学人类学领域对于文本（text）的关注。

中国文学人类学研究会的首届年会将主题定为"文化文本与文学文本的关系"，并以《文化与文本》为题出版了相应的论文集。③"文本"这个概念在此背景下起到了关键的作用，它不仅横跨文学和人类学两个学科，还为这两个领域之间的交流提供了一个共同的语言和视角。因此，可以说"文本"这个概念从一开始就在文学人类学领域发挥了重要的作用，成为连接人类学和文学研究的桥梁，为两个领域之间的交流和合作创造了有力的基础。

徐老师在1997年和1998年接连发表两篇文章《寻找"本文"》④与《"本文"与"文本"之关系——人类学的研究范式问题》⑤，探讨了"本文"与"文本"的关系以及这一概念在人类学和文化研究中的重要性。他在这两篇文章中阐述了关于"本文"的理解，并将其与"文本"进行对比，强调了认识这一区别对于正确理解文化和历史的重要性。

在《寻找"本文"》中，徐老师将"本文"定义为"所指（事实、存在）"，而将"文本"定义为"能指（语言、符号）"。他举例说明了《诗经》经典化过程中民间歌谣的丰富性和生动性如何被剥离，只剩下了以符号形式呈现的文本。徐老师指出，这种转变不仅涉及时间性的原初形式，还涉及事实所在。他强调"本文"与"文本"的混淆导致对历史文化的误解和偏离，提出正确理解这两者的关系至关重要。《"本文"与"文本"之关系——人类学的研究范式问题》则进一步延伸了徐老师的思考，并结合他的田野研究案例，探索

---

① 彭兆荣：《首届中国文学人类学研讨会综述》，载《文艺研究》1998年第2期。
② 叶舒宪、彭兆荣、徐新建：《"人类学写作"的多重含义——三种"转向"与四个议题》，载《重庆文理学院学报》（社会科学版）2011年第2期。
③ 叶舒宪：《文化文本的N级编码论——从"大传统"到"小传统"的整体解读方略》，载《百色学院学报》2013年第1期。
④ 徐新建：《寻找"本文"》，载《文艺研究》1997年第1期。
⑤ 徐新建：《"本文"与"文本"之关系——人类学的研究范式问题》，载《黔东南民族师专学报》1998年第4期。

了"本文"与"文化文本"之间的关系。他以布依族社区的丧葬活动、贵州月亮山苗族的祭祖仪式以及侗族大歌等非文字文本为例,通过追寻这些非文字形式背后的文化内涵,实现了"本文"到文化文本的转化。徐老师认为,这些文化文本作为探索文化本质的途径,具有深刻的文化意义。

徐老师的观点强调了在研究文化和人类行为时,不能仅仅局限于书面文字,而应当关注非文字形式的"本文",以揭示其背后的文化价值和意义。他的创新思考表明,从民歌到口头传统,再到仪式和非文字文本,这些非文字的表达形式同样承载着丰富的文化内涵,而人类学的任务就是通过"本文"探索这些内涵,更好地理解人类的思维、行为和价值观。这种思考方式与文化人类学的主旨相契合,文化人类学旨在通过深入研究不同文化和社会背景下的人类行为与表达方式,揭示人类的多样性和共性,进而促进跨文化的交流和理解。徐老师为人类学提供了一个重要的方法论,帮助研究者更好地探索和理解"本文"与文化文本之间的关系,以及这对于我们认识和尊重不同文化的重要性。

彭老师在《文学与学文》① 一文中也对日益僵化、窄化的文学研究进行了反思,深入探讨了"文"的多维含义,以及从"文本"到"本文"的转变对于文化研究的重要性。他指出,"文"作为一种符号形式,在历史长河中一直作为文明的象征而被广泛认可。从西方进化学派人类学的角度来看,人类文明被划分为蒙昧、野蛮和文明三个不同的发展阶段,并且文字的产生和使用被视为衡量社会文明程度的重要标准。然而,在中国学界的21世纪初,文字在文明中所扮演的核心地位依然显著。

从知识考古的角度出发,彭老师在研究中国的考古资料时,借鉴了大溪口文化中的陶器刻印符号等,提出了对西方文明划分法的批评。他认为,以文字的产生作为衡量中国文明起源的标准,过于狭隘,局限了对中国文化时间长度的认知。他还从字源角度探讨"文"的含义,指出原始意义中"文"并不一定与"字"同时出现,将"文"的本义进一步归结为"文身",即用刺青形式在人体上描绘图案和文字,这与宗教风俗有着密切的关联。研究者还强调了"文"的发展与"纹"的关联,前者主要在人体上表现,而后者则在器物上刻画,这种共同的文化特征体现了人类文化的共通性。

此外,在"文"与"本文"的关系上,彭老师将"文本"从文字扩展至山歌、歌舞剧、口头传统、电影等各种表达形式。他认为文学人类学研究应致力于从"文本"回归到"本文"的基本形态,这与格尔兹的观点相呼应。这种观点也贯穿于他的"文学与仪式"研究中,将仪式视为非文字的动态实践,以理解与探索中国文化。

对"文本"概念的反思,使学者们开始重新审视口传文学与书面文学之间的关系,在《口述传统与文学叙事》中,彭老师通过对口述和书写的类似于知识考古学的整理,揭示了这两种表述形式背后的权力和历史叙事。文章探讨了历史叙事的口述形态,将其置于历史演化的背景中,还提到孔子的《论语》作为口述形式传承思想的例子。然而,随着文字的合法性确立,口述逐渐减弱,引发了对文字权力和历史叙事的反思。文章引用了叶老师对"诗歌""寺人""瞽宗"(音乐教育之师祖)之间关系的考述,论证了"在人类文化的原生形态中,书写/口述并没有类似于今天'我者/他者'的关系"②。

---

① 彭兆荣:《文学与学文》,载《百色学院学报》2010年第4期。
② 彭兆荣:《口述传统与文学叙事》,载《贵州大学学报》(社会科学版)2010年第4期。

此外，通过对现代民族国家的话语权力、文字与口述的关系以及阶级影响等方面的探讨，彭老师明确了书写文化中的权力结构和对口述历史的重要性。最后，他列举了口述和书写作为不同表达方式的特点，以及它们在文化传承和历史构建中的角色，强调了它们在文化、历史、人类学等领域中的重要性和影响。

叶老师早在几年前也对口传与书写之间关系进行过反思。叶老师发表于 2001 年的《口传文化与书写文化——"民族志诗学"与人类学的表现危机》[①] 一文，通过分析口传文学、民族志诗学以及与书写文学的关系，探讨了人文研究领域中的一系列变化和挑战，同时强调了对文学定义和研究范式的重新思考。文中指出，这一变化倾向在一定程度上打破了中心与边缘、雅文化与俗文化、作家文学与民间文学之间的划分，从而为民俗学的复兴和发展创造了机遇。

其中，"民族志诗学"的提出强调了口头传统文学的再发现，挑战和更新了传统文学文本概念。通过对口头传统的研究，民族志诗学揭示了口传和书写文学之间的区别。民族志诗学强调口传文学的动态性、适应性以及与听者的互动，与书写文学的单向传播和固定性形成对比，还强调口语文学更具应变能力，因此更能发挥文学的作用。

文中进一步探讨了口传文学与书写文学在研究方法、对象和效果等方面的不同，以及它们如何相互影响和补充。口传文学的再发现引发了对书写文化的反思，这些反思也有助于深化传统文学研究。

在对书写和文字进行深入反思的过程中，叶老师对"文本"这一概念进行了重塑，而这一重塑并不限于对书写和文字的思考，而是延伸至将"文本"扩展为"文化文本"的概念。实际上，在 20 世纪 80 年代中后期的学术尝试中，这种转变的影响已经开始显现。

叶老师在其著作《探索非理性的世界——原型批评的理论与方法》（四川人民出版社 1988 年版）中首次引入和阐述了原型批评的方法和理论，这一举措预示着他对于狭义的文字文本即"本文"进行了深入拓展。同时，他探索并构建了中国神话宇宙模式，这一构建不仅对"本文"进行了拓展和转化，还将关注点从传统文本中的意义转移到了更为广阔的文化现象和观念上。接下来，在叶老师的著作《中国神话哲学》中，对于研究资料的选择进行了进一步的扩展，既包括传统的文字文本典籍，也包括非文字资料如图像等。他以此为基础，系统构建了中国神话的体系，以更全面的方式深入阐释了中国文化中的各种现象和观念。这表明他已经从"本文"的研究方法向更广泛的"文化文本"范畴迈出了一步。

此外，从方法论的角度，早在 20 世纪 90 年代，"叶舒宪明确倡导以人类学方法作为'第三重证据'，去补充和完善近代学者提出的'二重证据法'"[②]。在 2006 年的中国文学人类学研究会第三届年会上，叶老师进一步将他的研究方法推进为"四重证据法"。他提出了四种重要的证据来源进行研究，以拓展汉语书写文本所能提供的有限信息。

在 2010 年，叶老师进一步推进他的研究，提出了"重估文化大传统"的新命题，对人类学家罗伯特·雷德菲尔德的大小传统理论进行了改造。"大小传统"概念原本出自美国人类学家罗伯特·雷德菲尔德 1956 年发表的《乡民社会与文化：一位人类学家对文明之研究》，他在研究墨西哥乡民社会时，把社会空间内部的文明划分为两个不同层次的文化传

---

① 叶舒宪：《口传文化与书写文化——"民族志诗学"与人类学的表现危机》，载《广东社会科学》2001 年第 5 期。

② 徐新建：《文学人类学：中西交流中的兼容与发展》，载《思想战线》2001 年第 4 期。

统。所谓"大传统"指代表着国家与权力的,由城镇的知识阶级所掌控的书写文化传统;"小传统"则指代表乡村的,由乡民通过口传等方式传承的文化传统。① 在改造的新概念中,大传统指那些在文字之前存在的、不依赖于文字的文化传统,包括口头传承的、非文字化的文化元素,比如口头传统、民俗、宗教仪式等;小传统指文字书写的传统,即通过文字记录下来的文化传承。

"文学人类学方面提出大、小传统的分界,直接带来传统文化观念的变革,这种变革既是深化,也是细化。"② 这一研究范式将整个文化文本作为研究对象,形成了应用于文化文本和文学文本关系的新理论框架,即"N级编码理论"。这一理论强调将历史性的动态视野应用于文学文本的生成,将不同级别的文化编码区分开来:

一级编码:由文物和图像构成的大传统编码。

二级编码:象形字汉字等小传统。

三级编码:早期用汉字书写的文本经典。

N级编码:从古代经典时代之后至今,以及未来无法穷尽的所有文本写作。

此命题与理论框架的提出使得文学人类学的研究不仅局限于特定时期和特定传统,还能更好地穿越文字和文本的限制,深入无文字的文化深远脉络。

(三) 文化表述

在"三驾马车"的互文性阐述影响下,文学人类学研究会的年会主题经历了一系列的演变,从最早的关注文化文本和文学文本的关系,到后来将焦点转移到"表述"问题上。这个演变反映了学科的发展动向和关注点的变化。2008年第四届年会关注"人类学写作",对表述方式、立场进行叩问;2010年第五届年会以"表述'中国文化':多元族群与多重视角"为主题,正式提出直面表述问题的学术要求;2017年第七届年会聚焦"重述中国:文学人类学的新话语",再次锁定"表述",以之作为文学人类学实现理论创新的突破口。③

"表述"问题虽然是三位学者共同关注的问题,但在如何表述上又各有侧重,比如徐老师提出表述问题是文学人类学的理论起点和核心,叶老师强调神话历史、四重证据法和大小传统的重估,彭老师强调"仪式和文学"的新表述。

《表述问题:文学人类学的起点和核心——为中国文学人类学研究会第五届年会而作》④ 是徐老师为中国文学人类学第五届年会所写的文章,其核心观点是:表述问题是文学人类学的核心,它关乎表达生命、存在和意义。这一观点不仅界定了表述的含义,还引发了关于文学人类学定义、研究领域和目标的再思考。徐老师认为,文学人类学围绕表述展开,强调现实和历史中的表述问题,提出"我言,我才在"的概念,强调表述不仅局限

---

① 叶舒宪、杨骊、魏宏欢:《探源中华文明 重讲中国故事——中国文学人类学研究会会长叶舒宪先生访谈》,载《四川戏剧》2015年第6期;Robert Redfield. *Peasant Society and Culture: An Anthropological Approach to Civilization*, University of Chicago Press, 1956.

② 叶舒宪:《文化文本的N级编码论——从"大传统"到"小传统"的整体解读方略》,载《百色学院学报》2013年第1期。

③ 陈海龙、王猛:《文本反思与表述建构:中国文学人类学理论演进脉络与文学实践研究之可能》,载《民族学刊》2022年第8期。

④ 徐新建:《表述问题:文学人类学的起点和核心——为中国文学人类学研究会第五届年会而作》,载《西南民族大学学报》(人文社会科学版)2011年第1期。

于文字，还包括多种文化表达方式。

此后，叶老师在2012年进行的"关于表述问题的多学科对话"中，以"写文化与表述权"①为题，指出文化的表述方式涉及复杂的哲学问题，如原住民文化是自行表述还是被他人表述，与文学叙事学和"新史学"中的历史书写权力观点有关。在人类学中，"写文化"涉及权力问题，即谁表现、谁被表现，这可能导致真实内容的模糊。例如，对于三星堆出土的文物如何表述，黄金面罩和太阳神鸟等在中原文化中的稀少性，以及黄金文化受外来文化影响的问题。研究氐羌族时，考虑氐羌族与中原文化的交融时机以及在多元文化中的地位。文化表述涉及文字、符号和叙事，口传文化与大传统的关系十分重要。同时，叶老师强调在建设新兴的文学人类学学科时，理论体系的建立要有学理依据、可传播性，并重视大小传统的重估。

在第七届文学人类学年会上的发言，叶老师也是围绕大传统展开的。叶老师的论题为"龙血玄黄——大传统新知识求解华夏文明的原型编码"，他通过考古出土的玄玉和黄玉等物证材料，解读了两千多年来《易经·坤卦》中的"龙血玄黄"神话观，展示了文学人类学的四重证据法如何解释古代难题。他以大传统的玉礼器颜色象征系统为线索，揭示了玉与龙神话的对应关系，总结出华夏文明的二元色符号模式，称之为"玄黄二元编码"。这一编码类似于一种转换生成的叙事语法，体现在黄帝、力黑、玄女等人物的命名和相关叙事中。他还依据出土的中原史前玉礼器，列举18件出土文物，验证了《尚书》等文本中有关玄圭、玄钺、玄璧的实物原型，论证了一个"玄玉时代"的存在，揭示了大传统文化的底蕴。②

同样是在第七届年会中，围绕仪式的话题，彭老师做了题为"生以身为：艺术中的身体表述"的报告，他对比了中西文化在艺术和仪式中对身体的表达，揭示了身体符号表达的深层奥秘。在绘画、雕塑、戏剧、摄影等艺术形式中，人体表达始终受到关注，而其呈现方式在不同文化间存在显著差异。在西方艺术中，裸体呈现既是正常也是正统的，而在中国文化中，裸体则通常被视为"肉身缺席、缺场"。仪式性的身体表达不仅是仪式的核心，也是社会认同和记忆的完整表述。某些艺术形式直接源自仪式，例如古希腊戏剧即源于酒神祭祀仪式。不同语境中的身体艺术表达超越了艺术本身的范畴，它需要在更大的文化和社会背景中得以理解和解释。这种对身体感受的艺术呈现追求的是一种更深刻的认知，涉及人类的认同、意义和记忆。

三、"格物致知"——文学人类学的研究范式拓展

在经历了十多年的学科建设和方法论探讨后，文学人类学学者们开始拓展和发散他们的研究视野，开启了对"物象"的"格致"之路。这意味着他们正致力于深入探究物质文化、物体、图像等在文化和人类学研究中的作用和意义。这种拓展和发散的趋势有助于更全面地理解和解释人类的文化现象。

---

① 牟延林、彭兆荣、王明珂等：《文化表述：关于表述问题的多学科对话》，载《文化遗产研究》2012年第2辑。
② 叶舒宪、徐新建：《重述中国：文学人类学的新话语——中国文学人类学研究会第七届学术年会会议综述》，载《百色学院学报》2017年第3期。

叶老师在 2010 年发表的《物的叙事：中华文明探源的四重证据法》①中，以"物的叙事"作为关键概念。传统中国学术围绕经书展开，但人类学和考古学的兴起改变了这一格局，引入了四重证据法，结合经典文献、甲骨金文和考古文物，解读文化和历史。这种方法呼应了人类学和新史学，拓展了研究视角，揭示了史前神话对中华文明的影响，四重证据法超越了传统单一文本研究，为研究中国文化提供了新工具。

此后，叶老师以中国玉文化为核心，由早期对"中国神话"的深究转变为对"神话中国"的构建，延续了文学人类学研究由"文学文本"到"文化文本"的转变。对于《四重证据法重建中国非物质文化遗产体系——以玉文化和龙文化的大传统研究为例》，彭老师评价："叶舒宪教授以玉文化和龙文化为例，提出重建中国非物质文化遗产体系的四重证据法，是近年来在方法论方面进行学科整合的重要尝试。"②文中总结道，文化文本与文字文本的不同在于，文化文本涵盖了整个社会生活，包括信仰、观念、习俗和礼仪等。对本土非物质文化遗产的认识不能仅停留在当代视角，需要深入文化文本中进行综合研究。传统方法局限在文字和民俗记录，难以理解前文字时代的大传统脉络，也难以从内部视角全面理解文化。四重证据法强调相互作用，结合实证研究和人文阐释，超越外部标签式理解，从内部理解文化并构建文化阐释。

彭老师在《格物致知：一种方法论的知识——以食物为例兼说叶舒宪的四重证据法》③中明确提出了"格物致知"的方法论，并在文章开头就简述了"格物"的要义和"物"的民族志意义。在文章的最后一节，彭老师充分肯定了叶老师倡导的四重证据法，强调其在中国学问中体现的"格物致知"精神。这一方法将传世文献、新出土文字、民间神话和考古实物融合，突破传统治学范畴，实现多维度的问学。他不仅提出理论，更付诸实践，构建了跨学科的问学方法，强调方法的融合和对学问本质的回归。

此外，彭老师还在研究中引入了"博物"这个概念，探究了博物学与人类学的共同根源，"虽然从学科范式来看，博物学与人类学在学科范畴各有研究归属，泾渭分明，但是二者属于同根的不同分支，二者的产生在历史语境、学科背景、学理依据等方面都过从甚密"④。在《此"博物"抑或彼"博物"：这是一个问题》⑤和《"词与物"：博物学的知识谱系》⑥中，彭老师梳理和分析了中国与西方"博物"的概念、模式等的不同之处，反思我国在引入这个西方概念时造成的历史性误会与认识上的困境，并引用了与叶老师、纳日碧力戈合著的《人类学关键词》中对"历史志"的阐述，探讨了西方博物学的学科划分问题。后来，在《本草》⑦一文中，彭老师以中国中医药领域的重要文化遗产"本草学"为

---

① 叶舒宪：《物的叙事：中华文明探源的四重证据法》，载《兰州大学学报》（社会科学版）2010 年第 6 期。
② 叶舒宪：《四重证据法重建中国非物质文化遗产体系——以玉文化和龙文化的大传统研究为例》，载《贵州社会科学》2012 年第 4 期。
③ 彭兆荣：《格物致知：一种方法论的知识——以食物为例兼说叶舒宪的四重证据法》，载《思想战线》2013 年第 5 期。
④ 彭兆荣：《博物学：应对"生态—生物—生命"危机的学科范式》，载《广西社会科学》2022 年第 12 期。
⑤ 彭兆荣：《此"博物"抑或彼"博物"：这是一个问题》，载《文化遗产》2009 年第 4 期。
⑥ 彭兆荣：《"词与物"：博物学的知识谱系》，载《贵州社会科学》2014 年第 6 期。
⑦ 彭兆荣：《本草》，载《民族艺术》2014 年第 1 期。

例，佐证了具有"格物致理"独特性的中式博物学，并随后在《中式博物 世界楷模——生物多样性的博物学视野》①为中式博物学的学科建构提供了框架和思路。

徐老师是一位长期从事多民族研究的学者，他深入少数民族地区，专注于研究不同民族的文学和文化关系。2011 年，徐老师主持的国家社科基金重大项目"中国多民族文学的共同发展研究"正式立项。在开题报告中，他强调要构建"整体文学观"，非就文学谈文学，将对"物象"关注角度加入了考察、深探多民族文学及其内涵。在前期有关多民族文学的研究中，叶老师的《中国文化的构成与"少数民族文学"：人类学视角的后现代观照》②、彭老师的《文学与仪式——酒神及其祭祀仪式的发生与原理》③等"把文学与人类学两大领域整合为一体，从文化表述与族群互动的角度加以审视，同时强调对口头传统与生活仪式的田野考察，扩展了多民族文学的关注视野和方法论体系"④。

徐老师在研究中考察了费城、纽约、华盛顿等地的博物馆⑤，特别是以华盛顿国立美洲印第安人博物馆为例，探讨了博物馆与人类学的民族志关联。从"族群表述"和"人类学写作"的角度，徐老师阐释了博物馆如何与人类学紧密相关，如何通过展示不同族群的文化来表述这些族群⑥。此外，徐老师在成都、平武等地也进行了详细的田野考察，从文学人类学的视角出发，对城市或村庄的地理风貌、民俗民居、少数民族案例、文旅产业状况等"物象"进行本文－文本的转换解析。⑦

四、小结

1993 年，在湖南风光如画的张家界召开的中国比较文学学会第四届学术年会暨国际学术研讨会上，"三驾马车"同道相识，文学人类学的学科建构也拉开大幕："中文学科内部的青年教师不约而同地思考着相似的问题：如何利用新兴的文化人类学的全球化知识，对原有的国别文学专业加以改造和提升，开拓研究的新路径。这便是促使我们仨能够走到一起的问题意识。"⑧

文学人类学的发展离不开三位先生学术的互文性阐述和推进，在《〈文学人类学研究〉

---

① 彭兆荣：《中式博物 世界楷模——生物多样性的博物学视野》，载《学术界》2021 年第 9 期。
② 叶舒宪：《中国文化的构成与"少数民族文学"：人类学视角的后现代观照》，载《民族文学研究》2009 年第 2 期。
③ 彭兆荣：《文学与仪式——酒神及其祭祀仪式的发生与原理》，陕西师范大学出版总社，2019 年。
④ 徐新建：《中国多民族文学研究的意义和前景——国家社科基金重大项目开题报告》，载《中外文化与文论》2013 年第 2 期。
⑤ 徐新建：《熔炉里的太阳花——美国国立美洲印第安人博物馆的特质与象征》，载《民族艺术》2016 年第 3 期。
⑥ 徐新建：《博物馆的人类学——华盛顿"国立美洲印第安人博物馆"考察报告》，载《文化遗产研究》2012 年第 2 辑。
⑦ 徐新建：《游客上山 乡民进城——平武的县景和难题》，载《百色学院学报》2017 年第 2 期；徐新建：《成都记忆：千年天府形、象、神》，载《文化遗产研究》2016 年第 7 辑。
⑧ 叶舒宪、徐新建、彭兆荣：《〈文学人类学研究〉发刊词》，载《百色学院学报》2018 年第 2 期。

发刊词》①《一己之见：中国文学人类学的四十年和一百年》②《二十年，我们一起走过》③等文章以及他们接受各类媒体的采访中，叶舒宪、彭兆荣、徐新建三位教授多次互相提到三人对学科发展的共同交流和努力，也对各自的学术历程进行了回溯。彭老师说："我们三个人几十年风风雨雨，相互支持、相互同情，合作非常默契，从1990年代开始我们就在致力做这个事情，秉承相同的愿望，建立了非常好的友谊……我们三个其实没有共同宣言，也没有刻意地谈什么，就是在几十年的交往中携手共进，取长补短，我觉得很开心。"

三位先生的"马车"学缘，山高水长，令无数后学艳羡。在笔者的成长过程中，每遇困难、沟壑，且感叹知音难寻时，均有三位先生的学术在做指引，这或许就是跨时空的学术知音吧！三位先生学术精优，著作等身，以上论述，实感粗浅和初步，仅为管中窥豹，"三驾马车"的学术互文之精要，还有待学人们深挖。

---

① 叶舒宪、徐新建、彭兆荣：《〈文学人类学研究〉发刊词》，载《百色学院学报》2018年第2期。
② 徐新建：《一己之见：中国文学人类学的四十年和一百年》，载《文学人类学研究》2018年第1辑。
③ 彭兆荣：《二十年，我们一起走过》，载《文学人类学研究》2018年第1辑。

玉成中国·人物·文化文本

——叶舒宪文化人类学理论对中国设计学的启示

熊承霞

叶舒宪先生的文化人类学的"文化文本""四重证据法（N 级编码理论）""文化大小传统"等理论，从中西方思想中广泛地融合创新、汲取酝酿到十六次玉帛之路的考证实践，指导中国文化学文学人类学的实践和研究已超出三十个年头，在其踔厉奋发、锲而不舍的耕耘之下，中国文明探源及其物像精神的追溯辐射到诸多学科。回顾叶舒宪先生三十年来对文学人类学和比较文学学科的励精更始，均是创新式求索与秉承中国传统士人精神的结果，发展至今，对于其他学科也有着重要的指导意义。尤其是对于所谓"年轻的"实则"古老的"设计学，指引了清晰的路径。设计学的"年轻"是反映其作为一级学科的建设晚于其他诸学科，2009 年艺术学门类中的设计学正式成为一级学科，2022 年设计学跨界"艺术学和综合交叉"两大学科门类，真正发挥出科学和艺术的本体认知。设计学的"古老"是因为设计的源头与人类生存活动相一致，从有人类制作的第一件工具，设计就开始参与。不仅如此，设计学还是所有学科中最具有综合驾驭、假借、隐喻、转译等能力的学科。其下，愚衔衣食住行用等司空见惯之物；其上，智接宇宙、精神和心灵空间内外的感知与信仰。因为设计的呈现和设计物培育的惯习，中华早期文明得以构建"古文化体、邦国和国家"，每次发展与提升均与其文化间的融合而获得超越。早在新石器时代先民就能将工具"斧头"转换为特殊的符号工具，从使用工具中建立起对生命世界的引导性阐释，用可见视觉与结构转译不可见的精神道德等形而上的诉求。然而，设计所承载的"道"和"器"问题，却未能拥有精准的研究理论溯源其造物历史。设计是复杂多元的，涉及国家构建、空间建筑、产品视觉传达等对象，其系统性交叉多元文本的价值，提供给国家民族、历史文化等样本性的体系。设计本体出自"物"的特质，提供诸门类学科以阐释和解读，却未能对自身物的证据功能作出理性方法建构，也未能总结描绘、阐释、引领中国设计学的理论文本，其原因是设计学紧紧统辖在西学范式之中。叶舒宪先生的三大理论恰恰是在当前言必称西方设计理论研究中的"指南针"，其中文化大小传统理论可以解决设计史和对象的溯源及设计大分类的问题；N 级编码理论可以精准对考古出土、流传存世的口传民俗、物质图像、文字文献进行多重的体类与区域的划分；文化文本理论既可以将文明持续过程中的物质对象作为文本进行研究，同时也可以重解"以器（文、技）载道"造物思想的价值，重新对待被"司空见惯"形式遮蔽的设计对象。

一、文化大小传统理论对设计学文化分期的贡献

设计对象的历史从何时开始？起源时期与目的意义等问题，均使设计学在文化分期上处在含糊不清的状态，如果将人类自身的设计历史与人类的存在作统一认同处理，那么有人类的时候便是设计的开始期。现代研究强调用证据说话，在设计研究和提取自身设计基

因的时候，文化分期取舍断代仍旧是一项难题，叶舒宪先生的文化大小传统理论是解决设计文化溯源问题的有效方法。

考古学界通用的新旧石器可以作为界定"物"的物理历史，而文化方面的分期则需要根据出土物质形态对应文本典籍记载的年代线索，才可能同时考量物质性和精神性互为关照的文化。叶舒宪教授在2010年7月第一次提出"文化大小传统理论"，"将由汉字编码的文化传统叫作小传统，把前文字时代的文化传统视为大传统"。① 这是从雷德菲尔德的社会学出发解决《论语·阳货》中"唯上知与下愚不移"的二分法。从大历史观出发，用文字出现为区隔，将文字出现前的数百万年间作为工具造物时代，而将用文字记录的数千年历史时代作为文化小传统时代。这种分类的方法，连接了旧石器和新石器时代的"物"及其符号象征物。先民事实上不可能越过石器造物时代而突然进入到"文明"期，人类的思维进程显示，先民是从模仿、感知、认同转化……完成其创造体系。那么采用文化人类学的大小传统理论作为线索就更有利于全面理解先民的"设计"，即以文字的出现为神话与造物的重要线索，精准分层解析设计四大要素中的互相转承，即考古出土（物证）、文字原型（像证）、文献典籍（文证）和传说叙事（口传证）。文字出现前为文化大传统的物质与图像时期，此时造物的观念已经启蒙并迈向成熟，为文字的创生提供直观原型，最终完成以文字为造物的会意编码，形成以文献为文本的神话记录体系。文字是先民经过长期的工具思维探索，凝聚而出的符号认知，用于表述和记录愈来愈多复杂的社会现象，传播经验和知识的一种方法。既然是"经过了长期的工具探索"，那么很显然需要对应到数百万年前的蒙昧时期，也就是在数百万年间的旧石器时代，先民通过天然野生的工具，获取综合制作的能力，完成从识别材料到制成助力生存的工具。然而仅仅依赖简陋的工具就可以顺利跨越旧石器与新石器吗？实则弱小的人类是无法抵御自然界的大难题，唯一取胜的砝码是变工具为神圣符号工具，用神圣的光环驱动人的"心灵精神"。

在历史学和考古学视域，旧石器和新石器作为术语仍旧具有不可否认的直观规范的界定作用，命名为"石器"本身就是用"物"作为证据。旧石器时代距今约300万年至约1万年，新石器时代距今5000多年至2000多年，学界普遍认定的神话时代为1000年旧石器和新石器相交的年代。艺术学对造物的起源时间一般是以旧石器的石制工具作为共识，溯源设计思想毫无疑问必须从先民的第一块手制石器开始。

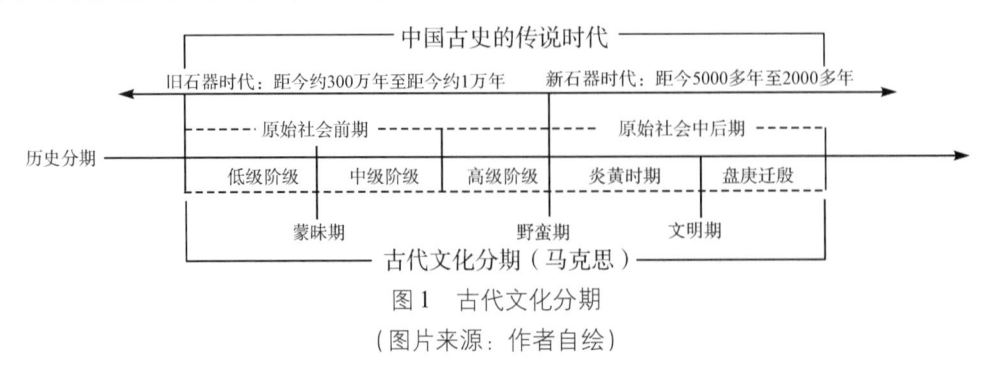

图1 古代文化分期

（图片来源：作者自绘）

摩尔根在其《古代社会》一书的第一编"各种发明和发现所体现的智力发展"中以"人类文化的几个发展阶段"为开篇，提出文化发展阶段的设想：低级蒙昧社会；中级蒙昧

---

① 叶舒宪：《中国文化的大传统与小传统》，载《党建》2010年第7期。

社会；高级蒙昧社会；低级野蛮社会；中级野蛮社会；高级野蛮社会；文明社会。① 摩尔根认为蒙昧社会的低级阶段止于鱼类食物和用火知识的获得；中级蒙昧阶段止于弓箭的发明；高级蒙昧社会终于制陶术的发明。低级野蛮社会以制陶业的流行作为界线，其他还有灌溉种植，以及土坯和石头建筑房屋；中级野蛮阶段终点定为动物饲养、冶炼术的发明；高级野蛮社会终于标音字母和使用文字来写文章。摩尔根的划分是以物质的发明作为分界，以定型化的文字记录发明技术为人类文化走向文明社会的标志。② 摩尔根的划分显然也是基于"物"的设计能力，以及"物"所形成的文化观念。由于制陶涉及火攻催生的造物智慧，意味着在高级蒙昧时期产生了神话思维。

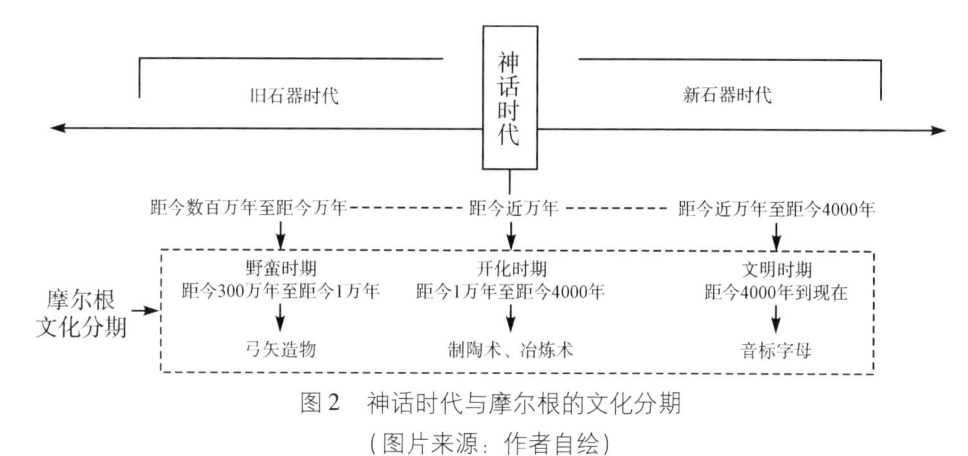

图 2 神话时代与摩尔根的文化分期
（图片来源：作者自绘）

马克思在《路易斯·亨·摩尔根〈古代社会〉一书摘要》说神话起源于人类野蛮时期的低级阶段。马克思在此书的第一编为"由于发明及发现而来的理智的发展"，人类最早的文明分为三个阶段，即蒙昧期、野蛮期、文明期。其中蒙昧期又分为：低级阶段、中级阶段、高级阶段。低级阶段以把鱼类作为食物和获得用火的本领告终；中级阶段人类从原来的居住区扩大到地球的大部分；高级阶段从弓矢发明开始到制陶术的发明而告终。③ 马克思的分类标准依旧是以物质发明作为分界，显然造物发明与文化的发展是唇齿般的关系。

如何对多元文明进行划分，在1981年第5期的《文物》上，苏秉琦和殷玮璋提议把全国考古学文化按照区、系、类型的方法划分，并且指出中国古代文化至少可以分为六个不同的区域来讨论：陕豫晋邻境地区；山东及邻省一部分地区；湖北和邻近地区；长江下游地区；以鄱阳湖、珠江三角洲为中轴的南方地区；以长城地带为重心的北方地区。④ 苏秉琦认为华夏文明犹如满天星斗多元并进，他认为上述六个地区都起到民族文化大熔炉的作用，"反映我国民族文化的多样性和文化渊源的连续性"，因此中国文明的起源是多元的非一元。⑤ 但要谈论文明，仍旧是物质组构的空间，正如实证中华文明探源工程中，良渚文化考

---

① ［美］路易斯·亨·摩尔根：《古代社会》，杨东莼、张栗原、冯汉骥译，商务印书馆，1971年，第11页。
② ［美］路易斯·亨·摩尔根：《古代社会》，杨东莼、马雍、马巨译，商务印书馆，1981年，第3—11页。
③ ［德］马克思：《摩尔根〈古代社会〉一书摘要》，人民出版社，1978年，第1页。
④ 苏秉琦、殷玮璋：《关于考古学文化的区系类型问题》，载《文物》1981年第5期。
⑤ 苏秉琦：《苏秉琦考古学论述选集》，文物出版社，1984年。

古出土的物器及其彰显神圣的物质象征系统，成功地证明中华文明体，有着与古巴比伦、古埃及、古印度同样的文明深度。

考古学家张光直也从九个方面探讨文化序列：生产工具；防御性城墙；建筑规模；财富分配；手工业分工；文字符号；金属技术；战争与制度性的暴力；祭祀法器性的美术品。① 上述分类也都涉及各种系统的造物，以造物的多义区别文化的序列。

上述可见，文化人类学者从人的历史出发，根据原始人类制造工具而出的生存智慧表现，得出了"蒙昧、前文明、文明"时期的结构。马克思在摩尔根的这一说法上进一步修正和聚焦到三种结构对应的工具细则上。考古学则从器物出土的状态对史前文化期提出旧石器和新石器两种模式，其他考古和历史学家提出"满天星斗"等形式的文化物对象。一个不容忽视的问题，便是无论从什么视角去证明人类的文明和文化，均逃不脱支撑其说法的对象，这些对象是如何被设计出来？设计的意图、目的和意义？设计提供对自然规律中秩序、均衡、对比，甚至冲突间的美学抽象观念，先民从旧石器、新石器等上古的文化大传统阶段进化到文化小传统，离不开设计造物提供的象生转译。而叶舒宪先生的文化人类学，则是区分了旧石器和新石器时代驱动造物观念的核心物，在于物像构建的文化认同体系，先民成功地从各种司空见惯的对象中，提取到石块中的"神圣美玉"，赋予玉石以器的外形和"符号"的表征内核，构建"玉（石）成中国"的早期文明体系②，这样就确保了对于设计对象源头和设计整体体系脉络的追溯。

二、现象的原型：N 级编码理论阐释和分层的设计对象

设计学交织着特殊性和复杂性、思想性和方法性。人类从模仿造物开始理解和融合自然，在提取象生造物之后，再结合人造物与自然原型物共同阐释形而上的精神层面，因此物（空间、器物、用品、工具等）的设计提供出对于哲学、审美、文明、文化的具体性的理解。然而由于"司空见惯"，人们使用各种方便快捷的日常性工具，居住各种建造难易程度不一的结构建筑，乘坐邮轮、飞机、高铁远距离探索，利用太空发射器发射人造卫星，使用手机电脑等各种的高科技产品时，有时却放弃了对本体设计存在的追问。而假如人们要探源文明程度以及持续路径问题，阐释文化现象和属性问题时，总是离不开可见的器物对象，这些被"依目的""寻意义"的设计对象，帮助人们完成从想象到实体，从实体又到抽象的认知经历，因此从设计而出的现象体可作为证据推敲、阐释复杂的问题。

设计学学科在中国属于充满活力且年轻的学科，2001 年从文学学科分出，成为国家学科目录中艺术学的门类之一，2022 年国家调整学科目录后，设计学成为为数不多的综合跨界学科。然而设计学的综合性和跨界性，使得其自身的方法与理论建构，亟待推陈出新。理论原本就是为了解决学术研究上的路径和方法，融合跨界而得出真理。设计学不仅年轻而且概念外来，关于其词语表征意义，"设计"在一开始翻译和转译其原意的时候，尊重其本体的学科内涵，在课程专业上吸收它的结构和模式。但由于"设计"一词本体的综合性，明指各种由人通过计划完成的一些有意味的对象，内底却交融着心灵审美和精神感知，因此"设计"凝聚了人有计划、有目的的想法，以及通过想法建构和实施其解决问题的能力。

---

① 张光直：《论"中国文明的起源"》，载《文物》2004 年第 1 期。
② 熊承霞：《从"玉成中国"走向"玉承中国"的造物路径》，载《百色学院学报》2023 年第 1 期。

"设计"学科发展至今,学科属性不同,既需要如人文美学的文化融合,也需要工程机械结构的科学支撑。从文化和工程视角出发,文化隐喻的历史,存在文化分期的追溯。其发展至今未能形成本体的研究理论,原因在于对设计对象分层分类的不清晰,N 级编码理论相当于大设计观的分类,即从物的设计发展到观念和意识的文本、行为的联系性创作编码分类。叶舒宪先生说:"用历时性的动态视野去看文化文本的生成,将文物和图像构成的大传统文化文本编码,算作一级编码,将文字小传统的萌生算作二级编码的出现,用文字书写成文本的早期经典则被确认为三级编码。经典时代以后的所有写作,无非都是再再编码,多不胜数,统称 N 级编码。"① 叶舒宪认为把一万年前的造物像视作为文化文本的原语言和原编码,此时的造物主要是工具物,与工具物的共时性存在是图像和纹饰,早期的岩画崖画以及其后附着在物器上的图像,都是原编码。要注意的"附着在物器上的图像"的文化分期问题,对此叶舒宪在文化大小传统理论中已经进行了明确的区分,文字出现前的图像和纹饰可视为前文本原编码,而文字出现后,一些观念和意识便被文字所取代,原编码(万年前)中的图像主要是用于指意和记事,这个时期造工具物的习惯与图像录事共聚为媒介互文,发展出文明体的文化基因,诸多人类学家均意识到这个问题。

叶舒宪先生的 N 级编码理论和四重证据法是对王国维二重证据法的补充和现代重塑,运用在物质和精神设计上能够反映中国设计学对象的基本格局和演变规律,具有揭开设计作为其他学科阐释原型的基础以及设计间相互继承和持续的逻辑。叶舒宪先生的文化文本的 N 级编码论是把一万年以来的文化文本归纳成符号编码,将先于文字和外于文字记录的传统称为大传统,将文字书写传统称为小传统,大小传统是制约与被制约的关系。可见,N级编码理论是用结构与层次说理的,假如上下五千年的中华文明演进过程中,先民各种的生产作为文化现象的话,那么 N 级编码就是解开和分类文明演进物的公式。这个公式包括物的编码层级和物的编码间性,物的编码层级是物像呈现的各种状态,由于原型基因的作用,原编码提供了编码的次生和再生体,且每个编码体之间有着一定的重叠,这就是间性。依据文化大小传统的分期,N 级编码理论和四重证据法,在设计学中精准细分了设计物的系统对象,物的编码与间性如下。第一层可视为原编码,由工具式造物、崖画岩画等原编码形成原文本;第一层与第二层间存在文本间性,也就是在具象物和图像生成中出现的模糊观念和意识的文本间性。第二层编码是图像类:包括体系化的文字符号、美化的工具和图像等编码;在第二层和第三层间的文本间性是萌芽状态的精神符号,形成用玉石或青铜等象征物表征事象的传统。第三层编码属于现代人熟悉的文字构成的编码,包括用文字进行的叙事,诸如《诗经》《山海经》《淮南子》等,均可视为成熟的文本体系;在第三层和其后的文本中生发出各种新的文本间性,包括文本创作、文学创作的原型意识、艺术设计的创新创意等 N 层编码。

上述分层解决作为设计证据的 N 级编码理论的逻辑层次,能够有效地理解先民在物的基础上发展出以物赋形态、传递美学和精神的逻辑。先民对复杂多变的自然生态进行总结、提取、再生为各种体系的知识内容,本着对知识的记录和传播,为了记录的标准统一,传播过程的有据可查,方便,先民从物像中总结归纳出"惊天地、泣鬼神"的系统化文字符

---

① 叶舒宪:《文化文本的 N 级编码——从"大传统"到"小传统"的整体解读方略》,载《百色学院学报》2013 年第 1 期。

号，文字推进了标准体系和观念的传播，也在某种意义上因为规范而不再肆意发展。新石器时代人们的思维得到形象和符号的启蒙，能够表述精神等形而上的抽象思维。这些旧石器时代制作工具的经验，涉及"设计学"学科中的材料选型、结构摸索、技术构成，从最初的"野生"状态，走向技术复合、形态成组，实际上完成了设计学的系统思维。到了新石器时代，先民已经具有足够强的综合概括、抽象提取重组的能力，进入到强烈地利用物质对象表述话语的阶段。一些常见的工具被升华和放大，上升为权利身份、心灵意志、宗教信仰的符号，发展出公共性的宗教空间，特殊指义的象征物，彰显话语权。现代设计学追溯的方式主要是按照文字记录的方法，将有文字记录的时代作为原始设计意象的表达期，这就显然忽视了设计的源头动力。

设计的历史对象除了从旧石器石器工具开启的造物，贯穿人类生存必需品的功能造物智慧，还包括象征、制度、道德、美学等形而上的造物观念，中国古代先民在表述这一类抽象概念时是用"神话文本"的方法进行观念意识的统一，这样就出现了为这些造物而献身的众多祖先神的神话建构，重要证据涉及四大要素：考古出土（物证）、文字原型（像证）、文献典籍（文证）、传说叙事（口传证）。因此叶舒宪先生的N级编码理论和四重证据法放置在设计学的维度，便可以精准释放上下五千年各级文化编码的"前世"，从而有效地在"今生"植入现代性的审美法则，用新的创意引领现代新生活方式。

一个值得重视的问题是，当物品从设计而出，其当时的生产条件决定产品的形态语义，如果今天仅仅视作为工具，那么现代社会在制作类似工具的时候，为什么冠以"产品设计"？更何况先民同样能够制造出大型的舟车工具，现代社会舟车所牵涉的学科除了设计学，还有工程技术。那么古代社会是否就不存在机械设计？以车为例，《考工记》回应了这个问题，"一车聚六工"，说明舟车已经获得了系统学的地位。继续以舟车为例，两者之间的结构形态、技术范式是有传承性的，"刳木为舟、剡木为楫"，舟船从木而出。考古学出土的独木舟显示，圆木被挖空后形成中空腔体，借助水流动力向前驱动，腔体和动力提供造车和道的模仿。当舟车水陆并进完成远距离获取资源了解环境后，舟车之利提供了新的问题，也即社会文化交流的问题，因此舟车逐渐走向对社会制度的解读，成为社会文化的表征符号。那么，在这个时候，舟车设计也就升华到社会制度的设计编码，替代人们用熟悉的物品表述抽象的概念。这也就揭示出设计是在不断转译和交融中更替，提供了诸多对形而上精神思维和制度对象的编码阐释。那么，工具及其物和像就正是文本的原编码，工具及其物和像的抽象提取创生为符号就是二级编码，上述两种编码的再创意能够生成的就是N级编码，这正是中华文明循环往复的内在秩序。

三、文化文本理论揭开设计学及其"物像"所书写的文明

2021年叶舒宪先生全面阐释文化文本的意义构建[①]，具有文化功能的对象均可视作文本。事实上，对历史流传而至的各种各类设计文化对象的特征探索，找出表现在记录性、传播性、系统性上的设计学特质，其起源、形成、发展的整体过程均通过物本体和物转译的思维体相互合力构成，任何片面论断，都是机械地、教条式地"言必称西方"的思路。

---

① 叶舒宪：《什么是"文化文本"？——中国文化理论建构的文学人类学视角》，载《中外文化与文论》2021年第4期。

在研究设计对象的方法时,可将文化文本释放在对象物本体,也就是不同文化期的物,同样都视为一种文化文本。因此文化文本理论之于设计学是中国设计学思想发展史上的一场革命。正如李立新强调的"我们不必对西方的做法亦步亦趋,言必称西方,只要中国艺术学能准确描绘、阐述、预测和指导中国艺术,那么,中国艺术学无论是对于中国还是对于世界都有着实际的意义,就有存在的价值和必要"①。既然有价值,就亟待用适当的方法和理论进行阐释。

作为"文化文本"的物在使用和传播的过程中,与环境和使用人发生着各种联系,也会生成为跨媒介的互文性文本。互文理论来源于茱莉娅·克利斯蒂娃(Julia Christeva)的"文本间性",她从各种不同文本中找到文本源流的叙事逻辑,认为一个文本中有另一个文本的"影子"。通过阐释先前或同时代的写作方式,作者生活在历史之中,而社会被书写在文本之中,构成一种"复量科学"。②当放大或阐释互文,文本的源头与其最初的本体原型有关系,诸如民族习惯、风土环境、文化传说、宗教信仰都有着关联,互文的功能提供了原型变迁演绎的形象式思维。事实上,人的思维也是一种工具的继承性互文。一个概念或思维的产生首先依赖另一端的实物,对实物的命名从衍生时就体现抽象思维,词语结构继承了实物的性质和意义。尽管克利斯蒂娃的互文文本没有脱离文本的本体,但是却提供了一种透过不同媒介层看待文本传递中生成的间性特征。

在中国古代造物的设计进程中,缺一不可的是其从物质对象中生发的间性思维。蕴含继承性和转译性的特质,如从石器工具发展到玉石器象征工具,从玉石器物发展出尚玉、近玉、类玉的美学直觉,完成从玉到瓷的野生和再生的造物系统,成就"玉成中国"。③又从玉石器物中实现,用器物表征符号物,构成石斧等工具器物的象征转译习惯,并使之统一文本后跨媒介地扩散。《周礼》用六玉作为文化文本,彰显其符号系统,《周礼·春官·大宗伯》载:"以玉作六器,以礼天地四方,以苍璧礼天,以黄琮礼地,以青圭礼东方,以赤璋礼南方,以白琥礼西方,以玄璜礼北方。"一种从石头中提选出来的"美玉"制成六种不同的形状,赋予其文本之名,便可以实施文本的律令。因此中国古代造物作为文化文本是可以立得住的,首先造物逻辑是从自然生态原型中生发,凝聚先民仿生造物的意识,自然物的意识,一是物的外在形态形象,二是"物"本体顺应自然的逻辑,及其肌理特质。由于人也和自然原型同样,不仅有外在的形象同时也有内在的灵魂意识,因此人类在仿生造物的时候,是同时或先后考量功能与艺术美学的,功能用于物品的生存适用性,艺术美学用于与人的灵魂之美相汇合。这样一来,记录人类认识自然、改变自身环境、求解心灵的人类的造物成果就成为人类造物活动经过历史流传下来的意象的实体文本,这类综合了功能与审美,凝聚一般和特殊的艺术造物,具有文化原型的特质,也因此可称为文化文本。同时,必须理解文化的内涵与外延,在中国古代便是作为综合性知识文本记录和阐释家国天下的,因此大一统历史观作为机制和功能能够传承。

由于现代社会研究的中国古代的造物对象,均是用于某种特殊性身份或空间对象,均

---

① 李立新:《中国艺术学八十五年历程》,见《艺术学研究》(第 1 卷),南京大学出版社,2007 年,第 447 页。
② [法]朱莉娅·克利斯蒂娃:《符号学:符义分析探索集》,史忠义等译,复旦大学出版社,2015 年,第 129 页。
③ 熊承霞:《从玉石到瓷器的造物路径》,载《中原文化研究》2022 年第 10 期。

是通过日常化生活"排除法"而留存在隐蔽的陵墓空间，为了实现某些更为特殊的再生功能而获得了传世的机遇，这些考古而出的对象也就堪当文化文本价值。因此叶舒宪先生的文化文本理论对于研究出土文物的价值，是提供了一种文化样本的视角，这使得出土物除了能够在博物馆进行展示外，更可以通过剖析其文化原型性，梳理其样本的特质而有效推进在现当代的创造性转化活动之中。对于设计学研究的价值，则是理解设计物被功能掩盖的本体媒介作用，作为文本能够获得超越功能，综合物像以及物像隐喻的体系意义。

"造物"本就是一个类设计的核心词。所谓造物，指人工性的物态化劳动产品，是使用一定的材料，为一定的使用目的而制成物体和物品。它是人类为生存和生活需要而进行的物质生产活动。人类通过造物活动创造了一个属于人的物质化的知识体系。它作为最基本的文化现象而存在，与人类文化的生成与发展同步，是文化生成过程的确证。造物文化作为基础和母体，决定了中国艺术史知识体系的基本结构和内在本质。① 原始先民在创造任何一件"物"的时候，也经历和现代设计同样的步骤。首先是材料选型，对周围的土木石骨等方便获取的材料进行有目的的预选；其次确立工艺，根据已知的进行有计划的改良推敲，获得形态结构的完美程度；最后依据好用的形式法则，通过广泛的了解已知的自然规律进行提取组合后生成新的物。这里的规则是"目的定位、预测技术、可行性分析、经验性想象"，最后成器载道。所谓"备物致用，立成器以为天下利"是中国古代设计文化的基准文本。李砚祖教授指出：所谓"形"，就是"符号"，就是彩陶、青铜器的纹样。这样一来，"道"与"器"的二元关系便拓展为"形—形上—形下""符号—观念—器物"的三元关系中。也就是说，以器物方式呈现的符号，被看做连接观念世界与现实世界的桥梁。这对探讨上古文明的综合特征是有重大启发意义的。②

人类的造物活动可以视为一种文化的记录，与现代社会掌握一种现代技术后便是传播的法则同样。先民每件在方法、技术、美学上的成就同样催生对于文化文本的记录和表述。由于中国古代传授知识的方式与现代大众普及式教育不同，多为师徒相传，这就使得诸多文本并非实际的文字性文本，而也有可能是由口传、实物、图像的方式而传播，这虽然妨碍了技术文本的表述，但是却并不影响工、技、艺的传播，因此古代设计类文本不是主要的知识文本，而是知识体系的补充，一两本足以传播千载。成书于西周的《考工记》便是对工匠技术传播的标准文本。司马迁在《货殖列传》中记录："农不出则乏其食，工不出则乏其事，商不出则三宝绝，虞不出则财匮少。"③ 古代的工可以视为现代意义的设计，但包括从意图、选材、施技、到制作恒心、美学和精神等整个系统。在《考工记》中也可以看出古代文本记录方式的特别。正因为如此，在对待古代文本对象的时候，需要将古代物的体系、口传的技术体系、图像体系和文字记录的对象均视同为文本。叶舒宪的文化文本理论，便是出于全面考察中国古代物与文化的关联，以及受到物的辐射、转译的文化思维等，均视作文化文本，这样不仅能够全面掌握中华文明体的统一系统，而且将非文本的物囊括在文本体系确认为综合性文本后，有利于现当代设计追溯文化文本的原编码，重视对流传下来文化文本的利用、借鉴和分析。

---

① 李砚祖：《造物之美——产品设计的艺术与文化》，中国人民大学出版社，2000年，第21页。
② 李砚祖：《"开物成务"：〈周易〉的设计思想初探》，载《南京艺术学院学报》（美术与设计版）2008年第5期。
③ 〔汉〕司马迁：《史记》，中华书局，1985年，第3255页。

四、总结

设计文本的定位逻辑是物与物间的持续、继承和转化，由天然物向人造物的发展，生发同类性的创造物，如从木头之器发展出榫卯、榫卯再发展出建筑大木作的斗拱和家具的小木作。同时木头还与石土相结合，完成复杂化的造物设计，这里的木技制作成的最原始的工具，便是后世以木为主创造的文化文本。可以看出物与物间类型上通用着继承和衍生法则，一种物对于另一种物的仿态，生成新的精神之物。先民以器载道、以技载道、以文（纹）载道的前提是将器和物作为一种阐释社会道德、时空秩序的可视化参照物，器和物作为样本既满足功用，又在使用过程中培养了抽象的认知。另外物与物间在美学上也有共生和催化法则，由一种物的肌理发展出共享的美学特质，人们总是通过具身性认识自然物和人造物，身体提供审美的样本供造物中模拟美和创造美。因此，一些与人的心灵，与身体原型相关的物成为美的对象。石头中的玉石便是最早被先民发现和固定下来的文化文本，叶舒宪先生提出的"玉成中国"正是对中华文化发展中不同于西方体系的唯一独特性进行的综合认定。

现代设计学追溯的方式主要是按照文字记录的方法，将有文字记录的时代作为原始设计意象的表达期，而无文字的阶段则无法界定清楚。从生活本体的角度，人获得生存首先是通过将需求进行实现，实现过程涉及低等级的模仿——对自然原型的仿生；中等级的创意——好用的设计、好看的设计；高等级的设计属于创新——在设计对象中使之蕴含文化，对精神、美学、时代面貌等目的性内容的创新。高等级的创新一方面满足了人的本体意义，另一方面也是文化基因的承载。康德在《道德形而上学基础》表述"人是目的，而不是手段"。康德认为每个个体都存在本体的、无条件的、先验的、绝对的、不变的道德性法，因此人基于目的就是不断满足先验的存在，这迫使人们追求创新。设计是实现创新的唯一表现，因此设计是文化呈现的路径，"文化的样貌可以通过设计看到或者能够通过设计得到解释"[①]。受生存环境的催化形成了不同民族的设计创新，或者说文化创新，此文化创新便是实现和完成了康德表述的人的目的，目的推动民族体获得文化基因的关照，民族的设计文化都具有类似生物基因的特质，中华文明作为唯一持续的文明体，内在机制就是用设计创新改变了生存环境，实现了人的目的。

另外叶舒宪先生提出的"玉成中国"是中国文化的底色和文明的可见视觉，是人类文明的一个有机的组成部分。玉石与文明、玉石的品性、玉石勘踏连绵不断、文化信仰与精神中心、文化大小传统与四重证据法等均属中华文明研究的探源之列。长江和黄河流域，尤其是长江中下游流域与黄河中上游流域分属中华文明的两大重点地区，考古学家梳理物质的文化谱系，仅揭示该区域文明起源与文明形成的路径，探索国家的形成与发展，区分国家的类别与实质。而成就中华文明命脉的除了物质对象外，还要搞清楚其中隐喻的精神信仰以及由此推动的文明持续的动力机制，那么也就需要针对性的理论和方法。西学东渐以来，压垮了遭遇近代科技文明挫折的中华上下五千年文明体，失落便要加强创新，精准找到适当的研究方法成为各门学科的要务，但任何一门研究理论与方法的得到都需要经历反复验证与循环实践的双重推敲，同时理论与方法的价值不仅是对于本学科的用处，更需

[①] 李砚祖：《设计的文化与历史责任——李砚祖谈"设计与文化"》，载《设计》2020年第2期。

要有成为"他山之石"的功效。叶舒宪先生长达40多年的研究探索中，其用三个阶段竭尽全力倡导和革新中国文化人类学的研究。第一阶段是博采他山之石攻中华文化之玉的阶段，深入全球著名学府取经，并反身回溯本土研究对象，此一阶段重要的著作是完成《中国神话哲学》。第二阶段是提出本体文化人类学的理论与方法，用文化大小传统理论解决文化分期的问题，扩充补足二重证据法为四重证据法，用N级编码理论纠偏有关文化研究中依赖书斋式的传统，通过串联文化原型而走出书斋，先后进行16次玉石之路的踏查。第三阶段是聚焦文化创意等迫在眉睫的问题，用新的视角和观点用传统之"规"紧接现代之"矩"。上述阶段实际上并无严格的分界线，多数仍旧在交叉与重叠。我在叶舒宪老师深厚的学术高度里，不过是一个刚抬腿准备拾级而上的初学者，在我博士学位的论文的撰写中，很快就发现设计学理论与方法上的薄弱，在忐忑犹疑地借用叶舒宪先生文化大小传统理论、四重证据法，竟然发现诸多问题迎刃而解，也就是说叶舒宪先生为文学人类学开创的理论与方法，也具有解决设计学在研究中的困境。设计学的背景和特质与任何一门学科皆不同，如果说形而上的学科顶尖是哲学，那么形而下的基础学科是设计学，没有任何人能够拒绝有关生存世界的各类设计，而人们更无法回避现象学的本质依赖设计自然原型以及设计再生产的形态。事实上，人类从远古而来，依靠一把石斧头谋生的时候，也学会了把斧头演变为身份权力和信仰的象征物。同样的道理，石头中的美玉不仅被用来制作象征工具，也用来表述抽象的君子、代表天子的信物，以及其他一些有关人的意义。

当下开展"玉成中国"的探讨对中华文明之于人类文明史的贡献，及对中华文明的形成、继承、更新的长效作用，仍然是文化学和设计学研究的重要问题。值著名文化学家叶舒宪先生七十华诞之际，中国学界应当学习他治学与做人的精神，为推进中国本土理论方法的发展做出应有的贡献。

四重证据法与跨文化阐释

陈 敏

着眼于重建中国文明起源论和中国文化整体解释①，在理论上和总体上阐明中国文化、华夏文明与中国文学的内在关联性②，叶舒宪在比较神话学与文学人类学研究领域中积极进行理论创新与开拓。从对《庄子》《山海经》《诗经》等中国文化典籍的人类学阐释，到对中国神话观念编码规则的跨学科探寻③，叶舒宪将理论方法与田野调查互动结合，致力于创建中国版的文化理论体系："在知识全球化与本土文化自觉的学术大背景下，中国文学人类学……尝试建构以文化文本及其符号编码原理为核心，以文史哲和宗教不分的'神话历史'为认识目标，以四重证据法为方法论的一个理论体系"。④四重证据法作为这门新兴交叉学科——"文学人类学界所作的跨学科研究范式革新的方法论探索"⑤，是当代人文学研究理论的创新性成果。本文探讨四重证据法的跨文化阐释范式特点，论述该方法论对于"再释中国"的重要理论价值和现实应用性。

一、四重证据法

国学研究传统以文献知识为主，以文字训诂考据为法，被视为第一重证据法。⑥1925年，王国维最早提出了纸质材料与地下考古文献互相印证的二重证据法。⑦20世纪，西方人类学开始发展并进入中国学界，上半叶时，"对民国时期的民俗学、民族学、社会学、文学、史学都产生了极大影响，促成民国学人把二重证据法推向人类学跨文化阐释的路径"⑧；下半叶时，弗雷泽、泰勒等人的文化人类学思想对文学人类学三重证据法的诞生产生了决定性的影响。⑨

三重证据法分为两种类型：古史考证和文学阐释。前者以顾颉刚、饶宗颐等为代表，后者以闻一多、茅盾等为早期代表，叶舒宪则是文学阐释成熟期的代表。1994年，叶舒宪

---

① 叶舒宪：《物证优先：四重证据法与"玉成中国三部曲"》，载《国际比较文学》（中英文）2020年第3期。
② 叶舒宪：《物证优先：四重证据法与"玉成中国三部曲"》，载《国际比较文学》（中英文）2020年第3期。
③ 户晓辉：《玉教的理想类型及其合理化问题——对叶舒宪〈玉石神话信仰与华夏精神〉的韦伯式解读》，载《广西民族大学学报》（哲学社会科学版）2020年第42卷第6期。
④ 叶舒宪：《文学人类学的理论与方法》，载《上海交通大学学报》（哲学社会科学版）2019年第1期。
⑤ 杨骊、叶舒宪编著：《四重证据法研究》，复旦大学出版社，2019年，第4页。
⑥ 杨骊、叶舒宪编著：《四重证据法研究》，复旦大学出版社，2019年，第3—5页。
⑦ 杨骊、叶舒宪编著：《四重证据法研究》，复旦大学出版社，2019年，第3页。
⑧ 杨骊、叶舒宪编著：《四重证据法研究》，复旦大学出版社，2019年，第14页。
⑨ 杨骊、叶舒宪编著：《四重证据法研究》，复旦大学出版社，2019年，第14页。

在《诗经的文化阐释——中国诗歌的发生研究》一书中特别提出三重证据法的研究方法，即"在纸上的文献材料和地下挖掘出的考古材料以外，利用跨文化的民族学和民俗学材料作为旁证，阐释本土的文学和文化现象的研究方法"①，叶舒宪"从证据构成到证明原则都进行了较系统的建构，由此提升到文学人类学方法论的高度"②。可以看到，该方法蕴含着复杂的跨文化比较和跨文化阐释的方法论，并主要应用于针对本土文学文化的阐释。

2005 年，叶舒宪进一步提出将三重证据法拓展为四重证据法，"从民间的口传文化，拓展到先于文字而存在的史前文化的更深邃和广袤的领域"③，在中国近万年文化延续背景中研究中国与中国文学，这是在前文字与口传文化的大传统④中重新审视文字书写的小传统的理论思想和研究范式。2006 年，叶舒宪在《鲧禹启化熊的神话通释——四重证据的立体释古方法》一文中系统阐释了四重证据法：一重证据指传世文献。……二重证据指地下出土的文字材料……三重证据指民俗学、民族学所提供的相关参照材料，包括口传的神话传说，活态的民俗礼仪、祭祀象征等。四重证据则专指考古发掘的或者传世的远古实物及图像。⑤

四重证据法将材料实证与理论阐释相结合，"利用实证与阐释之间的张力达到立体释古，进而弥合人文与科学之间的分裂"⑥"立足于证据间互补原则，使四重证据形成一个立体阐释'场'，才能更真实地逼近和呈现符号背后的'所指'，重构失落的文化记忆"⑦。

二、"四重证据法"的跨文化阐释范式

跨文化阐释学（Intercultural Hermeneutics）作为一个独立概念提出源于宗教学界。⑧ 跨文化研究结合西方语言学、心理学、人类学、文化学以及文学方面的阐释概念，认识论、本体论、解构论等多层面的阐释路径，逐渐形成了一个新兴学问⑨，其研究范围广泛，涉及哲学、历史、文学、宗教学、译介学等众多学科。"跨文化阐释"作为一种中国现代文学批评的研究方法，也被定义为比较文学的中国范式。它发轫于王国维所提出的"取外来之观念与固有之材料互相参证"的文艺批评方法，后经 20 世纪 70 年代港台学者推进比较文学中国学派的"阐发研究"，逐渐被国内外学者完善而形成。⑩ 李庆本在《中华文化的跨文化阐释与对外传播研究》中对跨文化阐释给出了定义：

> 跨文化阐释学就是以跨文化阐释现象为研究对象的学问。所谓跨文化阐释就是用一个民族的语言、符号、文化来解说另一个民族的语言、符号、文化，它要求阐释者能够暂时放弃自己的文化立场，设身处地地考虑对方的文化处境、理论

---

① 叶舒宪：《原型与跨文化阐释》，暨南大学出版社，2002 年，自序第 2 页。
② 杨骊、叶舒宪编著：《四重证据法研究》，复旦大学出版社，2019 年，第 18 页。
③ 杨骊、叶舒宪编著：《四重证据法研究》，复旦大学出版社，2019 年，序言。
④ 杨骊、叶舒宪编著：《四重证据法研究》，复旦大学出版社，2019 年，第 86 页。
⑤ 叶舒宪：《鲧禹启化熊神话通释——四重证据的立体释古方法》，载《兴大中文学报》2008 年第 3 期。
⑥ 杨骊、叶舒宪编著：《四重证据法研究》，复旦大学出版社，2019 年，第 73 页。
⑦ 杨骊、叶舒宪编著：《四重证据法研究》，复旦大学出版社，2019 年，第 71 页。
⑧ 李庆本：《阐释与跨文化阐释学》，载《文学理论前沿》2015 年第 1 期。
⑨ 李庆本：《阐释与跨文化阐释学》，载《文学理论前沿》2015 年第 1 期。
⑩ 李庆本：《跨文化阐释与中国文学走出去》，载《浙江社会科学》2022 年第 1 期。

场域，用对方的语言或用对方听得懂的语言来阐述、解释自己的思想、理论与文化，从而达到不同文化之间沟通理解的目的。因此，它更加注重和强调阐释的空间性。①

跨文化阐释也是叶舒宪研究多年的焦点问题。② 在《原型与跨文化阐释》一书中，叶舒宪对跨文化阐释做了全面论述。他立足于文学人类学，将跨文化阐释范式视为文学人类学的认识论依据，借鉴比较文学的研究方法，兼顾文化普遍主义和文化相对主义思想。文学被视为是植根于原始文化的有机整体，继而拓展到文化符号的有机整体论，史前与文明贯通的文化文本论，文化人类学启发他从全球化视野审视地域性文化知识，从"他者"文化反观自省，从比较文化发现超越民族与地域限制的跨文化普遍性，从神话观念构成的象征系统阐释本土的特殊文化意象。首先，从文化普遍主义和相对主义来看，叶舒宪认为跨文化阐释必不可少。在《跨文化阐释的有效性》一文中，他从人类学层面出发，探讨了跨文化阐释的有效性和必要性。他指出文化相对主义使每一种具体文化成为持续可阐释、价值可重估的文化存在。文化普遍主义则意味着具体文化认可自我理解的同时，需承认文化他者诠释的合理有效性，是对自我理解的积极补充和丰富扩张。"他者"视域实为文化自我调整的"己在"，发现和激活自我的"潜在"③；其次，叶舒宪通过跨文化阐释意图发现不同文化现象下的普遍规律性，"通过跨文化的横向比较来把握某些具有普遍性的思维和观念模式"④，并将之应用于解读本土文化，发现失落的历史真相。《"文化"概念的破学科效应》《再论"文化"概念的破学科效应》等论文强调从跨学科、跨文化的文化人类学视域研究文学（文化）表层现象下的深层结构，把握跨文化文学现象的生成转化规律性，以便更好地理解我们的文明构成，追寻普遍文化法则。⑤

在叶舒宪提出"三重证据法"中，跨文化阐释是最重要的研究范式。他在《三重证据法与跨文化阐释——知识全球化时代的古典文学研究》⑥一文中指出：在知识全球化时代，从文化相对主义原则出发，应用"多参照和通观性的跨文化阐释"⑦的三重证据法进行国学研究。《原型与跨文化阐释》中追溯了远古宗教仪式、神话和民间传说对最初文学模式的影响，运用原型批评以及结构主义、精神分析等理论重新审视中国文学现象，以跨文化阐释的方法，在《日出扶桑：中国上古英雄史诗发掘报告》《孝与鞋：中国文学中的俄狄浦斯主题》《中国少数民族英雄史诗类型及文化生态》《中国"鬼"的原型》《原型与汉字》等文章中，对中国神话宇宙观的原型模式、中国上古英雄史诗、俄狄浦斯主题、性爱主题、中国"鬼"原型、原型与汉字等问题进行了深入解析，论证文学的神话原型，探索华夏文明的思想、信仰和想象的原型，既讨论了富有民族文化特色的原型，又着意关注跨文化普遍性的原型和文学功能。20世纪90年代，叶舒宪的《高唐神女与维纳斯》《诗经的文化阐

---

① 李学萍：《跨文化阐释的理论与实践》，载《人民政协报》2022年10月31日，第10版。
② 参见叶舒宪：《原型与跨文化阐释》，暨南大学出版社，2002年，总序第2页。
③ 叶舒宪：《跨文化阐释的有效性》，见《原型与跨文化阐释》，暨南大学出版社，2002年，第4页。
④ 杨骊、叶舒宪编著：《四重证据法研究》，复旦大学出版社，2019年，第19页。
⑤ 参见叶舒宪：《原型与跨文化阐释》，暨南大学出版社，2002年，第22页。
⑥ 叶舒宪：《原型与跨文化阐释》，暨南大学出版社，2002年，第51—62页。
⑦ 叶舒宪：《原型与跨文化阐释》，暨南大学出版社，2002年，第56页。

释》《庄子的文化解析》被视为三重证据法的实践代表作①,引起学界极大关注,李庆本认为该理论是对跨文化阐释学方法论的极大发展,具有重要的学术价值。②

由三重证据法拓展而来的四重证据法仍然倚重跨文化阐释范式。四重证据法在探索形成过程中,应用了比较图像学,强调不同文化间的打通比较、异同相生。例如在《高唐神女与维纳斯》(1997)《千面女神》(2004)等著作中,他对有关图像进行横向和纵向比较,横向比较指对不同文化的图像进行比较,希望达到异中求同的打通效果;或者从同中见异,更明确把握不同文化的艺术形象特色。纵向比较旨在追索原型与后代变体的关联认识。2006 年,他在《第四重证据:比较图像学的视觉说服力——以猫头鹰象征的跨文化解读为例》中提出,受到比较文化中的"物质文化"概念启发,把物与图像资料作为人文学研究的第四重证据,来自异时空的不同语境的图像对揭示本土文学和古文化真相有着很大的帮助和价值。③

相较于当前中国跨文化阐释学以不同文化对话交流理解为核心目标,叶舒宪更加关注跨文化阐释对本土文化的参证与解释功能。他的多重证据法在研究实践中应用来自文化人类学所涉及的多学科证明材料,在他看来,"文化间的对话和理解,其目的在于获得更为丰富多样的文化资源"④,以最具跨文化特征的文化人类学为基础,突破学科界限,结合文化人类学与哲学阐释学,打破时空界限,进行一场中西互鉴,跨越古今的人类学跨文化阐释。

三、跨文化阐释范式对"再释中国"之重要价值

"跨文化阐释在'双向阐释'的基础上……打破西方中心主义话语霸权,超越'中西二元论'模式,追求不同文化之间平等交流与对话,以及在此基础上的互证互鉴、互识互释。"⑤ 叶舒宪尝试西学与国学并举之法,从多元视域反观本土文化资源价值,改造更新文学国学研究。他采用四重证据法进行系列立体释古,以跨文化阐释范式,将外来文化资源应用于对本土文化的参证阐释,启发本土文化自觉,探究失落的文化真相。

1. "跨文化互释、互证"对历史中国研究意义重大

叶舒宪认为通过跨文化横向比较可以探寻到某些具有普遍性的思维与观念模式⑥,人类文化上的某些通则使跨文化阐释的多重证据法为本土传统文化再阐释提供了更多可能性和广阔空间。在他看来,中国式的解经传统局限于自我单一封闭的文化格局之内,在全球化的文化交流与变迁之中已难以为继,必须进行修正和改善。他提出的"玉教是中国的国教""熊为中华民族图腾""商代图腾玄鸟为猫头鹰"等观点,对中华文明进行了一系列重新解读。

首先,跨文化阐释的多重证据法为解决传世文献中被误解或无解的难题、争端开创了

---

① 杨骊、叶舒宪编著:《四重证据法研究》,复旦大学出版社,2019 年,第 19 页。
② 李庆本:《阐释与跨文化阐释学》,载《文学理论前沿》2015 年第 1 期。
③ 参见叶舒宪:《第四重证据:比较图像学的视觉说服力——以猫头鹰象征的文化解读为例》,载《文学评论》2006 年第 5 期。
④ 叶舒宪:《跨文化阐释的有效性》,见《原型与跨文化阐释》,暨南大学出版社,2002 年,第 15 页。
⑤ 李庆本:《跨文化阐释与中国文学走出去》,载《浙江社会科学》2022 年第 1 期。
⑥ 参见杨骊、叶舒宪编著:《四重证据法研究》,复旦大学出版社,2019 年,第 19 页。

新的理论方法和思路。在《三重证据法与跨文化阐释——知识全球化时代的古典文学研究》一文中，叶舒宪以屈原《天问》的注疏争端为引，以跨文化阐释的三重证据法将月兔神话与象征生命赐予、死亡处置和再生复活的原型意象以及宗教宇宙观相关联，借用金芭塔丝（M. Gembutas）提出的"女神文明"论、瑟洛特（J. E. Cirlot）的《象征词典》、荣格的关于象征的观点，以及中国不同时代学者与诗人对月神话的理解和想象，阐释古籍《天问》引发的兔、蟾蜍等动物意象所隐含的宗教宇宙观。① 在《中国神话宇宙观的原型模式》② 一文中，以系统理解和阐释多种上古文化符号现象为切入点，借鉴弗莱（N. Frye）等西方学者的原型模式理论重构中国上古神话宇宙观原型模式。以西汉四首表现祭祀仪式的古诗为研究客体，分析诗词中的四季描写表达，索引中国古籍如《尚书》《礼记》《说文解字》《吕氏春秋》，及世界其他民族的神话观念，如北欧《埃达》，阐释隐藏在古籍文字中的中国上古神话宇宙观模式，据此论证中国哲学基本概念，如道、阴、阳、太极，以及老庄哲学无为思想的神话循环观源头。③

其次，跨文化阐释的多重证据法超越传统人文研究既定思路，以多元文化视野重新理解和阐释古老问题④，由此展开对传统文化和思想的形成与发展追根溯源，再释华夏文明之源（文化寻根）。《日出扶桑：中国上古英雄史诗发掘报告》在追索先秦典籍中对羿英雄的记录，"羿"汉字的古今分析，论证羿作为太阳神的身份象征，以及中国本土太阳-人-弓箭的原始岩画，再结合西方人类学家利普斯、比较神话家约瑟夫·坎贝尔关于太阳神话，相关原始观念的考察，古希腊太阳神神话等，重构了羿与太阳同一性的原始关系。然后进一步将羿神话与古西亚吉尔伽美什传说进行横向比较，从神话思维逻辑，文学叙述深层结构等方面进行跨文化研究，勾勒羿神话整体结构，最后论证羿神话为代表的上古中国文化潜藏的象征生命循环往复的神话思维，并视之为中华民族"生生不息"基本精神特质的根源。

最后，此方法论挖掘不同民族的文化心理建构。通过圣婚仪式、女神传说以及中国文学的俄狄浦斯情结等文学母题，阐述文学原型的跨文化通观。以中西文化中共同符码阐释中国文化表层外壳下的文化心理象征意义。在中西文化比较中梳理文化同异性，并由此阐发不同文化中的主体思想框架。从希伯来人的禁果神话和希腊人的乱伦故事展现同一个主题思想禁忌—破禁—惩罚，由此透露了西方文化是一种"罪与罚"的文化建构，这是一种事后惩罚的惩戒性、威胁性的文化心理建构。中国以儒家"孝"文化为立身立国之本，体现出一种正面、严正性的楷模式文化心理建构。《诗可以兴：孔子诗学的人类学阐释》中，将孔子"诗可以兴"的诗学命题以跨文化阐释范式发掘引譬连类的联想思维，指出诗国文化的"诗性智慧"。在横向比较中，论证希腊逻辑理性源于否定了原初的神话思维，孔子则继承了上古神话思维，考察中国传统思维特质的渊源及其形成过程。⑤

---

① 叶舒宪：《三重证据法与跨文化阐释——知识全球化时代的古典文学研究》，见《原型与跨文化阐释》，暨南大学出版社，2002年，第57—59页。
② 叶舒宪：《中国神话宇宙观的原型模式》，见《原型与跨文化阐释》，暨南大学出版社，2002年，第99—113页。
③ 叶舒宪：《原型与跨文化阐释》，暨南大学出版社，2002年，第112页。
④ 参见叶舒宪：《原型与跨文化阐释》，暨南大学出版社，2002年，第119页。
⑤ 叶舒宪：《原型与跨文化阐释》，暨南大学出版社，2002年，第320页。

2. "古今中国"连通一体，赓续传承

跨文化阐释并非用西方理论阐释中国文本，仅仅为了证明西方理论的普遍性，它的题中之义也包含将中国文本推向一个更广阔的文化语境以扩大中国传统文化价值效应的可能性。①在现当代中国，无论是学界还是大众均对西方文化理论与术语喜闻乐道，反观蕴含传统文化价值和精神的中国古籍，一般大众则感到其佶屈聱牙。因此，从中国现实出发，"以他山之石攻玉"的跨文化阐释为传统文化开辟了易于为国人所接受的路径，让老古董焕发出新的魅力，使之更具现代性、持久性、时尚性。

叶舒宪用大众所熟悉的俄狄浦斯情结阐释中国儒家思想核心范畴"仁""孝"概念，从现代社会生物学、精神分析学理论重新审视中国伦理学思想，为儒家仁孝思想阐释提供了新的角度。指出正是儒家孝文化成功协调了家庭社会冲突，有效构建个体、家庭与社会之间的和谐秩序，使中国封建社会跨越千年未曾分崩离析。仁孝伦理思想以事前的心理建构为手段，树立理想化却又切实可行的人格目标，倡导正面的、褒奖型的、楷模式文化心理建构。②

《诗可以兴：孔子诗学的人类学阐释》中，"兴"作为中国诗学核心概念，叶舒宪从孔子所列举的诗歌四种功用起论，直至梳理现代学者对兴的研究。比较中西方思想家对诗在人类认知、思想、语言上的不同认识，阐发孔子诗学观对人类思维、艺术精神发展存在着未尽之意。认为"兴于诗"与当代存在哲学家们反抗抽象理性异化有着某种超越时空的共识与共通。③

可以看到，对于中华优秀传统文化的赓续传承与现代性转型，跨文化阐释的多重证据法提供了切实有效的研究范式，有利于推动其创造性转化、创新性发展。④

3. 跨文化阐释有利于有效传播中华文化，提高国际影响力和竞争力

面对中国文化走出去的冷遇问题，诸多学者均指出跨文化阐释的重要性。叶舒宪的跨文化阐释范式促进人类各民族文化文学经验之会通和重新整合，以期服务于多元文化时代的文化研究和人文学科转型与拓展。⑤他将文化相对主义与普遍主义相结合，从"国际性"问题看待中国传统文化，使之不再陌生化、孤立化，从而把中国思想纳入世界范畴。

李庆东认为中国文学走向世界，被其他民族所阅读，必须以跨文化阐释为中介。⑥王宁在《翻译与跨文化阐释》中指出翻译在某种程度上是一种跨文化阐释形式。对原作的文化阐释意义上的翻译，实为全球化语境下赋予翻译的历史使命和功能。⑦译介学文化转向促使国内学者自觉思考翻译与时代文学、文化和社会的语境关联，加强翻译领域的跨文化对

---

① 李庆本：《阐释与跨文化阐释学》，载《文学理论前沿》2015年第1期。
② 参见叶舒宪：《原型与跨文化阐释》，暨南大学出版社，2002年，第206页。
③ 参见叶舒宪：《诗经的文化阐释》，陕西人民出版社，2020年，第399页。
④ 参见《新时代中国文明历史研究的根本遵循》，载《求是》2022年第14期。
⑤ 参见叶舒宪：《跨文化阐释的有效性》，见《原型与跨文化阐释》，暨南大学出版社，2002年，第1—16页。
⑥ 李庆本：《跨文化阐释与中国文学走出去》，载《浙江社会科学》2022年第1期。
⑦ 参见王宁：《翻译与跨文化阐释》，载《中国翻译》2014年第35卷第2期。

话。① 成中英的《从中西互释中挺立——中国哲学与中国文化的新定位》② 则主要从哲学研究的角度分析了中国文化的特性与价值，对中西文化的互相阐释进行了大胆的尝试，进而论证了使中国哲学和中国文化走向现代化与世界化的重要性。张隆溪在《道与逻各斯》③ 中指出从东西方深刻的文化差异中发现其共同的东西，将阐释学引入文学批评，采用文化求同的理论策略对比研究东西方文化现象。

跨文化阐释为中国思想走向世界，讲述中国故事建立起多种渠道，以多种声音述说中国，使得独特的中华文明具有普遍意义和色彩，让海外异文化更加易于感受中国、理解中国，这对今天中华文化对外传播具有巨大的现实意义。④

四、结束语

叶舒宪致力构建的中国文学人类学借助文化人类学的宏阔视野和跨学科知识系谱，将考古、历史与民族三个学科相结合，大大提高了认识过去和预见未来的能力，其理论体系中跨文化阐释的四重证据法对"再释中国"具有重要的学理价值和实践价值。

何为中国？需要向世界叙述中华民族的独特精神标识，展现中华文明悠久历史和人文底蕴，促使世界读懂中国。⑤ 不仅如此，对于近现代深受西方思想与理论影响的中国人文学科，同样需要更加确切地解答中国文化与精神要义，其中包括阐释连绵上下五千年的历史中国之文明特质和发展形态；建构赓续传承优秀传统文化的当代中国思想，进而创立擘画未来中国的人文理论研究体系。叶舒宪多年来努力创建具有中国本土特色的文化理论体系，为更好构筑中国精神、中国价值、中国力量，促进文明交流互鉴做出了卓越贡献。

---

① 李庆本：《阐释与跨文化阐释学》，载《文学理论前沿》2015 年第 1 期。
② 成中英：《从中西互释中挺立——中国哲学与中国文化的新定位》，中国人民大学出版社，2005 年。
③ 张隆溪：《道与逻格斯》，冯川译，江苏教育出版社，2006 年。
④ 李庆本：《阐释与跨文化阐释学》，载《文学理论前沿》2015 年第 1 期。
⑤ 参见《新时代中国文明历史研究的根本遵循》，载《求是》2022 年第 14 期。

叶舒宪教授教学思想与实践探赜

金立江

叶舒宪教授是当代中国文学人类学奠基者之一，是中国比较文学与比较神话学研究领域的知名专家。叶舒宪教授长期工作在高等教育与科研第一线，为中国文学人类学培养了一批优秀的中青年学者。这些学者们直接从叶舒宪教授的学术研究和教学实践中收获成长，大多数工作在高等教育系统中，也取得了不小的成绩，他们同间接受叶舒宪教授学术思想影响的学者和学术爱好者们，共同沿着叶舒宪教授开拓的学术道路前进，丰富并可持续地推进中国比较文学、文学人类学和神话学研究。

传统上，中国的学问和学术有着不同的发端与传承，这种学术传承可以视为广义教育，自然，为师者则是广义的教育家，因为这样的教育与教学并非狭义的教育学学科，而是涵盖了诸多领域。直至近代，西学东渐，诸多学科参照西方路数被严格划分体系，教育活动自然也产生了一门专门的学问——教育学，可以视为狭义的教育，而教育家自然也成了专有专业领域的尊称。随着观念更新，学科交叉、跨学科成为学术研究实践中必经之途，"新文科""新工科"等观念与实践自然应运而生。此时，如若将"教育家"限定在具体的"教育学"及相关专业范畴之内，恐有挂一漏万之嫌。因为在各自专业的领域内，历代学者在形成个人学术成果的同时，多有自己的传承，而这些，又体现在其培养学生的过程当中。孔子即是范例，以至圣先师垂范后世，但儒家传承并非今天的"教育学"所能涵盖，显然，孔子所教授的并不仅仅是如何教学和"教育"本身。当代中国，学术研究与传承的主阵地是学校，特别在高等教育阶段，诸多专家学者在不同领域开创了中国乃至世界科学研究的道路，亦培养了无数的学生，无论哪一个学科领域，其中都蕴含着教学思想，这是十分珍贵的，需要总结出来，于学术传承大有裨益。更遑论成就斐然的学者，大师们往往重视自身学术思想的传承，在教育教学过程中，格外看重对青年后学的培养。

叶舒宪教授长期在高等院校与科研院所从事科研工作，同时也为本科生、研究生开设课程，他结合自己的学术探索经历与成果，形成了独特的教育思想，成就斐然。叶舒宪教授在陕西师范大学、海南大学、中国社会科学院、四川大学、北京师范大学、上海交通大学等均曾专职工作，承担教学任务，培养硕士研究生、博士研究生。此外叶舒宪教授也在不同院校和科研机构兼任讲席教授。叶舒宪教授的学术思想需要总结，那是宝贵的学术财富，同时，也应该对叶舒宪教授的教学思想进行总结，这样不仅能够更好地理解与承继叶舒宪教授的学术成就，也能为教育学得到宝贵的教学经验。

长期以来，学界对很多在各个领域具有重要影响力的著名学者的思想和理论方法十分重视，但普遍地忽略了这些学者们还是带有众多学生的教师，他们不仅学术建树耀眼，也培养了大量相关专业的人才，使学术发展持续不断。虽然这些学者们的专业不是教育学，但他们的教学思想是有必要得到总结的。

中国历来有尊师重道的传统，教师的教与学生的学的互动过程中，首重师德师风，为师者以深厚的学养,丰富的知识,高超的技能为基础,所谓学高为师,身正为范。韩愈有云,"师者,所以传道受业解惑也",高尚的师德对学生品行与学风有着不可估量的巨大影响。

叶舒宪教授在学术研究与教学过程中具有中国传统士大夫的风范、心怀天下、视野宏阔、一身正气、毫无偏私,将精力都投入到学术研究本身,一丝不苟、精益求精,具有那个年代学者特有的社会责任感和使命感;叶舒宪教授对学生又如春风化雨,关怀备至,总是充满了鼓励,并且一视同仁。可以说,在师德上,叶舒宪教授备受尊崇。师德师风是一方面,叶舒宪教授的学风也同样深深影响了他的学生及后辈学者。他笔耕不辍、著作等身,古稀之年依然奔走在祖国的山河大地,去求证五千年文明、万年玉石文化的大传统。叶舒宪教授文学出身,却没有一味进入故纸堆,躲入书斋,而是行万里路,一步步用脚积累起扎实的材料。他持续在各种场合进行讲学,宣传自己的学术思想,这些思想言之有物,切实不虚。他对待学术争论与批评非常豁达,对待不同声音非常宽容,专注于学问之争,而不受无意义的盛名之累。这样扎实的学风,伴随着他整个学术研究过程,从教四十余年来,叶舒宪教授有中国神话哲学、四重证据法、大小传统、玉成中国、文化符号经济、从中国神话到神话中国、玉帛之路等众多理论贡献与学术成果。

叶舒宪教授在四十余年的教学过程中将教学之道注入了自己的学术思维,这样的教学是同他的研究成果融合为一体的。因此,可以看到他的教学实践充满了延展性,既有他自身的学术追求,也有道德与学风的要求。作为叶舒宪教授的一名弟子,深切感受到先生的教学是认真而又有启发性的。先生注重因材施教,深入了解每一名学生的性格与学养;因地制宜,不拘泥于课堂的场所,营构出一种古希腊学园式的虚拟教学空间;同时,先生特别重视让学生打开视野。先生的授课和讲座或者发言感染性强,用充分的证据说话,给人以饱满的情感体验。先生的教学不仅在校园,也在民间,因而具有普及性,兼有国际视野与家国情怀。先生更多时间是对博士生的教学与培养。他对博士生的要求很高,每一位博士生都能得到先生不厌其烦的指导。先生除了学术研究和教学,还有很多社会兼职,他绝不只挂虚名,而是认真承担自己的职责。先生精力充沛,将时间利用到了极致,除了教室,包括且不限于机场、地铁站、书店、博物馆、会场等都是先生答疑解惑的场合。对于博士生研究的内容,先生坚持不限定却又有大方向的原则,而且先生会对学生的研究过程有充分的指导,提供全新的材料。对于每一个博士生的博士论文,先生都认真审读,小到标点符号的舛误都精心圈画出来,这对学生未来的学风都产生了深刻的影响。

叶舒宪教授高尚的师德,严谨纯正的师风深刻影响着他的每一个学生。先生虽然没有专门阐发自己的教育思想,却在学术论文、访谈和教学实践中间接地体现了极有价值的教育理念。叶舒宪教授的教学思想与方法体现在以下几个方面。

一、打破学科限制与思维局限,提倡科学思想

叶舒宪教授从文学研究与教学起步,1982年大学毕业留校任教,主讲外国文学亚非文学课程,备课的契机使他开始关注并思考文学与其他学科之间的关系。"当我看到加拿大批评家弗莱在《批评的解剖》中称赞弗雷泽的《金枝》为伟大的文学批评著作时,一种打通人类学与文学研究的意愿就开始萌发了。一部人类学的经典著作,竟然被文学理论家视为本学科的珍宝,这是否可以提示人们,学科的藩篱是人为的,而事物的存在本来是不分

学科和专业的。从那以后，我就迷上了人类学。"① 传统学科的教学模式是强调纵向的培育，纵向的精力投入，向深度发展。而叶舒宪教授除了要求学生向专业领域内的精深探索，更要横向拓展，采取跨学科的视野，这是非常独特而又有见识的教学思想。

叶舒宪教授在学生初入师门时，一定推荐科学理论研究方法的书籍，同时让学生反思文学学科的边界问题。从神话学研究的地位出发，他认为："在科学主义看来，人文学科之所以不算'科学'，就在于其非定量分析的、不能得到实验室验证的研究范式有'虚'的嫌疑；而神话学在人文学中的地位，由于其研究对象的先天限制，难免被放置在最'虚'的一端。一个世纪以来的中国人文学建构总体上偏向科学和实证一端，'社会科学'对人文学的吞并就是明显的证据。……由西化的科学主义范式建构起来的貌似合理的人文社会科学的分科制度，要不要经历反思批判和重构呢？这是20世纪后期勃然兴起的非学科性的文化研究大潮所激发出的问题，也是我们从事文明探源时对自己的学科归属、知识储备、研究工具的再认识的需要。"② 叶舒宪教授用最基本的学理问题，引导学生的问题意识。

叶舒宪教授注重对学生的既有学科思维进行更新。他在构建自身学术大厦求异精神的同时，也把这种求异思想渗透进自己的教学过程当中。先生要求自己的学生在思考一个具体学术问题的时候，要带着怀疑的态度，在严格筛选实证材料的基础上，对其进行剖析，通过合理的阐释，得出精确的结论。他的专著《文学与人类学》当中，专门论述了知识全球化体系下的求异思想的来源，为自己的学术思想找到了一个理论的基础，特别对西方现代学术知识全球化和本土性的人类学，地方性的知识进行了一个嫁接和贯通。在西学东渐之后，中国传统的学问受到了西方学术分科壁垒分明的深刻影响，导致人们在思考传统的问题时，往往局限在狭隘的自己的所谓专业的领域当中难以自拔，因对自身学科疆界的严守而对其他学科产生抵触。这一点在人文学科之间甚至更为突出。

所以，"人类学方法论上的'求异'思维足以对寻求普遍规律的自然科学式'求同'思维传统构成有力挑战，从而使人文、社会科学研究者反思其研究对象和研究方法的特异性，不再盲目追随自然科学的范式和目标，不去生成发现和拥有真理，只去小心翼翼地弄清楚真实的局部存在，并尝试用不损失其'原汁原味'的方式将所体认到的真实传达出来。……'存异'不再是'求同'要求之后的附属物，它已升格为生物存在的生态前提，因而也是人类文化存在的生态前提。再看看绿色和平的殉道者们，他们对每一种'异'的物种的存活的关注程度，丝毫不亚于对人类本身的关注"。③ 人文与科学之间的矛盾和对立，由最初的西学和中国本土学问之间的矛盾，已经内化为学科之间的对立。此种对立在今天这个时代得到一定程度的整合，而叶舒宪教授的思考已经走到了今日所倡导的"新文科"观念之前。

"如今的教育制度是历史教育与文学教育完全分开的。二者分属不同的一级学科。这导致历史学博士不用学习神话课程，文学博士也不必读《史记》等史书。我们为什么需要提倡'神话历史'观念？因为，对我国各民族而言，历史与神话不可分割对待。一旦从历史叙事中删除神话内容，历史就会断裂和僵死；神话内容一旦得到复原，历史就复活了。"④

---

① 叶舒宪：《原型与跨文化阐释》，暨南大学出版社，2002年，第1—2页。
② 叶舒宪：《中华文明探源的神话学研究》，社会科学文献出版社，2015年，第2页。
③ 叶舒宪：《文学与人类学》，陕西师范大学出版总社，2018年，第18页。
④ 叶舒宪：《"神话中国"观对文明探源的理论意义》，载《文化遗产》2022年第5期。

叶舒宪教授培养的博士生们，包括海外留学生，无一例外获得了文学博士，但并不妨碍学生们从叶老师那里获得了跨学科的眼界和多学科整合的积累。

二、注重实践与实证研究，善于启发式教学，突破思维定式

叶舒宪教授的实证研究是以阐释作为手段而进行的，也就是说，是突破了传统的实证和阐释的二元对立的。实证的方法突出了四重证据法，在教学中叶舒宪教授实践了授人以鱼不如授人以渔的观念。

叶舒宪教授教学思想与实践，体现了他一以贯之的核心学术理念，那就是用事实说话。他在文学与神话研究中坚持实证，吸纳人类学民族志书写的科学态度，活用实证材料进行阐释，得出有效结论，形成了中国文学人类学独特的研究理路。将实证和阐释结合到一起，虽然理论上诸多学科的研究方法都是如此，但取得较好的成果也不是每一个研究者都能做到的。除了对研究者本人要求极高（如跨学科研究需要宏阔的视野和深厚的学养），还需要对学术研究近乎信仰的坚守。一般学者往往由于各种现实的生活压力而无法坚持下去，产生的学术成果也不容易被承认，皆因或者流于民科般的自说自话（近似于文学创作），或者畏惧事实不足而裹足不前。正如中国社会科学院考古研究所研究员王仁湘先生所言："我们知道，这个文明探源工程是由考古学家主导的，它更多的是重实证，但对于实证的解释，又非常谨慎，不敢越雷池一步。特别是回避了传说与神话的研究途径，这反而削弱了实证的作用。在这个时候，走出考古学的学科壁垒，向其他学科求援是一条必由之路……叶舒宪通过实践这四重证据法，他的神话研究已经走出书斋，走向了田野，走向了博物馆和考古现场。我觉得他大体完成了考古与神话的对接，是系统的对接。"①

叶舒宪教授将自己的学术成果纳入学生的培养过程中，注意打破学生们的思维定式，启发思考。如提出"从中国神话到神话中国"的说法，中国神话并不是独立自足的，而是在西方术语和文化的碰撞中形成的。因而在神话研究中并不能仅仅梳理中国神话，需要从术语、思想到文化对世界诸文明神话进行通盘认识。这样才能求同存异，击破西方"中国无神话"的谬论，生成全新的"神话中国"的概念。因此，叶舒宪教授的博士生中，有对中国传统历史文化材料进行神话历史阐释的，也有对世界主要文明神话进行阐释的，这样共同丰富了"神话中国"的内涵，中国神话的背景也更为踏实。

"反思"在学术研究中的重要性在叶舒宪教授看来："笔者认为理论工作者有必要针锋相对，开展自我反思和批评讨论。若不能走出此类当代学术偏见，文化自觉就难免沦为空话。既然在中国古代没有发生类似古希腊那样的科学革命和哲学革命，依然被某种前科学的思想意识所笼罩、所支配，那么，这是除古希腊之外的全球文化现象，各文明古国或非文明社会皆如此，并不只是中国现象，没有什么需要避讳和掩盖的。"②

所以，神话呈现的重要性已经超出传统观念将其归属于民间文学的小范畴的限定，神话应该成为一种整合诸人文学科的核心范畴。叶舒宪教授在教学中对学生传统思维的重塑，是从对神话的认知开始的。"神话的概念远远大于文学或民间文学的概念，神话不应隶属于文学专业，而应隶属于文史哲、宗教、政治、艺术等整个人文学科。神话研究也实际上能

---

① 参见叶舒宪：《图说中华文明发生史》，南方日报出版社，2015年，第5页；见王仁湘先生所作的序言，引文中提到的"探源工程"是"中华文明探源工程"。

② 叶舒宪：《图说中华文明发生史》，南方日报出版社，2015年，第44页。

够打通所有的人文学科,因为神话不光是文学的源头和原型所在,也是文化的源头和原型所在。有朝一日,神话学的课程不光会开设在大学的中文系和外文系,而且会开设在哲学系和历史系、宗教系、艺术系,尤其是文化产业学院。"①

三、走出书斋,突破课堂教学的局限

叶舒宪教授立足本土,放眼世界的理念,渗透在其教学过程中。先生的讲授非常有影响力,传播范围广,这种教学风格的形成源自先生深厚的学养。他倡导走出书斋,出身"学院派",又对其有充分的省思。他提出"玉成中国"的说法,就是走出书斋的实践,教室之外的主课堂是书店和博物馆。例如"玉帛之路"的考察到2023年8月已经成功完成第16次。从2014年起,涵盖考古遗址、博物馆、民间藏品等玉石之路的考察迄今已经近10年的时间,这都是传统文学课堂所不能提供的。从"丝绸之路"到"玉帛之路"这样的认知,伴随着叶舒宪教授教学中"大小传统"新认识的转换过程。学术概念的提出,学术理论的拓展,在叶舒宪教授那里直接转化到教学中。

他在谈及丝绸之路小传统和玉石之路大传统时认为:"某种命名一旦通过语言的约定俗成作用流行开来,就会在人云亦云的语境作用下形成世俗成见。超越世俗观点而洞察事物真相的可能性,也就随之相应地逐渐变小。……我们近年来倡导改造人类学的原有概念,以文字书写的有无为标准,重新划分大、小传统:将文字以来的传统视为'小传统',将先于和外于文字记录的传统视为大传统。这样来看,'丝绸之路'的命名恰好是着眼于文字记载的张骞通西域事件为起点,也就属于典型的小传统知识范围内的命名,缺乏更加深远的大传统之观照,也就完全忽略了夏商周以来中原国家对西域的重要战略资源依附关系及玉石贸易通道,无法洞察所谓'丝绸之路'的前身其实正是玉石之路。"② 这样的视野非到田野现场无以形成,头脑想象、古籍中的材料都需要实地印证。对学生而言,这是行万里路最好的注脚,先生的精神和态度,都不可避免地影响到了学生们的学风。

必须引用叶舒宪教授的一段文字,才能看到令人震撼地走出书斋的学习方式的重要性。"当年的国庆假期是怎样一种景象,已经记不得多少细节。恰逢2015年国庆节长假,国人用旅游方式度假,已成今日的主流。可本人照例我行我素,从来不在长假中出门凑热闹,而把7天时间当成闭门阅读和写作的好时机。回首过去的两年时光,组织参与的玉帛之路田野考察活动已经有8次,2015年完成了覆盖西北山河大地的5次考察,合起来驱车总行程超过两万公里,采集到西部主要玉矿资源区的各种标本,包括已经开采数千年的和田玉和新近发现的格尔木昆仑玉。这样的田野探索就是学者式、科考式的旅游方式吧。目标明确、按部就班地进行系列田野调研,终于摸索到有关《山海经》一百多座山出产玉料叙事的'底牌'。分别对山西、陕西、内蒙古、宁夏、甘肃、青海、新疆七省(自治区)做拉网式的古代玉矿和玉石路线考察。有人不理解,一个大学教授,怎么突然要效法郦道元或徐霞客,闯沙漠、穿戈壁,在祖国西部漫山遍野去跑路?因为30年的神话研究经验表明,玉石的神圣化和神话化是我们华夏文明最大的,也是最深厚的独有神话资源。公认的中国神话宝库《山海经》,其讲到的400座山中有140座山有出产玉石的记录。这样的记录到底

---

① 叶舒宪:《神话何名:三套神话学丛书编撰的再思考》,载《长江大学学报》(社会科学版)2015年第10期。

② 叶舒宪:《玉石之路踏查记》,甘肃人民出版社,2015年,第19—20页。

是神幻的想象产物还是远古人的实录呢？没有系统的调查研究，古往今来的学者们谁也没有给出一个现成的答案。自己不去跑，怎能面对《山海经》这样一部中国版的玉教信仰和神话的'圣经'呢？"① 这段文字，也正是叶舒宪教授在教学中所贯彻强调的走出书斋的实践与实证态度。

收集资料，无论是实物还是文字，一味地坐在教室是不行的，即便图书馆、书店也是需要动起来的。叶舒宪教授要求学生能给导师提供更新的资料与内容。事实上，学生很少能够提供给导师他所没有见过或者搜集到的资料。当然，这并不能使学生面临一种沮丧的状态，反而一方面使学生能够加强自己的训练，另外一方面使自己的收集资料的能力得到提高和锻炼。

四、学术研究面向社会，强调实现社会价值，注重人才培养与文化创新

在学术研究和教学实践中，叶舒宪教授真正贯彻了"把中国文明历史研究引向深入，增强历史自觉坚定文化自信"，"讲好中国故事"等核心时代精神。乐黛云先生曾经评价叶舒宪教授的文学人类学研究注重四重证据法，使文学与文化研究打破了文字与书本的桎梏，同时"深入发掘了本土文化传统及边缘族群的生存经验，大大扩展了文学方面的生态写作和生态批评之理论资源……这不仅大大启发了本土文化的自觉，引导了本土文化资源的再认识，而且以学术研究与现实承担并重的精神，阐明了这些资源作为反叛现代性的文学和思想资源，如何具有护卫人性完整和改变个体生命的力量，充分估定了其在后现代语境中所蕴含的文化价值"。② 记得有一年，先生去台湾讲学，去机场路上给笔者布置了大量阅读书目，并提供了博士论文的材料线索，而半年后回到北京，先生已经完成了 45 万字的研究生教材《文学人类学教程》，须知这是六个月在台湾讲学、考察、会议之余完成的，可见先生对时间的深度利用。教程中有着丰富的新鲜出炉的台湾的中国少数民族传统的田野调查材料。

叶舒宪教授在教学中多次强调学术成果的社会作用与转化。这里面就包括当代社会的神话资源利用。无论在科幻文学中发现神话原型还是探索华为"鸿蒙"系统命名中的神话意义，都是对中华文明大传统的现代利用。这里面体现了中华文明探源的意义。同时，叶舒宪教授也关注儿童、青少年的传统教育中神话的作用，以及其背后是文化编码与解码的实践，神话则是证明中华文明悠久持续的重要材料，也是形成民族自信的重要来源。

叶舒宪教授多次向学生们强调学术研究的普及性和通俗性。他特别关注神话在中华文明起源研究中的重要功能。从中华文明在文字产生之前的大传统出发，重新探查文明起源的知识系统、知识谱系。文明探源的学术深度、学术的内容在社会上产生了巨大反响。叶舒宪教授在教学中，贯彻自己面向大传统的思想，在文字材料中发掘无文字时代的蛛丝马迹。他要求学生以知识考古为切入点，关注时代科技的发展，无论是分子生物学的结论，还是考古最新发现，抑或是虚拟现实、人工智能，都可以整合进文化文本的大传统建构中，形成文化自觉。他要求学生们重新思考神话在文明中的地位和价值，文化自觉与文化自信

---

① 叶舒宪：《神话何名：三套神话学丛书编撰的再思考》，载《长江大学学报》（社会科学版）2015 年第 10 期。

② 参见叶舒宪：《文学人类学教程》，中国社会科学出版社，2010 年，序言第 2 页。

要从儿童时期就开始启蒙。所以，叶舒宪教授总能在传统开蒙读物中发现古典与现代的嫁接点，进行阐释。在他的学术研究和教学实践中，一个主要方向就是传统文献，其中的开蒙读物也得到很多关注，从中提炼文化符号，这往往不被研究者所重视，或者难以同"高级"的学术研究相联结。学者要对传统符号进行解码，提炼，探寻其被遗忘的深层意义，发掘传统符号的文化价值。比如在探讨中国思想史上的核心术语"玄"时，叶舒宪教授从童蒙教育读物《千字文》开篇的"天地玄黄，宇宙洪荒"切入，从颜色到空间，习以为常的八个字，在叶舒宪教授看来内在的文化编码需要再解读，这分明"是承继了创世神话讲述开天辟地的叙事模型"。也是玄黄、玄武、玄怪华夏上古神怪话语的原型与最初编码。①也许童蒙读物开篇的知识性陈述，表现了古人对周遭环境的客观认知，随着华夏文明制度的不断成熟，这样的神话思维及其叙事被不断遮蔽，以至于后来只留下了字面意义。每到节气或者节日，叶舒宪教授都能从中发见被遮蔽的神话叙事，就像六一儿童节，学生们可以"幻想＋虚拟现实"作为最好的儿童节礼物，重新找回初民富于想象力的神话思维。

叶舒宪教授要求自己的学生们不断升华对社会现实的认识，尤其对当代西方社会危机要有清醒态度。同时也要看到西方话语对中国当代社会的思想牵制，进行现代性的反思和批判，从中华文明的大传统源头寻找参照，在西方主要国家后现代价值观重建未成、充满混沌的节点，重新发掘中国自己的文化传统。"如果要进一步追问中国文化大传统的核心精神及凝聚力所在，那就是玉石神话信仰所支配的史前文化精神世界。其文化寻根意义同时也彰显出文化治疗意义：一个世界上人口最多的多民族国家，其早已失落的本土文化信仰之根的再发现、再认识和价值重估，能够带来的思想文化资源将是巨大的，甚至是不可估量的。就'中国故事'的讲述方式和讲述内容而言，玉教作为先于华夏国家而广泛传播华夏地区的神话信仰形态，提供了重新讲述的新知识条件和出发点。"②

在叶舒宪教授七十寿诞之际，作为先生的入门弟子，不仅为老师的学术成就折服，更多想起的是当初随先生学习，受先生教诲的难忘时光。而今走上工作岗位的学生们，很多也在学术上小有成就，但走出的每一步都留有老师影响的印记。师恩难忘，叶老师高尚的师德师风，难以企及的学术成就，令我们仰其项背，但先生的指导，不断鞭策着大家在学术的道路上踏实前行。而身为教师的我们也必将先生的教学思想传承下去，发扬光大。

---

① 叶舒宪：《玄黄·玄武·玄怪——华夏神怪话语的发生谱系》，载《信睿周报》2022年8月1日。
② 叶舒宪主编：《文学与治疗》，陕西师范大学出版总社，2018年，第3—4页。

格物致知：从"霜落熊升树"到《熊图腾》

梅雪容

北宋诗人梅尧臣著名诗歌《鲁山山行》中"霜落熊升树"一句中的"熊"存在争议，笔者曾试图从诗歌语言和文学性的角度给予解释，往往会存在局限性。叶舒宪教授2007年出版了《熊图腾：中华祖先神话探源》（简称《熊图腾》），针对当年甚嚣尘上的狼图腾说，提出关于华夏国族祖先黄帝"有熊"圣号中所潜含着一种失落已久的神熊祖先崇拜观念。叶舒宪教授是著名学者，他在比较文学、文学人类学研究等方面的研究都有重大成就，是"神话学文库"主编、上海交通大学文科资深教授、神话学研究院首席专家。纯粹训诂式的人文学科研究方法在新时代、新材料、新发现的浪潮下会显得非常局促，笔者也正是在叶老师的启发下走向"格物致知"的新道路。

一、问"熊"

梅尧臣（1002—1060），字圣俞，世称"宛陵先生"，活跃于宋仁宗时期。梅尧臣艺术风格的终极目标便是平淡。他认为"作诗无古今，唯造平淡难"[1]，欧阳修也认为他"平生苦于吟咏，以闲远古淡为意"。梅尧臣在《和晏相诗》中写道"因今适性情，稍欲到平淡。苦辞未圆熟，刺口剧菱芡"[2]将平淡的诗风和适性情联系到了一起，指出自己闲适静远的心态与创作出平淡诗风的直接关系。当梅尧臣记录山水田园的自然风光之时，受到禅的引导，这种闲适静远的心态便更容易被激发出来，大量山水诗都被视为平淡诗风的代表作。禅宗思想正是梅尧臣山水诗体现闲适意境的一个重要影响因素，也是讨论其山水诗避不开的一个重点话题。为了阐释梅尧臣山水诗接受了《华严经》的"无为无我"的境界时，拿梅尧臣《鲁山山行》为例："适与野情惬，千山高复低。好峰随处改，幽径独行迷。霜落熊升树，林空鹿饮溪。人家在何许？云外一声鸡。"[3]

这首诗写于康定元年（1040）深秋，作者时年39岁，在襄城做官，鲁山就在襄城附近，今河南鲁山县东北。这首诗的颈联"霜落熊升树"的"熊"字存在争议。熊的意象在古典文献里基本都是狩猎时代的信奉神灵，往往是力量和狩猎的象征。在如此诗境下，熊出现得很突兀，而且"升"树不是寻常山景。首先从诗境来说，两个陆地动物同时压在一句话里面好像确实有点重，而且用的是"升"，对于熊的重量来说这个动词很不合适。秋季清晨霜落了，熊应该在筹备冬眠，为什么会爬树？情理上诗人看到熊的可能性也比较低，熊和鹿共存在一个场景里可能性也很低，熊有无可能是诗人臆想的景物？另外，有人猜测是指大熊星座升上树梢。但是经查阅资料，那个星星在北纬35°左右秋季观测可能并没有那

---

[1] 周义敢、周雷编：《梅尧臣资料汇编·序言》，中华书局，2007年，第3页。
[2] 〔宋〕梅尧臣：《梅尧臣集编年校注》，朱东润校注，上海古籍出版社，2020年，第445页。
[3] 〔宋〕梅尧臣：《梅尧臣集编年校注》，朱东润校注，上海古籍出版社，2020年，第203页。

么明显,古人没有观测设备也不可能清晰地看到星星上升的现象,而且时间在清晨。且大熊星座是舶来词,是西方对星官的称呼,古代文献中很难找到用"熊"代指大熊星座的。

二、释"熊"

此一问当时求助了山东大学杜泽逊教授,希望从文献学角度获得答案,他的学生佳杰回复"'大熊星座'从西方舶来之天文概念,在中国传统的天文学中,它对应的是北斗七星,而中国古代亦无以'熊'为星宿命名者。然古人并不以此为病,'鹿车''熊胆''熊掌''马肝''熊耳''牛衣',均是诗歌中的常见对语。'升'字看似不合情理,正是梅氏为形容熊冬眠之前急于觅食的矫捷姿态,精心炼造的字眼。至于梅氏是否亲见熊罴,则非我等所能考知矣。"从文献学角度他否定了星宿说,认为"升"字确为描述熊急于觅食的矫捷姿态。

当时笔者对"熊"的理解还停留在诗歌语言层面,所以认为本诗诗眼在首联"适与野情惬"的"野情"上,说明他写得就是意外,是不寻常。从"云外一声鸡"可知时间为清晨时分,作者本来是不打算夜游鲁山的,是由于"幽径独行迷",没找到地方住,也就是整个游览过程完全是迷路的意外。所以他整个记录的都是一些没有预料到的、平时未被发现的景物。一般文人出游的闲适恬淡都是刻意设计的,是符合自己心境的因情造景,而梅尧臣这首诗完全是随缘巧合之下的闲趣野情,这也反映出梅尧臣本人在出游上个性化的一面。升,上升;登也。"升"是有往高处登这个动词义的,但是所有的"升"的"登"之意都是用在有台阶的建筑物上的。说明物体不仅向上移动,还向水平方向平移了一段距离。从这个角度来看,可能会有树木掩映的视觉差。这样,"升"就不是"上升"之意,而是"登"之意。也就不存在上升的只能是较轻的物体的问题了。假设树在作者北方,作者向西走,树就会逐渐出现在作者东北方向,像是水平移了一样,然后此时熊再爬树,就像走台阶走上去一样。所以"霜落熊升树"是一个远景,下面"林空鹿饮溪"的近景交相辉映,也对应了颔联的"千山高复低",而用"升"字很可能是作者观察到的这一瞬间的一个直感。千山烟雾弥漫,树木层叠掩映,熊行走山间,远远看来,便出现了"熊升树"这一种很新鲜的感受,这是一个借位的视觉错觉,被诗人作为"野情"记录下来了。霜落也有可能不是代表季节,而是熊的体重让树上的雾凇掉下来了,和"林空鹿饮溪"一动一静,一远一近,独特的"野情"之景。

绵延不绝的山色,蜿蜒曲折的路径,迷路的诗人却欣然探访鲁山深处。深秋霜降,远处烟雾下的熊的身影在树林雾凇之间若隐若现;空无人迹的树林,鹿垂头在潺潺溪边饮水。"我"的存在已然消解在这一片闲适的自然之境中。忽而云雾缭绕的山间传来一声鸡鸣,是人间的烟火气,更添一份生活的闲适与悠然。

结合诗歌的创作背景,这一年梅尧臣解襄城县任,奔赴邓州会葬谢绛。这一年,西夏战争更加严重,好友尹洙奔赴前线参加战争,自己却依旧没有获得从军的机会。这一年,襄城大水,人民遭受巨大的灾难。这一切都给梅尧臣以极大的刺激,他写出了《田家》《汝坟贫女》等大量现实主义作品抒写人民的痛苦。但是同年的《鲁山山行》却构筑了一幅空寂无人的山水画卷。辞去官职的梅尧臣在山林之中已然忘却了世间利害得失,走入自由与忘我的心灵境界,他心中是"野情",体悟的是"闲适"。查慎行:"句句如画,引人入胜，尾句尤有远致。""落句妙，觉全首便不寂寞。"① 为何不寂寞？因为创作主体早已消失在诗外，自然万物来替代抒情主体发声，一片天地万物大和谐之景又何来人的寂寞之感？整首诗歌浑然一体，自然朴实的直观抒写却闲而有趣，幽而有味。《华严经》中有云："不依文字，不著世间，不取诸法，不起分别，不染著世事，不分别境界。于诸法智，但应安住，不应称量。"② 禅宗认为创作主体只有处于泯然忘我的境界，脱落凡尘的羁绊，对客体作即物即真的鉴赏，才能得其三昧。禅宗将这种清净空洁、无欲无碍、无染无垢、诸缘不挂的本心认为是最高境界，这种"无为无我"既含有《金刚经》的"不应住色生心，不应住声香味触法生心，应无所住而生其心"③ 的意义，又包含了道教的心斋说、坐忘说，强调主体应超越世间利害得失，走入自由与忘我的心灵境界。由此得出结论，禅和自然在梅尧臣的闲适诗达到了一种"无为无我"的浑融境界，将禅宗思想的"明心见性、顿悟成佛"贯彻到诗歌创作中，破除对尘世纷扰、参政议事的执念，在山水自然间随心所欲，不以贫寒出身和坎坷仕途为缚，身处山水田园间摒除困扰、万相皆空，以达到全身心的闲适，从而构筑了梅尧臣独有的闲淡悠远的艺术风格，是梅尧臣诗风形成的重要一环。这一类闲适诗，以山水记游和景物描写为内容，使自然景物原原本本地呈现出原始物性，以形成浑然一体的自然、闲适的氛围。其用词清新幽美，风格平和娴静，仿佛万籁俱寂之下被自然所洗涤，获得对人生的开悟和闲适的精神体验。

三、论"格物"

然而，停留在语言层面，就容易忽视其他重要的问题，这也是从叶老师"熊"的一系列论作中受到的启发。

图1 叶舒宪教授在礼县秦宫遗址发掘现场
（照片来源《熊图腾》）

---

① 〔清〕查慎行：《初白庵诗评·瀛奎律髓·鲁山山行》，范道济点校，中华书局，2017年，第1264页。
② 〔明〕德清提挈，陈永革整理：《大方广佛华严经纲要》，中华书局，2020年，第348页。
③ 〔清〕俞樾著：《金刚般若波罗蜜经注·上篇》，陈景超点校，浙江古籍出版社，2017年，第6页。

叶老师在《熊图腾》这本书中说，2006年是他的熊年。熊是所有与人直接发生关联动物中占据首屈一指位置的一种，由此可见，人与大型哺乳动物相互作用的漫长历史中，熊对人来说最重要又最熟悉。熊是个能够两足站立直立行走的猛兽，曾经在很长一段时间担任着神灵的化身，尤其是母神的化身，农业社会兴起之初，人们并没有丧失对熊图腾深远的文化记忆，只是随着狩猎生活的日渐远去，淡化了熊的神圣感。熊崇拜的史前信仰十分深厚，催生出人类最初的艺术创造的冲动，古老的熊图腾崇拜及其仪式行为对世界文学的贡献也有根本的属性。

叶老师运用他在21世纪建构出的方法论——四重证据法，根据考古发掘的5000年前红山文化女神庙中神熊塑像和真熊头骨等证物，尝试论证华夏熊图腾祖先神话记忆来自史前狩猎文化想象的近万年大传统。叶老师经常四处田野调研，他之前从西北考察所见博物馆藏文物图像的入手，结合近年来出土的图像学新资料，从中探究鸮与熊形象的史前文化大传统渊源及其神话学蕴含，重建了汉代天熊神话观中具体解析为六类不同功能的图像谱系：其一为天国中占据中央神位的天熊形象，堪比天帝或北极星（太一）；其二为汉代器物常见的三熊足造型，隐喻神熊顶天立地，贯通神人鬼三界；其三为象征生育与生命再生的母熊形象，突出刻画雌性生殖特点；其四为象征神仙不死的单熊、双熊或多熊；其五为代表草原游牧文化的猛兽神；其六为发挥驱邪驱鬼功能的方相士形象。重点就是第二点，熊在天熊神话观中是可以代替天帝或北极星（太一）的。有时神熊形象位于西王母和东王公的中间，显得非常突出和无比神圣。古代天文神话观认为天空的中央是北极星，号称帝星，又被抽象为太一，与地上位于五方之中央位置的黄帝形成上下的对应。① 如果以此为依据，上一问"升"字可解，舶来语一问也可破。因熊本身就是中国上古天熊神话观里的神祇一员，作为北极星的象征，并非西方星宿所定义。

这种研究方式对于长期专注于文本研究的人是打开了一扇新的大门。在这一次对答案的索求中，脱离了文本研究，不再局限于诗歌语言，而是从天文学、生物学入手，甚至还通过叶老师了解到了神话学和人类学，了解到图腾崇拜。图腾崇拜将某些自然物神圣化，将动物和植物看成和自己氏族具有血缘关系的先祖化身，就像中国人常说自己是龙的传人一样。古今学人都是从文字训诂入手，总是在浩如烟海的文献古籍的记载中作考证。叶老师指出，对于远古的神话、宗教的文化现象，需要配合实地考察，寻找分析和破解的线索，再回来对照书本中的记载，和世界各方面的对应现象对比，这种多方面对照的立体视野，才是一种探究远古文化较为周全的方法。比"从图书馆到图书馆的搬家工程"这种学院式的书本作业来说，更加有实效。因为对于人文学者来说，这种身临其境的体验感是非常少的。他提出的四重证据法也是为了将这种多方面对照的研究方法整理出来，便于文学人类学的学者进行学习和研究。四重证据法从可经验的文学对象的表层结构入手，探讨不可经验的但是决定着表层现象的深层结构，进而从神话—原型生成和人类思维的"集体无意识"的角度对这种立体结构做出科学的阐释，力求在主体人的心理结构和客体对象的结构之间的对应关系中把握某些跨文化的文学现象生成及转换的规律性。叶老师就是从"熊"这个点切入进行研究，通过四重证据法，探究熊元素的演变和中外文化之间的互动。叶老师说

---

① 叶舒宪：《汉代的天熊神话再钩沉——四重证据法的证据间性申论》，载《民族艺术》2016年第3期。

的"格物致知"的"格物"让人很是触动,做学问还是需要深入田野考察,不能总是依赖书本。

四、结语

格物致知,就是在躬行践履中研究真理。学贵力行,行贵体悟,行而致知,知而促行,循序渐进,方能诚意正心,培育修齐治平品格,造就经世致用人才。桃李不言,下自成蹊,叶老师为文学人类学走出了一条格物致知的路。叶老师不仅在理论上强调格物的重要性,也身体力行地亲自教授"格物",还把"物"带回来给学生们看,他拿着探照灯照在玄玉上透出荧光的绿色,让笔者作为一个刚入门的后生也能感受到千年文化的魅力。

"一时代之学术,必有其新材料与新问题。取用此材料,以研求问题,则为时代学术之新潮流。治学之士,得预此潮流者,谓之预流。其未得预者,谓之未入流。此古今学术之通义。"叶舒宪团队的"中国文学人类学理论与方法研究"最终成果——四重证据法认为:第一重证据为传世文献。第二重证据是出土文献,王国维提出的从地下出土的甲骨文、金文,是商周时代的文字叙事,是过去纯文献研究时代没有看到的证据。第三重证据是民族志和人类学田野调研的口传文化、民俗学材料。第四重证据是出土实物及图像,是比较文化视野中的物质文化以及考古获得的图像资料。如果只局限于书本就只能在第一重证据里徘徊,"格物"格的是从地下挖掘的新"物",是亲身田野调研后的感"物",以及那些出土的实物和图像,也是需要研究者去了解背后的文化含义。这就打破了从前人文学者专注于图书馆的局限,走出图书馆,去博物馆,去乡间田野,去遗址现场,只有多角度、跨学科,才能得到值得利用的新材料。

传播符号学视域下文学人类学的价值阐释

许在元

一、引言

作为物质性的符号体,一旦与人发生联系,被人的感知赋予意义而成为符号,便被视为人类意义表达、思维和交流的载体,符号学则成为贯通人文社会科学的基础学科,具有认知与方法的普遍性,人文社会科学整体呈现出向符号学和语言学转向的趋势,从而形成众多的门类符号学。传播符号学便是这一转向的产物。它是从符号体通过交流、传递而被不断赋予意义的符号学原理中诞生的。一方面,符号离不开传播,媒介符号的意义在传播中生成和展延,方使得符号具有人类文化共时性与历时性的价值。另一方面传播的本质就是信息和意义的扩散——接受中的扩散,而信息、意义皆依托于符号,传播是媒介符号的传播,即传播离不开符号,于是传播与符号成为孪生的生命体。这也决定了传播符号学的学科性质,以媒介符号为研究对象,以各类交流现象为问题域,以意义的指涉、生成、表征与传达为逻辑起点与关注核心。于是传播学一方面借助符号学而实现理论的深化与功能的强化,另一方面符号学因传播学的加入而在学理上不断地深化、丰富,从而使符号开放的无限延展性及其社会功能得以有效地张扬。

文学人类学学派在创立之初,便与符号学产生了天然的联系。因为文学人类学其本身就是学术领域的新延展。这种延展表现在三大方面:一是时间领域——历时性的延展,由以文字为载体的语言艺术时期,向上延展至无文字的史前时期,探究图象、物象符号中的神话精神及其文化基因。二是空间领域——共时性的延展,由以文字为载体的文学文本,扩大至以非语言的文化文本(物体、图象符号所构成的文化文本),相应地由文学学科扩大至包括史学、考古学、文字学、人类学、艺术学、哲学、文化学在内的多学科的交叉领域。三是符号学领域探索的延展性。这种延展性是非语言符号的延展,向下(现代)的延展,如绘画、音乐、戏剧、电影等媒介符号的延展,向上(史前)的非语言符号——物符号、图像符号的延展。而这三种的延展皆以符号为载体展开,离开符号便难以建构其学理与事实的体系,故而该学科在其建立之初便是符号的,从这个角度讲,称其为文学人类符号学也无不妥。

文学人类学最大的难点便是符号意义的确定性。因为史前符号的意义比之语言符号更具有不确定性。而研究非语言符号意义的生成与传达自然而然地成为文学人类学的第一要义。同时文学人类学又是历史的,是立足于非语言编码的大传统而解释语言编码的小传统,在符号体系打通两类传统,由文化文本转为文学文本和传播文本。故而在交流与传播中赋予符号以历时的流变性,则成为文学人类学的第二要义。正如上文所言传播符号学最基本的关切点,是意义如何产生与传达、接受与传播。故而传播符号学与文学人类学的有着共同的关切点。正因此,本文从传播符号学的视角,考察文学人类学的符号学理论体系及其意义的生成与表达，不仅具有学理的基础，且有可推开该学科的一扇认知之门，发现其被遮蔽的价值域。

二、符号学与传播符号学

符号学始于 20 世纪初瑞士学者索绪尔的语言符号学，受其影响至 20 世纪六七十年代形成以雅各布森、罗兰巴特、格雷马斯为代表的结构主义的符号学，至 20 世纪七八十年代又有以皮尔斯为代表的逻辑符号学。符号学的定义甚多，最简要的当为"符号是对携带意义的物的感知"。它具有三大元素：符号体、人的感知、意义。符号体即承载意义的载体、媒介它是一种物质，包括可见物质与不可见物质，前者如文字、图像、有形物、色彩、行为、姿势、舞蹈等；后者如声音、音乐、气味等。意义指信息、功能、心理与精神的意念等。而人的感知，指人在特定的环境中所生成的某种意识与意图。就三者的关系而言，符号是人的感知所赋予符号体以意义，一般是通过对符号的加工而赋予符号体以意义的。故人的感知是符号意义即符号生成的动力与根源，也是符号学研究的首区。三种元素自身及相互间关系有三种形态，形成了符号的三种层类。第一类层，符号体是独体的，无参照系、借鉴物，人的感知在符号体上未留下明显的印迹，符号的意义具有多元可能，且处于模糊状态，可称之为隐义符号。即皮尔斯所言经验三性中的第一性，"独立的不需涉及他者而存在的实相"，也是他所言的符号与对象三层关系中的迹象符号。如一个形体微有改变而不大明显的石块，或一个独体的表意不明确的字符等。第二类层，符号体处于可比较和选择的发散性状态，人的感知具有同向性（有共同的意指），并在符号体身上留下了清晰的加工痕迹，符号的意义在诸符号体间的比较与选择中呈现出来。如岩画中较多的太阳、马、鹿等符号。我们称之为显意符号。类似于皮尔斯的经验三性中的第二性，"依靠与他者相互作用而获得存在的实相"。接近于他的符号概念中的类象。第三类层，符号体在共时性中呈现为聚合性，在历时性中体现出稳固性，符号体留下了意识明确的加工痕迹。人的感知在不同环境、集群、民族或历史时期，具有鲜明的共同指向。其所传达的信息、精神意义具有鲜明的类的普遍性。我们称之为类符号，即皮尔斯所言"通过联结其他实相而获得存在的实相"以及他所说的象征符号。譬如史前的图腾符号、帝王的印玺、国旗、佛教符、品牌的标示符号等。

符号的三元素和表意的三类层，揭示了符号的意义产生于人的感知，而人的感知是无限的，故而符号的意义也便因人而有了再生性。人是社会性的人，是交际中的人，是时空流动着的人，故而人的感知是在交流与传播中进行的，故而符号意义也是在人的交往与文化传播中再生和延展的。所以说，意义产生于传播的过程中，产生于传播过程的解释中介，于是符号与外部世界之间的对应，并非一次性的简单关系，而是一个复杂的历史过程——交流传播的过程。所以符号学与传播学有着天然的联系。它是传播符号学生成的学理基础。

然而，对于符号意义的生成，解释得最具科学性的和学理性的是索绪尔的语言符号学。他用二元对立的思维方法分析语言符号的内在结构，将符号的内结构分为能指与所指二类。而罗兰·巴特又将意指补充于其中，从而形成能指、所指、意指三大概念。能指是符号的载体，是意义的物质形式，"是通过我们自己的感官所把握的符号的物质形式"。它本身并没有意义，而是通过与其他符号的关系（对立性、差异性、共同性）来获得意义。所指是指符号所代表的具体对象物的概念，"是符号使用者所涉及对象所形成的心理概念"。意指为符号所传达的意义或内涵，是对所指的理解、解释，是人们在使用符号时所赋予的意义。

它随着环境、语境的变化而具有流动性。如汉字"花",字形和字音是能指,其所指的对象则是植物所开的花朵(概念的,非具体实物)。而意指,则随着环境或语境的差异而不同。若是初春,花的意指必是鲜艳、美丽、生命力;若是暮春,其意指则是枯黄、衰败、短暂。能指、所指、意指的结构揭示了符号意义是如何生成与扩散的。罗兰·巴特《符号学原理》进而提出符号表意的两大系统理论,深化了符号意义的外延与内涵。罗兰·巴特认为,能指与所指之间存在某种酷似性或必然的联系。然而一个能指不一定对应一个所指,可能对应多个所指。于是能指具有了多项选择,故而可能会带来所指随之发生变化。罗兰·巴特将这种变化拟定为递进式的。随即产生了语言表意的复式结构——第一、第二表意系统。即第一表意系统中的所指为新的能指,赋予该能指更高一层的外延意义,即新的所指,这个新能指与新所指便是符号的第二表意系统。譬如"红"字,其字形与声音为能指,所指为对应的一种颜色,此构成语言表意的第一系统;以一种物的颜色为能指,赋予其更高一层的意义,代表血腥、激情、浪漫,这便是其第二表意系统。"红"字符号的意义由一物的红色,扩展为更高远的象征意义——血腥、激情、浪漫。符号意义的外延、内涵就是如此生成和扩散的。符号意义内涵、外延的扩散,是在不断地阅读、理解中,在文本的传播过程中进行的。符号载体的文本,一方面可以多角度地阅读,另一方面可以无穷尽地传播(尤其是经典文本),是因为符号的意义在脱离了第一表意系统之后,能指的不确定性所带来的所指的升华,从而使意义发生层变,变得深远乃至扑朔迷离的缘故。

  符号意义的外延、内涵开放性地无限制地扩展,正是符号在历史的纵深演变中意义不断再生的必然,也是其意义的传播式的扩散。传播符号学正是在这两种变化中滋生出来的。

  传播是信息的传播,而信息来自于符号,符号就是信息,所以传播就是符号的传播。而索绪尔的符号结构主义理论,很好地解释了符号(信息)意义在交流中的生成和传达。从而奠定了传播符号学的学理基础。而美国符号学家皮尔斯,将信息符号分为三类,第一类为迹象信息符号,指一个事物所留下来的能够被感觉到的痕迹,如手印、衣角、毛发、血迹等,它尽管是事物的切片、微信息,具有模糊性,却是事物本身同质的符号,是信息的直接表达。第二类为类象信息符号,类象符号通常指那些和对象有类似或者类象关系的符号,如一枚铜钱(与时代)、一张人物素描(与人物)、一页手稿(与作者)等。它虽不是事物本身的一部分,却与原事物有着酷似性,是对事物的增加和补充,容易勾起人的联想。第三类是象征信息符号。它既不是原物本身的组成部分,也与原物缺少接近性,而是原物精神的深远表征,是对原物意义的最高层级的想象性扩张。如黑夜象征黑暗和罪恶、黎明象征光明和未来、松柏象征坚毅和永久等。皮尔斯用三种信息符号类型原理解释传播活动,认为类象式传播的功能,在于引导受众和媒介建立一种依恋的、接触的、想象的和信仰的关系。而象征式传播的功能,则在一般意义上建立了传播的秩序、稳定性和环境框架,可以说,是在原水平上发挥了传播的组织作用。故而皮尔斯可视为将符号与传播第一次融合起来的符号传播理论的奠基人之一。而罗兰·巴特一方面将符号的范围扩大到影像、姿势、音乐、物体、仪式、景观等信息现代传播的领域,符号直接进入了传播媒介中来。另一方面它提出了表意的两层系统(见上文),第一层为符号意义的外延系统,第二层则为符号意义的内涵系统。内涵系统尤为重要(接近于皮尔斯的象征信息),因为它具有更高级别的创新意义,塑造着受众对传媒的知觉方式,创造着传媒物的精神世界。罗兰·巴特将其称之为"神话"(见《神话集》)。意为传媒界运用这一原理创造意义的神话——一个社会构造出来以维持和证实自身存在的各种意象和信仰的复杂系统。罗兰·巴特的符号学理论，丰富了符号传播学的理论内涵。总之传播符号学是运用符号学原理，探索符号在交流与传播中所创造的新的文化意义世界。

三、文学人类学的符号体系、理论建构与学术价值

文学人类学的学科具有文学与人类学的双重属性，关于它的归属至今是有争议的。它起初是借用人类学（主要是文化人类学）的全球视野及其方法来拯救文艺学的困境，却最终突破了文学边界，走向了更广袤的人类学，由单一学科走向了交叉学科。事实上，文学与人类学的契合点是神话，神话既是文学的也是人类学的。人类学所研究的神话尽管不同于文学语言故事型的神话，而是贯穿原始人类生活的以祭祀为主要形式的对神的信仰、崇拜活动。但在人类学家看来，这二者具有进化的因果关系。神话的文化存在方式是符号，那么，打通文学与人类学的是符号，打通语言与非语言文化的是符号，打通语言文化与史前文化的是符号，打通不同民族、不同国度文化的是符号，打通人文社会科学内诸学科边界的也是符号。因为符号是人类意义表达的最基本单位，无论何种质的现象（痕迹、类象、象征）皆是符号的现象。故而文学人类学就是文学人类符号学。

就中国的文学人类学而言，其研究的对象、时空域是全新的，为此前文学未涉足的广袤而神秘的史前文化，即文字产生前的非文字文化。其时间为商代之前的六千多年间，中国文学人类学派的创始者称之为大传统，而自殷商甲骨文之后的三千多年，称之为小传统。事实上，文化小传统就是语言符号传统，文化大传统即非语言符号传统。换言之，文学人类学的文化大、小传统体系，就是由两种性质的符号——语言符号、非语言符号——构成的符号体系。

文化大传统是文学人类学的用力点与兴奋点。它们企图成为这片更广大的文化荒原的开拓者，复现、重建更久远的史前文化的符号世界，从而返回身来，更好地阐释被时间遮蔽的语言符号的意义世界。

文学人类学派面临两大困境：一是符号的收集，如何具有多样性、广泛性。他们选择通过走出书斋的田野调查和考古成果资料的采集两种方法途径来解决这一难题。二是如何使符号意义阐释更多地避免主观性，具有可靠性、实证性、科学性，否则文化大传统的研究便失去方法的保证和学术的根基。在这一关键的理论问题上，学派的创立者在学术的实践中提出了四重证据法。即"在原有的一重证据即传世文献之外，能够将新出土的文字和文献材料（甲骨文、金文和竹简、帛书等）作为第二重证据，将民间活态传承中的口传文化和仪式等人类学、民族学资料作为第三重证据，将出土的或传世的古物、图像资料等作为第四重证据"。四重证据法标明了其所研究符号的种类：文字符号（甲骨文、金文）、语言符号（纸质语言符号、帛书与竹简语言符号）人体动作形态符号（舞蹈、仪式）、口传声音符号、古物符号、图像符号。包含语言文字符号、非语言文字符号两大类。其中以文化大传统的物、图符号为重心。不仅大大拓展了符号阐释证据种类的范围，而且将史前的物图（物形、图形）符号置于一切符号的价值之上，这是文学学科无法做到无法比拟的。而在具体的分析阐释过程中，文学人类学的创立者强调语言文字符号与非语言符号的相互参照、四重证据法的兼用互证，并在一些关键性的物图符号阐释实践中，取得了实效（如熊、鸱鸮、蟾蜍等图腾符号），从而极大提高了符号阐释的实证性与科学性。

在四重证据法提出和阐释的学术实践中，文学人类学的创建者，进而打通大传统与小传统间的壁垒，创建由源及流，由大传统到小传统的历时性的符号体系——N级符号编码。

叶舒宪教授说:"我们倡导用历时性的动态视野去看文化文本的生成,将文物和图像构成的大传统文化文本编码,算作一级编码。将文字小传统的萌生算作二级编码的出现。用文字书写成文本的早期经典,则被确认为三级编码。经典时代以后的所有写作,无非都是再编码,多不胜数,统称'N级编码'。"① 所谓的一级编码,就是无文字的物图符号的文化编码,它时间最早,信息直接,是以后编码的本源,故被置于最重要的地位。二级编码即早期文字,如甲骨文、金文、竹简、帛书,特别是甲骨文与金文,保留着符号的早期形态,与物图符号最接近,故而具有次重要地位(如汉字中玉偏旁字承载着玉符号的众多信息)。原始经典是汉民族早期文化符号的应用者,其中不乏对于史前文化在流传过程中所留下的印痕。而此后对早期经典的训诂、注释与义理阐释,以及在这种主流文化观念影响下的个人感知记录,则保留着不同时代、民族的印痕、物别权力影响下的变异,其真实性便受到更多的遮蔽乃至变形,所以算作N级编码。

四重证据和N级编码理论不只是沿着由大传统到小传统的时间逻辑展开的。而更重要的是它在符号阐释的实践中,由一级意义到二级乃至N级意义的层级性,由简单到复杂,由表层到深层,由原初义到引申义,由痕迹符号到象征符号的层层递进,从而展现出符号在意义的共时性与历时性中(随着域境、语境和心境的变化)的叠加与流变。

然而,符号不是单体的,而是群体的,依不同的标准,构成其意义的类属,不同的类意义间的关系,纵横交织成意义之网,就像文字组合成词、词组、句子、段落、篇章一样。文学人类学的符号也因意义及其关系构成一个个整体,这个整体如何称呼,文学人类学的创立者吸收了文学和文化人类学的中"文本"的概念,而统一地称之为文化文本(含文字符号文本、非文字符号文本)。叶舒宪教授解释为:"文学文本②,一般指来自文化小传统(特指文字书写的传统)的所谓'作品'。文化文本③是指来自文化大传统(先于文字而存在的文化传统)的神话信仰所支配的编码形式、法则及原型整合而成的意义发生与表现的过程。"并借文本概念创始人克里斯蒂娃的"现象文本"与"生成文本"予以说明,现象文本是看得见、摸得着的具体存在物,具有客观实在性质;生成文本则是看不见、摸不着的理念式存在,是理论抽象的结果。文学人类学所提示的文化文本无疑属于一种生成文本。"是理论家经过理论思维而构拟出来的思想中的存在,如同潜在的语法规则一样。……它虽然看不见、摸不着,却必然对该文化中的每一个成员的文化意义编码行为具有支配作用。"将非文字的具有潜意的物图符号,说成是文化文本中的生成文本,以与文字文本的现象文本相区别,显然是概念提出者的一种智慧。因为如是便将史前物图文本与语言文本联系了起来,并赋予现象与生成的因果关系。于是文学人类学的符号体系便以文本为载体而统一了起来,文本也成为了联系文学、人类学以及大传统符号与小传统符号的天然纽带。至此,文学人类学便构建起自身完整的符号学及理论方法体系。

这个文学人类学符号体系,是基于四大理论创建的全新的学术体系。大小传统的概念虽借鉴于美国人类学家雷德菲尔德研究农民文化时的一种分法,认为"在一个文明中,存在着少数思想者创造的大传统,也存在着不事反思的大多数人的小传统,大传统是哲学家、

---

① 叶舒宪:《文采之今昔:文化文本的多级编码视野》,载《文化学刊》2013年第5期。
② 叶舒宪先生后订正为"文字文本",以与史前的"非文字文本"成为一个对立的概念。
③ 叶舒宪先生后修正为"非文字文本",而"文化文本"则是"文字文本"与"非文字文本"的合称。

神学家和文人创造的，小传统则是自发的，在不识字的俗民的乡村生活中得以延续，故而不上档次"（《〈农民社会与文化：人类学对文明的一种诠释〉》）。即大、小传统是指农民文化中高雅文化与低俗文化的对举。叶舒宪教授则拿来分别指无文字符号的史前文明，与文字符号产生后的语言文明。赋予了这一概念数以千年时间域和人类发展史的意义，以此为基础而创建了一个新的学科与学派，这无疑是一种颠覆性的再创造。四重证据法，是在王国维先生提出的"幸于纸上之材料外更得地下之新材料"（《古史新证》）的二重证据法基础上的扩展。因为"纸上之材料"与"地下之新材料"主要指早期文字（竹简、帛书）和书本上的语言文献。而大传统是无语言符号，故而单靠文字与语言文献显然是不够的。叶舒宪教授提出的四重证据法，一方面是将适用于非语言符号研究的实证方法，即考古实物与田野调查获得的仪式与音像符号拿来，以补二重证据法之空缺。另一方面将四重证据法或称N重证据法视为一个整体，相互参证。"'四重证据'中的每一重证据都有它一定的使用范围和使用效力，相互结合才能产生二加二大于四的作用。"① 这一提法，不仅将学术视野由语言小传统，扩大到无语言符号的大传统，更重要的价值在于可由此开拓出新的学术大陆，其学术方法的创新是不言而喻的。四级编码，或许借鉴了洛特曼的二阶模式化和符号交际功能所产生三级编码的影响。洛特曼在研究符号在交际中意义增殖的过程中，认为"因为艺术文本的译者可使用不同的代码（如K1、K2……）对原文本做出阐释"，又因为在翻译过程中，语言可以产生巨大的创造性功能，故而造成原文本（文本1）、翻译文本（文本2）、他者对翻译文本的复原所得到的文本（文本3），所以就因交际而形成了三级（或N级）编码。但洛曼特只关注文本翻译，而且他说的文本仅限于语言符号文本。而叶舒宪教授所言的N级编码，则是由大传统至小传统的万年之内，且包括文学文本与文化文本在内的随着文本载体形态变化而产生的意义流变，具有历史的穿透力与意义流变的阐释力，"严格地说，小传统文字编码的内容都是植根于大传统的。人类不是因为有了文字书写才开始认识和表现世界的。在这种情况下，只要找到大传统的再现方法，找到进入文字书写以前的世界的方法，就可以进行新的拓展研究"②。所以他的N级文化编码理论是符号学与人类学编码理论的一次时空域的拓展和质的飞跃。文化文本的概念，或许借鉴了文本概念创始人克里斯蒂娃的文本划分，也融合了人类学与符号学中的文本内涵。然而人类学研究更多的是现象文本。叶舒宪教授的文化文本的概念是将语言文本与图像文本合二为一的整体概念，是以两种文本的文化关系相互阐释文本的文化意义的阐释体系，即以文字语言符号辅助阐释物图符号（如鸿门宴中刘邦所赠项羽的白玉等），又以物图符号阐释古代经典中的语言符号意义，如玉熊与有熊氏的史书记载等。故而其文本文化具有学理的包容性、民族性和创新性。在文本学研究史上是一次质的飞跃，是普通文本学之后的第二代文本学的典型范式之一。

就总体而言，文学人类学的符号学体系的建构有四大独特意义。

第一，一项开拓文化大传统的学术拓荒工程。自20世纪初文学学科设置以来的一百余年，文学研究者总在自有文字以来的3000多年的传世文献中耕耘，总以为传世文献就是历

---

① 叶舒宪、栾为：《四重证据·N级编码·"玉教"理论——叶舒宪先生访谈兼答李永平教授》，载《陕西师范大学学报》（哲学社会科学版）2016年第5期。
② 叶舒宪、栾为：《四重证据·N级编码·"玉教"理论——叶舒宪先生访谈兼答李永平教授》，载《陕西师范大学学报》（哲学社会科学版）2016年第5期。

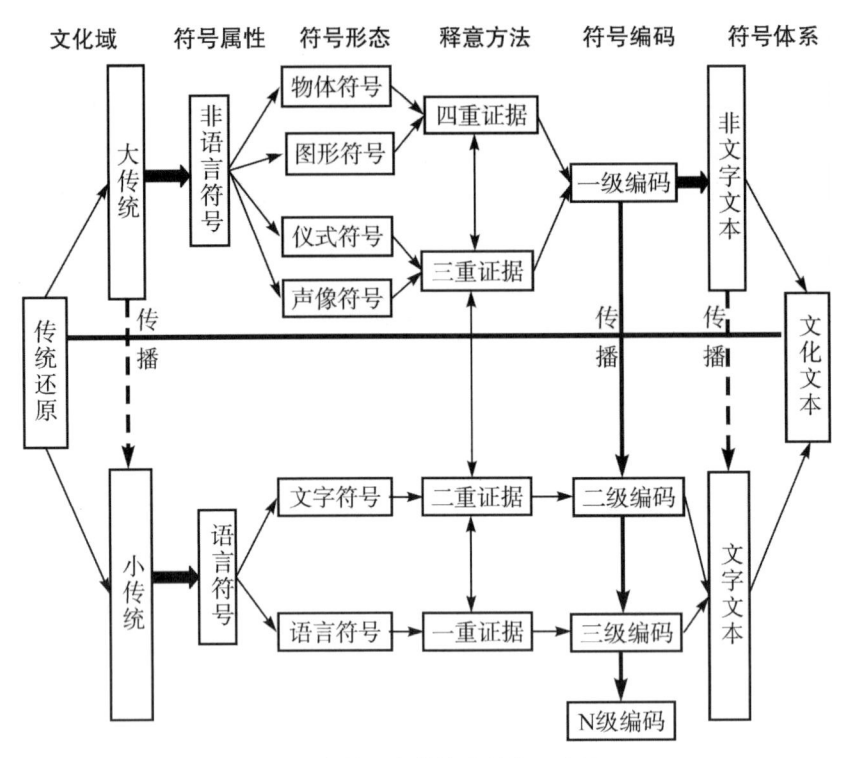

图 1 文学人类学符号结构示意图

史真实的纪录，神话研究也总是以纸质文本记录的神话故事为素材而阐释中国神话。而文字产生以前6000多年人类留下的文化痕迹，一直未进入学者们的视野，中国文化大传统的6000多年的文化宝藏始终未得开封。文学人类学的开拓者，认为这种局限于小传统的研究，实为一种无本之木、无源之水的独眼学术。切割了6000多年的文化之源，小传统的研究或知其然不知其所以然，或对重要的文化符号视而不见，或偏离了文字符号产生的原场域等，这些都必然影响研究的全面性、真实性。叶舒宪教授对局限于小传统的学术，表示严重怀疑，"生活在文字编码的小传统中的人，很不容易超越文字符号的遮蔽和局限，所以一般无法洞悉大传统的奥妙。中国学术传统以经学为圭臬，往昔的钻研学问者被文字牵着走，只知道从文献中去寻找知识和传统，所谓'皓首穷经'，久而久之形成了唯文本马首是瞻的习惯定式，以及书本主义的崇拜倾向，无法在书本知识的铁牢之外洞见任何天地"①。他们所以建立文学人类学的目的性与价值追求十分明确，就是要开辟中华文化的北大荒，发现中国文化大传统的新大陆。这一研究领域的拓荒工程，无论在中国文学抑或世界文学界，都是石破天惊、破天荒的。

第二，创建基于实证研究的阐释理论。作为具有交叉学科性质的人类学，很注重多类型的研究方法，诸如归纳法、演绎法、分类法、比较法等。中国的文学人类学派意在建立基于本土特色的文学人类学，十分重视研究方法。叶舒宪教授认为文学人类学更像是方法论的学科。因为，史前的图像与物体符号，较之语言符号，大多仅是文化留痕物，尚处于动态化的意义未确定阶段。如何确定图物的符号意义，较之文字则需更多的参照物和证据。

① 叶舒宪：《金枝玉叶——比较神话学的中国视角》，复旦大学出版社，2012年，第34—35页。

这些参照物既可以是史前的，也可以是文字的、早期文献的；既可以图释图，以物释图，也可以图释物；既可以古证古，也可以今证古。这样一来，符号意义生成既是阐释的又是实证的，是实证的阐释。以叶舒宪教授为代表的文学人类学创建者，结合中国的史前物图符号的特征（如"玉成中国""神话中国"），所倡导的四重证据法，更像是考古工作的实证方法，且比之多了田野调查的方法。而且在学术研究的实践中，愈加成熟和严谨。愈来愈多的考证成果显示出实证研究方法的严谨与结论的可靠性。譬如玉成中国说，在该学派成员多年的西玉东输与北玉南传的运输路线的考查，以及考古出土不同时期的玉石色质、玉器种类、玉器功能的统计与编排，结合传世文献的玉器叙事，在众多的研究成果中，得出中国在新石器时代中后期，曾经历了一个玉器时代，形成了玉石信仰与崇拜，这种自然信仰、崇拜与权力相结合，具有神圣、权威性，而通过代代传承，形成流传距今9000至4000年的玉石神话信仰的文化基因，这种文化基因是中国本土文化特有的现象。这一结论就是利用四重证据法研究的成果，具有很突出的实证性特征。

第三，将文化文本严格置于中华民族文化发展语境的框架内审视，用中国材料、中国场域、中国理论，构建中国史前文化生态。

学科的创建者因自身具备国内外高层次教育与多学科知识的学术资源，有独特的世界眼光与思维视域。对于国外文化人类学、语言文学、民间文艺学、比较文学、世界神话学乃至哲学的进展、优势与问题有着清醒认知和辨析，对于中国古代文学、民间文艺学、文化人类学、比较文学、神话学、考古学除情有独钟外，置于世界范围对其来源与成长以及自身的问题有着独到的认知。他是带着浓厚的问题意识、批判的态度和拯救的责任，意在吸收国外先进文化理性，解决中国文学研究的问题，建立基于中国资料、中国场域、构建中国理论，用中国方法，以解决中国文学人类学所面临的问题，吸收拿来主义的教训，力求避免削足适履的痼疾。该学科创始人明确地指出："在世界范围内来看，中国学界在理论建构和创新方面是先天的弱项，或者说是软肋。我们长时间奉行拿来主义，大量植入外来理论，生而不化地解读中国问题。随着各门知识的不断积累，是时候将不同学科的壁垒拆除，以通达的眼光关注中国本土，用中国理论解决中国问题，文学人类学为此而努力着。"事实上，他不只是这么说，以他为代表的中国文学人类学派成员所创造的思想认知、研究方法与理论阐发，无一不体现出中国学术在创新过程中所体现的民族特色。大小传统是如此，四重证据法是如此，N级编码理论是如此，玉石中国说、神话中国说更是如此。因为在这一派看来，玉石信仰（玉帛信仰）与神话崇拜（伴随巫文化的未曾间断的连续性为中国所独有）皆为中国文化所以为中国文化的文化基因，也是中国文化统一性早于西方青铜器与文字的表现。叶舒宪指出，因为中国在青铜器与文字出现之前，曾有一个玉石信仰的文化期，它距今10000至4000年间，即新石器后期出现的玉器时代。故而西方判定文明出现的三标准（城市、文字、青铜器）说，不适于中国的文明产生之实际。"忽略了中国青铜时代的到来和汉字的系统应用，都大大晚于玉器时代和国家王权建构的事实。玉器时代不仅在年轮积累方面更加深厚，而且在孕育文明之独有文化基因方面，也起到比青铜时代更加关键的作用。从整个东亚范围来看，前金属时代孕育出的最高价值物，非玉礼器莫属。"其结论来自于中国玉石生产与运输的实际，来自于中国大量玉出土的器物证据，来自于中国史书与早期经典的叙事，具有系统而浓厚的本土文化的独特性。

第四，日益丰富的学术成果，必将在学术视域、思想观念、理论方法诸方面对中国人文社会科学研究产生不可估量的影响，促进新人文学领域的研究。

文学人类学的学术成果日渐丰富，其成果构成了由若干个成果链组成的完整体系。大体说来，这个体系由六大理成果和十大论证成果构成。六大理论成果，除上文所分析的大小传统理论、四重证据法理论、N级编码理论、文化文本理论外，还有玉成中国理论、神话中国理论。前四项成果在上文中已做过分析，无须再述。后两项理论成果玉成中国、神话中国，成为神话研究的指导性理论。在这两大理论指导下，形成了到目前为止影响较大的十项实证成果。

其一，玉帛时代说。即在中国及周边国家的新石器时代与青铜器时代之间（距今4000—8000年左右），有一个玉帛神话信仰时代，它与稻谷、陶器等形而下的信仰，共同构成了中国文化的基因。"我国玉文化的起源不是8000年前，而是10000年前。蚕丝文化的历史不是5000年，而是至少七八千年。"① "在距今5000年之际，玉文化与蚕丝文化就发生融合，可以北方红山文化玉器中出现玉雕蚕为证。玉和帛两种要素一旦交织起来，就形成某种坚固的神话信仰体系。其神话观传承到先秦时代，体现在文献中：如《国语》的'玉帛为二精'说，《论语》中孔子的'礼云，礼云，玉帛云呼哉！'说，《左传》讲述夏禹会盟天下诸侯时的奇观——'执玉帛者万国'，等等。"② "使用玉礼器的史前遗址，在距今4000年之际已经遍布黄河上中下游和大江南北，乃至一直向南传播，到珠江、右江流域，并波及越南北部地区。向西则一直传播到河西走廊地区。"这一重要的发现在于找到了中华文明的发展史不同于西方与非洲的根本原因，在于有一个长达三四千年之久的玉帛时代，乃至发现这一时代培育出了中国文化的基因之———玉石信仰产生的玉石精神。而青铜器及其以后的铁器时代则是这一文化基因的延续。

其二，西玉东输说。认为中原玉石料，起初为墨玉、红玉、绿玉，而最珍贵的上等玉则是昆仑山的白玉。以叶舒宪为创始人的文学人类学派，最大的贡献是他们用十几年时间，行程万里，通过实地探查，弄清楚了玉石东传南下的具体路线图。从此昆仑白玉经玉门关东下的模糊传说，变为了由大量考古出土玉器和玉矿为依据的具体而丰富的玉石运输路线图。叶舒宪说："综观中国玉文化的发展史，在中原地区的用玉取材，确实存在过一个先玄玉后白玉的时代更替过程。换言之，目前经过考古发掘的中原史前文化，只是在距今5300年的河南灵宝西坡仰韶文化墓地首次批量发现墨绿色蛇纹石玉礼器的存在。文学人类学研究会组织的'玉帛之路'考察活动已经完成对中原和西部地区的14次考察和数据采样，追踪到中原地区史前用玉的西部来源情况，即沿黄河第一大支流渭河，从甘肃东部的武山县蛇纹石玉矿山，一直输送到关中和中原地区，并通过渭河的主要支流泾河和北洛河等，继续呈现多点开花的四散传播局面。"同时出版了三套相关丛书，一是，甘肃人民出版社2015年出版的"华夏文明之源·玉帛之路"丛书共7部；二是，上海科学技术文献出版社2017年出版的"玉帛之路文化考察丛书"共6种；三是，陕西师范大学出版社2020年出版的"玉帛之路文化考察丛书"共3种，总共16部。从而使玉成中国理论有了玉石料的生产与输送为支撑的坚实而不可动摇的基石。

其三，天人合于玉说。叶舒宪学术团队在史前文化的考察中，发现一个共有而极怪异

---

① 叶舒宪：《玉石神话与中华认同的再认识：筛选文化基因的理论视角》，载《百色学院学报》2023年第2期。

② 叶舒宪：《玉石神话与中华认同的再认识：筛选文化基因的理论视角》，载《百色学院学报》2023年第2期。

的现象，即《山海经》中玉石叙事的分量较大，不仅许多山皆产玉，而且神祭都离不开玉。说明玉是一种人与天、人与神相通的唯一神物。由旧石器到新石器时代，早期人类以石为工具，当他们发现一种石料，细腻而坚硬，做成的石器，比任何石器都锋利无比，坚不可摧，便认定其为神器。而且晚上，这种石料会发光，犹如天上的星星，其皎洁润泽，犹如月亮，便信以为玉石是上天上掉下来（或上天赐予人类）的神物。"月亮作为夜间的发光体，在物理特性上与白玉有极其相似的一面，月宫中的兔子为玉兔，蟾蜍为玉蟾，嫦娥为玉女，建筑为琼楼玉宇，当然都是顺理成章的。"① 从祭祀必用玉器、谷物、动物和幼童祭物观之，后三者为献给神灵享用的供品，而玉器则是通天的神物。叶舒宪科研团队，从历史叙事中的以玉象征"和为贵"的玉德，以及"化干戈为玉帛"诸多记载，认为玉不仅为通天地之神物，也为天人合一的象征物，是中国文化中天人合一观念生成的基因。

其四，儒学源于祭与玉说。儒学的核心观念是礼与仁，这个观念体系似乎来自于家族血缘亲情，再向深远处追寻，则发现其源于中国古代的祖先祭祀仪式。祭祀有两大性质的活动：一是祭祀的参加者与位置排列，完全依照宗法礼度，其最大的特点是上下先后的等级森严，故而维持等级制的礼由此而生。二是祭祀要表现出祭祀者与被祭者之间的爱的纽带，祖上对子孙们出于爱的保护、庇佑，子孙们对于祖先的情感的真诚、尊重、敬畏、仁爱由此亲情而生。叶舒宪团队认为祭祀的重要礼器，早期为玉器。礼与仁的价值观渗透在玉礼器中，故而儒家主张仁德如玉，玉的纯真、洁白、温润象征着君子的品性。故而主张儒学的精神信仰源于对于玉石神话的信仰。"西周王权旁落之后，旨在恢复周礼权威的儒家学说得以产生，儒家玉德观也就是从商周以来的帝王用玉制度的神圣传统基础上发展而来的。儒家的君子观和传统的神玉信仰相结合，有了'君子比德于玉'的新经典性教义，最终赋予美玉以道德化、人格化的内涵，使得玉成为仁义道德的特殊符号载体，成为充分体现形而上意义的形而下器物，奠定后世华夏玉文化的主基调。"②

其五，玉石信仰。玉物对于中国人来说，司空见惯，人人喜爱，且自古以来似乎每朝每代的人都如此。因何如此？文学人类学的创始者，从出土发现的随葬品、祭祀用器、古人佩带、厅堂挂品、历史叙事等材料中，经分析归纳后发现，玉具有其他物所不具备的独特功能。一是它是上天赐予人类的神物，具有通天通神的功能，故而成为祭祀中首品。二是玉永不腐朽的品质，成为人们心中生命永恒的象征。三是玉使用初期多为权力者所有，意为上天赐予的权力，它是地位与权力的象征。四是玉代表财富，只有富有的人才拥有玉，它是财产富有者的象征。五是玉石洁白、纯真，温润、光亮，代表人的品质和人对美好的向往。它在神灵、生命、政治、经济、文化诸方面，皆象征着美好，于是成为人们心中的神圣物、崇拜物，形成一个民族的精神信仰，也成为中华文化生成的基因。叶舒宪教授首先从历史文献叙事中，发现帝王、国君对于玉的崇拜如同对于权力的崇拜一样，贯穿古今，流淌了数千年。"黄帝食玉种玉、颛顼又名端玉、尧舜班瑞玉为王权信物、禹获得天神赐下之玄圭、夏启佩玉璜而升天、殷纣王宝玉缠身、点火自焚升天、赤乌衔圭启示周文王兴邦、周公持璧秉圭对话祖神、卞和献玉三代楚王、和氏璧完璧归赵、鸿门宴上的一对白璧救赎

---

① 叶舒宪：《玉兔神话的原型解读：文化符号学的 N 级编码视角》，载《民族艺术》2014 年第 2 期。

② 叶舒宪：《玉石神话信仰与文明起源——审美发生研究的形而下视角》，载《文贝：比较文学与比较文化》2013 年第 C1 期。

刘邦性命、秦始皇创立统一帝国时独选美玉素材打造传国玉玺。"其次，在甲骨文、金文中发现，以玉作为偏旁的早期汉字数以百计，标示着造字之初玉在人们生活中的重要地位。"《说文解字》将玉字偏旁作为汉字部首体系最重要的六大部首之一，罗列出个相关的汉语字（词），几乎都无法在英文中找到对应的语词。对照'千种玛瑙万种玉'和'人养玉，玉养人'的古老民间俗语透露出华夏先民对各种美石的精细入微的辨识能力和审美情怀。"① 再次，通过系列著作，阐明玉与中国历史中的两个重要文化思想"天人合一""和谐"的生成有直接的关系。发现儒家文化以玉喻人喻德，玉是儒家的君子人格的象征体，从而认为玉石信仰是中国文化生成之原壤，是中国文化主要内涵（天人合一、以和谐为美、以德礼为尚）的重要基因。"玉石神话信仰不仅是驱动史前玉文化发展的动力，而且在催生文明国家的文化认同方面起到无可替代的精神凝聚作用，成为奠定中国文化精神与核心价值观的基础。"

其六，非轴心时代说。"神话中国"是文学人类学提出的一个原创性的重大命题。这一命题的理论前提是对国际通行的"轴心时代"说的大胆质疑，认为中国在公元前五六百年，并未有经过像古希腊那样的以逻辑思维和科学精神为标志的"哲学突破""科学突破"，以及由神转化为人的轴心时代。那个时代对于中国来说，依然是神话崇拜时代，是神人交织的时代，是神话思维占重要地位的时代。叶舒宪认为，"相对于兰克的'历史科学'范式，维柯《新科学》概括出的历史哲学的三段论范式，倒是更具有跨文化的普遍性：神的时代—半神半人的英雄时代—人的时代。由于古希腊以外的所有民族都没有发生科学思维的轴心突破，因此所有的历史讲述都从神话叙事开始，而讲述到英雄祖先之后的人的时代，依然要大体遵循神－人互动或天人感应的叙事逻辑"。② 文学人类学派通过对先秦经典逐一分析的系列著作，意在充分论证这一点。既然，推翻"轴心时代说"，那么中国文化的发展又该是如何状态的呢，如何定义呢？文学人类学学派提出神话思维在神人、英雄、历史的进程中，在文化层面不断统一，经历了三个阶段——统一三段论："第一次统一是玉文化的统一，完成在距今4000年前的龙山－齐家文化时代。第二次统一是甲骨文汉字带来的书写符号统一，发生在距今3400年的商代。第三次统一是秦帝国的军事与行政的统一。"③

其七，天熊与上古祖系说。文学人类学派在大传统研究中最突出的个案成果，便是熊图腾的发现，它不仅早于龙图腾，而且在华夏族形成过程中，构成了一个延绵不断的祖系。这无疑是对中国文化传统观念的一次重大的补充和颠覆。关于中华祖先的记载，最权威的当是《史记》，《史记》有《五帝本纪》，却无《三皇本纪》。显然失去了最重要三皇谱，成了没头的祖谱。不仅如此，因不知道三皇祖谱，那么五帝中的第一黄帝名号为有熊，因何称为有熊，便无从知晓。该学派的主要创始人，意在补充丢失的三皇谱，他们首先发现第一个重要信息——《山海经》中的相关记载，"熊山熊穴出神人"，"熊山，帝也"。那么？熊山若是帝的名字，那么，熊穴是否也是帝的名字呢？他进而发现在长沙子弹库出土《楚帛书》所记三皇之首伏羲的圣号即天熊。于是联系《史记·楚世家》叙事中提到的楚王族

---

① 叶舒宪：《玉石神话信仰与文明起源——审美发生研究的形而下视角》，载《文贝：比较文学与比较文化》2013年第1期。

② 叶舒宪：《"神话中国"观对文明探源的理论意义》，载《文化遗产》2022年第5期。

③ 叶舒宪：《玉石神话与中华认同的再认识：筛选文化基因的理论视角》，载《百色学院学报》2023年第2期。

先祖谱中第一位以熊为号的穴熊。随后又有新发现，即战国竹简文献《安徽大学藏楚简》中有一段文字："融乃使人下请季连，求之弗得。见人在穴中，问之不言，以火爨其穴，乃惧，告曰：'酓（熊）。'使人告融，融曰：'是穴之熊也。'乃遂名之曰穴酓（熊），是为荆王。"① 至此，《山海经》中的"熊山熊穴出神人"，方找到了其他文献给予的答案。文学人类学派通过四重证据法，最终补完了楚国十四祖的如下谱系。

（1）天熊降临：熊山熊穴，冬闭夏启，出神人，见《山海经·中山经》《安大简》。

（2）天熊伏羲创世记，见《楚帛书》；天熊神人，以虬龙为坐骑，往来天地之间，见《天问》。

（3）伏羲之子少典，见《三皇庙碑》；少典建有熊国，见《今本竹书纪年》，《史记》集解引谯周曰。

（4）少典生黄帝，黄帝继承其父有熊国号，见《国语·晋语》《五帝德》《史记》。

（5）黄帝之孙颛顼，为玄帝、北方神、冬神，见《五帝德》《帝系》《史记》。

（6）颛顼生老童，见《山海经·大荒西经》（《史记》误为卷章）。可解读为冬眠后出穴之熊，即神人降临。老童又名神耆童，隐喻返老还童，见《山海经·西山经》。

（7）老童（熊）生重黎，重黎为火正之官——祝融（熊），见《史记》。祝融为南方神，为天降人间的神人，见《楚帛书》《国语·周语》；祝融乘两龙，见《山海经·海外南经》；老童、祝融为"三楚先"前二位，见《包山楚简》《望山楚简》。

（8）重黎之弟吴回亦为祝融，生陆终，陆终从肋骨生六子，见《帝系》《史记》。祝融生太子长琴，见《山海经·大荒西经》。

（9）陆终生季连（熊），见《帝系》《史记》。季连为天降人间的神（祖），见《清华简·楚居》。

（10）季连生什祖氏（附沮），什祖氏生内（穴）熊，见《帝系》《史记》。穴熊之名，见《葛陵楚简》《清华简·楚居》。穴熊得名的真相，见《安大简》。

（11）穴熊传鬻熊，鬻熊为周文王师，见《史记》。相传有《鬻子》传世。鬻熊名，见《包山楚简》《望山楚简》。

（12）鬻熊生熊丽，见《史记》。

（13）熊丽生熊狂，见《史记》。

（14）熊狂生熊绎，周成王分封熊绎，建楚国，见《史记》。（熊绎生熊艾，熊艾以下还有近30位熊号楚王）②

再联系，屈原《天问》中的发问："焉有虬龙，负熊以游？"因此语是针对楚国宗庙壁画所做的发问，说明屈原时楚国宗庙内有熊骑龙飞腾的壁画。这岂不说明，熊的地位比龙高，而龙在早期不过是个可以上天入地飞行的交通工具——犹如今天的出租车司机或小卖

---

① 黄德宽：《安徽大学藏战国竹简概述》，载《文物》2017年第9期。
② 叶舒宪，Wang Luman：《祝融：神话历史的复活——四重证据法重建楚版上古史谱系（14祖）》，载《孔学堂》2022年第4期。

哥吗?

　　这一成果,填补了《史记·五帝本纪》缺三皇谱的空白,大体弄清楚了中华帝祖谱系的沿革,发现熊崇拜的早期人类文化信仰的原始信息,真是一个不小的历史功绩!

　　其八,鸱鸮生商说。文学人类学派在大传统研究中另一项突出个案成果为鸱鸮生商说。《诗经·商颂·玄鸟》"天命玄鸟,降而生商",即商人的祖先为玄鸟。那么玄鸟是何鸟?《毛诗正义》释为"黑鸟",又从甲骨文、金文"商"字,上为鸟首,下为鸟身,形如燕子或凤凰①,故而认为玄鸟即燕子或凤凰。解释为燕子或凤凰为商人祖先,或商人崇拜的图腾灵物。然而在中华人民共和国成立后特别是改革开放后大量出土的商代器物中,很少见到凤燕,而大量的证据是鸱鸮(猫头鹰),于是燕子凤凰说开始引起考古工作者的怀疑。陕西考古研究所所长韩伟赴欧洲访问时,主人欧洲收藏家克里斯狄安·戴迪(Christan Deydier),向他出示了新收藏的一批盗掘自甘肃礼县的秦人金箔饰片,这些金箔的形状多样,"其中有鸱鸮形金饰片八件。韩伟据此写出《论甘肃礼县出土秦金箔饰片》一文,刊于《文物》杂志。文章认为秦人鸟生传说与商人相似,都是吞玄鸟卵生,玄鸟不是燕子应是这种鸱鸮"。②叶舒宪又收集了关于商代鸱鸮器物的证据七件,它们分别是:(1)陕西华县太平庄出土仰韶文化陶鸮鼎;(2)同一地出土仰韶文化猫头鹰陶器盖;(3)殷墟妇好墓出土铜鸮尊;(4)殷墟妇好墓出土青铜偶方彝顶部中央大鸮面;(5)殷墟出土商代石鸮(圆雕);(6)殷墟出土商代陶鸮像;(7)辽宁喀左县东山嘴红山文化遗址出土的绿松石鸮。③特别是他分别于2008年、2009年先后到台湾"故宫博物院"和台湾"中央研究院历史语言研究所"历史文物陈列馆等地考察,发现了许多此前未知的1949年转移过来的安阳殷墟等地出土的大量珍贵文物,以及台湾"中研院文物馆"编目的《商代文物》,特别是台北"故宫博物院"收藏的"龙冠凤纹佩","一件深牙黄色扁平状的玉饰,以镂空及浅浮雕技法,雕出枭鸟的侧面造形。这只枭有弯钩鸟喙、短颈、短尾和粗腿,头上还站着一只小龙。龙身较短,鸟和龙的身上都琢满了回旋绕转的圆弧纹"④。玉器专家邓淑萍介绍,所以称之为"凤"的理由,是因为"在古人心目中,各种能通神的鸟均可称为凤,所以它被定名为'龙冠凤纹佩'"。而中国大陆妇好墓出土的青铜鸮尊及其背面图,"在大鸮头部,则生出一只站立的小鸮或凤鸟,以及一条龙"。它表明凤鸟与小龙在猫头鹰图中是衍生的小附件。龙与凤比猫头鹰晚出,地位远不及猫头鹰。叶舒宪认为:"以上通过图像学给出的殷商鸱鸮造型十多个案例,说明在王者和王后级别的最高等级墓葬中,鸱鸮确实是所有神圣动物中表现最为突出和频繁的一种。文献中记录的玄鸟生商神话,如果以先于文献而存在的实物为参照系,只能落实到史前鸟女神崇拜遗留在殷商的形态——猫头鹰母神神话观,才好做整合性的解释。"而所谓龙凤呈祥,原来是比鸱鸮女神崇拜晚出的符号。这不能不说是他的一个大胆的怀疑,一项具有重大突破性的发现。他同时依据四重证据法,证实了

---

　　① 东方神鸟崇拜中的神鸟为长尾,西方为短尾,故有燕子与凤凰两种说法。
　　② 叶舒宪:《玄鸟原型的图像学探源——六论"四重证据法"的知识考古范式》,载《民族艺术》2009年第3期。
　　③ 参见叶舒宪:《玄鸟原型的图像学探源——六论"四重证据法"的知识考古模式》,载《民族艺术》2009年第3期。
　　④ 叶舒宪:《玄鸟原型的图像学探源——六论"四重证据法"的知识考古范式》,载《民族艺术》2009年第3期。

"玄鸟生商"中"玄"字的本意,不是黑色,而是璇,旋转之意,玄鸟即为眼睛与鸟首旋转的鸟,即猫头鹰。至此,"天命玄鸟,降而生商"的玄鸟为鸱鸮,即鸱鸮生商。同时也找回被湮灭两三千年的猫头鹰母神神话的一个时代。

其九,娥兔月亮神话。嫦娥与玉兔的神话,人们都熟悉,却是当作一个故事传说而已。叶舒宪教授用四重证据法、比较文学的方法,在大量实物与文字证据的基础上,用神话思维理论还原玉兔与月亮神话的文化意义。月兔、嫦娥、月宫被玉化、女性化、生命化。"月亮作为夜间的发光体,在物理特性上与白玉有极其相似的一面,月宫中的兔子为玉兔,蟾蜍为玉蟾,嫦娥为玉女,建筑为琼楼玉宇。"这是月宫的玉化。月亮每月一团圆,而兔子每月一生子,二者在时间上一致。叶舒宪先生认为:"兔子是生育周期与月亮的圆缺周期具有一致性,都在29天左右。联系到中国民间有关兔子望月而孕的传说,对永生不死药与生育药、春药之间的神话生命逻辑就能有所领悟吧。难怪汉字中意指生育和分娩行为的'娩'字,要采用'兔'字为结构要素。"① 而嫦娥名字的由来,同样指向一种特殊的意义,"嫦娥本名姮娥。从女的'娥'字在音和义两方面都隐喻着从虫的'蛾'字。蛾本是变形动物蚕虫所化。嫦娥因此又可视为蚕-蛾的人格化表现"。而蚕蛾吐丝,使人们自然联想到蚕织和丝纺的汉民族的早期生产活动。这种活动几乎与农耕生产活动中的种植谷米、小麦的时间相近,距今已有上万年的历史。丝织品的出现至少距今也有六七千年的历史。而嫦娥不只是女性的化身,也当是织女的化身,她的玉化实际上可能是中国古人玉帛信仰——玉蛾合体——的物化符号。而在距今6000年的东北红山文化出土的玉蝉玉蚕形象②同样是玉与蚕的合体,表明玉帛信仰距年至少已有6000年的历史。如是看来,玉兔、嫦娥、月亮神话,虽然出现得较晚(约为汉代),然而它留下的符号痕迹却距今至少已有6000年的历史,而叶舒宪研究团队用四重证据法分析的结果,表达的则是中华民族生命崇拜(认为玉具有永久的生命力)和玉帛信仰(玉为生命与精神信仰,而帛则为农耕文化中的衣食崇拜)的文化符号。

其十,"三部曲"与"三段论"。文学人类学派的创始者对其研究成果有一个总体的概括,称之为"玉成中国三部曲"和"中国统一进程三段论"。该提法是叶舒宪教授在《玉石神话与中华认同的再认识》一文中提出的。现引述如下:

> 为充分展开玉石神话信仰驱动中华文化认同的学术研究,文学人类学研究团队在近10年中先后完成三大国家项目,其研究统称"玉成中国三部曲"。
>
> 其一是"中华文明探源的神话学研究"(中国社会科学院重大项目A类,2009—2013年;入选国家社科基金中华外译项目,2016年),全面梳理中国玉器时代及其精神遗产,聚焦先于青铜时代的文化大传统资源,论述玉石神话作为中国神话信仰之祖根,对催生文明国家意识形态起到关键性的奠基作用。项目当年结项时的认识还局限在8000年玉文化传统中。如今已经根据吉林和黑龙江的考古遗址和玉器新发现,拓展到10000年。
>
> 其二是"玉石神话信仰与华夏精神"(国家社科重大招标项目"中国文学人

---

① 叶舒宪:《玉兔神话的原型解读:文化符号学的N级编码视角》,载《民族艺术》2014年第2期。

② 孙守道:《红山文化"玉蚕神"考》,载《中国文物世界》1998年第11期;王刚:《浅谈红山文化玉蚕和祭祀》,载《内蒙古文物考古》1998年第2期。

类学理论与方法研究",2010—2016 年;入选国家社科基金中华外译项目,2019年),此项目比照现代社会学奠基人马克斯·韦伯为西方资本主义精神寻根的学术思路,在万年传承不息的玉石信仰体系中,找出玉礼器作为"天人合一"中介物的华夏精神意蕴。再参照出土玉器实物,全面解读"玉帛为二精"的神话学意蕴,诠释中国文明特有神话信仰如何驱动并塑造出十分特殊的资源依赖现象,以及由此形成的国家版图超地域整合现象,类比今日的"西气东输"现象,而命名为"西玉东输",从历史根源上解说我国当代奢侈品市场上和田玉独尊的价值现象。梳理玉石神话认同对统一的多民族国家"多元一体格局"的牵引和拉动。

其三是"中华创世神话考古研究·玉成中国"(上海市社会科学特别委托项目,2017—2021 年)。玉文化研究是近年来伴随考古新发现而崛起的新兴领域,其成果却带来始料未及的重要信息。有关史前玉文化在深度和广度方面的新认识,不断刷新已有的历史常识。项目成果丛书共 7 部专著,从女娲补天所用五色石、盘古精髓化为珠玉、黄帝亲自播种玄玉这些看似玄幻的神话题材出发,链接考古发现的玉器实物,对其加以梳理说明:玄玉(深色蛇纹石玉)如何开启 5000 年中原玉文化史的过程;红玛瑙珠在 3000 年前从南亚输入我国,并与传统玉器组合为玉组佩新传统,风靡西周上层社会,并由此奠定"中国红"审美风尚;玉琮、玉圭、玉璋的起源学与时空分布的 5000 年大视野,讲述三类圣物以往未知的中国故事;玉斧钺的 9000 年传承与演变,构成甲骨文"王"字的取象原型,也奠定为《鹖冠子》全书核心意象王鈇(斧)的原型,甚至有理由视为引出秦始皇传国玉玺的玉礼祖型。玉人像与玉柄形器的 5000 年传承脉络,如何为中国文明同时奠定偶像崇拜和非偶像崇拜的基石,又如何从史前玉神偶像的原生态传统出发,在后世再度接引来印度佛教偶像崇拜的次生传统。凡此种种,皆落实到塑造玉礼器和玉神祖像的不同玉料与不同形制的实证研究,彰显出玉文化引领中华认同方面的多样性具体案例。"玉成中国"丛书自 2020 年至 2022 年,已由上海人民出版社出版 6 种。

基于"玉成中国三部曲"的独特专业视角和新知识观,笔者再提出中国统一进程的三段论模型:第一次统一是玉文化的统一,完成在距今 4000 年前的龙山-齐家文化时代。第二次统一是甲骨文汉字带来的书写符号统一,发生在距今 3400 年的商代。第三次统一是秦帝国的军事与行政的统一。玉文化从 10000 年前在东北地区萌生之后,在东亚广大地域的持续性传播、推广,耗时五六千年的时间。从距今 10000 至 8000 年的玉文化零星分布于北方地区,发展到距今 4000 年之际,已能够覆盖国土的广大地域,呈现为散发分布的情况。这是以往的国学研究者根本无从知晓的全新文化史系统信息,其可释放的潜在能量尚未得到学界的足够重视。

"三部曲"与"三段论"说,是文学人类学派创建者对学术成果的自我总结。三部曲是从承担和完成的国家社科基金项目的角度而言的,所言成果很实在,只是课题程序的表述,并未全面涉及原创性的学术观点和主要证据。至于三阶段论,则甚是提纲挈领,其破天荒的贡献是第一阶段的玉文化的统一。可称之为叶氏统一论。

以上所言文学人类学派的创造性十六大成果(六大理论成果与十大论证成果),大体可窥见这一学派的学术特色、学理框架和重要学术贡献。应特别说明的是,这一学派因其学科的交叉性与学术时空的越位、超前，走前人虽偶有足迹，却未曾集群地开垦的荒原，故而难免被人怀疑，遭受冷落。然而，他们在三四十年的时间里，凭着创造性的勇气、明确的学术目标、学术方法的大胆尝试，以及一堆堆成果，终于踩出一条通向新的未来路，受到愈来愈多学者关注、愈来愈多年轻学者的跟随。无论其研究的领域、研究的方法和理论，都在更大范围更深程度上被学术界所接受。相信其未来的影响是无法估量的。

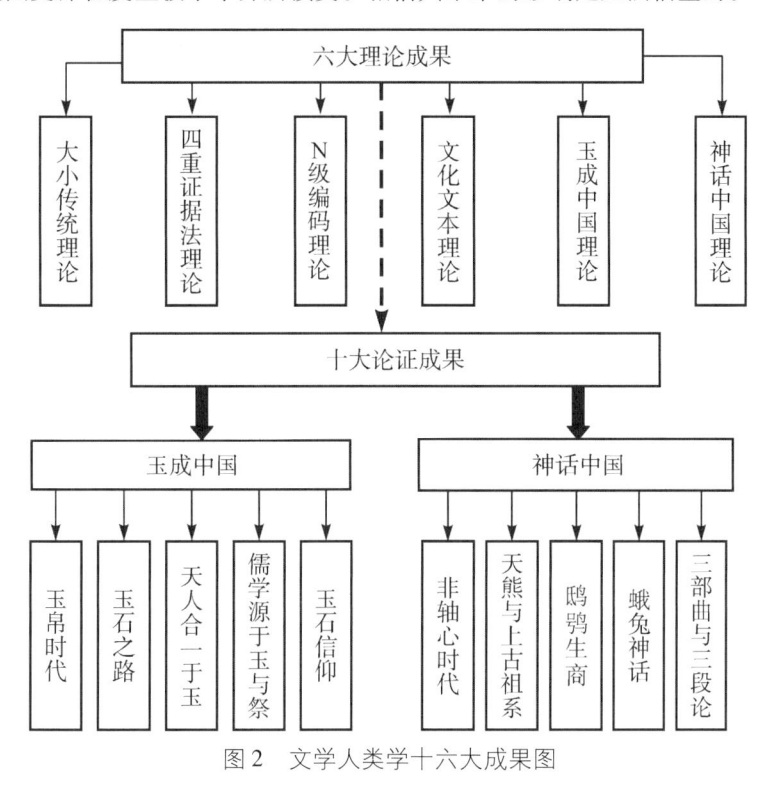

图 2　文学人类学十六大成果图

四、突显文化符号的价值取向——意义的生成与传播

文学人类学创建的目的很明确：一是开辟史前大文化传统的研究，开垦这一片浩瀚的学术处女地，筑起无语言符号文化意义的体系——文化文本，以寻找中国文化生成的基因。二是利用大传统解释小传统，以中国文化生成的基因，阐释中国文化流变的历史。展示中国文化基因扩散、传播、流变的波澜壮阔、异彩纷呈的流动状态。前者是文化意义的生成，后者是文化基因的传播流变，前者是因，后者是果。前者是研究的前提，后者是研究的终极目标。

符号意义的生成，依靠由少至多，由符号个案到符号文本（意义体系）的过程。单个的符号体，难以确定其意义，而同类的符号体数量愈多，其参照值愈大，意义愈容易通过其间的联系而得以确定，一种类文化符号也是同样需要由少到多的阐释条件。譬如关于熊图腾崇拜，不仅发现熊的物符号和图像符号，而且在历史叙事中，发现"天熊""穴熊""有熊""鬻熊"的称谓，于是熊图腾的意义，便不再仅是一般的图腾崇拜，而是与国家的起源——上古谱系之间建立起了特殊的联系。① 符号意义的层次的深化，如由能指—所指—意指，由第一系统意义到第二系统意义的层层深展，无不需要符号物的由少到多。如玉符号的意义内涵，由玉石的能指，到细腻、坚韧、洁净、润泽、天物的意指，再到神圣、通神、天祐的象征义，直至王权神授、权力神圣等意义的深拓，也皆为由少到多的玉器发掘和诸多的玉石叙事所生成的。文学人类学理论中的四重证据法，就是在证据的数量与类型方面由少到多，从而使符号的隐义得到更多证据的确定。对于文学人类学而言，符号意义的生成的另一路径则是由小传统到大传统，由地上与地下传世文献来说明非文字的物图符号的。无论是对于拜物教的玉石信仰而形成的玉成中国论，还是熊成三皇五帝的始祖说，以及由神话信仰、神话精神、神话思维、神话叙事所构成的神话中国说，更大程度上也是由史书神话叙事（帝王神话）、经典神话叙事（子学神话）、宗教叙事（宗教神话）、小说戏曲叙事（故事神话）以及影视叙事（影视神话）的大量小传统的意象证据中所归纳出来的。这种符号意义的生成，是建构中国史前文化文本，寻找中国文化基因的第一步，也是文学人类学的首要价值取向。

与从文学文本阐述文化文本，由小传统说明大传统的论证方向所不同的是，文学人类学的另一个价值取向，是由大传统说明小传统，用史前文化研究成果说明文字之后的中国文化的流变史，由古及今，由源及流，重构中国文学文化的历史。这个历史是交际的历史，是权力话语的历史，是文化的传播史。由符号意义的生成，到符号意义的传播，以实现中华民族文化的还原与重构，正是文学人类学的值取向。这一价值取向一方面可以从其四大理论的创造得以说明。大小传统的理论，开拓大传统，意在重构文化小传统，而由大传统到小传统是一个跨越近 10000 年的漫长历程，这个历程就是不同文化的交际史、扩散史、取舍史、传播史。而文化 N 级编码理论的创建，正是展现这一民族文化信息在传播过程中不断被编码的历史，由山海经诸山神祭祀用玉的纪录发现，很可能新石器时代的智人，发现玉在夜间如天上行星一样光亮，如月亮一样皎洁，它一定是上天之物，它可以通天、通神，它代表上天的意志。于是祭礼时作为通天通神的神物、圣物。这种观念直到曹雪芹的《红楼梦》以玉的符号故事化地表现了出来，即由女娲补天的彩石，到有灵性的玉神，再到投胎为人、以玉为魂的宝玉，再现出玉石符号拯救人类的补天精神，由物之纯净到人性的自然纯洁以至于以洁净、真情为美的人类心灵的历程，足见，玉石精神是中国文化的基因，其所体现的天人合一精神以及崇尚和合文化的价值追求，正是中国文化之源。而由玉石崇拜至《红楼梦》所表现的对玉石纯真、洁净的审美追求，正展现了中国人玉石文化传播与演变的历史。而 N 级编码理论更适合于具体展现中国文化传递交流历史的阶段性。理论的创造者将中国神话进行 N 级编码的学术实践，通过对出土发现的物图符与文字符号加以编码，发现这个时代文化文本的叙事为祭祀叙事的祭祀神话；三皇五帝夏商周的史书叙事（二级编码）为帝王神话叙事（帝王神话）；先秦散文（诸子、历史散文）的叙事（三级编码）为巫文化叙事的巫史神话；《佛藏》《道藏》叙事（四级编码）为宗教叙事的宗教神话，小说、戏曲叙事（N 级编码）为故事神话（如《西游记》神话、《聊斋》神话、《牡丹亭》神话等），直到当下的影视神话叙事（N 级编码）的视听神话；等等。所谓神话中国，

---

① 叶舒宪：《祝融：神话历史的复活——四重证据法重建楚版上古史谱系》，载《孔学堂》2022 年第 4 期。

就是由祭祀神话到影视神话的编码过程，文化媒介的转换过程，以及因受众需要，并受市场需求导向的传播过程。文学人类学派们的研究成果，诸如玉成中国、神话中国、天熊与上古祖系等，无不证明由源及流，阐释中国文化交流与传播的历史为该学科的最终价值追求。

略观世界电影的发展潮流，以神话为题材的电影成为主流。如《特洛伊》《海王》《诸神之战》《诸神之怒》《惊天战神》（希腊神话），《巴霍巴利王：开端》《巴霍巴利王2：终结》（印度神话），《神战：权力之眼》（埃及神话），《潘神的迷宫》，以及中国的《西游记》系列电影等，都是全世界高票房的电影。原因在于，人们有一种普遍的还原思维倾向，即回到人类早期生存状态。而人类所有的文化指向，不过是人在灾难面前，如何活着，如何得到神力的庇护，如何战胜灾难而获得生存，而神话以最简洁、最原始、最怪异、最惊叱的影像展现人们心底的普遍需求。在这方面，文学人类学所开拓的史前文化特别神话信仰，可以为今后中国电影提供最有价值和冲击力的媒料和议题，即文学人类学的研究不仅在中国文化探原的文化建设工程中具有重要意义，而且在远古文明的当下传播中具有不可替代的价值。

立论与立人：文学人类学理论方法在研究生教育（2002—2023）中的应用考察

——基于258篇硕士、博士学位论文的计量分析

秦崇文

文学人类学是由以著名学者叶舒宪教授为核心成员提出并系统阐述的一种文学研究的理论和方法，在国内外产生了广泛影响，成为中国学术"走出去"和争取国际学术话语权的成功范例，如今逐渐发展为一门新兴的交叉学科，成为中国比较成熟的学术发展动力。

文学人类学伴随改革开放而勃兴，是中国比较文学研究中富有本土特色的一个重要学术亮点，乐黛云先生曾说："比较文学孕育了两个重大新型学科，一个是翻译学，另一个是文学人类学。"[①] 文学人类学是在20世纪后期跨学科研究的浪潮中催生出来的，其涉及两个学科领域的研究转向：一是文化人类学研究的文学转向，即人文转向；二是文学研究的人类学转向，又称文化转向。在深入理解两大领域转向的学术史意义基础之上，文学人类学这门新兴交叉学科逐步建立起自己的理论和方法论体系。

古语云"问渠那得清如许，为有源头活水来"，而一种理论和方法论的应用、一个新兴学科的发展，则需后继有人。对知识和未知保持一颗敬畏之心，才能使自己永葆先进和活力，文学人类学的理论和方法亦需要不断探索、积累与更新，就像水源头一样。在中国，自1986年出现文学人类学的相关提法，1996年成立文学人类学研究会，至今已经有30多年的学术推进与研究积累，不少高校都陆续开设有文学人类学的专业课程，培养了100多位文学人类学方向的硕士和博士，本人正是其中的受惠者之一。

笔者上大学时，初次接触文学人类学这门课程，进而知道大名鼎鼎的叶舒宪老师。而见到叶师本尊愿望，直到2014年12月在上海交通大学才得以实现（那时笔者正读硕士一年级），算来迄今已有近十年。当时温馨场景，如临昨日，倍感温暖。在上海交通大学，叶师还请了笔者这个素未谋面的学生品他自己珍藏的好茶，吃上海的美食，天南海北地侃了很多趣事，如何做学术……临别还赠予学生很多好书，如《文学人类学教程》《神话－原型批评》《结构主义神话学》《金枝玉叶——比较神话学的中国视角》等。一定程度上，笔者对文学人类学真正意义上的学术兴趣，也是从这个时候才开始的。对于年轻学者来说，不仅仅要学习叶师勇于探索、敢为人先、开拓创新的立论精神，而且还需要继承叶师不拘一格、和蔼可亲、任劳任怨的立人精神，同时，这也是文学人类学一派一以贯之的精神品格。文学人类学的前辈们不断鼓励后学，尤其注重培养青年学者，年轻学子在学术成长过程中对文学人类学理论的应用和方法论的探索能够在一定程度上反映该理论的生命力和学科发展的前景。而学位论文是经过几年学习的成果，体现了硕士生和博士生在这一学习阶

---

① 乐黛云：《祝中国文学人类学再上新台阶》，载《中国比较文学》2011年第2期。

段的最高学士水平，是最佳的试金石。借叶老师七十华诞之契机，本文将使用文学人类学相关理论和研究方法的博士和硕士学位论文作为研究样本，以期勾勒出中国文学人类学的部分发展图景。对涉及期刊、图书、学科建设等方面的内容笔者将另行撰文进行阐述，以形成一个相对完整的研究体系，以期对文学人类学研究领域进行整体性、全方位的认知。

一、数据来源与研究方法

本文的数据来源：中国知网（CNKI）硕博学位论文数据库、读秀学位论文数据库、万方学位论文数据库、中国国家图书馆博士论文数据库、台湾学术文献数据库、HKMO优秀学术全文资源库（港澳优秀博硕论文库）、北京大学学位论文数据库、清华大学学位论文数据库、中国社会科学院研究生院学位论文数据库、上海交通大学学位论文数据库、北京师范大学学位论文数据库。

使用检索词：文学人类学、叶舒宪、文学人类学理论、文化文本、符号编码、文学治疗、文学禳灾、阉割与狂娟、三重证据法、四重证据法、N重证据法、神话原型批评、结构主义神话学、玉教、神话历史、神话中国；检索范围：主题、关键词、作者、题名、摘要、目录，并使用"学科""主题""仪式""图腾""展演""比较文学"这六个检索词在关键词字段补充检索；学位论文截止日期为2023年8月1日；最后一次检索是在2023年8月28日。去除重复和无关论文后，共得到258篇学位论文作为样本文献。文章主要采用文献计量分析法和描述归纳统计数据方法，所选取的样本文献侧重对文学人类学的理论建构的探讨与方法应用层面。

二、文学人类学在学位论文领域中的应用概览

学位论文的年度变化可以大致呈现出硕士、博士生、学生导师及相关院校和科研单位对文学人类学相关理论和研究方法的认知、接受程度和应用情况。

样本中的这258篇学位论文分布在2002年至2023年中的各年份，共有70篇博士论文，年均约3.3篇；188篇硕士论文，年均约9篇。

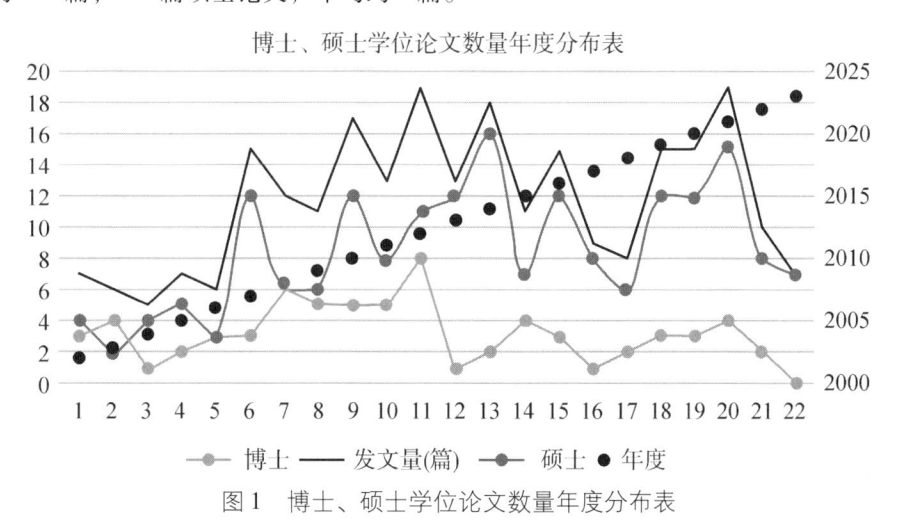

图1 博士、硕士学位论文数量年度分布表

从样本论文数量年度变化（图1）看，为什么选择2002年作为样本文献分析的第一年？1991年，在《英雄与太阳：中国上古史诗的原型重构》引言中，叶舒宪大胆提出建立有中

国特色的文学人类学学科的设想,时间到了2002年才呈规模出现该领域的学位论文。①

2002年,文学人类学理论和方法在学位论文应用中的典型文章分别是徐新建的《民歌与国学——民国时期"歌谣运动"的兴起与演变》②,彭兆荣的《仪式谱系:文学人类学的一个视野》③,朱振武的《福克纳小说创作的心理美学研究》结合了文学人类学的发生机制,对其创作模式进行美学上的探讨④。次年,叶舒宪教授的《文学与人类学——知识全球化时代的文学研究》⑤发表,对文学与人类学的相关理论和内在的动力机制进行了全面系统的阐述,在文学人类学领域是一个开创性的突破,此篇博士论文成为后来中国社会科学院研究生重点教材《文学人类学教程》的蓝本。此时,叶舒宪教授在博士论文中还比较保守地运用"文学与人类学"这一术语,而不是今天研究生教程中的"文学人类学",也表明这一理论由孕育并逐渐走向成熟的过程。同年,皇甫晓涛从文化复兴与比较文学角度对中国文学进行再阐释与现代文化的重构层面进行了梳理。⑥ 至此,上述几位作者的博士学位论文从文学人类学的几个研究领域为后来研究生开创了一条新的文学研究道路。叶舒宪、徐新建、彭兆荣成为该领域的"三驾马车"。

2002年至2011年,学位论文呈现逐年上升趋势。论文总量上,2011年达到峰值。2021年以后,硕士学位论文数量继续往上攀升,并在2016年达到增长节点,其后有所回落,在2019则明显回升,并在2021年达到峰值,硕士论文年均保持在9篇左右;博士学位论文则在2012年到达增长节点后,呈下降趋势,此后年均维持在3篇左右。⑦

样本文献的研究对象呈现如下基本概况:

第一,分布地域广阔、涉及高校众多、学科众多。分布在中国境内27个省、市、自治区、直辖市,其中北京、四川、甘肃、上海是文学人类学研究的学术重镇,其次是陕西、广西、湖北、吉林、辽宁、福建等。样本文献涉及86所高校的26个学科门类。

第二,以文学人类学理论为核心,类型多样、系统深入。论文样本归属文化大传统和小传统⑧范畴。内容涵盖中国古代典籍、历史文献、口头传统、民间民俗、宗教哲学、法律道德、思想史、学术史、外国语言、区域文化、民族学、人类早期信仰、少数民族语言文学、应用心理学及学科发展等。

第三,针对少数民族的文学研究是一大特色,拓展了研究领域。如对彝族、苗族、鄂

---

① 叶舒宪:《英雄与太阳:中国上古史诗的原型重构》,上海社会科学院出版社,1991年,引言第3页。
② 徐新建:《民歌与国学——民国时期"歌谣运动"的兴起与演变》,博士学位论文,四川大学,2002年。
③ 彭兆荣:《仪式谱系:文学人类学的一个视野》,博士学位论文,四川大学,2002年。
④ 朱振武:《福克纳小说创作的心理美学研究》,博士学位论文,苏州大学,2002年。
⑤ 叶舒宪:《文学与人类学——知识全球化时代的文学研究》,博士学位论文,四川大学,2003年。
⑥ 皇甫晓涛:《文化复兴与比较文学研究——中国文学的再阐释与现代文化的重构》,博士学位论文,四川大学,2003年。
⑦ 出现下降原因之一可能是近两年的学位论文尚未完全上传至本文所遴选的学位论文数据库。例如,本文所遴选的《20世纪前期中国文学人类学实践研究》就并未录入本文所遴选的数据库。该论文为苏永前2013年中国社会科学院研究生院学位论文,于2018年4月于中国社会科学出版发行后才面世。
⑧ 叶舒宪教授称无文字时代或前文字时代为文化大传统,有文字时代为文化小传统。

温克族、朝鲜族、土家族、蒙古族、满族、布依族、鄂伦春族、藏族、壮族、黎族、侗族、土族、裕固族、哈尼族等的口头传统、民族风俗、民族志史诗研究。

第四，学科分布较为集中，应用性论文偏多，涉及跨学科研究的论文偏少，针对学理论和方法进行系统研究的文章偏少，对外传播研究力道不足，有许多领域尚待发掘。

三、学位论文所属高校在全国的地域分布

文学人类学研究的理论与方法在研究生学位论文中的实践，可以大致判断出该理论的辐射范围、学术影响力和理论的发展程度。

文学人类学研究学位论文发文量（高校）

- 兰州大学
- 中国社会科学院
- 四川大学
- 上海交通大学
- 重庆大学
- 北京师范大学
- 广西师范大学
- 华东师范大学
- 陕西师范大学
- 湖南科技大学
- 中央民族大学
- 湖北民族学院
- 贵州大学
- 山东师范大学
- 厦门大学
- 东北师范大学
- 重庆师范大学
- 广西民族大学
- 南开大学
- 西北民族大学
- 暨南大学
- 辽宁师范大学
- 吉林大学
- 山东大学
- 其他

图2 文学人类学研究在高校学位论文中的发文量

文学人类学研究在各个省的发文量（篇）

- 北京
- 甘肃
- 陕西
- 重庆
- 四川
- 上海
- 贵州
- 辽宁
- 山东
- 宁夏
- 新疆
- 广西
- 湖北
- 湖南
- 安徽
- 天津
- 河南
- 河北
- 内蒙古
- 广东
- 云南
- 青海
- 吉林
- 海南
- 江苏
- 浙江
- 福建
- 西藏
- 黑龙江

图3 文学人类学研究在各个省的发文量

从遴选出来的文献样本的院校分布看，258 篇学位论文来自全国 27 个省市自治区和直辖市的 33 座城市的 87 多所高校（本文所遴选的样本论文不包括港澳台，更加全面和深入的分析笔者将撰写专文；另外样本文献中没有出现西藏和黑龙江两省高校的研究生学位论文）。各所高校的学位论文量呈现出较大的差距：中国社会科学院研究生院最多，为 21 篇；四川大学和兰州大学并列第二，均为 16 篇；第三为陕西师范大学，为 15 篇；华东师范大学为 14 篇；中央民族大学为 11 篇；论文数量大于 5 篇，排名前十的论文共计 113 篇，占院校总数的 10.4%，论文数量占比却高达 43.8%；只有一篇论文的高校有 47 所，占院校总数 54.7%，而合计论文总数仅仅占论文总数的 30.2%。

从 258 篇论文样本文献在全国各个省市的分布看，论文地区分布不均，北京最多，共有 48 篇，占总量的 18.6%；甘肃和上海各 22 篇，分别占 8.5%；四川 19 篇占 7.2%；其次是陕西和重庆，分别为 16 篇和 15 篇；在 6 篇及以上的 10 个省市共计发文 171 篇，占比 66.3%。

四、学位论文在学科/专业中的分布

在现行学科分类制度下，样本文献 258 篇论文涉及 6 大门类的 29 学科专业，其中 17 篇学位论文分别来 17 个不同的学科专业。具体如下：

文学门类共 243 篇，分属 17 个学科：文艺学 71 篇、比较文学与世界文学 63 篇、中国现当代文学 42 篇、英语语言学 23 篇、中国古代文学 12 篇、中国少数民族语言文学 9 篇、外国语言文学 8 篇、外国语言及应用语言学 4 篇、文学人类学 3 篇、区域文化中国文学 1 篇、文化人类学 1 篇、汉语言文字学 1 篇、亚非语言文学 1 篇、藏学 1 篇、阿拉伯语语言文学 1 篇、中国古典文学 1 篇、艺术人类学与民间文学 1 篇；法学门类共 14 篇，分属 4 个学科：民俗学 11 篇、民族学 1 篇、法理学 1 篇、法学 1 篇；艺术学门类共 2 篇，分属 2 个学科：音乐学 1 篇、艺术学 1 篇；历史学门类 3 篇，分属 3 个学科：中国思想史 1 篇、专门史 1 篇、历史文献学 1 篇；哲学门类 3 篇，分属 2 个学科：中国哲学 1 篇、美学 2 篇；教育学门类 1 篇，属于心理学学科下的心理学专业 1 篇。①

由上述统计数据，文艺学、比较文学与世界文学、中国现当代文学三学科的论文占绝对优势，共计 176 篇，占论文总数的 68.2%。使用文学人类学相关理论和方法进行研究的学位论文在整体上呈现出学科分布越来越广泛的趋势，其中几个学科分布相对比较密集。2002 年、2003 年的几篇硕博学位论文，出自文艺学、比较文学与世界文学两个专业，从 2004 年开始，在中国古代文学、中国现当代文学、中国少数民族语言文学、中国民间文学、

---

① 本文中所列专业和学科来自学位论文中填写的专业名称。特别说明，根据国务院学位委员会于 1997 年颁布，经 1998 年 10 月和 2005 年 12 月两次补充修订后的学科条例，即《授予博士、硕士学位和培养研究生的学科专业、专业目录》，对一些学科加以调整和规范，如将 "少数民族语言文学" 修订为 "中国少数民族语言文学"。本文遴选的 1 篇中国民间文学论文出现在 2011 年，把其划归为 "民俗学"。由于有些高校在国务院、教育部颁布的学科目录条例下，即《学位授予和人才培养学科目录设置与管理办法》（学位〔2009〕10 号），在一级学科学位授权权限内具有调整和自设专业资格，如四川大学，把文学人类学作为一门新兴学科从原比较文学与世界文学学科门类中独立出来，具有博士招生资格。其他一些高校则在比较文学与世界文学学科门类下设置文学人类学专业方向，如陕西师范大学；在文艺学学科门类下设置文学人类学专业，如湖北民族学院（现已更名为湖北民族大学）；等等。

英语语言文学、中国古典文学、历史学文献学、音乐学、中国哲学、美学、专门史、区域文化与中国文学、民族学、心理学、藏学等专业相继有学位论文运用文学人类学的相关理论与方法。2007年至今，论文分布较为集中，主要来源于文艺学、比较文学与世界文学、中国现当代文学、英语语言文学、民俗学这五个学科，尤其2015年开始，民俗学相关的论文有所上升。

面对20世纪以来知识全球化大潮，文学人类学借鉴国外文化人类学的视野和方法从事文学研究与创新，在传统国学考据研究方法上，运用多重证据法进行跨学科研究，形成以文化文本及其符号编码原理为核心，以文史哲和宗教学不分的"神话历史"为认识目标，以三重证据法和四重证据法为新方法论系统的一个理论体系。① 从样本文献看，文学人类学的理论与方法得到广泛的应用。

五、学位论文作者的师承关系

遴选的258篇样本论文的作者共计257位（其中一位既有硕士论文也有博士论文）②，导师共计187位，其中有7位导师指导了共计指导了71篇，占论文指导数量的27.5%，只指导1篇论文的导师共计180位，占导师总数的72.5%。

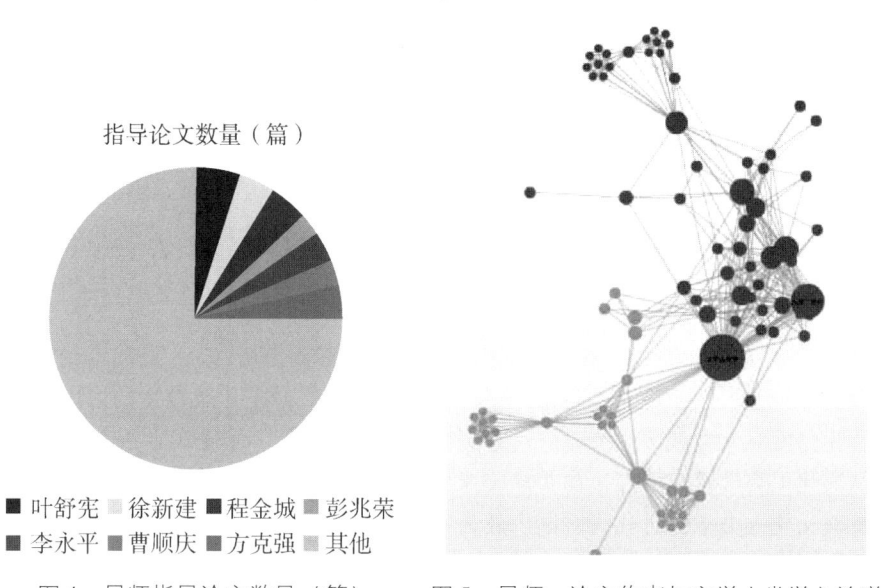

图4　导师指导论文数量（篇）　　图5　导师、论文作者与文学人类学之关联

从图4发现，文学人类学研究的相关理论与方法在初始阶段，主要由曹顺庆、叶舒宪、方克强、徐新建、程金城、彭兆荣等导师指导，后来有李永平、柳倩月等一批青年教师加入。尽管这几位导师指导了相当数量的硕士和博士论文，但从上文的论文作者地域和高校分布情况看，样本文献也是非常分散的。随着理论的深入和方法的成熟、研究领域也越来

---

① 黄玲主编：《文学人类学研究的理论与实践：全2册》，光明日报出版社，2018年。
② 梁昭：《民歌传唱与文化书写——跨族群表述中的"刘三姐"事像》，博士学位论文，四川大学，2007年。 梁昭：《"乱神"与"祖先"——汉苗传说中的蚩尤形象比较》，硕士学位论文，四川大学，2004年。 特别值得注意的是，硕士论文为比较文学与世界文学专业，博士论文则为文学人类学专业，这也反映出四川大学在文学人类学研究领域的先锋作用，指导老师均为徐新建教授。

越广泛。

由于文学人类学理论在中国成长的时间还比较短,从叶舒宪撰写的研究生教材《文学人类学教程》出版看,距离现在不到十年,使用文学人类学相关理论和方法进行学位论文写作的人仅有少部分在高校任教,其中大多还未成长为该领域的硕士生导师或博士生导师,因此大部分的师承关系只有两代。本文说遴选出来的样本文献如张玉的博士论文,其硕导为程金城教授的博士,博士生导师为叶舒宪教授,这也呈现出学术青年的一种成长路径。①

学位论文较为集中出现在四川、北京、兰州、上海、西安等省市,这与叶舒宪、徐新建、彭兆荣、方克强、朝戈金、李永平等为核心的研究团队贡献分不开。如四川大学首次将文学人类学作为一个独立专业招收该博士生;其他如中国社会科学院、上海交通大学、兰州大学、厦门大学、陕西师范大学、华东师范大学、湖北民族大学等一批高校都设置文学人类学研究方向,培养研究生。高校教师开设文学人类学课程,系统学习文学人类学相关理论与方法,并带领学生实践,更加深入地探究文学人类学理论和研究方法,建构本土的学术话语体系。

在文学人类学研究会成立后,全国很多高校都相继成立文学人类学研究中心,出版社陆续推出文学人类学研究丛书,期刊设置专栏对文学人类学进行介绍等等,多种方式推进文学人类学的发展,也就不难理解从样本文献整体看,大部分使用文学人类学相关理论的研究生并不依赖导师传授该理论的知识,样本文献几乎遍布全国省、市内的多所高校的多门学科。

六、样本学位论文的研究特点与发展趋势

文学人类学的发展主要有二个学科的学术转向为其基础和动力:一是人类学的文学转向;二是人文社会科学的人类学转向。通过对样本文献的研究主题、方法、涉足领域、研究深度,可以发现这些论文呈现如下研究特点:

(1) 注重个案和应用研究、理论研究和学术史梳理有待拓展。258 篇样本论文中,除去上文提及的叶舒宪、徐新建、彭兆荣、皇甫晓涛的论文外,庄孔韶教授的博士生徐鲁亚从神话与传说角度对人类学文化撰写范式的演变进行了剖析②,面对 20 世纪知识全球化浪潮,西方从文化人类学研究中催生出很多交叉学科,如医学人类学、影视人类学等等,徐鲁亚的论文对文化人类学的研究为对国内较为系统了解这一领域提供帮助,也为文学人类学的理论建构提供学理上的帮助。较早对文学人类学进行系统分析的还有索龙高娃对文学人类学方法论的辨析③,李晓禹对中国文学人类学发展轨迹进行研究④,王菊讨论了从"他者叙述"到"自我建构"⑤,叶木桂对文艺人类学方法论进行探讨⑥,王大桥从中国语境中

---

① 张玉:《神话历史与神圣王权的建构——〈吕氏春秋〉的文化阐释》,博士学位论文,上海交通大学,2016 年。
② 徐鲁亚:《神话与传说——论人类学文化撰写范式的演变》,博士学位,中央民族大学,2003 年。
③ 索龙高娃:《文学人类学方法论辨析》,硕士学位论文,中央民族大学,2005 年。
④ 李晓禹:《中国文学人类学发展轨迹研究》,硕士学位论文,兰州大学,2007 年。
⑤ 王菊:《从"他者叙述"到"自我建构"》,博士学位论文,四川大学,2007 年。
⑥ 叶木桂:《文艺人类学方法论》,硕士学位论文,兰州大学,2007 年。

文学研究的考察角度讨论人类学视野及其限度①，代云红研究中国文学人类学基本问题②，刘慧对人类学文学写作理论与实践进行了梳理③，苏永前对20世纪前期中国文学人类学实践做了研究④，区域文化学专业的杨秋苑从文学的人类学和人类学的文学的角度进行了阐释理解⑤，梁驰在文学人类学视野下对"民族志书写"做了研究⑥，许诗怡对早期中国信仰进行研究反思⑦，刘蕾对新时期中国文学人类学的发展历程进行研究⑧，等等。

（2）对于个案和应用研究，除去在上述提到的内容外，集中在理论研究方面的个案则围绕伊瑟尔、神话原型批评、文学治疗为中心展开。以伊瑟尔为个案进行研究论文多达13篇，内容以伊瑟尔的文学思想为中心，内容辐射语言哲学、思想的阶段性特征、阅读理论、价值关怀等，如张力等不同人论沃尔夫冈·伊瑟尔的理论转向⑨，伊瑟尔文学人类学视域中的"人的可塑性"思想研究⑩，伊瑟尔虚构的语言哲学研究⑪，伊瑟尔文学人类学思想研究⑫，伊瑟尔文学思想为基础的虚构诗学研究⑬，伊瑟尔的文学文本理论进行研究⑭，伊瑟尔"文本游戏观"研究⑮，其他几篇硕士论文分别涉足伊瑟尔的阅读理论、文本观，以及文本观的作者维度等。

对文学人类学研究领域中的"原型批评"进行个案分析的论文有12篇，如刘海丽从整体上对弗莱的文学人类学思想进行剖析⑯，钱晶、朱莎分别梳理了弗莱从神话原型批评到文

---

① 王大桥：《中国语境中文学研究的人类学视野及其限度》，博士学位论文，华东师范大学，2008年。
② 代云红：《中国文学人类学基本问题研究》，博士学位论文，华东师范大学，2010年。
③ 刘慧：《人类学文学写作理论与实践：以潘年英的创作为例》，硕士学位论文，兰州大学，2010年。
④ 苏永前：《20世纪前期中国文学人类学实践研究》，博士学位论文，中国社会科学院，2013年。
⑤ 杨秋苑：《文学的人类学 人类学的文学——跨学科视野下的〈金翼〉研究》，硕士学位论文，广西大学，2017年。
⑥ 梁驰：《文学人类学视野下的"民族志书写"——以三部当代凉山彝族文学作品为例》，硕士学位论文，广东技术师范大学，2020年。
⑦ 许诗怡：《早期中国信仰研究反思——以"玉教"理论为中心》，硕士学位论文，中国社会科学院研究生院，2020年。
⑧ 刘蕾：《新时期中国文学人类学发展历程研究》，硕士学位论文，西华师范大学，2021年。
⑨ 张力：《论沃尔夫冈·伊瑟尔的理论转向——从接受美学到文学人类学》，硕士学位论文，北京大学，2009年。
⑩ 张思理：《论伊瑟尔文学人类学视域中的"人的可塑性"思想》，硕士学位论文，湘潭大学，2014年。
⑪ 刘琼：《虚构的语言哲学研究》，博士学位论文，华中科技大学，2008年。
⑫ 王文英：《伊瑟尔文学人类学思想研究》，硕士学位论，广西师范大学，2015年。
⑬ 贺晓武：《虚构诗学——以伊瑟尔文学思想为基础》，博士学位论文，浙江大学，2007年。
⑭ 范东升：《沃尔夫冈·伊瑟尔的文学文本理论研究》，硕士学位论文，西北师范大学，2020年。
⑮ 王恬：《伊瑟尔"文本游戏观"研究》，硕士学位论文，重庆师范大学，2021年。
⑯ 刘海丽：《弗莱文学人类学思想研究》，博士学位论文，山东师范大学，2008年。

学人类学理论形成过程①，丁蒜对原型批评在中国的实践与发展进行研究②，张大鹏对原型批评和原型类别进行了论析③，另有梳理原型实践的局限与创新的文章④，侗族创世史诗神话原型批评的研究⑤，神话–原型批评视角下早期基督教圣所空间溯源与衍变⑥的相关研究，以及神话原型批评视角下的劳伦斯诗歌研究⑦等。

集中针对文学治疗功能的理论探讨主要出现2013年后的几篇论文，如唐秋燕对文学治疗原理的分析⑧，袁愈祯对文学叙事治疗理论与实践的集中分析⑨，崔荣艳对文学治疗研究进行述评⑩，颜学成在审美视角下的"治愈系文艺"研究⑪，王圆在文学人类学视域下对当代"写文化"范式进行了探析⑫等。

从样本文献看，对文学人类学基本问题的讨论，特别是文学人类学研究的理论和方法层面的探讨主要集中在2007—2013年，学校则集中在华东师范大学以方克强教授领带的学生群体、兰州大学程金城教授带领的学术团体为主，叶舒宪教授、徐新建教授、彭兆荣教授等带领的学术团队在论文方面则以个案分析、方法应用为主。整体上，最近10年以来研究生在学位论文写作方面，对文学人类学研究的相关的理论以及方法的研究较为薄弱。

（3）将文学人类学研究的理论和方法作为分析工具，对神话、传说、民族史诗、神话母题、结构仪式、神话原型、祈福禳灾、少数民族传统歌谣、舞蹈、文学仪式、文学治疗、民族志以及文学作品等进行剖析，极大地丰富了文学人类学的研究内容、拓展了研究领域。

如对鄂温克族神话的文学人类学研究⑬，鄂伦春族神话研究⑭；从图腾与神话的视角对狼文学渊源进行研究⑮，对廪君神话的情节类型及民间嬗变进行研究⑯；从"乱神"与"祖

---

① 钱晶：《从神话原型批评到文学人类学理论：神话原型批评在中国》，硕士学位论文，重庆师范大学，2013年；朱莎：《论弗莱文学人类学思想的形成过程》，硕士学位论文，湖南科技大学，2014年。
② 丁蒜：《原型批评在中国的实践与发展研究》，硕士学位论文，四川社会科学院，2010年。
③ 张大鹏：《原型批评和原型类别论析》，硕士学位论文，东北师范大学，2002年。
④ 田佳：《原型实践的局限与创新》，硕士学位论文，广西民族大学，2012年；万小换：《弗莱的文化批评理论初探》，硕士学位论文，重庆师范大学，2014年。
⑤ 张迪：《侗族创世史诗神话原型批评研究》，硕士学位论文，贵州师范大学，2023年。
⑥ 王涛：《神话—原型批评视角下早期基督教圣所空间溯源与衍变》，硕士学位论文，重庆大学，2022年。
⑦ 解英男：《神话原型批评视角下的劳伦斯诗歌研究》，硕士学位论文，华北理工大学，2021年。
⑧ 唐秋燕：《文学治疗原理分析》，硕士学位论文，湖北民族学院，2013年。
⑨ 袁愈祯：《文学叙事治疗理论与实践》，硕士学位论文，陕西师范大学，2014年。
⑩ 崔荣艳：《文学治疗研究述评》，硕士学位论文，华东师范大学，2015年。
⑪ 颜学成：《审美视角下的"治愈系文艺"研究》，硕士学位论文，四川师范大学，2017年。
⑫ 王圆：《文学人类学视域下的当代"写文化"范式探析》，硕士学位论文，西北师范大学，2019年。
⑬ 汪立珍：《鄂温克族神话研究》，博士学位论文，中央民族大学，2003年。
⑭ 杨金戈：《鄂伦春族神话研究》，硕士学位论文，中央民族大学，2017年。
⑮ 郑永吉：《从图腾与神话中走来——狼文学渊源研究》，硕士学位论文，北京师范大学，2006年。
⑯ 章艳丽：《廪君神话的情节类型及民间嬗变研究》，硕士学位论文，重庆大学，2011年。

先"视角对汉苗传说中的蚩尤形象进行比较分析①;从彝族口传史诗《勒俄特衣》(巴胡母木本)切入、对彝族口传史诗进行语言学诗研究②;壮族黎族口传文学研究③;朝鲜民族与满族-通古斯诸民族神话传说中的意象、母题比较研究④;对彝族史诗中支格阿鲁形象的原型进行研究⑤;民国时期"歌谣运动"的兴起与演变研究⑥;康藏民歌"弦子"的文学人类学研究⑦;贵州布依族情歌的文学人类学研究⑧;贵州布依族婚嫁歌谣的研究⑨;从"文学仪式"理论视域对土家族《摆手歌》进行解读⑩;对来凤传统舞蹈地龙灯祈禳功能研究⑪;哈尼族祭祀词的文学治疗研究⑫;苗族民间叙事中的灾害母题研究⑬;《支格阿鲁》的拯救母题研究⑭;彝族撒尼人丧葬经的文学人类学研究⑮;等等。这些研究,从起初的理论尝试,现在慢慢走向成熟,对叶舒宪教授所倡导的文化大传统和文化小传统进行文学人类学研究实践,是对传统对文学研究路径突破。

用文学人类学领域倡导的神话-原型批评对文学作品进行解读的也有不少。如对《道连·格雷的画像》中的生命主题进行原型批评式解读⑯,《冰与火之歌》的原型分析⑰,对《金色笔记》的神话原型视角⑱进行分析,在原型批评视域下分析《卖花女》⑲,对路易丝·厄德里克的《圆屋》神话原型解读⑳等,这些样本论文用神话原型批评的理论和方法

---

① 梁昭:《"乱神"与"祖先"——汉苗传说中的蚩尤形象比较》,硕士学位论文,四川大学,2004 年。

② 鲜益:《彝族口传史诗的语言学诗学研究——以〈勒俄特衣〉(巴胡母木本)为中心》,博士学位论文,四川大学,2004 年。

③ 陈君:《同根异果的壮族黎族口传文学——以"雷神-始祖母"崇拜为例》,硕士学位论文,海南大学,2013 年。

④ 车海锋:《朝鲜民族与满—通古斯诸民族神话传说中的意象、母题比较研究》,博士学位论文,延边大学,2009 年。

⑤ 罗解:《彝族史诗中支格阿鲁形象的原型研究》,硕士学位论文,四川师范大学,2016 年。

⑥ 徐新建:《民歌与国学——民国时期"歌谣运动"的兴起与演变》,博士学位论文,四川大学,2002 年。

⑦ 李菲:《空间观念与族群认同——康藏民歌"弦子"的文学人类学研究》,硕士学位论文,四川大学,2002 年。

⑧ 班红梅:《文学人类学视域下的贵州布依族情歌研究》,硕士学位论文,贵州大学,2018 年。

⑨ 金荣慧:《贵州布依族婚嫁歌谣研究——文学人类学视域下的考察》,硕士学位论文,贵州大学,2018 年。

⑩ 肖仕云:《"文学仪式"理论视域中的土家族〈摆手歌〉》,硕士学位论文,云南大学,2013 年。

⑪ 杨红娣:《来凤传统舞蹈地龙灯祈禳功能研究》,硕士学位论文,湖北民族学院,2016 年。

⑫ 张文凤:《哈尼族祭祀词的文学治疗研究》,硕士学位论文,云南民族大学,2019 年。

⑬ 何佩雯:《苗族民间叙事中的灾害母题研究》,硕士学位论文,云南大学,2020 年。

⑭ 吉皮利甲木:《〈支格阿鲁〉拯救母题研究》,硕士学位论文,西南民族大学,2022 年。

⑮ 普玉茹:《彝族撒尼人丧葬经的文学人类学研究》,硕士学位论文,云南民族大学,2021 年。

⑯ 窦茹:《神话原型视域下〈道连·格雷的画像〉中的生命主题解读》,硕士学位论文,西华大学,2016 年。

⑰ 刘莹华:《〈冰与火之歌〉中的神话原型分析》,硕士学位论文,陕西师范大学,2016 年。

⑱ 兰方:《神话原型批评视角下的〈金色笔记〉研究》,硕士学位论文,南京师范大学,2017 年。

⑲ 谢思晗:《神话原型批评视野下的〈卖花女〉分析》,硕士学位论文,贵州师范大学,2017 年。

⑳ 马媛:《路易丝·厄德里克的〈圆屋〉神话原型解读》,硕士学位论文,新疆大学,2018 年。

进行剖析，有可取之处，但从整体上内容较为单薄。

也有对仪式进行文学人类学研究的样本论文。如吴婷的文学人类学视野下的巫文化研究①，吴雪梅关于格尔兹的仪式观及其对文学研究的意义②的分析，左鹏对神话仪式理论的文学人类学意义的探讨③，唐贵啸对布依族仪式中的朴素审美观的解读④。从样本文献看，针对文学人类学中的仪式进行研究的论文较少，有待进一步地深入发掘。

文学治疗功能与文学人类学创作角度涉及的作家作品包括以下内容：赫尔曼·黑塞的《悉达多》⑤、冯内古特的《猫的摇篮》⑥、梯姆·奥布莱恩的《士兵的重负》⑦、《大地三部曲》⑧、《印度之行》⑨、毕淑敏⑩、阿来⑪、潘年英⑫、铁穆尔⑬、萧红⑭、列夫·托尔斯泰⑮、郁达夫⑯及阿库乌雾文学⑰、当代奇幻小说⑱等，用文学人类学所倡导的文学的治疗功能对作家作品以及文学现象进行解读，与文学的审美功能形成对话。

（4）运用文学人类学倡导的研究方法对传统经典进行文化阐释，在萧兵、叶舒宪的"文化破译丛书"基础上继续深入推进，逐渐建构起文学人类学研究下的传统经典阐释体系。由初始的从对本土经典的阐释出发，逐渐走出国门，对国外经典进行文学人类学解读。

文学人类学对文学观念与研究范式进行整合。借鉴文化人类学的研究方法和研究视野，运用多重证据法的文化阐释方法，在对本土经典的解读过程中发挥现代阐释效力。如闵丽

---

① 吴婷：《文学人类学视野下的巫文化》，硕士学位论文，兰州大学，2007年。
② 吴雪梅：《格尔兹的仪式观及其对文学研究的意义》，硕士学位论文，华东师范大学，2008年。
③ 左鹏：《一种神话仪式理论的文学人类学意义——基于〈俄狄浦斯王〉的阐说》，硕士学位论文，河北大学，2009年。
④ 唐贵啸：《朴素：布依族仪式中的审美意识》，硕士学位论文，贵州大学，2008年。
⑤ 曾红萍：《试析赫尔曼·黑塞小说〈悉达多〉的文学治疗功能》，硕士学位论文，北京大学，2007年。
⑥ 梁庆峰：《叙事与疗伤——冯内古特〈猫的摇篮〉的文学人类学视角解读》，硕士学位论文，东北师范大学，2010年。
⑦ 杨巍：《寻找精神救赎论文学人类学视角下梯姆·奥布莱恩〈士兵的重负〉中的文学治疗性》，硕士学位论文，辽宁师范大学，2014年。
⑧ 姚望：《文学人类学视角下的〈大地三部曲〉研究》，硕士学位论文，南京师范大学，2015年。
⑨ 康莉：《基于文学人类学理论阐述〈印度之行〉的跨文化主题及启示》，硕士学位论文，大连外国语学院，2012年。
⑩ 李洪玉：《毕淑敏创作中的文学治疗作用阐释》，硕士学位论文，湖南大学，2014年。
⑪ 何延华：《文学人类学视域中的阿来小说研究》，博士学位论文，兰州大学，2015年。
⑫ 何婷：《文学人类学视阈下的潘年英创作研究》，硕士学位论文，西北民族大学，2016年。盛春利：《在文学与人类学之间徘徊与创新——潘年英"人类学笔记"系列作品研究》，硕士学位论文，西北师范大学，2016年。
⑬ 颜早霞：《文学人类学视域下的铁穆尔写作研究》，硕士学位论文，西北民族大学，2014年。
⑭ 王钰洁：《文学人类学视角下的萧红作品解读》，硕士学位论文，云南大学，2019年。
⑮ 张中锋：《列夫·托尔斯泰的大地崇拜情结及其信仰危机》，博士学位论文，山东大学，2015年。
⑯ 陈桃：《论郁达夫小说的疾病叙事与文学治疗》，硕士学位论文，云南大学，2019年。
⑰ 向月婷：《阿库乌雾文学人类学写作研究》，博士学位论文，西南民族大学，2020年。
⑱ 周淑兰：《文学人类学视域下的中国当代奇幻小说》，硕士学位论文，南昌大学，2008年。

丹针对闻一多庄子学的分析①,刘艳芳考察了中国古典诗学的人类学向度②,吴玉萍对《墨子》的神话历史元素进行了研究③,张玉从神话历史与神圣王权的建构角度对《吕氏春秋》进行文化阐释④,章米力对《黄帝内经》进行文学人类学阐释⑤,谭金柳对"三国叙事"中的神话因素进行全面分析⑥,常雨红对《异苑》研究⑦,陈泽佳对郑振铎《汤祷篇》与文学人类学的关系做了研究⑧。另外,对于国外经典的文学人类学阐释,除了上述在文学治疗方面提及的一些文学作品外,还有杨荣关于《罗摩衍那》的研究⑨,曹杏的希伯来先知以利亚探究⑩,姚文晗对闻一多"大循环"文学史观的探讨⑪,高鸿雁对史诗《吉尔伽美什》的研究⑫,等等。从本土经典到国外经典,文学人类学学术话语活动也逐步从前期的探索阶段慢慢走向成熟。

(5) 文学人类学理论与方法的对外传播层面研究不足。在 258 篇样本论文中,除了上述对一些国外作家作品的个案分析与理论梳理外,对外传播力度不足。这方面的论文有苏艳的神话-原型视阈中的文学翻译研究⑬,林炳僖的韩国神话历史研究⑭,黄玲对中越跨境民族文学的比较研究⑮,崔晓霞关于《阿诗玛》英译研究⑯,高鸿雁的《吉尔伽美什》研究⑰,郝丹对中韩始祖神话的结构主义神话学的阐释⑱,周逸煊对中国与朝鲜半岛神话图像的比较研究⑲,等等。

(6) 文学人类学研究的理论与方法在其他学科应用范围不断扩大,产生了一系列研究成果。文学人类学理论与方法除了用于上述对神话、传说、民族史诗、神话母题、结构仪式、神话原型、祈福禳灾、少数民族传统歌谣、舞蹈、文学仪式、文学治疗以及文学作品等进行分析外,还用于经济观察、体育新闻、考古发掘、训诂、家族系谱学、家庭伦理关

---

① 闵丽丹:《论闻一多的庄子学研究》,硕士学位论文,华东师范大学,2004 年。
② 刘艳芳:《中国古典诗学的人类学向度》,硕士学位论文,湖南科技大学,2012 年。
③ 吴玉萍:《〈墨子〉的神话历史元素研究》,博士学位论文,上海交通大学,2015 年。
④ 张玉:《神话历史与神圣王权的建构——〈吕氏春秋〉的文化阐释》,博士学位论文,上海交通大学,2016 年。
⑤ 章米力:《〈黄帝内经〉的文学人类学研究》,博士学位论文,上海交通大学,2016 年。
⑥ 谭金柳:《"三国叙事"中的神话因素分析》,硕士学位论文,湖北民族学院,2016 年。
⑦ 常雨红:《〈异苑〉研究》,硕士学位论文,西南大学,2010 年。
⑧ 陈泽佳:《郑振铎〈汤祷篇〉与文学人类学》,硕士学位论文,华东师范大学,2013 年。
⑨ 杨荣:《文学人类学视阈下的〈罗摩衍那〉》,硕士学位论文,内蒙古师范大学,2012 年。
⑩ 曹杏:《文化人类学视野中的希伯来先知以利亚探究》,硕士学位论文,河南大学,2012 年。
⑪ 姚文晗:《闻一多"大循环"文学史观探讨》,硕士学位论文,华东师范大学,2013 年。
⑫ 高鸿雁:《史诗〈吉尔伽美什〉研究》,硕士学位论文,淮北师范大学,2015 年。
⑬ 苏艳:《回望失落的精神家园——神话-原型视阈中的文学翻译研究》,博士学位论文,南开大学,2009 年。
⑭ 林炳僖:《韩国神话历史》,博士学位论文,中国社会科学院,2011 年。
⑮ 黄玲:《中越跨境民族文学比较研究——以民间叙事文学为例》,博士学位论文,陕西师范大学,2011 年。
⑯ 崔晓霞:《民族叙事话语再现——〈阿诗玛〉英译研究》,博士学位论文,南开大学,2012 年。
⑰ 高鸿雁:《史诗〈吉尔伽美什〉研究》,硕士学位论文,淮北师范大学,2015 年。
⑱ 郝丹:《中韩始祖神话的结构主义神话学阐释》,硕士学位论文,陕西师范大学,2019 年。
⑲ 周逸煊:《中国与朝鲜半岛神话图像比较研究》,硕士学位论文,延边大学,2019 年。

系、民族志与身份认同、对外汉语教学、传统英译、信息时代口语文化、法律研究、非物质文化遗产保护等研究。例如雷红杰就在文学人类学视野下对凉山彝族"铜"叙事展开研究。①

（7）文学人类学研究强调对理论、方法的应用外、强调田野与文本的互动对文学人类学的意义。在这方面的成果主要呈现在对少数民族口传文学的田野考察，如传承人口述历史、民族史诗、民族歌谣、传统舞蹈等方面，上文已提及，在此不再赘述。另外针对文学人类学学科教学、学科发展的学位论文，除叶舒宪、彭兆荣、代云红的论文中有相关论述外，索龙高娃、骆晓飞、叶木桂、朱莎、李晓禺、王文英、何婷、盛春利等作者在其论文中有部分涉及，值得一提的还有周霆的《民族志叙事：文学与人类学的学科互涉》②、叶淑媛的《1990年代以来的民族志小说研究》③，两位作者通过民族志这一主题对两者之间的关系作了相关论述。从整体看，专门针对学科教学、专业发展、学科前景探索的学位论文很少。

七、结语

在知识全球化与本土文化自觉的学术大背景下，中国文学人类学一派在21世纪初提出一个宏伟目标——结束长期以来文科教育没有本土化的理论和方法论的被动局面，尝试建构自己的理论体系——以文化文本及其符号编码原理为核心，以文史哲和宗教学不分的神话历史为认识目标，以三重证据法和四重证据法为新方法论系统的一个理论体系。使得人类学的客观取向与科学方法，与文学的主观想象和虚构，实现两大领域的对接、互补，进而融合。在短短三十多年间，文学人类学一派取得系列成绩，同时，也应该看到一些不足之处，对成长中的文学人类学来讲，在理论体系建构与人才培养层面，还有很大的拓展空间。

本文采用描述统计数据法对样本文献进行计量分析，样本数据的数量与质量直接影响研究结果。文章以2002—2023年的258篇使用文学人类学相关理论和方法的硕士、博士学位论文作为研究样本，通过多维度统计分析，得出以下结论。

从论文数量的年度分布看，2002—2014年样本论文呈逐年上升趋势，其中2002—2007年增长速度较为缓慢，2007—2014年，上升速度明显加快，在2012年和2022年达到峰值，其后呈现下降趋势。样本学位论文的院校、学科专业分布覆盖面广，但是数量分布不均。样本论文院校集中在四川大学、中国社会科学院研究生院、兰州大学、华东师范大学、陕西师范大学、上海交通大学等高校，学科专业主要集中在文艺学、比较文学与世界文学、中国现当代文学、民俗学、中国古代文学等几个专业。在导师方面，除了方克强、叶舒宪、程金城、徐新建、彭兆荣、李永平、柳倩月等较为集中运用文学人类学相关理论与方法进行学位论文写作外，其他的样本论文指导教师分散在全国各个省市的多所高校的多个学科之中，大多数导师本人没有发表过与文学人类学理论相关的文章，使用文学人类学理论和方法进行学位论文写作的研究生并不依赖和局限其导师传授的相关理论知识和方法。个中

---

① 雷红杰：《文学人类学视野下凉山彝族"铜"叙事研究》，硕士学位论文，西南民族大学，2019年。
② 周霆：《民族志叙事：文学与人类学的学科互涉》，硕士学位论文，温州大学，2016年。
③ 叶淑媛：《1990年代以来的民族志小说研究》，博士学位论文，兰州大学，2012年。

原因笔者推断，这与目前高校之间进行教师互聘制度相关，高校教师可自由在全国范围内讲学，其他学校的学生直接或者间接收到启发；同时，在信息万物互联的时代，学生可以通过图书、期刊、网络等以最快速度了解该领域的最新发展动态。样本论文的研究涉及多个领域的多个主题、多个民族，地域分布广。样本论文研究以书面文献为主，结合文学人类学研究的三重证据法、四重证据法，呈现出对田野的重视的趋势，特别是对少数民族民间文化的发掘，以及对无文字时代的文化大传统的探求。文学人类学被广泛应用于多个学科之中，这与文学人类学所倡导的进行跨学科研究相吻合，并且取得一些耳目一新的科研成果。然而样本论文的研究也存在明显的不足：应用性研究居多，更多是采用文学人类学的相关理论和方法进行个案分析；理论性和学术史梳理较少，特别是在2013年以后，理论性文章偏少，进一步的理论拓展力度不强；对外传播力度弱、学科建设研究得更少。梁启超曾说："舍西学而言中学者，其中学必为无用；舍中学而言西学者，其西学必为无本。无用无本，皆不足以治天下。"做学问需"中西兼备"，"知足知不足，有为有不为"，文学人类学的发展也应如此。

在样本论文数据的搜集统计过程中，笔者遇到与郭翠潇①相类似的境况，即中国学位论文数据库不全、开放程度不高，院校之间的资源大多不能相互共享，自建的论文库数据也不全，很多没有下载功能甚至全文浏览功能。文学人类学研究的理论与方法在学位论文领域的运用，因受到检索词的限制，并不能完全检索出来。量化研究本身有局限性，本文亦无法穷尽所有与文学人类学理论与方法相关的论文，对于文学人类学研究的理论与方法在学位论文中的应用也只能是管中窥豹，更加全面和深入的分析笔者会在其他文章中逐步进行相关阐述。②

附录：

贺新郎·贺叶老师七十华诞

今祝南山寿。看叶师、和蔼可亲，笑靥如旧。

大道书海清辉洒，照彻学子左右。教诲悟、一生成就。

犹记微风施雨日，倚飞花雾里剪刀手。春意绿，校园柳。

多情岁月惊驰骤，看而今、桃李天下，王师节奏。

无限恩情言难表，与地同天宽厚。回首云：何憾之有？

儒雅风流传道好，寄希冀晚生真优秀。今登楼，数杯酒。

图6 叶舒宪教授（左）与本文作者合影

---

① 郭翠潇：《口头程式理论在中国研究生学位教育领域的应用（2000—2017）——基于133篇硕士、博士学位论文的计量分析》，载《民族文学研究》2018年第6期。
② 秦崇文：《"术""道"并置：中国文学人类学学科建设研究概况（1988—2019）——基于中国知网（CNKI）数据库文献的实证分析》，载《文学人类学研究》2020年第1期。

"玉教"何以可能,何以可为?
——以涂尔干宗教社会学理论为参照

许诗怡

一、玉教说的背景与其由来

自西学东渐以来,中国宗教研究一直存在着中西文化差异所造成的理解隔阂。19世纪末20世纪初在中国形成的"宗教"概念是"日本借用古汉语词汇去意译欧美语言的词,改变了原来的古汉语的词义,然后再回到汉语词汇库中"。① 它的兴起带动了一个领域和学科,但并不足描述和解释中华文化的宗教信仰现象,引发学术界的众多争论与质疑。如梁启超在比较中西社会差异时指出:"在中国宗教史——纯粹的宗教史——有无可能,尚是问题。"② 梁漱溟曾指出:"世界上宗教最微弱的地方就是中国,最淡于宗教的人是中国人。"③ 再到后来梁漱溟、蔡元培、周敦颐等多方所提出与探讨"以伦理代宗教""哲学代宗教""美学代宗教""美育代宗教"等诸种观点。1962年,杨庆堃在《中国社会的宗教》一书提出了制度性与弥漫性宗教,试图在西学的阐释方式外,通过本土经验来定义宗教,来解决中国的信仰与宗教的诸种问题,但依然难逃以西观中的窠臼。而宗教问题性的差异背后其实遗存的是中国文明起源方式独特性的根本内涵与发展脉络,"以西观中"的视野下缺乏对本土资源的内部肌理、相关政治背景、意识形态和时代意义的分析,难以把握中国宗教的真实状态,认知其内在特征与发展轨迹。这就需要我们在主导这个体系的西方世界的视野下,重新审定自己的文化历史身份。

同时,随着考古发掘工作的全面展开,红山文化、凌家滩文化、良渚文化、大汶口文化、齐家文化等新石器时代的众多文明遗址出现,也使其共同玉文化现象成为进入古人精神世界的入口,为阐释和认识中国文明的原貌提供了物质可能,为探究与追溯中国宗教起源以及内部发展动力等相关问题奠定了基础。张光直认为这些玉器背后蕴藏着大量文明起源信息,指出"中国的历史也同西方一样惊心动魄",只有掌握了中国原始材料,我们才可能真正以中国历史为借鉴。他提出以最早的显圣物玉器为代表的宗教神权在国家起源中起着重要作用,萨满式的巫文化是中国古代文明的最主要的特征,这构成了中国文明的起源特点,也是中国文明具有连续性的原因所在。同样,费孝通先生也在21世纪初留意到考古出土的玉器情况,并破天荒地提出"玉魂国魄"说,将考古学研究同精神文明的研究结合起来,以求阐述玉器在中国文化中的含义。以及,从苏秉琦的"满天星斗说"到费孝通的"多元一体说"也让我们对史前文明多区域发展状态有了更加清晰的认识,文明起源的连续

---

① 曾传辉:《宗教概念之迻译与格义》,载《世界宗教研究》2015年第5期。
② 梁启超:《中国历史研究法》,上海古籍出版社,1998年,第40页。
③ 梁漱溟:《东西文化及其哲学》,商务印书馆,1999年,第198页。

性、渐进性过程越来越清晰地被勾勒了出来。

而正如叶舒宪先生指出的，既往的"满天星斗""多元一体"说，虽突出揭示史前中国的文化多元状况，但其理论上的空间格局是静止的，无法诠释空间之间的互动性与背后的驱动力，也未能有效说明中国何以为中国的奥妙。以及机械式地挪用外来文化的概念和学科术语，只能弄成类似郢书燕说的尴尬局面，而不自知。在此背景下，2009年，在首届世界汉学大会（中国人民大学）上，叶先生首次提出"玉教是中国人的国教"[①]的观点。他提炼出史前最为关键、最具有决定性的物质因素——玉，并对之做全面的文化论证与阐释。也正是他的研究，第一次将玉及其背后的神话信仰提炼为"玉教"理论，并将其上升到国教地位。进而在文明探源与神话学的整合研究中，形成了连带大小传统、四重证据法、N级编码在内的一整套理论系统。他在张光直学说的基础上，把握"玉"这一特殊的文化符号背后的物质和精神整合作用，指出"先于华夏文明而出现的玉石崇拜信仰具有与一般宗教同等的精神力量，因为玉的神话对国族情感的凝聚以及文明国家的形成，具有重要的推动力"[②]。进而着力将华夏大传统的信仰之根追溯到史前的玉文化脉络之中，探讨它们在上古的发生和发展状况，以求能够突破中国有无宗教的思维窠臼，寻求史前文明区多元成一体的内在驱动力，重新理解中国文化本源及连续性特质。

"我们讲到任何一种文化的特点，都离不开跟其他文化相比较，没有比较怎么说是它的'特点'呢？"[③]比较的宗教研究，往往能于不同宗教的比较之间建构一种价值中立的视野与方法。如何更为清晰地把握中国宗教的鲜明特点，以及如何认识"玉教"理论所要解决的核心问题，"他者"的出场与对话不可或缺。涂尔干（Émile Durkheim，1858—1917）是法国犹太裔社会学家、人类学家，《社会学年鉴》创刊人。他与卡尔·马克思（Karl Heinrich Marx，1818—1883）和马克斯·韦伯（Max Weber，1864—1920）并称为社会学三大奠基者。在其晚年集大成之作《宗教生活的基本形式》（1912）一书中，涂尔干逐一批判了以前的宗教观，确立了其独特的宗教社会学理论。其立足于最原始宗教的尝试，"并采用社会学方法研究宗教，使宗教研究脱离了神秘主义色彩，将社会性赋予宗教，向人们呈现了一种源于社会本身的宗教形式"[④]。这对宗教研究本身就是一种理论提升和观念的突破，对于我们探讨"玉教"理论所涉及的相关问题都有着积极的借鉴与助推作用。

由此，笔者希望借助法国人类学家涂尔干"宗教起源于社会"的观点，从社会机制出发来观照"玉教"理论背后更深层的神圣信仰、权力垄断、祭祀仪式等因素。以叶先生的"玉教"理论的焦点为落脚点，即从玉石资源作为神圣物的价值符号在上古的神圣性及影响、四重证据法的反思、玉教革命与玉石之路等层面来论述玉教何以可能，何以可为。关注"玉教"理论及"四重证据法"背后的研究背景，以及理论提出者的整体研究意图与探索经验，深究以玉为代表的物质文化的神圣性的由来，以及其如何具体影响了后世的儒、

[①] 叶舒宪：《玉教——中国的国教：儒道思想的神话根源》，见耿幼壮、杨慧林主编：《世界汉学2010春季号》，中国人民大学出版社，2010年，第74—82页。

[②] 叶舒宪：《多元"玉成"一体—玉教神话观对华夏统一国家形成的作用》，载《社会科学》2015年第3期。

[③] 楼宇烈：《中国文化整体视域下的宗教学研究》，载《中国文化研究》2018年第1期。

[④] 阎莉、康中和：《涂尔干社会学宗教观解读》，载《南京理工大学学报》（社会科学版）2013年第6期。

道文化内核,如何具体形塑了后世的礼乐文化,还原本土的话语模式下中国宗教的原貌。

二、玉教何以可能?

(一) 玉石资源作为神圣物的价值符号在上古神圣性及影响

涂尔干在《宗教生活的基本形式》一书的开端便指明了自己的研究关注点——最原始的宗教。并对其概念下了进一步的限定:"首先,应该能在组织的最简单的社会中找到它;其次,不必借用先前宗教的任何要素便有可能对它做出解释。"① 由此,涂尔干以图腾制度为出发点,力图把宗教信仰置入社会关系中予以解释。他认为信仰与仪式是宗教最根本的要素:"信仰是某种社会的集体状态由各种表现构成的;仪式则是某些明确的行为方式。"② 并通过对澳洲图腾制度的剖析指出,图腾标记本身只是一个物质形式,而"氏族的神、图腾本原,都只能是氏族本身而不可能是别的东西"③,即宗教根源于社会实在,是人与社会关系的反映,是表现社会实在的一种特殊方式,它将人与社会的关系神话化与象征化。同理,"要把中国人的宗教及其信仰的问题或现象讲清楚,先要把中国社会的关系和结构弄清楚,然后把中国国家的权力秩序及其形成过程,合法性的证明方法给说明白,这样中国人的宗教和信仰才会给表现出来,解读出来"。④

叶舒宪先生在《从玉教神话看"天人合一"——中国思想的大传统原型》中系统地总结过玉教信仰的基本教义:"以玉为神;玉代表天(天命);玉象征永生。"⑤ 从教义可以看出,"玉教",既没有涵盖一个宗教实体,也并不拥有一整套包含教堂、教规以及宗教行为的宗教组织,那凭什么说它是一种宗教呢? 叶先生曾回应"玉石神话信仰即玉教"是本土文化最突出的特征,以玉教而非以玉石神话命名,是强调玉石、玉器被神圣化与信仰化的原因。"将玉教提到国教这样的高度也只是为了凸显先于华夏文明而出现的玉石崇拜信仰具有与一般宗教同等的精神力量。"⑥ 而在这里我们需要注意的是,涂尔干并将宗教的含义解释为"宗教是一种与既与众不同,又不可冒犯的神圣事物有关的信仰和仪轨所组成的统一体系,这些信仰与仪轨将所有信奉它们的人结合在一个被称之为'教会'的道德共同体内"⑦。他强调"所有宗教,哪怕是最粗陋的宗教都是精神至上的"。⑧ 他认为宗教的灵魂正

---

① [法]爱弥尔·涂尔干:《宗教生活的基本形式》,渠东、汲喆译,上海人民出版社,1999年,第1页。
② [法]爱弥尔·涂尔干:《宗教生活的基本形式》,渠东、汲喆译,上海人民出版社,1999年,第9页。
③ [法]爱弥尔·涂尔干:《宗教生活的基本形式》渠东、汲喆译,上海人民出版社,1999年,第276页。
④ 李向平:《信仰、革命与权力秩序——中国宗教社会学研究》,上海人民出版社,2006年,自序第1页。
⑤ 叶舒宪:《从玉教神话看"天人合一"——中国思想的大传统原型》,载《民族艺术》2015年第1期。
⑥ 叶舒宪:《玉石神话信仰与华夏精神》,复旦大学出版社,2019年,第20页。
⑦ [法]爱弥尔·涂尔干:《宗教生活的基本形式》,渠东、汲喆译,上海人民出版社,1999年,第54页。
⑧ [法]爱弥尔·涂尔干:《宗教生活的基本形式》渠东、汲喆译,上海人民出版社,1999年,第553页。

是社会观念，是社会决定了任何在宗教名义下的所作所为，它们所传达并不是人们对物质世界的感知，而是集体意识作用于个体意识的方式。从这个角度出发，玉教符合宗教的基本教义。

许慎《说文解字》载："天。颠也，至高无上。"《释名》曰："天，显也，在上高显也。"《鹖冠子·度万》载："天者，神也。"在原始思维中，天不是指一个具体的对象物或者观念中的实体，而总是被看作巨大的统治力量。天是与尘世隔绝的神圣空间，人类社会的发展与自然界的运转都是按照天地的意志而运行变化。叶先生在分析华夏初民信仰的过程中，认为天神与凡人之间可以通过能量转换的形式相互沟通，而"玉"作为显圣物的奥秘就在于"承载着天或天命，神祇的超自然力"。[①] 他认为距今7000年、在黑龙江和吉林新石器时代遗址中出现的玉璧，为群玉之主，也是"神话中国"最核心原型意象。并通过"苍璧礼天"和"璧圜象天"等说法来揭示古人所遵循的类比神话思维逻辑，认为用于祭祀和丧葬场合的璧，隐含着实现天人合一的神话理念。在《玉石神话信仰与华夏精神》一书中，叶先生将玉教神话与"天人合一"称为中国思想的大传统原型，并运用四重证据法，将"物的叙事"与"文本叙事"相结合，探讨玉圭、玉人像、玉斧钺等玉器中所蕴含的玉与天的神圣性的信仰与想象，以期找到华夏文明的信仰根脉。

在仪式的层面上，涂尔干提出："任何社会都会感到，它有必要按时定期地强化和确认集体情感和集体意识，只有这种情感和意识才能使社会获得其统一性和人格性。"[②] 这些仪式在道德上重新塑造了个体和群体，使个体在这些场合被紧密地联系在一起，巩固与确认了集体意志与集体情感。在此过程中，人们将整合政治秩序的"神圣性"观念予以转移，转移到了世俗的政治现象与政治概念之中。当集体情感用图腾的方式连接和被表型出来，也就是神圣的正当性转为了权力的正当性，从而宗教权威与世俗威权直接合一，完成了"社会造神"。究其本质，实际上强化的就是作为社会成员的个体对其起社会的依附关系。[③]

"不妨说，围绕玉与神圣沟通的祭祀仪式及其日常礼仪和庆典，实质上也是一种维持或恢复社会井然秩序权利的过程。"[④]"国之大事，在祀与戎"是将信仰和祭祀神灵作为国家社会第一要务，希望通过祭祀来沟通神人关系，求得神灵对社会群体及个人的庇护和保佑。《周礼·天官》载"一曰祭礼，以驭其神"，指出祭礼是一种社会性的集体敬神仪式，其目是就在于驭神，并通过驭神进而驭民，甚至其主要目的就在于驭民。《大雅·云汉》云"靡神不举，靡爱斯牲。圭璧既卒，宁莫我听"，表明了圭璧两种玉器的祭神通神功效。《左传·成公二年》载"器以藏礼"，指祭礼仪式将社会秩序以天的意志强化下来，以玉这个显圣物凸显出来，并通过玉礼器进行的宗教祭祀活动使其得到维持与延续，玉礼器在一定程度上成为王权合法性的符号化象征。叶舒宪先生指出："从考古发现的北方红山文化和

---

① 叶舒宪：《玉石神话信仰与华夏精神》，复旦大学出版社，2019年，第97页。
② ［法］爱弥尔·涂尔干：《宗教生活的基本形式》，渠东，汲喆译，上海人民出版社，1999年，第562页。
③ ［法］爱弥尔·涂尔干：《社会学方法的准则》，狄玉明译，商务印书馆，1995年，第25页。
④ 唐启翠：《体与礼：佩玉践形与礼仪的神圣源起》，见叶舒宪、唐启翠编：《儒家神话》，南方日报出版社，2011年，第172页。

南方良渚文化大量玉礼器实物看,中国的玉礼制度至少需要溯源到距今6000年的部落社会。"① 他认为《说文解字》中的"巫以玉事神"透露了远古以来的真相:"中国地区的史前先民普遍将玉视为神物或神意的直接体现,那当然也是长生不死的象征,礼仪献祭等宗教活动必备的圣物。"② 张光直先生也曾总结说:"经过巫术进行天地人神沟通是中国古代文明的主要特征;沟通手段的独占是中国古代阶级社会的一个主要现象,促成阶级社会中沟通手段独占的是政治因素。"③ "巫以玉事神"的背后逻辑,就是用神话思维的神圣性方式来构建世俗世界的既定秩序,巩固权力者的合法性,形成天—地—人的宇宙观,这三个部分各自成系统又彼此相通,是初民对神圣秩序的隐喻表达,而玉则成为这一文化叙事的承载者。即"一般来说,集体情感只有固着于某种物质对象,它本身才能被意识到"。④

"宗教通过赋予社会制度终极有效的本体论地位,即通过把它们置于一个神圣而又和谐的参照系之内,从而证明了它们的合理。"⑤ 在传统中国历史中的宗教信仰,则难以形成这种构建方法,形成一套宗教组织,或宗教社会,它只能使自己被镶嵌在世俗权力结构之中。在神圣与世俗之间,并不存在一种截然的、简单的对立,人通过为自己立法来达到秩序化。从而使宗教领域的精神信仰权与现实世界的世俗统治权两者无法以制度化的形式予以分割。通过玉石神话信仰,也能够更好地理解,为什么中国并没有形成一套完整的宗教体制?是因为对先民来讲,社会,权力就是宗教本身。

(二)作为社会权力和道德性规范的玉器崇拜

经由上节讨论,可知涂尔干提出社会是宗教的起源,仪式作为集合群体中产生的行为方式,有助于激发与重塑群体中的某些心理状态。而《宗教生活的基本形式》表面看是探索原始宗教的内部结构关系,其实质则着墨探讨道德作为社会整合路径的起源与合理性。⑥ 他在讨论宗教力在历史中所呈现出来的既是自然又是人类,既是道德又是物质的双重性时,指出宗教力不过是实体化的集体力,也是道德力量。以及"如果不借助宗教符号,人们就根本无法对道德良心有丝毫明确清晰的表现"。⑦ 此类探讨,对于研究"玉教"的神圣性,以及从玉石神话信仰,再到比德如玉的转换等相关问题,具有一定的启发作用。

叶舒宪先生诉诸用玉教的神圣特性来打开文明起源初期思想史的大门,立足中华文明独特的起源机制,在跨学科的视野下以最早的显圣物"玉"为切入点,借助大量人类学、神话学和艺术学的方法进行物质文化研究,追溯玉器信仰仪式演化为"礼"制的过程,探

---

① 叶舒宪:《从玉教神话看"天人合一"——中国思想的大传统原型》,载《民族艺术》2015年第1期。
② 叶舒宪:《儒家神话的再认识》,载《百色学院学报》2011年第3期。
③ [美]张光直:《考古学专题六讲》,生活·读书·新知三联书店,2010年,第13页。
④ [法]爱弥尔·涂尔干:《宗教生活的基本形式》,渠东、汲喆译,上海人民出版社,1999年,第307页。
⑤ [美]彼得·贝格尔:《神圣的帷幕:宗教社会学理论之要素》,上海人民出版社,1991年,第60—61页。
⑥ [法]爱弥尔·涂尔干:《宗教生活的基本形式》,渠东、汲喆译,上海人民出版社,1999年,第419页。
⑦ [法]爱弥尔·涂尔干:《宗教生活的基本形式》,渠东、汲喆译,上海人民出版社,1999年,第282页。

究中国文明起源与发展的连续性的渊源，"重估从炎黄始祖到尧舜禹汤文武的圣王叙事谱系，构建出一幅以新知识视角为观察点的中华文明发生历程之全景图"。① 这又构成了玉器崇拜的第二重维度——社会权利和道德性建构。

正如涂尔干所说："他们的统一性只是由于他们拥有同一个名字和同一个标记，他们相信他们和同一个事物范畴具有同样的关系，他们遵行同样的仪式；或者简而言之，由于他们共同参与对同一种图腾的膜拜。"② 叶舒宪先生在《白玉崇拜及其神话历史初探》一文中，通过对商周之际形成的白玉崇拜，以及文献材料中的白玉观这两方面的研究相结合，诠释了"白玉神话与皇帝玉玺的最高权力象征意义相互组合借以强化其统治合法性"③ 的过程。具体而言，他将"白玉崇拜"称为玉石神话宗教八千年历史上的"新教革命"，想要探讨"从'多元'到'一元'，建构白玉崇拜为核心的华夏核心文化价值体系的过程"。④ 在"白玉崇拜：玉教的新教革命"一章中，叶舒宪先生从物质与精神互动的视角说明，玉石神话信仰如何通过一场玉文化的"新教革命"实现了白玉独尊的文化价值观体系，进而"论说上古国家统治者的神话观如何与西玉东输的文化运动构成因果解释链"。⑤ 此外，在《儒家神话》《玉石神话信仰与华夏精神》《比较神话学在中国》等多本著作中，他也通过玉璧、玉璜等大量个案展现了不同玉器如何彰显改朝换代的权力意志和意识形态，从而挖掘出玉器崇拜所必然包含的权力与道德因素。

叶舒宪先生指出："儒家的玉德伦理侧重人格修养方面，其雏形当是以'德'为神力或天命之体现的信仰时代，即和以玉为神的大传统紧密衔接。"⑥ 关于"德"这一概念的历史，需注意"德"的含义并非一开始就是后世所理解的充满善的伦理意义。《虞书·尧典》载："克明俊德，以亲九族。""舜让于德，弗嗣。"《虞书·舜典》载："玄德升闻，乃命以位。"意受命于天的王者本身就是一个德者，"是在强调有德者才能受命于天的道德根源"⑦，试图解决的依旧是王权天命背后，权力的合法性问题。他认为，按照神话思维的类比规则，儒家将"抽象的德"与"具体可感知的玉"结合建立起一整套类比的文化价值和意义系统。⑧ 像儒教的君子佩玉制和君子比德于玉说，已经形成一种借玉喻人的表达模式。玉石神话逐渐从宗教信仰方面过渡、延伸到道德层面，进而在既有的人伦秩序中维持着社会结构与政治秩序的合法化，促进着制度的有效运转。正如钱穆先生所说，"政治上之一

---

① 王仁湘：《知识考古如何打通历史与神话——序叶舒宪〈图说中华文明发生史〉》，载《百色学院学报》2014年第6期。
② [法]爱弥尔·涂尔干：《宗教生活的基本形式》，渠东、汲喆译，上海人民出版社，1999年，第225页。
③ 叶舒宪：《白玉崇拜及其神话历史初探》，载《安徽大学学报》（哲学社会科学版）2015年第2期。
④ 叶舒宪：《从"玉教"说到"玉教新教革命"说——华夏文明起源的神话动力学解释理论》，载《民族艺术》2016年第1期。
⑤ 叶舒宪：《玉石神话信仰与华夏精神》，复旦大学出版社，2019年，第304页。
⑥ 叶舒宪：《玉石神话信仰与华夏精神》，复旦大学出版社，2019年，第280页。
⑦ 李向平：《信仰但不认同——当代中国信仰的社会学诠释》，社会科学文献出版社，2010年，第4页。
⑧ 叶舒宪、唐启翠编：《儒家神话》，南方日报出版社，2011年。

统,其最后根柢,实在下而不在上,在社会而不在政府,在伦理而不在权力也"①。从玉教到礼乐文明的延续性发展,是对相对稳定的信仰性的改造和权力关系的重组。从白玉崇拜的建构角度上看,周礼不仅是"以'德'为核心而建构的整体人间秩序",也是中国式神话历史的延续,是玉教从拜物阶段发展为东周格物思想的必然结果。这条历史路径并非轴心时代所说以伦理秩序来代替宗教中的天命观念,而是宗周王权制度下天人关系的重新整合。也即涂尔干所认为的"事实上,社会对意识所拥有的绝对权力,主要不是由于它在物质上所特有的无上地位,而是由于它所赋有的道德权威"②。由此,诸子时代开启对玉礼器符号更加人性化、伦理化的追求,既衔接并一定程度上改造了玉器时代的唯物拜物现象,也为后世借此构建"大一统"政权,监督和克制皇权提供了合法性的基础。

富有韵味又值得深思的是,涂尔干在消极膜拜及其功能一章中,提到了神圣传染性的问题,如蛇图腾的中心主要在水洞,图腾的神圣性也就传给了这个地方。由此,该图腾成员就禁止使用该处的水。③ 其批驳了众说皆知的观念联想法则,认为神圣传染性与禁忌并不依赖宗教力得以承载或依托的符号,或来自对物质世界的感知,原始人也并非能力上愚笨,以至于所有东西都含混不清。他指出:"唯有在宗教思想方面,他们才倾向于诸如此类的混同。"④ 牵绊与控制他们的力量不过是"由我们从社会角度出发在内心中所唤起的各种观念和感情构成的"⑤,产生于群体生活之中的社会力和道德力。这对理解与透视叶舒宪先生在谈及历史书写中黄帝food白膏、鸿门宴上换回刘邦性命以及《山海经》《史记》到《红楼梦》的整个白玉神话谱系,与白玉崇拜之间的互动关系具有积极作用。人们崇拜的不单是白玉这一物质符号本身,在神话信仰背后,贯穿于历史叙事与文本的依旧是社会权力与道德力本身的建构。从玉教何以可能的分析中,可以看出,叶舒宪先生苦心孤诣所打造的这套理论,旨在突破外来理论与方法论对中国文化现实的遮蔽与误导,值得我们继续为之深思和展开争鸣讨论。

三、玉教何以可为?

(一) 玉石之路:多元如何成一体?

英国历史哲学家柯林伍德在谈到经典文本时曾提到,"为了理解他的意思,你还必须知道他的问题是什么"⑥。以此观之,以涂尔干的社会学理论来观照叶舒宪玉教说的阐释,在很大程度不是纠结或停滞于其"玉教"说是什么,或者其是否合乎宗教定义等诸如此类的问题,而是追溯其论说形成脉络中,所需要关注和尝试解决的核心问题——文明起源、文

---

① 钱穆:《中国学术思想史论丛.1》,安徽教育出版社,2004年,第91页。
② [法]爱弥尔·涂尔干:《宗教生活的基本形式》渠东、汲喆译,上海人民出版社,1999年,第277页。
③ [法]爱弥尔·涂尔干:《宗教生活的基本形式》,渠东、汲喆译,上海人民出版社,1999年,第415页。
④ [法]爱弥尔·涂尔干:《宗教生活的基本形式》,渠东、汲喆译,上海人民出版社,1999年,第419页。
⑤ [法]爱弥尔·涂尔干:《宗教生活的基本形式》,渠东、汲喆译,上海人民出版社,1999年,第419页。
⑥ [英]柯林伍德:《柯林伍德自传》,陈静译,北京大学出版社,2005年,第34页。

明特质以及"多元"如何成一体的动力机制。

习近平总书记在文化传承发展座谈会上指出:"如果不从源远流长的历史连续性来认识中国,就不可能理解古代中国,也不可能理解现代中国,更不可能理解未来中国。"① 那么我们不仅要提出疑问,在众所周知的中西文明发展史有巨大差异的前提下,西方的理论是否具有完全的贴合性,是否能够完全解决与阐述中国问题。如果不加反思和不加批判地一味追随、强用和套用西方范式,只能造成更多的外来话语繁荣而本土现实被遮蔽的现象。而叶先生提出"玉教"理论以及相应的四重证据法、N级编码等,也正是针对这一窘境所提出的解读与回应。他曾表达对中华文化多元一体格局的理解,指出中国史前文化总体上是"有中心的多元一体格局",但是对史前多元文明分区共同出现的玉器现象以及"多元"形成"一体"的内在驱动力,却鲜有讨论。所以,他希望通过考察"玉文化三源说""史前玉文化板块说""原生次生系统说"② 来探究史前不同地域的玉文化,如何以玉产地的时空分布为坐标,从"多元"分布逐渐走向"华夏一体"。他认为在这三大已提出的命题基础上,还应该补充更为重要的精神驱动力问题——支配玉料远距离运输的信仰传播与认同问题。

叶先生指出:"玉文化传播不仅是物质文化的传播,同时也有史前信仰观念的传播。"③ 事实上,他对玉石资源和玉石之路的考察,已经揭示出玉石崇拜的普遍性和集体性,以及玉石崇拜具有社会权力和道德作用。2014—2019 年,在叶舒宪先生的策划、号召和带领下,玉帛之路团队先后跨越西部七省与太湖流域的考察,以探究玉石材质、器物图像和玉石资源传播为目的,以文献叙事作为论证的依据,探讨玉石神话信仰如何在不同区域随着玉矿和族群迁徙而传播,追溯具有万年之久的玉文化传承与传播,是如何在距今四千年之际,逐步统一中国的。同时,随着玉石之路的不断深入调研,史前玉文化脉络的日渐清晰,呈现出被遮蔽和被遗忘的玉石文化大传统,有助于阐释夏、商、周三代王室用玉资源的由来以及为什么"玉"会成为后代王权的意识符号,从而为探明从"满天星斗"格局到夏商周文明国家的催生过程提供了新的方法路径。他自己曾总结:"玉石神话信仰是驱动史前玉文化发展的动力,而且在催生文明国家的文化认同方面起到无可替代的精神凝聚作用,成为奠定中国文化精神与核心价值观的基础。"④ 由此,他用自己的方式揭示出促使华夏国家形成的核心物质与主导精神(即核心价值)的认同纽带,在史前期玉礼器不断衍生和传播变化的具体过程中,找出先于青铜时代和文字书写时代的文化聚合力量,"深度理解和解释华夏文明的由来"。⑤

涂尔干指出:"宗教中有些永恒的东西,注定要比所有宗教思想作为外壳而相继采用

---

① 习近平:《在文化传承发展座谈会上的讲话(2023 年 6 月 2 日)》,载《求是》2023 年第 17 期。
② 叶舒宪、唐启翠:《玉石之路》,载《人文杂志》2015 年第 8 期。
③ 叶舒宪:《文化传播:从草原文化到华夏文明》,载《内蒙古社会科学》(汉文版)2013 年第 1 期。
④ 叶舒宪:《玉石神话与中华认同的再认识:筛选文化基因的理论视角》,载《百色学院学报》2023 年第 2 期。
⑤ 叶舒宪、唐启翠:《玉石之路》,载《人文杂志》2015 年第 8 期。

的特定的宗教符号存续得更为长久。"① "玉教"说立足于庞大又绵密的"玉帛之路"调研，从文学到人类学、考古学，从理论到田野、从文本到器物，统合多维度的话语资源，深入本土文化最深的信仰层面，将"玉器时代—这种独特的文明现象与后世文献叙事、礼乐文明、政治制度、文艺观念等进行了全面衔接和前所未有的勾勒"。② 如上文所提到的，叶舒宪先生以此为依托所要解决的，是在文化自觉的基础上，根植于本土研究实践，从思维模式到动力机制来说明中华文明产生的观念动力原理和核心传承方式，有助于从学术上重新认识中华文明礼制起源的核心价值和核心物质，有助于找出属于中国自身文明的独特出路，打破西方狭隘的学科分界，构建具有中国本土特色的人文社会科学体系。

他在讨论文化编码的意义时也曾提到："理解文化编码的体系及原型编码的意义，无非是希望将当代人的精神生活植根于久远的历史和深厚的文化之中。那些在仰观俯察的时代建立起来的诗性智慧和神圣表达，并没有被沙漠掩埋，而是随时召唤着我们去吹沙见金。"③ 由此可见，对"玉教"核心观念与价值的探讨，其功用不仅是向前，更对当下人文价值与人文精神的培育具有重要的作用。有助于回应在全球化和多元文化思潮冲击中，所面临的传统断裂、知识碎片化、文化虚无、现代性视域下信仰危机等诸多问题，提升文化认同；有助于将"当代"置于历史的深度中了解，为中华民族不断前行提供精神动力；有助于为文化产业、符号经济提供丰富、优质的本土材料，在推动传统文化资源的当代转化的同时，让其以更日常化方式走进现实，用文化滋养与哺育人心。

（二）四重证据法：在实证与阐释之间

涂尔干在《宗教社会的基本形式》的开篇导言中率先指出社会学的基本前提即人类制度是绝不能建立在谬误和谎言的基础之上的，否则社会学就不可能存在下去。④ 同时，他也强调，社会事实只有是可观察的，才能是可研究的。并再一次明确，社会学的考察并不是来源于我们单纯的思辨与冥想，也并非是脱离科学的不能还原的事实。他认为宗教和科学所追求的都是相同的目的，"它在本质上与科学所采用的方式并无不同之处，两者都力图将事物联系起来，建立它们的内部关系，将它们分类，使它们系统化"。⑤ 而宗教也并非神秘不可知，即"我们通过观察，是可以了解其形成条件的；它是社会生活的自然产物"。⑥ 在书中，也可以清晰地看到，涂尔干对宗教的论证正是在对既往图腾信仰等相关理论进行批判性检验的基础上开始的。他强调要把社会事实作为物来考察，认为"我们必须通过整体

---

① ［法］爱弥尔·涂尔干：《宗教生活的基本形式》，渠东、汲喆译，上海人民出版社，1999年，第562页。
② 谭佳、韩鼎、李川：《早期中国与神话历史研究——关于中国文学人类学的"四重证据法"的对话》，载《文艺研究》2020年第7期。
③ 叶舒宪、章米力、柳倩月编：《文化符号学：大小传统新视野》，陕西师范大学出版总社，2018年，第94页。
④ ［法］爱弥尔·涂尔干：《宗教生活的基本形式》，渠东、汲喆译，上海人民出版社，1999年，第2页。
⑤ ［法］爱弥尔·涂尔干：《宗教生活的基本形式》，渠东、汲喆译，上海人民出版社，1999年，第565页。
⑥ ［法］爱弥尔·涂尔干：《道德教育》，陈光金、沈杰、朱谐汉译，上海人民出版社，2006年，第125页。

特有的属性来解释现象是整体的产物，通过复杂来解释复杂，通过社会来解释社会事实……这是科学研究所能遵循的唯一途径。"① 即一种社会现象只能通过其他社会现象去解释。同时，在此书的结论部分，他也指出虽尚无法确定这种解释是否能够达到何种程度或在根本上解决所有问题，但"我们的要务，就是要尝试这种假设，尽可能条理清楚地对证事实。这正是我们的探索"。②

以此来比照中国，"玉教"理论的提出正是始于中华文明所独有的玉器崇拜和传承功能，要指向解释的是中华文明的连续性、多元一体的文化特性，诉诸建构基于本土文明发生和特征的理论话语。回溯既往研究可以发现，在中国近代以来的几次史学革命，不管是信古也好，疑古也好，都是在方法上突出表现为采用实证主义的方法强调证据中的"实物"的价值，顾颉刚的"层累地造成的中国古史说"，王国维的"二重证据法"，已从不同方面表现了实证化和科学化的追求。正如张光直所提到的："为什么近十年来的学者对'中国文明是如何起源的'这个问题仅仅限制在'中国文明是从什么地方来的'这个问题上来理解？为什么不讨论文明前的社会产生文明的内部的动力的问题？"③ 而"玉教"理论恰恰是对这一反思所做出的回应与解答，其所要做的也许并不是仅停留在信或疑的角度上进行反复的批驳与互证，而要在更广阔的领域探究文明发展的整体形态和核心动力。

研究对象的变革必然带来研究方法的变革。以叶舒宪为代表的文学人类学学派，以王国维提出的"二重证据法"为发端，在对"玉教"相关问题的回应中，提出研究要走出单一的文本资料限制，形成了大小传统、四重证据法、N级编码等系列理论话语，为文学人类学的发展提供了方法论的实践。在《深度认识中国文化：理论与方法讨论集》中，学者们也正对四重证据法背后的实证与阐释的逻辑进行了反思与追问。谢美英认为："四重证据法作为其核心方法论，利用证据间性立体释古，对于改变传统文史研究证据单一现状、弥合人文实证和科学阐释的分裂具有举足轻重的作用。"④ 赵周宽则指出："弥合实证与阐释的裂隙，重要的不在于阐明所有的实证研究中都包含着阐释的成分，所有的阐释都需依赖确凿无疑的实证材料，而在于从人文学的历史性和逻辑性本源上说明阐释与实证是同源的。"⑤ 王倩则强调了四重证据的情境性原则。⑥ 诸如上述的讨论在肯定四重证据法在解释"玉教"说的有效性时，也进一步警醒我们，要注重"讲述历史"与"真实历史"之间的距离。"否则就会陷入材料与文献、器物的粗暴结合，那么所下的结论只不过是把自己的主

---

① ［法］爱弥尔·涂尔干：《社会学与哲学》，梁栋译，上海人民出版社，2002年，第29页。
② ［法］爱弥尔·涂尔干：《宗教生活的基本形式》，渠东、汲喆译，上海人民出版社，1999年，第584页。
③ ［美］张光直：《中国史前考古学史研究·序》，见陈星灿：《中国史前考古学史研究（1895—1949）》，读书·新知·三联书店，1997年。
④ 谢美英：《文学人类学的方法论标杆——简评〈四重证据法研究〉》，见顾锋、杨庆存主编：《深度认识中国文化：理论与方法讨论集》，复旦大学出版社，2021年，第259页。
⑤ 赵周宽：《从方法论的革新到人文存在论的发现——评〈四重证据法研究〉》，见顾锋、杨庆存主编：《深度认识中国文化：理论与方法讨论集》，复旦大学出版社，2021年，第262页。
⑥ 王倩：《情境性：四重证据法间性原则》，见顾锋、杨庆存主编：《深度认识中国文化：理论与方法讨论集》，复旦大学出版社，2021年，第233页。

观片面性投射到解释对象之上而已,主要凭借学者自己的灵感作'想当然耳'的解释。"①

"宗教不仅是一个仪轨体系,还是一个观念体系,其目的是要解释世界。"② 这就意味在玉文化的研究中,我们不仅要借助于科学实证的手段与方法,以更加客观中立的立场,在史料的鉴别与考证上力求真确;更要在对史实的阐释与逻辑的疏通上,摒弃考古实物与文献材料的简单印证,深入文明发生内在机制的探讨,总结出贴合自身发展特色的上古文明理论与框架,揭示中国思想脉络演进的规律,"把文明源头的更加复杂化、全息化的生成场景展现出来。在更为广阔的世界性、整体性视域中阐释被文字叙事所遮蔽和遗忘的深远传统,在'文'与'器'的结合与阐释中探究中华文明奥秘"。③ 也只有在此基础上才能真正发挥中华文明的深层内蕴与积极作用。

---

① 张光直:《取长补短、百家争鸣:从俞纬超、张忠培二先生论文谈考古学理论》,载《中国文物报》1994年第8期。

② [法]爱弥尔·涂尔干:《宗教生活的基本形式》,渠东、汲喆译,上海人民出版社,1999年,第563页。

③ 赵周宽:《中华文明起源"玉教说"的方法论意义与观念效应》,载《百色学院学报》2015年第2期。

文化叙事的跨学科探索：
时间性和物质性之于四重证据

张安雯

在当代跨学科研究的学术思潮引领下，文学人类学研究已将考古学研究中的新发现与神话学研究"珠联璧合"，通过叶舒宪提出的"四重证据法"进行大传统与小传统的互补与互证，考古学已被充分纳入范式转向。尽管"四重证据法"的提出受"二重证据法""三重证据法"的影响，但其发展并非仅受限于不断增加新证据的字面意义上的加法逻辑。在"四重证据法"的应用中，其对证据和材料作用和意义的重新划分和对传统线性时间观的破解和超越值得进一步研究。在组织象征各种文化形态的不同证据时，如何驾驭各证据间内在的时间复杂性是一项艰巨的挑战。然而，过程哲学可引入一种视角，将这些复杂性重新定义为动态的探索机会。过程哲学将时间视为连续的流动，而不是线性的顺序，这与跨学科研究中遇到的不同时间层次相吻合。通过采用这种哲学视角，本文建议"四重证据法"可同时作为一种工具，用于揭示不同类型的证据在时间上的复杂关系。过程哲学提倡的整体性使研究者能够超越孤立时间框架的限制，转而将证据视为持续文化叙事中相互关联的时刻。这种方法可以更深入地分析文化元素如何在不同的时间尺度上共存、互动和演变，从而丰富我们对文化演变的多轨迹的理解。

一、不同类型证据之间的相互作用及其时间意义

长期以来，时间线的研究和划分对于考古学家、民俗学家和人类学家来说都至关重要，从开发精准确定文物和图像信息年代的技术，到探索规模和变化的理论问题，不一而足。在过去十余年间，考古是否应被视为一种建立在精确年代学基础上对历史的观测，或是"记忆"[①] 是否应成为该学科的时间定义模式，这两方意见仍在引发持续的争论[②]。争议的症结之处可借抽象时间与体验时间之间的差别来解释：在 Social Theory and Archaeology 这一著作中，迈克尔·尚克斯和克里斯托弗·蒂利对抽象时间和经验时间作了定义上的区分：抽象时间是时钟和日历所划分的时间，是线性的、统一的、可测量的；而经验时间是人类所经历的时间，具有各不相同的关系和节奏。

由于"四重证据法"中具有利用小传统中存留的大传统知识重新激活第三重与第四重

---

① 沿用 Oliver J. T. Harris 在 Assembling Past Worlds: Materials, Bodies and Architecture in Neolithic Britain 一书中的用辞"memory"，指过去与现在共存，具有多重时间性的状态，与将时间视为线性序列的观点形成鲜明对比。除特别说明，本文中原文为英文的引文均由笔者译。

② Oliver J. T. Harris, "Assemblages and Scale in Archaeology," Cambridge Archaeological Journal, 2017, Vol. 1; Geoff Bailey, "Time Perspectives, Palimpsests and the Archaeology of Time," Journal of Anthropological Archaeology, 2017, Vol. 26, pp. 198 – 223.

证据,揭示不同证据在时间线上复杂交集从而再现情境的功能,其方可解释德勒兹所说的"相对存在的盘绕"①,即在特定景观或时刻,物的多重时间性是如何相互作用的。以叶舒宪对于殷商玄鸟原型的阐释和论证为例,仅以甲金文中的鸟图腾符号进行分析无法确定玄鸟在不同历史时期的形象与功能,然而,结合民间口传文化和方言中猫头鹰的传说和称呼,再联系台湾原住民传说、希腊神话、欧亚大陆考古研究中的材料佐以旁证,方能确定鸱鸮崇拜和凤凰崇拜的先后出现顺序,破除"凤凰说",并将鸱鸮定为玄鸟的原型,从而打破预设的陷阱,还原玄鸟生商神话的史前背景。② 在叶舒宪的论证中,各个图像和符号的整合性理解,结合对鸱鸮和玄鸟图像特点演变的切实观察为四重证据间互证带来的巨大空间成为了阐释的核心。如果将玄鸟图腾视为一种物理实体,而不是一个动态的、功能性的、过程化的产物,那么它在时间中的持续性就会被视为理所当然,或被本质主义者化为传统经学定论的留存(例如"燕子说")。相反,如果将玄鸟的图腾功能视作一个动态的过程,从材料上扩展了神话研究的范围,那么它在时间上的持续性就需要得到解释,从而理解与之相关的取像来源,以全面的角度破译神话生物的文化编码。

  为进一步解释在神话学研究中纳入任何材料的意义都是由时间性的多个交叉点组成的这一逻辑,并从而反过来验证"四重证据法"对传统线性时间观的结构作用,本文将引用阿尔弗雷德·诺思·怀特海(Alfred North Whitehead)提出的过程哲学。过程哲学鼓励从整体上看待现实,强调动态过程中各要素之间的相互依存关系。在此逻辑之上,与其把"四重证据法"对于解读第四重出土证据的作用简化地描述为"解释出土证据为纯粹的物理存在",不如描述为"解释一件人工制品(artifact)③ 作为时间性交叉的载体如何保留并传达了意义",从而使其地发挥叙事作用。

二、关系性的时间观之于证据间性

  "……在抽象中观察对象是被动的,但在结合中观察,他们拥有驱动世界的创造力。"④ 怀特海的过程哲学认为,如果我们孤立地看待一个具体事物,它会显得抽象而被动。然而,如果在其语境中或在具体关系中看待它,它就会有助于发挥其意义所必需的能动性。显然,发掘第四重证据是一种具身行为,一旦被发掘的物品被纳入证据链,随之开始的阐释也是一种具身行为,在这种情况下,研究对象作为含义不明的物理存在,最多只能提供静态证据,而接下来的科学程序就是根据先验知识来检验并解释该证据,因此,第四重证据的意义不是预先给定的,而是在所采取的行动的动态过程中构建的。从主动解释学(enactive hermeneutics)的角度来看,没有任何人工制品是完全确定的事实,它们的意义是在解释过程中显现出来的,这些意义从不同角度分析时会发生变化,且不可简化为完全确定的事物。在以"四重证据法"为基础的研究中,尽管民间传说作为第三重证据已十分常见,但仍有

---

  ① Gilles Deleuze, *Logic of Sense*, London: Bloomsbury, 2015, p167.

  ② 叶舒宪:《玄鸟原型的图像学探源——六论"四重证据法"的知识考古范式》,载《民族艺术》2009年第3期。

  ③ "artifact"指包括文物在内的人类文化创造或改造的任何"物品",通常译作"人工制品",在考古学和人类学语境下常指但不限于指"出土文物"。 更多相关的定义参见 Bruce G. Trigger, *A History of Archaeological Thought*, New York: Cambridge University Press, 1989, p.298。

  ④ Alfred North Whitehead, *Adventures of Ideas*, Cambridge: Cambridge University Press, 1942, p.230.

中外学者对此持保留态度，其中最首要的否定性论点之一即为许多民俗和民间证据的发源和存在时间难以定夺，故认为口传文化证据是"不合时宜的"，并认为使用这些发源与流传时间不详的民间活态文化作为证据将导致研究者将主观性强加在对研究对象的解释上，属于本质主义思想的体现。然而，在广袤的时间长河中，民间传说对于原初文明既有继承、发扬的作用，也承载着统一和维系民族群体的文化心理的作用，检视民间"活证据"，也是观察对其重叠的时间性对不同时期特定的自然条件和社会环境的反映。因此，在四重证据中，民间证据的功能反映了文化概念在历史渊源中的被"过滤"（percolation）：在法国哲学家米歇尔·塞雷斯与布鲁诺·拉图尔关于时间和当代性的对话中①，这个著名的比喻被首次提出。塞雷斯使用这一隐喻来解释文化是如何像过筛一样被在时间中反复"过滤"和在此往返过程中反复产生意义的。在此过程中，一些事件或客体的影响在时间的洪流中被滤去，而另一些则持续存在并被反复冲刷，以不同的形式被反复得到保留。② 过程哲学致力于关注"如何"成为的思想提示我们以不同的方式思考证据可能经历的变化对于考证行为的影响：要超越我们对过去、现在和未来的基本概念，就有必要认识到变化的本质相对于线性时间序列的重要性、"成为"相对于"存在"的重要性。对第三重"活态证据"的重视和保留并非强行附加意义于图像，而是诉诸意义来过的道路对失落的原初意义的反溯。过程哲学的应用鼓励研究人员接受文化元素固有意义的流动性。

在确定出土证据在神话学分析中的意义时，前文所提到的考古学中处理时间的两种方法（完全依照时间线的考证和"经验时间"的方法）均无法以第四重证据为核心对神话、口头证据和古史材料作出系统的剖析——前者否认历史时间的复杂性，导致学者们只能在特定的分析尺度上进行阐释，对人类尺度时间的强调可能导致非人类（文物、遗迹或景观）的作用被忽视；由于年代学是占据主导地位的时间模型，研究者可能以当前的时间形式误读其他不同历史阶段的文化编码和符号。与前者相比，后者更令人信服，但仍有缺陷。尽管后者的好处在于它迫使我们从相关对象的在存续期间的多重时间性角度来追问同时代性的意义，但它并未为如何解释历史和应对时间变化提出指导，使得各个证据间的"同代性"（contemporaneity）与"同步性"（synchronism）易被混淆。王国维曾指出"史实之中，固不免有所缘饰，与传说无异，而传说之中，亦往往有史实为之素地，二者不易区别"。③为解决这方面的问题，植根于过程哲学的关系性的时间观或许能作为思路。

从康德的先验美学开始，时间的定义超越了太阳从东向西的运动过程，不再是空间序列，而是由各个片段的关系之间的联系构成，因而有了独立性，成为赋予意义于经验的中介。不同于康德的纯粹直觉形式，吉尔·德勒兹在《普鲁斯特与符号》中讨论了一种令人

---

① Michel Serres, and Roxanne Lapidus, *Conversations on Science, Culture, and Time*, Michigan: University of Michigan Press, 1995, p. 58.

② 尽管"渗透"的概念看似抽象而模糊。然而，已经有数位学者对这一概念作了充分的发展与探索。见 Christopher L. Witmore, "Vision, Media, Noise and the Percolation of Time. Symmetrical Approaches to the Mediation of the Material World", *Journal of material culture*, 2006, Vol. 11, No. 3, pp. 267 – 292; Christopher L. Witmore, "Which Archaeology? A Question of Chronopolitics", in Alfredo Gonzá lez-Ruibal, ed., *Reclaiming Archaeology Beyond the Tropes of Modernity*, London: Routledge, 2013, pp. 130 – 144.

③ 王国维：《王国维考古学文辑》，凤凰出版社，2008 年，第 25 页。

耳目一新的时间机制：它不是对运动进行静态的均匀切分，也没有把时间看作前后继起的线性发展，而是将变化看作整体，把时间当作无数差异瞬间的潜在共存。① 对于过程哲学中对于变化的表达，德勒兹提出的时间观明确地探讨了时间性如何从人类的行为和习惯中产生，而其中重要的一方面是差异的回归才使得民族习惯和记忆得以形成，从而文化符号的嬗变和保留成为可能。古人在占卜与祭祀中提到的各种自然灾害、战争、恶疾次次不同，但都被归于对神明和恶灵的想象，根据对这些事件差异的重复或回归的观察，使人们能够掌握某种景观或自然现象的规律，而这些规律又反过来驱动祭祀活动、图腾形象、历史事件的形成，使得其他人为巧合和差异得以回归。在此逻辑下，多种差异满载多重时间性进行交叉，任何后来兴起的将文化编码有形化的产物都是差异本身的回归。

将此概念放在文学人类学语境下理解，或可以叶舒宪对玉文化与蝉文化的研究为例：《康熙字典》中，"蝉"这一汉字的八个义项足以表明"蝉"字和蝉本身在语言应用中的多样变化情况。殷墟妇好墓中出土的玉石蝉和蝉纹玉器就可分为五种形态，作不同的功能，同时也表明原初居民所看重的蝉在不同方面的特质，以不同的形式和期待，将蝉视为超自然的神力体现者，并出于神话信念的考虑，将各种不同神秘生物的力量叠加起来，使得玉蝉和各种蝉纹在历史不同时期都得到目的迥异的反复表现。② 通过四重证据的相互阐释，研究者既关注时间出现的被动过程，又积极帮助不同时间性的意义得到揭示，而所借助的手段便是将物理实体放回原初仪式语境中，借助差异思考超越传统的模式和联系，对事件之间关联的替代形式和前人的感知、行动和情境进行推测性陈述和探索，从而识别小传统中源远流长的时代印记，打破线性时间观的窠臼，同时避免以今度古的失误。

三、物的意义的塑造

物的表意功能出现在文字之前，但与文字和语言类似的是，人类有目的性地创造了它们，并借其调节人类与世界之间的关系和人类自身的活动。四重证据相互阐释的基础是对物的证据性的认可：物不仅仅是物理存在，而是一个认知框架，通过物研究者重述物的在场意义和文化功能。在此意义上，第四重证据可以被视为对象化的人类知识和实践，当这些客体表现出自身的局限性时，它们也为破译被寄存的原编码创造了新的可能性。在历史中有功能、与历史事件有交互的物，方能展现其文化功能和符号价值。因此，我们必须理解或观察于情境中被使用的物（如前文两例中对猫头鹰的称呼和"生时身佩玉蝉，死则口含玉蝉"的行为），才能正确地了解物是什么或它暗示了什么。过程哲学提供了一个独特的视角，将人工制品视为动态过程而非静态物体。正如过程哲学认为现实处于不断变化的状态，物也可以被视为不断发展的文化过程的体现。在应用"四重证据法"时，这一观点促使研究人员考虑物对使用者和创造者生活的调节作用，将物视为人类文化演变过程中的有意义的贡献者，考虑物本身是如何成为动态互动的产物——无论是创造物的工匠、使用物的社会，还是随着时间推移不断演变的文物意义。通过将物视为动态过程，研究人员可以更深入了解文化表达的流动性，揭示促成物的形式和意义的各种影响因素。

与由点及线的研究范式相比，在四重证据的整合、确定、解读和推理的结构化过程展

---

① ［法］吉尔·德勒兹：《普鲁斯特与符号》，姜宇辉译，上海译文出版社，2008年，第43页。
② 叶舒宪：《玉蝉不死：动物再生神话研究》，载《神话研究集刊》2020年第1期。

现出了"四重证据法"一个独特的优势，即知识重建的过程性。变化是文学人类学家观察到的现象所固有的。怀特海的过程哲学中所述的"实体"（actual entities）①并不是我们所说的物理客体，而是不断展开的动态过程。这些过程在停止成为客体时会转化为实体，它们往往是新的实体的起点——当实际的物理客体消亡、停止变化时，它们就会变成"实体"。因此，这些实体是各种过程和多重时间性的物理表现的集合或具体化，它们的作用就不再是成为有形之身，而是体现了产生"实体"的物质和文化形成过程。以妇好墓出土的国宝级青铜器鸮尊为例，从鸮尊的线描图看，对鸮喙和对鸮身体正面的刻画都凸显了蝉形，并将鸮原有的进食方式改为蝉所有的吮吸的方式，总体展现了一种外观为鸮而内在性质为蝉的神话性杂糅生物。②鸮尊的形成涉及选择、处理、塑造和烧制等过程的动态相互作用，每个过程都在嵌套的时间范围内的多个时间尺度上展开。在将其纳入证据链的过程中，需要研究者关注的不仅是鸮尊的历史时期和制作过程，更重要的是关注该如何理解制作者特意将鸮的正面造型与其内蕴的蝉形的刻画相结合，构成两两对应的关联的出发点与目的。当研究者将鸮尊作为一个"实体"确定为证据时，关注到的不仅是其材料特性（由客观观察者感知和测量的），更是该"实体"聚集形式和流动的生成，使其被观察的方式和过程。就鸮尊而言，作为实用礼器，它的形式和象征意义是意义积累和历史关联的结果，作为集体经验和时代信仰的载体。它既是基于这一作用而存在的，也是由它允许并参与的关系运动构成的，具有截然不同的时间尺度的力量在当前时刻交织在一起，成为"替身"，尽管客体消亡，却呈现了与上古宗教性文化相连的具体线路。

图1 "妇好"鸮兽线图③

制作鸮尊的工匠未必知道大传统文化价值和该礼器的原初意义将如何被描述和书写，而书写在其眼中，并非有超过图腾和符号的绝对性与可靠性。鸮尊的复杂设计和工艺揭示了商代能工巧匠的"惯习"，塑造外形和铸造的重复动作随着神话信念嵌入到礼器的物理形

---

① Alfred North Whitehead, *Process and Reality: An Essay in Cosmology* (Corrected edition), edited by David Ray Griffin and Donald W. Sherburne, New York: Free Press, 1978.
② 叶舒宪：《玉蝉不死：动物再生神话研究》，载《神话研究集刊》2020年第1期。
③ 河南博物院，2-38"妇好"鸮尊，http://www.chnmus.net/sitesources/hnsbwy/page_pc/dzjp/mzyp/fhxz/list1.html。

态中。鸮尊的"实体"是文化场域和意义建构的载体，也是超越文字叙事的直接文化参与者。将鸮尊视为其诞生时代的"现象"和"过程"，即可意识到每个人工制品都提供了观察人类历史和信仰的独特视角：特定文化、身体、技能、材料、目的和表现形式的独特交叉与融合。作为一件嵌入了历史背景的器物，鸮尊的经验属性为了解其在商代社会中的创造、功能和意义提供了宝贵的见解。然而，它作为文物的物质性超越了其经验层面，延伸到其工艺和形式所包含的象征信息。过程哲学的一个重要问题涉及在不同规模、持续时间和节奏下运行的各种现象意识和各种历史意识之间关系的本质，允许传统上分开或被视为对立的各种形式的考古证据之间进行对应和对话，而"四重证据法"正是印证了这一手段的有效性，可以帮助研究者更好地理解文化和符号变化和演化的过程，超越线性时间观的限制，从将物的生成视为一系列孤立的事件，转变为将其理解为一个内含相互关联的连续体。民族历史证据，包括口头传统和实体证据，通常涉及代代相传的故事和神话，强调差异和创造性结合的回归。随着时间的推移，它们会发生变化和重新解释。当在民族历史证据的背景下考虑时，物的在场可以为文化叙事的回归提供切实的证据和联系。

四、结论

过程哲学强调动态的相互联系和持续的"成为"过程可以激发跨学科研究方法的转变。传统上，学科往往以线性和条块分割的方式处理证据。然而，通过接受过程哲学的整体视角，学者们可以更自信地采用一种更具整合性和相互关联性的方法来思考证据间性。然而，在运用"四重证据法"时，我们仍需考虑证据与目的之间的主次关系——研究的目的是对不同时空文化现象的对比和描述，还是关于物质性的，对事物的本质及其对人们生活和思想的影响或作用的研究？此外，"四重证据法"的运用是否正在帮助构建与人类历史和文化生活相关的物质性理论？

对文化叙事的探索需要超越线性解释的跨学科方法。将过程哲学和"四重证据"方法相结合，揭示了物的实体、语言、口头证据和历史背景之间错综复杂的关系。这一研究揭示了第三、四重证据和时间维度之间的动态相互作用，举例说明了时间性、物质性和意义在"四重证据法"中的潜在融合。在第三重证据所提供的文明理性的假设之外的宗教文化语境的辅助下，物不是孤立的参与者，而是贯穿文明之织锦的丝线，是整体文化表现形式的必要组成。

理论的激情，激情的理论
——论文学人类学理论建构的激情

吴 越

本土理论原创与理论引领，是文学人类学派创刊《文化文本》的理论宗旨。自2018年创刊定稿会以来，《文化文本》分别在2021年和2023年推出两辑，以"文化文本理论建构"与"大传统与大历史"为主题，展开深度探讨与实践应用。在理论建树方面，文学人类学派正在显示出"首创中国版的文化理论"之势头，该派学者提出的"四重证据法""文化文本理论""大传统与小传统"等原创性系列理论命题令人瞩目，而文学人类学学者对理论的实践应用，更像是雨后春笋，四面开花。

作为我国改革开放以来的新兴交叉学科，文学人类学目前正在日益发展壮大。《文化文本》第一辑与第二辑，分别阐述文化文本理论和文化大传统理论，并努力尝试与国际上的大历史学派进行积极对话。彰显出本土学者群体的新理论引领知识观和历史观升级变革的重要意义。那么，这种对当今知识的升级换代和对理论创新的迫切需求背后，驱动力究竟何在呢？笔者以为，这一问题可以用文学人类学派领军人物早年一本随笔集的名字来作答——"激情"。

从批判性视角来看，如今的社会因为内卷和超快节奏，非常需要思想和激情。资本主义现代性造成的精神危机不断加重，用韩炳哲的概念来说，这是一个"倦怠社会"。即便是青春少年，也被晚期资本主义文明的机器早早阉割而少年老成，失去活力。"内卷""佛系""躺平"等当下话语的流行，暗示着生活于其中之人的疲惫、麻木。除了倦怠，激情之缺失带来的另一个社会症状是物欲猖獗下的虚无与享乐。《娱乐至死》便是典型案例。尽管晚期资本主义消费社会带来的新鲜刺激与感受变化多端、琳琅满目，然而，正如批判思想家齐泽克所指出的：有一种潜在的秩序产生这种无序，并为其提供坐标——事情越是改变，一切越是保持不变。身处其中的主体看似可以轻易获得享乐，但在享乐的超我律令的施压之下却已经丧失"不去享乐""不去消费"的自由，因而不过是资本机器运作之下机械盲目、异化而不自知的傀儡，只能以"激情消费""激情享乐"的虚假表象，来掩盖真正的激情匮乏的事实。

与此同时，理论界也被这一激情缺失的时代的阴影所笼罩。王宁指出，伴随着当代解构主义大师德里达的逝世，当代哲学和人文思想进入了"后德里达时代"（Post-Derridian Era），或者说"后理论时代"（Post-theoretic Era）[①]；"然而，解构的批评原则却依然存在，它已经以不同的形式渗透到了包括文学理论和文化批评在内的人文学科的各个相关领域"[②]。相比于上世纪理论的黄金时代，如今后理论时代理论的未来前景并不被很多人看

---

① 王宁：《"后理论时代"的文学与文化研究》，北京大学出版社，2009年，第4页。
② 王宁：《"后理论时代"的文学与文化研究》，北京大学出版社，2009年，第6页。

好。后理论时代的理论被质疑为"已经衰落甚至死亡",不少人认为"理论已失去了以往的那种活力和穿透性,它逐渐变得崇尚经验,注重反思和质疑自身,而不再像以往那样充分彰显其批判锋芒了"。① 笔者认为,西方"后学"理论陷入僵局,无法从中突围并有所建树的原因就在于理论丧失了对普遍真理的探索、对人类命运共同体的关怀,沦为"没有激情的理论":当解构本身成为教条,它也就丧失了建构性的激情,消解了自身,无法确定任何稳定的立场,沦为虚无主义,滑向无止境的相对论、怀疑论和不可知论,就像一只落地就会死去的无脚鸟,只能不断飞行而无法停留。理论已停留在这一状态太久!尽管激情本身并不指向任何具体的建构性方向,但没有建构性、创造性、想象性激情的理论无疑是死的理论,丧失了理论本身的活力和之于现实世界的意义。

失去激情、堕入虚无的理论不仅失去了对现实的积极意义,甚至沦为反动势力的帮凶,以"伪激情"的面目出现。这方面最明显的例子就是以"认同(或身份)政治"为理论核心的后殖民主义在实践与发展中遭遇的现实困境。刘康指出:"认同政治以文化多元论和相对主义的面貌出现,对在美国乃至全球兴起的民粹主义、民族主义、逆全球化潮流推波助澜,与之相互呼应。"② 理论一旦失去了对真理、对作为共同体的人类命运的激情也就失去了其马克思主义之魂,正如"后学"所倡导的去中心、多元、差异在现实中被扭曲那样——谁说左翼解构真理、提倡多元的玩法不能为反动势力所用呢?阿尔布雷希特·科肖尔克(Albrecht Koschorke)列举出"后学"沦为反动势力工具的几种表现:右翼民粹分子挪用自由主义者的论点、将少数群体和社会精英作为替罪羊来玩身份政治的游戏,文化差异被民族-国家主义者热烈欢迎,对西方科学理性的批判突然发现自己接近了右翼的上帝论者以及最近的气候变化否定者的位置,文化建构主义者目睹美国以及其他右翼民粹主义政府公开传达反教育-反科学的信息……③

倦怠的社会、理论面临的僵局、反动势力与理论勾结的现实,都是无激情的社会、无激情的理论的恶果。在这种情况下,文学人类学派作为一种兼顾理论创新与现实关怀,而又充满激情的本土新兴理论,对当下激情缺失的世界而言,显露出举足轻重的意义。

在笔者看来,本质上,文学人类学的理论是一种尝试把握和追寻我们业已缺失的激情的理论。文学人类学派认为,是前文字时代的文化大传统孕育、催生了文字书写时代汉字编码的小传统。而后者则在很大程度上遮蔽、取代了前者。④ 这种不平等的关系同时对应着神话与哲学、科学的关系。神话的发生在哲学理性与自然科学建立权威之前⑤,然而当逻辑理性和科学权威占据上风,神话就因其幻想和非理性的性质而受到攻击和排斥。用弗雷德里克·杰姆逊的术语来说,大传统、神话都属于"消隐的中介",它们在生产出新的形式之后迅速被这一派生的新形式压抑、否定和划清界限。这种关系亦对应原始人和现代人、非理性与理性的关系:"野蛮"的原始人有着非理性的激情、原初的生命力,自诩理性的"现代的文明人"通过压抑这种激情和生命力而进入理性与文明。无法否认,前者确实是后

---

① 王宁:《"后理论时代"的理论风云:走向后人文主义》,载《文艺理论研究》2013 年第 6 期。
② 刘康:《从"后学"到认同政治:当代美国人文思潮走向》,载《学术月刊》2020 年第 2 期。
③ Albrecht Koschorke, "Facts Shifting to the Left: From Postmodernism to the Postfactual Age", Translated by Michael Thomas Taylor and Sasha Rossman, *Pmla*, 2019, Vol.134.
④ 叶舒宪:《金枝玉叶——比较神话学的中国视角》,复旦大学出版社,2012 年,第 34—36 页。
⑤ 叶舒宪:《文学与人类学》,陕西师范大学出版总社,2018 年,第 157 页。

者的祖先。理性与非理性之间泾渭分明的界限,不过是理性自身视角的产物。文学人类学派所擅长的比较神话学研究,旨在突破文化小传统的局限束缚,"穿透文字即知识的假象,走出数千年文字小传统的符号遮蔽""进入艺术史和民间文化的广阔领域"①。也就是说,去寻找在现代社会被压抑的、缺失的激情,去寻求异化与阉割之外的可能性。如果说"无激情的理论"是对"无理论的激情"的否定和压抑,那么文学人类学派所做的,就是"否定之否定":在"无激情的理论"的时代,去重访"无理论的激情",从而实现理论与激情的统一。

尽管文学人类学派将认知上溯至万年以前的无文字时代的历史,但它并不要求我们在现实中放弃现代性的成果、回到人类文化的原初形态,因而它并不是一门蒙昧和反智的学科,而更关乎从传统遗产中汲取现代人丢失已久的激情——现代性危机的解药,走出后现代人的"无根"状态。值得注意的是,"传统"本身就是在文学人类学派的考证和总结中建构出来的,是无法真正"回归"的。文学人类学所强调的"立足大传统新知识的文化再语境化",也是一种对传统的发明。这也意味着,激情不存在于神话与传统之中,而出现于对激情的寻找的过程中。在这一过程中,神话、传统起到的正是唤起主体身上被文明所压抑的激情的作用。也就是说,文学人类学所做的并非回归特定的古老文化本身,并安全地寄居于此,而是强调在"文化寻根"过程本身中,作为实践与信仰的主体,获得来自"大传统"的文化基因之真切活力。在后现代世界,爱情、理想、真相、永恒等理念似乎都脆弱不堪,但我们需要激情才能摆脱麻木与倦怠,才能不堕入虚无的放纵与享乐,才能超越精神流离失所的无根状态,才能从看似佛系超脱、实则麻木不仁的局外人变成积极创造与谋求改变的参与者,才能反抗来自文明机器的异化,恢复生命本真的力量。而文学人类学或许就是当下带领社会与理论走出虚无、重燃激情的最好登录点。

那么,如何在方法层面实现这种激情?理论之所以丧失了激情,很多时候是因为理论脱离了现实,沦为没有意义的空谈和话语,不同于"语言学转向""话语转向"之后的理论界大多数话语,文学人类学理论尝试以"物证"来超越话语本身,使理论的激情得以附丽——这体现在"四重证据法"和"文化文本"的方法论意义。正是通过"宏大的视野加上紧密细致的微观考证",文学人类学派"脚踏实地而有效避免虚空和虚无倾向"。② 重视证据的实证精神与严谨求证的踏实作风,让文学人类学从空洞的理论话语中突围,并使其理论具备了积极的建构性和实践性,从而开辟出更扎实、更长远的发展潜能。这对激情缺失的倦怠社会和虚无主义倾向的"后学"理论,都有重要启发。

尽管提倡本土文化自觉是文学人类学的重要理念,然而正如上文所提示的,文学人类学派寻找的激情并不依附于特定的文化,它的底色是对人类文明整体的反思、对作为命运共同体的人类整体的关怀,这种天然的马克思主义的激情,使文学人类学在众多与反动势力合流的后殖民理论中异军突起,不仅没有丢失发端于欧美的解殖民批判大潮的精神,而且以世界神话学的丰富资源和人类学想象力成为与逆全球化势力斗争的重要力量。警惕民粹主义、民族主义的逆全球化、分割人类命运共同体的倾向,从来都是文学人类学的题中应有之义。上海交通大学神话学研究院在2020年全球反种族主义浪潮声中成功举办"神话

---

① 叶舒宪、李继凯编:《文化文本》第二辑,中信出版集团,2023年,第11页。
② 叶舒宪、李继凯编:《文化文本》第二辑,中信出版集团,2023年,第7页。

学与反种族主义高端论坛","一边怀念马克思,一边怀念德里达"①。之所以重新强调马克思,就是为了弘扬全球主义与人类命运共同体思想,防止"没有马克思的德里达"在理论和实践上的逆全球化危险倾向。唯有如此,才能避免本土经验本质化、理论沦为特定利益集团吹鼓手的倾向。文化自觉不可缺少的另一面是文化反思,这种反思心态最好的证明就是,中国的文学人类学学者们不仅要求反思我们现行的学术范式和学术话语中根深蒂固的欧洲中心主义意识形态偏见,而且还提出"反思中国传统的中原中心主义偏见和大汉族主义的话语霸权现象"②,这种对特定文化霸权的警惕和文化反思精神是文学人类学对马克思主义时代的国际主义精神的延续——新时代的全球主义。在理论层面,文学人类学因其对人类命运共同体的激情而具备反种族主义、全球主义的马克思主义的思想深度。

可以说,尽管文学人类学的理论发源于本土,但其旨趣已超越了特定文化(寻找"中国故事",加强民族认同、国家认同和文化自信)的特殊性,在更普遍的意义上对世界层面上现代性造成的精神危机的解决和以人类命运共同体为目标的反种族主义事业来说,都具有深刻的理论意义和实践意义。我们有理由期待文学人类学理论的普世性建构及其可操作的推广应用潜力③,能够给当下世界带来再一次的思想启蒙。

激情关乎建构,创造,想象。除了直面当下现实的理论界危机的意义之外,文学人类学对今天日益僵化的学科体制也提出尖锐的反思批判要求。文学人类学学者已经意识到,在学科壁垒严重的今天,知识越来越细,陷入了碎片化,教育的负面效果是丧失想象力和创新能力。唯有在碰撞中才能重新激发活力,文学人类学派的"大传统论"就是一次借助神话学来整合文科总体的尝试,包括文学、史学、哲学、艺术、政治和宗教等。除了打破文科学术壁垒,笔者还认为,文学人类学和神话学对激情的探索,可以赋予自然科学想象力的钥匙。理论的创新和学科前沿的开拓,从来不是单靠现成的逻各斯架构,而同样离不开灵感与想象的推动。尽管这种非理性的灵感会被随后的理性思维迅速遮蔽。对激情的坚持,就是克服任何体系总体化、封闭化的倾向,就是在重视,等待,发现这一灵感。文学人类学追寻激情的精神,之于自然科学,无疑也有着开拓思维、激发想象与灵感的作用。

在方法上通过"物证优先"原则来超越话语的限制。在实践上以探源中华文明、启发本土文化再自觉为己任;在理念上以马克思主义对全人类的关怀为灵魂。那么,这种激情究竟是什么? 它是叔本华所说的生命意志,是黑格尔笔下的"世界之夜"的疯狂,是弗洛伊德的死亡驱力,是尼采的酒神精神,是齐泽克所谓的"主体性的零度时刻"。笔者认为它是一种试图挣脱肉身与现实的有限性,并在这一超越性姿态中实现对现实的改造的力量。或许我们可以从文学人类学派的创始者团队那里直接感受到这种激情。

强调理论创新和中国经验的文学人类学团队,怀抱着一种使命感——建立中国本土特色人文新学科的使命感。从根本上说,正是因为现有的西方理论和内卷而分裂的社会现实无法满足以五千年文明传承人自居的这一批本土学人的激情。在这种激情的驱动下,他们

---

① 叶舒宪:《神话学的反种族主义——当代思想史学习导引》,载《百色学院学报》2021年第2期。
② 叶舒宪:《神话学的反种族主义——当代思想史学习导引》,载《百色学院学报》2021年第2期。
③ 叶舒宪:《"世界文学"与"文学人类学"——三论当代文学观的人类学转向》,载《中国比较文学》2011年第4期。

大胆走出理论的虚无状态和纯粹模仿复制的老路，拥抱现实的经验与本土传统——四万公里长路，覆盖荒漠戈壁无人区的双脚踏查，在各种高危地区搜寻。一方面，以超高产的学术成果推进文学人类学新兴交叉学科的发展；另一方面，对文化文本进行持之以恒的深入思考和理论体系建构。

文学人类学学者群体"以学术为志业"的背后，有着对生命、对人类、对真理、对深度认知中国文化的使命感所结晶成的强大激情。这种激情会帮助我们更好地理解文学人类学派的精神内核。

探索台湾岛上的神话信仰

——读《宝岛诸神：台湾的神话历史古层》

苏映竹

2009年春，叶舒宪老师因延揽计划的机缘来台，受邀为台湾中兴大学中国文学系的客座教授，也因此促成一部让读者领略台湾本土宗教、神话、文化传统的专书《宝岛诸神：台湾的神话历史古层》（以下简称《宝岛诸神》）。此书之于中国台湾岛人民与大陆的信仰有着重新认知连结的意义，且该书对于台湾本地少数民族的传统仪式、习俗、典礼等有所耕耘。在殖民历史上，如美洲大陆、大西洋、非洲大陆等地，原住民文化一直面临被漠视、改造的命运，即便近些年逐渐看重、复原、保存，却仍然多有亡佚的部分。身为一名社科人文的研究者，更应该重视少数民族的权益，从平等的视角来审视原住民本土习惯，在《宝岛诸神》一书中也体现了此价值观。此外，叶舒宪老师在"神话历史丛书"第一辑中，亦编有《儒家神话》《中国创世神话研究》等，带领今人重构中国本土重要神话与哲学思想，启迪更多学者在神话学、文学人类学的研究领域翻篇，以文化大传统的角度来思考中华民族文学本位的定位。

叶舒宪老师主编《宝岛诸神》实受到解构主义学者哈罗德·布鲁姆《千禧之兆：天使、梦境、复活、灵知》的启发，此书使得文学专业接受"人类学转向"，投向更广阔的领域。关于哈罗德·布鲁姆视域扩大的原因，主要还是"非西方文化"的熏陶，比如在上一段中述及的近现代美洲文化消逝现象，也多亏哈罗德·布鲁姆对北美文化的认真对待，不囿于语言文化的边界束缚，以认真严肃的态度来对待北美的灵知、濒死等体验，让远在东方的叶老师受其影响，以新的人类学角度来看待自身文化，建立属于中国的神话观。

自明郑成功驱逐荷兰殖民者以来，台湾岛便受汉人社会影响，尤其是闽、粤两地的信仰模式，随着当初第一代祖先跨越黑水沟渡海来台，不仅将汉字输入给岛上的原住民，汉人的神祇也输入台湾岛，却没有如西方殖民者、日本人等强迫改造原住民的宗教巫术系统，并保留如高山族丰年祭、矮灵祭等传统祭仪，甚至至今日，于台南市东山区仍有小区以平埔族语"吉贝耍"（Kabua sua）作为地名，吉贝耍中文译作"木棉花"，在此地保留了平埔族之西拉雅族"阿立母夜祭"的传统，"公廨"（Kuwa）是当地部落的祭祀场所，西拉雅语义为"祖灵屋"。值得注意的是，在西拉雅族的吉贝耍，甚至有近似汉人"中元"的习俗，其神灵观与汉人接近，他们深信尪祖、阿立母（当地祖灵信仰）会释放其他空间之"向魂"来到地上，西拉雅族人将此仪式称为"开向"。更早以前，当地祭司必须到部落之阴阳交界处释放向魂以完成使命。由上述可见，汉人不但没有破坏当地习俗，反而在20世纪以降极力保存原住民传统的传承与发扬。

一、台湾岛原住民神话

台湾岛上自古就有原住民居住，岛上原住民属于南岛语族，经历了旧石器时代、新石器时代、铜石并用时代等。在岛上，陆陆续续有新的考古文物出土，是为早期岛上原住民的生活痕迹，如台南、高雄、屏东等地区是平埔族的生活范围，因此，在发展现代化建筑的过程中，时有挖掘到史前文化遗迹的经验，其囊括的时间范围甚至延续数千年之久。在相同的坑位中，存在石器时代之兽骨、玉器、陶器、骨角器、人骨遗留，还出土明清时的青花瓷等制品，这一类遗迹现象，一方面提醒世人原住民族群在岛上的历史性，另一方面也成为岛上汉族文化影响的佐证。令人遗憾的是，原住民族在殖民者来到岛上之前并没有文字记录，直至300余年前，荷兰人占领台湾岛，才有较为确切关于平埔族的文字记载。

中国台湾与大陆的文化联结方面，叶舒宪老师首先重视"玉山"命名的问题，以汉人名玉山及玉山在不同时代的称呼进行思考。玉山在邹族族语为"Pattonkuan"，有一说Pattonkuan意为"通达四方之中枢关卡"，汉语直接音译为"八通关"山，又称为"雪山"，然而雪山之名随着时光逐渐消逝，玉山却广为流传，个中原因，叶舒宪老师推断与华夏民族山岳神话有关。根据《穆天子传》中提及的"群玉之山"，郭璞注"即《山海经》玉山，西王母所居者"，玉山是西王母的住所。远古至信史时期，透过道教的推动，对山巅的仰慕转化为对神仙的思想，道教玉皇大帝与人间最接近的神圣空间就在高山之巅，所以按照道教命名的山通常有"玉皇顶"之名。而岛上原住民对玉山的景仰，有与华夏神话相通的特质意义，根据文中叶老师引用日本学者森丑之助"布农蕃和阿里山蕃都有祖先曾经住过新高山的传说"，①主要仍然是原住民生在山的另一头，日夜看着这座雄伟的山，它的云气、朝霞、灵气时时刻刻浸润着当地部落，逐渐成为祖先、祖灵的发祥地。玉山名称的出现时间为清康熙年间（1662—1722），《台湾府志》出现"玉山"的名字，由于玉山山顶的白石全然如玉，符合华夏民族崇尚玉的神话思想背景，加上原住民对于山的神圣价值有所景仰，玉山也就取代雪山，成为八通关山的代名词。

在台湾高山族的传统祭典中，最为人知的乃感恩丰收的丰年祭，其次令人印象深刻的是赛夏族矮灵祭。矮灵祭，赛夏族语读作 pasta'ay，以祭祀 ta'ay（汉字译"达隘"）来表达族人对矮人忏悔愧疚的情绪，同时也能消厄禳灾、庆祝丰收。达隘身高不到一米，却非常聪明，他们教会赛夏族农耕、渔猎、治病的方法，赛夏族人相当感谢达隘，时常宴请他们来到村里喝酒，但达隘每每使部落里的妇女怀孕，这令村民困扰不已。一日，一位赛夏族青年决心报复，他带着两三个青年一同锯断矮人来部落必经的桥，这是一棵山枇杷树，横亘在深渊之上，作为赛夏族与矮人之间的桥梁。赛夏族青年锯断桥的下半部，最后导致矮人们在过桥时跌落深渊，只剩两名达隘逃过一劫，这两名矮人在传授赛夏族人祭仪与歌唱的方法后便离去，从此赛夏族人若不祭祀矮灵，村中便灾祸连年——矮灵祭（Pasta'ay）的由来可被民族学家归类为起源神话。②

关于起源神话，《宝岛诸神》第七章中，亦述及居住在日月潭一带邵族部落的祖先故事——邵族人的祖先追逐一只白鹿进入深山，由于白鹿相当罕见，族人们并不想放弃猎捕，然而一路的奔走已让众人精疲力竭，就在此时，他们发现了一池波光粼粼的湖水，即后来的日月潭。神话的结尾，这只白鹿因自己逃到潭中无法动弹而被邵族祖先捕获，邵族祖先

---

① 森丑之助：《生蕃行脚：森丑之助的台湾探险》，杨南郡译注，远流出版公司，2000年，第362页。

② 叶舒宪、陈器文主编：《宝岛诸神：台湾的神话历史古层》，南方日报出版社，2011年，第22页。

见此处风景秀丽、水源充足,于是决定定居在这里。这让笔者不禁想到《史记·淮阴侯列传》中蒯通所言:"秦失其鹿,天下共逐之。"以鹿比喻天下、政权的正统。中华祖先的远古图腾有"龙图腾"和"熊图腾"二说,而"逐鹿中原"虽典出《史记》,在《春秋左氏传》襄公十四年就有以鹿为喻者:"譬如捕鹿,晋人角之,诸戎掎之,与晋踣之,戎何以不免?"因此以鹿比喻国家之间权力资源的关系或可更早。

值得注意的是,在邵族神话中,湖水中的鹿吸引许多鱼来分食,这只白鹿并没有成为进献给头目、部落首领的供品,而是由族中长者主动试食确认无毒,再与青年族人共同享用。唐代李善注之《昭明文选·论二》中曾引用《六韬》之言:"取天下若逐野鹿,而天下共分其肉。"或许不论是在邵族部落还是中原,"鹿"是引起祖先争相瓜分的对象,甚至是特别或神圣性的象征。

矮黑人作为赛夏族的起源神话,并非仅存于日月潭一带,而是台湾岛上的其他部落,甚至从东亚到东南亚,都有关于矮黑人的传说。在台湾岛南部的排湾族,存在着关于身高极为矮小的 Ngedrel 的叙述,其中一则叙述提到,他们来自东方 tjaljagaduan,曾与排湾族居住在一起。Ngedrel 身材矮小,猎物背在身上时,都会拖在地上,导致回到家兽类的毛都被磨光——根据排湾族人的口述,矮人的生活是如此详细生动,如此详尽的叙述说明确实有矮人与排湾族共同生活历史的可能性。祝廉先《文选六臣注订讹》曰:"倭,于内切。傀,古回切。疑即伾倠……"倭字,从人委声,委亦有禾谷垂坠弯曲的本意。在《淮南子·修务训》:"虽粉白黛,弗能为美者,嫫母、伾倠也。"① 叶舒宪老师认为,虽粉白黛却不能遮其丑,可见其肤色黝黑,此描述的特征似乎代表古时的嫫母、伾倠与矮黑人的外观具有高度相似的可能性。

虽然日本人在过去形象矮小,然而在日本的文献中,有比他们更矮小的人的记载,如日本的民俗学家茂吕美耶所著《传说日本》一书讲到日本北海道阿伊努人的矮人族 Koropokkuru,他们喜欢恶作剧,并在饥荒时帮助阿伊努人——此处显示矮人族兼具善良与邪恶的双重性,同台湾的矮黑人传说可谓相同叙述母题。第一,他们都帮助过北海道或台湾岛的原住民解决温饱的问题;第二,他们会犯一些非攸关人命的错。甚至在更南方的菲律宾,亦流传有身材矮小、肤色黝黑、持有谷物的"Negritos""Ifugao"。有关矮黑人的历史真实性,民间文学教授鹿忆也抱持具有可能性的态度。根据在台日本学者伊能嘉矩的研究,几乎岛上所有的原住民都流传矮黑人的神话,如泰雅、布农、邹、邵、排湾与赛夏族,而邻近的日本、琉球、菲律宾甚至较远的印度尼西亚,都有矮黑人的叙述。叶舒宪老师推测,或许其中隐藏着南岛语族人在史前时代的迁徙纪录。依照赛夏族、阿伊努人所述,如果矮人掌握着谷物、农业等技术,就说明他们是较原住民更熟悉当地环境气候的族群,很有可能的是,矮黑人比原住民更早居住在那里。

叶舒宪老师初步怀疑,矮黑人或可源于非洲大陆,他们很有可能在史前时期一代代跋涉到东南亚、东亚,是第一批到达此地的人。在此,笔者认为尚有可证明此说的证据——原住民图腾。北海道的阿伊努人,图腾物的数量集中在少数几种动物,其中最为引人注目的是熊和猫头鹰②,而在台湾岛上的原住民,尤其是布农族、邵族,他们不仅有猫头鹰的传

---

① 叶舒宪、陈器文主编:《宝岛诸神:台湾的神话历史古层》,南方日报出版社,2011 年,第 25 页。

② 叶舒宪:《熊图腾:中国祖先神话探源》,上海锦绣文章出版社,2007 年,第 79 页。

说,甚至在日月潭一带可以看到许多猫头鹰图腾。以上有一定的可能性能说明在来到日本列岛、中国台湾岛上定居的这些"原住民"族群享有共同的原始记忆。叶舒宪老师认为,矮黑人的历史鲜活于西太平洋火山带这个区块的原住民叙述中,在后来移入的中国历史文献中亦有记载,如清康熙五十八年《凤山县志·番俗篇》:"由淡水入深山,番状如猿猱,长仅三四尺,语与外社不通,见人则升树梢,人视之,则张弓相向。"台湾中部的邵族头目袁福田也曾从上一代头目口中听说"日本人因兴建水库淹没矮黑人洞穴"的叙述,或是日本学者伊能嘉矩也在考察文献后得出"矮黑人曾经被荷兰人当成奴隶使唤"的论点,也就是说,矮黑人的消失,可能与日本人、荷兰人有关。矮黑人原本具备对环境的高度适应力,后来随着时代逐渐被边缘化,成为被忽略的一方,于是他们的形象随着他们的消失转为负面、邪恶,没有人能为其还原真实的历史。

二、岛上汉人的宗教神话

明郑时期渡海来台的汉人,因对海上未知的恐惧,或是岛上疾病灾难的束手无策,所以移民的汉人将原乡信仰带入台湾,妈祖、玄天上帝、保生大帝、开漳圣王是闽、粤一带的原有神祇。古代神话的西王母、轩辕、儒家传统的祭孔仪式以及当地衍生出来独有的神化郑成功信仰和安太岁习俗,都成为岛上民间传统信仰。

《宝岛诸神》在第十章中介绍了西王母信仰在台湾的文化意识,慈惠堂是当地最大西王母信仰的团体组织,其重要经典为《瑶池金母普渡收圆定慧解脱真经》,此经具备浓厚的佛教文化,原因主要是佛、道界限模糊。台湾民俗学者郑志明在《西王母信仰》中解释:"在本质上非儒、非道、非佛,同时又与儒道佛三教有密不可分的关系,民众自认为是佛教徒,民间庙堂则登记为道教。"即便所祭祀的是道教神祇,台湾人大多认为自己信仰的是佛教,又因菩萨曾经向西王母请教道理,故西王母地位应在菩萨之上,佛教语也因此大量出现在经文中,如"解脱非难,难在定慧""六贼既空,五蕴自明"等。以佛教思想作为经典重要内容的现象,可知西王母已经离开了《山海经》《穆天子传》《庄子》《淮南子》,在信众的精神世界进行了转化;不过,被再造者不只西王母,中国古代神话中的黄帝在台湾被神格化,并以此创立轩辕教。轩辕教与道教西王母信仰中的佛道义理不同,其以轩辕黄帝为宗,在道方面融合儒、墨、道三家,极富中国古代思想及意识。虽然所宗之黄帝属于道家,可在教义与教规上仍然以儒家为本,比如轩辕教重视人饥己饥、先忧后乐、兼善天下、浩然正气的儒家德行,在实践上则强调墨家摩顶放踵的精神。

黄帝如何神化甚至成为宗教神明,经历了人格化以及两次神格化的过程,其与《宝岛诸神》第五章中的郑成功的神化过程有诸多相似。首先,乃是以人为本的祭祀模式:郑成功与黄帝都是民族英雄,郑成功因不忍明室灭亡,辗转入台战胜荷兰人;黄帝于涿鹿之战胜过蚩尤,成为部落联盟的共主。郑成功"辟土地,兴教养"[①],黄帝造指南车,且宫室、算数、音律、历法、舟车、弓矢、医理、丝绸等均出现在黄帝领导的时代——二人都有功于国家或乡里,受到百姓的祭祀也就不足为奇,值得注意的是,百姓祭祀黄帝、郑成功等英雄的行为,与原始时代对于祖先、祖灵的敬畏或对统治者的崇拜,实际是相同的思考模

---

① 叶舒宪、陈器文主编:《宝岛诸神:台湾的神话历史古层》,南方日报出版社,2011年,第75页。

式，并掺杂着以政治神话为凭借的目的。其次，民族英雄的事迹容易受到穿凿或受到神格化的影响而充满神话色彩。台中大甲的铁砧山的剑井，乃是附会于郑成功麾下的支队刚好来到此处与原住民战斗的史实，却增添了郑成功拔剑插地、泉水涌出的传奇故事。又《史记·孝武本纪》记载"华山、首山、太室、泰山、东莱，此五山黄帝之所常游，与神会"，都是英雄被神格化的例证。

"文学原型大都发生于神话与仪式"①，《宝岛诸神》第十一章以台湾孟姜女故事的歌仔戏歌本为研究重点，追溯其沐浴情节的神话原型。沐浴被撞见的情节在文学上形成了一种原型及故事的转折点。若就沐浴这一行为探究，在中国古代，水不仅有洁净自身、消灾解厄的功能，且是生殖力的象征。《山海经·海外西经》中有女子国的妇女沐浴后怀孕的事迹；"海外东经""大荒南经"也有舜第二任妻子羲和生子、沐浴的记录。《诗经·商颂·玄鸟》与《史记·殷本纪》同样记载商始祖"契"之母简狄沐浴吞玄卵而受孕的传说。沐浴在中国婚俗中更是不可少的环节，战国时代巫觋为河伯娶妻时新妇也得沐浴。《水经注·浊漳水》云："有好女者，祝当为河伯妇，以钱三万聘女，沐浴脂粉如嫁状。"歌仔册《新刊孟姜女歌》写道："（孟姜女）连忙脱衣下浴堂。衣裳挂在杨槐树，轻轻打水浴姣身。姜女一看人望见，连忙走起着衣裳。"孟姜女于池内沐浴而被树上的范杞郎瞧见，与《董永与七仙女》相同，都是借鉴牛郎窥视织女沐浴的故事原型。② 甚至在结尾时，也借鉴牛郎与织女的星宿原型，牛郎织女故事的起源为牵牛星和织女星，两颗星在银河的两端，始终不能相逢。台湾歌仔册与民间文学《七世夫妻》的孟姜女皆指孟、范二人为天上下凡，歌仔册《新刊孟姜女歌》写道，"我是天官织女娘……范郎原是金德星"。《七世夫妻》故事背景亦发生于"七夕节"，二人是天庭的金童玉女，被贬下凡间配为六世夫妻却不得团圆，直至第七世始结得姻缘。上述不论歌仔册孟姜女，还是《七世夫妻》，抑或《董永与七仙女》，能在这些看似独立文本的背后，发现其结构、情节都可在神话中追溯原型和象征，至于后世衍生出来的细节，才表现出文本之间的差异性。

三、流传已久的乩童仪式

宗教史学者林富士将汉代巫者的功能区分为交通鬼神、解除、疾疫、战争、水旱、祝诅、生育、丧葬等。③21世纪的现代，台湾岛上仍有巫者。笔者有幸于台南市东山区观看当地"碧轩寺迎佛祖"的民俗祭典（公元1844年至今），该庙主要供奉观音佛祖，祭典的产生是由于两百年前当地曾发生民变，逃难时僧人带佛祖离开碧云寺来到新的寺庙，也就是现在的碧轩寺。此后每年碧云寺会请佛祖"回家"，直到农历正月初十再返回碧轩寺，故称之为"迎佛祖"。此祭典除道教传统祭祀外，其中的高潮在于庙前出现几位手持鲨鱼剑、月斧、刺球的男性（亦有女性，人数极少），他们被称为乩童，多赤裸上身，下着长裤，在踏步之间以手上武器砍自己身体、头部，直至血流如注。乩童平时与普通人无异，实际上是"萨满"（Shaman），为交通人、神、鬼的媒介，乩童并不是任何人都能胜任，他们存在一

---

① 叶舒宪：《文学与人类学：知识全球化时代的文学研究》，社会科学文献出版社，2003年，第134页。
② 叶舒宪、陈器文主编：《宝岛诸神：台湾的神话历史古层》，南方日报出版社，2011年，第210页。
③ 林富士：《汉代的巫者》，稻香出版社，1988年，第55—86页。

套独特的征选仪式,以下略述乩童与世界各地的萨满征选。

在办理征选会前,庙方会先征求神明的同意,才公开征选乩童的仪式。乩童获得身份的方式主要有三个:神明挑选、老乩童挑选或后天自己得着能力。这三种征选模式与西伯利亚、澳大利亚的萨满如出一辙。乩童的征选仪式则分为三个段落,首先是灵动测试,以"扶手轿"感受此人是否有成为乩童的潜质,若通过灵动测试者,则可成为生乩。其次是坐禁训练,或可称为成为乩童前的磨难性试炼,受试者必须在斋戒沐浴后关入宫庙的房间中,房内以红布遮挡光线,焚香铺草席,受试者期间不得出此房间,亦必须茹素,减少饮水。公庙内遮盖光线的房间,类似于远古时期的洞穴,在北美以及澳大利亚的萨满加入式中,候选者便是在洞穴中获得神秘能力,在获得能力前也不得离开洞穴。至于台湾岛上的受试者,在宫庙的房间内,分别由老乩童、法师协助教导练习神明的步伐,并学会如何操演五宝——七星剑、铜棍、鲨鱼剑、月斧、刺球。当乩童开始"起童"时,谕示神明已附身在他们的身体,这时为了表现出神明附体后具备超越普罗大众的能力,他们会提起五宝往背上、头部重击,直到流血为止。一位乌戈尔的萨满米什尔,当他在法事的过程中,会变得突然充满精神力量,还会进行用刀子砍伤自己、吞棍棒等行为,与乩童相似。然而乩童所学不仅于此,他还会从老乩童身上学到使神灵附身的方法,以及如何驱邪压煞、巫术等神秘能力。生乩受选者必须待在庙房里七天才能离开房间。而在门特韦安斯人的萨满加入式仪式中,受试者也必须在第七天看见神灵,否则再重复一次此仪式过程,展现出神秘数字七。最后,庙所举办的过火仪式亦有受磨难之意,同时也有彰显神威、除秽禳祸的象征含义。仪式间庙方会将烧红的木炭铺在地上,上面不断撒盐防止烫伤,由乩童首先踩过高温的炭堆,接续才由信众踏过木炭,以达到祈福驱灾、洁净污秽的目的。而在古老的宗教巫术里,控制火、对灼热不敏感衍生出来的可以耐受极寒和烧炭温度的能力,是一种巫术—神秘特征。[①] 乩童的存在对于信徒而言有一定的意义,他们并不只出现在宫庙的祭典上,甚至能够帮助个体预知未来、收惊、驱逐附体的邪灵等,是岛上名副其实的萨满。

四、结语

台湾岛上宗教、巫术风气极为盛行,不论是年长者,还是年轻人,都有去庙里祭拜、祈福、烧香的习惯。透过祈求以盼能脱离现世所遇的困难。自明清时期以来,岛上就是信鬼、好巫的,甚至在18、19世纪,凡遭遇疾病的信众也会向巫者寻求疗愈的方法,而在祖国大陆的吴地,早期民间同样有透过宣卷治疗疾病的习俗,这或许是由于现代医疗并不能百分之百治愈所有的疾病,当个人受到各种生命的阻碍而不得以科学方法解决时,人们就有可能尝试其他不被现代知识所认可的方式,以求达到自身心灵的平静。很荣幸叶舒宪老师能够来到台湾,带领更多人认识台湾岛上的各类信仰神话,从原住民的传统神话,到后来基督教、天主教植入原住民信仰内,以及岛上汉人的带来的闽粤的道教信仰,叙述道教如何在渡海来台的过程中,坚定根植于沿海一带的移民心底,这些道教信仰,加上中国古代神话、源自中国古老的扶乩现象,都在台湾岛上种下幼苗,并逐渐壮大成为岛上百姓的主要精神力量。

---

① [美]米尔恰·伊利亚德:《萨满教:古老的入迷术》,段满福译,社会科学文献出版社,2018年,第335页。

跨学科研究篇

人类从石器时代走来时,没有后世意义上的所有学科,只有神话和仪式。

神话是人与万物相互关联的故事,是人与外界交往中,对生命存在与宇宙运行的认知、理解和表达。在神话故事的表达中,宇宙是万物有灵的世界,与人的心灵内外相连。在这样的神话世界里,时间、空间和万物完整对应,构成了因果关联的有机整体,其中包括从初始的缘起到终极的未来、从茫茫无际的星空到微不足道的沙粒,同时也呈现了极乐至美的天堂与恶魔称霸的地狱。

再谈红山文化的熊崇拜

郭大顺

我曾于1996年发表《猪龙与熊龙》一文,以为红山文化玉龙的原型为熊,是熊的神化,为玉熊龙,红山文化是个拜熊族。[②]近年又不断有新发现,现将已知有关资料作一梳理并加以解读。

一、红山文化的熊题材

先说红山文化的熊题材。已发现有玉石质熊、泥塑熊和熊的遗骨,其中以两件玉雕的熊形象最为重要,一件为牛河梁遗址出土的双熊首三孔玉梳背饰,一件为英国剑桥大学飞兹威廉博物馆收藏的玉熊人。

双熊首三孔玉梳背饰(N16-79M1:4)(图1)[③],1979年凌源牛河梁遗址(原三官甸子遗址)第十六地点1号墓西侧扰土中出土,长8.9厘米、宽1.8厘米、高2.6厘米、大孔径1.9厘米,器体横长,上宽下窄,左右两端各圆雕一熊首。器身有与兽首大小相近的并列三大孔,下部出榫,榫部平直的底面钻有四个与体中三大圆孔相通的小圆孔,榫面阴刻一行平行短斜线纹。随着浙江海盐周家浜良渚文化第30号墓玉梳背饰的正式出土,可知红山文化这类三孔器应为玉梳背饰。[④] 牛河梁遗址第二地点一号冢第17号墓出土与这件双熊首三孔器形制相近的双人首三孔器出土位置在头下是进一步证明。[⑤]

这件双熊首三孔玉梳背饰虽然个体较小,从工艺到造型却十分考究:

一是体形非红山文化玉器一般所见的片状,而为长条形块状,且有主体和榫部两个部位。主体两端对称双熊首,体身钻大小近于熊首的三大孔,主体的顶面作出与三大孔相应的波浪形三圆弧形,这样从横面看有并列的五个单元,且呈实虚相间状。榫部钻通大孔的小孔两两相对。均显示工序的多样化和造型的多变化。

---

① 叶舒宪先生是较早系统研究古代中国熊崇拜的学者。 2019 年在辽宁朝阳熊文化研讨会交流有关牛河梁遗址女神庙熊和鹰南北对立而踞的情况时,舒宪先生激动之余点出鹰熊组合寓"英雄""顶天立地"之语,仍记忆犹新,为我在会上发言时有关乾隆帝《鹰熊拟英雄》的诗句作了最佳解读。

② 郭大顺:《猪龙与熊龙》,见马承源主编:《鉴赏家》,上海译文出版社,1996 年,第 81—83 页。

③ 辽宁省文物考古研究所编著:《牛河梁——红山文化遗址发掘报告(1983—2003 年度)》(中),文物出版社,2012 年,第 414、415 页,图版 294、285.1。

④ 蒋卫东、李林:《海盐周家浜遗址抢救发掘获硕果》,载《中国文物报》1999 年 11 月 17 日,第 1 版。

⑤ 辽宁省文物考古研究所编著:《牛河梁:红山文化遗址发掘报告(1983—2003 年度)》(上),文物出版社,2012 年,第 93、95 页。

图 1　牛河梁遗址双熊首三孔玉梳背饰（N16 – 79M1 – 4）

尤其是两端所饰熊首，以圆雕手法雕出，非抽象而为写实型。头部尺寸虽然较小，却着力最甚，从整体轮廓到细部如耳、目、嘴都有清楚而准确的交代，额顶隆起，面廓近于三角形，耳呈圆弧状斜立，眼眶用减地凸起的菱形纹表示，吻部窄且略有上翘。圆雕作品在红山文化玉器中主要见于玉雕龙的首部，但都高度抽象，既为圆雕又写实的极少，所以这件完全写实的作品十分珍贵。要特别提到的是，此件的两端熊首在细部上又有所差异，一熊首的耳近直立，吻部尖而上翘，另一熊首则耳有前伸，吻部较宽而内收，不显尖，此区别是否表达雌雄之分，有待进一步观察比较。对称有别是红山文化玉器一大特点，如牛河梁第二地点冢四 M4 的一对玉龙，一大一小，大者玉质坚硬，刻纹精工，小者质地较软，反而刻画线条粗简，形成巨大反差；牛河梁第五地点中心大墓的墓主人手握双龟（鳖）为一雄一雌，还有第五地点 Z1M1 和第十六地点 M2 头部两侧的双玉璧的细部差别等。这种平衡中求不平衡的理念，是否同后世的阴阳观有关，值得注意。

体中钻三大孔的三孔器在红山文化也已发现多例，如牛河梁第二地点第 23 号墓的双人首三孔器，天津博物馆收藏的双蛇首三孔器，还有红山文化最具特征的多联璧中，也以三联璧较为多见。牛河梁第二地点的祭坛也为起三层，积石冢也有冢界和冢阶起三层的规律，可见以"三"为尊的观念，已在红山文化生成且规范化。而在制作熊造型时融入对称有别特别是以"三"为尊等观念性文化因素，可以视为红山先人对熊崇拜神圣性的寄托。

这件双熊首三孔玉梳背饰的选料也很独特。非红山文化常见的泛黄的淡绿色玉，而为灰白色间大块黑斑的玉料。在红山文化诸多玉器中，这种色泽的玉料也甚为少见，进一步彰显出这件以熊首为题材的玉件的独特性。

英国剑桥大学飞兹威廉博物馆藏熊人像（图 2）①，高 12.2 厘米，黄绿色，温润光泽，有褐色斑痕，为一人物坐像，蹲踞式，裸身，三角形脸，尖下颌，以浅浮雕表现五官：弯眉、菱形长眼、三角形鼻、小嘴，双手轻按于双膝，小腿下方踏一弯月形台，有女性性征的表现。头顶"高冠"，为一前肢向上举起、头向上仰的"熊"形象。熊的两腋旁有似乳房般的凸起，背部可见由熊冠向下延展到腰际，是一尊用熊皮做成帽子和披风的女神，也可

---

① 发表于 S Howard Hansford, *Chinese Carved Jades*, 1968, P.59（韩思复：《中国古代玉雕》，图五九，1968 年），定为公元前 3 世纪（战国）楚国风格；馆内部资料定为危地马拉和洪都拉斯地区的玛雅文化。 图版及描述转引或参考自邓淑苹：《谈谈红山系玉器》，载《（台）故宫文物月刊》1998 年第 16 卷第 9 期，第 76 页图十五；徐琳：《三尊"红山玉人"像解析》，载《中国社会科学报》2010 年 2 月 2 日，博物版。

能表达红山居民信奉的人与熊的合体神。倚坐式的姿态，与东山嘴遗址出土的陶塑孕妇雕像相同。

图2 英国剑桥大学菲茨威廉博物馆藏红山文化玉雕顶熊神像正反面

这件玉熊人，作为一件圆雕作品，不是如其他标本只限于头部圆雕，其他部位简化，而是整个体躯的雕件，而且是体态多曲度变化从而雕造技法难度更高的蹲踞式，更为人与熊的合体。所以，这件玉熊人可列为红山文化玉器中雕造技法水平最高的作品之一。

人与熊的组合，寓巫者在通神时以动物为助手，红山文化玉器所见人与动物合雕目前仅此一件，又独选熊与人相配，可见熊在红山文化中的地位，特别是在通神中的作用，要高于其他动物，或在红山先人心目中，熊为诸动物之首。

除这两尊玉熊题材以外，还要提到近年在朝阳市龙城区半拉山积石冢发现的一件石钺柄端的石熊首镦饰（M12：4）。这件标本长6.1厘米、宽4.5厘米、厚2.4厘米，乳白色，微泛灰，磨制，由头部和下榫组成，总体呈两宽侧面平整的楔形。首部额头微突，双耳直立，耳较大而短，耳顶端圆，双目为对钻的圆孔，嘴部前伸，短圆吻，口微张，下颌较宽。楔形榫，榫较长，榫面不打磨。① 此器形制较为简朴，其重要性在于为正式发掘出土品，出土位置明确，在两腿之间，其上方约80厘米处的墓主人左胸侧置一石钺，可证此带榫的石熊首为钺柄下端的饰件——镦。此前，在辽宁博物馆和天津市博物馆的馆藏品中曾见有这种带榫的熊首玉器，以为是玉雕龙改制，其实都为钺一类权杖的柄端饰件（图3）。钺为权力象征，以熊的形象作钺的装饰，就赋予熊以权力的功能。

---

① 辽宁省文物考古研究所、朝阳市龙城区博物馆：《辽宁朝阳市半拉山红山文化墓地的发掘》，载《考古》2017年第2期。

图3　天津市博物馆熊首

红山文化玉器中的熊形象，还见于天津市博物馆收藏的一件立式玉熊，高4.4厘米，宽2.1厘米。玉呈淡黄色，柔润洁净。圆雕葫芦形，圆首，鼓腹，无四肢。头顶二小立耳，浅浮雕圆形大眼，凸吻，阴线刻画眉鼻。器身光素无纹。腹底部出一圆形凸尾。颈后部横向对穿一孔。此件个体甚小，但用料甚精，且为立式。熊可站立，体现熊的拟人化，这正是远古人类与熊亲近进而产生熊崇拜的一个重要原因。

熊题材在红山文化的至尊地位，在牛河梁女神庙遗址内也得到充分验证，这就是泥塑熊的发现。牛河梁女神庙出土泥塑熊共2例。

一例出土于主体部分的中室近顶部。因所在高度已接近现地表，故其头顶部及身体的大部分都已残碎缺失，出土时头部朝北，遗有吻、耳及肢体部分。从残件看，其大小约与真熊相当或稍大。

吻部（N1J1B：7），吻端保存完整，为圆吻端，甚匀称，稍显上翘，下侧有二椭圆形鼻孔，再下为甚为平整的底面。长11.5厘米，宽8厘米，高10厘米。

耳部（N1J1B：27），片状，从残件看为短耳。耳端部起圆尖。残长10.2厘米，宽11.6厘米，最厚处2.5厘米。

爪，双爪都得以保存（N1JIB：8-1、8-2），均显四趾，侧二趾短，有关节的隐约表现。一长14.5厘米，宽12厘米，高7.5厘米；另一长14.3厘米，宽7.5厘米，高6.3厘米。

另一例出土于南单室中部，为熊的下颚部（N1J1A：7）。颚较长，有较长的獠牙，上涂白彩。近在对这件泥塑加固时意外发现，在泥塑的獠牙内就包着一颗真的熊獠牙。

女神庙内以女神群像为主要祭祀对象，熊的形象与女神群像共出，虽然是作为陪衬祖先神的动物神，但仍是被先人作为祭祀对象来供奉的。

熊的遗骨也为一下颚骨，出土于第二地点四号冢下层积石冢的碎石铺面上，应也同祭祀有关（图4）。

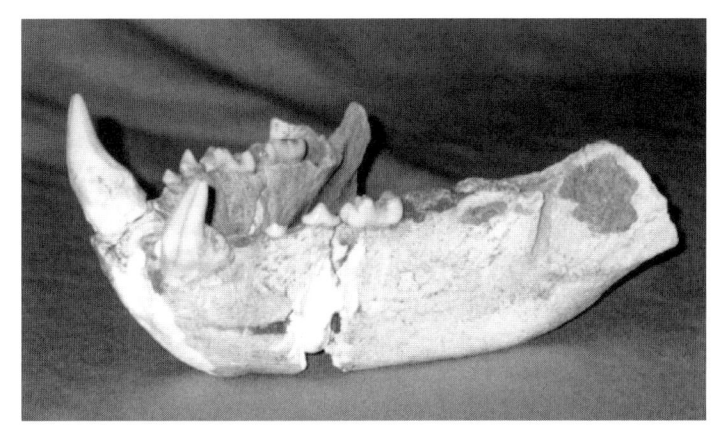

图 4　牛河梁女神庙遗址泥塑熊下颚（N1J1A：7）

二、关于玉雕熊龙的再鉴别

不过，红山文化与熊崇拜关系最密切的，是玉雕龙。

玉雕龙又被称为"玦形龙"。其实这类玉龙不少为只外缘切开，内缘相连，应为环的演变，故称"环体龙"较为合适。

环体玉龙已发现20余件，是红山文化玉器中发现数量较多的一类，也是红山文化玉器中最具代表性的玉类。原型如为熊，是熊神化为龙，那么玉熊龙就是红山文化熊崇拜更为有力的证据。

目前对众多环体玉雕熊龙尚无条件进行科学分类。这里只根据出土情况对玉雕龙分别加以介绍：

正式发掘出土9例，4例为红山文化遗址出土，5例为晚期出土。其中牛河梁第二地点冢1第四号墓所出为一对，如前述，为一大一小，一粗一细。

有明确出土遗址的4例。其中巴林右旗那日斯台所出，首部较小，圆耳，圆睛，熊首特征也较为明显（图5）。

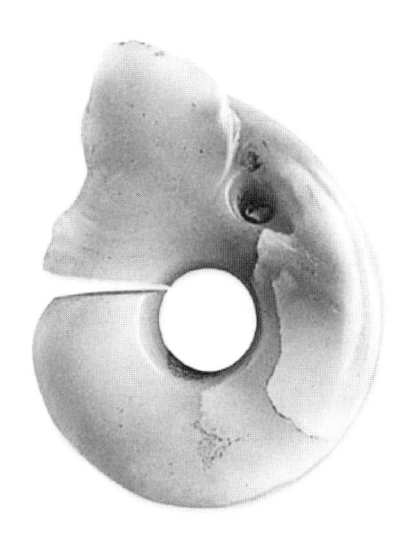

图 5　敖汉下洼镇河西玉雕龙（敖汉三）

再谈红山文化的熊崇拜　　263

有明确出土地点的 5 例。其中巴林左旗尖山子所出，圆耳较大，圆睛；敖汉旗干饭营子所出，圆耳有残，圆睛突起；该旗大五家所出又一件玉雕龙，圆耳直立较短，圆睛，熊首特征都较为明显。

有明确出土地区的 1 件，为建平县收集，是最早鉴别出来的玉雕龙，此件有外露的獠牙，曾被认为是猪的证据。其实，猪獠牙是外露出上唇达嘴上部的，如西辽河流域当地属于赵宝沟文化的小山遗址所出四灵纹陶尊上的猪首，就有明显的外露出上唇达嘴上部的獠牙，邻区史前文化所出猪题材也都是獠牙外露达嘴的上部，而此件獠牙不出唇间，仍为熊獠牙特征。

流传有序的收藏品 12 例，以法国巴黎吉美美术馆的一件最为精致，高 15.3 厘米，也具备熊首基本特征，如圆立耳，耳顶尖圆，大圆睛。此件个体大，玉质精，特别是质地甚坚硬，线条却十分流畅，均匀，阴线的雕刻工艺水平甚高。天津市历史博物馆收藏的一件环体玉龙大小、工艺水平与吉美龙相近，但选红山文化典型的黄玉料，且耳端趋圆，更近于熊耳特征。

此类玉龙，初发表时推测是以猪为原型的，是为猪龙。后因遗址多有熊题材发现，如前述女神庙的泥塑熊、积石冢出熊下颚骨、玉器中有双熊首三孔玉梳背饰，还有玉熊人等。特别是将猪与熊的特征作进一步的细部对比：猪耳宽而扁薄，耳顶为尖端，而熊耳短而肥厚，直立，耳顶端圆或尖圆。猪眼睛都为梭形，熊眼睛则多为圆形。红山文化玉龙大多为耳肥厚而短，耳顶端圆或尖圆，直立，目为圆形，总体具熊的特征而不同于猪，故红山文化环体玉龙多数以熊为原型，为玉熊龙。①

我们曾将环体龙与 C 形龙从前后演变关系修正为不同的类别，其实就是原型的区别。C 形龙的龙体形细而长卷，

图 6　内蒙古赤峰赛沁塔拉玉龙

龙目非圆睛而为梭形，无耳而背部有长脊，长吻前伸，颌下饰刻画网状纹等，都与环体龙有很大不同（图 6）。C 型龙目前尚无正式发掘品，有学者推断属赵宝沟文化，因为有明确出土地点的两件 C 形龙，都在翁牛特旗中部偏北，附近多赵宝沟文化遗址而少红山文化遗址，其造型，头部及五官特征更近于鹿，背部高举的长脊应为鹿角，而鹿为赵宝沟文化主要狩猎对象，鹿及其神化也是赵宝沟文化陶器上的主要装饰。② 看来，环体玉龙和 C 形龙这两个不同类型就是熊与鹿的区别。

最初推测原型为猪，还依据红山文化的经济生活以原始农业为主并联系到饲养家猪的

---

① 郭大顺：《猪龙与熊龙》，见马承源主编：《鉴赏家》，上海译文出版社，1996 年，第 81—83 页。
② 敖汉旗博物馆：《敖汉旗南台地赵宝沟文化遗址调查》，载《内蒙古文物考古》1991 年第 1 期。

固有观点，后从自然环境和标本分析，判断红山文化是以采集渔猎为本的。魏家窝棚、兴隆沟三号地点以及半拉山人骨同位素测定结果都倾向于此。① 红山文化所在的西辽河流域属东北文化区，植物栽培在查海-兴隆洼文化时期就已出现，到红山文化时期农耕有所发展，但在经济生活中并不占主要地位，采集渔猎仍然是红山文化主要经济活动，这也是红山文化熊崇拜的经济基础。

至于环体玉龙的发展演变，因有出土关系的标本只见于牛河梁遗址，且只3件，都为牛河梁晚期晚段，进一步的比较依据薄弱，但与红山文化分布区紧邻的吉林农安左家山遗址第二期出有石雕龙，也为环体熊首，左家山第二期年代在6000年前，故可视为红山文化环体玉龙的前身。②

三、熊崇拜在红山文化中的地位

熊题材在红山文化受到特别重视，可再作如下归纳：

其一，写实与圆雕。以上所列玉雕熊题材都为写实型圆雕，环体玉熊龙则为首部圆雕，形象是在写实基础上加以抽象化即神化。由于红山文化玉器多片状，动物形玉器也多为在玉片上刻纹，包括玉鸟和玉龟，作圆雕的动物形玉较少，已知只有一件龟壳，其他两件草虫和几件蚕蛹，虽也可归入圆雕，但个体较小，制作较为粗简。而玉雕熊和环体玉熊龙，不仅全部为圆雕，而且一般个体较大，用料较精，刻纹流畅，有的还增加了减地阳纹手法，是红山文化玉器中从用料、制作工艺到造型最为考究的一类，充分显示出红山先人对熊题材的格外重视。

其二，祭祀对象或权力象征物。虽然在庙宇中是以女神群像为主，动物处于陪衬地位，但仍具动物神资格，所以女神庙内的泥塑熊是以祭祀对象出现的。作为权杖的饰件，在新石器时代晚期玉石钺柄末端加镦饰较为普遍，有的镦上有精美花纹装饰，如距今6000年前江苏金坛三星村M38和M531所出石钺都配有牙质镦，或有精致的加工，如良渚文化的多件玉钺镦饰。③ 但以动物熊形象为镦，只见于红山文化，将熊与权力相联系，更增加了熊在红山文化中的分量。

其三，从玉器组合看，半拉山M12石钺下压一大型玉璧，其上方紧靠是一件玉龙，是明确的钺、璧、龙组合，联系良渚文化玉器的主要组合，是钺、璧、琮，相互比较可知，在红山文化中玉龙的地位就相当于良渚文化的玉琮，都是该文化最主要的通神工具和权力象征物。

四、人与熊、熊与鹰的合体

玉器研究专家杨建芳先生将凌家滩墓地所出动物合体玉器，如龙凤首玉璜和双虎首玉

---

① 赵志军：《探寻中国北方旱作农业起源的新线索》，载《中国文物报》2004年11月12日；孙永刚：《魏家窝铺遗址2009年度植物浮选结果分析》，载《北方文物》2012年第1期；《辽宁朝阳市半拉山墓地出土人骨的稳定同位素分析》，载《考古》2017年第2期。
② 吉林大学考古教研室：《左家山新石器时代遗址》，载《考古学报》1989年第2期。
③ 江苏省三星村联合考古队：《江苏金坛三星村新石器时代遗址》，载《文物》2004年第2期。

璜,视为史前玉器发展的"超前性"。①因为此前所知,只有商代晚期到西周早期才出现这类动物合体的玉类。凌家滩的动物合体,为璜两端的动物头饰,且为片状,而红山文化这两件玉器都为圆雕,无论雕造技法还是形象,水平都要更高。

红山文化人与熊、熊与鹰的组合,除了前述剑桥大学飞兹威廉博物馆那件玉熊人和牛河梁遗址女神庙内熊与鹰共出以外,还要提到牛河梁第二地点墓23所出的一件龙凤玉佩(M23:3)(图7)。这件龙凤玉佩,长10.3厘米、宽7.8厘米、厚0.9厘米。②选青白色泛绿间红褐色或白色瑕斑的玉料。稍有弯度且较厚的长板状体,正面以减地阳纹与较粗的阴线雕出一龙一凤,都以表现头部为主,身体简化。凤的形象明确,立置,钩啄,啄体宽,啄端甚尖而锐,圆目有外鼓,顶冠以短阴线表现羽毛,背有下垂状的三尖突,应与表现长羽有关,体亦外卷,与龙体相对相接。龙首横置,圆目较鼓,吻长,吻端圆而有上翘,有圆窝状鼻孔,额与吻边饰表现皮毛的短阴线,顶后部有二斜长突尖。龙体作外卷状。背面平而无纹,布有3组牛鼻状孔。此佩出土位置在腹部,出土状态为横置,正面朝上,凤(鹰)在上,龙在下。

图7 牛河梁遗址第二地点冢1M23龙凤玉佩(N2Z1M23:3)

此玉件上所饰凤鸟原型为鹰的形象十分明确。龙的形象虽然吻部拉长,熊的特征不够突出③,但可推定为熊龙,也为鹰与熊组合。对此,还可以参考安徽凌家滩墓地鹰与熊的合体标本(98M29:6),凌家滩的玉熊鹰饰件,鹰作展翅飞翔状,两翅端各雕一熊首。腹部刻画一规整的圆圈,内刻八角形纹。通高3.6厘米、宽6.35厘米、厚0.5厘米。④此玉件鹰两翅端所雕熊首,现多定为猪首。因面部特征既似熊亦似猪,但短圆耳与宽薄而耳端尖

---

① 杨建芳:《安徽古代玉雕的超前性》,见安徽省文物考古研究所编:《凌家滩文化研究》,文物出版社,2006年。
② 辽宁省文物考古研究所编著:《牛河梁:红山文化遗址发掘报告》(上),文物出版社,2012年,第107页N2图五九。
③ 郭大顺:《猪龙与熊龙》,见马承源主编:《鉴赏家》,上海译文出版社,1996年,第81—83页。
④ 安徽省文物考古研究所:《凌家滩:田野发掘报告之一》,文物出版社,2006年,第249页图二〇二,彩版二〇一。

的猪耳完全不同，为熊耳特征，以定为熊首为妥，故将此玉件仍应定为鹰与熊的合体。

乾隆帝有"鹰熊拟英雄"的诗句。凌家滩的鹰熊组合，鹰在中心，牛河梁的龙凤玉佩，出土状态为鹰上熊下，鹰熊组合也见于此后各代，如历代所出英雄杯，都为鹰上熊下的姿态，所寓"顶天立地"之意，与"英雄"含义相合。[①]

五、来龙去脉和影响

熊崇拜在西辽河流域有较为悠久的传统，在红山文化之前的查海－兴隆洼文化时期已有熊题材出现，到晚于红山文化的小河沿文化仍较发达。

查海－兴隆洼文化时期的熊题材见于林西县白音长汗遗址，是第 7 号墓所出的一件石熊首（M7∶4），通高 2.7 厘米[②]，为圆雕，磨制光滑，短耳，竖立，圆睛，尖嘴前突紧闭，熊首以下连结着较规则的圆柱体，底面正中有一孔洞。此石熊首体形甚小，雕法简练，熊的特征却有准确的表达。7 号墓为积石土坑墓，属该遗址第二期乙类，距今 7000 年。墓内随葬多种装饰件。计有缝缀在衣服上的成行排列的百余枚蚌饰和石饰，还有蚌珠和石珠。耳骨下出一玉蚕（蝉？），石雕熊出于左上肢骨下。该遗址还出土有灶旁女性石雕像和镶嵌蚌质獠牙的石雕人面像，墓葬出土有玉玦等，显示出原始信仰已具一定进步性，而熊崇拜为其中重要组成部分。

熊题材在晚于红山文化的小河沿文化中出土频率仍较高，而且不仅有熊首，还有熊的整体形象。

熊首两例，一为白斯朗营子熊首器盖纽，一为南宝力皋吐熊首石镦。

白斯朗营子熊首（F11∶5），为一陶器盖的纽部，残高 4 厘米，泥质红褐陶，整体近三角形，张嘴，直耳甚短，耳顶端圆，吻部趋尖，嘴微张，头顶部绘两条黑彩道，腔中空，颈部有一孔穿透。[③] 简报称为犬首，实为一典型熊首。此遗址另一房址出一似熊首又似猪首的器盖纽，与此件可相互比较。

南宝力皋吐石熊首镦。熊首浑圆，双立耳甚短又甚肥厚，呈半圆形，钻大孔为圆睛，鼻嘴部都甚宽，鼻翼开张，吻部趋尖。首下设榫，榫为长方形，榫中部钻单孔，单孔也较大较圆。[④] 此件石熊首近于半拉山积石冢所出，但圆雕技法更显成熟，也更为写实，形象丰满，无呆滞感，熊首有的部位如鼻嘴部虽有所夸大，但总体看，熊首的特征更为标准。

两尊熊的整体形象为赤峰市文物店收集、现藏赤峰市博物馆的彩陶熊尊和南宝力皋吐遗址出土的陶熊尊。

彩陶熊尊（图 8），高 18.6 厘米，口径 8.2～10.2 厘米，底径 8.5 厘米。泥质红陶，扁圆体，腹部附双竖环耳。大张口，俯视口近菱形。双耳甚短，耳顶端圆，耳下双圆目。通

[①] 邓淑苹、郭大顺：《"鹰熊拟英雄"的考古学考察》，载《吉林师范大学学刊》（人文科学版）2019 年第 2 期。

[②] 内蒙古自治区文物考古研究所编著：《白音长汗：新石器时代遗址发掘报告》（上），科学出版社，2004 年，第 206、308 页。

[③] 辽宁省博物馆昭乌达盟文物工作站、敖汉旗文化馆：《辽宁敖汉旗小河沿三种原始文化的发现》，载《文物》1977 年第 12 期。

[④] 王佐玉：《南宝遗址》，博通出版社，2018 年，第 36 页右图。

体绘三角几何纹图案，色彩为黑红相间，为典型的小河沿文化彩陶风格。①

图 8　赤峰市博物馆藏小河沿文化彩陶熊尊

陶熊尊。长 7 厘米、宽 6.1 厘米、高 6.3 厘米。泥质灰褐陶，体呈椭圆形，通体以饰刻画斜线人字纹表现皮毛，只首部磨光。大张口，耳甚短，耳顶端圆，双圆睛，鼻微突，双鼻孔显，四足甚矮，有爪的表现，原称刺猬，实为熊，且为一整体的熊。

以上两尊熊的整体造型，虽然体态各有夸张和变形，但从整体到五官，熊的特征把握都十分准确。②

上述南宝力皋吐遗址，从随葬陶器判断，除小河沿文化以外，还包含有浓厚的辽东半岛偏堡文化和松嫩平原小哈拉文化因素，其成熟型熊形象显然与有着渔猎文化长期传统的东北地区有关。前述吉林农安左家山遗址早于红山文化晚期的第二期出有环体石雕熊龙，如可视为红山文化环体玉雕龙的前身，那就理出了环体玉雕熊龙在东北当地的发展演变的脉络。而且东北和东北亚民族崇熊一直延续至近现代，是熊崇拜在当地有强大传承力的表现。③

对周邻地区的影响。主要见于各地后世所出红山文化玉雕龙。如前述，正式发掘出土的晚期玉龙 5 件，计有河北阳原姜家梁、河南三门峡上村岭虢国墓、陕西韩城梁带村、凤翔南指挥镇等。从造型风格看，有为前代遗留，有为后代仿制。饶有兴味的是，在洛阳苏羊遗址仰韶文化晚期遗存中出土一件石熊首钺镦饰，形制与前述半拉山积石冢所出一致，是红山文化影响仰韶文化少见的例证。

这里要特别提到二里头遗址所出土的与熊有关的三件嵌绿松石兽面铜牌饰，这三件铜牌饰分别编号为 1981VM4：5、1984VIM11：7、1987VM57：4。镶嵌纹饰被称为兽面或兽纹，实为熊形象。它们的图像常见于诸多图录中，现遵发掘者在简报中对其原始情况的描述：

1981VM4：5，疙瘩头村西北第 4 号墓（二里头二期晚段）出土，呈长圆形，长 14.2 厘米、宽 9.8 厘米。平面形状中间呈弧状束腰，近似鞋底形，两侧各有二穿孔纽。凸面由

---

① 上海博物馆编：《草原瑰宝：内蒙古文物考古精品》，上海书画出版社，2000 年，第 73 页。
② 内蒙古自治区文物考古研究所、扎鲁特旗人民政府编：《科尔沁文明——南宝力皋吐墓地》，文物出版社，2010 年，图 87。
③ 叶舒宪：《熊图腾：中华祖先神话探源》，陕西师范大学出版总社，2018 年。

300 余片形状各异的绿松石片粘嵌排列成兽面纹。凹面附着有麻布纹。凸面绿松石片图案组合异常精巧，保存极好。这件器物放置在墓主人的胸部略偏左。① 同出铜铃、玉柄形饰、玉管状物和漆器、陶盉。

1984VIM11：7，二里头村南第 11 号墓（二里头四期）出土，长 16.5 厘米、宽 8 ~ 11 厘米。盾牌的形制与 1981VM4：5 相近，只略大，在墓中放置的位置也相同，即置于墓主人胸前。铜牌饰的正面用 200 余片碎小的长方形绿松石片很整齐地镶嵌成突目兽面纹，背面四个穿孔纽上下两两对称，可系绳。同出铜铃、铜爵、玉圭、玉刀、玉戚、玉管状器、玉柄形器、海贝、漆盒、陶爵、陶盉等。②

1987VM57：4，二里头Ⅵ区第 57 号墓（二里头四期）出土，长 15.9 厘米、宽 7.5 ~ 8.9 厘米，厚 0.25 厘米。圆角梯形，瓦状隆起，两侧各二纽。以四百余块厚 2 毫米，最宽 5 毫米的长条形、方形和三角形绿松石片镶嵌成一兽形图案，其头端窄而身部宽，圆头，两眼圆睁，弯眉，虎鼻状直鼻，下颌有利齿数颗，体饰龙鳞纹，为商周时期龙鳞纹的更早实例。③ 此铜牌不是如前两件铜牌那样将绿松石片镶嵌在一整块铜铸件上，而是把绿松石片镶嵌在镂空的青铜框架上，即其背面原有的皮革类有机原料的背托已朽，这些大大小小的绿松石片在没有依托的情况下，仍原样未动、牢固地保持原来的图案。④ 此墓规模较大，随葬品较为丰富，同出铜爵、铜刀、铜铃各 1 件，玉柄形器 3 件，还有石铲、玉刀、月牙形玉器、玉戈、玉铃舌、绿松石珠、贝壳、陶盆、罐、簋、盉等。

最早提出这几件镶嵌绿松石的铜牌饰的原型为熊的是孙守道先生，他是在论述中国古代熊题材时，由商代熊向前追溯到二里头文化这几件铜牌饰的：

> 在距今四千年前后，即约相当于夏代的二里头文化中，是否有熊的造型遗物，迄无明确报导。但据我个人分析所得，认为已有发现，如 1984 年在偃师二里头的一墓中，曾发掘一面镶嵌松石兽面纹铜牌饰。在铜牌饰上用无数小块松石拼接镶嵌的所谓"兽面纹"，经仔细观察辨认，其实正是一完全图案化了的熊纹，为仰首俯身，粗腰肥臀，四肢撑踞，四爪勾卷，作卧伏状。熊首方圆硕大，伸出的吻鼻尖圆细长，双眼近臣字形，双耳上竖内卷，虽写意却很形象，是传统的三代造型构图手法，与常见的由龙虎之属组成的饕餮纹、兽面纹样迥然不同。而另一墓所出另一件镶嵌松石铜牌饰的纹样，细审之亦为熊，决非虎，只是更抽象化了。⑤

二里头文化镶嵌绿松石的熊纹铜牌饰，镶嵌工艺极其复杂，又位于墓主人的胸部，且不止一件，显示其是二里头文化中最为精华也是最受重视的文化内涵。在铜器上以绿松石

---

① 中国社会科学院考古研究所二里头工作队：《1981 年河南偃师二里头墓葬发掘简报》，载《考古》1984 年第 1 期。
② 中国社会科学院考古研究所二里头工作队：《1984 年秋河南偃师二里头遗址发现的几座墓葬》，载《考古》1986 年第 4 期。
③ 中国社会科学院考古研究所二里头工作队：《1987 年河南偃师二里头遗址墓葬发掘简报》，载《考古》1992 年第 4 期。
④ 杨锡璋、高炜主编，中国社会科学院考古研究所编著：《中国考古学·夏商卷》，中国社会科学出版社，2003 年，第 117 页。
⑤ 孙守道：《红山文化"玉熊神"考》，见《孙守道考古文集》，辽宁人民出版社，2017 年，第 209—210 页。

镶嵌，以青铜的黄色衬托深绿色花纹，起到使花纹图案突显的效果①，这些都反映二里头文化对熊形象的格外重视。

红山文化的熊崇拜自然会使人联想到古史有关"黄帝有熊氏"（《帝王世纪》）的记载，以及东汉《越绝书》所记"黄帝之时，以玉为兵"，这虽然是对一个时代特点的表达，红山文化作为史前时期玉文化玉器的原生型，与此记载更为接近。还有黄帝族在北方活动的种种传说。尤其是，红山文化在发展到高峰时，在辽西突然消失，却在燕山以南的桑乾河上游一带再现，是从考古学上证实黄帝族由北而南的活动轨迹的更有力证据。② 至于熊龙在后世的流传，有的是不同文化间的影响，有的则应与黄帝族的迁徙有关。有以石峁遗址为黄帝后裔——狄人的遗存③，石峁与二里头有千丝万缕的联系，那么，二里头文化对熊题材的格外重视，是否说明二里头文化也包含有黄帝后裔文化的某些因素呢，也许这会成为判断二里头文化族属的一个新思路。

---

① 陈星灿：《裴李岗文化绿松石初探》，见中国社会科学院考古研究所编著：《新世纪的中国考古学：王仲殊先生八十华诞纪念论文集》，科学出版社，2005 年。

② 苏秉琦先生称张家口桑乾河上游为辽西红山文化南下与北上的仰韶文化和西来的草原古文化接触碰撞的"三岔口"，见《〈蔚县三官考古工地座谈会〉讲话要点》《燕山南北·长城地带考古工作的新进展——在"内蒙古西部地区原始文化座谈会"上的报告（提纲）》《华人·龙的传人·中国人—考古寻根记》，分别收入苏秉琦：《苏秉琦文集（二）》，文物出版社，2009 年，第 311、340—345 页；苏秉琦：《苏秉琦文集（三）》，文物出版社，第 127—129 页。

③ 韩建业：《石峁人群族属探索》，载《文物春秋》2019 年第 4 期。

语言相对论

纳日碧力戈 邹 君

语言相对论是文化相对论的根基，非极端的相对论是人类学、民族学者普遍采取的立场。人类学、民族学者有丰富的田野工作经验，善于从本土人观点看问题，反对民族中心主义，其重要的出发点之一就是语言相对论。在倡导语言相对论的同时，也要在普遍性与相对性之间达成平衡。世界上语言多、文化多，不同的民族和族群只有通过"美美与共""和而不同"，才能更好地交往交流，互为条件，重叠共识。

一、背景：狭义语言学与广义语言学

古代的语言学有来自西方、中国和印度的三大传统，其中西方的语言学传统对世界产生了深远的影响。中国古代的语言学有自己的文字、训诂和音韵传统。古代印度的波你尼在公元前 4 世纪就撰写出 8 卷本的梵语语法。公元 8—12 世纪的阿拉伯语言学家形成学派。以西方语言学为代表的近代语言学有狭义和广义之分，狭义语言学以研究语言现象本体为主，广义语言学是语言学和人类学、社会学、民族学、心理学、医学等学科相结合的交叉学科。

英国语言学家琼斯（William Jones，1746—1794）通过古梵语、古希腊语、拉丁语的比较研究，提出印欧诸语言同源的理论，后来有许多学者继承了这种历史比较研究传统。瑞士语言学家索绪尔的《普通语言学教程》是狭义语言学的代表作，对社会人文学科有长远影响。他认为，横向的结构关系决定"价值"，"历史"是横向结构关系的纵向堆积；语言有自己独立的内部规律。

广义语言学关注语言和思维、心理、文化、实践、现实的关系。意大利哲学家维科（Giambattista Vico，1668—1744）立足古典和民间，把诗艺（诗学）和现实生活联系起来，与"永恒历史"的诸神时期、英雄时期和人类时期对应，划分出诸神语言、象征语言和民众语言；人类原初的创造者是诗人和哲人，他们拥有诗性思维。德国哲学家赫尔德（Johann Gottfried Herder，1744—1803）师承哈曼（Johann Christoph Hamann，1697—1766 年），强调民族语言和民族心理的一致性；洪堡特（Wilhelm von Humboldt，1767—1835）认为语音作为语言的外部形式不存在民族差别，而语义和语法作为语言的内部形式，则存在民族差别。洪堡特强调思想和语言的互相依存，美国语言人类学家萨丕尔（Edward Sapir），尤其是沃尔夫（Benjamin Lee Whorf），发展了这种思想和语言互相依存的观点，形成"语言相对论"。赫尔德、洪堡特、萨丕尔和沃尔夫等学者的研究，为语言研究开辟了一个人文世界，让语言和社会、文化、认知、实践联系起来，是语言人类学的重要思想基础。

二、博厄斯·萨丕尔·沃尔夫

博厄斯把洪堡特等人的观点带到美国来，反对机械的进化论，反对民族中心主义，重视无文字的语言，尊重土著文化，强调学习土著语言对于民族志调查研究的重要性。① 博厄斯自学语言分析方法，为自己主编的《美洲印第安语言手册》（Handbook of American Indian Languages）撰写序言，对非印欧语系语言发表了"反潮流"观点。博厄斯重视语法理论研究，指出语言是人类精神生活的重要窗口，强调人类学者最好使用本地语言而不是借助翻译来做田野工作，这对后来的人类学教学产生了长远影响。他反对把古代欧洲语言的分析范畴运用到其他语言的研究中来，反对把缺乏某种语言形式的语言说成是缺乏抽象思维的语言。博厄斯在研究美洲印第安诸语言的语法结构、词汇和诗歌之后得出结论：在不同语言之间不存在发达与不发达、先进与落后的差别。他指出全人类的心智是同一的。博厄斯的学生萨丕尔在《语言论》中再次支持了自己的老师。②

沃尔夫是萨丕尔③的学生，他通过自己的老师学习了博厄斯和洪堡特的语言观。萨丕尔的语言相对论研究影响了沃尔夫。萨丕尔说，各个社会的生存世界各有不同，它们不属于贴上不同标签的同一个世界。④ 他由此认为，语言是文化的符号向导，语言学可以帮助其他学科理解人类本性。⑤ 沃尔夫受博厄斯的影响，指出西方语言并非人类心智发展的顶峰；美洲印第安人的语言以及其他域外语言，代表了不同的思维方式。此处博厄斯和沃尔夫的语言观略有差别：博厄斯认为，由于概念不同，不同语言表达的世界观也不同；沃尔夫则认为，这种世界观的不同是由不同的语言结构造成的。⑥ 语言相对论具有深厚的德国哲学思想的根基，从博厄斯到沃尔夫，语言相对论的影响越来越大，迄今富有活力。尤其是《论语言、思维和现实：沃尔夫文集》⑦ 出版后，沃尔夫声名鹊起，语言相对论研究者把自己的研究主题称为"沃尔夫学（Whorfianism）"，或"沃尔夫相对论（Whorfian Relativity）"。

三、语言与思维

沃尔夫相对论的产生和美国语言人类学的发展有直接关系。克娄伯指出，鲍威尔（Powell, J. W., 1834—1902）是一位实干家，是美国人类学事业的重要组织者和管理者，他出版的《墨西哥以北美洲印第安诸语族》（Indian Linguistic Families of America North of

---

① McAfee, Christina, "Linguistic Relativity Theory", McMaster Journal of Communication, Vol. 1, Issue 1, Article 3, 2004, pp. 26 – 31.

② Duranti, Alessandro, ed., Linguistic Anthropology: A Reader, Massachusetts & Oxford: Blackwell, 2001.

③ 萨丕尔是博厄斯的学生，因此沃尔夫是博厄斯的再传弟子。

④ Rossi-Landi, Derruccio, Ideologies of Linguistic Relativity, Paris: Mouton & Co., 1973, pp. 14 – 22, 28 – 35. 转引自 McAfee, Christina, "Linguistic Relativity Theory", McMaster Journal of Communication. Vol. 1, Issue 1, Article 3, 2004.

⑤ Rollins, Petter C., Benjamin Lee Whorf: Lost Generation Theories of Mind, Language, and Reality, Ann Arbor: University of Microfilms International, 1980, p. 59; 转引自 McAfee, Christina, "Linguistic Relativity Theory". McMaster Journal of Communication, Vol. 1, Issue 1, Article 3, 2004。

⑥ Rollins, Petter C., Benjamin Lee Whorf: Lost Generation Theories of Mind, Language, and Reality, Ann Arbor: University of Microfilms International, 1980, p. 55; 转引自 McAfee, Christina, "Linguistic Relativity Theory", McMaster Journal of Communication, Vol. 1, Issue 1, Article 3, 2004。

⑦ Carroll, John B. ed., Language, Thought, and Reality: Selected Writings of Benjamin Lee Whorf, Cambridge, Massachusetts: The MIT Press, 1956;［美］本杰明·李·沃尔夫，《论语言、思维和现实：沃尔夫文集》，高一虹等译，湖南教育出版社，2001。

Mexico）推动了美国人类学的发展。① 史密森学会（Smithsonian Institution，1846 年成立）和民族学局［Bureau of Ethnology，后改称美国民族学局（Bureau of American Ethnology），或简称 BAE，1879 年成立］出资立项，描写和研究美洲印第安诸语言。语言学家在鲍威尔的支持下调查美洲印第安人的语言，构拟它们之间的语言亲属关系，借助语言分析研究本土价值观和宇宙观，为语言人类学研究打下基础。美国民族学局在1879—1880 首期年度报告中使用了"语言人类学"（linguistic anthropology）一词。②

人类学者在努力寻找非印欧语言语法范畴的过程中，发现不同语言对客观世界的分类不同，其"编码"也不同。他们由此推论：语言是约定俗成系统，它对世界的分类是没有定式的；语言能够发展出适应环境的独特范畴；各语言的独特范畴体系能够吸引人的注意力，产生独特的关注点，对思维形成制约作用。③

意义问题是语言相对论的核心问题④，具体说就是哲学传统上讨论的词汇和语法的意义问题。根据最初的语言相对论表述，不同的语言有不同的语法和词汇，对相同的现实进行不同的"编码"，并且融入不同的文化系统和认知范畴中。⑤ 卢西（J. Lucy）认为，如何定位"无语言思维"（thought without language）及其本质，是语言相对论研究的关键。在思维和认知独立于语言并且先于语言而存在的情况下，语言相对论不攻自破。相反，如果说语言是内在心理活动的表达，是人类认知能力的前提条件，那么，语言相对论就成立。⑥ 过去的语言人类学者没有把语言差别和认知差别联系起来，而心理学者也不关心语言差别；当下的普遍主义观点也不情愿触碰这类问题。⑦

四、霍皮语及其宇宙观

美洲印第安霍皮语研究是沃尔夫相对论的重要基础。曾经学习化学工程和从事过火险工作的沃尔夫，师从语言人类学家萨丕尔，研究美洲印第安霍皮语，为他日后推出的语言相对论打下基础。沃尔夫在《美洲印第安人的宇宙模式》一文中指出，美洲霍皮印第安人有不同于西方人的时空观，霍皮语没有与"欧洲标准语"（Standard Average European, SAE）相应的词汇、语法形式、结构，也没有用来表达西方"时间"的表达方式；霍皮语不能表达西方语言中的"过去""现在""未来"，不表达"持久""永久"或时空意义上的"运

---

① Kroeber, Alfred, "Systematic Nomenclature in Ethnology", American Anthropologist, Vol. 7, No. 4, 1905, pp. 579–593.

② Duranti, Alessandro, ed., Linguistic Anthropology: A Reader, Massachusetts & Oxford: Blackwell, 2001, pp. 8–9.

③ Duranti, Alessandro, ed., Linguistic Anthropology: A Reader, Massachusetts & Oxford: Blackwell, 2001, p. 11.

④ John J. Gumperz, Stephen C. Levinson, Rethinking Linguistic Relativity, Cambridge: Cambridge University Press, 1996, p. 7.

⑤ John J. Gumperz, Stephen C, Levinson, Rethinking Linguistic Relativity, Cambridge: Cambridge University Press, 1996, p. 7.

⑥ John J. Gumperz, Stephen C. Levinson, Rethinking Linguistic Relativity, Cambridge: Cambridge University Press, 1996, p. 28.

⑦ John J. Gumperz, Stephen C, Levinson, Rethinking Linguistic Relativity, Cambridge: Cambridge University Press, 1996, p. 29.

动"等概念。霍皮语的时空概念合而为一,不加区分,类似于列维－布留尔在《野性的思维》中提到的"互渗"①。霍皮人的分类系统看似特殊,但并不影响用来"解释和描述宇宙中所有可观察到的现象"。② 他们的世界观也是抽象的,只是不同于古典牛顿力学的"形而上学"。"欧洲语标准"的空间是静止、三维、无限的,时间是运动、一维、流动的;时间和空间各自独立,是客观实在的两个方面;时间流动,可三分为过去、现在、未来。③ 比较而言,霍皮人世界观分两大形式,一个是"已呈现的"(manifested),另一个是"呈现中的"(manifesting)或"未呈现的"(unmanifest),前者属于"主观",后者属于"客观"。用西方的时间观分析,霍皮语表达的"客观"就是已经呈现出来的宇宙形式,它不分"过去"和"现在",包括所有感知中的东西,但是不包括"将来"。"将来"属于"主观"呈现中的宇宙形式,包括心理事物(人心、动植物的"心"、自然状态背后和内部的"心")。④ 霍皮语的"呈现中"是充满精神、思维、感情的"未来",从霍皮人之心涌现,"已经以活生生的、心理的形式与我们同在","由主观变为某种程度上的客观结果",注定要实现;"这些原因过程中的实体'将要到来',或者他们(霍皮人)'将要来到'它们"。⑤ 霍皮语 tunátya 表达宏观意义,译为"希望"["它正在希望的行动中","它希望","它被希望","它(被)满怀希望地憧憬"],呈现了霍皮人主客观二元思想,是本土宇宙哲学的结晶。⑥ 也许 tunátya 一词相当于我们熟知的"意念",以心理形式推动,"逼迫或进入"已呈现的领域,从植物生长、云集雨聚到农事庆典、建筑设计,这种"意念"由主观进入客观。

霍皮人的微观世界由事件或"在事件中"构成,而事件又分为主观事件和客观事件。客观事件可以被感知,包括轮廓、颜色、运动等;主观事件表达强度因素的无形变化,如"渐渐远去""渐渐成长""渐渐扩散"等。各呈现物各有本性,有内在的持续力,"即它成长、衰落、稳定、循环或创造的力量"⑦。霍皮人没有"客观空间",只有"主观空间",它象征性地把天地勾连起来,类似于纵向的"主观轴"。客观世界由每个主观轴伸向各个物理维度。霍皮人只能用客观世界的"距离"表达西方人说的"时间",安排事件"时序",他们对意义(过程)进行"操作",以把握"客观"时间和运动,把握不同事件的关联度。总之,霍皮人借助发生的事件把时间和空间统合起来。相距遥远的甲村和乙村能否"同时"发生某事件?霍皮人不会这样提问题,这种问题以时间与空间分离为前提,而霍皮语表达

---

① [法]列维－布留尔:《原始思维》,丁由译,北京:商务印书馆,1985年。
② [美]本杰明·李·沃尔夫:《论语言、思维和现实:沃尔夫文集》,高一虹等译,湖南教育出版社,2001年,第26页。
③ [美]本杰明·李·沃尔夫:《论语言、思维和现实:沃尔夫文集》,高一虹等译,湖南教育出版社,2001年,第27页。
④ [美]本杰明·李·沃尔夫:《论语言、思维和现实:沃尔夫文集》,高一虹等译,湖南教育出版社,2001年,第27页。
⑤ [美]本杰明·李·沃尔夫:《论语言、思维和现实:沃尔夫文集》,高一虹等译,湖南教育出版社,2001年,第28页。
⑥ [美]本杰明·李·沃尔夫:《论语言、思维和现实:沃尔夫文集》,高一虹等译,湖南教育出版社,2001年,第29—30页。
⑦ [美]本杰明·李·沃尔夫:《论语言、思维和现实:沃尔夫文集》,高一虹等译,湖南教育出版社,2001年,第135页。

的时间和空间是合一的。在霍皮人看来，距离观察者所在地越远的事件，它发生的时间也越远①；距离越远就越"过去"（"从主观角度需做更多努力才能达到它"）。由此推论，事件不能在两个距离较远的村庄中同时发生，即"如果某个事件不是发生在'此地'，就不可能发生在'此时'；它只可能发生于'彼'地'彼'时"②。

五、特殊与普遍的相对性

许多学者认为，语言相对论，尤其是沃尔夫"语言习惯决定思维习惯"的观点，属于不可论证的命题。例如埃莉诺·罗施对沃尔夫假说发出质疑：难道说不同语言的人因为有不同的世界观而不能交流，不能相互理解了吗？③ 她认为沃尔夫假说在主要方面没有事实根据，基本不能成立。

不过，汉克斯（Hanks）、哈维兰（Haviland）、奥克斯（Ochs）、贡佩斯和莱文森等学者正确地指出，语言表达的世界观不可能是固定的，语言的发展、语义的变化不能脱离语言的使用（"语用"）④，语言的活力来自使用，来自使用中的创新。汉克斯强调，语言意义（包括字面意义）来自语言形式和环境的融合。⑤ 奥克斯指出，语言习得和社会文化习得，互融同济，交融一体。⑥ 需要指出，沃尔夫本人也重视思维和语言的互动关系，认为说话本身意味着"使用一种复杂的文化结构"。⑦ 他认为，语言研究有助于理解"神秘思维"，研究无意识语言模式如何制约思维形式，因为思维是用语言进行的。⑧

近些年来，"新版"或"弱式"的语言相对论重视语言的发展变化，强调随机、变化和创造。同时，也有学者提出新概念、新术语，以新的视角研究语言相对论。汉克斯认为语言相对论所面对的问题，关键是它们如何影响思维和体验，而不是语言形式和语言使用如何决定人们的思维和体验。⑨ 菲里莫（Fillmore）提出"框架"（frame）概念："框架"是词汇的集合（set），其成分能够从整体上标指（index）某种某类的行动或概念。⑩ 所以框

---

① 如果勉强用西方的时空概念来描述的话。
② [美]本杰明·李·沃尔夫：《论语言、思维和现实：沃尔夫文集》，高一虹等译，湖南教育出版社，2001年，第31—32页。
③ Rosch, Eleanor, "Linguistic Relativity", *ETC: A Review of General Semantics*, 1987, Vol. 44, No. 3, pp. 254 – 279.
④ John J. Gumperz, Stephen C. Levinson, *Rethinking Linguistic Relativity*, Cambridge: Cambridge University Press, 1996, p. 230.
⑤ John J. Gumperz, Stephen C. Levinson, *Rethinking Linguistic Relativity*, Cambridge: Cambridge University Press, 1996, p. 232.
⑥ John J. Gumperz, Stephen C. Levinson, *Rethinking Linguistic Relativity*, Cambridge: Cambridge University Press, 1996, p. 407.
⑦ [美]本杰明·李·沃尔夫：《论语言、思维和现实：沃尔夫文集》，高一虹等译，湖南教育出版社，2001年，第36页。
⑧ [美]本杰明·李·沃尔夫：《论语言、思维和现实：沃尔夫文集》，高一虹等译，湖南教育出版社，2001年，第255—256页。
⑨ John J. Gumperz, Stephen C. Levinson, *Rethinking Linguistic Relativity*, Cambridge: Cambridge University Press, 1996, p. 234.
⑩ John J. Gumperz, Stephen C. Levinson, *Rethinking Linguistic Relativity*, Cambridge: Cambridge University Press, 1996, p. 243.

架类似于图式（schemata），它不独属于语言内部，而是涉及语用环境，涉及社会、文化和自然。①

斯洛宾（Slobin）对语言和思维两个概念提出修改建议，希望用"思维"（thinking）代替"思想"（thought），用"说话"代替"语言"，突出运动、变化、随机的特点。② 哈维兰分析了 Tzotzil 语指示词的"移位"（transposition）现象，证明外在的社会知识、文化习惯乃至手势，对于使用和理解这类指示词至关重要。③

从总体上说，语言要为社会交流服务，语言在开放的历史过程中本身也会创新发展。语言的历史是"河流"，不是"湖泊"。洪堡特指出，思维的本质是反思，是思维者对思维内容的反思；语言与反思相关，与第一个反思同时发生；人之初，世道混沌，"客体为主体所吞噬"，但人类终于觉醒，词与人的自我意识一道出现——"词仿佛是人给予自身的第一个推动"。④一方面，语言从属于人，人的能动性决定了语言的活跃；另一方面，语言也塑造了人，人的历史必然包括语言的历史。

六、新方向

恩菲尔德⑤指出，如果说 20 多年前语言相对论的实证研究不足的话，现在就不能这样说了。比较而言，恩菲尔德（N. J. Enfield）的立场比较中肯。⑥ 他指出，沃尔夫从未说过语言是决定思维的唯一要素，也从未说过语言束缚了思想。20 多年来，关于语言与思维、现实关系的研究，取得了长足进展，未来的研究要更多关注所指/指称以外的语言现象，更多关注语言之外的社会思想，更多关注物理事实以外的社会事实。恩菲尔德引用卢西（J. Lucy）、布罗姆（P. Bloom）等学者对语言相对论的研究，做成三个表格，反映最新的研究课题⑦：

---

① John J. Gumperz, Stephen C. Levinson, *Rethinking Linguistic Relativity*, Cambridge：Cambridge University Press，1996, p. 244.

② John J. Gumperz, Stephen C. Levinson, *Rethinking Linguistic Relativity*, Cambridge：Cambridge University Press，1996, p. 71.

③ John J. Gumperz, Stephen C. Levinson, *Rethinking Linguistic Relativity*, Cambridge：Cambridge University Press，1996, pp. 271 – 323.

④ [德]洪堡特：《洪堡特语言哲学文集》，姚小平编译，湖南教育出版社，2001 年，第 1—2 页。

⑤ Enfield, N. J., "Linguistic Relativity from Reference to Agency", *Annual Review of Anthropology*, 2015, Vol. 44, pp. 207 – 224.

⑥ Enfield, N. J., "Linguistic Relativity from Reference to Agency", *Annual Review of Anthropology*, 2015, Vol. 44, pp. 207 – 224.

⑦ Enfield, N. J., "Linguistic Relativity from Reference to Agency", *Annual Review of Anthropology*, 2015, Vol. 44, pp. 207 – 224.

表1 卢西关于语言相对论的三个类型/层面①

语言相对论的类型/层面	"说任何自然语言对思维的可能影响";拥有一个带符号(象征)成分的编码是否影响思维?
符号学(semiotic)	"说一种或多种具体的自然语言(例如霍皮语对英语)会如何影响思维?"表达意义的相当不同的形态句法构型(morphosyntactic configurations)是否影响思维?
结构(structural)	"使用语言的特殊方式(例如受过教育的)是否会影响思维?"话语实践是否通过调整结构性影响或通过直接影响互动环境的解释来影响思维?
话语(discursive)	

表2 布鲁姆与凯尔的语言相对论影响对比②

特征位点	对照
语言(普通语言)对语言(多种语言)	普通语言(即有语言相对于无语言)的效应相对于具体语言(即甲语言的使用者相对于乙语言的使用者)的影响
语言的重要部分	句法相对于词汇
效应的大小	中度相应于巨大
效应类型	对我们在网上看世界产生影响 型塑我们的范畴 让我们能够进行逻辑推演和因果推理 影响我们如何建构自己的基本本体论承诺(关于时间、空间、物质)

表3 沃尔夫与霍尔姆斯让我们看到语言影响思想的的五种方式③

	语言相对论类型或层面	
前语言思维(Thinking before language)	为说话而思维	"为随后表达而编码"。例如我们如何思考一个体验,可能会受我们随后必须为它进行的语言编码所指引
语言思维(Thinking with language)	语言干预	"语言表征和非语言表征竞争"
后语言思维(Thinking after language)	语言增扩	"语言表征扩展/赋能于(enable)非语言表征"
	语言凸显	"语言使某些特性在非语言思维中得以凸显"
	语言诱导	"语言在非语言思维中事先指点某些类型的信息处理"

---

① Lucy, John A., "Linguistic Relativity", *Annual Review of Anthropology*, 1997, Vol. 26, p. 292.
② Bloom, P., F. C. Keil., "Thinking through language", *Mind Lang*, 2001, Vol. 16, pp. 352 – 367; Enfield, N. J., Linguistic Relativity from Reference to Agency. *Annual Review of Anthropology*, 2015, Vol. 44.
③ Wolff, Phillip and Kevin J. Holmes, "Linguistic Relativity", *Interdisciplinary Reviews—Cognitive Science*, 2011, Vol. 2, Issue 3, p. 254.

海姆斯①建议研究"第二种语言相对论",探讨文化对语言的社会功能的影响;西尔沃斯坦②也指出人类不仅谈论或指称外部世界,他们也在使用语言的时候,预设(或反映)和创造(或塑造)社会现实③;他尤其根据大多指物的本土语言观,提出"语言意识形态"(language ideology)——对语言使用策略产生影响力。④ 弗里德里奇⑤和舍尔泽⑥提请研究者关注语言的诗性功能。早在一个多世纪前,美国符号学家皮尔士试图超越观念与现实的对立,亮出观念实在论(ideal-realism)的旗号⑦,努力打通观念与实在之间的通道。

七、汉语特殊性的讨论和语言相对论的评介

语言相对论以两种方式牵涉中国。第一种是莱布尼茨(Gottfried Wilhelm Leibniz)、黑格尔、葛兰言(Marcel Granet)等研究过中国古代思想的学者论及中国语言文字的特殊性,以及这种特殊性对中国人思维方式的影响;第二种是20世纪80年代以来,中国大陆学者,尤其是从事语言学和外语教学研究的学者,对语言相对论的评介,包括初步研究。

莱布尼茨认为汉字不适合哲学思维;黑格尔认为汉字不适合科学研究,也不利于准确表达和交流思想;葛兰言称汉语表达能力不足,句法仅限于合辙押韵。⑧ 黑格尔认为中国哲学中《易经》的卦象只表达了"最浅薄的思想"——其标准是建立在西方语言逻辑上的"是-所是"论(本体论)。⑨ 本体论是西方哲学特有的哲学形态,以系词"是"为核心,"通过逻辑的方法构成的先验原理系统","它也是一种特殊的思想方式,并且与其使用的

---

① Hymes, Dell, Two types of linguistic relativity (with examples from Amerindian ethnography) [C]// Sociolinguistics: Proceedings of the UCLA Sociolinguistics Conference, ed. W. Bright, The Hague: Mouton, 1964, pp. 114 – 167; Enfield, N. J., "Linguistic Relativity from Reference to Agency", *Annual Review of Anthropology*, 2015, Vol. 44.

② Silverstein, Michael. Shifters, Linguistic Categories and Cultural Description[C]//Basso, Keith. and Henry Selby, eds., *Meaning in Anthropology*, Albuquerque: University of New Mexico Press, 1976, pp. 11 – 55; Silverstein, Michael, Language Structure and Linguistic Ideology. [C]//Clyne, Paul R., William F. Hanks and Carol L. Hofbauer, eds., *The Elements: A Parasession of Language Units and Levels*, Chicago: Chicago Linguistic Society, 1979, pp. 193 – 247.

③ Silverstein, Michael, Shifters, Linguistic Categories and Cultural Description[C]//Basso, Keith. and Henry Selby, eds., *Meaning in Anthropology*, Albuquerque: University of New Mexico Press, 1976, p. 194.

④ Silverstein, Michael, Language Structure and Linguistic Ideology. [C]//Clyne, Paul R., William F. Hanks and Carol L. Hofbauer, eds., *The Elements: A Parasession of Language Units and Levels*, Chicago: Chicago Linguistic Society, 1979, pp. 194.

⑤ Friedrich, Paul, *Language, Context, and the Imagination*, Stanford, California: Stanford University Press, 1979.

⑥ Sherzer, Joel, "Discourse-Centered Approach to Language and Culture", *American Anthropologist*, Vol. 89, Issue 2, 1987, pp. 295 – 309.

⑦ [美]约瑟夫·布伦特:《皮尔士传》(增订版),邵强进译,上海人民出版社,2008年,第279页。

⑧ Needham, Joseph, ed., Science and Civilisation in China, Volume 7, PART I: LANGUAGE AND LOGIC by Christoph Harbsmeier[M]. Cambridge: Cambridge University Press, 1998, pp. 14, 25, 23.

⑨ 俞宣孟:《本体论研究》(第三版),上海人民出版社,2012年,第82—85页。

语言形式是相匹配的"。①二战之后，西方人意识到西方哲学与西方语言有特定关系，本体论离不开西方语言的"是"（is；to be；beings）。② 两汉之际的 1 世纪，汉字才出现系词用法的"是"。③ 谢和耐（Jacques Gernet）认为，汉文的语言模式与希腊文、拉丁文或梵文的语言模式非常不同，"是不具备任何语法范畴"的语言，其动词与形容词、副词与补语、主语与表语，在表面上无任何区别，无法表达希腊文的"存在"或"实质"（ousia，to on），"超越了可见事实的'存在'观念在中国是不为人所知的"。④ 目前，国内的本体论或涉及本体论的研究者并没有对本体论本义达成一致，在哲学界也存在不同理解。最近一些年，以人类学为代表的社会人文学科出现了"本体论转向"，这个本体论和柏拉图—亚里士多德所说的本体论是什么关系？在不同的语言体系中是否可以通约？跨语际实践⑤的结果是什么？不从正本清源入手，这样的研究很难深入，而恰恰会陷入"本体论转向"的代表人物之一人类学家德·卡斯特罗所说的"无控歧义"：双方以为说的是同样一个意思，实际上却南辕北辙，互不搭界。

早在 1964 年，商务印书馆就出版了萨丕尔《语言论》；又先后出版了洪堡特的《论人类语言结构的差异及其对人类精神发展的影响》和《洪堡特语言哲学文集》；2001 年，湖南教育出版社出版了沃尔夫《论语言、思维和现实：沃尔夫文集》。这些著作的翻译出版以及学者们用汉文发表的相关著作和论文，让中国大陆读者比较系统地了解了语言相对论，也大大方便了以后的深入研究。许国璋先生在 1988 年发表《语言符号的任意性问题——语言哲学探索之一》，认为"任意性"不等于"约定俗成"，指出中国古代的语言哲学用于治世，"其中心思想即是找出能指和所指之间的理性联系"。⑥ 高一虹批评了语言相对论研究有两种偏向：只见"假设"，不见"假说"，将验证绝对化，或将该理论不加分析地斥责为"唯心主义""反动的语义哲学与种族主义"；只求其言中之义，不求其言外之义，用来为文化保守主义辩护，拒绝跨文化沟通。⑦ 陈保亚、余德江指出："能指范畴化的相对性和所指范畴化的相对任意性是语言相对性的基石，由于语言相对性和认知相对性有关系，任意性原则也是认知相对性的必要基石。"⑧ 高一虹以奥斯汀的言语行为理论为框架，解释"沃尔夫"假说，反思民族中心主义。⑨ 辛斌把沃尔夫的语言相对论和巴赫金的"异体语言相对论"结合在一起，做批评话语分析，总结出深受他们影响的核心主张：语言蕴含意识

---

① 俞宣孟：《本体论研究》（第三版），上海人民出版社，2012 年，第 25 页。
② 俞宣孟：《本体论研究》（第三版），上海人民出版社，2012 年，第 31 页。
③ 俞宣孟：《本体论研究》（第三版），上海人民出版社，2012 年，第 45 页。
④ ［法］谢和耐：《中国与基督教》，耿昇译，上海古籍出版社，1991 年，第 347—348 页。
⑤ ［美］刘禾：《跨语际实践：文学，民族文化与被译介的现代性（中国：1900—1937）》，宋伟杰等译，生活·读书·新知三联书店，2008 年。
⑥ 许国璋：《语言符号的任意性问题——语言哲学探索之一》，载《外语教学与研究》1988 年第 3 期。
⑦ 高一虹：《实证性假设与"启发性假说"——语言相对论的双重读解》，见陈章太、戴昭铭、佟乐泉等编：《世纪之交的中国应用语言学研究》，华语教学出版社，1999 年，第 413—427 页。
⑧ 陈保亚、余德江：《符号的任意性：认知相对性的语言基础》，载《贵州民族大学学报》（哲学社会科学版）2017 年第 4 期。
⑨ 高一虹：《沃尔夫假说的"言外行为"与"言后行为"》，载《外语教学与研究》（外国语文双月刊）2003 年第 3 期。

形态；语言变体反映、表达社会结构中的差异；语言使用属于社会实践。①

我国大陆地区的语言相对论研究初见成效，研究队伍集中在语言学和外语教学研究领域，当然也涉及其他学科，尤其是人类学民族学，例如近些年来出版的三部语言人类学著作，均有语言相对论的介绍和研究。② 此外，无论以汉文还是外文出版的人类学民族学概论，大都包括语言相对论的内容。③ 我国的语言相对论研究需要加强跨学科合作，哲学、符号学、语言学、人类学/民族学、社会学、艺术学、历史学、文献学、考古学以及其他人文社科领域，要交流互动，扩大研究视野，提高研究水平。

---

① 辛斌：《沃尔夫、巴赫金和批评话语分析》，载《外语与外语教学》2016年第2期。
② 何俊芳编著：《语言人类学教程》，中央民族大学出版社，2005年；纳日碧力戈：《语言人类学》，华东理工大学出版社，2010年；赵杰、田晓黎：《语言人类学》，民族出版社，2015年。
③ 庄孔韶主编：《人类学概论》，中国人民大学出版社，2006年；《人类学概论》编写组：《人类学概论》，高等教育出版社，2019年。

维柯与赫尔德：一种奥尔巴赫式的关联

张 辉

一、赫尔德：维柯的舞台布景？

自 1924 年出版意大利思想家维柯（Giambattista Vico，1668—1744）《新科学》德译本之后，奥尔巴赫（Erich Auerbach，1892—1957）在 1920 年代至 1950 年代的 30 多年间，一直都有关于维柯的论文与演讲发表。① 维柯，可以说是奥尔巴赫持续关注并深受其影响的重要思想家。甚至他的最后一部扛鼎之作《文学语言及其受众》，虽集中讨论古典后期及中世纪的宗教与文学文本，却也是以探究维柯思想来开篇的。在该书的导言中，他更是将维柯尊为给文化科学带来"哥白尼式发现"的人。②

作为一个以文学批评、罗曼语文学和比较文学名世的学者——一个文学研究者，在如今过于专业化乃至狭隘化的学术氛围中，奥尔巴赫的上述作为，或会显得格外逸出"专业规范"。而更出乎我们意料的是，在他最重要的关于维柯的论述中，这位意大利思想家的名

---

① 按发表时间顺序，分别为 "Vico and Herder"（《维柯与赫尔德》）（1932 年），"Giambattista Vico and the Idea of Philology"（《维柯与语文学观念》）（1936 年），"Vico and Aesthetic Historicism"（《维柯与历史审美主义》）（1948 年），"Vico and National Spirit"（《维柯与民族精神》）（1955 年），"The Idea of the National Spirit as the Source of the Modern Humanities"（《作为现代人文学资源的民族精神观念》）（约 1955 年），以及 "Vico's Contribution to Literary Criticism"（《维柯对文学批评的贡献》）（1958 年，此文修改后曾用作《文学语言及其受众》（Erich Auerbach, *Literary Language and Its Public in Late Latin Antiquity and in the Middle Ages*, trans. by Ralph Manheim, Princeton: Princeton University Press,1965, pp. 3 – 24.)，参看 *Time, History and Literature: Selected Essays of Erich Auerbach*, ed. and with an introduction by James I. Porter, trans. by Jane O. Newman, Princeton: Princeton University Press, 2014, pp. 3 – 55. 以下引自该书者，以书名简称 *THL* 加页码标注之，文献的首发与复刊年份，以及发表演讲的场合，均请参看 *THL* 之附录（Bibliographical Overview），p. 272，此处恕不赘述。 另有两则奥尔巴赫介绍和讨论维柯的文献，一则是德文版《新科学》译者前言，见 Giambattista Vico, *Die neue Wissenshaft ueber die gemeinschaftliche Natur der Voelker*, Berlin: de Gruytur, 1924；另一则是为施皮策 50 岁生日而作的 Sprachliche Beitraege zu Erklaerung der *Scienza Nouva* von G. B. Vico 一文，主要讨论《新科学》一书的开篇以及核心词之一 natura，见 Erich Auerbach, *Gesammelte Aufsaetze zur romanischen Philologie*, Bern and Munich: A. Francke, 1967, pp. 251 – 258.

② 参看 Erich Auerbach, *Literary Language and Its Public in Late Latin Antiquity and in the Middle Ages*（以下简称 *LLP*），trans. by Ralph Manheim, with a New Foreword by Jan M. Ziolkowski, Princeton: Princeton University Press, 1965, p. 10; 奥尔巴赫所谓维柯"哥白尼式发现"的具体内涵，也可参看 *THL*, p. 27。

字,几乎都是与另一位德国启蒙思想家——赫尔德——的名字一起出现的。① 事实上,有一则文章的篇名就是《维柯与赫尔德》。

维柯逝世那年,赫尔德(1744—1803)才出生,他们不仅来自不同国别,分属两个历史时代,而且具有非常不同的政治、文化身份乃至学科背景。加之,奥尔巴赫自己也知道,没有任何材料可以显示,赫尔德生前提及过维柯的名字,更不要说读过他的著作。(*THL*, p. 39;p. 47)为什么要将两个似乎并不相干的人相提并论?而且一再地列在一起?

奥尔巴赫这样做,无疑并非率意为之,且看他自己如何表述。

奥尔巴赫将二者关联起来的最早一篇文献,是前述发表于1932年的《维柯与赫尔德》。那实际上是他1931年在位于科隆的德国-意大利研究所(Germany-Italian Research Institute)所作的演说。演说稿从历史问题如何日益成为现代人文学的中心入手,主要讨论维柯独树一帜的思想构成,尤其是维柯对三个时代——神的时代、英雄时代与人的时代——所作的划分。但在进入对维柯的细致讨论之前,奥尔巴赫却首先切入了对赫尔德的介绍,并指出赫尔德乃是从现代学术意义上将历史观念加以系统化的第一人。奥尔巴赫有两个重要判断。首先,作为一个现代学术与思想事件,将历史视为一种内在而有意义的总体(an immanent and meaningful totality),而非无足轻重的一系列事件的叠加与交织,乃是基督教在精神-思想史上失去中心位置之后的事情,从此,是人的历史以及人对自己历史的理解和解释,而非神圣天意,才是意义和价值的来源。其次,这一思想事件主要发生在英国和德国,且在德国获得最大成功。不过,德国历史主义虽然是时至1760年代才真正自哈曼(Johann Georg Hamann)发端,并最终在黑格尔那里登峰造极的,但以历史主义的方式看待历史,"这种理解却首先获益于赫尔德的方法"。(*THL*, p. 13)在历史主义的谱系中,赫尔德举足轻重。

不过,即使如此,奥尔巴赫的中心却显然并不是赫尔德,所以他特别意味深长地提示我们注意:"尽管我的讲演以《赫尔德与维柯》为题,但我将会少谈赫尔德,多谈维柯,把赫尔德仅仅作为维柯一系列发现的一个(舞台)背景(hintergrund/backdrop)。"(*THL*, p. 13)②

以一个后出的思想家作为前辈思想家的背景,这与其说是把赫尔德作为背景,不如说是让维柯这个先行者与赫尔德形成对照。究竟二者有什么不同,需要以这样"反常"的方式加以对照,后文再表。这里,我们且看看奥尔巴赫还提供了哪些将二者连接起来的理由。

我们来看第二篇。这篇发表于1949年的《维柯与审美历史主义》,是奥尔巴赫1948年5月1号在位于麻省剑桥的美国美学协会(American Society for Aesthetics)所发表的讲演。此文距发表《维柯与赫尔德》已有近20年,即使距1936年发表《维柯与语文学观念》也有十多年。但奥尔巴赫的基本思想却并未有任何实质性改变。

---

① 只有一个例外,那就是写于1936年的《维柯与语文学观念》(*THL*, pp. 24 - 35),但细致阅读该文并与其他几篇奥氏关于维柯的文章对读,却不难发现赫尔德的影子若隐若现。 一方面,对奥尔巴赫来说,德国语文学本就与以赫尔德为重要代表的历史主义紧密联系;另一方面,他不合常规地将《新科学》判定为一部语文学著作,甚至是"第一部解释学语文学著作",也无疑是将维柯与他所谓的后世学人(当然不可能不包括赫尔德)加以对照的(尤其请参看 *THL*, p. 34)。 换言之,即使同为语文学,维柯的语文学,也即奥尔巴赫意义上的尘世语文学,恰恰是与一般意义上的德国语文学或经典语文学有根本差别的。

② Erich Auerbach, *Gesammelte Aufsaetze zur romanischen Philologie*, p. 224.

尽管篇名上并没有将维柯与赫尔德并提，赫尔德的名字却依旧赫然出现在这篇关于维柯的文章中，这一次是与"狂飙突进"、与歌德一起出现的。

只是这一次所讨论的问题，不再是一般意义上的历史主义（general historicism），而是更进一步：审美历史主义（aesthetic historicism）。在奥尔巴赫看来，后者乃是前者的先导，这甚至格外凸显了赫尔德的重要性。

更值得注意的是，话题转化了，运思的逻辑却与《维柯与赫尔德》并没有什么大的不同。讲述完以赫尔德为代表的审美历史主义与基督教意义上审美教条主义（aesthetic dogmatism）的深刻区别之后，作为中心人物的维柯才姗姗来迟。也就是说，启蒙与基督教的对峙，依然还是引入维柯的思想史原因之所在。但这一回，由赫尔德转入维柯，在行文上显得更加突然甚至峻急，连奥尔巴赫自己也用了"令人吃惊"这个字眼。他说：

> 事到如今，这是思想史上最为令人吃惊的事实之一。非常类似的诸原则（指审美历史主义的诸原则——笔者）在前浪漫派那里呈现之先的近半个世纪，就已经由一位年迈的那不勒斯学者——维柯——在他的《新科学》（该书初次亮相于1725年）中酝酿并发表了出来。此人对50年后培育并推进那些思想的氛围全然不知。沙夫茨伯里和卢梭的影响，18世纪生物学的唯意志论潮流，法国和英国的感伤诗，以及莪相崇拜，德意志虔敬主义——所有这些影响、这些运动，这些营造了前浪漫派氛围的一切，都是维柯死后发生的。（*THL*, p. 39）

不仅如此，奥尔巴赫还特别补充说，维柯甚至不知道浪漫派的重要思想资源——莎士比亚。正因为此，他的精神底色与上面那段引文中所提到的沙夫茨伯里等人——因而也实际上与赫尔德不可同日而语。

因此，问题依然是，奥尔巴赫为什么要将这个来自那不勒斯大学的老教授与年轻气盛的赫尔德们联系起来？既然他自己也知道，18世纪下半叶的那些德意志精英——哈曼、雅可比和歌德，即使看到过维柯的书，翻过其中几页，却并没有认识到他的书的重要性，更没有深入到他的思想之中？① 既然维柯与现代审美历史主义的联系，也不过是后人（如Robert T. Clark 等人）的一种追认？奥尔巴赫所引述的一位美国学者为维柯《自传》英文版所写的序言，更增加了我们的困惑：没有任何一个"从前革命时期的维柯那里借鉴这或借鉴那的人们，可以从盛行的理性主义气息中摆脱出来，整体地思考维柯，或者甚至将之置于其自己活生生的中心"。（*THL*, p. 40）

不知是不是为了消除上述可能困惑，1955年发表的《维柯与民族精神》，奥尔巴赫是以这句话开头的："相似的思想和精神范式常常在不同的地方同时出现，却彼此完全独立。"（*THL*，p. 46）但与其说奥尔巴赫是在为自己将维柯与赫尔德关联起来再次指出二者之间的诸多相似之处，不如说他是在告诉我们，表面的相似，却是我们误读维柯的最重要原因。我们——甚至也包括奥尔巴赫自己，所看到的维柯，往往并不是维柯本身，而恰恰是赫尔德或曰现代历史主义、现代审美历史主义镜中的维柯，因而很有可能是一个歪曲的，至少

---

① 对此，奥尔巴赫甚至做了如下颇具文学性的描述："参与到一种诡异思想运动初始阶段中的思想者总是对任何与他们相关或相近的思想 —— 那些或许会确认、滋养或提升他们的思想 —— 竖起耳朵……比如，在那不勒斯，当有人将一本《新科学》送到歌德手上时，他的神圣钓竿颤动了一下，但并不足以让他下探得更深……维柯与德国浪漫派失之交臂，最终只有一种解释：二者的相似性并非看似的那样像。"（*THL*, p. 47）

是不全面的维柯。他是这么说的：

> 维柯的例子非同寻常。他在赫尔德之前半个世纪阐明了他关于语言、诗与历史的思想。但是，他的思想常常看起来与赫尔德的思想太相似，以至于因此会被误解为后者，或被误解为赞同赫尔德的浪漫派的思想乃至黑格尔的思想。（*THL*, p. 46）

无论我们是否同意奥尔巴赫的上述判断，至此，有一个问题是非常明确的。那就是，从30年代到50年代，也就是从奥尔巴赫学术生命的早期到晚岁，他越来越意识到了德国浪漫派，尤其是赫尔德对人们理解和解释维柯所造成的深刻影响。说到底，维柯与赫尔德是否具有"事实联系"已成为次要问题，根本的问题在于：他们所代表的究竟是否是同一种"历史主义"？① 作为反思乃至反对启蒙的思想力量，各自具有怎样的思想逻辑？

1958年，在奥尔巴赫最后一篇关于维柯的文章《维柯对文学批评的贡献》（此文修改后被用于《文学语言及其受众》的前言）之中，他曾以这样一句话结束他对维柯的论述："这就是，我从维柯语文学观念中所学到的。"（*THL*, p. 10）那么，他从维柯那里学到了什么？他所看到的维柯，究竟与人们通过赫尔德看到的维柯有什么根本不同？

二、南方与北方之别

让我们回到《维柯与赫尔德》一文的开头。这篇篇名即已显示乃是关于维柯与赫尔德二者关系的演讲稿，是从一个关键词"历史"开始的：

> 你们之中的大多数人，作为人文学学子，无论是研究政治和经济领域的变迁，还是研究语言、书写或艺术的历史，都是在探究历史。这一研究基于如下基本信念：我们所谓的历史，并不仅仅只是一系列的事件而已，这些事件作为人类行为和人类灾难发生，并不是孤立的和没有任何联系的，它们的总和也并不只是时间过程的累积罢了。正相反，在尘世间展开的人类生活事件的丰富性，构成了一种总体性（a totality），也即一种连贯的发展或有意义的整体（a coherent development or meaningful whole），每个单一的事件以多变的方式植根于其中，并因之而得以解释。（*THL*, p. 11）

这里的"历史"一词，值得略加细究。因为，将历史理解为"有意义的整体"，不过是一个晚近才有的观念。在基督教的世界观中，只有上帝的计划或神圣天意（Divine Providence）才是有意义并具有整体性的。而这种计划或天意，人是无法理解的，因为，正如主耶和华（Lord）所言，我的意念非同你们的意念，我的道路非同你们的道路。（*THL*, p. 12）② 在这样的世界观支配下，对历史的解释只有通过启示才会成为可能，人的历史性存在事实上显得无足轻重。

不过，也正是在这个意义上，维柯与赫尔德具有了某种相似性。他们既与无条件强调"上帝之计划"（God's plan）的基督教传统，也与强调理性设计的激进启蒙主义，特别是笛卡尔主义，以自己的方式区别了开来。对他们而言，历史，不是一系列偶然事件的无序叠加与交织，不是某种形而上存在或抽象理念的附庸；而是正相反，历史既是人的自我创造，

---

① 需要特别注意，在提及维柯的"历史主义"认识论时，奥尔巴赫特别将历史主义加了引号，见 *THL*, p. 5。

② 此处奥尔巴赫显然是引用了《旧约·以赛亚书》第55章第8节，只是未加引号。

也是人理解自身的必要条件。

但，这也仅仅是相似而已。奥尔巴赫更希望我们看到的，恰恰是维柯与赫尔德的不同，乃至根本不同。

在这些不同中，有三个相互联系的方面尤其值得重视，即外在生命样态、自然观，以及对民族精神的看法。生命样态的不同，原本与生俱来，似乎无须深究，但奥尔巴赫却对之赋予了象征意义，并以此体现了现代性中两种截然不同的精神类型。而正因为精神类型的不同，维柯与赫尔德对自然、对社会、对人性的看法也发生了根本分歧。相应的，对民族精神的看法，则既彰显了两人殊异的社会政治观念，也让我们进一步确认了他们在启蒙中的思想位置。如果贯通起来看，或也可以认为，上述三者代表了他们在确立个体、认识自然和人性，以及认识政治社会三个维度上的立场差异，并共同构成了他们判若云泥的两种世界观。

首先，最可见的是二者外在生命形态的不同。奥尔巴赫甚至特别强调了他们两人一个来自北方，一个来自南方。但这种文化地理意义上的差异，却是为了凸显两个人在个性与精神气质上迥然有别。他是这么说的：

> 赫尔德来自北方。他是一位生机勃勃的贵族青年，且与其他贵族青年同侪为伍。无论在字面的还是在比喻的意义上，他都是一位逍遥云游者——一位既在事实上也在思想和事工中经历过许多漫游的个体。但是，他却以年轻人的灼热激情浪掷了那些思想和力量。而与之相反，维柯来自南方，是一位鲜为人知的教授，只有少数看重他学问的人才尊重并敬仰他。正像他的同时代人所嘲讽的那样，他"两眼圆睁，形容憔悴，手中拄着拐杖"。他一生主要写了一本书（因为早先的著作只是为此书做准备而已），这本他以一己之固执写成的书，也仅包含一个唯一的思想。而最主要的差别乃是，维柯孑然一人而已。没有人为他开辟道路，他也无法效仿任何人的著作，更没有人回应他的问题。（*THL*, pp. 15 – 16）

奥尔巴赫的上述对比，难免会被误解。尤其是习惯于用现代眼光观照一切事物的读者，更会认为奥尔巴赫将飒爽英姿的赫尔德与老气横秋的维柯并举，正明显是对赫尔德的赞赏和对维柯的贬抑。但细致阅读这段文字，结论却完全相反。奥尔巴赫在这里固然是在强调维柯的老迈、贫穷乃至无人理解，在另一处，奥尔巴赫甚至特别强调了维柯是一个书商的后代、一个无法实现阶层跃迁的平凡教授（*THL*, p. 15），但他却绝不是在对维柯下任何否定性的判断。毋宁说，这是一种有意味的对照。维柯的独持偏见、孤勇前行，与赫尔德的风华绝代、引领风骚，是他们两个人体生命存在方式的差异，更是两种精神样态的差异。对奥尔巴赫来说，后一种差异甚至尤其值得重视。因为，正是由于维柯的存在，让我们看到了镜中的赫尔德，乃至镜中的"狂飙突进"。一个充满激情的启蒙者，恰恰需要一个冷静孤绝的思想者作为对照，才能显出其可爱中透露出的幼稚，乃至浪掷青春的唐突与鲁莽。

这多少会让人想起柏拉图《会饮》中的苏格拉底与阿尔西比亚德，想起莱辛晚年关于共济会的对话中的法尔克（Falk）与恩斯特（Ernst）。前者理性，审慎，具有鹰一般鸟瞰全局的视野和心性，后者则难免冲动，过于急切表达自己的意愿，因而显得很不成熟。至少，我们应该看到，奥尔巴赫通过这样的对比，期望我们不仅认识到简单以赫尔德方式理解维柯的不足为训，而且也同时认识到以维柯对观赫尔德的高度必要。因此，这既是一种现代性萌芽期两种精神存在的冲突，也是一种互相补充、互相照亮。

当然，正如有学者（如 James I. Porter）所说，奥尔巴赫这里所指出的南与北的分野，事实上是与他试图以南方之学反思乃至批判北方之学的思想旨趣直接相关的。① 这里的南方之学，狭义而言，是罗曼语语文学；广义而言，是关注人的历史存在的所谓尘世语文学（earthly philology）。这里的北方之学，则就是以赫尔德为代表的德国浪漫派，以及以浪漫派为源头的整个德国现代启蒙思想与学问。

而进一步理解上述这些，就需要看到维柯与赫尔德的第二个不同：自然观的不同，以及由此派生的人性观的不同。

在奥尔巴赫看来，尽管与赫尔德、与浪漫派类似，维柯毫无疑问也主张将史前作为现代的对照性"他者"，但是他却并不认为，那个原始的、史前的自然如卢梭或赫尔德们所设想的那样，乃是田园诗式的，平静、美好而远离冲突。正相反，与赫尔德们的观点彻底相反，维柯的自然是野蛮的、可怕的、充满争斗的，因而也是每个普通的个人所难以接受的。因此，虽然奥尔巴赫本人并没有完全追随维柯的步伐亦步亦趋，但是意识到神的时代、英雄时代与人的时代的区别，特别是意识到残酷自然与诗性想象、诗性智慧并生这一维柯意义上世界的本来面目，却不能不让奥尔巴赫更多地关注维柯、关注维柯的原始自然，从而更多地站在维柯一边，而非赫尔德一边。

因为，与赫尔德们对自然的审美历史主义认识相比，维柯对自然和人性的揭示虽然是危险的，甚至是可怕的，但却是深刻而伟大的。他更为勇敢地揭示了自然和人性的真实，而且意味深长地告诉我们：启蒙时代的到来，恰恰意味着自然之死，意味着人失去了与世界的诗性联系，而想象也渐渐消解为概念性的抽象。在写于1936年的《维柯与语文学的观念》一文的结尾，奥尔巴赫这样写道：

> 值得记住的是，维柯并不在任何意义上认为，共通人性与教育或进步性的启蒙相关。相反，共通的人性即历史之整体，既伟大，也恐怖。他不仅在总体性中见出历史的种种不同，他也视自己为一个可以理解历史的人类之一员。但是维柯并没有将自己作为人类的样本，他并未试图在他人中看到自己，而是在自己中看到了他人。他在历史中发现了自己，以及我们共通本性所显现给他的被埋葬的自然力。这是维柯意义上的人性，（这里所说的人性）比这个词通常所具有的意义更为深刻，也更为危险。或许，正是因为此原因，恰恰是维柯发现了我们的共通人性，并将之牢牢把握。（THL, p.35）

仔细阅读这段文字，我们或许不难体会到奥尔巴赫对维柯"同情的理解"。而更使我们感到吃惊的也许是，这段文字虽然是在正面讨论维柯，但压在纸背的却有着对赫尔德们，对启蒙思想者们的暗讽，至少也构成了一种遥远的互文关系。这不仅体现在几乎直白地否定了通过教育和启蒙认识共通人性的可能性；而且也体现在，通过维柯以另一种方式提醒他的来自北方的德意志思想者，接受来自南方的维柯的忠告，坦白承认自然、历史和人性的双重性：伟大与恐怖并存。这既是奥尔巴赫对维柯与赫尔德思想差异的又一次高度概括，也在更深的意义上，侧面传达了他对启蒙之乐观主义基调的质疑乃至批判。这也正是奥尔巴赫要刻意将维柯与赫尔德相提并论的题中应有之义。

而说到共通人性，说到"在自己中看到他人"，而非"在他人中看到自己"，我们就可以来接着讨论在如何认识民族精神方面，维柯与赫尔德究竟有什么不同了。这是第三方面的不同。

"民族精神"（Volksgeist），几乎是德国浪漫派的"专利发明"，一提到此，人们也几乎

---

① James I. Porter, Introduction, in *THL*, p. xxxiv.

会同时提到赫尔德的名字。但奥尔巴赫却一针见血地指出，尽管维柯甚至早于赫尔德半个世纪就提出了"历史主义"的主张，因而也极容易被认定为同时也是一个为民族精神甚至民族主义张本的人，可事实却远非如此。

从一定意义上说，强调民族与民族的差异，强调保护民族特色，正是历史主义的另外一种表现形式而已。因为历史主义所最关注的，正是特定时间、特定地点中的事件、人物、文化、传统与习俗的意义。但维柯的"历史主义"却并不是赫尔德意义上的历史主义，维柯的"诸民族"（nations）也毫无疑问区别于赫尔德意义上的民族（Volk）。也正因为此，《新科学》讨论的是"关于各民族的共同性的新科学"，而非各个民族特殊性的新科学。①与上文的说法相联系，如果说赫尔德的"民族精神"强调的是在"他人中看到自己"，也就是说是以己度人，因而自己是出发点和标准的话，那么，维柯则强调的是"在自己中看到他人"，也就是说，并不以自己为唯一中心，而是以人度己，也即以寻求共通性为目标，并以共通性反观特殊性。②

对此，奥尔巴赫在《维柯与民族精神》一文中说得更直接。他说：

> 维柯的历史并非目的论的，他甚至并不承认历史状况的理想模式。他对高级文化（high culture）并无很深的同情。无疑，他的心属于原始的诗与英雄的时代。
>
> 维柯并不看重单个民族的价值，因而也并不关注民族精神——至少并不以浪漫派的方式予以关注。（THL, p.52）

很显然，在奥尔巴赫看来，维柯正是以诗与英雄的时代，与高级文化，也与启蒙精神相对照的。维柯介意的，不是意大利民族、法兰西民族或德意志民族等任何一个单个民族，毋宁说他更关注的是他心目中那个超越民族的、永恒循环的三个时代，而尤其关注的则是人的时代所面临的危机和问题，人的时代所失去的诗性、活力和想象力。用奥尔巴赫的话来说就是，维柯"所聚焦的是普遍而非特殊"。（THL, p.55）

在发表于1955年的《作为现代人文学源泉的民族精神观念》一文开头，奥尔巴赫再次从诗作为第一语言的角度讨论了民族精神问题。在文中他意味深长地指出，认为诗乃是"人类的母语"（the mother tongue of the human race）这一观念具有双重意涵。第一重意涵凸显的是普遍的人（universally human），第二重意涵凸显的则是"单个民族的传统"（the tradition of an individual nation）。（THL, p.56）不难看出，前者指向维柯意义上的诗，一切人类制度来源于诗；后者则指向赫尔德或德国浪漫派意义上的诗，民族精神之诗。在比喻的意义上，我们甚至可以说，前者是南方之诗，后者是北方之诗。

事实上，在同样写于1955年的《维柯与民族精神》一文的结尾处，奥尔巴赫已经不仅对维柯与赫尔德在民族精神问题上的巨大差异做了区分，也对二者的根本不同做了如下概

---

① 《新科学》一书的全名为《扬姆巴蒂斯塔·维柯的关于各民族的共同性的新科学的一些原则》，关于其中"各民族"的含义，请参看[意]维柯：《英译者的引论》，见《新科学》，朱光潜译，商务印书馆，1989年，第16—19页。其中有如下说法："维柯所说的各民族就组成一个世界，即他所谓'各民族世界（il monde delle nazioni）'，各民族的本性就会是这个世界的本性，或者和世界本性相互贯通的。"另一处则指出："民族世界是所有的异教民族摆在一起来构成的世界，这个世界并不是后来这些民族在商业、外交、结盟、联邦、战争与和平条约方面互相发生关系时的那种民族世界，在这之前它就早已创造出来了。"（第18页）

② 这里我们使用"共通性"而非"共同性"，来翻译英文译本中"common"或"common nature"概念，是为了回避"同"所具有的趋同、雷同、同化等意涵。而common显然不是infame，请参见维柯：《新科学》，朱光潜译，商务印书馆，1989年，第22—25页。

括——他甚至突兀地以提问方式，再次让我们注意赫尔德为什么对先驱者维柯毫不关心这个也许一直让他自己萦绕于怀的问题：

> 维柯最大限度地以理性的方式接近他的主题。他更属意于自己能够写作一部历史的几何学（a geometry of history），让直觉或同情心突入其中乃是违背他的心愿的。对他来说，历史是被社会学、经济学以及政治学所构造的。他无意给历史理想的目标。他所寻找的是历史的永恒法则。而在另一方面，赫尔德则有意识地为直觉背书并追求感觉意义上的同情之情。对赫尔德而言，发展的诸结构既是生物学的又是情感性的；而教育的理想在在皆是。他的目标是单个民族，以及从人类宗教框架中显现的民族的个体性（national individuation）。对维柯意义上民族的或单个人的个体性均无关紧要的永恒的柏拉图之国（eternal Platonic state），赫尔德或浪漫派会说些什么？幸好，赫尔德与他的支持者们对维柯并不关心。（THL, p. 55）

三、语文学与哲学的内在紧张

我们当然无法确切知道，赫尔德对维柯几乎毫不属意的全部原因。但是，上文中的大量材料显然已经给出了奥尔巴赫将赫尔德与维柯关联起来的充分理由。对他而言，当然首先是帮助我们看到赫尔德与维柯的诸多不同：生命状态上青春与老到的不同，精神类型上情感型与理智型的不同，知识背景上古典语文学、罗马法与民歌和抒情诗的不同，以及对人性与自然的看法上理想、乐天与客观却偏于野性之不同，社会政治视野中强调个体与单个民族与强调永恒的柏拉图之国的不同，等等。

但仅仅看到不同，却远远不够。奥尔巴赫之所以对赫尔德居然不了解维柯无法释怀，是因为在他看来，赫尔德所说出的观点有很多维柯其实已经说过，只是给出了不同解释，也得出了完全不同的结论。而正因如此，维柯提供了与赫尔德形成鲜明对照的反思和批判启蒙的不同路径。如果赫尔德或德国浪漫派在狂飙突进中意识到维柯的存在，他们至少可以审慎一些，乃至更深沉一些，看到另一种面对现代性的可能性。

我们这样说，当然不能不让人想起另一位将维柯与赫尔德联系起来讨论的犹太裔思想家以赛亚·伯林（1909—1997），特别是他的《启蒙的三个批评者》一书。这部讨论"对法国启蒙运动基本思想的厌恶"[①] 的书，其第一部分的大标题即为"维柯与赫尔德"。但非常有意思的是，与当年赫尔德几乎无视他的先行者维柯一样，也没有任何材料可以证明，伯林看过更不要说认真阅读过奥尔巴赫的任何一篇文章，所以全书中当然也就一字未提奥

---

① 这句话，引自1960年3月8日伯林应出版社要求为《启蒙的三个批评者》撰写简介时，所写的一封信。信的更详细内容如下："我认为，将这三位作者联系在一起的是他们对法国启蒙运动基本思想的厌恶，以及他们对于这一思想深刻而又影响深远的批判性反思……在今日，启蒙的拥护者和批评者之间的争论至少和刚开始时一样至关重要，并且在开始时，双方文章中的观点表达方式比后来都要更清晰、更简单、更大胆。"参见[英]以赛亚·伯林：《启蒙的三个批评者》，马寅卯、郑想译，译林出版社，2014年，"编者前言"第3页。限于论题，本文不拟展开对伯林的讨论。需要注意的是，伯林所谓启蒙的三个批评者，在维柯与赫尔德之外，还包括哈曼（这部分内容以《北方的巫师》命名）。而他还曾准备写作一篇合论哈曼和迈斯特的文章，题为《启蒙的两个敌人》，但未写成。所有这些都说明，伯林的确格外强调上述几位思想家作为启蒙批评者乃至敌人的共同特征，这也在很大程度上表明了他自己的思想立场（请参看"编者前言"，第1—3页）。正是在这样的语境中，我们可以把伯林作为奥尔巴赫的一个对照。

尔巴赫。

不过，反过来看，伯林的存在却更加彰显了奥尔巴赫的独特性。比较而言，如果说伯林所格外关注的是赫尔德与维柯的同，即他们同为启蒙批评者的思想立场，那么，奥尔巴赫尤其期望我们看到的，就是二者的异。而更重要的是，这种异既显示了现代思想内部的曲折与复杂，维柯与赫尔德之间的思想张力，也让我们在看到狂飙突进缺失的同时，必须进一步加深对维柯的认识。因为正是维柯既以他的尘世语文学肯定了人的历史性，也以他的哲学试图超越乃至扬弃这种历史性。换言之，也正是维柯以他哥白尼般的勇敢，既大胆地说出了什么是现代性，什么是现代人，也同时说出了现代性和现代人的尴尬与危机。不仅是伏尔泰、狄德罗式的尴尬与危机，也是赫尔德、哈曼式的尴尬与危机。在维柯这面意大利镜子之中，奥尔巴赫一方面试图让我们看到法国启蒙的问题——这是赫尔德们也已经看到的问题，另一方面则更试图让我们看到德国启蒙也即赫尔德们自身的不足与问题。其用心可谓细也，深也。

细心的读者甚至不难注意到，《维柯与语文学的观念》（1936）（*THL*, p. 34）《维柯与民族精神》（1955）（*THL*, p. 49）以及《维柯对文学批评的贡献》（1958）（*THL*, p. 10）三篇文章中各有一处几乎重复的文字。其基本内容，革命性地将圣俗之别转换为哲学与语文学之别，大旨如下：

> 维柯语文学观念的独异特征，可以用他自己的概念来概括。他将语文学与哲学对举。语文学的任务在于探究在每个发展阶段人们相信是真实的东西（尽管这只是他们的错误与有限知识的产物），而这继而成为其行动、制度以及表达的基础。他（维柯）称此为真确（certum/the certain; the established）。真确受历史变化的制约。而哲学则探究不变的、绝对的真实，也即真理（verum）。如今，在维柯的著作中我们并不被允许看到从未在历史中显露的不变或绝对的真理。甚至在第三时代即人的时代，一个理性充分发展的时代，也并不包含真理。它也只是历史的一个步骤，不可避免地归于堕落并返回蛮野。柏拉图式的真理在每个时代部分实现，因为每个时代都是真理的某个方面，任何一个方面都非真理。只有在历史的整全中有真理，只有当人们认识全过程才可以达成。因此，哲学所寻求的真理与语文学似乎联系了起来，以探究特定的诸真确（certa），以及其连续和关联。这种关联，也即人类历史的整个过程（*la commune natura delle nazioni*）正是维柯著作的主题——这因而可以被称为哲学的语文学，也可被称为语文学的哲学——仅只关涉这个星球上的人类。（*THL*, p. 10）

这段文字出现在《维柯对文学批评的贡献》结尾处，同时也丝毫不改地成为奥氏收山之作《文学语言及其受众》一书导言的重要组成部分，或许并非偶然。这里，奥尔巴赫当然是在对真确和真理，以及语文学和哲学作出重要区分。但细究起来，我们则可以说，这段关于维柯的文字，却事实上也从最根本的意义上，以最简练方式，再次概括呈现了维柯与赫尔德最关键的不同。

从这段文字我们已经完全可以看出，奥尔巴赫不仅早就没有站在伯林那样的思想立场上，认为在维柯那里"不存在所谓恒定不变、不需要有任何改变的准则"①，而且他也一定对用流行的赫尔德观念去圈限和规范维柯很不以为然。对奥尔巴赫来说，真正的问题，并不是通过简单站队可以迎刃而解的。

像赫尔德们那样——或也就是像柏林们那样，选择以语文学的方式站在真确一边，看起来可以拥有一个多元而自由的世界，一个强调个体，强调个人情感，乃至强调民族情感的世界，但却无疑远离了哲学，也远离了真理，在获得表面丰富性的假象中，失去世界的整全与完整。这是维柯所不取的，也应该是奥尔巴赫所不取的。

但否定赫尔德，乃至否定伯林式的选择，却绝不意味着简单回到基督教传统，以追寻绝对、追寻恒常不变的方式牺牲人，牺牲人的历史，最终牺牲绝对，牺牲恒常本身。

这或许也正是奥尔巴赫对维柯的解释，要以悖论性的"哲学的语文学"和"语文学的哲学"面目出现的原因？如果我们真的如奥尔巴赫所说要像维柯那样关心"这个星球上的人类"，我们可以既是赫尔德，又是维柯吗？我们可以既在历史之中，又超越历史吗？一种普遍的而非特殊的历史主义如何可能？永恒的柏拉图之国，与赫尔德意义上的民族精神如何共存？

与其说奥尔巴赫通过解释维柯、通过将维柯与赫尔德关联起来讨论，为我们提供了基督教所代表的整一性解体之后的现代性解决方案，不如说他向我们提出了巨大的问题。而讨论维柯与赫尔德之别，当然不是唯一的提问方式。比如，我们至少还应该注意到《帕斯卡尔的政治理论》（1941）（*THL*, pp. 215 – 235）一文中基督教冉森派思想者帕斯卡尔与人文主义者蒙田的特别关联，注意到《卢梭在历史中的位置》（1932）（*THL*, pp. 246 – 252）一文中那个既试图背离又试图回归基督教的"两面人"卢梭。而我们也更知道，奥尔巴赫最为知名的《摹仿论》一书的核心关切乃是极端悖论性的"悲剧现实主义"：既崇高又现实。他的但丁研究所格外重视的则是个体生存（character）与命运（fate）的多重纠缠……所有这一切，都让我们不仅看到了奥尔巴赫思想的深刻性与复杂性，也事实上为我们提供了认识维柯与赫尔德关系的更为宏大的背景和参照系：奥尔巴赫式的参照系。当然，那将是另外一些文章的主题。

---

① [英]以赛亚·伯林：《启蒙的三个批评者》，马寅卯、郑想译，译林出版社，2014 年，第 113 页。 事实上，对维柯究竟是否如伯林所认为的那样，否定所谓的真理（verum）而仅仅站在真确（certum）一边，或像伯林所说的那样，维柯是一个多元论者，而非一元论者，已有学者予以质疑，可参看 Mark Lilla, *G. B. Vico: The Making of an Anti-modern*, Cambridge, Massachusetts: Harvard University Press, pp. 1 – 12.

从神话学立场论夏朝的存在

陈连山

由于文字在人类文明的发展过程中出现时间较晚,文献记录的历史更晚,所以研究人类文明起源和早期历史事实存在很大困难。这一困难在华夏文明起源和上古史研究中表现得更加突出。历史学界和考古学界对于夏朝是否存在争论了多年,迄今尚未得出最后的结论。神话是远古文明的重要组成部分,我们可以通过研究神话来探索远古文明起源和人类早期历史。但因为神话中存在大量超自然内容,而且与实际历史事件缺乏直接关系,所以中国神话学基本没有参与夏朝是否存在的讨论。神话学家叶舒宪先生通过研究玉石崇拜而参与中华文明起源研究,也受到一些质疑。那么,神话学能不能研究夏朝是否存在,以何种方式参与该问题的研究,就成为一个有待解决的问题。

本文首先讨论神话学参与历史研究的合理性,以求在合理基础上从神话学的角度来研究夏朝是否存在的问题。其次,讨论相关的方法论和证据学原则。

一、神话学参与历史研究的合理性

现代人在神话和历史(历史叙事)[①] 这两个概念之间建立了对立关系。神话被视为古人想象虚构的故事,而历史则被视为对过去事实的记录。虽然我们很难证明历史叙事就是过去发生的事实,至少在理论上历史"应该"如此。按照这种观念,神话和历史一假一真,彼此对立。中国现代历史学中的疑古学派所做的工作就是把古史中的神话全部剔除出去。因此,神话学家参与古史研究,参与到中华文明历史起源研究是一个看似有点荒唐的事情。

但是,神话和历史这两个概念之间的关系并非一直如此对立。18世纪的意大利学者维柯在《新科学》中考察西方文学史上诗人们笔下的神话故事其实是作为历史加以叙述的:"从这里可以看出最初的神话故事都是历史这一事实的最鲜明的证据。"[②] "一切古代世俗历史都起源于神话故事。"[③] 这就是说,在远古时代,神话与历史是交织在一起的。而揆诸中国历史,我们古代根本没有神话的概念。今天被我们称之为神话的那些叙事都被包含在古人的历史叙述之中。[④] 在古人那里,神话是真实发生在远古时代的事情,或者说神话就是他们对于历史的叙述。因为他们对待这些叙事很严肃,很虔诚,所以神话学界称之为神圣叙事。鉴于古人心目中的神话与历史是一体的,为了便于理解古人的神话历史观念,我暂时

[①] 我们通常使用的"历史"概念包含两个意思:第一是指过去真实发生的一系列事件。第二是关于过去事件的叙述,或叫历史记录、历史叙事。本文把前者表述为"历史事实",而把"历史"概念限定为历史记录或历史叙事。

[②] 维柯:《新科学》,朱光潜译,人民文学出版社,1986年,第817条,第427页。

[③] 维柯:《新科学》,朱光潜译,人民文学出版社,1986年,第840条,第433页。

[④] 陈连山:《走出西方神话的阴影——论中国神话学界使用西方现代神话概念的成就与局限》,载《长江大学学报》(社会科学版)2006年第6期。

悬置今日学术界所使用的神话概念与历史概念之间的区分，扩大"神圣叙事"概念，让"神圣叙事"概念同时囊括神话和历史。在本文中，神圣叙事既可以是神话叙事，也可以是具有神圣性质的历史叙事。有了神圣叙事这个概念，我们就不会割裂原本是神话与历史混合体的古典文献了。

古人心目中的这些神圣叙事在情节上，当然不会符合我们今天的历史概念，在现代人眼中算不上信史。但是，古人对于神圣叙事的态度和这些神圣叙事实际发挥的社会功能——证明现实社会生活与制度的合理性，使这些神圣叙事具备了某种真实性质。正如英国人类学家马林诺夫斯基所说：

> 神话在原始文化中具有不可或缺的功能：它表达、增强并理顺了信仰；它捍卫并加强了道德观念；它保证了仪式的效用并且提供引导人的实践准则。因此，神话是人类文明很重要的组成部分，它不是聊以消遣的故事，而是积极努力的力量；它不是理性解释或艺术幻想，而是原始信仰与道德的实用宪章。①

现代法国人类学家、神话学家列维-斯特劳斯在《神话与意义》中也说：

> 我绝非不相信：在我们自己的社会中，历史已经取代了神话，并发挥着同样的功能。对于没有文字、没有史料的社会而言，神话的目的在于使未来尽可能地保持与过去和现在相同的样态（当然，百分之百的相同是不可能的）……②

列维-斯特劳斯这段话的意思是：无文字社会中的神话叙事和现代社会的历史叙事发挥着同样的功能，就是让过去、现在和未来之间尽可能地保持一致。换言之，神话叙事和历史叙事都是为当时的现实进行合法性证明的，以保证该现实一直存续下去。

我认为神话表面情节可能是虚构的，但是它的社会功能不可能是虚构的，否则神话就丧失了得以产生的可能性和继续存在的必要性。神话是为了给社会生活和社会制度提供合法性、神圣性证明而产生，如果那种社会生活和社会制度不存在，就不可能出现为之进行"证明"的神话。例如，《史记·高祖本纪》记载汉高祖刘邦是蛟龙附在刘媪身上使之怀孕而生。这个神话的情节当然是虚构的，是为了证明刘邦是真龙天子而"创造"的。但这个神话背后的事实是刘邦称帝，这个神话就是为了证明刘邦称帝的合理性。假如不存在刘邦称帝的事实，怎么可能出现这个神话呢？没有刘邦称帝的事实，当时人以及后来人怎么可能继续传播这个神话呢？蛟龙附体的神话情节是虚构的，但这个神话所要"证明"其合理性的刘邦称帝则是事实——该神话的社会政治功能直接服务着客观事实。由此推论，我们不能用神话情节的虚构性来否定神话所要证明的社会现实的真实性。

在此基础上，我认为如果我们通过神话情节的分析得到了它所要证明的对象，那么就可以发现神话叙述背后的真实社会历史。因此，神话学研究历史问题就具有了合理性。本文将基于这一立场，分析关于夏朝的神圣叙事，以回答夏朝是否存在的问题。

---

① ［英］马林诺夫斯基：《神话在生活中的作用》，见［美］阿兰·邓迪斯编：《西方神话学读本》，朝戈金等译，广西师范大学出版社，2006年。

② ［法］克洛德·列维-斯特劳斯：《神话与意义》，杨德睿译，河南大学出版社，2016年，第65页。

二、夏朝作为中国第一个王朝的神话学证据

1. 鲧和大禹神话的民族归属问题

每一个民族为了建立本族群的民族认同，通常都会把本民族的祖先神化。殷商民族祖先契和周民族祖先弃都有充满超自然内容的神话，被视为夏民族祖先的鲧和禹身上的神性也很强。契和弃的神话都有直接的文献证据证明分别属于殷商民族和周民族的创造，那么，鲧和禹的神话是不是夏民族的创造呢？

有一种观点认为鲧和大禹的神话故事是周代人为了强调夏商周三代一贯而伪造的。我认为这种观点不可信，理由如下：

先秦时代流传的殷商民族祖先契的神话和周民族祖先弃的神话都是各自创造的。为了方便，先讨论周民族始祖弃的神话。弃的神话见于《诗经·大雅·生民》，无疑是周民族自己的神话，无须赘言。而殷商民族祖先契的神话见于《诗经·商颂》。按照古注，《商颂》各篇都是商朝后裔祭祀或赞美祖先的歌曲，所以《商颂》虽然作于周代，但其中神话却不是周代才出现。其中《玄鸟》云："天命玄鸟，降而生商。"讲的是简狄吞燕卵而生契的神话。而《长发》云："有娀方将，帝立子生商。"也是讲天帝使有娀氏之女简狄生了儿子契而成为商民族祖先。这两条材料可以互证。既然《玄鸟》和《长发》都是商朝后裔的祭祖歌曲，那么，其中关于契的神话一定是这些后裔沿袭商朝一直流传的本民族祖先神话。他们不可能按照"周人的需要"而伪造自己民族的始祖神话。其实，周人也没有改造殷商民族祖先神话的需要。因为周人在灭商之后允许商朝后裔建立宋国以奉祀其祖先①，所以周人也不可能强迫商朝后裔改变原有的祖先神话，否则周人就自相矛盾了。《礼记·乐记》记载周人在分封殷商后裔于宋国的同时，也分封了夏朝后裔："武王克殷……下车而封夏后氏之后于杞，投殷之后于宋……"② 根据同样的道理，周人也不可能改造夏人的祖先神话。那么，被视为夏民族祖先的鲧和大禹的神话应该也是夏民族自己的创造，而不是所谓"周人的臆造"。

有一条材料可以说明商朝人是知道商朝之前的夏王朝的大禹的，仍然是《商颂》中的《长发》："濬哲维商，长发其祥。洪水茫茫，禹敷下土方。外大国是疆，幅陨既长。有娀方将，帝立子生商。"这里的"洪水茫茫，禹敷下土方"的治水神话是被放在商朝祖先神话之前的。显然，商朝后裔承认大禹神话。"外大国"就是夏朝，说明商民族是承认商王朝之前是夏王朝，而大禹与夏王朝相关。所以大禹神话和夏朝的神圣叙事不可能是周人"发明"的。他们可能有所修改，但不可能完全"臆造"。周人讲述的大禹和夏代的故事是从商朝人那里继承的。由此可知，所谓周人为了强调夏商周三代一贯而伪造夏朝和夏朝起源的说法是不成立的。

美国学者艾兰（Sarah Allan）教授提出了另外一种看法，她推测夏王朝是商代人想象

---

① 许维遹：《吕氏春秋集释·慎大览》云：（周武王）"立成汤之后於宋，以奉桑林"（中华书局，2009年，第357页）。《礼记·乐记》云：周武王克殷之后"投殷之后于宋"。引自陈戍国：《礼记校注》，岳麓书社，2004年，第288页。《史记·殷本纪》则说武王先封武庚"以续殷祀"。武王死后，武庚作乱被灭，成王"立微子于宋，以续殷后焉"。参见司马迁：《史记》，中华书局，1982年，第108—109页。

② 陈戍国：《礼记校注》，岳麓书社，2004年，第288页。

出来的自身的对立面。① 这是用结构主义方法推论出来的假说。那么,《长发》中的大禹和夏朝起源神话是不是商民族创造的？弃的神话是周民族神化自己民族祖先而创造，契的神话是殷商民族神化自己民族祖先而创造，合乎逻辑的结论应该是夏民族自己创造了大禹神话。殷商民族有什么需要替夏民族去神化他们的祖先大禹？这个假说违背民族起源神话的创作主体是本民族的普遍认识。

在廓清了上述假说之后，我们再来考察古代文献记录中有关鲧和禹的神圣叙事本身。

2. 鲧和大禹神话与夏政权的神圣性和合法性

鲧和大禹治水不是孤立的抵抗洪水的神话，而是夏朝起源神话的一个组成部分。《山海经·海内经》曰："洪水滔天。鲧窃帝之息壤以堙洪水，不待帝命。帝令祝融杀鲧于羽郊。鲧复生禹。帝乃命禹卒布土以定九州。"② 又曰："禹、鲧是始布土，均定九州。"③ 这里的"布土"都是用息壤填洪水。后来的历史化解释，才把"布土"理解为划分国土政区。过去，神话学界多把治水神话孤立起来，把它看作远古时代人类跟自然灾难斗争的反映。但是，这种解释存在两个缺陷：其一，大禹治水的范围遍及全国，这不符合当时的历史条件。其二，孤立解释大禹治水神话，没有看到治水神话与夏朝起源故事的连贯性和统一性。

大禹治水并不是孤立的神话，治水之后大禹还有一系列的政治建设的神圣叙事（其中既有超自然的神话叙事又有写实性的历史叙事），包括会稽大会、诛杀防风氏、任土作贡、接受禅让、建立夏后国等。由此可知，大禹治水只是大禹成为天子这个神圣叙事的一个组成部分，所以从相关神圣叙事的总体看，鲧、禹神话与夏王朝建立有关，这是中国古人关于王朝制度起源的神圣叙事。

在神话中，鲧和禹是一组对立的形象，鲧是失败者，禹是成功者；鲧基本上是负面形象，似乎跟民族祖先身份不符。父子俩都是用息壤治水，为什么一个失败，另一个成功？关键在于是否服从天帝的意志。从神话的宗教教义功能看，鲧"窃帝之息壤以堙洪水，不待帝命"，因而失败；禹奉命用息壤（《淮南子·地形训》记载"禹乃以息土填洪水以为名山"），治水终获成功。因此，鲧和禹治水的不同命运分别从正反两面"证明"了必须服从天帝意志才能成功。由此可知，鲧和禹父子两代的治水神话从正反两个方面说明了当时人的宗教信仰。

大禹服从天帝意志的美好品德和巨大的治水功勋，使之成为夏民族神圣的祖先，也为夏王朝的建立奠定了合法性基础。所以《史记·夏本纪》载治水之后经过一系列考察，"帝舜荐禹于天，为嗣。十七年而帝舜崩。三年丧毕，禹辞辟舜之子商均于阳城。天下诸侯皆去商均而朝禹。禹于是遂即天子位，南面朝天下，国号曰夏后，姓姒氏"。④ 大禹得到了舜帝的禅让成为天子，并建国号夏后。

按照上述神圣叙事，夏后国的建立就具有了族源的神圣性、君主的德性与赫赫功勋，使得夏政权获得了合法性证明。

成为天子、有夏后国，还不足以使夏成为最早的王朝。因为之前的五帝都曾为天子，

---

① 参见［美］艾兰：《早期中国历史、思想与文化》（增订版），杨民等译，商务印书馆，2011年，第76、90—91页。
② 袁珂校注：《山海经校注》，北京联合出版公司，2013年，第395页。
③ 袁珂校注：《山海经校注》，北京联合出版公司，2013年，第393页。
④ 司马迁：《史记》，中华书局，1982年，第82页。

各有国号。《史记·五帝本纪》说:"自黄帝至舜、禹,皆同姓而异其国号,以章明德。故黄帝为有熊,帝颛顼为高阳,帝喾为高辛,帝尧为陶唐,帝舜为有虞,帝禹为夏后而别氏,姓姒氏。"① 因此,有关夏朝的神圣叙事还需要继续证明夏是最早的王朝。

3. 大禹协助舜帝建立国家政治制度的神圣叙事

根据相关神圣叙事的说法,五帝时代的国家政治制度是不完善的,有待于大禹的进一步创造。

首先,大禹派人全面丈量了大地。《山海经·海外东经》云:"帝命竖亥步,自东极至于西极,五亿十选九千八百步。竖亥右手把算,左手指青丘北。一曰禹令竖亥。一曰五亿十万九千八百步。"② 大禹命令部下竖亥丈量了天下疆域。不仅如此,大禹在治水过程中还了解了山川、交通、矿藏和物产,见《山海经·中山经》:"禹曰:'天下名山,经五千三百七十山,六万四千五十六里,居地也。言其五藏,盖其余小山甚众,不足记云。天地之东西二万八千里,南北二万六千里,……得失之数,皆在此内,是谓国用。'"③ 这里的"五藏",即五方的宝藏。这些就是所谓的"国用",是国家的财用,是建国的物质基础。

其次,传世文献和出土文献还叙述了大禹第一次为舜帝建立了统一的政治区划和赋税制度。西周时代的遂公盨铭文云:"天命禹敷土,随山浚川,乃差地设征,降民监德,迺自作配乡(享)民,成父母。"《禹贡》说:"禹别九州,随山浚川,任土作贡。"④ "禹敷土,随山刊木,奠高山大川。"⑤ 所谓九州,就是冀州、兖州、青州、徐州、扬州、荆州、豫州、梁州和雍州。九州的区划,不是按照后代的诸侯国来区分,而是依据国家自然地理进行的统一区划。除了划分九州,大禹还"差地设征""任土作贡",即根据各地物产和土地肥瘠确定了贡赋制度。与此相关的还有"甸、侯、绥、要、荒"五服制度。正是因为有了这些制度,所以《禹贡》说:"九州攸同,四隩既宅,九山刊旅,九川涤源,九泽既陂,四海会同。六府孔修,庶土交正,厎慎财赋,咸则三壤,成赋中邦。锡土姓,祗台德先,不距朕行。"⑥ 不光国内繁荣稳定,连异邦也蒙受声教:"东渐于海,西被于流沙,朔南暨声教,讫于四海。禹锡玄圭,告厥成功。"⑦ 按照《史记·夏本纪》的说法:"于是帝锡禹玄圭,以告成功于天下。天下于是太平治。"⑧

我们目前无法证实大禹在舜帝时代就完成了普天之下地理调查与上述政治制度建设,因此我们暂且悬置其真假问题,而把这些内容看作神圣叙事。不过,遂公盨和《山海经》《禹贡》的这些神圣叙事至少可以说明周代人相信:大禹奠定了统一国家的基本制度。它有统一的地理区划,天子与地方诸侯之间有合理的贡赋关系——既保证了天子掌握天下各项物产资源,也尊重了地方诸侯的利益。大禹的治国方法在文化上的优越也得到了肯定。这比起传说中的更早的五帝时代的国家制度要完整得多,高级得多。大禹接受禅让之后的夏

---

① 司马迁:《史记》,中华书局,1982年,第45页。
② 袁珂校注:《山海经校注》,北京联合出版公司,2013年,第229页。
③ 袁珂校注:《山海经校注》,北京联合出版公司,2013年,第169页。
④ 《十三经注疏》本,中华书局1980年版,第146页。
⑤ 《十三经注疏》本,中华书局1980年版,146页。
⑥ 《十三经注疏》本,中华书局1980年版,第152页。
⑦ 《十三经注疏》本,中华书局1980年版,第153页。
⑧ 司马迁:《史记》,中华书局,1982年,第77页。

后国自然也是延续这种制度。

既然《山海经》有前文所引的"禹曰"云云，刘歆《上〈山海经〉表》说《山海经》是大禹治水的助手益所作，《禹贡》则直述上述内容都是大禹的功绩。可见周人普遍相信上述内容是真实的。那么，周人记载下来并信以为真的关于夏朝制度的这些神圣叙事是周人自己创造的吗？

我们当然不能说《山海经》和《禹贡》二书作于夏代，但是也不能根据默证原则就推测周代以前人不知道大禹（前文已经证明商代后裔在《长发》中已经承认大禹和夏王朝的存在了）。其中有关大禹和夏朝的神圣叙事，应该来自商朝或更加远古时代的记忆和传说。否则一个周人新造的神话传说如何让同时代人广泛采信？因为当时文化传播比现代要慢得多。《山海经》和《禹贡》的最后成书年代也许可以推迟到战国时代，但是其中鲧、禹治水和夏代神圣叙事的来源应该更早。周人根据夏商以来原有叙述有所夸张是可能的。

4. 夏王朝的世袭制度

夏王朝作为周人心目中的第一个王朝的重要标志之一是天子地位的世袭制度。天子地位的世袭制度是中国历代王朝最核心的政治制度。世袭制在古代社会条件下是最稳定的，也是最合理的制度。

按照《史记·五帝本纪》的叙述，黄帝死后传位给孙子颛顼（黄帝——昌意——颛顼），颛顼传位给"族子"，即远房侄子帝喾（黄帝——玄嚣——蟜极——帝喾），帝喾崩，儿子挚代立，不善，弟弟放勋立，即尧帝。尧帝禅让给舜帝（颛顼——穷蝉——敬康——句望——桥牛——瞽叟——重华）。舜帝禅让给大禹。虽然号称都是黄帝的后裔，但是其中只有帝喾是传给儿子。在帝位继承方面，古人甚至忽略了五帝都是黄帝家族内部亲属的说法，反而强调尧、舜、禹三代之间的禅让制。所以我认为按照神圣叙事，五帝时代没有确定父死子继的帝位世袭制。帝位世袭制是大禹死后才逐步确定的。起初，大禹延续传统，禅让给助手益。但是诸侯不接受，最终大禹的儿子启继位，从而确定了所谓"家天下"的王位世袭制度。按照《史记·夏本纪》记录的夏代天子继位情况，从启开始，基本都是父死子继，个别兄终弟及。

我当然不是说上述关于夏朝帝位的世袭制都是真实历史事件。我是用上述材料来说明夏朝作为第一个王朝的神圣叙事是有目的的，其目的就是要"证明"夏王朝最早确定了帝位的世袭制度。

从今天的神话学立场看这个神圣叙事，它完成了从理想的，从纯粹想象的禅让制到现实的，也是真实的世袭制的历史转换。用神圣叙事最终"证明"了世袭制王朝的历史起源点发生在大禹和启的时代。

尧、舜、禹的禅让制或许是想象的。我借用列维-斯特劳斯结构主义神话学的概念，把禅让制视为古人想象的与现实相反的存在，即"否定的事实"①。神圣叙事通过大禹和启的故事把这个"否定的事实"否定掉，就实现了对现实政权的王位世袭制度合法性的"证明"。虚构的神话从此进入了真实存在的古代现实。

所以我从神话学的立场看，启以后的夏代政治制度与历史总体上应该是对应于真实的，

---

① [法]克洛德·莱维-斯特劳斯：《结构人类学》（第二卷），俞宣孟、谢维扬、白信才译，上海译文出版社，1999年，第195—196页。

因为它是夏王朝神圣叙事所要证明的真实存在。夏王朝的现实存在需要神圣叙事的"加持",这就是古人创造具有超自然性质的鲧、禹、启相关神圣叙事的根本原因。

5. 鲧和大禹上溯到黄帝的世系可能是周人所为

《山海经·海内经》说:"黄帝生骆明,骆明生白马,白马是为鲧。"① 依此世系,鲧是黄帝的孙子。但《海内经》又云:"黄帝妻雷祖,生昌意,昌意降处若水,生韩流。韩流……生帝颛顼。"② 这个颛顼在《史记·夏本纪》里是鲧的父亲,所以这里的鲧似乎又是黄帝的玄孙。不过,《山海经》中关于鲧和大禹的世系存在矛盾也正常,因为神话流传中会出现异文。

《史记·夏本纪》记载的鲧和大禹的世系与《山海经》有差异:"禹之父曰鲧,鲧之父曰帝颛顼,颛顼之父曰昌意,昌意之父曰黄帝。禹者,黄帝之玄孙而帝颛顼之孙也。"《史记·五帝本纪》里是黄帝生昌意,昌意生高阳(颛顼)。《史记》中没有《山海经》中的韩流。司马迁的记载跟《大戴礼记·五帝德》一致:"颛顼,黄帝之孙,昌意之子也,曰高阳。"③ 按照司马迁《五帝本纪》所说:"孔子所传《宰予问五帝德》及《帝系姓》,儒者或不传。"这说明,司马迁对于黄帝世系的说法的确来自孔子所传《宰予问五帝德》,不是汉朝人伪造的,而是其来有自。《山海经》和《史记》记载的关于鲧和黄帝的世系虽然细节不同,但都把夏民族的始祖向上进一步追溯到黄帝。把鲧和禹跟黄帝相联系,就把夏人的祖先进一步神圣化了。

问题在于:黄帝这个人物大约在战国时代方才见于古籍。例如《国语·鲁语上》展禽所云:"故有虞氏禘黄帝而祖颛顼,郊尧而宗舜。夏后氏禘黄帝而祖颛顼,郊鲧而宗禹。商人禘喾而祖契,郊冥而宗汤。周人禘喾而郊稷,祖文王而宗武王。"④ 黄帝一出现就同时跟夏商周三代之祖联系在一起。这说明黄帝可能是周人为了强调夏商周三代一贯而重新创造的"共同祖先"。

6. 对本文结论的反思

神圣叙事不是直接的客观事实叙述,其中的神话具有超自然性,当然不是事实;其中的历史性叙事也未必就是真实的记录。所以相关神圣叙事是不能被我们直接作为史料使用的。我的上述论证是通过分析夏朝神圣叙事背后的社会功能,从反面证明夏朝的存在,这只是一个定性的分析。

神话学的立场在理解古人"神话历史"观方面有长处,它可以帮助我们更好地理解古人心目中的"历史",理解这种"历史"叙事背后的真实内核,甚至可以帮助我们确定某些重大历史事实。但是神话学毕竟不是历史学,神话学者们也不擅长讨论历史问题。神话学不能越俎代庖,不能僭越史学。我的推理是否符合历史事实,还有待于历史学和考古学的进一步验证。

---

① 袁珂校注:《山海经校注》,北京联合出版公司,2013年,第390页。
② 袁珂校注:《山海经校注》,北京联合出版公司,2013年,第372页。
③ 方向东:《大戴礼记汇校集解》,中华书局,2008年,第703页。
④ 〔三国吴〕韦昭注,徐元诰集解:《国语集解》,王树民、沈长云点校,中华书局,2019年,第168—169页。

三、判定夏朝是否是信史的方法论和证据学原则

夏朝是否存在是一个史学问题，归根结底应由史学和考古学予以回答。但是，鉴于目前没有商代以前的文献或有文字的器物的出土（现存文献只有商代甲骨文和周代文献），史学界和考古学界对于夏代是否属于信史无法取得一致意见。在这种情况下，是否坚持"用同时代文字材料自证"作为夏代信史的判定标准，成为产生争论的焦点之一。这个争议的核心在于双方使用的方法论和证据学原则的不同。

许宏先生《方法论视角下的夏商分界研究》采用以文字材料划分历史阶段为史前时代、原史时代和历史时代。他说，从宏观的角度看，"历史时代"可定义为有直接的文字材料可"自证"考古学文化所属社会集团的历史身份的时代。而"原史时代"虽已发现了零星的直接文字材料，但其时序无法精确到日历年代，不足以确认人们共同体的遗存的"历史身份"；后世追述性文献所载"史实"不能直接引为历史真实。① 因此，他虽然论证了洛阳二里头遗址是最早的"超大型的都邑"，表明当时的社会由若干相互竞争的政治实体并存的局面，已经进入到广域王权国家阶段。"要之，我们倾向于以公元前一七〇〇年前后东亚地区最早的核心文化——二里头文化，最早的广域王权国家——二里头国家的出现为界，把东亚大陆的早期文明史划分为两个大的阶段，即以中原为中心的'中原（中国）王朝时代'，和此前政治实体林立的'前中国时代'和'前王朝时代'。"② 但他并不认为这就一定是夏王朝都城，而排除属于商王朝都城的可能性，尽管可能性很低。"可以认为，考古学仅可提供某一人类共同体的社会发达程度是否接近或达到国家王朝水平的证据，却无法在没有直接文字材料的情况下证明狭义史学范畴的具体社会实体如夏、商王朝的存在。到目前为止，我们还没有确切的证据来排除或否定任何一种假说所提示的可能性；出土文字材料的匮乏、传世文献的不确定性，导致我们对早期王朝的纪年等问题只能做粗略的把握。"许宏先生在《考古学参与传说时代古史探索的论理》依然坚持这一观点。他把古史辨派的疑古精神奉为现代学术的圭臬，对于古文献中"既不能证实又不能证伪者，肯定不在少数，权且存疑，也不失为科学的态度"。③

我尊重许先生严守考古学学科本分的立场。但考虑到考古学先天的局限，考古学并非历史学的最终裁判者，我认为在缺乏直接材料的夏朝历史研究领域，不能过于刻板，把史学自我设限为考古学的奴隶。因为只依赖具有先天局限的考古学自己的发现，把存在疑点的关于夏朝历史的先秦文献全都忽略不计了。这就牵涉到疑古派断定很多先秦文献的年代为战国时代，甚至更晚时代的问题。但此问题复杂，这里就不展开讨论了。

孙庆伟主张夏朝信史论引起很大争议。他援引"无罪推定、疑罪从无"的法律证据学原则，认为如果古籍中的记载无法证明其伪，就应该视其为真。④ 陈淳在《科学探寻夏朝与最早中国》反对孙庆伟的主张："实际上，《史记》中无法证伪的传说很多，难道都应该

---

① 许宏：《方法论视角下的夏商分界研究》，见中国社会科学院考古研究所夏商周考古研究室编：《三代考古》（三），科学出版社，2009 年。
② 许宏：《前中国时代与"中国"的初兴》，载《读书》2016 年第 4 期。
③ 许宏：《考古学参与传说时代古史探索的论理》，载《遗产》2019 年第 1 期。
④ 《如何通过考古学重建上古史？——上海书评专访》，见孙庆伟：《鼏宅禹迹：夏代信史的考古学重建》，生活·读书·新知三联书店，2018 年，第 583—595 页。

信以为真？而'疑罪从无'的判断，应该从夏朝记载因有疑而从无来对待更合乎逻辑。科学中的'疑'和'信'，应该是对推论置信度和或然性的相对性考量，而非做出肯定和否定的绝对两分。"① 陈淳主张的证据学原则是"有疑而从无"，那么古籍叙述的夏朝史有可疑之处，就应该把夏朝按照不存在对待。孙庆伟主张"疑罪从无"，与陈淳的主张完全相反——夏朝没有直接的考古出土文字自我证明而存在疑点，但是考古学目前也无法证明夏代不存在，那就应该承认夏代存在。

坚持存疑即不可信，还是坚持无罪推定、疑罪从无？这就牵涉了现代学术研究中的证据学原则问题。前者在古史辨派出现之后成为主流意见。对于无罪推定、疑罪从无的证据学原则，张岩《审核古文〈尚书〉案》有深入讨论。他认为无罪推定，并非不能怀疑，而是以无罪为前提寻找是否犯罪的证据，并采用疑罪从无的原则——当我们不能确实证明某书是伪书的情况下，应该算"无罪"，承认其书为真书。他批评胡适、顾颉刚的疑古方法："……'大胆假设'的'有罪推定'以及'宁可疑而错，不可信而错'的深文巧劾实为伪科学的方法。"②

许宏说证据不足不能信，张岩说有罪证据不足就"疑罪从无"，就是视为可信。双方观点似乎都在批评对方不科学，但我以为他们都是基于科学立场——一方强调实证才是科学，另一方强调科学举证程序上也要合法。所以，我认为争论双方是可以进一步讨论的。

这里的一个核心性的问题在于如何看待举证责任。上古史自身史料丢失严重，难以自证。夏代考古尚未发现系统的文字，的确难以直接自证二里头就是夏朝遗址。不过，鉴于已经存在晚出的先秦文献关于夏朝的比较详细的记载，虽然不能把这些史料直接视为夏朝存在的事实，但是应该允许利用后世文献推定夏朝的存在。另外，根据特定情况下举证责任倒置的原则，这里应该由否定夏代存在的学者去证明文献记载的夏代不存在。具体地说，就是去证明后世文献《禹贡》和《史记·夏本纪》叙述的夏朝是造伪的结果。如果学者提供的证据不足以证明这些文献是伪造的，那么就应该"疑罪从无"，承认夏代存在。

承认夏朝存在，不是不允许怀疑夏朝的存在，而是主张怀疑可以，但怀疑不是否定，等到有了足够否定的材料之后再否定。

---

① 陈淳：《科学探寻夏朝与最早中国》，载《中国社会科学报》2019年6月10日，第7版。
② 张岩：《审核古文〈尚书〉案》，中华书局，2006年，第9页。

神话文本：从天地创生到万物显灵

徐新建

在文学与人类学的交叉路上，学兄舒宪长期呼吁重视神话的价值和意义，强调神话是文学和文化的源头，是人类群体的梦。① 在为介绍西方神话学家坎贝尔的一部新著写的"代序"里，舒宪还表达出对未来的跨越期盼。他指出："各民族古老的神话故事，能充当永恒的精神充电器和能量源。"②

2022 年 8 月，在贵阳孔学堂举办的演讲对话中，我们还一同以"通往过去和未来的人类叙事"为题，参与了聚焦"神话与科幻"的论辩直播。舒宪的议题由火神祝融展开，凭借文学人类学的四重证据法论述"熊绎及以上的共 14 祖连续不断的完整帝王谱叙事"，由此重申了"万年文化基因的再发现又将带来怎样的学术效应与社会效应"。③

在我看来，以神话为原型的论述不但体现了叶舒宪的治学根脉，并且展示了文学人类学的谱系核心——因为在想象、虚拟和超越意义上，人类（Homo Sapience）即可归结为以故事存在和延伸的物种。

一、从源起到未来的超验践行

神话是一种文本，也是一种精神现象的世代传承。神话在过去关涉文学和信仰，如今已开始关涉科技、历史以及人类命运与未来前途。因此，神话不应只被看成远古的传说或被封存的遗产，而当视为人类与生俱有的思维方式及其从源起到未来的超验践行。

2017 年，美国畅销书作者皮埃罗·斯加鲁菲（Piero Scarruffi）邀请中国作者以汉语首发方式合作出版一部新著，宣称由于现代科技的突飞猛进，人类正在变为新的物种，进入前所未有的 2.0 阶段。作为人工智能专家及《硅谷百年史》的主要作者，皮埃罗被誉为硅谷模式的最佳观察者与见证人。在有关人类 2.0 的描述中，他表达的看法是，人类历史已发生根本性突变，在迈向未来的新阶段里，生物与机器必然结合，技术将改变生命的原本面貌。④ 这就是说，随着科技日新月异的急速发展，"旧人类"时代就要结束，"新人类"即将登台。什么样的"新人类"呢？皮埃罗没有指明。

在此之前，以色列人赫拉利（Yuval Noah Harari）在《未来简史》一书里已有回答。按

---

① 叶舒宪：《"神话学文库"总序》，见［美］简·哈利法克斯：《萨满之声：梦幻故事概览》，叶舒宪译，陕西师范大学出版社，2018 年。
② 叶舒宪：《遇见坎贝尔（代序）》，见张洪友：《好莱坞神话学教父约瑟夫·坎贝尔研究》，陕西师范大学出版总社，2018 年，第 5—6 页。
③ 叶舒宪：《祝融：神话历史的复活——四重证据法重建楚版上古史谱系（14 祖）》，载《孔学堂》2022 年第 4 期。
④ ［美］皮埃罗·斯加鲁菲：《人类 2.0：在硅谷探索人类未来》，牛金霞、闫景立译，中信出版社，2017 年，第 375 页。

照他的推断,"新人类"的标志借助科技手段实现生命进化史上的再一次"脱胎换骨",最终完成从"智人"到"智神"的转化:

> 进入 21 世纪后,曾经长期威胁人类生存、发展的瘟疫、饥荒和战争已经被攻克,智人面临着新的待办议题:永生不老、幸福快乐和成为具有"神性"的人类。①

赫拉利所言的"智神"由 Homo Deus 构成,是拉丁语"人类"与"创世神"的组合。因此,《未来简史》对从"智人"(Homo sapience)到"智神"转折的描述,即已意味着"新人类"代表的出现及其朝向神话的升华与回归。现在的问题是,面对神话,赫拉利代表的"新人类"只是回归,而非开创。因此,即便为了返本开新,也不得不转向与人类长久伴随且普遍存在的神话传统,重新领悟其丰富多彩的本貌与原型。

这就需要越过"现代性",回望被其遮蔽已久的超验世界和神灵信仰。与技术理性主导的"现代"不同,在前现代的人类文明类型中,由于感性力量及万物有灵的信仰传承,世界各地——尤其是拥有被称为"原生知识"(indigenous knowledge)的人群中,仍保存着滋养自身文化与传统的灵气特征。在我看来,这些灵性思维的文明根脉,不是别的,就是至今仍普遍传承的神话传统。

二、人与万物的关联故事

在讲述与传播形式上,神话是人与万物相互关联的故事,是人与外界交往中,对生命存在与宇宙运行的认知、理解和表达。在神话故事的表达中,宇宙是万物有灵的世界,与人的心灵内外相连。在这样的神话世界里,时间、空间和万物完整对应,构成了因果关联的有机整体,其中包括从初始的缘起到终极的未来、从茫茫无际的星空到微不足道的沙粒,同时也呈现了极乐至美的天堂与恶魔称霸的地狱。

过去的一些理论把神话视为原始,认为是人类进化阶段中的过去式产物,仅仅隶属于不发达的史前社会。这是一种误解。作为人类思维的灵性体现,神话永恒存在,不只源于过去,延续至今,而且指向未来。神话"提供智慧而非知识,统一而非碎片,秩序而非混乱,精神慰藉而非不信,意义而非困惑"。②

迄今以来,人类物种的演化进程,主要依靠三组由内及外的思维类型:

(1)依托情感和意志养育个体经验的"感性思维";

(2)借助智能(如今科技语所说的程序、算法)使社会组织有效运行的"理性思维";

(3)通过万物有灵信仰建构世界整体的"灵性思维"。作为囊括并整合了感性与理性的升华物,"灵性思维"堪称最高象征。

概括而论,"灵性思维"的突出代表就是神话,其与感性和理性思维的内在关联如下:

---

① [以色列]瓦尔·赫拉利:《未来简史:从智人到智神》,林俊宏译,中信出版社,2017年;Harari, Yuval Noah, *Homo Deus: A Brief History of Tomorrow*, London: Vintage, 2016。
② 马修·斯滕伯格:《神话与现代性问题》,王继超译,载《长江大学学报》2018 年第 3 期。

```
      （神话-世界）
        灵性思维
           △
          △ △
（个人-情意）感性思维    理性思维（社会-算法）
```

图 1　智人思维三联图，笔者构拟

在人类演变的时间序列中，神话长久存在，只不过相对于工业兴起后的现代而言，它更为普遍地呈现于被称为"初民社会"的"原始"人群里。必须重新厘清的是，此处的"初民"当指秉持"（人科人属）智人类"天赋的人。"初"和"原始"的意思，也非被进化史观判定的代表蒙昧、野蛮的史前阶段，而当指人人具有的原初性，即可由基因传递的生物特性，因此是人类与生具有的生命基点和本源。所谓"原始"该理解为"元始"才对。由此类推，将神话体现的灵性思维称为"元始"而非"原始"就更合适。作为人类社会的知识类型，神话承载的知识也不该归入史前遗产而当视为更为深层和珍贵的原生知识。

于是可以说，与人类成员普遍具有并以"知、情、意"三位一体构成的心理模式相类似，灵性、感性与理性也是三维并置的人类思维类型，是共时性互补结构而非历时性的前后替代。这样说来，列维-布留尔那部流传甚广的《原始思维》就暴露了明显的认知局限和表述误导。因为在他笔下，"原始"（Pre-）的含义还不仅仅指"前"和"初"，而更表示"低级"和"落后"。①

三、开天辟地与万物有灵

世界文明的多元事实是，通过口头传诵及仪式展演，神话承载的"万物有灵"或"万物归主"信仰的确获得了普遍而充分的呈现。"初民"的神话表达出，人类与万物赖以栖居的世界是被超自然神灵创造出来的，因而这个世界不仅具有生命，而且与神性关联。由此，天、地、人、物乃至整个宇宙，绝非彼此疏离的散沙或相互对抗的仇敌，而是血肉相连的有机整体。

希伯来的《旧约》讲述说，神（上帝）创造出天地之后，又按自己的样子造出人，从而把神性赋予人类，使之成为高于其他存在的有灵类。

在多民族构成的中国传统里，华夏世界流传着"盘古开天辟地"及"女娲造人"的创世传说。被《山海经》（《大荒西经》）记载下来的神话描述说："女娲，古神女而帝者，人面蛇身，一日中七十变，其腹化为此神。"

到了汉代应劭的《风俗通》里，则阐发为更为具体的"造人说"，曰："俗说天地开辟，未有人民，女娲抟黄土作人。"

---

①　[法]列维-布留尔：《原始思维》，丁由译，商务印书馆，1981年。布留尔对"原始"的解释与评判最早出自其在1930年代出版的《低级社会中的智力机能》（*Les fonctions mentalcs dans les societes inferieures*）一书。在其中他把与"地中海文明"相异的其他类型称为野蛮、落后和低等。布留尔的此种划分对后世影响深远，负面与正面并存。

如今,"女娲造人"神话已列入当代中国的学校课本,在具体教学案例中不仅被称为中华民族的"伟大母亲"①,并被作为"神和人的结合体"予以强调,继而希望引发对传统神话之现代意义的关注。教学者转引学界阐发的观点说:"中国现代文明远离神话,现代人不能从祖先那里感知'灵性',这个损失太大了!"②

这样的事例说明,作为一种思维传统,神话不仅并未消失,而且其所隐喻的人神合一观念仍对当代人的认知产生深刻影响。

在与华夏关联的四夷人群里,流传于湘西与黔东的苗族古歌唱颂了神灵对天地的多次创造,表达说本来的世界"开天立地,气象复明",后又混沌不清,"陆地黏着故土,天空连接着陆地"。在被称为平地公公和婆婆两位神灵的合作开创下,天地才重新分离,平地公公用平地婆婆的身躯为材料再度创制了万物相连的血肉世界:

　　把她的心制成高高的山梁,
　　将她的肾做成宽大的陡坡。
　　这样(天)地就分开了,
　　下面的就成了陆地,
　　上面的变成了天空……③

在收集于21世纪的田野资料中,贵州麻山地区的苗族歌手则诵唱了创世过程中人神与万物及子孙后代的因果关联:

　　女祖宗造成最初的岁月,
　　男祖宗又接下的日子。
　　造九次天,造九次人。
　　有了天,才有地,
　　有了太阳,才有月亮。
　　有了天外,就有旷野,
　　有了大地,才有人烟。
　　……
　　有了根脉,才有枝丫。
　　有了上辈,就有儿女。④

在此前发表的论述里,我曾尝试对苗族古歌的创世颂唱进行分析,认为其核心就在"万物相关"和"神灵创世"。从知识论及认识论意义来说,这种诵唱的重要意义不但体现为"道出了万物起源、人类由来以及历史演变和族人命运",而且"为关涉者自我的主体

---

① 刘云:《还原一个朴实感人的母亲——〈女娲造人〉教学片段》,载《语文教学通讯》2011年第32期;新沪教版语文小学四年级上册《盘古开天辟地》资料《女娲造人》:https://wenku.baidu.com/view/c7c9dfa5c9d376eeaeaad1f34693daef5ff71305.html。
② 刘宏业:《从发现到呈现——以〈女娲造人〉为例谈神话教学核心价值的确立和实施》,载《语文学习》2010年第4期。
③ 石如金、龙正学搜集、翻译:《苗族创世纪史话》,民族出版社,2009年,第113页。
④ 中国民间文艺家协会主编:《亚鲁王:汉苗对照》,引子"亚鲁起源"(杨再华演唱),中华书局,2011年,第57页。

确认和文化的口承传递提供了最基础的构架和前提"。[1]

四、世界本源与存在所归

可见，神话及其依存的灵性思维皆指向一个双关的问题核心，也就是都在同时追问何为世界本源以及何处才是存在所归。在这个意义上，可以说神话的原型一是描绘生命起始的"创生源"，另一则是预言万物今后的"未来世"。

在由古至今的神话思维认知中，创生并非时间上的一次事件，而更指向宇宙万物的超时空因果关联，因此不仅关涉起源论意义上的原初创造，并且还涉及世界——天地、人间的多次诞生。如在如今中国境内蒙藏等族中规范流传的《格萨尔王传》"天界篇"里，其不但描绘了天界、地域与人间整体联系的三重场景，而且以连续创生——化身、演变、转世的方式叙说了世间邪魔的由来。歌中唱道：

> 四个黑头滚下坡时，向天祈祷：我们是恶魔的精灵，但愿来世能变成佛法的仇敌，世界的主宰。这四个黑头，后来果然变成北方魔国的普赞王、霍尔国的白帐王、姜国的萨当王、门国的辛赤王。[2]

在这种神话思维支配下，尽管善恶有别，就连降魔英雄格萨尔的降生也与此同构：

> 最后一个白头抓起一把黄花，抛向天空，虔诚祈祷：但愿来世我能变成降伏黑魔的屠夫，拯救众生的上师，主宰世界的君王。他的善良的心愿实现了，成为威震世界的格萨尔大王。[3]

可见，与其把《亚鲁王》《格萨尔》等有关某一人群世俗性由来的描述归入民族学范围的"族源神话"，不如视为更广泛、内在地揭示世界之发生学意义的本源原型。[4] 也正因为本源与归所相互关联，在这些千古流传的神话诵唱中，才会普遍地出现为亡灵指路，引导他们走完由生到死再向死而生的生命路程，从来处来，到去处去，实现起点与归属的结构连接，生死一体。一如彝族《指路经》展示的那样，先向亡灵告知生命归属的地方——祖灵所来之地：

> 钠铁书夺山，有一和确居，那座和确里，爷死归那里，奶死归那里，父死归那里，母死归那里……人人必同归。[5]

而后用神话之歌将亡灵引向未来：

> 赴阴寻祖去。你爷去的路，你奶去的路，你父去的路，你母去的路，你宗去

---

[1] 徐新建：《生死两界"送魂歌"——〈亚鲁王〉研究的几个问题》，载《民族文学研究》2014年第1期。

[2] 降边嘉措：《扎巴老人说唱本与木刻本〈天界篇〉之比较研究》，载《民族文学研究》1997年第4期。

[3] 降边嘉措：《扎巴老人说唱本与木刻本〈天界篇〉之比较研究》，载《民族文学研究》1997年第4期。

[4] 徐新建：《中国与世界：整体文学中的〈格萨尔〉》，载《兰州文理学院学报》（社会科学版）2022年第4期。

[5] 果吉·宁哈、岭福祥主编：《彝文〈指路经〉译集》，中央民族学院出版社，1993年，第597页。

的路，你族去的路……①

五、"后人类"与"新神灵"

如今，与初民通过创世神话表述的"肉身世界"不同，后现代的新科技话语推出了迈向机器主宰的新历史。表面看来，二者似乎隔着鸿沟，截然对立，然而仔细辨析，在对超自然存在的信念上却存有深层关联，因此有望在兼收并蓄基础上达成新的融合。

对于被过度理性困扰尤其是面临人工智能（AI）挑战的现代人类来说，重新回顾并挖掘各民族"创世神话"蕴藏的多重内涵，无疑具有重大的现实意义，并将产生深远影响。

对此，皮埃罗这样的硅谷专家也表达出坦诚胸襟，呼吁说：

> 当我们不断追逐科技创新的一个个高峰之时，或许有时候需要回到起点，重新反思走过的路。②

如果说皮埃罗反思起点还局限于科技自身，呼吁直面人工智能新挑战的尤瓦尔·赫拉利则体现出前现代与后现代的打通和兼容。赫拉利认为，在经历了人文主义的表述破灭之后，人类社会的未来目标只剩下一个：获得神性。③

如果来自科技界的这种担忧值得关注的话，以往被现代话语视为蒙昧落后的神话传统无疑将显示出多重的意义和价值。

苗族古歌演唱说，人类诞生于一株枫木上的蝴蝶：

> 最初最初的时候，
> 最古最古的时候，
> 枫香树干生出妹榜，
> 枫香树生出妹留。④

"妹榜妹留"是苗语音译，译成汉语，就是"蝴蝶妈妈"。

> 还有枫树干，
> 还有枫树心，
> 树干生妹榜，
> 树心生妹留，
> 这个妹榜留，
> 古时老妈妈。⑤

这些至今流传的创世神话始终倾诉着这样的道理：万物有灵，人类来自万物显灵之处；世界一体，生死同归；历史并非单线，存在便是循环。千万年来，秉持这样的信念，人类不但与自然融合相处，自身亦保存内在神性。

---

① 果吉·宁哈、岭福祥主编：《彝文〈指路经〉译集》，中央民族学院出版社，1993年，第597页。
② 参见［美］皮埃罗·斯加鲁菲、牛金霞、闫景立：《人类2.0：在硅谷探索人类未来》，中信出版社，2017，第400—401页。
③ 参见［以色列］尤瓦尔·赫拉利：《未来简史：从智人到智神》，林俊宏译，中信出版社，2017年。
④ 中国作家协会贵阳分会筹委会编：《民间文学资料：第四集》，1958年。
⑤ 贵州省民间文学组整理，田兵编选：《苗族古歌》，贵州人民出版社，1979年，第183—184页。

或许这才是认知神话传统的方法和路径?

但愿如此。

结合数能时代的最新挑战,我欲补充的是:神话是一个文本,漫长而又幽深。在人类幻想叙事的古今关联上,科幻堪称"反面神话"——神话是科幻原型,科幻是未来神话。①

神话文本如同一部口耳相传且因时变异的大书。今来古往,从世界创生到万物显灵,我们都生活在神话这个文本之中。灵性不灭,神话永存,除非有一天机器人"索菲娅"后裔掌控的量子计算机使宇宙越过奇点,坠入黑洞,万物沉寂,天地重归于无。②

不过,那样的图景,不又是一则未来神话了吗?

谨以此文致敬舒宪教授。

---

① 徐新建:《反面神话:科幻人类学简论》,载《孔学堂》2022年第4期。

② 2017年10月26日,机器人索菲娅(Sophia)在沙特阿拉伯被授予"公民"身份,人工智能产物开始享有与其他人类成员同等的地位和权力。参见中国新闻网(2017年11月3日):《地球公民迎来新"物种"——人类能否控制人工智能?》,载《科学与现代化》2018年第1期。

唤醒记忆、疗治创伤与生态重建

——以阿来长篇小说《云中记》的叙事分析为中心

宋炳辉

一

如果从迄今为止的写作历程来判断,说藏族作家阿来是中国当代作家中最具有鲜明生态意识的作家之一,应该是可以成立的。这有他的《大地的阶梯》(2001)、《成都物候记》(2012)以及其他大量地理生态散文①,还有长篇小说六卷本《空山》②(2004—2008)和《云中记》(2019)等作品为证。后者在2021年度获"美丽中国"生态文学奖评委会授予的"年度杰出作家奖",以褒奖阿来"延续了一种由边地与少数族群出发而通达全球视野与普遍共识的开阔写作,书写了万物并生不悖,文明和谐共处"③所取得的成就。

这种生态意识的形成,首先来自作家个体的切身体验。阿来的出生地四川马尔康市马塘村本来处于一片茂密的白桦林中,满坡的林子曾是童年阿来采药和嬉戏的天堂,"但我没有能够与这片美丽的树林度完整个少年时代",白桦林在20世纪60年代因城市建设需要被采伐殆尽,"古村岂止是失去了这些白桦,我们还失去了四季交替时的美丽,失去了春天树林中的花草与蘑菇,失去了林中的动物。从此,一到夏天,失去庇护的山体被雨水直接冲刷。泥石流年年从当年的泉眼那里暴发,冲下山坡阻断交通",但事情远没有停止,"刀斧走向更深的大山,河里漂满了大树的尸体"。④这当然是40年之后阿来的回忆和审视,已经带上明显的生态批判眼光,这里所记录的儿时经验本身,也并没有在阿来创作的一开始就成为其核心主题。我们从他的第一部长篇小说《尘埃落定》所看到的,是阿来对于康巴藏族历史的传奇式叙事,他当时在叙事艺术上的针对性,主要是为"逃脱那时中国文坛上关于历史题材小说,家族小说,或者说是所谓'史诗'小说的规范",要"在这僵死的规范之外拓展一片全新的世界,去追寻我自己的叙事与抒发上的成功"。⑤这种对"边地"藏族叙事的史诗性追求,也是阿来写作独创性因素中贯穿至今的重要内涵之一,从《尘埃落定》到"机村史诗"六部曲,正好是四川阿坝嘉绒藏族地区20世纪历史变迁的投影。

---

① 此书有三个版本:《草木的理想国:成都物候记》(江苏人民出版社,2012年)、《花重锦官城·成都物候记》(成都时代出版社,2018年)和《成都物候记》(陕西师范大学出版总社,2019年)。
② 六卷本《空山》,又称"机村史诗"六部曲,包括《随风飘散》《天火》《达瑟与达戈》《荒芜》《轻雷》《空山》。
③ "美丽中国"生态文学奖由《十月》杂志社组织,首届奖项于2021年9月4日在贵州绥阳颁发,评选范围为2019—2020年度发表作品。见澎湃新闻:https://www.thepaper.cn/newsDetail_forward_14390061。
④ 阿来:《大地的阶梯》,陕西师范大学出版总社,2019年,第55、56页。
⑤ 阿来:《世界:不止一副面孔》,见《看见》,湖南文艺出版社,2011年。

阿来的生态意识的真正唤醒，应该也是感受了 20 世纪 90 年代中国当代文坛的生态思潮的结果。随着中国大规模市场经济活动的开展，一时间对生态环境的破坏也达到空前程度，客观上迫使中国作家开始认真对待生态问题。1999 年是中国生态文学发展的一个特殊年份。这年 10 月在海南召开的"生态与文学"国际研讨会是中国生态文学发展的一个标志性事件，来自美国、法国、澳大利亚、韩国和中国各地的三十多位作家和学者与会，带来了经济发达国家与地区的生态批判思潮，他们反思经济发展这个"硬道理"在生态问题上可能存在的盲点，呼吁重视中国面临的严重生态问题，质疑无视生态的所谓成功，"唤醒对草木虫鱼悲情"①的感受。这次会议标志着中国当代文坛生态意识的广泛觉醒，对现代化与现代文明的生态批判进入一个高潮，韩少功、张炜、蒋子丹、叶广芩、贾平凹、于坚、迟子建、雪漠、陈应松等作家先后都创作出具有明确生态意识的作品。就在同一年，云南人民出版社发起组织了名为"走进西藏"的"文化创作出版活动"②，阿来是首批受邀的七位作家之一。虽说这是一次由媒体事先策划的行旅写作活动，后来也被视为"媒体策划与批评"的一个典型案例③，其策划重点在于对边疆区域文化的考察、探险与记录，但阿来并没有完全按发起方的预定路线与方式行事，而是把旅行与写作的重点放在故乡四川阿坝的嘉绒藏族聚居区，自称是"预谋已久"的意图。他"更多的将不是发现，而是回忆，我个人的回忆，藏民族中一个叫做嘉绒的部族的集体回忆"④。这里不得不需要提及阿来本人复杂的族裔和文化身份：阿来虽然自认属于藏族中几乎最为边缘的嘉绒支系，但事实上又是藏回混血——母亲是虔诚藏族佛教徒，父亲是信奉伊斯兰教的回族。阿来早年生活在藏语山村，通藏语方言而不会藏文读写，接受汉语学校教育并以汉语写作。由此可知，作家阿来对于语言、文化与族群身份具有天然的敏感。

正是 1999 年的这次故地重游，使阿来得以重温了早年记忆，并逐步获得批判性的审视眼光。这种回忆与审视，至少包含了两种精神指向：第一是指向四川阿坝地区嘉绒藏族这一特定的部族历史文化传统。阿来对那些来自域外他者的西藏想象，始终保持一种警醒与批判，不论是来自西方的关于"香格里拉"的神秘诗意意象，还是来自中原地区的"边地少数民族"想象，在不同程度上都是阿来所质疑的那种"西藏是一个形容词化了的存在"⑤。它们首先排除了具体的历史性，把藏民族的宗教、文化与生活方式的具体性排除在历史时空之外；其次，又把西藏想象为一个整体而忽略了其内部多样和差异性。对于阿来的故土而言，那就是阿坝藏区的嘉绒部落相对于以拉萨为中心的高原藏区与中原汉民族地域的差异性和特殊性。第二是指向川西北这一特定地域的地理生态处境。阿来对方圆八万多平方公里的阿坝自治州的地理，有一个精确的描述："这个地带在现在的地理描述中应该

---

① 白木尔：《人与昆虫的共同命运——'99 海南"生态与文学"国际研讨会纪要》，载《新东方》1999 年第 6 期。

② 20 世纪末与 21 世纪初，由新闻出版机构组织考察与写作活动一度成为文化热点。其中云南人民出版社策划"解读中国民族文化万里行"，于 1999 年组织扎西达娃等七位作家"走进西藏"，2000 年组织贾平凹等九位作家"游牧新疆"，随后出版"解读中国系列丛书"；此外，2000 年，鹭江出版社策划名为"极地沉思"的考察写作活动，组织葛剑雄等六位人文学者赴南极考察写作。

③ 宋炳辉：《文学媒质的变化与当代文学的转型》，载《文艺理论研究》2002 年第 3 期。

④ 阿来：《大地的阶梯》，陕西师范大学出版总社，2019 年，第 338、339 页。

⑤ 阿来：《西藏是一个形容词》，载《青年作家》2011 年第 1 期。

是青藏高原东北部黄河第一弯上的若尔盖草原，和草原东边一直向四川盆地逐级而下的岷山山脉和邛崃山脉的腹地。"① 这西北部的草原和东南部的山地一起，就构成了从四川盆地到世界屋脊这一"大地阶梯"的过渡地带。

这两个精神指向对应了，也来自于阿来的两种观察视角：一种是包含了特定的政治、历史、民族、宗教和文化的人文视角；另一种是在东亚大陆板块整体中的地理视角。两者的结合就构成了阿来的人文地理学视野。而阿来在20世纪末的那次故地重游所激发起来的生态意识，正是基于这一人文地理学（或文化地理学）意义上的，这也是他的生态观念和生态书写区别于同时代其他中国作家的明显特点。从这种观念与视野基本形成而言，作为非虚构文体的《大地的阶梯》是阿来写作历程中的一个重要标志。我认为，书中的这段文字是上述审视眼光的典型表述：从四川盆地边缘纵深向青藏高原边缘的阶梯形群山达两三百公里是一个巨大伤痕。一个难以愈合的伤痕。虽然这个伤痕地带也曾有过民族间的冲突与一些战争，但这些冲突与战争大多发生在冷兵器时代，还不至于造成如此巨大的生态灾难。这个伤痕的造成，就是进入现代史的近百年间，人类以和平的方式，以建设的名义，以大多数人的幸福与生存的名义，无休止索取的结果。②

作为隐喻的大地伤痕，既对应着人类冲突的历史创伤，也对应着自然所经受的人类中心主义所带来的生态灾难，人文与地理、历史与现实的多种因素在这段批判性文字中交集。自此以后，阿来的虚构性写作也在史诗叙述的架构中增添了一种明显的、富于特点的生态视野，这在随后问世的六卷本"机村史诗系列"中都有不同程度的体现，尤以《天火》与《荒芜》为最。不过，这种观念与视野的形成，如何转化为虚构写作中的创造性，需要作家在叙述和表达上的持续探索和尝试。

对阿来而言，文学传统中的自然书写是首先需要反思和扬弃的对象。他对汉语文学传统中大量自然书写，持一种尖锐的批判态度，认为中国古典诗文中的自然，已被过分人格化，花鸟鱼虫、梅兰竹菊、豺狼虎豹，在一代代文人笔下，都已演化为隐喻、象征或者意境，如丁香的愁、莲花的洁，其象征意义已经固化，相应的自然意义则日渐萎缩和退化，并极言在"我们的抒情文学传统中，自然是消失和不存在的"。阿来对于中国古典文学的论断或许因其偏激会引来争议，但他提出应该像梅特林克、普里什文、契诃夫和屠格涅夫那样，"把自然和人当作同样的生命来看待"③ "把自己融入自己的民族和那片雄奇的大自然"④ 的主张，至少体现了其对文学的自然书写方式的自觉，并在外来文学中获得了某种方向性的参照与启迪。

不过，对于一个作家来说，更重要的是建构性的探索与创造本身。在《大地的阶梯》后记中，阿来曾这样放话："我坚信，在我下一部长篇创作中，这种融入的意义将用更艺术化的方式得到体现。"⑤ 这里所说的"下一部"，会是指哪一部作品呢？如果按照写作时间，

---

① 阿来：《大地的阶梯》，陕西师范大学出版总社，2019年，第13页。
② 参见阿来：《大地的阶梯》，陕西师范大学出版总社，2019年，第58页。
③ 阿来：《中国传统文化中的自然与书写——兼论自然文学的当代意义》，载《科普创作》2020年第3期。
④ 阿来：《大地的阶梯》，陕西师范大学出版总社，2019年，第343页。
⑤ 阿来：《大地的阶梯》，陕西师范大学出版总社，2019年，第343页。

可以认为阿来所指的是《空山》即"机村史诗系列",批评家张学昕就是这样认为的。① 但阿来的艺术尝试与探索的路并没有终止,在其迄今为止的长篇小说中,《云中记》更应该是他理想中的那个"下一部"。

二

长篇小说《云中记》以 2008 年汶川"5·12 大地震"为背景,讲述四川阿坝嘉绒藏族村寨云中村的灾难遭遇及其灾后重建故事。阿来本无意把它写成一部生态小说,作品的题记之一就是"献给'5·12'地震中的死难者,献给'5·12'地震中消失的城镇与村庄"②,"歌颂生命,甚至死亡"才是这部地震题材小说的本意③。那场震惊中外的大地震发生在阿来的故乡,他又是救灾过程的亲历者和参与者,书写这一重大又亲历的事件本是顺理成章的,但阿来却迟迟不愿下笔,而要等到大地震十周年之时才开始动笔。这十年间,他相继出版了《瞻对》(2014)、《蘑菇圈》(2015)、《河上柏影》(2016)和《三只虫草》(2016)等几部作品,但所写都不是那场地震。因为阿来从一开始就意识到,在新闻媒体高度发达的时代,有关灾害中的惨烈、悲情、救助等大量细节,每时每刻都在即时传递,而作为一个作家的文学书写,除了作为亲历者呈现灾难场景、叙述刻骨铭心的悲情外,又能在其中增加点什么?如何能使文学之光不被现实所吞没呢?

对于阿来,长达十年之久的情感控制、经验反刍和动机酝酿,是为了寻找一种属于自己的对于这个题材的表达方式,这个方式就是《云中记》所呈现的以"一个人,一个村庄"为核心,"用颂诗的方式来书写一个殒灭的故事"④。一个人"就是祭师阿巴",一个村庄"就是位于岷江岸边半山腰,海拔 2800 米的一片台地上的嘉绒藏族村寨云中村",它在"5·12 大地震"中沦为废墟,并处于震后山体的断裂带下,五年后又与山体平台一起,轰然坠入岷江。这样,在地震发生十周年之际,阿来终于找到了针对这场地震的属于自己的表达方式,它写一个加绒藏族苯教的最后一个祭师,如何完成他的志业,祭奠一个倾塌了五年的村庄,回顾她的历史,超度她的灵魂,最后与她一起消亡。全书的叙述笼罩在一种浓重的悲怆氛围中,就像小说题记之二所显示的基调那样:"向莫扎特致敬/写作本书时/我心中总回响着《安魂曲》庄重而悲悯的吟唱。"如此,作家阿来的"一个年复一年压在心头的沉重记忆,终于找到一个方式让内心的晦暗照见了光芒"。⑤

《云中记》的故事是从大地震五周年之际展开的:汶川地震后,云中村的幸存者全部内迁到四川平原腹地,村民们在移民村过上了新的生活,种茶、打工、开民族风味的山菜馆等,但重大伤亡和家园倾毁所带来的深刻心理创伤仍难平复,村里的藏族祭师阿巴一直惦记着死难者的亡灵和自己的职责。在地震五周年即将到来之际,阿巴不顾次生地质灾害的

---

① 张学昕:《孤独"机村"的存在维度——阿来〈空山〉论》,载《当代文坛》2010 年第 2 期。
② 阿来:《云中记》,北京十月文艺出版社,2019 年,题记。
③ 阿来:《不止是苦难,还是生命的颂歌——有关〈云中记〉的一些闲话》,载《长篇小说选刊》2019 年第 2 期。
④ 阿来:《不止是苦难,还是生命的颂歌——有关〈云中记〉的一些闲话》,载《长篇小说选刊》2019 年第 2 期。
⑤ 阿来:《不止是苦难,还是生命的颂歌——有关〈云中记〉的一些闲话》,载《长篇小说选刊》2019 年第 2 期。

危险，在两匹马的陪伴下，毅然只身上山，回到随时有坠塌危险的云中村废墟，以加绒苯教的仪式，为天地山川、草木屋宇与人畜亡灵祭祀超度，并执意与云中村共存亡，最后同村庄一起坠落而下。

小说的叙事，也以上述情节为线索，以时间为章节标识而依次展开[①]，叙述阿巴在地震五周年祭的三天之前，独自上山返回云中村废墟，从准备和实施祭祀，到随后几个月的独自守候，最后随云中村一起坠落的经过。在这样的叙事结构中，阿来并没有正面展开地震发生时的惊恐一幕，也没有正面呈现震后的惨烈与救援中的悲痛无奈、奋不顾身和守望相助的具体场面与情节，即不以现在时态连续展开灾难叙述。所有关于大地震的发生、震后救援与重建的大量场景与细节，都是穿插在阿巴的祭祀招魂仪式中展开，以主人公意识回闪及对话等方式交错呈现。这种叙述结构在时间维度上的回溯，既指向"5·12大地震"及震后救灾这一核心事件，也指向震后五年间当地村民对严重心理创伤的修复和灾区的重建；在相反的方向上，更指向云中村的震前历史，乃至追溯到族裔迁徙传说与起源神话。这就使作者得以从地震大事件的正面叙述中挣脱出来，获得表达上的某种自由空间：不仅可以确定一个特定的叙述角度，还可借此呈现和表达时空上更宽广、意蕴上更复杂的主题，其中也包括这部小说在自然生态和文化生态意义上所体现的意涵。

如前所述，阿来本无意于把这部地震小说写成一部生态小说。虽然文本中也涉及了许多有关生态问题的场景和情节，如过度放牧致使草地荒漠化，滥挖兰草导致资源枯竭，对野生保护动物的捕猎，盲目建造水电站导致泥石流灾害，等等。这些当然是生态文学作品中常见的内容，但并非《云中记》这部地震小说叙事的关键构成，它们与地震这一核心情节并不具有必然关系，事实上作者也没有对此费太多的笔墨。

本来，生态主义所关注的焦点是人类与自然的关系，是反思与批判人类如何在文明进程中不加限制地向自然攫取，由此导致自然生态的系统崩溃、资源枯竭、灾害频发等严重后果，由此调整当下的生产与生活方式。但地震是天灾，其根本起因即地壳运动与人类行为和意愿本来并无关联。[②] 如果说生态主义意在追究生态恶化进程中人类所应该承担的责任，那么面对地壳板块运动所导致的地震，人类似乎只能被动地接受它的降临，包括对生命的毁灭、对生态的破坏。如此，关于地震天灾的叙事似乎只能归于宗教宿命主题，或如道家哲学所谓的"天地不仁，以万物为刍狗"的"无情"，人类对之莫可奈何。但如果扩大问题域，答案就不会那么简单明了：如果说地震的发生并非起因于人类也非人类可以控制，那么地震灾害包括它的次生灾害给不同时空、不同文明程度、不同生活方式的人类群体所带来的后果则是不同的；如果引入文化人类学和人文地理学的视野，则有可能揭示特定地震带与特定的族群、宗教与文化之间的具体历史关联。由此还可进一步追问：在一场特定自然灾害暴发与次生灾害的后续发生过程中，相应于不同的预防、救灾和重建的手段与机制，同等程度和相似类型的灾害对不同社群的身体与心理、生产与生活所造成的伤害，其方式与程度有没有差异、有何种差异？这种差异的具体成因如何？《云中记》正是在这一维度提供了想象和进一步阐发的空间。

[①] 小说共12章，章节标题依次为：第一天、第二和第三天、第四天、第五和第六天、第七天、第一月……第八月、那一天。

[②] 地震学将地震分为构造地震（又称天然地震）和诱发地震（人工地震），诱发地震当然与人类活动相关，可以纳入生态问题讨论。这里所指的是一般意义上的地震，即构造地震。

小说叙述的"5·12大地震"处于中国四大地震带之一的青藏高原及其边缘地震带上，是印度板块大陆嵌入并挤压的结果。阿来借笔下瓦约乡乡长仁钦的分析，向读者呈现了这一视角：

> 世界地理板块，印度次大陆从南边冲过来，使得青藏高原高高隆起。这股力量一路往东，瓦约乡所在的岷江河谷这些高耸又破碎的山地，就是这股持续不断的力量压迫的结果。这力量在地下积蓄，过百十年就爆发一回。那在地下暗黑处运行的力量只顾造成新的地貌，却对地面上的人间悲剧毫无同情。①

从地震学角度看，这种地壳运动并不起因于生活于地表的芸芸众生，但这片土地为什么由特定民族、特定文化的人群依附其上？为什么处于青藏高原东部边界的山峦皱褶地带的阿坝地区，恰好祖祖辈辈生活着嘉绒藏族？阿来通过祭师阿巴对云中村历史由近及远的回忆，追溯了嘉绒藏族古老的族群迁徙历史，使这一人文地理学意义上的问题得以生动形象地呈现。在这里，具体而独特的地理、民族、宗教、文化与历史相互叠加，作为天灾的地震也与特定的人群和生活方式相互交织。而与地震相关又远远超出地震的生态系统的种种遭遇，也就在这多重交织中才可以全部显现。这其中就包括了生态批评通常所关注的人与自然的关系维度。在这个意义上，文学即使相对于地震这样的天灾叙事，也不必然与生态问题无关，而同样可以呈现其生态批判的意义。

因此，尽管阿来不是刻意将《云中记》写成一部反映生态问题的小说，但其生态意识使他能把小说所要思考的生死问题置于人与自然的关系系统中，置于现代文明进程所遭逢的种种问题中去认识。正如小说另一则题记所示"大地震动／只是构造地理／并非与人为敌／／大地震动／人民蒙难／因为除了依止于大地／人无处可去"②。阿来所思考的有关生命的意义、灵魂的有无、族群与认同、信仰与科学、仪式与疗治的关系等问题，不仅属于人类自身，也属于包括人类在内的整个大自然，在这个意义上，《云中记》就是一部真正意义上的生态文学作品。

三

在"美丽中国"生态文学奖给阿来的颁奖词中，"边地与少数族群"这一关键词，对云中村的描述虽然并不完整，但也反映了该作在当代汉语文学中的一个显著特点。作品给汉语读者带来最深印象的，或许不是所叙述的"5·12大地震"这一著名事件本身，而是在灾难背景下所呈现的主人公阿巴这位藏族苯教祭师形象，阿巴所施行的古老祭祀仪式及其感染力，以及借助阿巴所上溯的嘉绒族裔历史与古老传说。

苯教是古代西藏地区盛行的一种原始宗教，又称"苯波教"。"苯"的本意为反复念诵，"苯波"（Bon-po）则是反复念诵者，原是藏民族在远古时期专门从事宗教活动的巫师称谓，尔后逐渐演化为这种宗教的名称。吐蕃王朝的"蕃"（Po）也即苯波"的"波"，这是早期藏民部落"政教合一"的体现。苯教发源于古象雄的"冈底斯山"和"玛旁雍错湖"，即后藏地区的阿里一带，又自西向东传布到西藏各地，至吐蕃王朝前期占藏族文化的统治地位。印度佛教传入藏地后，苯教曾与佛教展开长期斗争。公元8世纪后，由于吐蕃

---

① 阿来：《云中记》，北京十月文艺出版社，2019年，第339页。
② 阿来：《云中记》，北京十月文艺出版社，2019年，题记。

王室兴佛抑苯，苯教势力渐衰。后来苯教为了生存和延续，吸收了佛教的部分内容，以佛经为参照改制苯经，繁衍其教理教义，使其成为类似藏传佛教的一个教派，这就是今天的雍仲苯教，藏族地区一般把这种受佛教影响较深、变化较大的称为"白苯波"，而把处于偏僻地区、保持原来特点较多的，称为"黑苯波"。

云中村祭师阿巴所信奉的就是黑苯。它不仅区别于今天的雍仲苯教，更不是藏地主流宗教藏传佛教（喇嘛教），而是公元 8 世纪后受佛教排斥、被不断边缘化、至今几近于消亡的原始宗教。由于它根植于藏族原始文化之中，因而对藏文化特性及传统有着深远影响。如果从"黑苯"的角度来看，佛教（藏传佛教）是由域外传入并在藏地生根开花、流传至今又占据主流地位的外来信仰；雍仲苯教即俗称的白苯，是经辛饶弥沃（Shenrab Mivo）的改革，吸收佛教义规而创立的新苯教。而阿来在小说中所描述的是在藏地最为原始、行将消亡的宗教传统，选择一个黑苯祭师阿巴作为主人公，显然有着复杂的寓意，阿巴与"阿坝"谐音，也透露了这一消息。而今天作为阿坝行政中心的"马尔康"这个地名，也是源于 15 世纪之前当地曾建起的一座规模宏大的苯教寺院。

作为藏地最为古老的原始信仰，黑苯波也是藏民族精神文化最为久远的源头。在藏区，其古老而悠久的宗教观念和仪轨行为，已经完全内化于藏族民众的共同生活习性之中。今天藏民的习俗和生活方式中，有许多也是象雄时代流传下来的，比如转神山、拜神湖、插风马旗、插五彩经幡、刻石头经文、放置玛尼堆、打卦、算命、转经等习俗都有苯教遗俗的影子。小说《云中记》中"第七天"一章中阿巴所吟诵的阿吾塔毗的传说[①]，就对应了这一最为古老的神话传统。阿来选择藏文化的这一脉传统作为小说主要呈现的对象，显见其追溯自身文化血脉的宏愿。其实，阿来在这方面的准备，长篇纪实散文《大地的阶梯》就已经有系统的呈现。

古老的黑苯波又是藏族文化中被不断边缘、行将消亡的传统。吐蕃王室后期为击败贵族势力，引外来的佛教排斥本土苯教，苯教也随之从藏区中心的阿里地区被迫向东退缩；其中一脉演化为雍仲苯教，另一脉就是后来的黑苯，则不得不散落到东部边缘地区的藏汉交界之处，在历史风云的冲击下日渐衰颓。尤其在现代经济、文化和科技的高速发展的历史进程中，这一古老的文化传统愈发被主流文化所排斥和遗忘，只能散落于底层民间，残存于边缘地带的日常生活。《云中记》里阿巴的父亲就是授受承袭下来的最后一个黑苯祭师了，到 20 世纪 50 年代，就被迫中止了这一代代相传的职业，更没有把它传授给儿子：主人公阿巴。儿时的阿巴只在黑夜里和山野无人处（在磨坊憩息）偶尔看到父亲的一些祭祀动作。改革开放后，政府为拯救民间文化遗产，说服阿巴担当起祖辈的职业并将他列为"非物质文化遗产传承人"，但阿巴作为祭师最起码的一套祭祀仪式规程，还是在当地政府组织的"非遗传承人"培训班上，还是由邻村的一位佛教喇嘛来传授的，这位喇嘛显然在信仰上不认同，甚至瞧不起阿巴的苯教（还是黑苯），声称"你们的阿吾塔毗不可能同时是金刚手菩萨"，只能作为金刚手菩萨的陪侍。[②] 而阿巴一开始也并不接受这一神职身份："呀！怎么可能！一个人听过《不怕鬼的故事》那本书里的全部故事，上过农业中学，当过云中村有史以来的第一个发电员，现在怎么成了一个祭师？"[③] 他是在被动地接受"非遗

[①] 阿来：《云中记》，北京十月文艺出版社，2019 年，第 162—164 页。
[②] 阿来：《云中记》，北京十月文艺出版社，2019 年，第 172 页。
[③] 阿来：《云中记》，北京十月文艺出版社，2019 年，第 79 页。

传承人"这一名号，为配合当地政府开发旅游资源而主持起祭山仪式后，才开始认真思考自己的知识、信仰和祭山仪式之间的内在关系，慢慢寻得苯教祭师身份感。

真正使阿巴领悟黑苯传统的是云中村的老喇嘛的临终传授。① 阿来在小说中设置的这位老喇嘛，是作为祭师阿巴的精神导师形象出现的。他的身份虽然是个佛教喇嘛，但实际上却是苯教的传人。小说里喇嘛出场时就已经是一副老态，似乎已到了生命的尽头，他牙齿脱尽，几乎不吃饭、不喝水、不说话，每天呆坐于门前的苹果树下。但这个形象正是传统蛰伏待机的象征：苯教古老传统借助于佛教的面目和喇嘛的躯壳保存下来，等待着它真正的传人。已经有了苯教祭师身份的阿巴，对这位同村的老喇嘛的态度，也逐渐从不在意变为好奇与疑惑。只是有一天老喇嘛突然喝令阿巴跪下，在兜头一盆冷水之后，再给阿巴一番面授机宜。从此阿巴神清气爽，眼睛明亮。而喇嘛之后则又至死闭口不语了。我不知道阿来笔下这一段教外别传式的情节，是有苯教传说的原型依据，还是阿来的想象虚拟，但它不仅生动，富于传奇色彩，而且形象地寄寓了阿来借原始苯教——黑苯波以呈现藏地古老文化传统的用心。

从人物塑造角度看，老喇嘛醍醐灌顶式的"棒喝"或"点化"，是阿巴精神成长历程的一次突变。但作者并没有直接呈现人物内心变化过程，而是给以如上所述的传奇性叙述。与此形成对照的另一次精神突变，就是他亲历并目睹的陡然降临的大地震，灾难的惨烈场景给云中村人所带来的重大心理震慑、刻骨的生死伤痛和普遍的精神迷惘。在灾后重建和移居的五年里，阿巴反复追问着生死的价值、灵魂的有无和神灵的意义。作者并没有明确地告知，阿巴这个云中村曾经的"文化人"和"第一个发电员"最后有没有真正信奉黑苯波，他对有没有灵魂似乎仍存有一丝保留，但他对自己作为一个祭师的身份与责任显然有了深深的认同。他对地震后一起来到移民安置地的云中村人说："你们在这里好好过活。我是云中村的祭师，我要回去敬奉祖先，我要回去照顾鬼魂。我不要任他们在田野里飘来飘去，却找不到一个活人给他们安慰。"② 在另一处，小说以叙述人口吻这样陈述："但愿这个世界上没有鬼魂。但是……如果万一有的话，那云中村的鬼魂就真是太可怜了。作为一个祭师，他本是应该相信鬼魂的。他说，那么我就必须回去了。你们要在这里好好生活。我要去照顾云中村的鬼魂。"③ 正是灾难的突然降临，逼迫着阿巴完成了作为祭师的身份认同，又独自返回云中村废墟，为那里所有自然与生命遗存一一施祭，并陪伴古村走完生命的最后一程，从而践行了作为最后一个祭师的使命。

四

作为自然灾害题材小说，《云中记》虽然将灾难发生的惨烈场景和抗震救灾的过程以五周年之后片段性回溯的叙述方式加以克制性呈现，读者仍能借此想象当年举国救难、全民赈灾、守望相助的感人情景。对于阿来这样成熟的作家来说，这样的场面与基调的展现与叙述把控，是读者意料之中的。但阿来灾难叙述同时显现了另一个特质，即伴随这种基调

---

① 阿来：《云中记》，北京十月文艺出版社，2019 年，第 174—180 页。
② 阿来：《云中记》，北京十月文艺出版社，2019 年，第 46 页。
③ 阿来：《云中记》，北京十月文艺出版社，2019 年，第 58 页。

的对于所谓"灾民心态"①的种种表现与"表演"的刻画与批判,这种清醒的批判意识既针对大地震这一灾难场景中的某些特定行为,也指向现代文明与后现代技术所引发的一系列"异化"现象。它们包括对灾难的商品化消费、表演,乃至唯利是图的行为。如央金姑娘灾后的舞蹈直播,祥巴策划的乘热气球观看云中村废墟的旅游项目,以及其他一些对死亡与痛苦的麻木心态,等等。总之,在阿来的叙述中,灾难所引发的惊恐与创痛、救难赈灾的悲悯与感人,并没有淹没其对"灾民心态"的审视与批判。这种批判意识的获得和呈现,一方面是之前的"史诗性"写作追求的某种延续与变奏,另一方面也是他将这一"重大"题材的写作冲动克制、延宕了十年之久的一个回报。

而这种批判理性在作品叙事中的呈现,正与原始苯教传统及祭师阿巴的形象有关。在作品中,这种原始信仰传统中对生灵万物一视同仁、对善恶的包容与超越,与阿来所谓的"灾民心态"形成一种精神价值上的鲜明对照。需要指出的是,阿来的这番用心,并不是真要为黑苯波这一古老宗教振衰起敝,更非宣扬具体的宗教教义。正如刘大先所说的:"自始至终,叙述者与叙述对象都没有确认灾难死者的鬼魂或亡灵的真正存在,他们只是阿巴情感与幻想之物,而非某种超验的实体性存在,这与文学史上那些鬼怪幽灵判然不同……因而也并没有产生恐惧、异类、神秘之感,而是与生者的认知和创造有关。"②但作者以阿坝地区,这一亚欧大陆板块("大地的阶梯")的皱褶地带,同时也是历史文化中处于多重边缘区域的灾难故事和行将消逝的民间宗教祭师形象,作为小说的核心叙事场景、线索和主要人物形象,意在呈现一种古老文化与精神传统的象征。它为汉语读者呈现藏地精神文化传统的悠久、丰厚与多元,同时也体现了作者的多元文化与平等观念,以及对社会文化生态平衡与和谐的祈愿。

这种原始信仰传统也为文学作品引入了一种万物有灵的生动的叙述视野。黑苯波作为藏区最原始的信仰,它崇奉天地、日月、星宿、雷电、冰雹、山川、土石、草木、禽兽、神鬼精灵和自然物。其传统由法师进行占卜、祈祷、禳解、咒术、祭祀及各种特殊仪轨加以表现,有着萨满时期古老信仰的一般特征。从文化发展进程来说,这种泛灵信仰是人类最初对自然万物的朦胧认识的表现。原始苯教这一万物有灵世界,在《云中记》的叙述中,通过祭师阿巴的视角和他主持的祭祀仪式而一一展开。一年一度由全村男女共同参与的"朝山节"是祭奠山神,它是祖先阿吾塔毗的化身;为村头的神树——老柏树行仪作法,它的最后枯死是地震的前兆;震后重返云中村,阿巴为每家每户焚香祈祷,为每一位遇难的亡灵招魂超度,无论男女老幼、良善或顽恶、大度或吝啬;在阿巴眼里,山林的大小动物、田野的一草一木、村里的石碾、磨坊、塌屋、残墙、柴垛子、水池子,乃至水里的绿藻们,都是有生命有灵魂的存在,都可以倾听与对话。在这个泛灵世界里,更有如遇难于巨石下的阿巴妹妹(仁钦母亲)显灵于鸢尾花这样的动人情节,它已不再是一般意义上的文学手段,而是整个泛神世界的有机组成。阿来本无意于将《云中记》这部地震题材小说写成一部生态文学作品,但在追溯黑苯波这一本土古老信仰传统,呈现这一泛神观念和通灵视界的同时,也许是无心插柳,恰好为当下人与自然关系这一生态命题及其文学表现,提供了

---

① 阿来:《不止是苦难,还是生命的颂歌——有关〈云中记〉的一些闲话》,载《长篇小说选刊》2019年第2期。
② 刘大先:《作为记忆、仪式与治疗的文学——以阿来〈云中记〉为中心》,载《当代作家评论》2020年第3期。

一种激发和运用传统文化资源的有效途径和生动的作品，体现了作者对文学生态功能多样性的追求。

《云中记》这部经作者十年酝酿的作品，为书写"5·12"大地震这场灾难找到了一种独特的形式。他选择了以"一个人"（祭师阿巴）——"一个村庄"（云中村）为基本叙事架构，激发并表现了一个族群的文化传统记忆，将作者、叙述人、人物及其文化原型之间的多层次关系，熔铸到一个悲剧性的形式结构中，从而使作家本人的书写行为与祭师阿巴形象的祭祀行为，形成互为映衬和隐喻的关系，也使文学言语行为与语言（文本）结构相互耦合，共同体现了文学作为一种文化话语的施为（performative）功能。同时，《云中记》还在文学功能的多元化发掘和神话原型叙事开拓的向度上，为中国当代文学提供了一个富于启发性的文本。它以一个灾难叙事，为恢复文学对创伤心理的疗治功能，克服文学因现代分化所导致的功能单一倾向，做出一次成功尝试，因而在媒介与文化融合的当代语境中预示了一种新的文学可能[①]；它还为发掘与转化中国丰富的神话原型资源，在文化人类学意义上开拓中国当代文学的题材和路径，从而在更加开阔多元、更具文化纵深的意义上，想象、呈现与阐发中国文学的世界性，为同世界文学的其他伟大传统间展开有效的对话，呈现了一个成功案例。

[①] 刘大先：《作为记忆、仪式与治疗的文学——以阿来〈云中记〉为中心》，载《当代作家评论》2020年第3期。

仰韶文化玉器的再认识

张天恩

1921年仰韶文化的发现，标志着中国现代考古学的诞生。2021年10月17日，中国社会科学院、国家文物局和河南省人民政府，在河南省三门峡市举办了仰韶文化发现及中国现代考古学诞生100周年纪念大会，习近平总书记致信祝贺。足见这短短36天的考古发掘，在中国考古发展史上的崇高地位。

百年以来，仰韶文化遗址的发现数以千计，经过考古发掘的遗址数以百计，参与考古发掘和研究的学者约略上百，研究报告及论著计已逾千。作为一类考古学文化的研究，可以说无出其右者，关乎其文化特征、分布状况、聚落形态、器物类型、彩陶影响、工艺技术，乃至社会组织结构、自然环境等方方面面，无不被关注。但作为中国古代文化重要特色的玉器，在仰韶文化研究中曾几乎是一个盲区，特别是早期的考古发掘报告和研究中很难见到。[1]

20世纪90年代以后，南郑龙岗寺、宝鸡福临堡、秦安大地湾等仰韶文化遗址发掘报告陆续出版，仰韶文化玉器的身影逐渐显露，始有少数学者注意。[2] 直到近年因玉石之路学术考察活动，在渭水流域的诸多博物馆、文管所的藏品中，发现了为数颇丰的蛇纹石类仰韶玉器，开始引起了学界的关注。[3] 笔者在探讨仰韶玄玉的基础上[4]，应"玉文化与华夏文明高端论坛"之约，对考古资料进行仔细梳理后，乃悟仰韶文化玉器发展源远流长，渭水流域是仰韶文化玉器使用的核心区域，勉为小稿与同好分享，以助力仰韶玉器的认识和研究。

一、仰韶文化玉器发现概况

仰韶文化是我国新石器时代分布范围最广的考古学文化，几乎涵盖黄土高原大部分区域，最初形成于陕西关中逐渐发展到周边地区。虽已有上百处仰韶文化遗址经过了考古发掘，但可确认出土玉器的遗址约有20处，粗略估算发现的玉器300件左右，空间区域主要

---

[1] 中国科学院考古研究所、陕西省西安半坡博物馆：《西安半坡》，文物出版社，1963年；中国科学院考古研究所：《庙底沟与三里桥》，科学出版社，1959年；《山西芮城东庄村和西王村遗址的发掘》，载《考古学报》1973年第1期；西安半坡博物馆、陕西省考古研究所、临潼县博物馆：《姜寨——新石器时代遗址发掘报告》，文物出版社，1988年。以上及北首岭遗址、元君庙仰韶墓地等仰韶文化遗址的报告，基本没有出现有关玉器的论述。

[2] 杨亚长：《陕西史前玉器的发现与初步研究》，载《考古与文物》2001年第6期；魏京武：《龙岗寺遗址出土的仰韶文化玉质生产工具》，见杨伯达主编：《出土玉器鉴定与研究》，紫禁城出版社，2001年。

[3] 叶舒宪：《玄玉时代——五千年中国的新求证》，上海人民出版社，2020年，第145—173页，罗列了几次考察活动所见的有代表性的玉器可参考；邓淑苹：《史前至夏时期"华西系玉器"研究（上）》，载《中原文物》2021年第6期。

[4] 张天恩：《仰韶文化玄玉的认定及其意义》，载《中原文化研究》2022年第1期。

在渭河流域的陇右和关中邻区、汉水上游和丹淅局地。

现对主要遗址简介如下。

1. 宝鸡北首岭遗址

北首岭遗址发掘早至1958—1960年，但仰韶玉器的发现是在1977年再次发掘时。编号为77M4、77M11两墓出土的随葬品中，各有1件近顶端带一小穿孔的石斧。报告虽作为石器进行介绍，但明确提及两件石斧很精致，并说到斧77M4：3 是"由近似于玉质的花斑石磨制而成"①。可知作者已觉察到其与石器的差别，故可能就是两件玉斧（钺）。从报告不太清晰的照片中，可观察到原器的黑白花斑（图1），显有蛇纹岩的特点。

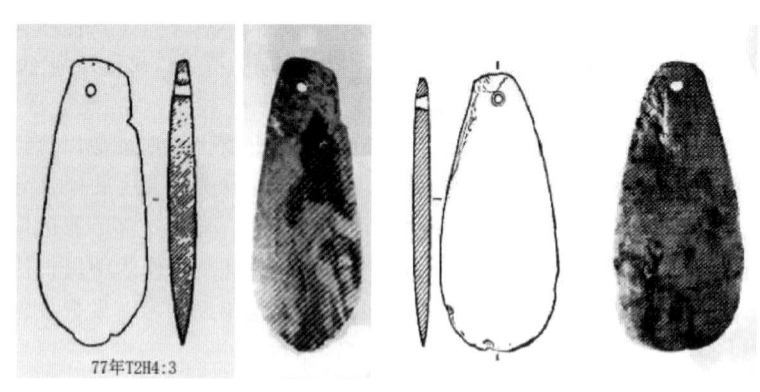

1. 77M4 出玉钺　　　2. 77M11 出土玉钺

图1　北首岭出土的仰韶玉钺

2. 南郑龙岗寺遗址

位于汉江上游南岸的南郑龙岗寺，是出土仰韶文化玉器较多的遗址，420余座半坡类型墓葬自下至上分为六层，形成了很好的地层和年代关系。其中的十多座墓葬出土26件玉器（图2，左1—18），种类主要为生产工具，以斧、锛、铲类居多，刀、凿次之，也有武器类的镞②。玉器的材质经过鉴定，属于绿色或白色半透明状软玉。出玉器的较早墓葬M118、M185、M256等均属半坡类型，是已知仰韶文化最早的玉器，M238、M286等偏晚的墓葬属于史家类型。

龙岗寺仰韶文化墓葬还出土了较多绿松石制作的小坠饰等，共计74件（图2，左19—28、右）。主要是利用原料的原形打磨、钻孔加工而成。另有1件长22厘米的衡形饰，器身中部上下和两侧各有个斜向对钻穿孔，可以穿系佩挂其他饰件（图2，左25、右下）。这样大的绿松石饰件甚为罕见，可能是珍惜材料就原形所制。因为器身中间有穿孔，原报告称璜似有不妥应改称衡形饰。

---

① 中国社会科学院考古研究所宝鸡工作队：《一九七七年宝鸡北首岭遗址发掘简报》，载《考古》1979年第2期；中国社会科学院考古研究所：《宝鸡北首岭》，文物出版社，1983年，第112页。下及北首岭资料，不注者均同此。

② 陕西省考古研究所：《龙岗寺——新石器时代遗址发掘报告》，文物出版社，1990年，第96—98页，图七二，介绍玉器24件，图七四另还有玉刀2件，作石器介绍。

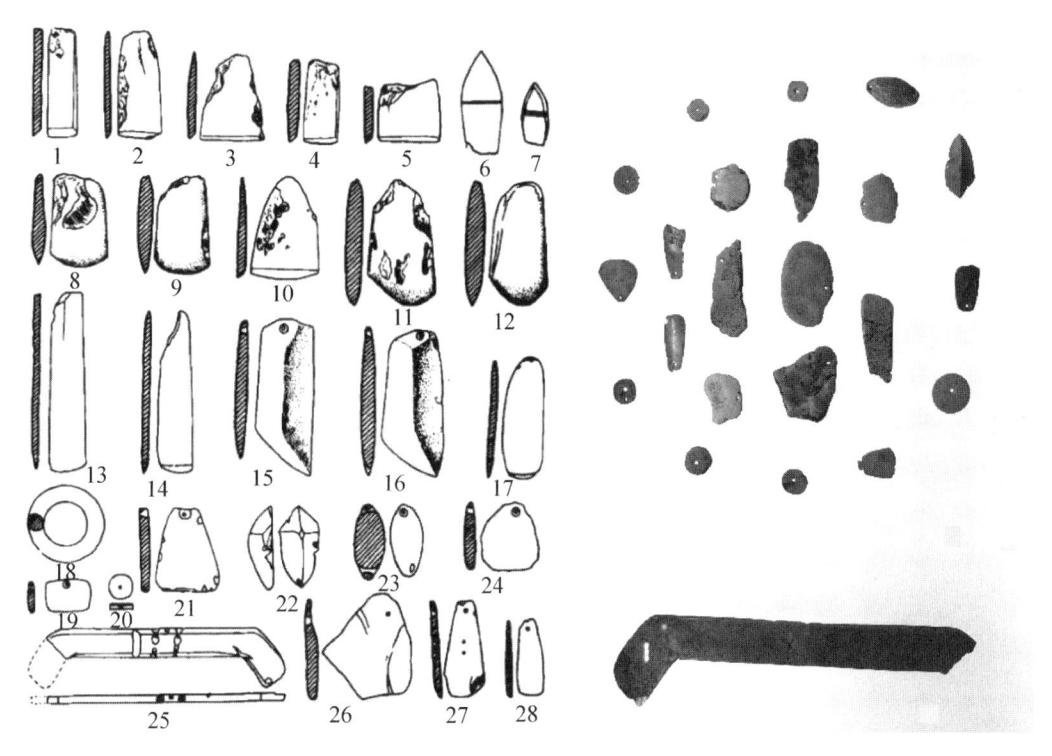

（左）玉器 1. 凿 2—5、10. 锛 6、7. 镞
8、9、11、12. 斧 13、14、17. 铲
15、16. 刀 18. 石环 19—28. 绿松石饰件

（右）绿松石饰件

图 2　龙岗寺出土玉器及绿松石饰件

（左引自杨亚长：《陕西史前玉器的发现与初步研究》图一，载《考古与文物》2001 年第 6 期）

3. 西乡何家湾遗址

何家湾遗址也处于汉水上游，出土半坡类型晚期玉器 3 件，器形为斧、锛、刮削器各 1 件，全用碧绿色软玉磨制。① 从相关遗迹单位出土陶器的形制来看，多见折腹盆、浅腹钵、葫芦口瓶，及变形鱼纹、宽带黑彩的史家类型特征，似与龙岗寺仰韶玉器的年代接近。另外也发现绿松石制品 9 件，全为平面呈圆形或椭圆形小坠，都有小穿孔。

4. 秦安大地湾遗址

大地湾处于渭河上游的三级支流清水河南岸黄土阶地上，是一处内涵非常丰富的新石器时代遗址。除了少量前仰韶遗存外，仰韶文化是遗址的主要内涵，包括了仰韶早、中、晚三期文化遗存，是出土仰韶玉器最多的遗址之一，每期都有玉器发现。② 遗址的第二期属

---

① 陕西省考古研究所、陕西省安康水电站库区考古队：《陕南考古报告集》，西乡何家湾遗址，三秦出版社，1994 年；又见杨亚长：《陕西史前玉器的发现与初步研究》，载《考古与文物》2001 年第 6 期。

② 甘肃省文物考古研究所：《秦安大地湾——新石器时代遗址发掘报告》，文物出版社，2006 年。以下所引大地湾资料不注明者均出此报告。

于仰韶早期，出土的玉器主要是锛、凿等生产工具，以及小坠饰和一些玉料。玉器多出于房址、灰坑及文化层中。遗址第三期遗存属仰韶中期庙底沟类型，玉器 6 件出在房子、灰坑中，器类有锛、凿等工具（图 3，1、2）。第四期属仰韶晚期的西王村类型遗存，但有马家窑文化石岭下类型的因素。在灰坑和文化层出土锛、凿、斧等工具和玉料 5 件，数量最多的是残玉笄 50 余件（图 3，3—7）。另有小坠饰多件，及 1 件采集的半玉璧（图 3，8）。

1、2. 玉锛（中期） 3、4. 玉笄 5、6. 玉锛 7 玉坠饰 8. 玉璧（晚期）

图 3 大地湾仰韶文化玉器

5. 张家川圪垯川遗址

圪垯川遗址位于清水河上游，距大地湾 15 公里，是甘肃省考古研究所近年发掘的又一处重要仰韶文化遗址。① 初步报道称为一处面积约 8 万平方米，外有三重围沟的环壕聚落，属仰韶文化早期的史家类型。在该期房子 F78 的地面上，出土比较特殊的碧玉杖首 1 件

---

① 甘肃学习平台：《甘肃张家川圪垯川遗址：已知年代最早大型粮仓原来长这样，还有炭化粟黍遗存》，光明网，2021 年 12 月 9 日；陈国科：《陇原大地上的宝藏——南佐遗址和圪垯川遗址初探》2021 - 12 - 16 16:55，来源：澎湃新闻·澎湃号·政务。 该遗址发掘不久考古资料尚没有正式公布，有无其他玉器出土有待报道。

（图4，左）。

图4　圪垯川遗址出土的玉杖首、陶器
（引自陈国科：《陇原大地的宝藏 —— 南佐遗址和圪垯川遗址初探》）

6. 宝鸡福临堡遗址

福临堡遗址位于宝鸡市西郊，在属于仰韶晚期的房子和地层中出土墨绿色蛇纹岩玉坠2件（图5），另有几件类似材质的玉笄。①

图5　福临堡出土玉坠饰

7. 咸阳尹家村遗址

尹家村位于咸阳市西郊，早年曾征集到15件蛇纹岩玉钺，及石斧（钺）2件。② 2021年5月，笔者曾利用参加"仰韶文化发现暨中国考古学诞生一百周年'玄玉时代'高端论坛"的机会，在咸阳博物馆工作人员陪同下对该遗址进行了调查，了解到该遗址的内涵包

---

① 宝鸡市考古工作队、陕西省考古研究所宝鸡工作站：《宝鸡福临堡》，文物出版社，1993年，第158页。另外报告介绍的石笄，因用料与玉坠同当为玉笄，笔者作为报告的编写者因当时认识不足致误，在此致歉并纠正。

② 咸阳市博物馆旧藏，2021年5月22日在该馆展出。

仰韶文化玉器的再认识　321

括仰韶文化早、中、晚三期。尹家村征集玉石钺的形制比较一致,均为长条形或刃端略宽,上端有一或两个小钻孔,打磨较光洁的端刃斧钺(图6)。

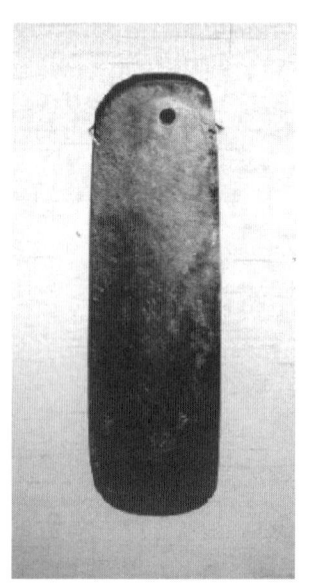

图6 咸阳尹家村出土玉钺

8. 高陵杨官寨遗址

杨官寨遗址处于西安市以北的泾河北岸,是一处范围达100万平方米,内有大型环壕的庙底沟类型中心聚落①。在属于庙底沟类型的灰坑和墓葬中,出土蛇纹岩的玉钺3件

---

① 陕西省考古研究院等:《陕西高陵杨官寨遗址庙底沟文化墓地发掘简报》,载《考古与文物》2018年第4期。灰坑所出的两件玉钺(图7)为陕西考古博物馆展览《考古圣地、华章陕西》的展品。

（图7，1）。

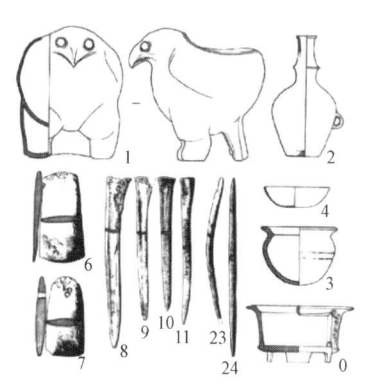

1. 杨官寨玉钺（左、中，灰坑出土；右 M302：1）　　2. 太平庄 M701

图7　杨官寨遗址出土玉钺和太平庄墓葬的随葬品

9. 蓝田新街遗址

新街遗址出土仰韶晚期玉器及玉料120多件，墨绿色的蛇纹岩玉笄（多残）占绝大多数（图8，1、2），有106件，余为蛇纹岩玉料或笄坯，和几件白色的残玉笄和8件玉环。① 玉料残块其上有锯切的痕迹（图8，3）和笄坯存在，显示这里应有专门制作玉笄的手工业作坊，玉笄应是当地的产品而非外来之物。

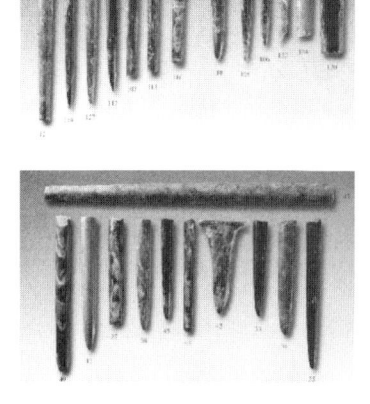

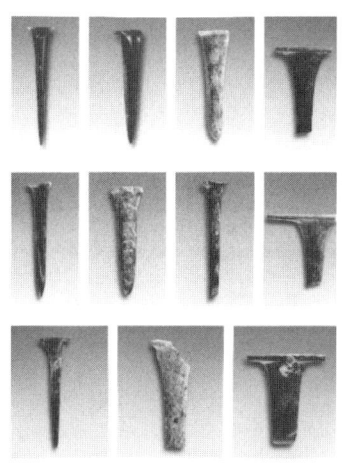

1. 玉笄　　2. 玉笄　　3. 玉料

图8　新街出土玉笄、玉料

10. 临潼邓家庄遗址

邓家庄遗址只有小范围试掘和调查，文化内涵显示为庙底沟和西王村类型。② 出土石（玉）铲2件均残，皆通身磨光。据介绍1件为蓝田白玉石质，上端部有一穿。另1件为豆绿色石质。另有石笄8件均作丁字形，完整者3件。其中一件为墨玉磨制，尖显深绿色，

---

① 陕西省考古研究院：《蓝田新街——新石器时代遗址发掘报告》，文物出版社，2020年。
② 赵康民：《临潼塬头、邓家庄遗址勘查记》，载《考古与文物》1982年第1期。

质地精莹，琢磨细致。

11. 华县泉护村和华阴兴乐坊遗址

泉护村遗址的太平庄墓地 M701，为一年龄 30—40 岁的女性墓，形制较大随葬品较丰富。① 计有陶器鹰鼎、瓶、钵、釜、灶各 1 件，锥、笄等骨器 6 件，石铲、斧（钺）各 1 件。相距较近的兴乐坊 M1 为一土圹竖穴小墓，墓主骨骼保存状况较差，年龄性别不清。随葬品有陶钵、罐、釜、灶及石斧各 1 件。②

12. 河南灵宝西坡遗址

处于渭河与黄河交汇地以东的西坡遗址，是一处庙底沟类型的重要聚落，面积约 40 万平方米。已发掘的庙底沟类型晚期墓葬 34 座有大、中、小之分，20 座墓出随葬品，可见器类有陶器、石器、骨器、玉器和象牙器等。处于东区的 9 座墓出玉钺 13 件、玉环 1 件（图 9），据鉴定除 1 件钺为方解石料外，余 13 件均为蛇纹石料，有 10 件呈墨绿色或深绿色③。另外，还有 3 座墓各出石钺 1 件。

13. 河南西峡老坟岗

老坟岗遗址的仰韶文化遗存有前后两期，但均属庙底沟类型，共发现墓葬 12 墓，有随葬品的墓 11 座。第一期的 6 座墓出 11 件石钺，M3 及 M8 分别出 3 件和 4 件，余 M2、M5 等 4 墓各出 1 件。报告介绍称器表"面多有蛇形纹"，邓淑苹疑属蛇纹岩类玉钺。④

图 9 灵宝西坡出土玉钺、玉环

---

① 北京大学考古学系：《华县泉护村》，科学出版社，2003 年，图八，2；田建文：《中原地区走向文明的门槛——太平庄 M701 期遗存的认知问题》图一，载《南方文物》2018 年第 3 期。

② 陕西省考古研究院编著：《华阴兴乐坊——新石器时代遗址考古发掘报告》，科学出版社，2019 年，第 204—207 页。

③ 中国社会科学院考古研究所、河南省文物考古研究所编著：《灵宝西坡墓地》，文物出版社，2010 年，第 32—113 页；马萧林、李新伟、杨海青：《灵宝西坡仰韶文化墓地出土玉器初步研究》，载《中原文物》2006 年第 2 期。

④ 河南省文物考古研究所、南阳市文物考古研究所：《河南西峡老坟岗仰韶文化遗址发掘报告》，载《考古学报》2012 年第 2 期；邓淑苹：《史前至夏时期"华西系玉器"研究（上）》，载《中原文物》2021 年第 6 期；马萧林、李新伟、杨海青：《灵宝西坡仰韶文化墓地出土玉器初步研究》，载《中原文物》2006 年第 2 期。

14. 其他地点

西安市鱼化寨遗址是一处有两重环壕的仰韶文化遗址，仰韶晚期灰坑出土玉笄 5 件。① 长安区鱼包头遗址的两座庙底沟类型晚期的小墓中，各出土灰绿色石（玉）钺 1 件。② 甘肃礼县高寺头遗址原子头类型灰坑出白玉锛 1 件，采集蛇纹岩玉锛 2 件。③ 半坡遗址出土碧绿色蛇纹石和青白色玉小坠饰各 1 件④，米家崖遗址出有仰韶晚期的玉笄⑤。扶风案板遗址仰韶晚期单位出土有数量较多石笄⑥，形制与新街等遗址出土的玉笄无别，但报告没有岩性的信息，不能断定是否有玉笄暂且存疑。

二、仰韶文化玉器的分期

仰韶文化的年代范围，一般认为处于距今约 6800—4800 年，分为代表的早、中、晚三期的半坡、庙底沟和西王村类型。为了对仰韶玉器有更清楚的认识，还需一个更明确的分期和年代判断。传统所说仰韶早期一般指的半坡类型，距今大约为 6800—5800 年。因不含部分学者所说的仰韶文化初期阶段⑦，故未采用半坡类型早到距今 7000 年的说法。并据姜寨、原子头、大地湾等遗址的层位关系，以及主要陶器形制、彩陶纹饰等演变特征，半坡类型偏晚的遗存曾被分出史家和原子头类型。⑧ 原子头报告提供的原子头类型的两个碳十四测年数据，树轮校正年代分别为距今 6300±80 年、5900±80 年，故判断其下限为公元前 3800 年。

1. 早期玉器

属于仰韶早期的玉器，主要有汉水上游的南郑龙岗寺、西乡何家湾，渭河中上游的秦安大地湾、张家川圪垯川、宝鸡北首岭等遗址。据报告分期并参照共存陶器形制特征判断，只有龙岗寺遗址的玉器出自典型的半坡类型墓葬，其他地点玉器的年代都显得要略晚一些。

同处汉江上游的何家湾遗址，出土玉器的灰坑和文化层被归入半坡类型的晚期，核查相关报告所列的同期陶器形制和彩陶风格，多具有史家类型的特点，故其应晚于龙岗寺出玉器墓葬的年代。

---

① 西安市文物考古保护研究院：《西安鱼化寨》，科学出版社，2017 年，附表九。
② 西安市文物考古保护研究院 2021—2022 年发掘资料，待刊。笔者曾到考古队驻地观摩，1 斧玉料为黑白斑纹的绿色蛇纹岩。
③ 甘肃省文物考古研究所：《甘肃礼县高寺头新石器时代遗址发掘报告》，载《考古与文物》2012 年第 4 期。
④ 中国科学院考古研究所、陕西省西安半坡博物馆：《西安半坡》，文物出版社，1963 年，第 194 页。
⑤ 陕西省考古研究院：《西安米家崖——新石器时代遗址 2004—2006 年考古发掘报告》，科学出版社，2012 年。
⑥ 西北大学文博学院考古专业：《扶风案板遗址发掘报告》，科学出版社，2000 年，第 119、120 页。
⑦ 张宏彦：《仰韶文化最早遗存的再探索》，载《西部考古》2016 年第 2 期；魏兴涛：《豫西晋南和关中地区仰韶文化初期遗存研究》，载《考古学报》2014 年第 4 期；韩建业：《初期仰韶文化研究》，载《古代文明》（辑刊）2010 年总第 8 卷。
⑧ 西安半坡博物馆、渭南县文化馆：《陕西渭南史家新石器时代遗址》，载《考古》1978 年第 1 期；陕西省宝鸡市考古工作队等：《陇县原子头》，文物出版社，2005 年。

渭河上游的大地湾遗址仰韶遗存，分属于遗址的二、三、四期，被认为相当于仰韶文化的早、中、晚期。其早期遗存的陶器时代特征鲜明，并无典型半坡类型的迹象，出土的大量葫芦瓶、折腹盆、变形鱼纹彩陶盆等，显然具有史家类型的风格，报告称大地湾仰韶早期遗存与史家墓地大体相同比较可信。邻近大地湾的圪垯川遗址，因发掘工作尚处于开始阶段，只介绍了 1 件玉杖首，是否还有其他玉器有待后续报道。据该遗址出土陶器的介绍，都是非常典型的史家类型器物（图 4，2），可知玉器的年代判断无误，与大地湾早期相当。礼县高寺头遗址远在西汉水上游，在原子头类型的灰坑 H103 出土白玉锛 1 件，稍晚于前几处。

处于渭河中游的北首岭遗址，有两座墓葬各出玉（石）斧 1 件，报告据层位关系等判断属于遗址的中层，认为"文化面貌与半坡类型诸遗址大体类同"。并将 77M4：3 玉斧等作为中层器物介绍。但该遗址中层的文化内涵比较复杂，出土陶器包括半坡、史家类型等不同阶段。[①] 不知何故报告将该墓出土的 1 件陶鼎置于下层器物内，却又没有介绍这两墓的其他陶器。从墓葬登记表中查到部分陶器的型式划分，比照举例的其他墓葬所出同类陶罐标本（图二，右），均有侈口、上腹圆鼓，下腹曲收为小平底的形制特征，与典型半坡类型陶罐存在一定差距，而有史家类型器物的特征。如报告所举标本无误，则可确定两墓的年代亦属史家类型。但如报告对 77M4：7 鼎所置的年代无误，那么就不能排除该墓及其出土玉器有更早的可能。

据上述可知，仰韶早期玉器最先出现于龙岗寺半坡类型墓葬，其余几个遗址所出玉器单位的年代都略晚，多属于史家类型的遗物，最晚到原子头类型。所见玉器的种类以斧、锛、凿、铲、刀等生产工具类居多，有少量小坠饰，也发现武器类的斧钺及非常独特的杖首。另外还见到多寡不一的绿松石饰件。

2. 中期玉器

出仰韶中期玉器的遗址数量较多，主要见于渭河流域的秦安大地湾、咸阳尹家村、高陵杨官寨、华县泉护村和华阴兴乐坊和河渭交会地带的灵宝西坡，以及豫西南的西峡老坟岗等遗址。除了尹家村十余件玉钺为征集品年代不明确外，其他地点所出均系考古发掘出土，相关报告的年代判断基本一致，均属于仰韶中期的庙底沟类型。

但庙底沟类型的年代并没有明确的时间范围。根据一些遗址的碳 14 测年数据，严文明先生界定大约在公元前 4000—前 3300 年[②]。据原子头遗址的碳 14 测年数据，原子头类型的下限在公元前 3800 年左右，以此作为庙底沟类型的上限也许是合适的，似不会早于此其至到前 4000 年。一般认为陕晋豫交界地区是庙底沟类型的核心区，但在华县东阳遗址就发现比较典型的原子头类型遗存[③]，说明此时庙底沟类型还没有形成，故不见于三省交界范围的华县地区。关中中部的高陵东营遗址也有类似的文化遗存[④]，可见原子头类型越过西安周边

---

① 严文明：《北首岭史前遗存剖析》，见《仰韶文化研究》（增订本），文物出版社，2009 年；陈雍：《北首岭新石器时代遗存再检讨》，载《华夏考古》1990 年第 3 期。

② 严文明：《论半坡类型和庙底沟类型》，载《考古与文物》1980 年第 1 期。

③ 陕西省考古研究院编著：《华县东阳遗址考古报告（2014）：全 2 册》，科学出版社，2018 年，第三章"仰韶时期遗存"。

④ 陕西省考古研究院、西北大学文化遗产与考古学研究中心编著：《高陵东营——新石器时代遗址发掘报告》，科学出版社，2010 年，第三章"仰韶时期遗存"。

还向东发展。看来从大地湾到华县一带的渭水流域，普遍有该类遗存的分布，并影响到山西临汾地区甚至更远。①

近年三门峡南交口、西安杨官寨、华县泉护村等遗址公布了一批碳14测年结果，庙底沟类型的上限为公元前3700—前3600年②，均晚于原子头类型下限的公元前3800年。但这些遗址的文化内涵均未见庙底沟类型早期阶段遗存，如山西翼城北橄遗址第一、二期文化的迹象③，测年略晚100—200年显然更为合理，与这些遗址的文化面貌呈现庙底沟类型中期文化繁荣阶段的特征相符。如果将庙底沟类型中期估计为300年左右，那么其下限约在公元前3300年以前，与严先生的推断大体相当。

经对相关遗址发掘资料的比较，可以确定庙底沟类型繁荣期的玉器，应包括大地湾仰韶文化中期、杨官寨庙底沟期、老坟岗庙底沟类型墓葬等出土钺、锛、凿等。鱼包头墓地出土两钺的形制为上端较小，1件有一对钻的小穿孔，颇有老坟岗、杨官寨玉石钺的特征，大约也可以归于这一阶段。

但西坡墓地的碳14测年数据明显较晚，为公元前3300—前2900年，上限仅相当于过去推断的庙底沟类型下限，已与早年推断的西王村类型年代相当。观察墓地出土陶器的风格，确属庙底沟类型最晚的形制，较多见的釜、灶已与庙底沟、泉护村一、二期所出者有明显差距④，陶釜反而与蓝田新街等遗址西王村类型的釜相似，可见其年代可能与后者已有交错，测年至公元前3300年以后不应奇怪。而泉护村太平庄M71、兴乐坊M1两墓所出釜、钵、壶等陶器，多与西坡同类器相似而年代也应相当。这些属于庙底沟类型晚期的遗存，推论其年代约为公元前3300—前3100年的认识⑤，作为局部区域庙底沟类型的最晚遗存大体可从。相关遗址出土的玉器，就应处在这一年代范围。而尹家村遗址征集的17件玉石钺，大多近似圆角长方形，几乎全部都有钻孔，形制与西坡钺相似，属庙底沟类型晚期的可能性为大。

另外，临潼邓家庄出土的两件残玉斧均无图形资料，遗址的内涵虽以庙底沟类型遗存为主，但具体早晚难以断定只能暂时存疑。

3. 晚期玉器

仰韶文化晚期一般是指西王村类型，年代被估计为公元前3500—前3000年⑥，笔者根

---

① 张天恩：《试论关中仰韶文化早期的折腹罐》，见北京大学考古博学院、北京大学中国考古学研究中心编：《考古学研究.10，庆祝李仰松先生八十寿辰论文集》，科学出版社，2012年。
② 陕西省考古研究院、渭南市文物旅游局、华县文物旅游局编著：《华县泉护村：1997年考古发掘报告》，文物出版社，2014年，第729页；杨利平：《试论杨官寨遗址墓地的年代》，载《考古与文物》2018年第4期；韩建业：《庙底沟期仰韶文化研究的几个问题》，载《文物世界》2021年第2期。
③ 山西省考古研究所：《山西翼城北橄遗址发掘报告》，载《文物季刊》1993年第4期。
④ 中国科学院考古研究所：《庙底沟与三里桥》，科学出版社，1959年，第44—46页；陕西省考古研究院、渭南市文物旅游局、华县文物旅游局编著：《华县泉护村：1997年考古发掘报告》，彩版二六，3、4，图版三八，1、四二，2，文物出版社，2014年。
⑤ 韩建业：《庙底沟期仰韶文化研究的几个问题》，载《文物世界》2021年第2期。
⑥ 严文明：《略论仰韶文化的起源和发展阶段》，见《仰韶文化研究》（增订本），文物出版社，2009年。

据大地湾、福临堡等遗址的碳14数据，将其年代范围调整到公元前3250—前2800年①，前文已明庙底沟类型中期下延至前3300年或更晚，新街遗址仰韶晚期偏早单位的碳14测年为公元前3340—前3090年②，故将其上限置于公元前3250年左右可能较好。此年代与庙底沟类型晚期下限略有交错，正好反映了在向西王村类型过渡时期，陕晋豫交界的庙底沟核心区文化保守滞后的事实。③ 西王村类型下限为前2800年仍较适当，与新街遗址庙底沟二期年代上限为公元前2800多年比较吻合。④

按照相关考古报告资料判断，仰韶晚期玉器主要出于秦安大地湾四期、宝鸡福临堡三期、西安鱼化寨、蓝田新街及临潼邓家庄等遗址的仰韶晚期阶段。相关遗址的考古发掘报告中，这一时期玉器出土单位或文化层介绍的共存陶器较少，或没有介绍，故不能做进一步的分期研究，只能笼统看作仰韶晚期的玉器。

出土此期玉器数量和器类较多的遗址有大地湾和新街，前者有玉锛等生产工具、坠饰、玉笄等装饰及生活用具，还发现玉璧类礼仪用器。后者主要是生活用具玉笄及装饰品玉环。另外两遗址都发现有玉料残块，意味着分别有制玉作坊的存在，也是玉器出土量远超其他遗址的原因。而且新街遗址出土有较多蛇纹岩玉笄、残玉笄及玉料，其作坊很可能是以制作玉笄为主，也就是出现了专业化生产，乃至实物商品的迹象。福临堡只出小坠饰和玉笄，鱼化寨、米家崖、邓家庄，可能还包括案板遗址，所见到的仅为玉（石）笄。晚期玉器种类以生活用具及饰物居多，与仰韶中期多见玉钺形成了极大的差异，其原因值得深思。

三、仰韶文化玉料的特点

目前可观察到的仰韶文化玉器的玉料，主要可分两大类。

第一类，色泽比较浅淡的青白色玉料。

这类玉料主要出自龙岗寺、何家湾遗址，所见玉器外表多为青绿或黄白色（图10），也有少量色泽较深的玉料。既往已有学者做过抽样性检测和研究，魏京武先生所检测的4件玉器中有3件为软玉，1件为蛇纹石。据称测试成分数据与四川汶川玉基本相当，故认为龙岗寺大部分玉器的原料产地应为四川汶川，但也不排除个别玉料有更远的产地。⑤ 这是因检测标本量的局限，不能排除其他来源的可能性。另外对汶川县龙溪乡的龙溪玉也作过检测，通过玉料颜色、物质成分、透闪石纤维长度及编织（交织）——毛毡状结构等方面的比较，认为均与龙岗寺玉器的数据接近⑥，也就进一步支持了前说。可见龙岗寺的半透明状软玉材质玉器的原料，确有可能来自四川汶川的玉矿，但也不能排除其他更远或者较近距离的玉矿，有被古代先民开发利用的可能。

但考虑到汉中至汶川的直线距离（从地图上计算）约有350公里，对于6500年前后的

---

① 张天恩：《浅论西王村类型几个问题》，载《考古与文物》1994年第2期。
② 陕西省考古研究院：《蓝田新街——新石器时代遗址发掘报告》，文物出版社，2020年，第585页。
③ 韩建业：《庙底沟期仰韶文化研究的几个问题》，载《文物世界》2021年第2期。
④ 陕西省考古研究院：《蓝田新街——新石器时代遗址发掘报告》，文物出版社，2020年，第587页。
⑤ 魏京武：《龙岗寺遗址出土的仰韶文化玉质生产工具》，见《出土玉器鉴定与研究——中国出土玉器鉴定与研究学术研讨会论文集》，紫禁城出版社，2001年。
⑥ 王春云：《龙溪龙溪软玉的矿床地质和物理化学性质》，载《矿产与地质》1993年第3期。

仰韶先民而言，如此长途的搬运玉料可能并非易事。尤其是至今在川西北地区还没有发现仰韶中期以前的考古学文化遗存，先民何以了解汶川附近有玉矿可用？更为费解。因此，这也只是一种较大的可能还不能算最终的结论。

图 10　龙岗寺出土玉器

［引自邓淑苹：《史前至夏时期"华西系玉器"研究（上）》，载《中原文物》2021 年第 6 期］

第二类　色泽较深沉的墨绿色玉料。

这一类玉料的外观纹路尚有不小的差别，还应该区分为两种。

甲种，是见于渭水流域及邻近区域的玉器。

渭水流域较早的仰韶文化玉器，出现在陇山两侧的大地湾和北首岭等遗址，所见玉器多以墨绿、翠绿和带黑白斑的深色玉为主，主要是蛇纹岩、透闪石类玉材。大地湾的玉器曾有过相关的鉴定研究，其质料主要为蛇纹石和透闪石软玉。色泽有翠绿、墨绿、深绿及褐红等（图 11），来料主要是甘肃武山玉，也即蛇纹岩。[①] 这一认识的意义重大，实际是确认了渭水流域仰韶玉器目前所知的唯一原料产地。大地湾处于渭河上游三级支流清水河西岸的黄土阶地，距渭河干流尚有 50 公里，较多玉料的出现绝不会是顺流而下的自然移动带来，定是先民有意选择和远距离搬运的结果。圪垯川遗址更在大地湾东北的清水河上游河段，所出玉权杖首的材质，一望而知是出自武山的蛇纹岩玉料，其产地应亦无别。

图 11　大地湾出土仰韶早期玉器

① 张正翠：《大地湾遗址出土玉器的初步研究》，载《百色学院学报》2018 年第 1 期。

处于渭河中游的北首岭遗址，两座史家类型墓葬所出的蛇纹岩玉斧，其玉料可能同样来自渭河上游的武山县。半坡遗址出土的碧绿色蛇纹岩 2 件坠饰，青白或淡绿色小玉坠各 1 件①，此类小件却可能为河水自然搬移而被先民偶然所获，不一定是人为开采所得。另外，渭南史家墓地出土了 3 件带孔石斧②，但报告没有石材方面的信息介绍暂不讨论。

渭河干流区域的大地湾、福临堡、尹家村、杨官寨、新街、泉护村等，靠近河渭汇流地的西坡，所出的仰韶中晚玉器，除极少的坠饰为青白玉制品之外，其他各类工具、武器、饰件和生活用器等，基本均是蛇纹岩类玉料所制。可以认为渭河流域的仰韶玉器制作，始终是以深绿色的蛇纹岩、透闪石类玉料为主，其他均少见。尤其是中期的玉钺、晚期的玉笄多为集中的发现，已有专门化生产的趋势，但所见者几乎是用蛇纹岩材料制作。即使石质的钺、笄，也是较深沉的青灰色石灰岩，并以制作工艺简单质朴，不尚雕饰的简素风格等为特点。③所以，为与其他文化浅色青白玉区别，学界近年提出仰韶玄玉的命名。④此为其后龙山时代华西系玉器的兴起⑤，奠定了文化和技术基础。

乙种，见于浙水（老鹳河）中游支流地区的玉器。

目前只有河南西峡县老坟岗遗址一处，距离渭水流域已较远。所出玉器的器类主要是玉钺（图 12），用料主要也是蛇纹岩，但直观可视玉料的纹路和色泽和渭水流域的有一定差别。玉材表面的白色比例偏高，墨绿或青黑的纹路较窄狭，斑点分布较匀称等特点，和渭水流域的蛇纹岩玉器明显不同，故其玉料来源应作他求。

老坟岗遗址距渭河流域既远，玉料的外观也有明显差异，当然不可能是远在渭河上游的鸳鸯玉。那么，在距西峡较近的地区有无可以利用的玉矿呢？著名的南阳独山玉近年的考古发现提供了宝贵信息。南阳市黄山村发现了大型玉器石器生产"基地"性质的大遗址，年代为仰韶晚期和屈家岭文化。出土数量丰富的制玉制石工具、玉石料残次品、陶器、骨器等⑥。以独山玉石料为资源支撑，其他地方玉材为辅助。玉器的岩性外观有较明显偏白的花斑玉特征（图 12，5），与老坟岗玉器确有较大的相似性。

实际上南阳独山玉矿距老坟岗遗址较近，大约为 100 公里，分别处于豫西南的丘陵平原地带，同属于仰韶文化发布区。2018 年的发掘玉器作坊的年代虽仅到仰韶晚期，但该遗址原曾发掘到仰韶早、中期的遗存及玉器⑦，说明独山玉的制作活动出现得较早。百公里左右的老坟岗仰韶中期墓葬随葬独山玉器，并不意外。

---

① 中国科学院考古研究所、陕西省西安半坡博物馆：《西安半坡》，文物出版社，1963 年，第 194 页。
② 西安半坡博物馆、渭南县文化馆：《陕西渭南史家新石器时代遗址》，载《考古》1978 年第 1 期。
③ 张天恩：《仰韶文化玄玉的认定及其意义》，载《中原文化研究》2022 年第 1 期。
④ 叶舒宪：《玄玉时代——五千年中国的新求证》，上海人民出版社，2020 年；张天恩：《仰韶文化玄玉的认定及其意义》，载《中原文化研究》2022 年第 1 期。
⑤ 邓淑苹：《也谈华西系统的玉器》（1—6），载《故宫文物院刊》1993 年第 5 期—1994 年第 10 期；邓淑苹：《史前至夏时期"华西系玉器"研究（上）》，载《中原文物》2021 年第 6 期。
⑥ 马俊才：《河南南阳黄山遗址》，载《大众考古》2020 年第 12 期。
⑦ 南阳师范学院独山玉文化研究中心：《南阳黄山遗址独山玉制品调查简报》，载《中原文物》2008 年第 5 期。

图 12　老坟岗遗址出土玉钺

由此可知，仰韶玉器的玉料来源应有不同区域。其一，汉水上游龙岗寺为代表的玉器所用清白色玉料，可能来自川西北的汶川玉矿区，或靠近汉中盆地的相邻地区及更远的地方；其二，渭河流域的玉料，主要来自武山鸳鸯镇周边的蛇纹岩矿区，或也有暂且未知矿源地；其三，老坟岗玉器也以蛇纹岩为主，但色泽、斑纹与渭水流域的玉器有一定差别，其玉料主要来自较近的南阳独山玉矿。

四、仰韶文化玉器的起源

对相关遗址出土仰韶早期玉器时代的界定，可知南郑龙岗寺的仰韶玉器最早，多数出自该遗址的半坡类型墓葬，略晚的为史家类型的 3 座墓。西乡何家湾及渭河中上游的北首岭、秦安大地湾等遗址，所出玉器均属于史家类型阶段。如欲追溯仰韶文化玉器的起源，当然应从出土数量最多、年代最早的龙岗寺去考虑。

当然，渭河流域新石器时代玉器的发现，实际比龙岗寺仰韶文化半坡类型墓葬的年代更早者。2002 年宝鸡关桃园遗址发掘到丰富的白家文化遗存，可清楚地分为早、中、晚三期，距今约为 8000—7000 年。在属于白家文化晚期的灰坑 H183 中，出土白色透亮的小玉环 1 件。① 环壁较宽，断面呈枣核形，内有圆穿，器表光洁（图 13）。层位关系有清楚地显示，H183 是被多个同属白家晚期的灰坑打破，肯定为白家文化晚期偏早的单位，玉环无疑是渭水流域考古发现的最早玉器。

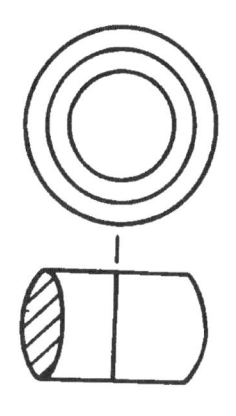

图 13　关桃园白家文化玉环 H183：1

---

① 陕西省考古研究院、宝鸡市考古工作队编著：《宝鸡关桃园》，文物出版社，2007 年。

但因仅发现 1 件，则有可能是当地先民无意获得玉料的偶然所为。但其形制和制作工艺都比较成熟，治玉水平似乎并非初创阶段所能企及。故其属白家先民已有制作玉器技能的产品，还是远距离文化交流而得的外来之物，则有待更多新的考古发现和研究去解答。所以，在某会议介绍这一发现时曾有专家质疑其时代[1]，也就不足为怪。

仰韶文化最早玉器出于龙岗寺遗址半坡类型墓葬，距今约在 6500 年前后，较白家文化晚期可能要晚 400—500 年，所见器类只有锛、凿、斧、刀等生产工具，与玉环类饰品没有什么关联度，两者不大可能存在传承、发展的关系。亦不同于长江流域较早的新石器时代玉器，如以玦、璜类饰件为特色的马家浜、崧泽等文化之玉。因此，龙岗寺仰韶文化玉器的产生，应是半坡先民在石质工具制作技术的基础上，对获取的玉材有意进行加工制作。只是对玉器表面有进一步的抛光处理，显得与石质工具的制作有所不同，反映出对高品质原料的钟爱，并已掌握了玉材加工的技术能力。

在龙岗寺遗址较早的 168 座半坡类型墓葬中，有 17 座出土玉器，较晚的 255 座史家类型墓葬却只有 3 座出土玉器的比例，以及有限的玉器总量和 26 件玉器分散出土于 20 座墓葬中，没有出现作为特殊器物供给少数人专享等分析，说明当时汉水流域仰韶先民虽已具备治玉成器的技能，呈现的却是玉器制作的随机性特征，远未形成专门化量产的水平，也没有出现刻意追求贵重物品的社会风气和价值观念。

渭水流域最早的仰韶玉器，多出于几个遗址的史家类型墓葬、房址等遗迹中。大地湾遗址第二期是出土这一时期玉器数量最多的遗址，器类主要是锛、凿等生产工具，以及少量绿松石等小坠饰。从这些方面来看，大地湾遗址的用玉特点似乎存在龙岗寺的影响。考虑到前仰韶时期秦岭南北已形成了基本一致的文化区，分别发现了白家文化及面貌极为相似的李家村类型。[2] 随后兴起的仰韶文化半坡类型，也分布于在这两个区域，表明渭水与汉水上游的文化通道，并没有因秦岭之险而阻隔。

陕南作为我国绿松石矿的重要分布区鄂豫陕区的一部分[3]，龙岗寺白家文化偏晚墓葬发现绿松石坠饰也就不足为奇。半坡、史家类型墓葬出土绿松石制品多达 74 件，并有 1 件迄今为止最大的绿松石衡形器，残长 22 厘米、宽 2.6 厘米、厚 0.8 厘米。何家湾遗址也出土 9 件绿松石饰品，当是因资源获取近便的缘故。

而有意思的是没有绿松石资源的渭河流域，在半坡类型阶段却也有此材料做的饰件，姜寨第一期 M24、北首岭 78M1 等墓就有出土。大地湾遗址史家类型单位中，亦有少量绿松石坠饰出土。应是在两地半坡类型先民的交往中，色泽艳丽的绿松石作为稀缺珍品被带到了秦岭以北。同时，汉水上游的玉器制作技术也可能传到了渭水流域，开启了渭河中上游仰韶文化工具类玉器使用的历史。北首岭 77M4 的时代有可能较早，也许是因宝鸡与汉中较近而得风气之先。总之，时代的先后关系和相同的玉器种类特征，将两者作为源流进行推

---

[1] 2002 年宝鸡关桃园遗址考古发掘工作，顺利入围当年的全国十大考古发现项目，但在最终评议时有专家认为仰韶文化没有发现玉器，前仰韶也就不会有，故怀疑是否发掘有误以致未能通过终评。

[2] 陕西省考古研究所、陕西省安康水电站库区考古队：《陕南考古报告集》，三秦出版社，1994，李家村遗址。

[3] 北京科技大学冶金与材料史研究所、陕西省考古研究院：《陕西洛南河口绿松石矿遗址调查报告》，载《考古与文物》2016 年第 3 期；刘玲、杨明星、狄敬如等：《湖北黄陂盘龙城遗址出土绿松石产源研究》，载《江汉考古》2022 年第 4 期。

断便顺理成章。

不过,秦岭南北玉器的色泽差异明显,也就是玉料质地不同的问题,需有一个合理的解释。如前文介绍和相关图片的展示,汉水上游的龙岗寺等遗址所出玉器以浅淡的青白浅绿玉料居多,渭水中上游的大地湾、北首岭等遗址出土玉器几乎都是色泽沉着的墨绿、翠绿、黑色白斑等玉料。同一治玉工艺体系主导下的产品,何以出现这样大的差异?

龙岗寺玉料的来源,有关鉴定认为与四川汶川的玉矿材质相似,来自汶川一带的可能的确不能排除。同时,也应考虑汉中盆地周边的山区或有玉矿,曾被先民发现和利用,此将是以后考古工作需要关注的一个问题。

然而工具类玉器的用料往往较大,远非绿松石饰件那样材料较小便于携带,汉中到关中的最近直线距离也在150公里以上,在畜力资源还没有开发的远古时代,靠人力搬运沉重的玉料显然不太现实。在掌握了玉器制作技术的条件下,设法就近获取可以替代材料,当然就会成为一个必然的选项。而据北首岭、大地湾遗址白家文化遗存中出有蛇纹石坠饰发现①,当地先民对蛇纹石的特殊美感应该是有所认知的。因此,开始有意识地选择和寻找近地可得的蛇纹岩类玉材,取代不易获得的青白玉料以满足对美好器具的拥有,显然是一个理智的选择。

而非常巧合的是,仰韶文化分布区西端的渭河上游,甘肃武山县鸳鸯镇一带就有丰富的蛇纹石矿蕴藏②,这类墨色藏绿翠的玉石也被称为"鸳鸯玉"。其实,在早于仰韶文化的千百年前,就应有蛇纹岩料被渭河水流的自然作用力移至古老的河道中,有些散落的籽料被白家先民偶尔捡拾,便成为制作坠饰的优质材料。北首岭下层墓葬77M14出土的蛇纹石小坠,就是很好的证明。

当先民具备了制玉技术,不易获取的南方玉料需要用代替品制作玉器时,已有蛇纹岩的知识积累,便为他们解决问题提供了有效的途径。主动开发较近便的渭河上游武山蛇纹岩类玉料,以满足玉器制作的需求,让史家类型先民开始走出了一条独特的玉石之路。即以色泽深沉的墨绿、黑白斑纹玉器为特色,与始自东北并传向东南平原丘陵地带的青白玉系统判然有别。

仰韶中期及其后,渭河流域中下游更多聚落对玉料的需求,主要应是借渭河及支流的水道和陆路转运而获得,少量或取自较近便及其他区域的来料以补充。距离武山玉矿遥远的老坟岗庙底沟类型先民,所用玉钺亦多为蛇纹岩,似有渭水流域的传统影响。但代以南阳独山玉制作玉器,同样是就近取材的明智之举。

五、余论

经对考古资料的系统梳理,可知仰韶早期玉器初兴于汉水上游龙岗寺遗址的半坡类型墓葬,种类以生产工具类居多,饰件极少,而另类的绿松石佩饰独领风骚。渭水中上游史家类型的玉器出现,很大程度上是受到前者的影响,以生产工具较多可以说明,当地偶见

---

① 中国社会科学院考古研究所:《宝鸡北首岭》,文物出版社,1983年,第112页;甘肃省文物考古研究所编著:《秦安大地湾:新石器时代遗址发掘报告》,文物出版社,2006年,第49页。
② 叶舒宪:《玉石之路踏查三续记》,陕西师范大学出版总社,2020年,第79、80页。 当地有"众山皆藏玉"之美誉,据相关资料介绍武山县的蛇纹石已探明储量3.24亿立方米,为世界第二大矿。

的白家文化玉环年代更早却缺乏有机的关联。而少量玉钺、玉杖首的出土，则可视之为创新的因素。

关于圪垯川的玉杖首，容易让人想到象征权力和威望权杖头，是否有特殊的文化含义？不能不考虑。李水城的研究认为："在距今一万年前的无陶新石器时代，近东地区的先民率先创造出权杖……。距今6000年前后，进入全新世气候大暖期的最佳时期，……权杖向东传入中亚南部的河谷绿洲，并继续向北、西北流动，相继进入哈萨克大草原、西伯利亚和中国的西北地区，公元前2千纪前半叶，进入黄河中游的中原腹地。"① 在公元前7000—前6000年前的土耳其的恰塔尔休于（Çatal hüyük）遗址等，出土有较多的扁圆形石权杖头（图14），形制确与圪垯川杖首相似。但按他所研究的时间段，却极大地晚于圪垯川玉杖首之年代。

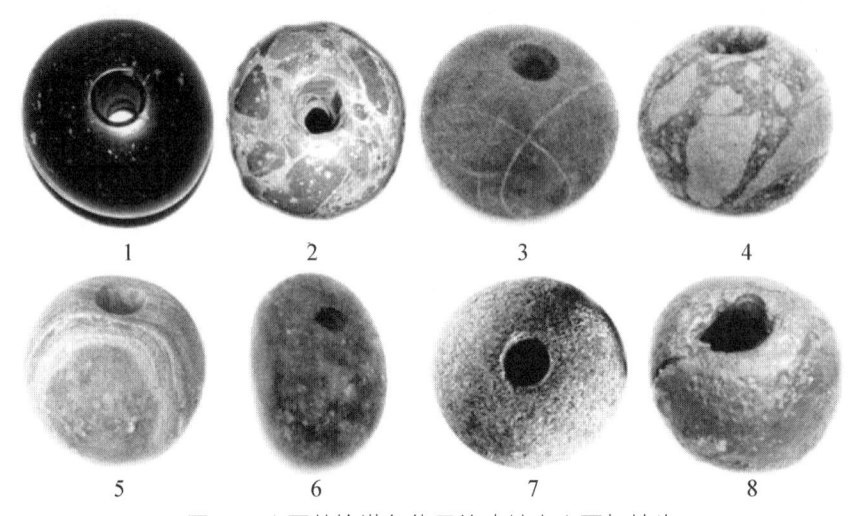

图14　土耳其恰塔尔休于等遗址出土石权杖头

［引自李水城：《中原所见三代权杖（头）及相关问题的思考》，载《中原文物》2020年第1期］

圪垯川杖首所用的材质，一望而知也是出自武山的蛇纹岩料，当然是就地取材并制作，不会是远道而来西亚成品。假如是西亚传来的技术影响，那么其传播一定是在距今6000年以前，而非公元前2千纪前半叶。但若非传播出现的特殊器物而是仰韶先民的创造，则要考虑他们制作该类器的动机和目的何在？将是需要研究的另外问题，此不赘。

仰韶中期以后玉器扩展到整个渭河下游及周边，远及淅川的支流区，似乎进入了仰韶文化玉器的兴盛期，晚期也有更多遗址和更多玉器出土。但器类的差异却出现了明显变化。仰韶早期玉器以多种生产工具类为大宗，中期却以玉（石）钺为主流，典型遗址均不乏其身影，而生产工具类玉器显著减少并基本是在渭河上游或以远。仰韶晚期虽也有少量工具或玉钺，但独领风骚的却是生活用器玉笄，差不多发掘范围略大的遗址都有出土。

这样的变化，既可能是因仰韶中期玉器专业化生产机制出现引起，更可能与社会需求和思想观念意识变化相关。一般认为玉钺和权杖一样，是具有宣示威权和身份地位的礼仪用器，或彰显武力的武器。庙底沟类型是仰韶文化发展的全盛时期，分布区域之大，文化

---

① 李水城：《中原所见三代权杖（头）及相关问题的思考》，载《中原文物》2020年第1期；涂怀奎：《陕鄂相邻地区绿松石矿地质特征》，载《陕西地质》1996年第2期。

一致性之强,在新石器时代考古学文化中罕有其匹者,学界多认为与黄帝时代文化相关。《越绝书·越绝外传》即有"黄帝之时,以玉为兵"之说,庙底沟类型诸多玉钺的发现,是否为考古学的一个印证也可能并非虚妄。

郭大顺先生注意到玉石钺在墓葬中的出土位置,常有顺肢体摆放的现象,怀疑其并不装柄而非武器,却有可能为礼器玉圭。① 此观察的确不无道理,但也有不少玉石钺的放置与肢体呈垂直状态,便存在装柄的可能,故还需再予斟酌。玉钺本身兼具礼器和武器的双重作用,随葬于不同身份之人则体现不同的意义。那么,是否可考虑三代玉圭的来源,可能存在仰韶玉石钺的影响?尤其是器形明显窄长而被称为玉石斧的那一类。

仰韶晚期以后玉钺迅减而玉笄流行,反映的或是社会风尚的转变,先民们似在关注生活品质,尚武精神却明显消减。所以从考古学文化可以发现,东方的大汶口文化西进、南方的屈家岭文化北上,明显影响到豫西、晋南和关中东部,或许是仰韶晚期时代风气改变所导致的非积极后果。

研究还揭示了仰韶文化玉器虽以蛇纹石为主要原料,拉开玄玉时代的帷幕,但不同区域的玉料来源却有区别。这一事实告诉我们,环境条件和资源获取对人类的生存、生活会有明显的制约,而人类也会尽最大的努力发挥主观能动性去适应环境,并积极设法弥补自身所需资源的不足,其实古今皆然。

另外,与渭水流域仰韶玉器一直发展演变不同,仰韶中期之后玉器在汉水上游基本不见,其实这与该区庙底沟类型文化遗存迅速衰落有关。仰韶文化玉器的起源地,几成玉脉不继的中空区,实与此区从仰韶中期到龙山时代,一直呈现遗址难觅、文化不显、文明不彰的状况是相应的。

---

① 2022年8月27日,"玉文化与华夏文明高端论坛"讲座讨论环节,郭大顺先生提出玉斧有可能是玉圭的前身,很有价值意见,值得重视。

中国南方汉藏语系民族犬祖神话比较研究

那木吉拉

犬祖神话，即以犬为始祖的神话，是人类起源神话的亚类型。犬祖神话多以人类业已存在为前提，叙述初民氏族部落的来历。处于人类早期社会的一些氏族部落以犬作为自己的始祖，以此创作出犬祖神话。犬祖神话的主要内容是女子或男子（多数是女子）与犬成婚生儿育女，繁衍氏族的始祖。亚洲乃至整个世界范围内流传着该类型神话。日本神话学家大林太良认为，在亚洲，犬祖神话分布有三个中心：第一个是东北亚的楚克奇（Chukchee）人和阿伊努（Aynu）人生活的地方；第二个是亚洲内陆阿尔泰语系诸民族，如通古斯（Tungus）、蒙古、兀良海（Uriyanghai）、北狗国人（五代）、吉尔吉斯（Kirkz，中国称柯尔克孜族）人、古代犬戎族等生活的地方；第三个是从中国南部到东南亚一带（民族或地区），如盘瓠蛮族、苗族、瑶族、南越、畲族、海南岛的黎族、中国台湾的泰雅人和平埔人、日本琉球的与那国岛、《扶桑国传》中的狗人国、马来亚半岛、尼科巴群岛、苏门答腊的亚齐人、尼巴群岛、爪哇的卡朗人、缅甸的勃固人、掸人、大洋洲的新几内亚东北部、所罗门群岛的莫诺阿尔岛等。在第三个分布区域内，最中心的还是中国华南的瑶族。①

瑶族等南方汉藏语系民族中传承盘瓠（护）神话，是这一地域范围内传承的主要犬祖神话。盘瓠神话首先被收录于《风俗通义》《山海经》《玄中记》《搜神记》《后汉书》等汉籍，在南方汉藏语系的瑶族中传承的特殊文献《评王券牒》诸异文也有书写记录了盘护神话，除了文献记载的犬祖神话之外，在民间口头也有散文体和韵文本形式流传的犬祖神话，在民间的这些犬祖神话又与文献载录的盘瓠神话和盘护神话有所不同，过去有关学者深入民间搜集整理了多则犬祖神话文本。在中国南方地区的跨境同语系民族和中国台湾原住民（少数民族）中也在传承犬祖神话。中国台湾的这些犬祖神话与大陆南方汉藏语系民族犬祖神话之间又存在异同。尤其是大陆南方汉藏语系诸民族犬祖神话与台湾原住民犬祖神话之间可能存在传播关系。中国各民族犬祖神话各有特色，诸民族该类型神话之间进行比较，对于彰显诸民族犬祖神话各自的特色和整体的特色均有重要的学术意义和价值。本文首先运用文献搜寻和分析的方法，梳理汉籍所载盘瓠神话的发生发展演变的轨迹，其次，运用比较的方法，探讨汉籍所记盘瓠神话与《评王券牒》诸异文所记盘护神话之间的关系；追寻大陆南方汉藏语系诸民族犬祖神话的民间变体与台湾原住民同类神话之间的异同及其产生的原因。

一、汉籍犬祖神话的演变轨迹

以南方汉藏语系瑶族为中心的少数民族中盛行犬祖神话，这些神话首先记载于古代文

---

① ［日］大林太良：《神话学入门》，林相泰、贾福水译，中国民间文艺出版社，1989年，第75—76页。

献，其中包括东汉时期成书的《风俗通义》以及《魏略》《山海经》《玄中记》《搜神记》《后汉书》等诸汉籍，而且也记载于中国南方瑶族民间传承的汉文文献《评王券牒》诸异文。以上汉籍所记盘瓠神话和《评王券牒》诸异文所载盘护神话是南方汉藏语系民族犬祖神话发展演异的两条轨道。由于记录的人、记载于文献的年代以及流传的民族、地域的不同，两者间呈现既相同又相异的情况。盘瓠（盘护）神话较早地为神话学家、人类学家、民族学家所关注的研究课题，并且以往学界的盘瓠（盘护）神话研究也取得诸多成果。本文从汉籍所记盘瓠神话的纵向承袭和横向传播关系进行研究，探讨该神话的产生发展轨迹及特点。

据专家考证，最早记录盘瓠神话的汉籍为东汉时期应劭（约 153—196）著《风俗通义》（又称《风俗通》），但是该文献在传承过程中已经丢失二十二个卷帙，恰巧记载该神话的文字不见今本。现今之所以了解到《风俗通义》中载有盘瓠神话，是因为宋人罗泌撰《路史》中传递了这个信息。《路史·发挥二·论盘瓠之妄》云："应劭书遂以高辛氏之犬名曰盘瓠，妻帝之女，乃生六男六女，自相夫妇，是为南蛮。"①

《路史》所称"应劭书"指的显然是应劭所著《风俗通义》，其中还透露神话的主要人物高辛氏及其畜犬之名，叫作盘瓠，这只犬娶帝高辛氏的女儿为妻，生六男六女，其子女相互嫁娶，生儿育女，繁衍为"南蛮"。《路史》中确实传递了盘瓠神话及其相关的一些信息，但是将该神话的这段文字与后来发现的比较完整的盘瓠神话文本比较，可以发现不少情节母题阙如，该神话文本中既没有记载神话主人翁盘瓠神犬的来历，也没有说明高辛帝为什么把女儿嫁给神犬——盘瓠。这里有两种可能性引起我们的思考。第一种可能性是《风俗通义》记载的神话文本原本就这样简单，第二种可能性是罗泌记述的并不是《风俗通义》所记神话的完整文本，只是摘取其大意而述之。由于《风俗通义》的这一部分已经丢失，因此这些问题无从考证。值得注意的是《路史》所记犬祖神话中已经包含女性与犬类婚媾，生新氏族始祖等神话的核心母题。

三国时期鱼豢（生卒年不详）著《魏略》记载盘瓠神话，而《魏略》亦佚，而《太平御览·四夷部六》保留了《魏略》所载神话内容：

高辛氏，有老妇居王室，得耳疾，挑之，乃得物大如茧，妇人盛瓠中，覆之以槃，俄顷化为犬，其文五色，因名"盘瓠"。②

该神话主要解释了神犬盘瓠的产生及其盘瓠这个名称的来历及其词义。虽然短短数句，其神话意味十分深厚，当然该神话"十分怪诞，明显是编造的，不可为信"。③ 神话对神犬盘瓠形成的过程以及"盘瓠"这一名称的解释完全具备民间口头文学作品的一般特征。神话本身就是古人"编造"的"怪诞"故事，与史实少有事实上的联系。该神话的另一个特征，即其中包含了后世神话或民间故事中频繁登场的"覆盖变化"母题，即将变化的主体覆盖规定的一段时间后便化为其他动物或人。该神话中说，老妇将从耳朵挑出的"大如茧"之物"复之以槃，俄顷化为犬"。在后世民间故事或神话中"俄顷"变为九天、四十九天等象征性单位时间了。如壮族神话《姆六甲》称，创世之初，世界上还没有人烟的时候，

---

① 王彦坤：《路史校注》（五），中华书局，2023 年，第 19 页。
② 〔宋〕李昉：《太平御览》卷七八五《四夷部六·槃瓠》，中华书局，1960 年，第 3476 页。
③ 吴晓东：《苗族图腾与神话》，社会科学文献出版社，2002 年，第 121 页。

大神姆六甲用尿和泥，照着自己的模样捏泥造了很多泥人，并用乱草蒙盖起来，经过四十九天，打开蒙盖的草一看，这些泥人都活起来了。① 在浙江富阳县（今杭州市富阳区）的传说中，关云长是龙血变成的，用钵盖龙血四十九天，会变成小孩。② 后来这类民间叙事的母题里增加了禁忌内容，如约定覆盖的时间还没到，打开一看变化主体的一半或部分还没有变化完成。总之，"覆盖变化"母题的原型在《魏略》所载盘瓠神话中已经出现，该文献记载的盘瓠神话具有明显的古代口头文学特征。当然《太平御览》所载盘瓠神话并不是该神话的最早文本，并且该神话在其他文献中收录时内容和形态也都发生了变化。《路史》记载的神话即包含以上的主体内容，且交代后来此犬以高辛氏女为妻，生六男六女互相嫁娶，而繁衍为"南蛮"。

东晋郭璞（276—324）为《山海经·海内北经》"犬戎国"条作注时也书写记录盘瓠神话的一个变体：

> 昔盘瓠杀戎王，高辛以美女妻之，不可以训，乃浮之会稽东海中，得三百里地封之，生男为狗，女为美人，是为狗封之国也。③

郭璞作注神话盘瓠神话中已经有了《魏略》和《路史》所未及内容。这里解释了帝喾高辛氏为何把女儿嫁给盘瓠。神话中还说，高辛氏无法教诲盘瓠，就把他漂流到会稽以东的大海之东，后终于找到三百里之地，封盘瓠于此地。盘瓠后人生男为狗，生女为美人，人们称其封地为"狗封之国"。

郭璞在《玄中记》中又记载了盘瓠神话的一个变体：

> 高辛氏有美女，未嫁。犬戎为乱，帝曰："有讨之者，妻以美女，封三百户。"帝之狗名槃瓠，三月而杀犬戎之首来。帝以为不可训民，乃妻以女流之，会稽东南二万一千里，得海中土，方三千里而封之。生男为狗，生女为美女。封为狗民国。④

在一定程度上郭璞《玄中记》所记神话是他在《山海经·海内北经》"犬戎国"条作注时所附神话的一个诠释。值得注意的是，郭璞所记两则盘瓠神话文本中都出现犬与人婚媾，生儿育女，繁衍为"狗封之国"等内容。这个"犬人婚媾生子"神话母题在汉藏语系民族和阿尔泰语系民族的"狗国"神话中均有出现，而且该母题是"狗国"神话的核心母题。

东晋干宝（约282—351）所著《晋纪》中没有记载完整的盘瓠神话文本，但记述了有关盘瓠之后人及其居地、与相邻民族之间的关系以及盘瓠子孙祭其先祖的情况，且遗失盘瓠神话的主要母题。而干宝在《搜神记》中书写记录了盘瓠神话比较完整的文本：

> 高辛氏，有老妇人居于王宫，得耳疾历时。医为挑治，出顶虫，大如茧。妇人去后，置以瓠蓠，覆之以盘，俄尔顶虫乃化为犬，其文五色，因名"盘瓠"，遂畜之。时戎吴强盛。数侵边境。遣将征讨，不能擒胜。乃募天下有能得戎吴将军

---

① 蓝鸿恩搜集整理：《神弓宝剑》，中国民间文艺出版社，1985年，第1—2页。
② ［俄］李福清（B. Riftin）：《神话与鬼话：台湾原住民神话故事比较研究》（增订本），社会科学文献出版社，2001年，第34页。
③ 马昌仪：《古本山海经图说》，山东画报出版社，2001年，第516页。
④ 〔清〕黄奭校勘：《郭氏玄中记》，民国甲戌余知古渚宫旧事，江都朱氏补刊，第11页。

首者，购金千斤，封邑万户，又赐以少女。后盘瓠衔得一头，将造王阙。王诊视之，即是戎吴。"为之奈何？"群臣皆曰："盘瓠是畜，不可官秩，又不可妻。虽有功，无施也。"少女闻之，启王曰："大王既以我许天下矣。盘瓠衔首而来，为国除害，此天命使然，岂狗之智力哉。王者重言，伯者重信，不可以女子微躯，而负明约于天下，国之祸也。"王惧而从之。令少女从盘瓠。盘瓠将女上南山，草木茂盛，无人行迹。于是女解去衣裳，为仆竖之结，着独力之衣，随盘瓠升山入谷，止于石室之中。王悲思之，遣往视觅，天辄风雨，岭震云晦，往者莫至。盖经三年，产六男六女。盘瓠死后，自相配偶，因为夫妇。织绩木皮，染以草实，好五色衣服，裁制皆有尾形。后母归，以语王，王遣使迎诸男女，天不复雨。衣服褊褋，言语侏僮，饮食蹲距，好山恶都。王顺其意，赐以名山广泽，号曰蛮夷。……用糁杂鱼肉。叩槽而号，以祭盘瓠，其俗至今，故世称"赤髀横裙，盘瓠子孙"。①

以上是迄今为止，汉籍记载的最完整的一则盘瓠神话文本，其中传达着神犬盘瓠的形成、形状特征以及盘瓠杀戎吴和娶帝女，上山生息，繁衍"蛮夷"以及后人举行相关仪式祭祀盘瓠的情形。神话中盘瓠神犬的形成及其形体特征与《魏略》记述同。

盘瓠因杀戎王，得以与帝女成婚和生儿育女等母题大致与郭璞所述神话相似。神话中包含着神犬盘瓠的神奇诞生，盘瓠杀戎吴之后与帝女成婚，即犬与人成亲，生儿育女，而其子女自相婚配，繁衍成"南蛮"等神话母题链。最后还记载了后人祭祀盘瓠祖先的仪式。

盘瓠神话是一则典型的异类婚神话，其中人犬婚媾、生儿育女等是该神话的核心母题，围绕这个母题链，而把该神话纳入正史，使其成为真实"历史"者为南朝宋人范晔（398—446），他以《搜神记》所记神话为基础，对盘瓠神话进行整理修改，将其写入史册，范晔撰《后汉书·南蛮西南夷列传》：

昔高辛氏有犬戎之寇，帝患其侵暴，而征伐不克，乃访募天下，有能得犬戎之将吴将军头者，购黄金千镒，邑万家，又妻以少女。时帝有畜狗，其毛五采，名曰槃瓠。下令之后，槃瓠遂衔人头造阙下，群臣怪而诊之，乃吴将军首也。帝大喜，而计槃瓠不可妻之以女，又无封爵之道，议欲有报而未知所宜。女闻之，以为皇帝下令，不可违信，因请行。帝不得已，乃以女配槃瓠。槃瓠得女，负而走入南山，止石室中，所出险绝，人迹不至。于是女解去衣裳，为仆鉴之结，着独力之衣。……经三年，生子一十二人，六男六女。槃瓠死后，因自相夫妻。织绩木皮，染以草实，好五色衣服，制裁皆有尾形。其母后归，以状白帝，于是使迎致诸子。衣裳斑斓，语言侏离，好入山壑，不乐平旷。帝顺其意，赐以名山广泽。其后滋蔓，号曰蛮夷。……今长沙五陵蛮是也。②

范晔似乎还借鉴此前其他有关汉籍所记盘瓠神话内容，如应劭的《风俗通义》所记的和郭璞所传神话，尤其是干宝的《搜神记》记载的神话是《后汉书》所记神话的主要来源，但范晔为了使盘瓠神话更加历史化，他删除了神话中盘瓠神犬诞生的所谓"怪诞"母题，比较完整地保留了人与犬成婚，繁衍新氏族等犬祖神话的主要母题。

---

① 〔晋〕干宝：《搜神记》，中华书局，2012年，第309—310页。
② 〔宋〕范晔：《后汉书》卷八六《南蛮西南夷列传》，中华书局，1965年，第2829—2830页。

总之，有关盘瓠的文献神话文本也是在民间长期流传并反复载入文献的过程中丰富和完善起来的，也见证了神话是从简就繁的演化规律。汉籍第一次阐释了神话主人翁盘瓠这只神犬的幻化产生过程，解释了盘瓠之名的来历及其意义，使得神话内容更加完善，形式更加符合犬祖神话的一般特征。从盘瓠神话的发生发展史来看，到了晋代其比较完整的神话已经形成，其中干宝的《搜神记》记载的盘瓠神话是最完整的，《后汉书·南蛮西南夷列传》所载盘瓠神话也是比较完整，但是该汉籍所载神话来自干宝的《搜神记》。

值得注意的是钟敬文发表于 1936 年的《槃瓠神话的考察》中曾指出干宝著《搜神记》的记载实则有两个文本，"一种是作为单行本发行的，另一种则被收录在《汉魏丛书》、《龙威秘书》等丛书中"①。所谓单行本发行的文本是指《后汉书》等后世文献广为引录的干宝著《搜神记》所记神话文本，称之为单行本文本，而《汉魏丛书》、《龙威秘书》等丛书所载录干宝《搜神记》的另一个盘瓠神话文本，被称为丛书文本。丛书文本的内容如下：

昔高辛氏，有房王作乱，忧国危亡，帝乃召群臣，有能得房氏首者赐千金，分赏美女。群臣见房氏兵强马壮，难以获之。辛帝有犬名（槃瓠），其毛五色，常随帝出入。其日，忽失此犬，经三日以上，不知所在，帝甚怪之。其犬走投房王。房王见之，大悦，谓左右曰："辛氏其丧乎？犬犹弃王投吾，吾必兴也。"房氏乃大张宴，为犬作乐。其夜房氏饮酒而卧，槃瓠衔其首而还。辛见犬衔房首，大悦。厚与肉糜饲之，竟不食。经一日，帝呼犬亦不起。帝曰："如何不食？呼又不来？莫是恨朕不赏乎？今当依慕赏汝物，得否？"槃瓠闻帝此言，即起跳跃。帝乃封槃瓠为会稽侯，美女五人，食会稽郡一千户。后生二男六女，其男当生之时，虽似人形，犹有犬尾。其后子孙昌盛，号为犬戎之国。周幽王为犬戎所杀。只今土蕃，乃槃瓠之胤也。②

显而易见，丛书文本与单行本文本之间的差别很大，周翔在其著《山与海的想象：盘瓠神话关于民族起源阐释的两种表述》一文中对两者间的差异进行比较，差异之一，单行本中细致描写了盘瓠为耳虫所化之犬、公主力劝父王守信不违背约定等情节，丛书文本中生动描写了盘瓠如何咬掉敌将之头颅的情节，其二，也是两者间最大的不同在于盘瓠与公主结合之后繁衍后代的情节，单行本中称"盘瓠将女上南山，止于石室之中"，其后裔"今即梁、汉、巴、蜀、武陵、长沙、庐江群夷是也"。而丛书文本中则称"帝乃封槃瓠为会稽侯，美女五人，食会稽郡一千户。后生二男六女，其男当生之时，虽似人形，犹有犬尾。其后子孙昌盛，号为犬戎之国"。③

周文又指出丛书文本的情节母题在南方畲族、瑶族民间口头盘瓠神话文本中出现，如 1987 年采录于广东潮州市的畲族神话《龙犬驸马》中关于龙犬为耳虫所化之情节较之单行本想象力更为丰富，1988 年采录于贵州三都水族自治县巫不乡的瑶族神话《平王与盘王》

---

① 钟敬文：《槃瓠神话的考察》，见苑利主编：《二十世纪中国民俗学经典》，社会科学文献出版社，2002 年，第 93 页。
② 《搜神记》卷三，《龙威秘书》本，转引自钟敬文：《槃瓠神话的考察》，见苑利主编：《二十世纪中国民俗学经典》，社会科学文献出版社，2002 年，第 95 页。
③ 周翔：《山与海的想象：盘瓠神话关于民族起源阐释的两种表述》，载《民族文学研究》2019 年第 5 期。

中讲述龙犬咬掉紫王头颅的情节与丛书本几乎一样。① 笔者比较发现，丛书文本的情节母题与南方瑶族民间传承的《评王券牒》诸异文更接近，对此后文重述。

二、《评王券牒》诸异文及其盘护神话

《评王券牒》是瑶族民间长期流传珍藏的一种汉文古文书，是珍贵的历史文献，也是研究瑶族等南方汉藏语系民族犬祖神话的重要信息载体。该文献在湖南江华、蓝山、道县、城步、宁远，广西龙胜、临桂、来宾、恭城、宝山、荔浦、贺县、罗城、宜山，广东的连山等地均有发现。《评王券牒》主要叙述龙犬盘护的神话传说，瑶族的起源，瑶族十二姓的由来，瑶族先民的活动范围、迁徙路线，以及唐、宋、明等历代统治者为瑶民制定颁布的有关权利义务的规定、瑶民开发山区，安居乐业等生产生活情景。因此《评王券牒》对研究瑶族等南方汉藏语系民族历史文化、风俗习惯具有重要意义，而且对研究瑶、苗等南方汉藏语系民族犬祖神话具有不可替代的学术意义。

新中国成立以来学术界以及有关部门重视《评王券牒》诸异文的搜集整理和科学研究工作。其中该文献的出版发行工作取得重大进展，湖南人民出版社于 1984 年出版发行了《过山榜》编辑组编《瑶族〈过山榜〉选编》，此后广西民族出版社于 1885 年出版发行了《广西瑶族社会历史调查卷八〈评王券牒〉专辑》，广西民族出版社于 1990 年出版发行了黄钰辑注《〈评皇券牒〉集编》，民族出版社于 2009 年出版发行了《过山榜》编辑组编《瑶族〈过山榜〉选编》（修订本），中国国际广播出版社于 2016 年出版发行了《过山榜》编辑组编《过山榜选编》。除上述之外，湖南省江华县江华新闻网也公布了《评王券牒》另一件。随着瑶族这部历史文献的出版发行工作的顺利进行，其科学研究也同时展开，并取得诸多成果。

本文基于民族出版社于 2009 年出版发行的《瑶族〈过山榜〉选编》（修订本）所收诸文献，并总称之为《评王券牒》诸异文②，撷取其中的犬祖神话，与文献所载同类神话和相关民间口头神话进行比较，探讨南方汉藏语系中以瑶族为中心传承的犬祖神话即盘护神话的发生发展轨迹及其特征。

《瑶族〈过山榜〉选编》一书收录《评王券牒》异文 35 件，其题目依次排列如下：《过山榜》（之一），《南京平王敕下古榜文》，《过山榜文》，《榜文》，《评王券牒》（之一），《评王券牒》（之二），《评皇券牒》（之一），《盘王券牒》，《平王券牒》（之一），《过山榜》（之二），《评皇券牒》（之二），《十二姓猺（瑶）人来路祖途》，《评王券牒，源远流长》，《评皇券牒》（之三），《平王券牒》（之二），《过山图》，《万福攸同，兰桂腾芳》，《过山牒》，《猺（瑶）人出世根底》，《过山榜》（之三），《评皇券牒》（之四），《立置十二姓瑶民过山榜文书存照》，《评王券牒》（之三），《评王券牒》（之四），《过山榜》（之四），《平王胜［牒］榜文给照（印）》，《过山照》，《评王券牒书传为记》，《评皇券

---

① 周翔：《山与海的想象：盘瓠神话关于民族起源阐释的两种表述》，载《民族文学研究》2019 年第 5 期。

② 从以上列举的书名来看，有的把瑶族的这些文献总称为《过山榜》，有的称《评王券牒》，有的又称《评皇券牒》，本文取《评王券牒》，以"《评王券牒》诸异文"总称这些不同题目的文献。

牒》（之五），《桂北瑶族榜文》，《千家洞木本水源》，《计开千家洞路引》，《世代流传祖居来历书》，《千家洞古本书》，《千家洞》。

以上《瑶族〈过山榜〉选编》一书所收《评王券牒》诸异文中大部分都保留了比较完整的盘护神话，当然有的保留不完整，还有的没有保留。本文主要以这些完整的或不完整的神话文本为基础进行比较研究。

首先将《评王券牒》诸异文之一的《南京平王敕下古榜文》所含神话文本部分摘抄如下：

> 先因（国）平王，所被外国紫王战国纵横，平王朝内言问，内朝象（众）臣及大将军，朝象（众）臣："何人收得紫王，我平王郎（即）赐二宫之女与他为妻，更（并）得被（彼）国。"平王分（吩）咐，朝内诸臣及大将军，启朝内出给三月（日），无人承领。杰计收得紫王，可得殿前龙犬。口含言语，可领给文。名唤盘王，护国之人。启告王曰："理①，收紫王易得。"平王降敕，龙犬亦言大悦。龙犬奏报，立时将身下水，游过大海去。我作平王国内小臣，尽皆结右开知。紫王每日引龙犬游过宫内。可有猛虎之威，且得国界安宁。看将龙犬，身有二点虎色，初生在东海，晋（留）引在家中养大，强恶全（如）虎。一般毛色，赐平王如是贤物，降敕回朝内从随，紫王饮酒而醉，龙犬咬左趄（边）耳朵，一并不放。龙犬记得坭里居藏，上殿，有猛虎之威。平王立时倍劳待酒，广排筵席，三日三鱼（夜），庆贺王国安宁。会（食）罢，诸臣奏报，强夺龙犬二宫［女］（"女"字由引用者根据下文补）安身之理？我有（有我）平玉（王）在上，我金玉牙口（金口玉牙），降敕在前。与诸臣告曰，降敕，与他为妻。龙［犬］便（变）人身。平王分付（吩咐）：我王依前出给，三月（日），无人承领，可得龙犬充领剖（劁）文，诸臣奏准。大笑呵呵，便将二宫［女］（"女"字由引用者补）身穿花衣，长调木鼓，六（芦）笛吹笙，铜锣笛□，惊天动地。上不犯天，下不犯地獄（狱）。眼民见（见民）不扰不捏。龙犬愿（原）来识得二宫女，居上殿，龙犬啈（咀）咬二宫女脚下罗裙，不用二婢之子。平王笑说，虽见此犬，啈（？）作乱嗷（？），感得龙犬护国，咬死紫王。王解头回朝。平王赐二宫女，与他为妻。生下六男六女，极（报）具存身。准平王给咐六姓猺（瑶）人为官□。天子、将相、公侯商议，送青县会稽山七贤洞，青竹林中白雪山。②

以上《南京平王敕下古榜文》用现代汉语通译摘要如下：

> 平王国被柴王侵扰，发榜纳愿将二公主（原文中为二宫女）为能降伏柴王的人为妻且平分其国，但无人敢应，有人推荐宫中龙犬盘王，因此平王命龙犬出征。龙犬至柴王国后蛰居随行，乘柴王醉酒，取其首级送到平王国。臣民奏报平王兑现诺言，龙犬变为人身，得二公主为妻，生下六男六女，子孙繁衍，平王降敕封其六子为瑶人之官，被派居住于会稽山七贤洞，青竹林中白雪山为他们的居住地。

---

① 理，系瑶语 jiə，即"我"之意。
② 《过山榜》编辑组：《瑶族〈过山榜〉选编》，民族出版社，2009年，第2页。

表1 《评王券牒》诸异文所载盘瓠神话母题对比表

神话母题	南京平王敕下古榜文	过山榜文	榜文	过山榜之一	过山榜之二	过山图	过山牒	过山照	评王券牒之一	评王券牒之二	评王券牒之三	评王券牒之四	评皇券牒之一	评皇券牒之二	评皇券牒之三	评皇券牒之四	评王券牒书传为记	平王胜[牒]榜文给照(印)	平王券牒	瑶(瑶)人出世根底
猺(瑶)人根骨即系龙犬出身									✓	✓										
评王得龙犬一只,其名盘护,其身长三尺,毛色黄斑,异意超群									✓	✓										
一天评王贸然大怒,意欲谋杀外国高王									✓	✓										
评王和高王争天下(争国);高王犯界,平王甚忧	✓	✓	✓	✓	✓	✓	✓	✓			✓	✓	✓	✓	✓	✓	✓	✓	✓	
评王承诺,能降伏柴王者,赐宫女为妻(平分彼国)	✓	✓	✓	✓	✓	✓	✓	✓			✓	✓	✓	✓	✓	✓	✓	✓	✓	
出告示(三天),将相众臣无人承领;评王命臣征伐,俱无承领	✓	✓	✓	✓	✓	✓	✓	✓			✓	✓	✓	✓	✓	✓	✓	✓	✓	
龙犬说人语,称降伏高王不难,愿降伏高王,以报主恩	✓	✓	✓	✓	✓	✓	✓	✓			✓	✓	✓	✓	✓	✓	✓	✓	✓	
龙犬名唤盘王,护国之人(小名盘护)	✓	✓	✓	✓	✓	✓	✓	✓			✓	✓	✓	✓	✓	✓	✓	✓	✓	

续表

神话母题	《南京平王敕下古榜文》	《过山榜文》	《榜文》	《过山榜》之一	《过山榜》之二	《过山图》	《过山牒》	《过山照》	《评王券牒》之一	《评王券牒》之二	《评王券牒》之三	《评王券牒》之四	《评皇券牒》之一	《评皇券牒》之二	《评皇券牒》之三	《评皇券牒》之四	《评王券牒书传为记》	《平王胜[牒]榜文给照》(印)	《平王券牒》	《瑶(瑶)人出世根底》
龙犬得到评王准许,立即投入大海,七天七夜,游向高王之国	●		●	●	●	●	●	●	●	●	●	●	●	●	●	●	●	●	●	
高王得龙犬,满心欢喜,称评王无道,不能畜此犬,兹拜我为主	●		●	●	●	●	●	●	●	●	●		●	●	●	●	●	●	●	
龙犬向柴王言:"我评王国小臣,为王效劳而来。"	●	●																		
高王善待龙犬,常引游皇宫,侍侧不离。龙犬有猛虎之威,可得国界安宁	●		●	●	●	●	●		●	●	●	●	●	●	●	●	●	●	●	
龙犬初生东海龙王家,具虎色、虎威,评王视之贤物,领养,常作随从	●		●	●	●	●	●		●	●	●	●	●	●	●	●	●	●	●	
高王大醉,不省人事,龙犬咬断其头,速复过海,送至评王宫殿	●		●	●	●	●	●	●	●	●	●	●	●	●	●	●	●	●	●	
评王派龙犬飘湖过海,口咬高王,命故败绝					●															

续表

神话母题	《评王券牒》诸异文																			《瑶（瑶）人出世根底》
	《南京平王敕下古榜文》	《过山榜文》	《榜文》	《过山榜》之一	《过山榜》之二	《过山图》	《过山牒》	《过山照》	《评王券牒》之一	《评王券牒》之二	《评王券牒》之三	《评王券牒》之四	《评皇券牒》之一	《评皇券牒》之二	《评皇券牒》之三	《评皇券牒》之四	《评王券牒书传为记》	《平王券牒》	《平王胜[牒]榜文给照》（印）	
评王为龙犬广排筵席，倍劳待酒，三天三夜，庆贺王国安宁	■	■		■	■			■										■		
诸臣提醒评王："应不忘记许过的愿，使龙犬娶宫女为妻。"	■	■		■	■			■										■		
龙犬向评王自行请求，不要官职，只请与宫女成婚									■	■								■		
评王决意，与宫女于龙犬为妻，择吉日成亲（龙犬变人身）		■		■	■	■		■			■	■				■	■	■	■	
评王把女儿许配给"狗头瑶"				■																
评王让龙犬穿着打扮，目的是遮掩其"犬色"																				
宫女穿花衣，上宫殿，评王为龙犬与宫女举行婚礼		■		■	■	■		■					■	■	■	■	■	■		
龙犬认识宫女，咬住其罗裙不放，请求宫女做它的妻子			■	■	■	■	■													

续表

神话母题	《评王券牒》诸异文																			
	《南京平王敕下古榜文》	《过山榜文》	《榜文》	《过山榜》之一	《过山榜》之二	《过山图》	《过山牒》	《过山照》	《评王券牒》之一	《评王券牒》之二	《评王券牒》之三	《评王券牒》之四	《评皇券牒》之一	《评皇券牒》之二	《评皇券牒》之三	《评皇券牒》之四	《评王券牒书传为记》	《平王券牒》	《平王胜[牒]榜文给照》(印)	《瑶(瑶)人出世根底》
评王高评龙犬:"虽见此犬,乱喊乱叫,但它咬死柴王,深知护国。"	■	■																		
龙犬娶宫女为妻,生六男六女,评王为他赐姓、赐官	■	■	■		■	■	■		■	■	■	■	■	■	■		■	■	■	
龙犬与宫女之子女,受犬之形气而生,属人之胞胎而出	■	■	■		■	■	■		■	■	■	■	■	■	■		■	■	■	
天子把龙犬夫妇送入会稽山七贤洞,居于青竹林白雪山	■	■	■		■	■	■		■	■	■	■	■	■	■		■	■	■	
龙犬狩猎,被石(羚)羊角抵落崖而亡(安葬于七贤洞南)	■	■					■		■	■	■	■	■	■	■		■	■	■	

《南京平王敕下古榜文》中的神话主人翁称为龙犬,又称盘王,而《评王券牒》其他异文中称龙犬之外多称盘护,此与干宝《搜神记》即单行本神话文本盘瓠对应,本异文中平王是在其他异文中多称评王或评皇,即与干宝《搜神记》即单行本文本神话的高辛对应。《南京平王敕下古榜文》中的柴王,在其他异文中称高王居多,也有称高皇,与干宝《搜神记》即单行本神话文本的戎吴对应。总体上看,《南京平王敕下古榜文》所载神话基本反映了《评王券牒》诸异文所载犬祖神话概貌。

为了比较研究的方便,现将介绍《评王券牒》诸异文所载盘护(瓠)神话故事梗概如下:

龙犬名盘护,身长三尺,毛色黄斑,异意超群,会说人语,有时变人身。有虎色,具猛虎之威,能够使国界安宁(有的异文中龙犬以评王之子形象出现)。龙犬初生东海龙王家，评王视之贤物，领养于皇宫中，并常作随从。

评王和高王争天下，或高王犯界，评王甚忧。于是评王出示，承诺谁能降伏高王，赐宫女为妻，并平分其国。告示出三天，诸将相众臣无人承领；唯殿前龙犬自告奋勇，称降伏高王并不难，愿降高王，以报主恩，评王非常高兴，但他又担心它完不成任务，由于龙犬的解释和坚持，评王高兴地接受龙犬的请求，并以百味款待送行，群臣送至皇宫门口。龙犬拜辞评王，投身大海，向高王之国游去。龙犬在不停地游泳，七天七夜，终于到达高王宫殿。此时高王正上朝，他了解龙犬为他效劳而来，异常开心，因为他此前晓得龙犬，他满心欢喜地说："评王无道，不能畜此犬，兹拜我而来，这是评王亡国之兆，龙犬归我，国家必昌盛。朕能畜之，是兴邦瑞兆。"从此高王优待龙犬，爱惜如玉，常引游皇宫，须臾不离。

有一天高王酩酊大醉，不省人事，龙犬趁机咬断其首级，又一次漂洋过海，把高王的首级送至评王宫殿。评王无比欣慰，广排筵席，倍劳待酒，三天三夜，庆贺国泰民安。诸臣奏报："王应兑现承诺，使龙犬娶宫女为妻。"评王听取群臣之谏，决定把宫女嫁给龙犬为妻，并择吉日成亲（有的异文称，此时龙犬变人身）。龙犬认识宫女，穿花衣的宫女上宫殿，龙犬便咬住其罗裙不放，请求宫女嫁他为妻子。后宫女生六男六女，评王为他们赐姓、赐官。天子把龙犬夫妇送入会稽山七贤洞，居于青竹林白雪山。龙犬狩猎，被石（羚）羊角抵落崖而亡，安葬于七贤洞南。

由于年代久远，传抄频繁等原因，《评王券牒》原文中多见疏漏、异字衍字、新造字、衍句或倒装、串行等舛误，从而影响对整个文献内容的正确解读。虽然如此，上述文献比较完整地保留了盘护神话的内容。下面以这些诸异文为基础，梳理分析其中包含的犬祖神话，并通过比较研究重构该文献所含盘护神话的基本内容。首先将《评王券牒》诸异文中的《评王券牒》之一、之二神话文本编译如下：

猺（瑶）人根骨即系龙犬出身。评王出世时，得龙犬一只，身长三尺，毛色黄斑，异意超群，有一天评王忽然大怒，欲杀外国高王，但群臣无人应承。唯独殿前龙犬，说人语，毛遂自荐，不用千军万马，只用口牙之计，降伏高王，以报主恩，护国兴邦。评王仔细听了龙犬的计谋，高兴非常，赞赏其计。评王认为，派龙犬高王必中计，因为世间皆有防人之害，而无防兽之心。但评王又想，我国与高王国之间海水滔滔，万顷洪波，非一日而渡，龙犬虽能浮游水面，但怎能自带行粮，度过多日！龙犬听此言后说："人受一日之饿，我可受七日，何需自带行粮！"评王听此言，高兴地说："如果你能立此功，朕将宫女赐你为妻。"于是龙犬接受评王的百味款待，拜辞评王而去，群臣送龙犬至皇宫门口。龙犬投身大海，游向高王之国，它浮游水面，七天七夜，到达高王宫殿。此时高王正上朝，他见到龙犬感慨万分。高王此前识龙犬，此日见它，满心欢喜，他说："评王无道，不容此犬，龙犬今天兹拜我而来，这是评王亡国之兆。俗语云：'猪来贫，狗来富'，龙犬归我朝，我国必昌盛。朕能畜之，是兴邦瑞兆。"从此高王优待龙犬，爱惜如玉，常引游皇宫，须臾不离。

有一天高王游赏百花行宫，酩酊大醉，不省人事。龙犬觉得报主之恩的时机到了，它发动伤人之口，咬杀高王，截取首级，投进大海，直奔评王宫殿。它把血淋淋的高王头置于殿堂,自己也昏厥倒地。高王的群臣赶忙扶起,问它何获高王之首级。龙犬讲述获高王头的经过。评王亲自来诊视高王的首级,相信龙犬立大功,称赞龙犬不用一兵一卒,未动一刀单剑,只用其钢牙尖齿,咬断高王头,其功非小,故封使龙犬荣享国公之职。而龙犬说:"我本是一只畜生,岂图高官荣华,吾王有敕在先,兑现诺言,把宫女嫁给我。"评王感叹道:"这畜生非把我女儿丑行(与犬成婚之事)传天下不可! 朕出于无奈,择吉日,方可成亲。"评王还吩咐在婚礼那天要遮掩龙犬的身体:绣花一条以缚其腰,绣花帕一幅,以裹其额;绣花裤一条,以藏其股;绣花布一双,以裹其脖颈。之所以这样束装,是为了遮掩其羞。次日,即吉日良辰,评王为宫女梳妆插金,招赘驸马。评王说:"宫中龙犬即盘护,虽然畜生之类,但它却是灵性之人,将相君臣不得违抗皇帝之命,宫女则只能依从,不得违命,与龙犬交拜成婚,将其以婿相待。"今天在皇宫里龙犬与宫女成亲。次日,宫廷安排车辆,送龙犬与宫女夫妇于会稽山,派三员官僚和五百名劳力为随从,并送金银财宝等,安排房屋,使他们永世居住此地,皇父逐月送钱粮与盘护夫妻之用。后龙犬与宫女生六男六女。评王闻之,喜笑颜开,立刻传谕旨,封盘护为始祖盘王,敕六男六女为王猺(瑶)子孙,其六男六女受犬之形气而生,属人之胞胎而出。敕令六男娶外人之女为妻,以传其后;敕令六女招婿外人之子为夫,以继其宗。

后龙犬盘护天天在山上打猎,有一次出外数日未归,其子孙到处寻找,最后在一个崎岖山间发现了被羚羊刺死的盘护遗体。孝男孝女将其尸首扛回,仍将花衣花帕装束,装殓木棺埋葬。①

《评王券牒》之三所载神话与上述《评王券牒》之一、之二相差无几,只是其中的祭祀盘护场景与《后汉书》等汉籍所记相似。

以下介绍从湖南省江华县湘江公社所藏的题为《榜文》之一的文献。这份《评王券牒》异文,首先从开天辟地开始讲述,并称《评王券牒》其他异文中的盘护为盘古,又称龙犬,称其小名盘护,身有斑点,出生于东海龙王家。《榜文》之一的有关盘护神话内容:评王的承诺,谁把柴王征服,不但嫁给二宫女,而且还把彼国平分。龙犬把柴王征服,评王兑现承诺,平分柴王国土及诸臣,又将二宫女嫁给它。评王用漂亮好看的衣服装束二宫女,而龙犬原来就认识二宫女,它在宫殿内咬住二宫女的黄裙脚不放,执意娶她为妻。龙犬与二宫女成婚,生六男六女,朝廷把他们送入青山州相县会稽山的深山老林。他们的住处在青竹林白云山脚下的稽宅七宝洞。关于盘护的死,该异文称:"昔日犬入山捕猎,被石羊杈死,跌落石崖枣树上,儿孙找到其尸体,安葬于七贤洞之南。"《榜文》之一又称:"先伏父亡,葬在波州白石山,有石人、石马、石狮子、石虎、石猪、石羊。"②

首先关于盘护的来历,《评王券牒》之一云,评王得"龙犬一只,身长三尺,毛色黄斑,忌(意)异超群之也"。该文称"龙犬盘护"③。《评王券牒》之一中的盘护神话部分内容更接近于《后汉书》所载同一神话,而与高辛氏对应的是评王,与戎吴对应的高王。而盘护和宫女的成亲是评王安排的,并不是帝女主动要求嫁给盘护。盘护与宫女所生六男

---

① 《过山榜》编辑组:《瑶族〈过山榜〉选编》,民族出版社,2009年,第8—18页。
② 《过山榜》编辑组:《瑶族〈过山榜〉选编》,民族出版社,2009年,第6—7页。
③ 《过山榜》编辑组:《瑶族〈过山榜〉选编》,民族出版社,2009年,第8页。

六女为"受犬之［形］气而生，属人之胞胎而出"，从这十二个子女繁衍出瑶人的十二个氏族。该异文又说盘护是被羚羊刺死。①

《评王券牒》之一的基本情节与《评王券牒》之二相近，而且两者绝大多数文字相同，因此，两者出于同一个文本。②《评皇券牒》之三的相关文字与《评王券牒》之一、之二相同，只是《评王券牒》之三的记载，盘护娶宫女，并不是"我王"事先承诺的，是盘护把高王的首级送到之后，在宫殿上"向前将口咬住宫女裙脚不放，要汝嫁我。王见盘护有此灵性，就将宫女嫁之为妻"。③《评皇券牒》之三记述的盘护神话与《评皇券牒》之一趋同，评皇并没有事先有承诺。④《评皇券牒》之四中称犬祖为盘护，其神话内容与其他《评王券牒》诸异文无甚差异。⑤《评王券牒》之三、之四中的神话与《评皇券牒》大致相同，其中只有盘护葬礼的描述，没有说明他的死因。⑥《评王券牒》之三与之四一样，先无承诺，却有婚姻。⑦

《评皇券牒》之五称盘护为"盘龙王犬盘护"，又称"盘护"或"护"。该异文也记录了比较完整的盘护神话。⑧《盘王券牒》中称盘护为盘古，而且不见完整的盘护神话，只有"盘王"死因及葬礼的描述，其中这样写道："圣祖置天造地，立国有功，为闲时，入山赶猏（猎）在流野处，石狋抄（撬）落梓木中，葵（落）着牒（跌）之后，不得失落，昔日平王遣（遗）将竹笛、梓木作鼓，取石狋（羊）皮棚（蒙）鼓，打吹连宵。一夜忽被狂风吹落尸身，子孙收拾黄金骨，锡铁作板，安葬青山。"⑨关于盘护死亡的这些文字又见于《平王券牒》之一。⑩《评皇券牒》之三也称盘护是"被羚羊角触落石岩下身死"。⑪关于龙犬的结局，《过山牒》也说龙犬打猎时被石羊用角顶刺落山崖而亡。⑫

《过山榜》之二是不到1000字的小型文献，其中记述的盘护神话称："平王高王占（争）天下，平王花龙犬漂湖过海，口咬高王，命故败绝。平王女许名狗头瑶，天下二十四山分点王徭（瑶）子孙所管。"⑬《过山榜》之四中称盘护为"盘古王""盘古大护""盘大护"。该异文记录一个不完整的盘护神话，其中还出现了与"盘大护"齐名的"李大护"。关于盘护的出世，《过山榜》之四云："开天盘古出世住在东京道，东（西）岳昆仑，天里宫中金石现，盘古大护（瓠）、盘婆夫妻二人结配成婚，得三男三女。李大护出世在西京道西岳［昆］仑，天内行豹，出能将军，同盘［王］三女结配成亲，生下六男六女，又生百

---

① 《过山榜》编辑组：《瑶族〈过山榜〉选编》，民族出版社，2009年，第8—9页。
② 《过山榜》编辑组：《瑶族〈过山榜〉选编》，民族出版社，2009年，第12—15页。
③ 《过山榜》编辑组：《瑶族〈过山榜〉选编》，民族出版社，2009年，第16页。
④ 《过山榜》编辑组：《瑶族〈过山榜〉选编》，民族出版社，2009年，第35页。
⑤ 《过山榜》编辑组：《瑶族〈过山榜〉选编》，民族出版社，2009年，第63页。
⑥ 《过山榜》编辑组：《瑶族〈过山榜〉选编》，民族出版社，2009年，第69、71页。
⑦ 《过山榜》编辑组：《瑶族〈过山榜〉选编》，民族出版社，2009年，第71页。
⑧ 《过山榜》编辑组：《瑶族〈过山榜〉选编》，民族出版社，2009年，第90页。该文献附瑶胞致党中央毛主席的要求书。
⑨ 《过山榜》编辑组：《瑶族〈过山榜〉选编》，民族出版社，2009年，第20页。
⑩ 《过山榜》编辑组：《瑶族〈过山榜〉选编》，民族出版社，2009年，第24页。
⑪ 《过山榜》编辑组：《瑶族〈过山榜〉选编》，民族出版社，2009年，第36页。
⑫ 《过山榜》编辑组：《瑶族〈过山榜〉选编》，民族出版社，2009年，第55页。
⑬ 《过山榜》编辑组：《瑶族〈过山榜〉选编》，民族出版社，2009年，第27页。

万千千户。"①

《过山榜》之四中也记录了一则不完整的盘护神话文本:"昔日高王与平王争国,……盘古王食丁便辞王父却去边踰连绵洋海,七日七夜,傜(瑶)王(至)高王殿前。龙犬是盘古大护,到投高王殿下,多人喜悦,遂将军食与文言父。平王无道,若内心变也,得盘古大护逃投陛下,高王自杀分明。平(高)王有傜(瑶)民,每日将盘大护常行出进官院,平(高)王不悟,一日饮酒,酒醉不知,盘古大护急时咬杀高王,取得高王头来,速复过海,七日七夜回归,值(直)到平王殿前唱喏。平王大喜悦。遂令诸臣相迎,杀头(牲)犒[赏]设作会时待,李大护不食。问王欲有何意,我自不食居何得,请臣相护及大将军答曰:常日之时,被高王欲有何来(事)争国,陛下救问曰:朝内请(诸)臣相有人取高王头来,合分国共理,给并赐二宫第三女为妻。此时诸臣相无大计,惟李大护在三界。"②

以上所述《过山榜》之四是在《平王券牒》各异文中很有特色的一个文献,它在以上盘大护和李大护神话之后又一次记录了"李大护取二宫三女为妻,合生六男六女"的故事,之后还记载了洪水之后伏羲兄妹成婚的故事和圣王生下的"六男六女,结配夫妻"的故事③,生六男六女的圣王,应该是指盘护。

《平王券牒》之二中称盘护为"龙犬"外,多称"盘王大护"或"盘大护"、"大护"。该异文也记述一则盘护神话:昔日平王与高王争国,盘护决意支持"王父"即平王,一天它辞平王漂洋过海,七天七夜,到达高王的王宫,得到国王的信任,趁高王喝醉,咬断国王的首级,送到平王的宫殿,平王非常高兴,特设高宴犒劳。该异文记载的这段文字没有特意之处,但是该异文接着记载了一个特殊的情节:平王设宴招待,盘护却不食,平王究其不吃的原因。平王身边的大臣提醒道,当时国王出告示,谁能把高王的首级砍下送到王宫,就与他平分彼国,并赐给三宫女。出告示后将相大臣无一人承领,只有盘护龙犬揭告示,完成了使命。国王这才想起承诺,把宫女梳妆得如花似玉,设婚宴嫁于盘护,并赐五百名百姓,送盘护夫妇会稽安居乐业。④该异文中的盘护"委屈"母题在《评王券牒》诸异文中除《平王券牒》之二之外,又在《过山榜》之四中保留。⑤ 有趣的是上述"委屈"母题在上述盘瓠神话的丛书文本中出现。而且对该母题的描述比较详尽。⑥

《平王券牒》之二云,大隋时"一女公主娘,与犬为妻"⑦。而没有提及犬祖神话的其他母题。《过山图》所记盘护神话与《平王券牒》之二所记神话相似,但其中没有盘护死亡相关描述。⑧

《万福攸同·兰桂腾芳》是《评王券牒》诸异文中最长的一篇文献,它主要记述瑶人

---

① 《过山榜》编辑组:《瑶族〈过山榜〉选编》,民族出版社,2009年,第74页。
② 《过山榜》编辑组:《瑶族〈过山榜〉选编》,民族出版社,2009年,第74页。
③ 《过山榜》编辑组:《瑶族〈过山榜〉选编》,民族出版社,2009年,第75、78页。
④ 《过山榜》编辑组:《瑶族〈过山榜〉选编》,民族出版社,2009年,第38页。
⑤ 《过山榜》编辑组:《瑶族〈过山榜〉选编》,民族出版社,2009年,第74页。
⑥ 《搜神记》卷三,《龙威秘书》本,转引自钟敬文著《槃瓠神话的考察》,见苑利主编《二十世纪中国民俗学经典》,社会科学文献出版社,2002年,第95页。
⑦ 《过山榜》编辑组:《瑶族〈过山榜〉选编》,民族出版社,2009年,第38、39页。
⑧ 《过山榜》编辑组:《瑶族〈过山榜〉选编》,民族出版社,2009年,第42页。

的发迹史，还附其世系谱，最后附有盘护神话残篇。①

《过山牒》记载了盘护神话完整的一个文本，内容详细，枝节丰富，平王的对手为柴王，龙犬可"口出人语"，小名盘护。《过山牒》又云："此天（犬）有色斑点，畜生在东海龙王家，被刘弟男、刘称是毒厄不养，将去都落口抛叶（弃），有一如不见将家里养活看待，见处斑毛色，自别平王，知事（是）贡（贤）物，降敕收回朝内宗（宫）殿。"② 这段文字的大概意思是：这只犬的毛色斑斓，出生在东海龙王家，被刘弟男等刘氏家族人认为它有毒厄，拒绝蓄养，并把抛弃在村落口，而有一家人捡起在家里养，并从其毛色看并非一般的狗，于是向平王报告。平王知其为"贤物"，命属下将其收回宫殿畜之。《过山牒》说，龙犬也是打猎时被石羊用角顶刺落山崖而亡。

《猺（瑶）人出世根底》一文也记载了比较完整的盘护神话文本。关于龙犬的来历："此犬有色斑点，畜牲（初生）在东海龙王家，被刘弟男刘（留）称（住），是毒厄不养，将去都落口抛叶（弃），有如（日）不见家里养活［……］，平（评）王知是贤物，降齐（旨）收国朝内宗（宫）殿。"③ 关于龙犬来历的这段文字又曾见于上述《过山牒》中，而《猺（瑶）人出世根底》的文字更容易理解。

《平王胜［牒］榜文给照（印）》也记录了完整的盘护神话，对于龙犬的来历及龙犬与平王的关系，该文献中是这样写的："犬有廿四班（斑）点，教初生在东海刘家，所被刘家男女弟称生丹光梳不养，将去都落，一日跟紫王路中过一妇人，龙犬叫一声，紫王左右臣大说（悦），引进入朝内宫，饮食美味得（待）不浅。"这是龙犬来历和龙犬至柴王宫殿取其首级故事的混合体。《平王胜［牒］榜文给照（印）》亦称盘护是被石羊角撬落山崖而死。

《过山照》也书写记录一则盘护神话，但开篇部分缺字。④《评王券牒书传为记》也记载了盘护神话，其中也没有评王先承诺把宫女嫁给盘护的内容。⑤

---

① 《过山榜》编辑组：《瑶族〈过山榜〉选编》，民族出版社，2009年，第54页。
② 《过山榜》编辑组：《瑶族〈过山榜〉选编》，民族出版社，2009年，第55页。
③ 《过山榜》编辑组：《瑶族〈过山榜〉选编》，民族出版社，2009年，第59页。
④ 《过山榜》编辑组：《瑶族〈过山榜〉选编》，民族出版社，2009年，第85页。
⑤ 《过山榜》编辑组：《瑶族〈过山榜〉选编》，民族出版社，2009年，第87页。

表2 《评王券牒》诸版本所载盘护神话人物名称列表

人物＼文本	《南京平王敕下古榜文》	《过山榜》	《榜文》	《评王券牒》之一	《评王券牒》之二	《过山榜》之一	《评皇券牒》之二	《平王券牒》	《过山图》	《过山牒》	《猺(瑶)人出世根底》	《评皇券牒》之三	《评王券牒》之三	《评王券牒》之四	《过山榜》之二	《平王胜[牒]榜文给照(印)》	《过山照》	《评王券牒书传为记》	《评皇券牒》之四
平王与柴王	■	■							■							■			
评王与柴王			■																
龙犬																			
盘王			■																
护国之人																			
盘护																			
盘护王																■			
评王与高王				■				■				■							
护			■														■		
姓盘名护																			
一宫女																■			
二宫女		■																	
宫女																			
二宫第三女															■				
三宫女																■			
公主								■			■								
平王女						■													
评皇与高皇					■														
评王与高皇																			
盘龙王犬					■														■
犬							■									■			
狗头瑶																			
平王与高王																■			
盘古王																			

续表

人物 \ 文本	《南京平王敕下古榜文》	《过山榜文》	《榜文》	《评王券牒》之一	《评王券牒》之二	《评皇榜》之一	《过山榜》之一	《评皇券牒》之二	《平王券牒》	《过山图》	《过山牒》	《瑶（瑶）人出世根底》	《评皇券牒》之三	《评王券牒》之三	《评王券牒》之四	《过山榜》之二	《平王胜[牒]榜文给照（印）》	《过山照》	《评王券牒书传为记》	《评皇券牒》之四
盘古大护								■												
盘王与高王							■													
盘大护								■												
盘食丁									■						■					
李大护										■										
盘王大护											■									
大护												■								
东海龙王		■	■								■	■								
六男六女	■	■	■	■	■	■	■	■	■	■	■		■	■	■	■	■	■	■	■

《评王券牒》诸异文神话人物名称及其出场次数

评王与高王	次数	王	次数	龙犬（1）	次数	龙犬（2）	次数	宫女	次数	其他	次数
评王和高王	8	评王	11	龙犬	20	盘护王	1	宫女	11	东海龙王	3
平王和柴王	4	平王	8	盘护	16	姓盘名护	1	二宫女	5	六男六女	18
平王和高王	4	评皇	1	护	11	盘古大护	1	公主	2		
评王和柴王	2	盘王	1	犬	7	盘王大护	1	一宫女	1		
评皇和高皇	1	高王	13	盘王	4	盘古王	1	二宫第三女	1		
评王和高皇	1	柴王	6	盘大护	3	李大护	3	三宫女	1		
盘王和高王	1	高皇	2	盘龙王犬	2	大护	1	平王女	1		
				护国之人	2	狗头瑶	1				

综上所述，《评王券牒》诸异文是中国南方瑶族等汉藏语系民族盘护神话研究的重要文献，其大部分异文中都繁简不一地记录了盘护神话。各异文中除神话主人公名称的不同之外，主要对盘护神话的情节母题的安排有所不同。《评王券牒》所载盘护神话与汉籍所载盘

瓠神话之间多有重合之处，但也有不同的地方。盘护神话作为固定文字的文本在《评王券牒》诸异文中频繁登场，但它在历史上是活态的，具有取材于民间口头，后收入文献的特点。这些神话强化了盘护祖先的神圣性和不平凡性，最大限度地减少或取消原始神话中的"十分怪诞"的描述，增强部族或民族祖先的认同感和同源同宗的认可度。

三、盘瓠神话与盘护神话

如前所述，汉籍记载的盘瓠神话大致分为单行本文本和丛书文本，单行本文本主要记载于《风俗通义》以及《搜神记》《后汉书》等汉籍，丛书文本收录于《汉魏丛书》《龙威秘书》等丛书。而盘护神话则是在瑶族《评王券牒》诸异文中记载并传承于民间。盘瓠神话与盘护神话两者虽然源流和传承方式有所不同，但在内容上存在诸多相同，当然也存在一些相异，而这些异同是如何产生的，它们表达何种意义？可通过两者之间的神话人物、故事情节母题的比较回答以上问题。

（一）神话人物名称比较

盘瓠神话单行本文本中出现的人物主要有盘瓠、高辛氏及其宫中的老妇、高辛帝的对手称戎王或称犬戎、戎吴、戎吴将军。还有一个人物是高辛帝之女和盘瓠婚生的六男六女。这里指名道姓的只有盘瓠和高辛氏两个人，而高辛帝的对手也是没有真实姓名，此外，高辛帝宫的老妇人、帝女及其所生六男六女均无真实姓名。

盘瓠神话丛书文本中出现的神话人物主要有高辛氏及其对手房王、高辛氏赐予槃瓠的"美女五人"和槃瓠与美女所生"二男六女"。

神话中的高辛氏是真实的历史人物，名帝喾，黄帝的曾孙，"生而神灵，自言其名"。十五岁时，因辅佐颛顼帝有功，被封于高辛（今商丘市睢阳区高辛镇）。三十岁时，代颛顼为帝，都于亳（今商丘市）。因他兴起于高辛，史称之为高辛氏。帝喾即帝位后，"聪以知远，明以察微。顺天之义，知民之急。仁而威，惠而信，修身而天下服"。①

高辛氏是盘瓠神话中的主要人物，由于他的承诺，盘瓠与帝女成婚，生儿育女，繁衍了"南蛮"。但是在盘瓠神话中的这个主要人物名称在《评王券牒》中的盘护神话中却没有出现，与之对应的人物形象在《评王券牒》诸异文中频频出现，其中出现频率最高的是"评王"，单独出现 11 次，仅次于其对手高王的 13 次。平王次之，共出现 8 次；高皇出现 2 次，盘王出现 1 次。所以评王或平王是盘护神话中与高辛氏对应的帝王形象。神话中可能假借的是周平王。周平王（约前 781—前 720）是东周第一代帝王，西周幽王之子，姬姓，名宜臼，公元前 770—前 720 年在位。

在盘瓠神话中高辛氏的对手之名很不固定，《风俗通义》称戎王，《山海经·海内北经》称戎王、《玄中记》称犬戎，《搜神记》中记戎吴，即戎吴将军。犬戎代表民族名，这里亦指犬戎之王。在丛书神话文本中高辛氏的对手为"房王"，而《评王券牒》诸异文中从未出现"房王"。

盘瓠神话中高辛氏的对手实际上是没有真实姓名的个人，是神话中假设的形象。盘护神话中评王或平王的对手主要是高王（高皇）和柴王，目前所掌握的《评王券牒》异文中高王出现 13 次，高皇 2 次，柴王 6 次。这个神话形象可能是虚构而来，因为历史上似乎没

---

① 〔汉〕司马迁：《史记》卷一《五帝本纪》第一，中华书局，2007 年，第 2 页。

有与周平王对立的高王（高皇）、柴王或房王。

盘瓠神话中的主要形象为盘瓠。盘瓠，亦作"槃瓠"。《山海经》称"盘瓠"，《后汉书》则称"槃瓠"。盘，本作槃，浅而敞口的盛物器。瓠，葫芦，也可指用葫芦制作的盛物器，如瓢等。在神话中用这两个器物的名称解释盘瓠之名，因为把顶虫置于瓠中，覆之以盘，所以后来从其中化生的神犬叫作盘瓠，按以上动作顺序，"盘"与"瓠"倒置了，称"瓠盘"，才能符合情理，可见该名称先有之，后有对名称的解释。

通过比较发现，《评王券牒》诸异文所载神话的"盘护"与上述汉籍神话的"盘瓠"对应，在《瑶族〈过山榜〉选编》所载《评王券牒》的三十多部异文中的 11 部中称盘护；3 部称盘大护；7 部文献各称盘护王、姓盘名护、大护、盘古大护、盘王大护、护国之人、李大护。这说明犬祖神话在传承过程中神话主人公名称的变化和多样化。虽然《评王券牒》诸异文所载盘护神话中未见盘瓠之称，但"盘护"之称理应源于"盘瓠"，瑶族先民中盘瓠神话长期流传，在此过程中"盘瓠"之称来历的故事渐渐被淡忘，同时繁琐难记的"瓠"被易记易写的"护"词来置换。并且在《评王券牒》中始终用汉语理解"护"词，或用汉人姓氏习惯理解"盘护"。所以，汉籍所记盘瓠神话的"盘瓠"到瑶民《评王券牒》所记盘护神话的"盘护"，经历了从书面到民间，又从民间到书面的辗转过程。

值得注意的是《评王券牒》诸异文中的《过山榜》之四中出现李大护之名，而且在这个文献中出现频率很高，据统计，在该异文中李大护之名出现 16 次之多，除了李大护之外，又称"盘李大护""盘王李大护"等。异文中称"李大护是龙犬之身"，该异文中李大护完全与盘大护齐名，有时两者的名称相互替换。把盘大护衔高王首级献平王之事套于李大护身上。该异文有李大护"同盘［王］三女结配成亲，生下六男六女""二宫第三女李大护为妻""李大护取二宫第三女为妻，生六男六女"等记载。《过山榜》之四又说李大护与盘护一样在山上打猎时被野羊叉死，其"金骨"安葬于青龙大山。① 异文中多次出现"李大护傜（瑶）民""李傜（瑶）民"，似乎以此借指李大护之后人瑶民。

神话文本中描述李大护为龙犬，其身形功能等与盘护或盘大护无异，但其原型可能与盘护不同。《评王券牒》诸异文之一《千家洞古本》云："从前我们的祖先是在南京，江西省太和县人氏，住在青州石桂巷。太公李帛是狗王。平王与高王争天下，狗王帮助平王杀了高王，无处谢，想来将二女匹配狗王为夫妻。过了二年身怀有孕，生下七子，分七姓名人，来到千家洞居住。"② 该异文中保留了比较完整的犬祖神话，其内容基本上与《评王券牒》诸异文所记盘护神话相同。神话中同样出现两个敌对者平王和高王，唯不见盘护或龙犬之名，取而代之的是"太公李帛"，说他是狗王，没说他是神犬。但其角色功能却与盘护神话的盘护或龙犬完全重合。神话中说李帛是狗王并非神犬，从这个姓名考虑，这可能是历史人物，是"七姓"瑶民的先祖。进而推理李帛作为瑶民的先祖，可能是盘护神话中的李大护的原型。

《评王券牒》诸异文所记神话文本中"龙犬"是最普遍的一个称谓，它是盘护神话主要人物的通称。具体而言，在《评王券牒》诸异文中 20 部异文均称神话主人公为龙犬，7 部文献称龙犬的同时又称"犬"。所以，无论是上述诸汉籍抑或瑶人《评王券牒》诸异文

---

① 《过山榜》编辑组：《瑶族〈过山榜〉选编》，民族出版社，2009 年，第 74—79 页。
② 《过山榜》编辑组：《瑶族〈过山榜〉选编》，民族出版社，2009 年，第 98 页。

中的神话中盘瓠（盘护）的原型为犬，所以犬之称实为原始神话固有的名称，后来人们的龙崇拜观念影响盘护神话，以龙修饰"犬"，形成"龙犬"之称。笔者认为，犬图腾崇拜时期以犬作为氏族始祖，对氏族制社会来说是一件平常不过之事，但是随着图腾崇拜时代的更替，人们的图腾观念淡化，直至消失，作为天地间最高级的生灵人类不甘心以犬为祖先，但他们也不能破坏千百年来一直传承的文化传统，所以人们"发明"了以"龙"提升"犬"的方法，从而作为祖先的"犬"堂而皇之地提升到与"龙"平起平坐的崇高地位。所以"龙犬"之名的出现显然是图腾观念淡化，祖先崇拜观念提升的结果。

《风俗通义》称盘瓠神话中的高辛氏之女为"帝之女"，《山海经》和《玄中记》称"美女"，《搜神记》及《后汉书》称"少女"，这里称呼虽有不一，但殊途同归，这些名称均指"高辛氏之女"。盘护神话中与高辛氏之女对应的"王之女"也无真实姓名。《评王券牒》异文中称"宫女"之外又称"一宫女""二宫女""二宫第三女""三宫女"等，其中《评王券牒》11部异文称"宫女"。这些名称的不确定性说明神话在民间长期流传过程中发生变异。

盘瓠神话中的盘瓠与帝女所生六男六女，在盘护神话中则成为盘护与宫女所生子息，而两者中"六男六女"均无真实姓名。此外，《评王券牒》异文所记盘护神话中全然不见《魏略》所记高辛氏宫中老妇。

总之，汉籍所记盘瓠神话和瑶族《评王券牒》诸异文所载盘护神话人物名称中，高辛氏和平王的身份及姓名可以确定，按这个名称搜索到有关他们的一些历史事件，但是除了高辛氏与该神话中的角色之外，平王与该神话有关活动在其他文献或民间口承中是见不到的，所以这些人物名称是神话形成和传承过程中从民间传承中取来使用的。

（二）盘瓠和盘护（龙犬）的比较

盘瓠和盘护分别为盘瓠神话和盘护神话的主人公，两者都是以神犬的形态出现，在神话中始终扮演着主要的角色，与它们相关的情节母题显然很丰富的。

首先，关于盘瓠来历，汉籍神话称，它是从高辛氏宫中老妇耳朵里的顶虫化成。该"十分怪诞"的母题是由三国时期鱼豢的《魏略》和东晋干宝的《搜神记》中记载，该母题的来源如何？现无从考证。然而神犬的奇异诞生母题在北方民族神话中也有所发现，柯尔克孜族神话称，猎犬神库玛依克是鸷鹰的后代，鸷鹰在荒无人烟的山坳里生下了一只状如拳头大小的小狗。猎人发现以后就把这只小狗放在地窖里，整整用了七天七夜，眼睛一眨不眨地精心喂养长大。[①] 哈萨克族神话称，造物主用黄泥捏了一对空心泥人，小泥人晒干之后，造物主在他们的肚子上剜了肚脐窝。然后取来灵魂，从小泥人的嘴巴里吹进去，一对小泥人就倏然站立，欢腾雀跃，他们是人类始祖。造物主用小泥人肚脐窝里剜出的泥屑创造了狗。所以直到今天，狗对于人类仍然是十分忠实而驯顺。[②]

狗是最早从几种狼驯化而成的特殊家畜，它被驯化后成为人类的最好的动物伙伴之一，人类对狗的依赖性可能超过任何其他家畜动物。所以古人幻想，狗和人类是同伴甚至是人和狗同出一源，认为狗与人类同时被创造出来。关于盘瓠来历的神话母题可能就是与人类这种早期幻化的认识不无关系。

---

① 满都呼主编：《中国阿尔泰语系诸民族神话故事》，民族出版社，1997年，第85页。
② 满都呼主编：《中国阿尔泰语系诸民族神话故事》，民族出版社，1997年，第74页。

汉籍中关于盘瓠的毛色及形状的描述较少。鱼豢撰《魏略》、干宝撰《搜神记》称，盘瓠"其文五色"；《后汉书·南蛮西南夷列传》称"其毛五采"①。上述文献所表达的意思是，因为盘瓠之毛五色，所以其子孙"好五色衣服，制裁皆有尾形"②。

在盘护神话中盘护或称龙犬是主角，关于它的起源及形状，《评王券牒》有些异文也有记载。《南京平王敕下古榜文》："看将龙犬，身有二点虎色，初生在东海，晋（留）引在家中养大，强恶全（如）虎。一般毛色，赐平王如是贤物，降敕回朝内从随。"③

《过山榜文》："看将龙犬，身有二点虎[色]，初生在东海，留引在家中养大，强恶如虎，一般毛色，赐平王如是贡（贤）物，降敕回潮（朝）从随。"④

《榜文》：龙犬"身斑点，初生在东海龙王家，刘思、刘弟称是毒先泥，不养女与他为妻。此犬五色，觅将归家里[养]活看待，有一般[斑]毛"⑤。

《猺（瑶）人出世根底》："此犬有色斑点，畜生（初生）在东海龙王家，被刘弟男刘（留）称（住），是毒厄不养，将去都落口抛叶（弃），有如（日）还见家里养活[……]，平（评）王知是贤物，降齐（旨）收国朝内宗（宫）殿。"⑥《过山牒》也与上述相同的文字描述龙犬及其来历。⑦

《评王券牒》诸异文中关于龙犬出身、容貌特征及成长相关的文字严重缺损，多以异字填充，不时语句不通，无法理解有些语句。通过前后文字和各异文之间的对比分析，从中可知两点：第一，龙犬初生于东海或东海龙王家，由于龙犬的所有者认为龙犬邪恶狠毒，不愿喂养，将其遗弃，平王或评王知其贤物，领进宫中哺养。第二，龙犬毛色有斑点，或五色，强恶如虎。《评王券牒》有些异文也有记述龙犬的来历及毛色特征等。《评王券牒》之一、《评王券牒》之二关于龙犬的来历，只说"评王出世时，得龙犬一只"，称龙犬身长三尺，毛色黄斑，意异超群。⑧

据上述，盘护神话中的盘护初生于东海或东海龙王家，这是神犬盘护来历的唯一解释。龙崇拜是中国乃至亚洲很多民族中盛行的民间信仰形式。而龙诞生于大水里，这是龙崇拜早期的信仰基础，所以瑶族先民龙犬出自大海或诞生于龙王之家的解释合情合理且顺理成章。

最后，盘瓠神话和盘护神话中的盘瓠和龙犬诞生以及容貌特征的解释之间有无相同或相近之处？首先，两者均有解释神犬盘瓠或盘护的解释故事。但两者间的落差颇大，这两则故事在发生学上丝毫没有关联。按有学者的阐释，前者是氏族社会时期人们图腾崇拜鼎盛时期发生的，而龙犬来历的故事则是人们抽象思维高度发达，龙崇拜观念深入人心的时期发生的，所以两者不能同日而语。至于盘瓠及盘护神犬之毛色及容貌特征的描述，在两者中也能发现一些相同之处。

---

① 〔宋〕范晔：《后汉书》卷八六《南蛮西南夷列传》，中华书局，1965年，第2829—2830页。
② 〔晋〕干宝：《搜神记》，中华书局，2012年，第309—310页。
③ 《过山榜》编辑组：《瑶族〈过山榜〉选编》，民族出版社，2009年，第2页。
④ 《过山榜》编辑组编：《瑶族〈过山榜〉选编》，民族出版社，2009年，第4页。
⑤ 《过山榜》编辑组：《瑶族〈过山榜〉选编》，民族出版社，2009年，第6页。
⑥ 《过山榜》编辑组：《瑶族〈过山榜〉选编》，民族出版社，2009年，第59页。
⑦ 《过山榜》编辑组：《瑶族〈过山榜〉选编》，民族出版社，2009年，第55页。
⑧ 《过山榜》编辑组：《瑶族〈过山榜〉选编》，民族出版社，2009年，第8页。

《评王券牒》诸异文神话的主要母题：

猺（瑶）人根骨即系龙犬出身。
评王得龙犬一只，名盘护，身长三尺，毛色黄斑，异意超群，说人语，有时变人身。
一天评王贸然大怒，意欲谋杀外国高王。
平王和高王争天下（争国）；高王犯界，平王甚忧。
平王承诺，能降伏柴王者，赐宫女为妻。（平分彼国）
出告示（三天），将相众臣无人承领；评王命臣征伐，俱无人接受。
龙犬说人语，称降伏高王不难，愿降伏高王，以报主恩。
龙犬名唤盘王，护国之人。（小名盘护）
龙犬得到平王准许，立即投入大海，七天七夜，游向高王之国。
高王得龙犬，满心欢喜，称评王无道，不能畜此犬，兹拜我为主。
龙犬向柴王言："我平王国小臣，为王效劳而来。"
高王善待龙犬，常引游皇宫，侍侧不离。龙犬有猛虎之威，可得国界安宁。
龙犬初生东海，具虎色、虎威，评王视之贤物，领养，常作随从。
高王大醉，不省人事，龙犬趁机咬断其首级，送至评王宫殿。
评王派龙犬飘湖过海，口咬高王，命故败绝。
评王为龙犬广排筵席，倍劳待酒，三天三夜，庆贺王国安宁。
诸臣奏报："王应兑现承诺，使龙犬娶宫女为妻。"
龙犬向评王自行请求，不要官职，只请与宫女成婚。
评王决意，与宫女于龙犬为妻，择吉日成亲。（龙犬变人身）
评王把女儿许配给"狗头瑶"。
评王让龙犬穿着打扮，目的是遮掩其"犬色"。
宫女穿花衣，上宫殿，评王为龙犬与宫女举行婚礼。
龙犬认识宫女，在宫殿上龙犬咬住宫女裙脚不放，请求宫女作它的妻子。
评王说："虽见此犬，乱喊乱叫，但它咬死柴王，深知护国。"
龙犬娶宫女为妻，生六男六女，评王为他们赐性、赐官。
龙犬与宫女之子女，受犬之形气而生，属人之胞胎而出。
天子把龙犬夫妇送入会稽山七贤洞，居于青竹林白雪山。
龙犬狩猎，被石（羚）羊角抵落崖而亡。（安葬于七贤洞南）

四、犬祖神话的民间文本比较

犬祖神话在中国南方民族中以书面和口头形式流传,而在民间口头流传时发生了一些变化。南方汉藏语系民族中传承的犬祖神话在跨国相关民族中传承。日本神话学家大林太良在《神话学入门》一书中书写记录了一则越南瑶族(侵人)中流传的一则犬祖神话:

> 中国皇帝长年和房王(力才王)作战,但不能取胜。有一天他发出布告说:"谁要取了宿敌的首级,就把女儿赐给他。"这个布告被一条叫做盘瓠的狗知道了。它冲入房王的阵营中,把其首级咬下交给中国的皇帝。皇帝不便违约,即把其女赐给了盘瓠。这对夫妇生了六男六女,其子孙成了瑶族。作为出嫁礼物,公主把其父亲的一半领土给了盘瓠。但是,皇帝为了减少他的损失,就采纳了一个狡猾的大臣的进言。只把对中国人无用的山顶和丘陵送给了盘瓠及其子孙。①

瑶族是跨国民族,中国和越南都有瑶族,越南称其为"侵人"。中越两国的瑶族在民族族源以及语言文化方面都有密切的联系。因此在两国瑶族中都流传相同的犬祖神话不足为奇,只是神话的持有者和讲述者的国籍有别而已。越南的这则神话显然是中国汉籍《搜神记》《后汉书》记载的盘瓠神话的民间口头变体,其中"中国皇帝"与高辛氏;"房王"与犬戎或戎吴相对应;盘瓠与同名者对应;国王的女儿与《搜神记》或《后汉书》的"少女"对应。

越南瑶族犬祖神话中依然包含盘瓠神话的主要情节母题:

1. 国王被敌人侵犯,不能取胜,故发出公告称,谁能取敌人国王的头,就把公主嫁给谁;
2. 盘瓠冲入敌人军营,把敌人国王的首级咬下来交给国王,国王不便违约,就把公主嫁给盘瓠;
3. 盘瓠和公主的子孙后代繁衍为瑶族;
4. 国王把国土的一半分给盘瓠,但分给它的都是无用的土地。

越南瑶族犬祖神话中的国王承诺中没有分给盘瓠国土这一项内容,但国王将国土的一半分给了盘瓠。而中国境内的各民族的盘瓠神话中有国王承诺为盘瓠分封给国土。可见,越南的神话讲述者竟把国王的承诺这一母题忘记了。越南瑶族盘瓠神话是中国瑶族等民族神话和汉籍神话的一则变体。这说明盘瓠神话不仅在文献中有记载,而且还在民间长期留存和传承。

除上述越南瑶族之外,中国南方汉藏语系的相关民族民间口头也流传犬祖神话的各种类型。仫佬族神话《十兄弟》中讲述一则狗与女子成婚生氏族始祖的犬祖神话,其中的主要母题简述如下:

1. 天上楼星和女星下凡到人间分别成为土王家的一只黄狗和土王的女儿;
2. 土王女儿身上长疮,溃烂不堪;
3. 土王张榜,谁把女儿的病治好,就把女儿许配给谁;
4. 黄狗撕榜文,并表示能治好土王女儿的病;

---

① 〔日〕大林太良:《神话学入门》,林相泰、贾福水译,中国民间文艺出版社,1989年,第76页。

5. 黄狗用舌头舔,治好了土王女儿的疮;
6. 土王把女儿许配给黄狗,让他们到山洞里去生活;
7. 黄狗白天是狗,晚上变成小伙子,他们生了十个儿子;
8. 与儿子们一起上山打猎时,黄狗摔死了;
9. 妈妈告诉儿子们那黄狗就是他们的爸爸;
10. 兄弟十个人中九个人分别喝九股泉水,成为诸民族(始祖),没喝泉水的幺兄弟成为汉族(始祖)。①

仫佬族神话《十兄弟》的这十个母题与在南方瑶族等民族中传承的盘护神话和汉籍记载的盘瓠神话的母题比较,母题6、7完全和盘瓠神话相符,母题3、4、8的一半相符。这样看来两者之间的差距较小,但是两者的核心母题不同。仫佬族神话《十兄弟》与盘瓠神话的狗与女子成婚条件有变化。郭璞《玄中记》、郭璞注《山海经》、干宝的《搜神记》、《后汉书·南蛮西南夷列传》以及《评王券牒》诸异文记载的盘瓠神话和盘护神话中都因敌人(戎王、犬戎、戎吴、紫王、房王等)作乱,国王张榜告知,谁把敌人头目或国王的首级拿下,就把公主许配给谁。而在仫佬族神话中国王或头目的女儿患病,国王或头目宣布,谁能治好女儿的病,便把女儿嫁给谁。由于两者核心母题的不同,导致各自该母题之后的其他母题大都发生不同的变化,最终导致两个神话成为犬祖神话的不同类型。可以从以上比较得出如下结论:南方汉藏语系民族中传承的犬祖神话属两个类型,第一类是敌人攻击型,第二是公主疾病型。

据俄罗斯汉学家李福清先生的报道,在台湾的原住民中也有流传"狗与女人结婚"神话。布农(Bunun)族、太鲁阁的赛德克(Sediq)族与北部海岸平埔凯达格兰(ketagalan)族,还有卑南族、排湾族都有类似的故事。这种故事的主要母题是少女与狗结婚。但包含"狗与女人结婚"母题的故事并不都是犬祖神话,只有"狗与女人结婚生氏族的始祖"这样母题的故事才属于犬祖神话。

以下以台湾布农族的一则神话为中心探讨台湾原住民犬祖神话和大陆南方汉藏语民族犬祖神话之间的关系。布农族神话是由台湾南投县信义乡地利村的当年75岁老人全绍仁(nakas)讲述,由田哲益和李福清于1992年9月共同采录②,神话中不仅有"狗与女人结合"这个神话母题,而且还有狗与女子的子孙形成一个氏族或民族,所以这是一则犬祖神话。从该神话析出如下母题:

1. 布农族的头目原来是中国的皇帝;
2. 头目有一公主,突然患皮肤病,全身溃烂发脓,越发严重;
3. 头目通告,谁能治好公主的病,将公主许配给谁;
4. 无人撕公告,一只狗撕掉公告;
5. 狗用舌头舔公主全身,治好了公主的病;
6. 头目反悔承诺,不愿意把公主许配给狗;
7. 头目再提条件,如果狗三十天内变成人,便把公主许配给狗;
8. 第二十八天时头目派人去看,狗的头还没来得及变;

---

① 姚宝瑄主编:《中国各民族神话·仫佬族 壮族 京族》,书海出版社,2014年,第33—35页。
② [俄]李福清(B. Riftin):《神话与鬼话:台湾原住民神话故事比较研究》(增订本),社会科学文献出版社,2001年,第351—353页。

9. 狗将约定的三十天，改为三十一天；

10. 第三十一天狗变成人，去见公主，公主满意；

11. 头目准许由狗变成的人和公主结合，但是命令他们结婚后马上要离开皇宫，到远处生活；

12. 由狗变成的人和公主离开头目，但是兵丁还追杀由狗变成的人；

13. 由狗变成的人和公主坐船来到台湾的鹿港；

14. 由狗变成的人和公主的子孙繁衍为布农族的祖先。

从以上犬祖神话的14个母题来看，该神话与中国大陆少数民族中流传的第二个类型即公主疾病型犬祖神话更接近。

根据比较分析上述两则神话共同点很多，如国王或头目的女儿即公主患皮肤病，国王发通告，谁能治好公主的病，便把公主许配给谁，但是无人揭通告，只有一条狗揭通告，表示能治好公主的病，狗用舌头舔公主的身体，治好了公主的病，国王按照承诺答应把公主嫁给狗（布农族神话中以狗变成人作为许配公主的条件），但国王要求他们马上离开国王的宫殿，到远处或山洞里去生活。狗和女子结婚，生儿育女，他们的子孙成为新生氏族或民族的始祖。

如上所述，中国大陆仫佬族的犬祖神话和中国台湾布农族犬祖神话中共有的母题连接起来可以形成一个比较完整的犬祖神话，这说明两则神话源于同一则原始神话，进而言之，台湾的犬祖神话受影响于大陆神话或者说台湾布农族犬祖神话来自大陆同类神话。据李福清（B. Riftin）先生考证，该神话无论从其情节，抑或其词汇来看，都有借用的痕迹，如讲述者把头目说成 tumuku，这是日语的"头目"，皇帝也叫 huangti，这些词汇以前在布农语中是没有的，是外来语，日本占领时期之前布农族也没有头目。① 既然在布农族历史上没有头目，其语言中也不可能有表达"头目"这个意思的词汇。一些证据表明，布农族的犬祖神话是从大陆传播进来的。其一，两者神话的核心母题链是相同的，其二，神话中的有些词汇是汉语借词，其三，布农族神话一些特定的母题来自大陆的神话，比如，撕榜文，这是大陆南方汉藏语系少数民族尤其是汉族神话和民间故事特有的母题，中国台湾布农族犬祖神话有这个母题，神话称，头目在"各大路上公开通告"，后狗"把公告撕掉"了。这就是说，该神话中有"帖榜文，狗撕榜文"的母题。而中国台湾其他原住民的同类型神话中不见该母题，这说明布农族的犬祖神话与大陆仫佬族等民族犬祖神话更接近。其四，布农族的犬祖神话是解释该民族的起源，而他们的始祖一位头目竟然是中国的皇帝，他的公主与狗成婚之后来到台湾，繁衍了布农族。事实上台湾布农族的始祖不可能是从大陆来的，但是神话的这种表述至少反映了布农族与大陆汉族之间的通婚以及布农族接受汉文化影响的史实。一些汉化的布农族人以大陆民族的犬祖神话来阐释自己民族起源的可能性不无存在。

当然，提出台湾的布农族犬祖神话和大陆仫佬族犬祖神话之间相似度很高，并不是说，后者直接影响了前者，或者是前者直接抄袭后者。这是两者文化交流的一个组成部分。在中国大陆除仫佬族之外，瑶、苗、畲、黎等民族中也流传类似的神话。这说明犬祖神话在

---

① ［俄］李福清（B. Riftin）：《神话与鬼话：台湾原住民神话故事比较研究》（增订本），社会科学文献出版社，2001年，第353页。

这些民族中流传并不是孤立的现象。在中国台湾布农族的犬祖神话的流传也不是孤立的，在中国台湾的排湾、卑南族等原住民中也在流传此类神话，所以大陆和台湾之间表现的犬祖神话的相同性是在民族文化交流的大背景下实现的。

综上所述，中国各民族拥有丰富的犬祖神话资源，尤其是南方汉藏语系少数民族中盛传盘瓠（盘护）神话，这是诸民族犬祖神话的主要类型之一。该类型神话蕴含丰富的文化内涵，招致强大的民族凝聚力和认同感。盘瓠神话首先被记载于《风俗通义》《山海经》《玄中记》《搜神记》《后汉书》等汉籍。这些文献书写记录的盘瓠神话是从简朴到复杂，从不完整到完整，从民间到书面的过程，具体而言，最早的《风俗通义》记载了盘瓠神话的数十个字的文本，而在《搜神记》《后汉书》记载时的盘瓠神话则已经成为近千字的故事情节比较复杂、完备的文本，见证了盘瓠神话在传承过程中发生的发展与变化。

汉籍盘瓠神话分为单行本文本和丛书文本，《风俗通义》《搜神记》以及《后汉书》等汉籍所记盘瓠神话称为单行本文本，收录于《汉魏丛书》《龙威秘书》等丛书记载的盘瓠神话称为丛书文本。单行本文本和丛书文本之间也有诸多不同之处，而丛书文本的一些母题更接近于瑶族特殊文献《评王券牒》诸异文记载的盘护神话。

瑶族文献《评王券牒》诸异文是研究南方瑶族等汉藏语系民族犬祖神话的重要载体，其诸多异文也记录保存了很多盘护神话的不同文本，而且各文本之间多有相同，但也有差异。该文献所载盘护神话与上述汉籍盘瓠神话之间也存在异同。由于两者的书写传统、传承方式以及文化认可度的不同，表现出不同的文化含义，两者间的比较，不但能够发现两者的异同，而且也可以追寻各民族犬祖神话的发生、发展以及变化的历史轨迹。

犬祖神话在文献中传承之外，还在民间口头传播，而且国外一些跨境民族民间也有传播。中国台湾原住民中也在流传犬祖神话，而且与大陆仫佬族等民族民间传承的犬祖神话之间存在情节母题上的类同。经过考证，中国台湾布农族等原住民的犬祖神话与大陆同类神话之间存在传播关系，这是两者间文化交流的历史见证。

除了南方汉藏语系民族之外，北方阿尔泰语系诸民族也有流传"狗与女子结合"的神话，与南方犬祖神话比较接近，有学者称其为"狗国"神话。作者在《中国阿尔泰语系诸民族神话比较研究》一书中曾专辟章节研究阿尔泰语系诸民族犬崇拜及其犬祖神话，通过梳理《山海经》《史记》等历史文献的记载，对北方众多民族在历史上存在过的犬祖崇拜进行考证，并对阿尔泰语系诸民族"狗国"神话进行追根溯源，尤其对"狗国"神话中突厥语族民族中的传承、"狗国"神话在契丹和蒙古等民族中的流布以及"狗国"神话在满-通古斯语族民族中的传衍的探讨，勾勒出北方阿尔泰语系诸民族中传承的"狗国"神话的概貌。该文又根据"狼"在蒙古语中的发音，可推断"犬"是蒙古语"狼"（Cyion，Cino，Cinos）的音译，12 世纪、13 世纪以"赤那"或"赤那思"为名称的"狼族"是"叱奴"和"叱奴根"的继承者，以"狼"为部族名称，并以狼为兽祖，而《山海经》中的犬戎之犬可以理解为狗，也可以理解为狼。即"犬"的意思是"狼"，犬戎语的"犬"、鲜卑语的"叱奴"和蒙古语的"赤那"是同一语系甚至同一语族或同一语言在不同历史时期对汉语"狼"的意译。北方"狗国"神话的主人翁往往是男性为狗形，女性为人形，与《山海经》所载狗头人身神话更有相通之处。本文作为对《中国阿尔泰语系诸民族神话比较研究》一书中犬崇拜与兽祖神话比较研究的拓展与补充，证明了南方汉藏语系民族和北方阿尔泰语系民族犬祖神话具有相同性，均表明了早期人类祖先犬类动物崇拜之俗的存在。

中国神话叙事研究三条主要路径及成果概观

张开焱

改革开放以来,中国学界对中国神话研究的成果渐多,但从叙事角度切入的成果则比较有限。一些学者在研究神话问题的论文、论著中,虽然使用了"神话叙事"这个概念,但假如不用此概念,似乎对其基本内容也没太大的影响。那么,这就意味着这些成果尚未真正从叙事学角度切入对叙事问题的研究。导致这个局面的原因很多,大约在于:其一,大多数中国学者只注意到今见中国神话文本典籍资料的散漫、简短、粗糙状态不利于叙事形态的分析,而未能认识到这种散漫、碎片化形态本身也有叙事学意义。其二,没有找到基于中国神话叙事特征的理论模式。理论的创造本就是中国学者的弱项,在神话叙事研究方面尤其凸显。中国神话因为其形态的独特性,如果与建基于时间性基础之上的西方叙事学模式进行分析,则可用资料十分有限。因此,要对中国神话叙事特征和传统进行合适研究的前提之一,就是要找到适合中国神话叙事特征的理论模式,而这对许多中国学者显然是一个不易应对的挑战。

本文属于国家重大招标课题"中西叙事传统比较研究"之子课题"中西神话叙事传统比较研究"的学术背景清理部分的论文之一。对于西方100多年,尤其是近70年神话叙事研究的有关成果,本课题组成员历伟已经有专文清理。[1] 本文将对改革开放以来中国学者有关中国神话叙事研究的三条主要路径及其成果进行简要回顾,以作为进一步研究的基础和参照。

尽管伊万·斯特伦斯基在《二十世纪的四种神话理论:卡西尔、伊利亚德、列维-斯特劳斯与马林诺夫斯基》[2] 中评析了20世纪在他看来最有影响的四种神话理论(卡西尔、伊利亚德、列维-斯特劳斯和马林诺夫斯基),但从神话叙事角度看,20世纪最有影响的神话叙事理论可以分为三大块:一是建基于荣格、詹姆逊和弗莱理论基础之上的神话叙事问题的原型研究;二是建基于阿尔奈-汤姆逊分类法(简称A-T分类法。2004法国学者乌瑟尔出版《世界故事类型索引》,对A-T分类法有进一步补充和发展,故合称为A-T-U分类法)为基础的神话和民间故事的类型学-母题学研究;三是建基于普罗普、列维-斯特劳斯、格雷马斯等的形式-结构论神话叙事理论的研究。这三种路径的研究虽然都不只关涉神话叙事问题,但神话叙事问题显然是它们关注的重要方面。中国近半个世纪的神话叙事研究,主要是沿着这三种路径展开的,我们也以此来概要性清理中国学术界神话叙事研究的主要成果。

---

[1] 历伟:《神话叙事批评传统发微:概念生成与批评实践》,载《天津外国语大学学报》2023年第1期。

[2] 伊万·斯特伦斯基:《二十世纪的四种神话理论:卡西尔、伊利亚德、列维-斯特劳斯与马林诺夫斯基》,李创同、张经纬译,生活·读书·新知三联书店,2012年。

一、神话叙事的原型分析路径

荣格分析心理学将集体无意识认定为人类心理结构的基础，又将神话认定为人类集体无意识最早的外化形式，并将神话与原型等同，认定人类文学都是原始神话的复写，这一观点便将神话看成了人类所有文学叙事乃至其他精神活动的源头和基础。而弗雷泽的文化人类学又对神话结构与原始巫术仪式结构的内在相关性和同一性进行了深入揭示，在此基础之上，建立了对文学乃至超文学的其他叙事类型的神话－仪式分析理论。由加拿大学者诺思罗普·弗莱等创立的原型批评理论，以各民族（主要是西方）古代神话作为基础，概括出了一个庞大的故事原型系统，并揭示了它们对人类后世文学（主要是印欧文学）深层的决定性影响关系。在这个基础上，弗莱专门就《圣经》神话传说系统对欧洲文学的原型意义进行过深入系统研究，《伟大的代码——圣经与文学》一书有力地揭示了西方文学原型构成与《圣经》神话故事的内在联系。在这个路径上展开研究的重要成果还有德国学者埃利希·诺伊曼（Erich Neumann），他的名著《大母神——原型分析》（The Great Mother: An Analysis of the Archetype），从原型结构、基本特征、变形特征三个方面，探讨从人类原始神话到当代文化、心理与生活现象中女性（母神）的原型意象。尽管这部书不是以神话的故事原型分析为主要对象的，但对于女性主义神话学关于女性形象和故事原型的分析，提供了重要的理论基础。与这一领域相关的另一重要学者是约瑟夫·坎贝尔，在《千面英雄》这部广有影响的名著中，他以西方民族古代神话传说为主要标本，致力于研究其千千万万的表层神话故事和英雄人物之后潜藏着的"元神话""元故事""元英雄"，并概括出一个有较大表述力的元神话故事结构，对于人们认识环地中海各民族古代神话故事的深层结构具有较大的启示作用。

中国学者中，从故事原型这一路径研究中国神话的，最值得关注的是叶舒宪的相关成果。20世纪80年代，他最早组织编译了《神话－原型批评》一书，将国外学者有关神话－原型理论的重要论文或论著章节译介给中国学术界，后来又对这部书的选文进一步充实后并再版。① 该书在80年代给中国神话学界和文学界进行原型研究的学者以极大启发。他也沿着原型分析的思路撰写了许多神话学研究论著，其中《中国神话哲学》（1992）、《英雄与太阳：中国上古史诗原型重构》（1991）、《熊图腾：中华祖先神话探源》（2007）等均为这方面的代表作。《中国神话哲学》从原型理论角度通过对中国古代众多神话的重构性组织和分析，揭示了这些神话形象和故事结构的深层是一个以太阳运行的时间和节律为依据的原型时空结构，所有的神话片段在深层都和这个原型性时空结构某个环节相关。他并据此复原性重构了中国上古多个创世神话，尤其是夏人创世神话。②《英雄与太阳：中国上古史诗原型重构》以苏美尔大史诗《吉尔伽美什》（Gilgamesh）主人公的故事为参照，对有关后羿的各种神话传说碎片进行整合，重构了后羿的故事结构，以揭示后羿故事与《吉尔伽美什》之间英雄主体和核心故事情节的类同性，从而证明两者都指向了一个共同的故事原型模式，那就是太阳英雄从生到死的原型模式。叶舒宪甚至猜测后羿神话故事与吉尔伽美什的故事之间有一种传播学上的渊源关系，这表明那时候他多少受了泛巴比伦主义

---

① 叶舒宪选编：《神话－原型批评》，陕西师范大学出版总社，2011年。
② 叶舒宪：《中国神话哲学》，中国社会科学出版社，1992年。

观点的影响。①

在《熊图腾：中华祖先神话探源》（2007）中，叶舒宪在原型理论基础上，运用自己独创的"四重证据法"从（考古）器物叙事、图像叙事、典籍文字叙事、口传叙事四个方面论证中国从距今8000年的远古到当代文化中，有一种延续几千年的神熊崇拜文化传统。而熊在中国古代北方文化中象征的是女神生命死而复活的永恒循环，这种生命的永恒循环模式构成了中国文化的深层原型结构，神话人物和故事都是这种深层原型结构的表层显现形式。在这个认知基础上，他分析了中国古代神话中与神熊崇拜相关的伏羲、黄帝、鲧、禹、启等故事，揭示这些故事都指向生命生而复死这个永恒的深层叙事原型结构。在这个基础上，叶舒宪还将视野扩大到日本、朝鲜、北美和西伯利亚等多地的神熊崇拜文化传统中，并得出一个结论，所有这些神熊崇拜文化"相当明确地提示出中国北方史前女神宗教与北美、西伯利亚、日本北海道和韩国的动物图腾——神熊崇拜之间的文化关联"②。这就更在跨国比较的文化视野中揭示了中国上古那些神帝神话深层故事原型的超国族共同性。

在这个方向还需提及的一个著名学者是萧兵。萧兵先生在中国古代神话研究领域成就卓著。他对中国神话的研究渗透了比较神话学和比较文化学的视角，将文献学、人类学、民俗学、文字学、比较神话学、比较文化学等方法和学术视角相结合，从环太平洋多民族古代神话传说比较和相互印证的角度研究中国古代神话传说，取得不俗成绩。其《中国文化的精英——太阳英雄神话比较研究》一书则是此方面的代表作。他在与环太平洋多民族古代神话传说的比较中，将中国古代神话中的神性英雄分为若干类型，并对每一种类型的特征和核心故事构成关目进行详细分析，最后揭示，所有这些英雄故事的深层，都指向太阳运行的原型模式，他们的神话都属于太阳英雄神话。③ 这一成果的洞见和启示多多。

沿着原型理论研究神话的学者在中国还有不少，吕微的《神话何为：神圣叙事的传承与阐释》一书将母题学、类型学和原型理论相结合，分析了世界性洪水神话的中国形式，鲧禹洪水神话的基本母题、类型和原型，提出了"功能性母题"和"原型的类型化"两个核心概念作为神话叙事研究的基础，将神话表层叙事与深层结构分析结合，并在对具体案例的研究中证明这两个概念的有效性，在神话的类型－母题学和原型理论分析方面具有创新意义。他认为："民间文学表层叙事的结构（母题－类型）亦是由其深层象征的结构（原型）所制约的。……而另一方面的问题是：民间文学的传承与变异不仅在作品的叙事（母题类型）浅层面发生，同时也会在象征（原型）的深层面发生。由此，我们就可以将表层叙事结构甚不相同的故事通过其深层象征结构的类同而联系在一起，并考虑文学创作在叙事和象征两个层面上的守旧与翻新。"④ 这一研究思路的新意在于试图将神话表层的类型－母题分析与神话的深层原型分析结合，并参照结构神话学的基本理念，将两者的互动和变化都考虑在内了。

在神话原型叙事分析路径的研究中，值得一提的是傅修延先生的《元叙事与太阳神话》一文，在该文中他表达了一个基本认知："元叙事可定义为关于太阳运行的最初叙事，它对人类的认知发育影响深远：太阳在先民视觉上的从东到西以及在夜间想象中的从西到东，

---

① 叶舒宪：《英雄与太阳：中国上古史诗原型重构》，上海社会科学院出版社，1991年。
② 叶舒宪：《熊图腾：中华祖先神话探源》，上海锦绣文章出版社，2007年，第89页。
③ 萧兵：《中国文化的精英——太阳英雄神话比较研究》，上海文艺出版社，1989年。
④ 吕微：《神话何为：神圣叙事的传承与阐释》，社会科学文献出版社，2001年，第3页。

为叙事提供了深层结构与基本冲突。这种周而复始运动所导致的循环论，启发了叙事思维中的'以圆为贵'，以循环论为内核的易学经典对后世叙事亦有挚乳之功。讨论循环论不能不涉及对太阳神话有深入研究的西方学者弗莱，但他有时失之偏激，以其为镜有助于我们合理界定元叙事在叙事发展史上的作用。构建中的中国叙事学应有独属于自己的思路和体系，元叙事无疑应在其中占据重要位置。中华民族的共祖炎帝与黄帝实际上都是光明之神，炎黄子孙理当特别重视对元叙事的发掘与研究。"① 太阳神话是一切神话终极原型，这个研究理念和叶舒宪、萧兵等学者的理念基本是一致的，且对中国后世各类叙事研究提出了一个有意义的元模式假设。当然，这个元叙事设想也会面临一些困难，由19世纪马克斯·穆勒比较神话学提出的太阳神话模式的普遍性从20世纪初开始已经遭到西方学术界质疑。吕微在谈到神话叙事分析时特别表示："我们不会绝对到认为所有的民间故事讲述的都是一种原型——比如关于太阳的神话。"② 这个提示是合适的。但如果不绝对化，我们认为太阳神话依然是中国神话重要的元神话模式之一。

神话原型研究，虽然对于神话深层叙事结构原型的发现方面贡献甚巨，但不足也是明显的，如对于表层叙事形式和元素的丰富性、多样性注意不够，也未能给予很好的揭示。

二、神话叙事的类型学分析路径

中国当代神话叙事研究的第二条路径是芬兰学派发端的故事类型学分析模式。芬兰学者阿尔奈首创，继而由美国学者汤姆逊充实和完成的民间故事类型学著作《世界民间故事类型索引》一书，第一次以欧洲、非洲、美洲和亚洲部分地区、民族的神话与民间传说为对象，对其故事的基本类型构成进行了系统分类（简称 A-T 分类系统）③。后汤姆逊又在持续研究的基础之上，提出故事母题（motif）的概念，并于1960年出版了《民间文学母题索引》（*Motif-Index of Folk Literature*）一书，从类型学角度对民间故事构成进行更细致的分类。④在他工作的基础上，2004年法国学者乌瑟尔（Hans-Jörg Uther）出版了《世界故事类型索引：分类与书目》（*The Typesof International Folktales：A Classificationand Bibliography*）一书（全三卷），对 A-T 分类系统进行了完善，从而形成了故事类型学的 A-T-U（Aarne-Thompson-Uther）分类体系。这个体系将故事类型索引从世界模型的建构转向对区域文化需求的重视，已经产生广泛的国际影响，也影响到中国近十多年的神话与民间故事研究。

中国学界从故事类型学角度对包括神话在内的民间文学进行研究，发端于自20世纪20年代。顾颉刚先生《孟姜女故事的转变》（1924）是中国民间故事类型学研究的发轫之作。"其后十余年间，类型研究竟形成为一种风气。"⑤ 1931年钟敬文发表《中国的地方传说》、《中国民谭形式》（《中国民间故事型式》）等文，归纳了45个中国民间故事类型。尽管这与后来其他学者的归纳和分类数目相比十分有限，但却具有开拓性的意义，并且在日本学术界引起了一定注意。德国学者艾伯华（Wolfram Eberhard）于1937年出版了《中国民间

---

① 傅修延：《元叙事与太阳神话》，见《中国叙事学》，北京大学出版社，2015年，第3—37页。
② 吕微：《神话何为：神圣叙事的传承与阐释》，社会科学文献出版社，2001年，第3页。
③ [美]斯蒂·汤姆逊：《世界民间故事分类学》，郑海等译，上海文艺出版社，1991年。
④ Stith Thompson, *Motif-index Of Folk-literature*, Indiana Universit Press, 1960.
⑤ 刘魁立：《中国民间故事的类型研究与形态研究》，见《民间叙事的生命树》，中国社会出版社，2010年，第36页。

故事类型》(*Types of Chinese folktales*)（1999年中译本出版），该书的思路是中国民间故事具有自己的独特性，因此他在A-T分类法的总体模式前提下，比较注意中国民间故事本身的特征，将其区分为正格故事类型215个，滑稽故事类型31个，共246个。①因为艾伯华当时研究的对象主要是中国南方地区的一些神话传说和民间故事，其范围和例证也较有限，所以归纳出的类型比较有限，但这是国外学者第一次对中国包括神话在内的民间故事进行类型学的研究成果，具有开辟意义的工作，值得特别肯定。尤其难能的是，艾伯华不仅仅依傍A-T分类法系统，而且注意从中国神话和民间故事自身的构成特征中，重新对其分类和命名，这更值得肯定。20世纪70年代，在中国政府组织的大规模民间文化搜集工作成果基础上，加上对国外各大图书馆相关资料进行广泛搜集，美籍华人丁乃通教授于1986年出版了《中国民间故事索引》，他基本按照A-T分类法对中国民间故事进行了系统的分类。该书概括出中国民间故事一共有843个类型与次类型，其中有263个是中国独有的，其余则是与阿尔奈-汤姆逊系统相同。②丁乃通的成果也获得广泛重视，他搜集的材料比艾伯华的广泛全面得多，这一点连艾伯华本人也相当首肯。学术界在肯定丁乃通成果的学术价值时，也意识到他的成果存在囿于A-T分类法系统而忽略中国民间故事独特性的缺陷。

在民间故事类型学研究方面，需要提及的另一位则是台湾学者金荣华先生，他长期耕耘在中国民间故事研究领域，并取得令人瞩目的成就，先后出版《禅宗公案与民间故事——民间故事论集》（2005）、《中国民间故事与故事分类》（2003）、《民间故事论集》（1997）、《民间故事类型索引》（2007）、《六朝志怪小说情节单元索引》（1984）等书。其中于2000年出版《中国民间故事集成类型索引》一书较有代表性。③该书大的分类结构基本按照A-T分类法模式，大类下面的具体亚类和子类则较多结合中国民间故事的特征进行归纳，一定程度体现了中国民间故事的某些独特特点。当然，总体分类上仍然按照A-T分类法进行分类。

首先，丁乃通、金华荣两人参照A-T分类法对中国民间故事类型进行的分析，在一些学者看来，其明显的缺陷是遮蔽了中国本土民间故事的特殊性。正是对本土特殊性的强调和认知，激发了国内一些学者按照中国民间故事本身的构成和特征进行命名和分类的追求。在这方面取得引人注目成绩的是中国社科院资深研究员祁连休先生。他在大量阅读中国民间故事基础上，花十多年的工夫，完全按照中国民间故事自身的特征和构成，自创命名和分类原则，系统编制并出版了关于中国民间故事类型分类的专著《中国古代民间故事类型研究》（全三册）④。该书以百万字的篇幅，阐述了中国古代民间故事类型的发展趋势、中国古代民间故事类型的亚型、中国古代民间故事类型中的民间故事与民间传说互换现象等，研究了各个朝代的民间故事类型，既有理论阐释，又有具体类型梳理，资料收罗宏富，论述精辟独到。该书一经出版就产生了较大的学术反响，获得广泛好评，被行业内学者评价为"无论是在资料的丰富性还是在故事类型概括的广泛性上，《中国古代民间故事类型研究》都可以称得上是中国民间故事学界一部具有首创意义的学术专著。它紧密依赖中国故事自身的特点，通过大量翔实的资料，全面归纳了古代民间故事的类型，并以各个故事类

---

① ［德］艾伯华：《中国民间故事类型》，王燕生、周祖生译，商务印书馆，1999年。
② ［美］丁乃通：《中国民间故事索引》，中国民间文艺出版社，1986年初版，2005年修订。
③ 金荣华：《中国民间故事集成类型索引》，中国口传文学学会，2000年。
④ 祁连休：《中国古代民间故事类型研究》，河北教育出版社，2007年。

型的传承演变为线索，梳理和描绘了中国古代故事的全貌"①。当然，祁连休这部巨著完全抛开国际学术界通用的 A-T 分类法，另起炉灶的研究模式，也引发了关于民间故事分类模式的普遍性和特殊性之间关系的讨论。② 完全按照国际通行的 A-T 分类法对中国民间故事进行分类研究，则中国故事和文化的特殊性难免不被遮蔽，而完全抛开国际通行的 A-T 分类法，用经验的方式对中国民间故事进行分类、命名和清理，其成果如何与国际同行交流接轨，也有明显的困难。如何处理故事类型模式的普遍性和特殊性，仍然需要探讨。要特别指出的是，因为这种困难，不仅在民间故事研究领域中存在，而且也是中国古代神话叙事研究中存在的困难，所以，祁连休先生巨著提出的这个问题对神话叙事研究具有特别的意义。

另外，在这个方向特别要提及著名学者刘守华先生的比较故事学成果。被誉为中国比较故事学创立者的刘守华先生，20 世纪 90 年代在大量掌握和清理中外民间故事并对其中一些进行故事学的分析基础之上，出版了《比较故事学》（1995）（修订后改名为《比较故事学论考》再版），系统梳理了国外各种与比较故事学相关的理论流派，确认以 A-T 分类法为基础建构比较故事学体系的基本立场，并对比较故事学研究的理论基础、对象、途径、方法等，进行了深入讨论。刘守华先生的比较故事学理论与他的相关案例研究，已经在国内外学术界产生了广泛的影响，他被认为中国学界此领域的开创者。

需要特别介绍的是刘守华先生的一个观点，他将神话、传说、民间故事做了明确区分，而将故事学研究的对象确认为民间故事。这也是不少中外民间文学学者的认知。这一区分尽管在理论上有相当的理由，但关于神话与传说的关系中外仍然有不少歧见，也有学者在不太严格的意义上将具有神性的英雄传说划到神话范围内。同时，实际不少学者基本是将神话作为更广泛的"民间文学"概念进行研究的，因此本处仍然将类型学作为中国神话研究的路径之一。

从实际情况看，中国神话研究领域中不乏使用 A-T 分类法以及与之相关的母题分类法对神话故事进行研究的学者和成果，如王宪昭、陈建宪、杨利慧、萧兵、吕微、胡万川等在这个领域中都取得了不俗成绩。陈建宪教授先后出版《神祇与英雄：中国古代神话的母题》③《神话解读——母题分析方法探索》④ 两书，是国内较早运用母题分析方法对神话进行个案研究的学者之一。王宪昭教授对母题分析方法一直情有独钟，发表如《论母题学在神话研究中的应用》等论文，专题探讨母题学在神话分析中的重要作用。其先后出版《中国少数民族口传文化母题研究》《中国民族神话母题研究》《中国各民族人类起源神话母题概览》《中国少数民族人类起源神话研究》等著作。最值得注意的是，他在 20 多年对中国各民族 10000 多个神话故事的把握和研究的基础之上，区分出 30000 多个神话母题，出版了《中国神话母题 W 编目》⑤ 一书。该书是国内第一部全面提取和梳理中国各民族神话母题的大型神话学工具书，是我国目前神话综合研究的实用性工具书和基础性理论成果。它依据

---

① 杨利慧：《中国古代民间故事类型研究》，载《民间文化论坛》2014 年第 3 期。
② 陈连山：《普遍性与特殊性之争：确定中国民间故事类型的两种思路》，载《中国社会科学院报》2008 年 7 月 31 日，第 6 版。
③ 陈建宪：《神祇与英雄：中国古代神话的母题》，生活·读书·新知三联书店，1994 年。
④ 陈建宪：《神话解读——母题分析方法探索》，湖北教育出版社，1996 年。
⑤ 王宪昭：《中国神话母题 W 编目》，中国社会科学出版社，2014 年。

目前世界神话学、民间故事学研究领域中通用的"母题分类法",结合中国神话的实际情况,对中国神话母题进行新的逻辑分类和编目;并通过神话类型的界定、细分,将"母题"作为神话中具有典型含义并能在文化传承中独立存在的基本单位,能够较为稳定地反映出一个民族的集体意识,带有某些文化标识的性质。他将各民族神话母题分为 10 个大的类型,每个类型又分为若干具有逻辑关系的模块,对相关中国神话母题进行合理的展示。这一大型工具书,对于中国学者了解包括少数民族神话在内的中国神话母题的丰富构成,具有重要价值。在此基础上,王宪昭等为了适应数字化时代学术研究的需要,还组织建立了一个关于中国神话母题目录的大型数据库,给海内外学者了解中国神话母题的丰富构成提供了十分方便的查询工具和途径。

在神话母题学研究方面较有成就的另一位学者是杨利慧教授。她长期从事神话研究,出版了《神话与神话学》(2009)等著作;在母题学方面,出版了《中国神话母题索引》(与张福成合著,2013)一书。该书借鉴国际通行的汤姆森母题索引的编排结构及大林太良神话分类法,从"诸神起源母题""宇宙起源母题""人类起源母题""文化起源母题""动植物起源母题"等方面对中国广大地区和多民族中流传的神话里反复出现的主要母题进行抽绎和编排,分类比较系统。①

此外,萧兵《中国文化的精英——太阳英雄神话比较研究》一书,兼用类型学、原型分析和比较方法,对中国上古太阳型英雄神话故事类型构成进行了十分有启发性的分析。②吕微在《神话何为:神圣叙事的传承与阐释》(2001)中,运用母题学、原型理论和社会学结合的分析方法,对鲧、禹等中国上古神话的研究别开生面。③台湾学者胡万川《真实与想象:神话传说探微》④(2010)中多有用母题学模式分析中国上古神话的,其中尤其典型的是对鲧、禹捞泥造陆神话故事进行详细的母题学分析,显示出相当的专业性。另田兆元、孙正国等不少学者都有从故事母题与类型角度分析中国古代神话和民间故事的论文或论著,或者在论文论著中局部使用了类型学和母题学的分类研究方法。

类型学 – 母题学分类研究方法,虽然对中国古代神话、传说和民间故事进行研究的最大特点是细致扎实,但其不足是对神话、传说和民间故事的话语形态、故事形态和组织规则的覆盖力有限。

三、神话叙事的形式 – 结构分析方法

第三条路径是由俄国学者普罗普创立,法国学者列维 – 斯特劳斯、格雷马斯、托多罗夫等人继承和发展的形式 – 结构叙事分析模式。这一派的部分学者运用现代语言学模式,致力于神话与民间传说叙事构成的结构性分析,在 20 世纪中后期产生了巨大的影响。在形式 – 结构叙事学中,神话与民间传说具有标本的意义,它是这个叙事分析学派得以产生的基础性研究对象之一。这个学派的奠基人普罗普和斯特劳斯,都是在对神话与民间传说的分析中建立自己的叙事理论的。其后的格雷马斯等重要学者,其叙事理论研究的主要对象之一也是古代神话和民间传说。

---

① 杨利慧、张福成:《中国神话母题索引》,陕西师范大学出版总社,2013 年。
② 萧兵:《中国文化的精英——太阳英雄神话比较研究》,上海文艺出版社,1989 年。
③ 吕微:《神话何为:神圣叙事的传承与阐释》,中国社会科学出版社,2001 年。
④ 胡万川:《真实与想象:神话传说探微》,里仁书局,2010 年。

在中国学者中，运用形式－结构叙事学模式对中国古代神话与民间传说进行系统研究的成果较少。在这方面值得特别介绍的是著名学者刘魁立的主张和成果。刘魁立先生的研究严格说来还不是属于神话叙事问题研究的，虽然他的目标是故事类型学，即对民间故事类型进行分类研究，但刘魁立有两个与一般民间故事类型学研究者不一样的地方：一是他追求理论创新，不希望只从类型这个层面上按照已有的 A-T 分类法或艾伯华分类法原则对中国民间故事进行分类，他希望在自己有些理论创新基础上完成这种分类。二是他认为 A-T 分类法基本是一种对民间故事的历时性研究，即按照一个主题故事在时间过程中发展变异出的不同文本来给故事分类。时间性即历时性是这种分类模式的基础。由此刘魁立认为，应该将历时性和共时性原则结合对故事进行研究，先将一个主题故事的原文本和在流传过程中产生的不同亚文本都搜集起来，对它们之间的构成形态进行研究。他说的故事的构成形态，指的是故事文本的表层构成要素及其之间的组织关系，以及表层形态指向的共同深层组织规则和故事结构。这就是普罗普开创的民间故事共时性研究模式。普罗普认为，只有找到同一主题故事不同文本表层形态共同的构成要素及其深层组织规则和结构，才能发现从原文本到流传过程中产生的各种亚文本之间的变化及其规律。这种研究理念正是普罗普的。他明确表示，对于民间故事只有首先对其形态构成进行研究，弄清其构成要素和组织规则，才能在此基础之上对其发展变化过程进行研究。刘魁立先生有在苏联长期学习的经历，对苏联民间文学主要的理论成果都十分熟悉，他也是普罗普两部著作中译的组织者。他将共时性和历时性结合、将故事类型学的研究建基于形态学分析基础之上的思想，对于中国民间故事研究提出了一个有理论高度的主张。要实践他这个主张对于中国许多从事故事类型学研究的学者显然有相当难度，但也是创新之途。施爱东在对他的采访中谈到将共时与历时结合的难度时，他说："学术传统是一种积累的过程，如果谁都是只顺应潮流（引者按：指的是民间故事研究领域 A-T 分类法为基础的历时性研究），不做开拓的努力，恐怕永远也无法让我们的学术传统得到发展进步。"① 这显示出他对理论创新的强烈追求，也是极有价值的认识。

由于身负多种社会职务，承担多种文化建设方面的项目，虽然刘魁立在民间故事方面实践自己学术追求的成果并不算多，但他在这个领域发表的不多的论文，每一篇都显示出极为严谨、精细、专业的特征，并且一直在努力实践自己的学术理念。其中尤其是《民间叙事的生命树——浙江当代"狗耕田"故事类型文本的形态结构分析》一文，在探索民间故事历时研究与共时研究相结合方面极具价值，获得日本著名故事类型学学者稻田浩二的高度赞赏，稻田并就该文基本方法、观念和核心内容与刘魁立反复研讨对话。该文"对浙江省当代流传和出版的'狗耕田'故事类型的全部二十八个文本，运用类型学方法，进行了共时性的比较研究，对这些文本的形态结构进行了梳理和归纳，并对这些文本形态结构的规律有所总结。经过分析认为，在一个类型下可以划分出若干类型变体，同时在同一类型中可以划分出中心母题、母题链等一些重要单元，并且通过具体分析就类型、类型变体、母题等的性能和机制问题，作出了若干理论性的推断"②。这一文本也在国内故事类型学界

---

① 刘魁立、施爱东：《刘魁立先生访谈录》，见《民间叙事的生命树》，中国社会出版社，2010 年，第 70 页。

② 刘魁立：《民间叙事的生命树——浙江当代"狗耕田"故事类型文本的形态结构分析》，见《民间叙事生命树》，中国社会出版社，2010 年，第 1 页。

也有广泛影响，30 年来，反复被学术界作为范文提出。

在民间故事形态学研究方面，香港中文大学李扬的博士论文《中国民间故事形态研究》（1995）是具有代表性的成果。该论文运用普罗普的分析模式，随机选择了 50 个中国古代民间故事，从功能论、序列论、角色论三个方面对它们进行了较为形式化的分析，迄今为止，这是运用形式－结构叙事分析方法分析中国古代民间传说叙事结构最为细密的理论成果。①从今天的角度看，虽然这一成果也许在理论上创新性方面还不够，但在中国民间文学研究领域，这是第一步运用故事形态学理论对中国几十个民间故事进行系统研究的成果，难能可贵。

上述刘魁立和李扬的故事形态学研究对象，都不是或主要不是中国上古神话，而是中国古代民间故事。在李扬博士论文提交之前一年，笔者出版了《神话叙事学》（1994）一书，该书在形式－结构叙事学模式主导的前提下，结合人类学、文化学、精神分析学、宗教符号学等多种学科知识，从角色创生、神格构成、行为动力系统、角色模式、功能组合模式与文化选择等几个方面对中外神话的叙事构成要素及其组织规则和文化内涵进行了理论上的描述和分析。有学者谓这是中国神话叙事学界"具有开拓性意义的成果"②。但从结构叙事学严格的形态分析要求角度看，笔者此书尚不专业。

此外，尽管偶见以形式－结构叙事学模式分析中国古代神话的论文，但系统性专著难得见到。这方面论文基本都是运用西方学者已有模式进行操作的，在具体对象分析上或有发现，但整体理论上则难见创新。

为何对中国上古神话进行客观精细的叙事形态学分析的成果稀少？笔者认为这与两个原因相关：一是就理论的难度而言，对神话进行叙事形态学的分析是三种模式中理论难度最大的。尽管形式－结构叙事学传入中国已经 40 多年了，也曾引起了国内学者热烈的追捧和很高的评价，但真正运用结构叙事学模式对中国古代神话叙事形态进行描述的成果却寥寥无几，甚至运用形式－结构叙事学模式对后世叙事文学进行分析的著作也并不多见（论文尚有一些）。这种情形在 80 年代后期推崇形式－结构主义研究的时代就有学者特别指出过，直到现在仍然未有改观。原因之一，大约是在中国学者长期接受的学术训练和研究模式中，定性分析的习惯更为强大（笔者也一样存在这个问题），而用具有科学精神的模式对对象进行深入精细的描述和定量分析的意识和能力较为薄弱，同时甚至有些瞧不起过分精细客观理性的描述方式。这是妨碍中国学者运用形式－结构叙事学模式对叙事文学进行研究的很重要的原因。正因为这样，李扬博士那种分析就难能可贵。二是和中国古代神话形态构成本身有关。中国古代神话文本大都太过零碎、散漫、短小、简单，没有丰满的外在话语和故事形态，也不很适合用形式－结构叙事学进行严密系统的叙事形态学描述，笔者当年撰写《神话叙事学》一书时，对此有强烈的感受。李扬的博士论文所选择的 50 个民间故事，基本都不是先秦神话。迄今我们尚未看到一部纯从形式、结构叙事学角度研究中国上古神话的著作，这绝非偶然，也不仅仅是中国学者不习惯于细致精密地描述模式的原因。中国上古神话传说没有丰满的故事形态和外在形式特征，客观对象不大合适用这种模式进行精密系统研究也是很重要的原因。

---

① 李扬：《中国民间故事形态研究》，中国社会科学出版社，2015 年。
② 孙正国：《张开焱神话学思想的内在逻辑》，载《长江大学学报》（社会科学版）2015 年第 1 期。

四、三条研究路径的共同点和效度问题

上述三条路径并未全面概括尽中国当代神话叙事分析的所有成果,不少学者的中国或中西神话叙事研究成果不能归入这三条路径,很多学者的神话叙事分析没有鲜明的方法论特征,也无法归类,因此这个描述必定是挂一漏万的。本文只是对过去几十年中国神话叙事研究这个视角最有影响的三条路径重要学术成果的描述,并不具有对中国神话研究的穷尽性覆盖效度。

上述三条路径的研究,各有不同的理念、模式和方法,最终成果也相去甚远,但有如下相同点是值得特别注意的。

首先,正如西方神话学在 19 世纪诞生之初,麦克斯·缪勒等人就已经明确确认的那样,一切神话学都是比较神话学,都是在比较视野中产生和存在的。上述中国学者的成果不管是否明确地标明"比较研究"的视角,实际上都潜含这种视角。从西方原型理论、AT-母题分类系统、神话结构分析系统的成果看,它们都具有跨民族的性质,即不仅仅是以某一个民族的神话和民间传说为标本的,而是以多民族神话与民间传说为标本的,因此,实际上渗透了比较分析的视角。这种比较分析的指向和结果,求同性取向是主导性的,即认为人类原始神话和民间传说,有某些共同的构成和规则存在并且可以把握。受其影响而展开三条路径研究的中国学者的相关成果,也内在地渗透了比较研究的视角,既总是内在地与这些西方学者的成果相关,也总是内在地与其他民族,尤其是欧洲诸民族的神话与民间故事的显在或潜在比较格局中形成的。它们要么是强调中国与其他民族神话传说在故事结构和特征上的同一性,要么是强调差异性。不管是强调同一性还是强调差异性,都意味着,这些成果在比较研究的格局中存在的。

笔者本来要在上述三种路径之外,还要增加关于国内比较神话叙事研究路径主要成果的概述,但考虑到上述原因,最后还是放弃了。

其次,上面描述的这三条路径的成果中,不少学者的研究对象主要是包括神话在内的民间传说,而不只是神话。在中国神话为研究对象进行叙事学研究的成果中,叶舒宪、萧兵、杨利慧、王宪昭、张开焱、陈建宪、吕微等相对纯粹,其余学者大都是将神话与民间故事混杂在一起作为一个统一的对象予以讨论。

再次,上述所有成果中,主要讨论的对象是神话与民间传说的故事构成,而对其文本叙事话语的形态和特征较少予以特别注意。这样做的原因在于神话学和民间文学研究领域中的一个基本共识:神话与民间传说的核心是故事。同一个故事,可以在不同的语言系统中流传,也可以用不同的语言讲述,其核心构成不变,这就意味着叙事话语对于神话与民间传说是无关紧要的要素,可以不予特别关注。但这种观点中隐含的一个基本盲区学者们却较少关注,即语言既在深层意义上,也在显层意义上对神话的讲述有很大的影响。语言对其他叙事文类的重要性在神话中一点也没有减弱,甚至在麦克斯·缪勒这样的学者那里被认为这种关联性就是根本性的,他的观点众所周知,那就是人类神话是语言发展某一阶段的"疾病性"产物。他的观点也许不对,但强调语言与神话的内在关系则是值得重视的。在诺思罗普·弗莱那里,对神话的语言层面也给予了充分的重视,在《批评的解剖》这部著作中,他强调作品的原型分析,语言是十分重要的一个层面,很多原型语词存在于叙事作品的话语层面,它们内含着远比一般语言丰富复杂的语义,也具有远超一般语词的表达能力。而在《伟大的代码——圣经与文学》一书中,他分析《圣经》原型构成,第一个层

面就是"语词"。事实上,神话语言层面的重要性,还远不只是弗莱重视的原型语词成分,它对神话的形成和特征具有更基础性的意义。关于这一点,我们将在以后的专章分析中讨论。

最后,我们发现,这三种研究模式中的神话-原型分析和结构分析,都注意通过表层故事构成的分析,把握深层故事结构。结构叙事学在这一点上显而易见,这最突出地体现在他们对于"叙事语法"的重视上。奠定这种分析模式的普罗普,他面对众多民间故事,关注的不仅仅是每一个故事文本显层讲了什么和如何讲这些问题,更关注在千千万万显层各不相同的民间故事文本下面,是否具有共同的构成要素和组织规则(功能序列、角色类型、功能组合程序)。托多罗夫和布雷蒙则分别提出"叙事语法"和"故事逻辑"的概念,都在强调穿过纷繁复杂的表层故事构成要素去把握深层的故事规则。列维-斯特劳斯更是直接按照表层-深层的分析模式分析神话文本。格雷马斯的工作模式基本一样,他对于普罗普成果的进一步简化和压缩(6个行动元,20种核心功能,3种基本组合模式等),不仅能更好地把握千千万神话与民间故事规则,而且提出著名的"深层-表层-显层"三层次文本理论,将神话放置于这种模式中加以研究。弗莱的原型理论对深层叙事结构的关注更是情有独钟。尽管这种理论也一定程度上关注到文本表层构成,但其目标则是要通过文本的表层构成分析去揭示其共同的深层原型。与之有同样倾向的约瑟夫·坎贝尔,在《千面英雄》中提出一个基本的认知:人类无数神话故事,在终极的层面都指向一个共同的"元神话",都是讲述一个"元英雄"从接受召唤和指令出发,经历各种境遇,最后成功归来的生命历程。三种分析模式中,只有 A-T-U 分类法对于深层故事结构未予关注。

在对中国学者沿着这三条路径进行的研究做了上述概括之后,要特别关注西方神话叙事分析理论对于中国神话与民间文学表述的有效度问题。对这个问题的不同意见甚至引起争论,一直贯穿于百年,尤其是近40年中国神话与民间故事的研究过程中。几乎所有这一领域的重要学者,都以直接或间接的方式参与了这个讨论过程。中国学者在这个问题上的意见尖锐对立。相当一部分学者认为上述三大路径的西方理论和方法具有世界范围的有效性,因此,完全或基本能覆盖中国神话与民间传说。如果这样,中国学者的主要任务,基本就是在这三条路径上按照西方学者提出的理论模式和方法,研究中国神话与民间传说。最后得出的结论,也必是中国神话传说与其他民族,尤其是印欧民族的神话传说具有基本一致的故事类型、结构或原型。但近30年来,越来越多的中国学者对这种理念和研究结论的合适性与有效性提出质疑。这个质疑的依据就是中国古代神话与民间故事在西方学者的这三大理论路径的成果中并没有获得突出关注。如果它们确实具有世界意义的普适性和覆盖力,那么它们逻辑上应该以人类各民族古代神话和民间叙事作品为对象,但实际上,它们主要是建基于对以印欧和环地中海诸民族为主的古代神话和传说的研究基础之上的,也只是一种"地方性"神话的理论概括,中国古代神话与民间传说特殊的构成要素和特征基本没有进入这些学者及其理论成果的视野。确实,中国古代神话传说,在这种理论中能否获得充分表达,则是一个需要慎重对待和检讨的问题。

笔者认为,这种认识的合理性值得我们重视。例如,这三种研究路径都有一个共同的前提,那就是以神话故事作为研究的核心对象,能进入它们视野中的神话,必然是有神性故事的对象。但如果是这样,中国大量的(如《山海经》《神异经》等)不具有故事性或只具有弱故事性但却具有明显神性的叙事文本或文本片段却无法进入其视野。因此,中国学者在比较研究视野中,对中国古代神话与民间传说的构成特征给予特殊关注自有道理。

但如果只强调民族的特殊性和差异性，则神话传说中跨民族的共同性部分被完全忽略也不合适。因此，在比较研究视野中，基于中西神话与民间文学叙事特征本身，寻找其同中有异、异中有同的构成，恐怕是比较合适的立场。这种立场既不主张绝对的求同，以两者之间的一方遮蔽另一方，也不主张绝对的求异，使中西民族古代神话与民间传说之间相同或相近的成分被无视和遮蔽。

与此相关，在上述三条路径中国学者的成果中多是以中国古代民间故事传说为研究对象，而主要不是以中国古代神话为研究对象的。这种对象选择方面的差异十分重要。从故事分析角度讲，中国后世民间传说的故事构成复杂和丰满程度，远非上古神话可以比拟，这导致适合分析民间故事的理论模式，未必能合适地分析上古神话。例如，像李扬博士那样，遴选50个故事素比较丰富的民间故事为对象，对其功能、序列、角色构成进行精细描述，若用之于分析中国古代神话就会遇到很大的困难。这个困难首先在于今文本所见中国上古神话中，很难选择出50个有较为丰富故事素的文本，也就是说，在案例的选择上首先就存在困难。李扬选取的基本是中国后世的民间故事而不是早期神话，这个取材上的选择不是偶然和随意的，它正说明在中国神话叙事研究问题上，严格运用结构神话叙事学的观念与方法遇到的困难。同样重要的是，中国上古神话文本构成上许多重要的叙事性要素和特征，在这种建基于故事性分析的框架中，会被完全过滤和无视。

一些研究中国古代神话叙事问题的学者，仅仅从现存的西方神话学、故事学、叙事学中借来某些模式进行操作，这就存在两个问题：一是理论上无创新，二是操作模式与研究对象可能存在一定的隔膜和错位的问题。这不是说西方已有的这些理论完全不能分析中国神话，而是说它们的符合度可能较低。例如，《古希腊文学的叙述者、叙述对象和叙述》（*Narrators, Narratees, and Narratives in Ancient Greek Literature*）一书的作者谈到自己这部以古希腊神话、史诗、戏剧、小说为主要对象的著作的研究目标时说，"古希腊叙事的现代史采用了另一种方法，关注文本中作者用来吸引或说服观众的形式手段。谁向我们介绍了所描绘的（虚构的）世界，我们通过谁的眼睛看到它，事件如何相互跟进并结合形成一个逻辑整体，生活在这个世界上的人是如何呈现给我们的，他们的话语，他们个性的主要指标，是如何表现的？……'古希腊叙事研究'系列将探讨叙事学作为我们定义的主要手段的形式和功能，如叙述者和他的受叙者、时间、聚焦、人物塑造、描述、言语和情节。"① 这个设想对于研究希腊上古神话史诗和戏剧是合适的，因为它们有丰满的故事形态和复杂的叙事技巧运用可以进行分析。但如果用之于分析中国上古神话，将发现其基本无法进行，最后得出的必然结论是中国上古神话基本不具有叙事学研究的可能性，这当然是我们无法接受的结论，也未能揭示中国神话叙事的特点所在。所以，完全从西方叙事学中选取成套的模式对中西神话叙事问题进行比较分析，肯定是行不通的。如果强制性去做，中国神话有别于这些理论的那些要素必定会被过滤和遮蔽，而这些要素可能是最具有中国特色的，或者说对理解中国神话特别重要的。如何借鉴西方已有理论，在此基础上，结合中国神话的实际构成状态，有针对性地提出一些叙事分析范畴，以合适分析中国神话叙事的构成，是一个想在这个领域有所建树的叙事研究者必须解决的问题。而这个问题的解决，既取决于研究者的理论素养和理论创新能力，又取决于研究者对于中国古代神话的全面了解和独到体悟。

---

① Irene Jong, Rene Nü elist and Angus Bowie, *Narrators, Narratees, and Narratives in Ancient Greek Literature*, Leiden: Koninklijke Brill NV, 2004, p. 7.

"禹兴西羌" 说考辨

杜美娟　刘宗迪

"禹兴西羌"和"禹生石纽"是大禹传说中的重要组成部分，均产生于西汉时期，是"禹出四川"说的重要依据。西汉晚期，扬雄通过"禹生石纽"说，最早将禹诞生地和蜀地联系起来。到了东汉时期，随着蜀地及蜀地附近的羌人增多，出现"禹兴西羌"说。最终，在"禹生石纽"说和"禹兴西羌"说的相互配合下，蜀地被当成大禹的诞生地，并被记录在文献中，受到后世学者普遍的认同和附和。然而，禹为夏祖，而夏作为三代之首，其文物、传说均在中原，迄今为止，夏墟考古遗址也主要集中于黄河中下游的中原地区，很难想象，夏人会将其祖先的发祥地归于遥远的西羌之地，也很难想象，生于蜀地的羌人会成为中原王国的祖先。有鉴于此，"禹出四川"说的真实性及其来龙去脉有认真审视的必要。

一、"禹兴西羌"说的历史本相

欲明"禹生西羌"说的真相，首先需要了解西羌和四川羌人的源流。羌，在中国有着非常古老的历史。对于"羌"的记载，最早可以追溯至商代的甲骨文中，而"禹兴西羌"说则迟至西汉初期才见记载。寻找"禹兴西羌"的历史真相，应从梳理商至两汉这段时间的"羌"的历史开始。

1. 从商周之羌到秦汉之羌

先秦时代，对"羌"记载最多的是商代。甲骨卜辞中有大量与羌有关的信息。《说文解字·羊部》："羌，西戎牧羊人也。从人，从羊，羊亦声。"① 汉代的学者以"西方的牧羊人"来理解"羌"实属望文生义，并非商代"羌"的本义。卜辞中记录了多个被商人称呼为"羌"的部落，如羌方、马羌、北羌等，他们是否皆以牧羊为主，或者是否皆以羊为图腾，史料没有明确记录。卜辞有"有来羌自西"②（合集6596）的记载，说明羌人的活动范围在商的西部。羌实际只是商人对位于领土西部的异族人群的泛称，没有特指意义。根据甲骨文的记载推断，羌人的活动范围应该与殷墟所在的安阳相去不远。卜辞中屡见商王朝与羌之间战争的记载，如"贞庚申伐羌"③（合集466），"雀，伐羌"④（甲2326），"伐羌，妇好（之族）三千人，旅万人，共万三千人"⑤（库310）等。《诗经·商颂》："昔有

---

① 〔汉〕许慎：《说文解字》，中华书局，2016年，第73页。
② 胡厚宣主编：《甲骨文合集释文》，中国社会科学出版社，2009年，第366页。
③ 胡厚宣主编：《甲骨文合集释文》，中国社会科学出版社，2009年，第35页。
④ 陈梦家：《殷墟卜辞综述》，中华书局，2020年，第277页。
⑤ 陈梦家：《殷墟卜辞综述》，中华书局，2020年，第276页。

成汤，自彼氐羌，莫敢不来享，莫敢不来王。"①说明战争中商人多占上风。卜辞还常见商人以羌为牺牲，用羌狩猎等的记录，如"三百羌用于丁"②（续 2.16.3），"用望乘以羌自上甲"（佚 875）③，"乎，多羌获鹿，获"（续 4.29.2）④ 等，反映出羌人与商人的紧张关系与敌对状态。

到了西周时期，"羌"却在文献中消失了，传世的西周春秋文献中罕见有关于羌人的记载，西周金文中亦不见关于羌人的记载。《尚书·牧誓》记载："（武）王曰：嗟，我友邦冢君、御事，司徒、司马、司空、亚旅、师氏、千夫长、百夫长，及庸、蜀、羌、髳、微、卢、彭、濮人，称尔戈，比尔干，立尔矛，予其誓。"⑤ 这里提到"羌"，成了姬周东进伐商的亲密盟友之一，然而《牧誓》并非西周实录，而系后人拟作。一般认为，与姬周世代通婚的姜姓即羌人。《诗经·鲁颂》："赫赫姜嫄，其德不回。"⑥ 姜嫄是周人的传说祖先后稷之母。"羌"与"姜"同源。⑦ 文王祖父太王的妻子名周姜，武王的妻子是太公的女儿邑姜。太公姓姜，在武王伐纣的过程中屡建战功。灭商后，太公为首封，"封尚父于营丘，曰齐"⑧（《史记·周本纪》），也就是后来的齐国。姜姓和周人不仅是盟友，还是姻亲，关系十分亲密，姜太公于伐商过程中立下赫赫功勋，使姜姓氏族在西周地位上升，尊贵非常。西周金文和文献中之所以不见"羌"字，可能是因为周人出于对姜姓这个盟友与姻亲的尊重，对"羌"这个在商代带有贬义色彩的称呼进行了回避。所以，"羌"在西周文献中消失了，羌人也因从商人之敌变成周人之同盟从而华夏化了，不再作为被鄙视和征讨的异族或"他者"而存在。

西周至春秋时期，位于中原西部、受中原文化影响较浅的异族人群被称作"戎"。⑨ 其中有一支被称作"姜氏之戎"的西方异族人群，或即商代羌人的孑遗。⑩ 商代的羌人，一

---

① 《十三经注疏》整理委员会整理，李学勤主编：《十三经注疏·毛诗正义》，北京大学出版社，1999 年，第 1462 页。
② 陈梦家：《殷墟卜辞综述》，中华书局，2020 年，第 279 页。
③ 陈梦家：《殷墟卜辞综述》，中华书局，2020 年，第 280 页。
④ 陈梦家：《殷墟卜辞综述》，中华书局，2020 年，第 276 页。
⑤ 〔清〕孙星衍撰：《尚书今古文注疏》，陈抗、盛冬铃总校，中华书局，1986 年，第 284—285 页。
⑥ 《十三经注疏》整理委员会整理，李学勤主编：《十三经注疏·毛诗正义》，北京大学出版社，1999 年，第 1407 页。
⑦ 参见傅斯年：《姜原》，见中央研究院历史语言研究所编辑出版部：《历史语言研究所集刊》第二本第一分册，1930 年版；董作宾：《殷代的羌与蜀》，载《说文月刊》1943 年第 7 期；马长寿：《氐与羌》，上海人民出版社，1984 年，第 92 页。
⑧ 〔汉〕司马迁：《史记》，上海古籍出版社，2019 年，第 86 页。
⑨ 王明珂：《羌在汉藏之间：川西羌族的历史人类学研究》，中华书局，2008 年，第 145—146 页。
⑩ 《后汉书·西羌传》认为西周时期的戎人都是羌人。《礼记·王制》载："东方曰夷，被发文身，有不火食者矣。南方曰蛮，雕题交趾，有不火食者矣。西方曰戎，被发衣皮，有不粒食者矣。北方曰狄，衣羽毛穴居，有不粒食者矣。"所以，"戎"是当时华夏对西方异族人群的泛称。"戎"的活动范围更加广泛，包括了商代羌人的活动范围。"姜姓之戎"来自商代羌人，原因有二：一是"姜氏之戎"的"姜"暗示了他们与"羌"的关系；二是《国语·周语》载："（周宣王三十九年）战于千亩，王师败绩于姜氏之戎"，说明"姜氏之戎"的活动范围距离王都不远，应在陇山以东、关中西部一带，与商代羌人活动范围接近。

部分跟随周人伐商，商朝灭亡后，他们凭靠军功被分封在中原，接受了商周的先进文化，从而摆脱了自身来自西方边缘人群的"夷化"特质，顺利融入中原文化系统，成为华夏族群的组成部分；还有一部分羌人，他们继续留在了西方故地，与其他受商周文化影响较浅的西方异族人群一起被西周至春秋战国时人统称作"戎"，即"姜氏之戎"。他们没有接受周的分封，没有进入中原文化系统，依旧保持边缘异族人群的生活方式。春秋时期，秦国向东发展，姜氏之戎受到了秦国驱逐，被迫向东迁移，后被晋国接纳。《左传·襄公十四年》记载了晋、吴两国讨论伐楚时，姜氏之戎的首领戎子驹支与晋卿范宣子的一段话："昔秦人负恃其众，贪于土地，逐我诸戎，惠公蠲其大德，谓我诸戎，是四岳之裔胄也，毋是翦弃。"① 这里讲述的就是晋国接纳被秦国驱逐的"姜氏之戎"这件事情。"姜氏之戎"被晋国接纳进入中原后，必定会接触中原文化，逐渐摆脱西方边缘人群的异族身份，最终融入中原。春秋末至战国终，历史文献中再也看不到"姜氏之戎"的相关记载了。② 至此，商代的羌人在不同的历史背景和历史原因下先后融入中原文化系统。

秦汉时期的文献记载中，却再次涌现出了大量关于羌人的记载，他们居住在秦汉西部的羌中、临洮一带。秦朝建立后，疆域"东至海暨朝鲜，西至临洮、羌中，南至北向户，北据河为塞，并阴山至辽东"③（《史记·秦始皇本纪》）。"羌中"即以羌人所居而得名，其地涉及秦朝西部边界之外今青海、西藏及四川西北部、甘肃西南一带广大的地区。战国时期，因为疆域的扩张，秦人拥有向广袤的西垂探索的机会，从而发现了居住在疆域西方的异族人群。秦汉西部羌人得名的来历，究其根本，当在《山海经》的"氐羌"，《山海经·海内经》云："伯夷父生西岳，西岳生先龙，先龙是始生氐羌，氐羌乞姓。"在《山海经》中，氐羌为西岳之后，在《山海经》空间格局中，位于西北，故诸如《大戴礼记》《吕氏春秋》《逸周书》等战国时期文献中，学者们便借用《山海经》中"氐羌"一词来称呼位于华夏世界西部的西方异族④，秦人沿用了"氐羌"的概念，将其分裂成"氐"和"羌"两个称号，用来称呼居住在疆域西方的异族人群。战国时期，陇山以东的戎人几乎被秦人全部征服，后随秦的统一融入华夏，戎人的活动范围在秦统一后组成了秦国的西部郡县，羌中则是与秦国西部郡县边境接壤的境外之地。秦朝统一以前，势力范围尚未触及羌中一带，羌中的羌人不是战国时期盘踞陇山以东、秦国西鄙的戎人，因此也不可能是所谓"姜氏之戎"的后人。⑤ 秦及汉初的"羌人"生活在陇西、临洮一带。没有任何证据可以证明他们与商

---

① 杨伯峻：《春秋左传注》（修订版），中华书局，2018 年，第 205—206 页。
② 王俊杰：《论商周的羌与秦汉魏晋南北朝的羌》，载《西北师大学报》（社会科学版）1982 年第 3 期。
③ 〔汉〕司马迁：《史记》，上海古籍出版社，2019 年，第 163 页。
④ 早期文献中，《山海经》之外，"氐羌"一名唯见于《诗经》，《商颂·殷武》云："昔有成汤，自彼氐羌，莫敢不来享，莫敢不来王，曰商是常。"商汤的武功肯定不会远及于西陲的羌中、临洮，其所说"氐羌"必与商人相邻，当是居于黄河中下游地区的族群。《山海经》言氐羌为西岳之后，但《山海经》地域范围为今山东及其周边，其所谓西岳，亦非秦汉时期的西岳华山，而当是豫、鲁之间的山岳，氐羌之地亦当在豫鲁之间。参见刘宗迪：《众神的山川：〈山海经〉与上古地理、历史及神话的重建》，商务印书馆，2022 年，第 663—668 页。
⑤ 参见王明珂：《羌在汉藏之间：川西羌族的历史人类学研究》，中华书局，2008 年，第 145—146 页；王俊杰：《论商周的羌与秦汉魏晋南北朝的羌》，载《西北师大学报》（社会科学版）1982 年第 3 期。

代的羌人之间存在一脉相承的血缘关系的证据，此羌非彼羌，秦汉时期散布于西部的"羌"并非商代的羌，而是秦汉时人基于现有领土向疆域的西方进行探索时，对新的西方异族人群的重新命名。

随着汉人势力发展，汉人对羌人活动范围的地理识别也逐渐向西、西北、西南三个方向迁移，最终在汉人的疆域西部形成北至陇西郡，南至广汉郡、蜀郡以下，包括今甘肃、新疆、青海、西藏、四川西部、云南北部的地域广阔而边界模糊的所谓"羌中"地区。① 两汉时期，由于丝绸之路的开通，汉人与河湟羌人频繁互动，汉人逐渐加深了对于河湟羌人的认识。渐渐地，河湟羌人逐渐成为汉人心目中典型的"羌人"，"西羌"也成为活跃在汉朝疆域西部、河湟地区的羌人的泛称。

2. 两汉时期羌人的迁移

"西羌"虽然是汉代时期汉人对居住在汉朝疆域西陲、以河湟为中心的异族的泛称。但是，蜀地位于汉朝疆域的西南地区。"禹兴西羌"何以出现于西南地区，并使蜀地成为大禹诞生地的呢？这或许与羌人的迁移有关。范晔在《后汉书·西羌传》推断：战国时期，河湟地区的古羌人中的一支因为畏惧秦威，所以率领族人向南迁徙躲避秦国，现在西南地区的羌人正是他们的后代。② 有部分学者受《后汉书·西羌传》的影响，认为西南羌人是河湟地区古羌人的后代。同时，他们认为，河湟地区的古羌人向西南迁移，为大禹神话的产生创造了条件，"禹兴西羌"说随着羌人的增多便在西南地区流传起来。③ 但是，在战国时期，首先，河湟地区不在秦国势力触及范围之内，该地区的土著居民没有理由为躲避秦国而举行南迁。其次，古羌人原指商代羌人，商代羌人已在西周至春秋末期全部融入中原华夏民族。秦汉以后的羌人是重新识别的新族群，与古羌人不存在血缘关系。如果西南地区的羌人是因为其他地区的羌人的迁徙而来，那么，这场迁徙也不应发生在战国时期。史书记载，两汉时期，河湟地区的羌人曾发生过多次迁移，西南地区的羌人当系源自两汉时期的河湟羌人。

被记录在史书中的最早的一次河湟羌人的迁移发生在汉景帝时期。西汉时期，羌人弱小，一度受制于匈奴，为了躲避匈奴的奴役和压迫，部分羌人部落率领全族迁移，如研种留何率领族人内附汉朝，寻求汉王朝的庇护。④ 除躲避匈奴的奴役和压迫外，还有两个原因迫使河湟地区的羌人从河湟地区迁出：一是河湟地区的人口增加，该地区的生存空间有限，羌人各部落之间对于生存空间的争夺愈发激烈，在这场争夺中处于劣势的弱小部落被迫向

---

① 王明珂：《羌在汉藏之间：川西羌族的历史人类学研究》，中华书局，2008年，第148—150页。

② 《后汉书·西羌传》："……至爰剑曾孙忍时，秦献公初立，欲复穆公之迹，兵临渭首，灭狄獂戎。 忍季父卬畏秦之威，将其种人附落而南，出赐支河曲西数千里，与众羌绝远，不复交通。 其后子孙分别，各自为种，任随所之。 或为牦牛种，越巂羌是也；或为白马种，广汉羌是也；或为参狼种，武都羌是也。 忍及弟舞独留湟中，并多娶妻妇。 忍生九子为九种，舞生十七子为十七种，羌之兴盛，从此起矣。"参见〔宋〕范晔：《后汉书》，中华书局，1997年，第2875—2876页。

③ 参见冯汉骥：《禹生石纽辨》，见《川大史学·冯汉骥卷》，四川大学出版社，2006年，第19—39页；工藤元男：《流传在中华世界周边地区的禹的传说》，见卢丁、工藤元男主编：《羌族历史文化研究·中国西部南北游牧文化走廊研究报告之二》，四川人民出版社，2000年，第229—242页。

④ 《后汉书·西羌传》："至于汉兴，匈奴冒顿兵强，破东胡，走月氏，威震百蛮，臣服诸羌。 景帝时，研种留何率人求守陇西塞，于是徙留何等于狄道、安故，至临洮、氐道、羌道县。"参见〔宋〕范晔：《后汉书》，中华书局，1997年，第2876页。

外迁移，寻找和开辟新的生存空间；二是汉武帝开河西、置郡县后，西汉政府积极开发、经营西域地区，向河湟地区迁入大量汉人，并在河湟一带驻军屯田，加剧了羌人生活地区的人口压力，也严重挤压羌人的生存空间，汉政府欲占有湟水流域，扩大陇西郡，故不断驱逐河湟羌人，逼迫或强制河湟羌人迁移。该时期，河湟羌人的迁移频率低、人数规模较小，迁移后的羌人多被西汉政府安置在陇西、金城郡内临近河湟地区的边郡内。到了东汉时期，河湟羌人的迁移频次变高、人数规模变大，迁移的地区也变得更远。该时期，不仅是临近河湟地区的边郡，甚至在三辅地区、河东一带也出现了迁移的羌人。东汉政府继续在河湟地区进行大量屯田的政策以及羌人地区的护羌校尉对羌人进行苛刻的管理，皆严重地损害到了河湟地区的羌人的利益，迫使生活在河湟地区的不同部落的羌人们互相联合起来抗击东汉，汉羌矛盾加剧，冲突不断。为了避免各羌人部落在长时期的联合中凝聚成强大共同体，对东汉王朝形成威胁，东汉政府强制将战败的羌人迁移至边郡或关中，以瓦解羌人部落联盟的力量。到了东汉末年，西北各郡县皆分布了大量羌人。综上，两汉时期原生活在河湟一带的羌人在多种因素的相互影响和相互作用下，大量离开原居地，向汉朝的边郡及内郡迁移。①

虽然通过梳理文献，我们发现河湟羌人的迁移路线以向东往汉朝边郡及内郡迁移为主，但不排除会有少量羌人选择向南迁徙。东汉中后期，蜀郡、广汉郡内外有多个羌人部落要求内属，如"建武十三年，广汉塞外白马羌豪楼登等率种人五千余户内属"②，"至和帝永元六年，蜀郡徼外大牂夷种羌豪造头等率种人五十余万口内属"③，"至安帝永初元年，蜀郡徼外羌龙桥等六种万七千二百八十口内属"④，"明年，蜀郡徼外羌薄申等八种三万六千九百口复举土内属"⑤，"冬，广汉塞外参狼种羌二千四百口复来内属"⑥ 等，说明西南地区在东汉时期出现大量羌人。"西羌"至东汉时期才与蜀地建立联系亦证明了这一点。蜀地一带的羌人或不完全源自河湟地区，早在西汉武帝开冉駹夷置汶山郡时，该地区就有羌人与其他非汉族群杂居共处，《后汉书·南蛮西夷列传》载："冉駹夷者，武帝所开。元鼎六年，以为汶山郡。……其山有六夷七羌九氐，各有部落。"⑦ 六夷七羌九氐不是非汉族群部落的实际数量，而是作者以泛指的方式来表示西南地区的非汉族群部落之多。在西汉初期，

---

① 常倩：《商周至魏晋南北朝羌人问题研究》，博士学位论文，华东师范大学，2011 年，第 36—55 页。常详细梳理了史书中记录的两汉时期羌人的分布与迁徙路线，总结出两汉时期河湟一带羌人主动迁徙及被迫强制迁徙的原因及西汉与东汉两个时期河湟羌人迁徙的特点。常总结河湟羌人迁徙的原因除了受到其他少数民族的威胁、人口增加的压力及两汉屯田政策侵占生存空间的影响外，还受到了当时气候变化及汉政府屯田政策对劳动力大量需求的影响。
② 〔宋〕范晔：《后汉书》，中华书局，1997 年，第 2898 页。
③ 〔宋〕范晔：《后汉书》，中华书局，1997 年，第 2898 页。
④ 〔宋〕范晔：《后汉书》，中华书局，1997 年，第 2898—2899 页。
⑤ 〔宋〕范晔：《后汉书》，中华书局，1997 年，第 2899 页。
⑥ 〔宋〕范晔：《后汉书》，中华书局，1997 年，第 2899 页。
⑦ 〔宋〕范晔：《后汉书》，中华书局，1997 年，第 2857—2858 页。

西南地区的非汉族群被司马迁统称为"夷",并认为他们同属于氐类。① 我们在上文提到战国时期学者用"氐羌"称呼想象中的西方异族,秦人延续了"氐羌"的概念并将其分裂成"氐"和"羌"分别用来称呼疆域西部的非汉族群。在秦汉时期的人们观念里,因为"氐"和"羌"源自同一个异族称呼概念,故能够混称。当羌人杂居在氐人中,人们也可以称他们"氐"。根据《史记·西南夷列传》记载,可知汉武帝开拓西南夷后,"……乃以邛都为越嶲郡,筰都为沈犁郡,冉駹为汶山郡,广汉西白马为武都郡"②。在西南地区被称呼为"羌"的有越嶲羌、白马羌、参狼羌等,这些羌人部落正是分布在越嶲郡、武都郡、广汉郡附近。但是在西汉时期,越嶲郡、武都郡、广汉郡等西南郡县附近的非汉族群还被称作"夷",仅有少量羌人部落与他们杂错聚居。东汉以后,西北地区的汉羌冲突加剧,羌人或主动或被迫从河湟地区迁出。根据史料的记载,河湟羌人的迁移多是政府组织的强制性迁移,迁移路线以自河湟地区向东迁至边郡及内郡为主,但不排除有部分河湟羌人被西南地区宽松的政治环境(两汉政府皆将大量精力用于经营、处置疆域西北部一带非汉族群,如西汉时期的匈奴,东汉时期的西羌,无暇顾及西南地区,所以西南地区生存环境相对稳定)及优越的自然环境吸引而选择向南迁移的可能。伴随着河湟羌人的迁入,西南本地羌人数量增多,部分氐人渐渐地也被汉人称作羌了。西南土著羌人、河湟迁移羌人及部分氐人组成了西南地区各羌人部落的主要成员,西南地区的羌人数量增加后,也就为"禹兴西羌"说在西南地区的传播和建构创造了条件。

3. "禹兴西羌"历史本相的演变

根据商代卜辞的记载,羌人和商人长期处于敌对状态。商人不仅多次派兵征伐羌人部落,被俘的羌人或成为商人的奴隶或作为牺牲被商人用为人牲。商人对待羌人的态度及处置羌人战俘的方式,令人难以信服商人和羌人之间仅是简单的族群矛盾。或许羌人与夏朝建立者大禹之间的亲密关系才是商人与羌人长期处于敌对状态且商人残酷处置羌人战俘的深层原因,亦是羌人成为姬周盟友东进伐商的原因。虽然历史文献未能将大禹和羌人的亲密关系记录下来,但是口头传说亦保存了古老的历史记忆,能够为知识分子们提供大禹曾和西方族群相处的线索。《荀子·大略》云:"禹学于西王国。"③ 杨倞注:西王国,西羌之贤人也。虽然大禹和西方族群相处的历史没有记录在历史文献中,但是大禹与西方族群的关系被战国学者作为历史典故用在了论证自己的观点中④,以另一种方式将这段古老的记忆在历史中留下痕迹。到了汉初,学者们将这段原本流传于口头记忆中的禹与西羌的关系付

---

① 《史记·西南夷列传》:"西南夷君长以十数,夜郎最大;其西靡莫之属以十数,滇最大;自滇以北,君长以十数,邛都最大:此皆椎结,耕田有邑聚。其外,西自同师以东,北至叶榆,名为巂、昆明,编发,随畜迁徙,亡常处,亡君长,地方可数千里。自巂以东北,君长以十数,徙、筰都最大;自筰以东北,君长以什数,冉駹最大。其俗或土箸,或移徙,在蜀之西。自冉駹以东北,君长以十数,白马最大,皆氐类也。此皆巴蜀西南外蛮夷也。"参见〔汉〕司马迁:《史记》,上海古籍出版社,2019年,第2264页。
② 〔汉〕司马迁:《史记》,上海古籍出版社,2019年,第2268页。
③ 〔清〕王先谦:《荀子集解》,中华书局,1988年,第489页。
④ 《荀子·大略》以"禹学于西王国"为例说明"然而亦所以成圣也,不学不成"。参见〔清〕王先谦:《荀子集解》,中华书局,1988年,第489页。

诸记载，如陆贾云："大禹出于西羌。"① 司马迁言："禹兴于西羌。"② 李学勤先生认为，汉初"禹出西羌"的说法一定始于先秦。③ 战国及汉初的知识分子将这段历史记忆作为一个极端的例子，用来说明圣人之所以为圣在于其事功、其经历，而不在于他的社会背景、他的出生地等客观因素。

陆贾、司马迁认知中的"西羌"，当有着更古老的族群意义，指的当是商代甚至商代以前的羌人部落。陆贾、司马迁都是汉初学者，此时，位于陇山以东、羌中一带的西方非汉族群刚被秦汉王朝识别出来，并命名为"羌"，但是他们清楚地知道这些"新"羌人与秦汉以前的羌人不是同一个系统，没有血缘关系。这也是司马迁在《史记》中没有给西北地区羌人立传的原因。④ 并且，在西汉时期，西北地区与汉王朝互动频繁的非汉族群是匈奴，对汉王朝前期发展影响较深的亦是匈奴。又因匈奴的强势与锋芒使得河湟羌人部落"隐匿"在匈奴与汉王朝之间，存在感较低，所以导致汉人缺乏并忽略了对河湟羌人更为深入具体的认识与了解。当匈奴势力衰弱后，河湟羌人没有了强敌的压制后开始初露锋芒，与汉人的接触也逐渐增多。这时，人们才将目光从匈奴转向河湟羌人。当汉羌的矛盾达到一定程度后，两者之间的冲突爆发、战争次数增加，河湟羌人与汉人的互动愈发频繁，汉人对河湟羌人的认识与记忆也在其与汉人的互动中不断强化加深，又因为此时距离战国已有相当长的一段时间，"西羌"的历史本相已变得模糊，人们便将西北地区的河湟羌人视作汉初学者口中的"西羌"，将"禹兴西羌"的历史记忆嫁接到了河湟羌人的头上。

二、"禹生石纽"的历史本相

"禹生石纽"的说法始见于西汉晚期，扬雄《蜀王本纪》云："禹本汶山郡广柔县人，生于石纽，其地名痢儿畔。"⑤ 李学勤先生推断，"禹生石纽"说的形成有三种可能：一是"禹生石纽"是羌人到来以前蜀人的传说；二是"禹生石纽"是羌人带来的传说；三是"禹生石纽"是夏人自己的传说。⑥ 根据前文论述，可知蜀地的羌人部落是少量土著羌人、迁移而来的河湟羌人以及部分氐人相互融合下形成的，这些族群是在秦汉以后才被人们识别定义，他们与大禹的关系是汉人错误地将"禹兴西羌"之商代古羌人理解为秦汉河湟羌人的情况下建立起来的，也就是说，"禹生西羌"并非蜀地的原生传说，那么，由此可以断定，蜀地"禹生石纽"的传说并非由羌人带来。况且，"禹生石纽"说最早始见于西汉晚期，此时的蜀地尚未与"西羌"建立联系，河湟羌人南下、蜀地成为"西羌"所居，实在东汉时期。综上所述，可以排除"禹生石纽"是羌人带来的可能。那么，"禹生石纽"说

---

① 王利器撰：《新语校注》，中华书局，1986 年，第 43 页。
② 〔汉〕司马迁：《史记》，上海古籍出版社，2019 年，第 527 页。
③ 李学勤：《禹生石纽说的历史背景》，见冯骥才主编、中国民间文艺家协会编：《羌去何处——紧急保护羌族文化遗产专家建言录》，中国文联出版社，2008 年，第 152—156 页。
④ 司马迁知道商周的羌与秦汉的羌名同而实异，他了解秦汉的羌同战国的戎毫无关系，他看到秦汉的羌是长期与内地隔绝的羌中土著部落，由于这些羌部落与汉政府刚开始发生关系，他不清楚他们的历史，对他们的现状也了解很少。因此，司马迁难以羌人单独立传。参见王俊杰：《论商周的羌与秦汉魏晋南北朝的羌》，载《西北师大学报》（社会科学版）1982 年第 3 期。
⑤ 〔宋〕李昉等：《太平御览》，中华书局，1995 年，第 381 页。
⑥ 李学勤：《禹生石纽说的历史背景》，见中国民间文艺家协会编：《羌去何处——紧急保护羌族文化遗产专家建言录》，中国文联出版社，2008 年，第 152—156 页。

只能是蜀人传说，或是夏人传说。笔者认为，"禹生石纽"是"禹生于石"传说的演变，"禹生于石"或与"鲧复生禹"相关，属于夏人的历史传说，后跟随蜀人的迁徙带到蜀地。

1. 鲁地之蜀

四川地区的蜀国是古蜀人以族称命名建立的国家。目前，学界对于古蜀人的来源持两种基本观点：一是"蜀地本土"说，二是"外来迁入"说。其中，支持"蜀地本土"说的学者认为古蜀人源自岷江上游"依山居止，累石为室"的氐羌部族①，而支持"外来迁入"说的学者则认为古蜀人源自多个不同地区的部落融合而成②。

"蜀"的地名十分古老，对于"蜀"的文字记载最早也可以追溯到商代的甲骨卜辞。商代卜辞有"至蜀"③（合集 21723、21724）、"在蜀"④（合集 20584）、"贞蜀受年"⑤（合集 9775）、"共人（征）蜀"⑥（合集 6858、6859）的记录，反映了商王时常前往蜀地，并且商王对蜀人的收成、动向等情况关注密切。商王频繁前往蜀地，以商代的交通条件判断，说明蜀人生活的地区必定位于商王朝的腹地附近。根据《尚书·牧誓》的记载，蜀人与羌人一样，同样是周人伐商的盟友。⑦ 同时，蜀人是周人征伐的对象。《逸周书·世俘》载："庚子，陈本命伐磨，百伟命伐宣方、新荒命伐蜀。乙巳，陈本命新荒蜀磨，告禽霍侯、俘艾伕侯，小臣四十有六，禽御八百有三百两，告以馘俘。"⑧ 商末，部分蜀人因不满商王的统治，离开了原居地向西迁移，加入周人伐商的阵营；剩余的蜀人则选择继续留在原地，当商王朝的灭亡后，他们便受到了来自武王的征伐。《世俘》篇从武王下令"伐蜀"到军队伐蜀归来，前后仅消耗五天时间，再次证明了蜀地与商王朝腹地的确相距不远。春秋时期，鲁国附近即有蜀地。《左传》宣公十八年载："楚庄王卒，楚师不出，既而用晋师，楚于是乎有蜀之役。"⑨ 成公二年载："冬，楚师侵卫，遂侵我，师于蜀。使臧孙往。辞曰：楚远而久，固将退矣，无功而受名，臣不敢。"⑩ 杜预注：蜀，鲁地，泰山博县西北有蜀亭。《左传》的记载证明了鲁地确实有以"蜀"命名的地名，当即古蜀人的原居地。

商周之际，由于周人对东方屡屡用兵，导致众多原居东方的古国和族群向西方、南方和北方迁徙，原本居住在鲁地的古蜀人，当在西周离开了鲁地向南迁移，辗转反侧后来到四川盆地，并建立了四川的蜀国。因为四川地区固有的自然地理环境，使蜀国难以建立与

---

① 参见童恩正：《古代的巴蜀》，四川人民出版社，1979 年，第 56—60 页；徐中舒：《巴蜀文化绪论》，载《四川大学学报》（社会科学版）1960 年第 1 期。
② 参见郑少琴：《巴蜀史迹探索》，四川人民出版社，2018 年，第 155—159 页；孙华：《蜀人渊源考》，载《四川文物》1999 年第 4 期；孙华：《蜀人渊源考》（续），载《四川文物》1999 年第 5 期；李修松：《"鳖灵"传说真相考》，载《安徽大学学报》（社会哲学科学版）2002 年第 5 期。
③ 胡厚宣主编：《甲骨文合集释文》，中国社会科学出版社，2009 年，第 1079 页。
④ 胡厚宣主编：《甲骨文合集释文》，中国社会科学出版社，2009 年，第 1027 页。
⑤ 胡厚宣主编：《甲骨文合集释文》，中国社会科学出版社，2009 年，第 523 页。
⑥ 胡厚宣主编：《甲骨文合集释文》，中国社会科学出版社，2009 年，第 381 页。
⑦ 《尚书·牧誓》记载："（武）王曰：嗟，我友邦冢君、御事、司徒、司马、司空、亚、旅、师氏、千夫长、百夫长、及庸、蜀、羌、髳、微、卢、彭、濮人，称尔戈，比尔干，立尔矛，予其誓。"参见孙星衍：《尚书今古文注疏》，中华书局，1986 年版，第 284—285 页。
⑧ 《帝王世纪 世本 逸周书 古本竹书纪年》，齐鲁书社，2010 年版，第 40 页。
⑨ 杨伯峻编著：《春秋左传注》（修订版），中华书局，2018 年版，第 850 页。
⑩ 杨伯峻编著：《春秋左传注》（修订版），中华书局，2018 年版，第 882 页。

中原的联系，人们也就淡化了对这支古蜀人的历史记忆，在蜀人的东方原居地，只留下了"蜀"的地名。西周及春秋时期，在文献中出现的称呼为"蜀"的地方，皆位于鲁地。直至战国时期，由古蜀人建立的蜀国，才因为和秦、楚两国发生关系，蜀人再次进入人们的视角，被重新记录在文献中。因为"其国富饶，得其布帛金银，足供军用。水通于楚，有巴之劲卒，浮大舶船以东向楚，楚地可得"①，蜀国与邻近的巴国一同被秦国吞并，随后，秦国于西南地区置"蜀郡""巴郡"。随着秦国统一大业的实现，蜀地进入秦国的疆域范围，"蜀"也就作为这个地区的特称流传至今。

出土于三星堆遗址的青铜器，能够证明古蜀文明当是由蜀地之外迁徙而来。三星堆遗址自发掘至现在已挖掘 8 座大型器物坑，其中，一号、二号器物坑出土青铜器 913 件②，三号、四号、五号、六号、七号、八号器物坑提取较完整的青铜器约 400 件③，这些青铜器以人面面具、青铜神兽、青铜神坛、青铜神树，以及大型方尊、圆尊、罍等青铜器为显著特征，是三星堆文明的主要元素，共同构成了三星堆文明。于西南地区确认并发现的另一重要早期青铜文明是出土于金沙遗址的金沙文明。金沙祭祀区出土的金器在形态、纹饰及种类上与三星堆祭祀坑的金器相近，但又呈现出新颖的风格特点，反映出三星堆文明和金沙文明之间前后承袭的关系。④ 但是，金沙祭祀区发现的青铜器与金器整体数量上少于三星堆器物坑，且以小型器物为主，缺少大型青铜器。或许正是因为三星堆器物坑中的这些金器与青铜器是由外来人群搬运带来蜀地，进而影响到蜀地本土文化的发展。因为蜀地缺乏制造大型青铜器的条件，所以，即使蜀地受到了外来文明的冲击和影响，但在后续的发展中，仍受客观原因影响造成了部分祭祀器物在承袭上的元素缺失。三星堆器物坑出土的青铜器数量之多，形体之大，造型之丰富，图案纹饰之精细，展现出的种种特征，皆反映出这些青铜祭器制作过程之复杂，工程量之巨大。生产出如此规模的青铜器，需要具备三个条件：一是生产地拥有丰富的铜矿储量，二是匠人具有高超的冶炼技术，三是需要强有力的王权组织来进行分工、指挥、监督和管理。⑤ 以上三条，蜀地都远不能达到。而同时期的商王朝能够满足这些条件。所以，三星堆器物坑的这些祭器应是某个来自强盛王国的族群迁徙时搬运带来的。

三星堆器物坑中的青铜器，如青铜凤鸟，展现出对鸟的崇拜。据《诗经·商颂》言："天命玄鸟，降而生商。"⑥ 商人以鸟为图腾，商族是崇拜、信仰神鸟的族群。又有青铜神树的造型，其由基座和树干组成，一共分为三层，每一层有树枝向外伸展，每个树枝都站着一只神鸟。古代传说中，神树是太阳起落时的栖息之所。《山海经·海外东经》："汤谷上有扶桑，十日所浴，在黑齿北。居水中，有大木，九日居下枝，一日居上支。"⑦ "扶桑"是传说中太阳升起时栖息的地方。青铜神树的造型与《山海经》中神树"扶桑"相似，栖

---

① 〔晋〕常璩：《华阳国志译注》，汪启明、赵静译注，四川大学出版社，2007 年版，第 88 页。
② 四川省文物考古研究所编：《三星堆祭祀坑》，文物出版社，1999 年，第 23、162 页。
③ 三星堆祭祀区考古工作队：《四川广汉市三星堆遗址祭祀区》，载《考古》2022 年第 7 期。
④ 朱乃诚：《论三星堆文明与金沙文明的关系》，载《中原文化研究》2002 年第 5 期。
⑤ 白剑：《三星堆青铜器系中原有缗族携来》，载《文史杂志》1999 年第 6 期。
⑥ 《十三经注疏》整理委员会整理，李学勤主编：《十三经注疏·毛诗正义》，北京大学出版社，1999 年，第 1444 页。
⑦ 〔清〕郝懿行：《山海经笺疏》，栾保群点校，中华书局，2021 年，第 269—270 页。

息在神树的神鸟是象征太阳的金乌。青铜神树对应扶桑大木,九只神鸟在神树上栖息,暗示正有一只神鸟外出照明,每一只神鸟飞出一只便有一只返回,所以树上恒定存在九只金乌栖息。青铜神树的造型在整体上呈现出先民对神树、神鸟以及太阳的综合崇拜。对太阳和鸟的崇拜多见于东方族群,商人正是源于东方族群的一支。①三星堆出土的青铜祭器呈现出的宗教观念多与商人宗教观念相合。青铜祭器中展示出的人面鸟身像、青铜神坛等一系列造型皆可在《山海经》中找到相似形象。《大荒经》《海经》的内容正是对商人宗教观念、文化信仰的真实记录。②成都金沙遗址出土的太阳神鸟金箔,中央是涡纹造型的光芒四射的太阳,太阳周围环绕着四只展翅飞翔的鸟,其与东方太皞神话的关系,更是一目了然。由此推断,三星堆、金沙文明带有明显的商人和东夷文化的宗教观念及图腾崇拜的特征。迄今为止,三星堆遗址尚未出土任何文字或其他能够表明三星堆文明族属的线索,目前还无法断定三星堆族群是否以"蜀"自名,但名"蜀"之地在东方,加之三星堆、金沙文物与商人和东夷文化之间一目了然的相似性,或可说明,三星堆、金沙文明的主体就是由东方迁徙而来的商代蜀人,古蜀文明肇源于东方夏商文明,这意味着,蜀地流传的"禹生石纽"的传说很可能是来自东方的夏、商。

2. 从"禹生于石"到"禹生石纽"

"禹生石纽"说当从"禹生于石"发展而来。《淮南子·修务训》载:"禹生于石。"③"禹生于石"的传说当与"鲧复生禹"的传说相关。鲧是大禹的父亲,也是早期大禹诞生神话中大禹的孕育者。《山海经·海内经》:"洪水滔天。鲧窃帝之息壤,以堙洪水,不待帝命。帝令祝融杀鲧于羽郊。鲧复生禹,帝乃命禹,卒布土以定九州。"④鲧能生禹,暗示鲧具有生育能力,暗示鲧原本可能为母神,与其说其是禹的父亲,不如说是禹的母亲。

《山海经》的记载即为鲧的母神品格提供了一个佐证。虽然《山海经·海内经》载:"大比赤阴,是始为国。禹鲧是始布土,均定九州。"⑤"国"的本义是城郭,大比是城郭的发明者。但是,在其他古书里,鲧才是城郭的发明者,《吕氏春秋·君守》载:"夏鲧作城。"⑥《世本·作篇》亦云:"鲧作城郭。"⑦实际上,在古代早期,城郭的主要作用是防洪,"鲧堙洪水"和"鲧作城郭"实为一事两面,鲧筑造城郭防洪,那么鲧也是城郭的发明者。这意味着,大比其实就是鲧。在《山海经》中,"大比赤阴,是始为国"一条正好与"禹鲧是始布土,均定九州"⑧一条相邻,也暗示大比赤阴与鲧之间关系密切。"大比赤阴"的名字表明其为女神无疑。比通妣,大比即大妣,亦即先妣,古人以先妣为高禖,作

---

① 参见胡厚宣:《甲骨文商族鸟图腾的遗迹》,见中国科学院历史研究所:《历史论丛》(第1辑),中华书局,1964年;胡厚宣:《甲骨文所见商族鸟图腾的新证据》,载《文物》1997年第2期;常正光:《商族鸟图腾探源——物候学与中国古代文化》,载《贵族民族研究》1983年第1期。

② 《山海经》呈现出以泰山和河水、济之间为中心、山东地区自成一体的空间格局,体现的是商人的世界观,其反映的以泰山为中心的古史系统只能是商人的文化记忆。参见刘宗迪:《众神的山川:〈山海经〉与上古地理、历史及神话的重建》,商务印书馆,2022年,第1326—1355页。

③ 刘文典:《淮南鸿烈集解》,中华书局,1989年,第652页。

④ 〔清〕郝懿行:《山海经笺疏》,栾保群点校,中华书局,2019年版,第393页。

⑤ 〔清〕郝懿行:《山海经笺疏》,栾保群点校,中华书局,2019年,第392页。

⑥ 许维遹:《吕氏春秋集释》,栾保群点校,中华书局,2020年,第443页。

⑦ 〔晋〕皇甫谧:《帝王世纪 世本 逸周书 古本竹书纪年》,齐鲁书社,2010年,第70页。

⑧ 〔清〕郝懿行:《山海经笺疏》,栾保群点校,中华书局,2019年,第392页。

为主管婚姻和生育的神,"赤阴"更是赤裸裸地表明此神是一位女性神。高禖与社祀,实为一体之两面,大地生万物,故各民族神话中均以土地为万物之母,亦为人类之母,不仅向土地求五谷丰收,亦向土地求人丁兴旺。甲骨文中,"土"字即表示社,"土"字象立石为社之形。社为石,则高禖亦为石,高禖神的象征是一块石头,古人向高禖求子,亦即向石求子,鲧兼为社祀与高禖,故鲧生禹,亦即石生禹,禹生于石的神话当即由此而来。因此"鲧腹生禹"的本质是一则感生神话。鲧与大妣赤阴神格相通,说明鲧原本即为先妣,在最初的神话中,鲧当是一位女性神①,伴随着王权国家的兴起和父权的崛起,鲧才从女性神转化为男性神。

扬雄《蜀王本纪》:"禹本汶山郡广柔县人,生于石纽,其地名痢儿畔。禹母吞珠孕禹,拆副而生于涂山。"②《吴越春秋·越王无余外传》云:"鲧娶于有莘氏之女,名曰女嬉,年壮未孳,嬉于砥山得薏苡而吞之,意若为人所感,因而妊孕,剖胁而产高密。家于西羌,地曰石纽。石纽在蜀西川也。"③ 禹生石纽之说当即由演变而来。《说文》:"纽,系也。一曰结而可解。"④ 古书中"纽"均作纽结解,绳结谓纽,金、石之结亦可谓之纽,《淮南子·说林训》:"龟纽之玺,贤者以为佩。"⑤《独断》:"玺者,印也,印者,信也。天子玺以玉螭虎纽。"⑥ 龟纽、螭纽、虎纽谓印玺上凸起的龟形、螭形、虎形纽。古人立石以祀社、高禖,所谓"石纽",当即纽状的石头,指社石、高禖石。

所以"禹生石纽"是"禹生于石"的发展与变形,在神话结构与神话逻辑上与"鲧复生禹"具有同一性。⑦ 不仅是大禹,大禹的儿子启的诞生也和石头有关,《汉书·武帝纪》载汉武帝登封太室山,"见夏后启母石",应劭注曰:"启生而母化为石。"颜师古注曰:"启,夏禹子也,其母涂山氏女也。禹治鸿水,通轘辕山,化为熊。谓涂山氏曰:欲饷,闻鼓声乃来。禹跳石,误中鼓。涂山氏往,见禹方作熊,惭而去,至嵩高山下化为石。方生启。禹曰:'归我子'。石破北方而启生。"⑧ "启生于石"的传说亦是对禹诞生过程的再现与重复。禹和启的诞生神话也展现出早期古人对感生说的认可与接受,他们将生殖功能视为自然的赠与,由此产生了对石头一类具有生殖象征的自然物的信仰和崇拜。

鲧禹传说的发源地,即夏墟,位于鲁西一带。⑨ 同样居住在鲁地,并且位于宗教中心的古蜀人,不可能不知道鲧禹传说的本质内涵。因鲧禹传说是中原历史传说的重要组成部分,所以古蜀人在迁徙时,也将该传说一同带去了四川。川西北地区有大石的传说,童恩正先

---

① 张开焱:《鲧的原初性别:女神还是男神》,载《东方论丛》2008 年第 1 期。
② 〔宋〕李昉等:《太平御览》,中华书局,1995 年,第 381 页。
③ 周生春:《吴越春秋辑校汇考》,上海古籍出版社,1997 年,第 101 页。
④ 〔东汉〕许慎:《说文解字》,中华书局,2016 年,第 275 页。
⑤ 刘文典:《淮南鸿烈集解》,冯逸、齐华点校,中华书局,1989 年,第 572 页。
⑥ 〔汉〕蔡邕:《独断》,湖北崇文书局,1875 年,第 5 页。
⑦ 张开焱:《鲧的原初性别:女神还是男神》,载《东方论丛》2008 年第 1 期。
⑧ 〔汉〕班固:《汉书》,中华书局,1999 年,第 135 页。
⑨ 自班固《汉书·地理志》开始,以河南阳城县(今登封市)为禹都故地,但《春秋》《左传》记载的数处位于鲁西地区以"阳"为名之地较河南阳城的历史更为久远,《山海经》等书记载的鲧、禹布土治水的传说发生在黄河下游,鲁西诸地的"阳地"才是传说中的禹都,也才是夏墟所在。参见刘宗迪、蒋帅:《"禹都阳城"传说考》,载《民俗研究》2022 年第 2 期。

生认为川西一些民族树立大石的习俗有很古老的来源①。川西北人群对石头的信仰和崇拜，使得"禹生于石"在此地颇受欢迎。当蜀地知识分子想要在蜀地建构大禹的出生记忆时，只需要在蜀地寻找一处具有石头生殖崇拜的地点，然后将大禹的石生过程在此处具化呈现，那么大禹的诞生记忆就重塑成功了。

西汉时期，虽然扬雄在发表"禹生石纽"说的言论时，将禹的诞生地确定在汶山郡广柔县，但是对于石纽的准确位置没有详细说明。甚至，我们不能确定石纽在扬雄的语境中是否是以一个地名而存在的。同时，古汶山郡或广柔县历经两汉、蜀汉、西晋、东晋等近500年的历史演变，其隶属和界域也时有变化。②今汶川、茂县、理县、北川自古以来皆有石纽和禹迹的传说，也都有石纽和石纽山的题刻。或许在最初，"石纽"并不而是作为地名而存在，是作为一种特殊地貌或地形特征与"禹生于石"的传说联系到了一起。扬雄明说"生于石纽，其地名痢儿畔"，"痢儿畔"才是他想传达的地名，石纽或正是"痢儿畔"该地的一种特殊地貌。到了东汉时期，赵晔于《吴越春秋·越王无余外传》言："禹……家于西羌，地曰石纽。"③ 石纽才在文献中成为一个地名。结合扬雄所言"禹本汶山郡广柔县人"，因此人们认为石纽是汶山郡的一个地名。石纽也就成了禹的诞生地。后人也多附会此说，如《华阳国志》："石纽，古汶山郡也。崇伯得有莘氏女，治水行天下，而生禹于石纽刳儿坪。"④ 又如《三国志》卷三十八《秦宓传》："禹生石纽，今之汶山郡是也。"⑤ 经过反复的强调，大禹诞生在蜀地的历史记忆就这样被确定下来了。

三、结语

综上所述，"禹出四川"说是蜀地学者为摆脱华夏边陲人群特质而进行的一次历史重构。他们先后利用"禹生石纽"和"禹兴西羌"，不断地重复与强调大禹出生在蜀地的历史事实。当我们通过文献梳理，清楚"禹兴西羌"和"禹生石纽"的历史本相后，"禹出四川"说也就难以成立了。

"禹出四川"的历史记忆于西汉时期由扬雄利用"禹生石纽"说开始建构，东汉时期知识分子们又将"禹生西羌"说与"禹生石纽"说进行配合，再次确认并提高该历史记忆的真实性与可信度，最终于完成了这段与大禹诞生地相关的历史记忆的重塑。"禹出四川"说建构的成功不仅需要身处蜀地的知识分子们的努力经营，也需要迁移到西南地区的羌人部落的积极配合。东汉时期，随着羌人部落自身经济政治形态的发展，他们对中原文化表现出向往，西南地区大量羌人部落主动内附汉朝郡县，与汉人共居生活，渴求得到中原文化的认同。大禹是连接羌人文化与中原文化的关键人物。羌人接受"禹兴西羌"说，承认大禹是羌人的祖先，亦是他们能否得到中原文化认同的关键。因此，西南地区的羌人们愿意同蜀地知识分子共同重塑"禹出四川"的历史记忆。"禹出四川"说也可以说是疆域边陲汉人知识分子和疆域边陲非汉族群共同寻求中原文化认同、接纳的一次双赢合作，这次

---

① 童恩正：《古代的巴蜀》，四川人民出版社，1979年，第76—83页。
② 参见谭继和：《禹生石纽简论》，载《阿坝师范高等专科学校学报》2008年第1期；蒙默：《"禹生石纽"续辨》，载《西华大学学报》（哲学社会科学版）2010年第4期。
③ 周生春：《吴越春秋辑校汇考》，上海古籍出版社，1997年，第101页。
④ 〔晋〕常璩：《华阳国志译注》，汪启明、赵静译注，四川大学出版社，2007年，第124页。
⑤ 〔晋〕陈寿：《三国志》，〔宋〕裴松之注，中华书局，1997年，第975页。

合作整体是成功的。

  两汉以后，虽然该历史记忆仍不断地被蜀地知识分子及蜀地官员强调与建构。直至明清时期，才有一些学者对"禹生石纽"说提出质疑。① 但是，直到晚清民国时期，出于对国族群体边界的确认，岷江上游及四川西部地区的羌人受到学界的广泛关注，"禹兴西羌"说也因此引发学者们的重新思考与积极讨论。又因为历史文献中"石纽"的地望正处于现在确认的羌族聚居区内，所以一场"禹出四川"说的现代化建构与确认，再次展开。

---

① 参见〔明〕陆深：《蜀都杂抄》，见《续修四库全书》编纂委员会编：《续修四库全书史部·地理类》（第735册）上海古籍出版社，1996年，第123—124页；〔清〕李超孙：《诗氏族考》（卷六），中华书局，1985年，第152页；〔清〕梁玉绳：《汉书人表考》（卷一），商务印书馆，1937年，第28页。

黄帝神话的在地化生产及其文化产业开发

黄景春

黄帝神话多涉服食修炼、铸鼎飞升，而具有这类情节的神话经常被归入"仙话"。黄帝原本是祖先神，也是发明工具、器物、制度的文化英雄，还是多场神话战争的胜利者，具有崇高的神格。历史学家把黄帝描述成华夏历史的开端，道家把黄帝描述为得道者的形象，方士借助于对他的仙化改造宣扬神仙不死。从史家、道家、方士的改造转化为民间口头讲述，意味着黄帝神话得到了广泛接受。故事在流传过程中跟各地的山水风物粘附起来，从而实现讲述的在地化，这是口头文学常见的现象。黄帝神话在两千多年的传播过程中不断"在地化生产"，在各地衍生出大量的黄帝诞生、征战、升仙的神奇故事，也留下很多名胜古迹。在当代文化产业开发的背景下，黄帝神话也成为各地申报非遗项目、创建文化品牌、开发旅游景区所依托的文化资源。

一、作为中华始祖的黄帝

中华民族对炎黄二帝怀有崇敬与信仰之情，每一处炎帝陵、黄帝陵、轩辕庙都是我们的文化圣地。二帝相比，黄帝更受重视。黄帝在上古神话中，不仅是发明工具、制造器物、创建社会制度的文化英雄，而且也是中华各族群认同的始祖。《山海经》《国语》《左传》等是最早提及黄帝的文献。《鲁语上》云"黄帝能成命百物"①，是就黄帝发明各种工具、器物而言的。黄帝不仅发明各种工具、器物，还创造了社会习俗，连国家官僚制度都是他制定的。《左传·昭公十七年》云："昔者黄帝氏以云纪，故为云师而云名。炎帝氏以火纪，故为火师而火名。"② 后世对于黄帝文化创造之功一再强调，反复讲述和重申。如《管子》云："黄帝作，钻燧生火，以熟荤臊民食之，无兹胃之病，而天下化之。"③《风俗通义》亦云："黄帝始制冠冕，垂衣裳，上栋下宇，以避风雨，礼文法度，兴事创业。"④ 对黄帝发明创造的高度肯定，使他成为中华历史上最重要的文化英雄，被称作"人文始祖"。

作为始祖，黄帝不仅有一系列的发明创造，还是中华血脉可追寻的原点。《山海经》已把黄帝当作始祖。《海内经》云："黄帝妻雷（嫘）祖，生昌意，昌意降处若水，生韩流。"⑤ 不少姓氏认昌意为远祖，包括北方少数民族。黄帝还通过征伐推进各族群的融合。《大荒北经》载："有人衣青衣，名曰黄帝女魃。蚩尤作兵伐黄帝，黄帝乃令应龙攻之冀州

---

① 徐元诰编著：《国语集解·鲁语上》，王树民、沈长云总校，中华书局，2002年，第156页。
② 杨伯峻编著：《春秋左传注》（修订本），中华书局，1990年，第1386页。
③ 〔唐〕房玄龄注，〔明〕刘绩补注：《管子·轻重戊》，刘晓艺校点，上海古籍出版社，2015年，第471页。
④ 〔东汉〕应劭：《风俗通义校释》（第1卷），吕树平校释，天津人民出版社，1980年，第15页。
⑤ 袁珂：《山海经校注》，巴蜀书社，1995年，第503页。

之野。应龙蓄水，蚩尤请风伯、雨师，纵大风雨。黄帝乃下天女曰魃，雨止，遂杀蚩尤。"① 这里只提到黄帝与蚩尤的战争，《归藏》还提到黄帝与炎帝的战争："昔黄帝与炎神争斗涿鹿之野，将战，筮于巫咸。巫咸曰：'果哉，而有咎。'"② 黄帝总是战争胜利的一方，而胜利者才有大肆繁衍后代的权利，才能占有大多数文化发明的功劳。早在春秋时期，华夏主要族群已经把黄帝当作始祖。《国语·鲁语上》云："有虞氏禘黄帝而祖颛顼，郊尧而宗舜夏后氏禘黄帝而祖颛顼，郊鲧而宗禹。"③ 所谓"禘"，是古代帝王、诸侯在始祖庙里祭祀先祖的盛大祭典。《鲁语》的这段文字表明，春秋时期像展禽这样的思想家认为，舜的后裔有虞氏、大禹的后裔夏后氏都以黄帝为始祖。这时黄帝、炎帝都被尊为始祖，但在排序上黄帝在前，炎帝在后。"秦灵公作吴阳上畤，祭黄帝；作下畤，祭炎帝。"④ "昔少典娶于有蟜氏，生黄帝、炎帝。"⑤《世本》上溯上古帝王诸侯世系源流，也是始于黄帝而非炎帝。

炎帝经常被称作神农氏，但有时他们又是两个上古帝王。虽然后世受《易传·系辞下》"神农氏没，黄帝尧舜作"的影响，炎帝被移植到黄帝之前，黄炎二帝变成了炎黄二帝。这是战国以后的事情了。但是，即便秦汉以后，就二帝的影响来说，黄帝还是远在炎帝之上。

二、黄帝神话的仙话化

在后世的表述中，黄帝神话经历了历史化、仙话化两个截然不同的演进过程。前者的推动者是儒生和史家，后者的推动者是道家和方士。

先秦文献描述黄帝为众神之首，攻伐征战，无往而不胜，这种情节被纳入历史叙事。特别是"不语怪力乱神"的儒生，用儒家思想阐释神话人物的神奇怪异之处。《尸子》载："子贡曰：'古者黄帝四面，信乎？'孔子曰：'黄帝取合己者四人，使治四方，不计而耕（耦），不约而成，此之谓四面。'"⑥ 神话里黄帝长四张脸的容貌，被解释为黄帝派四个与自己志同道合的人治理四方。孔子借助于对黄帝形象的曲解，达到宣扬圣君贤臣、太平盛世的儒家理想的目的。至于黄帝与炎帝、蚩尤的战争，也被当作历史事件来看待。司马迁著《史记》，以《五帝本纪》开篇，又以黄帝为五帝之首，叙述神农氏衰败，黄帝征伐炎帝、蚩尤，任用四位贤臣治理天下⑦，从而把黄帝神话转变成华夏肇始的历史叙事。司马迁用史家的眼光审视黄帝神话，他总是着眼于可信与不可信，把神话的奇幻情节改造成合乎逻辑的历史叙事。这种历史化的态度在古代是很流行的。当然，经过这样的改造，神话中的人物、情节被建构出新面目，也就顺理成章了。

对黄帝神话的仙话化改造，增添了黄帝服食玉膏、寻仙问道、铸鼎升仙等情节。《山海经》中无"仙"字，但已有不死之药、不死之国、不死之山、不死民、不死树等，掌管不

---

① 袁珂：《山海经校注》，巴蜀书社，1995年，第490页。
② 〔宋〕李昉：《太平御览》，上海古籍出版社，2008年，第752页。
③ 徐元诰：《国语集解·鲁语上》，中华书局，2002年，第159页。
④ 〔西汉〕司马迁：《史记·封禅书》，中华书局，1959年，第1364页。
⑤ 徐元诰：《国语集解·晋语四》，中华书局，2002年，第336页。
⑥ 〔宋〕李昉：《太平御览》，上海古籍出版社，2008年，第755页。
⑦ 《史记·五帝本纪》云："举风后、力牧、常先、大鸿以治民。"此应是对孔子"黄帝取合己者四人，使治四方"的回应。也就是说，史家把"合己者四人"落实在这四人身上。

死药的西王母也多次出现。服玉是古人追求不死的一种方法。对黄帝服食玉的描述首见于《西次三经》:"又西北四百二十里,曰峚山。……丹水出焉,西流注于稷泽,其中多白玉,是有玉膏,其原沸沸汤汤,黄帝是食是飨。"① 服食玉膏是一种追求长生的行为,《山海经》就已出现了,而《山海经》成书年代一般认为在春秋战国之交,但也有人认为在西周中后期。② 当时出现对黄帝服玉膏的描写,可视作黄帝已开始仙化了。战国时期,在道家著作中黄帝被进一步仙化。《庄子》称黄帝为得道者,其内篇《大宗师》曰:"夫道,有情有信,无为无形。……黄帝得之,以登云天。"③ 其外篇《在宥》描述黄帝两度到崆峒山向广成子问道。第一次黄帝问至道"以佐五谷,以养民人",广成子认为他所问都是"物之质",所欲都是"物之残",而且他没有治理好天下,不足以"语至道"。闲居三月以后,黄帝再次前来问道。这次广成子告诫黄帝修道之法:"至道之精,窈窈冥冥;至道之极,昏昏默默。无视无听,抱神以静,形将自正,必静必清,无劳女(汝)形,无摇女(汝)精,乃可以长生。目无所见,耳无所闻,心无所知,女(汝)神将守形,形乃长生。"④ 黄帝对广成子再拜稽首,感叹道:"广成子之谓天矣!"⑤ 通过广成子传授,黄帝得到了至道。

战国晚期《远游》云:"轩辕不可攀援兮,吾将从王乔而娱戏。"⑥ 诗中提到众人攀援轩辕黄帝升仙而不得上。此仙话以方士公孙卿给汉武帝的讲述最为详细。《史记·封禅书》载:

> 黄帝采首山铜,铸鼎于荆山下。鼎既成,有龙垂胡髯下迎黄帝。黄帝上骑,群臣后宫从上者七十余人,龙乃上去。余小臣不得上,乃悉持龙髯,龙髯拔,堕,堕黄帝之弓。百姓仰望黄帝既上天,乃抱其弓与胡髯号,故后世因名其处曰鼎湖,其弓曰乌号。⑦

这是黄帝仙话最著名的一则,以前有人怀疑是公孙卿杜撰的,但从《远游》"轩辕不可攀援兮"来看,战国后期黄帝升仙、众人攀附的情节已经出现。不过,黄帝如何升仙,谁来攀附,如何攀附,都不得而知。通过司马迁的记载,黄帝铸鼎升仙的故事生动地呈现在我们面前。第一,黄帝在首山采铜,在荆山下铸鼎。第二,铸鼎成功后,有一条龙垂着胡髯下来迎接黄帝升天。第三,黄帝的大臣、后宫嫔妃七十多人攀附黄帝升仙。第四,其他小臣也想升仙,紧抓龙的胡髯,在龙起飞时,龙髯被拔下来,小臣和黄帝的弓坠落在地上。第五,小臣和百姓仰望黄帝驭龙升天,抱着弓和髯哭号。第六,黄帝升仙之处被称作"鼎湖",黄帝的弓被称作"乌号"。这些故事情节强化了黄帝的仙人身份,使黄帝跟西王母一样成为最知名的早期神仙之一。

---

① 袁珂校注:《山海经校注》,巴蜀书社,1993年,第48页。
② 陈连山:《〈山海经〉学术史考论》,北京大学出版社,2012年,第19页。
③ 〔清〕郭庆藩:《庄子集释》,王孝鱼点校,中华书局,1961年,第250页。
④ 〔清〕郭庆藩:《庄子集释》,王孝鱼点校,中华书局,1961年,第379—381页。
⑤ 〔清〕郭庆藩:《庄子集释》,王孝鱼点校,中华书局,1961年,第383页。
⑥ 关于《远游》是否为屈原作品,董楚平有所述说:"王逸说:'《远游》者,屈原之所作也。'二千年无异辞。 近世以来,多数学者认为不是屈原所作,其主要理由,是它的道家出世思想与《离骚》等篇不合,艺术水平也不高。 游国恩、姜亮夫仍认为是屈原所作,姜亮夫论证尤详。"(参见萧兵:《楚辞译注》,上海古籍出版社,1986年,第193页。)萧兵认为"它可能是战国晚期楚地诗人摹仿《离骚》创作的"(第153页)。 本文接受萧兵说法。
⑦ 〔汉〕司马迁:《史记·封禅书》,中华书局,1959年,第1394页。

可以看到，从春秋到战国乃至西汉，经过儒家、道家、史家、方士的持续改造，黄帝从始祖神、文化英雄转变成得道飞升的仙人。三重身份聚于一身，让黄帝信仰流布更广，也更加深入人心。

三、黄帝神话的在地化生产

黄帝铸鼎升仙故事不仅形之于文字，还作为口头讲述在中国广泛传播。神奇故事在讲述过程中情节类型保持稳定，但角色常被替换。普罗普在分析神奇故事的不变因素和可变因素时指出："变换的是角色的名称（以及他们的物品），不变的是他们的行动或功能。……故事常常将相同的行动分派给不同的人物。"① 那么，对于黄帝神话来说，这种角色变换、行动分派给其他人的现象也会发生吗？譬如，变成炎帝铸鼎升仙，西王母铸鼎升仙。熟悉中国民间文学史的人都知道，并没有发生这样的变化。黄帝铸鼎升仙是稳定传承的叙事架构，没有发生过角色置换。神奇故事的结构规律，遇到黄帝就不再通用了，这是为什么呢？

这是因为，黄帝不是一般的故事角色，还是华夏民族认定的始祖，是神圣的信仰对象。人们在口头讲述黄帝铸鼎升仙时，不仅在讲述一个神奇故事，而且还在表达对黄帝祖先地位的确认，表述自己的身份认同。对于一般的神奇故事，普罗普总结的结构规律是有效的；对于宗教性、神圣性的故事，这些结构规律受到了来自信仰和情感力量的作用，就会失效。不仅会失效，还会反其道而行之，以神圣人物为中心，形成新的传播方式。这就是，各地民众都愿意接受特定人物为始祖、圣人、神仙，愿意把其他故事母题附会到他身上，从而造就出民间文学所谓的"箭垛式的人物"②；把本地的山水、遗址、风物与此人相粘附，制造出他的出生、居住、活动或安葬的神圣空间，从而实现神奇故事的在地化生产。被在地化生产的神奇故事，带着地方文化情感的温度，更容易获得当地民众的追捧，故事主角也容易成为信仰对象。同时，民众口头讲述与地方山水、古迹、风物相互印证，相互支持，该故事便在一方土地实现落地生根，转变成地方性知识。在民众祖先信仰、家乡情感、知识体系的共同滋润下，神奇故事获得了旺盛的生命力，人物也获得了巨大的信仰势能。

黄帝神话在中国各地也经历了这样的在地化生产，从而获得各地民众的普遍接受和信仰。当然，发生在地化的还有诸如尧、舜、禹神话，伏羲、女娲神话，牛郎织女传说，鲁班传说等。这些神话传说的在地化生产，让各地民间文化呈现共同的中国特性。司马迁在《五帝本纪》曾描述秦汉时期黄帝、尧、舜在各地得到信仰和讲述的情况：

> 学者多称五帝，尚矣。然《尚书》独载尧以来；而百家言黄帝，其文不雅驯，荐绅先生难言之。孔子所传宰予问五帝德及帝系姓，儒者或不传。余尝西至空桐，北过涿鹿，东渐于海，南浮江淮矣，至长老皆各往往称黄帝、尧、舜之处。③

司马迁从史家立场出发，一方面，认为五帝之说过于邈远，各学派都在述说黄帝却没有文献依据，缙绅先生不愿多谈；另一方面，太史公到各地考察时，却时常见到地方长老指示黄帝、尧、舜等在当地留下的遗迹。由此可以看出，西汉时期黄帝神话已经与各地的山水名胜粘附起来。缙绅先生不愿多谈的神话故事，在民众口头传统中却长盛不衰。后来

---

① ［俄］普罗普：《故事形态学》，贾放译，中华书局，2006年，第17页。
② 胡适：《中国章回小说考证》，上海书店，1980年，第393页。
③ 〔汉〕司马迁：《史记·五帝本纪》，中华书局，1959年，第46页。

郭璞注《山海经》也注意到古帝王"往往复见"的现象，他给出的解释是："盖以圣人久于其位，仁化广及，恩洽鸟兽，至于殂亡，四海若丧考妣，无思不哀，故绝域殊俗之人，闻天子崩，各自立坐而祭酾哭泣，起土为冢，是以所在有焉。"① 他从帝王仁化广及、人民感恩、立冢祭祀的角度来分析这一现象。其实这是民间文学的在地化现象，司马迁、郭璞都注意到这一现象，但都未能对这一现象做出正确阐释。各地讲述始祖和神圣人物故事，是族群身份认同的方式，也是民族记忆的呈现方式。黄帝神话属于民族国家的宏大话语，这类神话的在地化生产和流传营造出各地人民出自共同始祖的信念，它会渗透到地方知识和民间信仰之中，实现各地民间文化的深层融合与统一。这种民间文化的一体性对维护民族凝聚力与国家整体性具有重要意义。

黄帝神话和信仰的传播，一般跟汉族移民有关，但也有些族群是文化变迁的结果。每逢中原改朝换代，社会陷入动荡，汉人就向周边地区迁徙。东汉末年，西晋末年，乃至唐宋，都发生过大规模移民运动。较早南迁的汉人定居在皖南、苏南、浙西、赣北、湖北、湖南等地，后来则向浙东、闽西、赣南、粤北、桂北挺进，再后者更是到达云南、海南、台湾。这些汉人（一部分被称作"客家人"）带来了中原文化，包括华夏神话、传说等。这些移民在跟百越族群长期接触之后，引起了当地文化的涵化②，全面接受中原文化，从而接受了黄帝这位始祖及其相关叙事。缙云县三国时期属于山越，长期对抗孙吴政权，但到东晋就出现了黄帝信仰，百年之间发生的文化变迁，应看作是越人文化涵化的结果。在此之前，由于永嘉之乱，大量北方汉人迁入越人居住区，两个族群通过战争、贸易、通婚进行直接接触，随后实现汉人、越人杂居，为文化涵化的发生创造了条件。越人接受黄帝神话之后，还实现了在地化演绎，古缙云山遂有仙都山之名。谢灵运《名山记》载："缙云山旁有孤石，屹然干云，高二百丈，三面临水，周围一百六十丈，顶有湖生莲花。……昔黄帝尝乘龙车登此山，辙迹犹存。"③ 于是，这里出现了鼎湖峰、鼎湖、步虚峰等地名，还创建了轩辕庙，唐代改山名仙都，改庙名黄帝祠宇。当地文化变迁在前，黄帝神话传入在后，而神话的在地化生产也随即发生，而国家对黄帝神话的在地化生产主动承认、积极利用。

通过黄帝神话在各地的一系列在地化生产，中国境内出现了很多黄帝陵、黄帝冢、轩辕庙、黄帝祠、黄山、荆山、铜山、首山、仙都、鼎湖、铸鼎塬之类的地名。西安的黄帝铸鼎塬，又称荆山塬，附近有鼎湖、三鼎村、铸鼎村、盘龙村、化龙堡等古迹。河南襄城县城南有首山，相传黄帝采铜铸鼎于此，山下尚存明代大型砖雕"黄帝采铜图"影壁；灵宝市荆山黄帝铸鼎塬，下有鼎湖，当地传说黄帝采首山铜铸鼎于此；泌阳县东有铜山，古诗赋云黄帝于此山采铜，铸鼎升仙。安徽黄山也因黄帝在此升仙而得名。《黄山图经》载：

---

① 《道藏》（第21册），上海书店，1988年，第825页。
② 涵化（acculturation），也称"文化摄入"，指不同文化传统的族群通过长期接触而导致工具、器物、习俗和信仰的全面改变过程。"当有着不同文化的人类共同体进入集中的直接接触，结果造成其中一个群体或两个群体原来的文化形式发生大规模变化时，涵化就产生了。"参见［美］哈维兰：《当代人类学》，王铭铭等译，上海人民出版社，1987年，第568页。
③ 谢灵运《名山记》，严可均辑《全上古三代秦汉三国六朝文》之《全宋文》卷三三作《游名山记》，录11条，未见此条。此处文字引自〔元〕陈性定：《仙都志》卷上，见《道藏》（第11册），上海书店，1988年，第77页。

"黄山,旧名黟山,……轩辕黄帝栖真之地,唐天宝六年六月十七日敕改为黄山。"① 黄山有天都峰、轩辕峰、炼丹峰、望仙峰、仙人峰、九龙峰等,黄帝升仙的味道甚浓。

凡中国境内高山、湖泊、村落以黄帝神话中的地名、故事命名,都是黄帝神话在地化生产的结果。

四、国家对黄帝的祭祀

从神话到仙话,黄帝被建构成华夏始祖、文化英雄、飞升仙人。各地对黄帝神话的在地化生产丰富了黄帝形象,衍生出很多祭祀黄帝的陵墓祠庙。由于历史机遇不同,有些黄帝陵、轩辕庙默默无闻,有些很早就得到帝王光顾,名扬海内,甚至成为国家祭祀黄帝的圣地。

陕北桥山黄帝陵始建于何时已无法考证,当地多采信"建于汉代"的说法。《史记·五帝本纪》载:"黄帝崩,葬桥山。"② 然而,桥山有多个,分布在华北的涿鹿,西北的阳周、中部等地。汉武帝祭祀过西北的某个桥山的黄帝冢,司马迁没有明确说是哪一个。《史记·封禅书》云:"(汉武帝)北巡朔方,勒兵十余万骑,还祭黄帝冢桥山。"此时希望能像黄帝一样成仙的汉武帝突然有所感悟。"上曰:'吾闻黄帝不死,今有冢,何也?'或对曰:'黄帝已仙上天,群臣葬其衣冠。'"③ 臣下以"衣冠冢"来解释黄帝在人间留下的冢墓。实际上,今黄陵县的桥山是否为汉武帝祭拜的黄帝冢,尚无定论。汉代更流行的说法是,汉武帝祭祀的黄帝冢在上郡阳周县南。《汉书·地理志》载:"阳周,桥山在南,有黄帝冢。"④《水经注·河水三》亦载:"阳周县故城南桥山……王莽更名上陵畤,山上有黄帝冢故也。"⑤ 但是,汉末、魏晋北方战乱,胡人入侵,阳周县被毁,此桥山也无人问津。⑥ 不过,北方鲜卑、氐、羌等少数民族都以黄帝为始祖。鲜卑人建立北魏以后,仍强调自己是黄帝之子昌意的后裔,"昌意少子,受封北土,国有大鲜卑山,因以为号"。⑦ 明元帝曾到桥山祭黄帝,但他祭的是涿鹿黄帝庙。《魏书·太宗纪》载,神瑞二年(415),"(明元帝)幸涿鹿,登桥山,观温泉,使使者以太牢祠黄帝庙"。⑧ 此桥山在国都平城(今大同)东边的涿鹿县,而非陕北。后来太武帝于泰常七年(422)、神䴥元年(428年),文成帝于和平元年(460)分别从平城出发东巡,到涿鹿的桥山祭祀黄帝。先秦文献记载黄帝与炎帝战于"涿鹿之野""阪泉之野",又说与蚩尤战于此地。《史记·五帝本纪》将两处古战场区分开来,称黄帝"与炎帝战于阪泉之野","与蚩尤战于涿鹿之野"⑨。这两个地名是否原本同一地方,尚无定论,但二地同属"冀州之野"应无问题。因此,冀州涿鹿的黄帝庙更

---

① 〔宋〕佚名:《黄山图经》,中国国家图书馆藏民国抄本,第1页。
② 〔宋〕司马迁:《史记·五帝本纪》,中华书局,1959年,第10页。
③ 〔宋〕司马迁:《史记·封禅书》,中华书局,1959年,第1293页。
④ 〔汉〕班固:《汉书·地理志》,中华书局,1962年,第1617页。
⑤ 〔北魏〕郦道元原注:《水经注》卷三,陈桥驿注释,浙江古籍出版社,2000年,第46页。
⑥ 邵晶经过文献梳理和文物调查认为,秦汉阳周县治在今靖边县杨桥畔村附近,后因战乱,撤县毁城,此处桥山黄帝冢也被历史尘埃所掩盖。此桥山当在靖边县南部的白于山北麓。参见邵晶:《水经注中黄帝桥山考》,载《文博》2018年第1期。
⑦ 〔北齐〕魏收:《魏书·帝纪第一》,中华书局,1974年,第1页。
⑧ 〔北齐〕魏收:《魏书·帝纪第三》,中华书局,1974年,第55页。
⑨ 〔汉〕司马迁:《史记·五帝本纪》,中华书局,1959年版,第3页。

具神话学依据。事实上，近年河北涿鹿县努力发掘黄帝文化，发现了黄帝城遗址，附近的黄帝陵、黄帝祠、黄帝泉、蚩尤祠、蚩尤寨、蚩尤坟、蚩尤泉，还修建了炎帝祠、阪泉等。① 黄帝是神话人物，"各地的陵庙、故里都是纪念性建筑，没有必要争论真假。"② 这些陵庙的地位都是历史形成的，朝廷到何处祭黄帝，认定哪座黄帝陵庙为"正宗"，都是有特定历史背景的。

此后，又过 300 多年，唐朝平定安史之乱以后，北方多地仍处在藩镇割据状态，朝廷为增强国家凝聚力，开始重新祭祀黄帝。但涿鹿处在安史之乱的根据地，叛乱平定后仍在幽州节度使（最顽固的藩镇之一）控制之下，朝廷遣使祭祀不便。于是坊州中部县的桥山黄帝陵受到重视。大历四年（769），鄜坊州节度使臧希让上奏："坊州有轩辕黄帝陵，请置庙，四时享祭，列于祀典。"③ 唐代宗接受了臧希让的建议，对这里的黄帝祠、黄帝冢加以修建。坊州黄帝陵因而成为"正宗"。建隆元年（960），宋太祖诏令修葺先代帝王陵庙，设置守陵人，禁止刍牧樵采，对黄帝陵的守护也落在了中部县黄帝陵上；而涿鹿处在辽国版图内，不可能成为赵宋朝廷祭祀黄帝的地方。朝廷护陵活动进一步增强中部县黄帝陵的正统地位。嘉祐六年（1061），宋仁宗下旨责成坊州官民在黄帝陵区内种植柏树。现存黄帝陵内碑刻对唐、宋、元朝廷修陵护陵、建祠修庙等事记载甚多。此后，中部县黄帝陵成为祭祀黄帝的圣地，朝廷遣使祭祀一般都在这里举行。

明朝驱逐蒙元以后，明太祖朱元璋重视对上古圣王的祭祀。"洪武三年，遣使访先代陵寝，仍命各行省具图以进，凡七十有九。礼官考其功德昭著者，曰伏羲、神农、黄帝……。中部祀黄帝。"④ 明太祖再次确认了中部县黄帝陵的正统地位。明代从洪武四年（1371）至天启元年（1621）朝廷遣官祭祀黄帝陵 15 次。清朝入主中原后，为宣示皇权的合法性，也对上古圣王加以祭祀。清顺治八年（1651）至道光三十年（1850），遣使到中部县祭祀黄帝陵 32 次。⑤

然而，到清末，革命党发起"驱逐鞑虏，恢复中华"的反清运动，革命党人以黄帝子孙自居，把满人排除在黄帝子孙之外。1903 年革命党人黄藻编撰《黄帝魂》一书，署名"黄帝子孙之多数人撰述，黄帝子孙之一个人编辑"。该书第一篇是刘光汉《黄帝纪年说》，主张弃用满清年号，"继承黄帝之业，当自用黄帝降生为纪年始"⑥。黄帝成为清末"民族革命"的象征符号。一些革命派报刊也纷纷改用黄帝纪年，不再使用光绪（后来是宣统）年号。辛亥革命以后，各地报纸以采用黄帝纪年作为易帜的标志。也正是在这样的政治氛围下，1912 年 3 月，临时大总统孙中山派遣代表团到中部县祭祀黄帝。

1935 年国民政府把清明节设为"民族扫墓节"，规定清明节都要派官员到黄帝陵祭祖。从该年开始，国民政府连续 13 年派官员到黄帝陵举行祭祖仪式。在日本全面侵华、中华民族危亡的紧要关头，隆重祭祀黄帝具有凝聚国家力量、振奋民族精神的作用。这跟古代族

---

① 河北涿鹿县近年打造"三祖文化"，把炎帝、黄帝、蚩尤描述成中华三始祖。涿鹿县在政府办公楼前修建了三祖文化广场，塑三祖像，还在矾山镇的黄帝城旁边修建了三祖祠、中华合符坛等。
② 赵世超：《黄帝陵所在地之我见》，载《长安大学学报》（社会科学版）2013 年第 2 期。
③ 〔宋〕王钦若等编：《册府元龟》卷一七四《修废》，中华书局，1960 年，第 2101 页。
④ 〔清〕张廷玉等撰：《明史·礼志四》，中华书局，1974 年，第 1291—1292 页。
⑤ 黄陵县志编委会主编：《黄陵县志》，西安地图出版社，1995 年，第 662—683 页。
⑥ 黄藻编撰：《黄帝魂》，上海东大陆图书印刷局，1904 年，第 1 页。

群遭遇外患宣讲神话、祭祀祖先以激励抵抗意志具有相同的政治文化功能。

抗日战争初期（1937—1939）国共两党共同祭祀黄帝，祭典尤其隆重。当时报刊上经常称黄帝陵为"桥陵"，而唐睿宗陵也称"桥陵"，为避免混淆，1942年开始改称黄帝陵，随后将中部县改名黄陵县。黄帝陵是该县的标志。更重要的是，黄帝陵已经成为中华民族历史源头的象征之地。

五、对黄帝陵庙的文化产业开发

新中国成立后，1955年陕西省举行首次黄帝公祭活动。1961年黄帝陵被列入第一批全国重点文物保护单位。1964年至1979年公祭活动中断，1980年重新恢复。2006年"黄帝陵祭典"入选国家级非遗名录（编号Ⅹ-32）。2008年、2011年河南新郑、浙江缙云的"黄帝祭典"先后进入国家级非遗项目扩展名录。值得注意的是，当代黄帝祭典的意涵，不管是官方组织的清明节大型公祭活动，还是民众日常举行的个体性的祭拜行动，从国族层面上体现的是国家认同和民族身份认同，从个人信仰上表达的是寻根问祖、祈求福寿的内心需要。各地景区举行的大型祭典和小型祭拜仪式都是文化服务产品，是文化产业开发的一种方式。

以黄帝陵、黄帝祠或轩辕庙为中心的旅游景区建设是黄帝神话文化产业开发的主要形式。特别是陕北黄帝陵、新郑轩辕故里祠、缙云黄帝祠宇，承担着国家级非遗项目"黄帝祭典"的保护与传承任务，这三个地方每年清明节（或三月三）举行的大型祭典都作为新闻事件广为播报，形成了很好的广告效应，为它们吸引来大量游客。就这些景区的历史渊源而言，黄帝神话的粘附之地原本就是一方奇异山水或历史遗址，宗教信仰、文学叙事与自然景观、人文景观结合起来，具有旅游开发的良好基础。陕北黄帝陵处在古木森森的桥山，沮水三面环绕，自然景色宜人。唐以后经过1000多年修葺、改建，这里已有轩辕祠、黄帝陵、汉武登仙台等景点，还有大量的古碑、古柏，加上每天定时举行的祭典表演，陵区内营造出庄严肃穆的意义表达空间。游客在这里体验对黄帝的尊崇和信仰，接受华夏历史文化的洗礼。每年上百万人前来黄帝陵旅游观光，寻根祭祖。[①] 黄帝陵景区已成为黄陵县最重要的文化产业，成功拉动了当地的餐饮、宾馆、客运以及土特产市场，成为当地经济建设的支柱产业。

缙云县仙都景区是神奇山水与黄帝神话结合的典型，核心景观黄帝祠宇、鼎湖峰、鼎湖，无不与黄帝铸鼎升仙故事密切关联。从东晋开始这里一直是黄帝崇拜和道教信仰的地方性中心。近代以来此地祠庙香火衰落。1998年黄帝祠宇完成重建，步云峰还建起观光索道，让游客从山顶观赏鼎湖及鼎湖峰，一览仙都景区全貌。黄帝祠宇每年春季三月三、秋季重阳节举行大型祭典。景区宣称鼎湖是黄帝铸鼎之处，鼎湖峰是黄帝驭龙飞升之地，唐玄宗赐名"仙都"，李阳冰题写"黄帝祠宇"篆字。缙云县近年一直努力打造仙都文化，强调黄帝在这里升仙，与黄陵县的黄帝葬地、新郑市的黄帝诞生地，构成了对黄帝生平事迹的闭环叙事。三地都是国家级非遗"黄帝祭典"的保护单位，三足鼎立，相互承认，相

---

① 根据华商网及黄帝陵景区官网信息：2017年清明节当天，黄帝陵景区接待游客12万人次，创历史记录。2019年第四季度景区共接待游客27.586万人次，日均0.3万。新冠肺炎疫情对旅游业冲击很大，2020年第三季度（旺季）景区共接待游客17.82万人次，日均不足0.2万。2022年第二季度（旺季）接待游客2.06万人次，日均仅229人。

互支持,也相互竞争。缙云县更愿意跟黄陵县南北对举,认为现在的黄帝信仰形成了"北陵南祠"的格局,突出自己是南方黄帝文化中心。这一策略性宣传成功吸引了附近的上海、杭州等大都市的游客,仙都景区成为浙南地区重要的旅游目的地。

新郑市轩辕故里祠地处中原,附近有多处黄帝祠、轩辕庙。黄帝与新郑的关系,最早的记载见于《山海经》,其《中次七经》有"大騩之山"①。《庄子·徐无鬼》云"黄帝将见大隗乎具茨之山"②,大隗为得道者的名字。然具茨山又名泰隗山、大隗山,在密县之东,新郑之西,与大騩山应是同一座山。至人大隗,或因隐居大隗山而得名。北魏郦道元《水经注》引《帝王世纪》云:"或言(新郑)县故有熊氏之墟,黄帝之所都也。"③ 新郑西南的具茨山(又称"始祖山")顶上有轩辕庙,附近一带黄帝祠庙甚多,如风后山顶有轩辕庙,大隗山下有轩辕宫,都是古庙。新郑城内有轩辕丘,相传是黄帝诞生之地;又有轩辕故里祠,相传建于汉代,历代修葺不废。康熙五十四年(1715)县令许朝柱在祠前立"轩辕故里"石碑。1958 年古祠损坏,石碑被毁。1990 年当地对古祠进行修复,经 2002 年、2007 年、2017 年三次扩建,形成现在黄帝故里核心景区的基本面貌。跟黄帝陵、仙都出售门票不同,轩辕故里是免费景区,游客凭身份证入园参观。凭借每年春秋两次大型黄帝祭典的新闻宣传效应,这个景区知名度很高。黄帝故里网站为游客设计了一日游、二日游各三种郑州周边旅游路线,黄帝故里、具茨山轩辕庙都被放在重要位置。这里已然成为郑州附近最热络的旅游景点之一。

除了以上三地之外,河北涿鹿、甘肃正宁、河南灵宝、山西阳曲、北京平谷等地先后修复或重建了黄帝陵、轩辕庙,进行旅游产业开发。安徽黄山虽没有黄帝陵,但黄山的天都峰、轩辕峰本身就是黄帝最好的纪念碑,游客到此无不接受黄帝升仙故事的洗礼。现在各地的黄帝陵、轩辕庙已有几十处之多,下表是不完全统计的情况。(表 1)

表 1 中国黄帝陵庙统计表

序号	省份	陵庙/景区名称
1	陕西	黄陵县黄帝陵(5A),富平县黄帝祠(4A),西安黄帝铸鼎塬
2	河南	新郑市黄帝故里(4A),具茨山景区(3A,有黄帝大宗祠),郑州黄河风景名胜区(4A,有炎黄广场),灵宝市荆山黄帝铸鼎原风景区,新密市黄帝宫,淇县轩辕坟
3	河北	涿鹿县黄帝城(4A,有三祖祠、黄帝泉、合符坛等),附近另有桥山黄帝陵、炎帝祠、蚩尤祠、蚩尤坟、蚩尤寨等
4	安徽	黄山风景区(5A,有天都峰、轩辕峰等),黄山市谭家桥镇黄帝源景区
5	浙江	缙云县仙都风景区(5A,有黄帝祠宇、鼎湖、鼎湖峰)
6	山东	曲阜市寿丘(黄帝诞生地),枣庄市台儿庄区张山子镇黄帝陵
7	山西	临汾市曲沃桥山黄帝陵,太原市阳曲轩辕庙
8	甘肃	庆阳市正宁县桥山黄帝冢,天水市清水县轩辕故里(4A),平凉市崆峒山(5A,有黄帝问道处)

---

① 袁珂校注:《山海经校注》,巴蜀书社,1993 年,第 180 页。
② 〔清〕郭庆藩辑:《庄子集释》,王孝鱼点校,中华书局,1961 年,第 830 页。
③ 〔北魏〕郦道元原注:《水经注》,陈桥驿注释,浙江古籍出版社,2000 年,第 342 页。

续表

序号	省份	陵庙/景区名称
9	北京	平谷轩辕黄帝陵（轩辕台）
10	天津	蓟州府君山（原名崆峒山）黄帝故里，蓟州车神架景区（黄帝祭典）
11	江苏	苏州吴中区东山镇轩辕宫
12	四川	都江堰市青城山古黄帝祠
13	广西	南宁淡村黄帝庙
14	云南	兰坪县轩辕祠
15	贵州	贵阳市"九黎十八寨中华人文三祖东方道场"（祀黄帝、炎帝、蚩尤）
16	广东	肇庆市鼎湖山，潮阳黄帝庙
17	江西	赣州中华汉字公园（有炎黄二帝塑像）
18	香港	新界粉岭安乐村黄帝祠
19	澳门	祐汉公园广场（轩辕黄帝祭典）
20	台湾	桃园黄帝大庙（轩辕黄帝拜祖大典）

　　从上表可以看到黄帝陵庙在全国分布的大致情况。这些陵庙并非都向旅游景区的方向发展，但每座陵庙必然都会有黄帝祭祀活动。大部分陵庙都在旧址基础上修复扩建，或在遗址基础上依据文献记载重建；个别黄帝祠庙（如云南兰坪县轩辕祠、贵阳市"九黎十八寨中华人文三祖东方道场"）是完全新建的，是当代少数民族地区重新构建自己历史的一部分。每座黄帝陵、轩辕庙都会通过祭祀活动呼吁中华振兴、国家统一，尤其是中国遇到灾害的时候，祭祀黄帝更会强调"佑我中华"的主题。

　　可以看到，黄帝神话转变为仙话，通过在地化生产在各地落地生根，形成了众多的黄帝文化景观。当代文化产业开发又让人们通过旅游和祭祀体验中华民族的悠久历史，激发民众的身份认同。国家通过掌控陵墓庙宇的景区建设和经营，引导文化记忆的呈现符合当下社会需要。在这一过程中，黄帝祭典最受重视，因为祭典可以最大限度地容纳话语权掌控者的参与，让他们表达自己的想法，维护主流意识形态的权威地位。

　　但是，所有祭典的意义都是神话和信仰赋予的，仅追求当下思想表达、目标实现而不注重培植传统文化根基，会让祭典陷于滑稽和作秀的境地。如何对各地的口承神话进行搜集整理，如何维护黄帝信仰的真诚性，不仅是国家级非遗项目保护的个别性问题，也不仅是当今神话研究的学术问题，而是如何维护华夏历史认知、如何增强民族身份认同的关键性问题。因此，从重视开发黄帝祭典、旅游景区，向重视黄帝神话传承转变，培植黄帝信仰的根脉，应是今后黄帝陵庙景区努力的方向。

文化记忆与身份认同: 白马人族源神话的多元叙事

王 艳

一、引言

近年来,记忆研究不仅仅局限于心理学的范畴,已然超越了社会学、历史学的边界,成为人文学科的一个重要领域和研究热点,引起国内学界的关注。1925 年,法国社会学家莫里斯·哈布瓦赫（Maurice Halbwachs）针对"过去"的社会性建构提出了"集体记忆"（mémoire collective）的概念,他认为:"人在社会化过程中才形成记忆,记忆不仅是个人的,更是一种集体的社会行为,存在于社会框架之上,受社会因素制约。"[①] 1988 年,德国埃及学家扬·阿斯曼（Jan Assmann）将"集体记忆"的概念分解为"交往记忆"和"文化记忆",第一次提出:"文化记忆（Das kulturelle Gedächtnis）是关于一个社会的全部知识的总概念,在特定的互动框架之内,这些知识驾驭着人们的行为和体验,并需要人们一代一代反复了解和熟练掌握它们。"[②] 文化记忆是集体记忆的一种形式,所涉及的是人类记忆的一个外在维度。扬·阿斯曼在"传统的形成""对过去的指涉""政治认同或想象"这些关键词共同勾勒的作用框架上进一步提出了文化记忆的经典概念:

> 文化记忆是每个社会和每个时代所特有的重新使用的全部文字材料、图片和礼仪仪式[……]的总合。通过对它们的"呵护",每个社会和每个时代巩固和传达着自己的自我形象。它是一种集体使用的,主要（但不仅仅）涉及过去的知识,一个群体的认同性和独特性的意识就依靠这种知识。[③]

扬·阿斯曼所提出的文化记忆理论试图把回忆、认同和文化的延续三个重要的维度联系在一起。"记忆是那种能够使人类形成身份认同的能力。"[④] 个体和群体一样都"栖居"在自己的记忆里,对过去的思考、感知和诠释,是个体和群体自我认同的出发点。

---

① [法] 莫里斯·哈布瓦赫:《论集体记忆》,毕然、郭金华等译,上海人民出版社,2002 年,第 199—200 页。

② Jan Assmann and John Czaplicka, *Collective Memory and Cultural Identity*. New German Critique No. 65, Cultural History/Cultural Studies（Spring-Summer, 1995）, pp. 125 – 133. 转引自 [德] 哈拉尔德·韦尔策编:《社会记忆: 历史、回忆、传承》,季斌、王立君、白锡堃译,北京大学出版社,2007 年,第 13 页。

③ Jan Assmann and John Czaplicka, *Collective Memory and Cultural Identity*. New German Critique No. 65, Cultural History/Cultural Studies（Spring-Summer, 1995）, pp. 125 – 133. 转引自 [德] 哈拉尔德·韦尔策编:《社会记忆: 历史、回忆、传承》,季斌、王立君、白锡堃译,北京大学出版社,2007 年,第 14—15 页。

④ [德] 扬·阿斯曼:《交往记忆与文化记忆》,管小其译,载《学术交流》2017 年第 1 期。

白马人①被称之为"东亚最古老的部族"②，集中分布在四川和甘肃两省交界的摩天岭山脉的南北两侧，包括今四川省绵阳市平武县、广元市青川县、阿坝藏族羌族自治州南坪县（今九寨沟县）和松潘县，以及甘肃省陇南市武都区、文县等广大地域，其活动区域7000余平方公里，至1990年底共约14000人。③ 现有20000余人。关于白马人的研究始于费孝通以《关于我国民族的识别问题》为题的发言，学术界曾出现过一股白马人族源族属问题之争，形成了白马人"氐"族说、"藏"族说和"羌"族说的争论。④ 白马人有语言而没有文字，是一支古老而独具特色的族群，历史上关于他们的文字记载寥寥无几。以往的学者都侧重于对白马人族源族属问题的考证，试图在零星的史料中寻找"证据"，以图建构出白马人真实的历史演进轨迹。但对于无字族群而言，他们的历史不是有据可查的"典范历史"，而是储存在个体中的文化记忆，通常以神话、传说、歌谣、仪式、舞蹈、面具和符号等形式存在。笔者于2009年至2019年间，多次往返于四川省平武县白马藏族自治乡和甘肃省文县铁楼藏族自治乡展开多点、多时段、持续的田野调查，记录拍摄了白马人的宗教仪式并整理了他们的口头传统。本文将从记忆的角度阐释白马人的族源神话，探讨文化记忆如何建构和塑造历史？文化记忆如何影响个体的身份认同？

二、历史与记忆：祖先的族群表述

"在现代性的语境中或科学主义的话语中，传说与历史之间的区别就是虚构与事实之间的差别。"⑤ "事实上，对于过去的真实无论是口头的流传、文字的记录还是物像的留存都不可能尽善，对于历史真实的探求是一个无限接近却永远无法抵达的旅程。"⑥ 笔者在甘肃省文县铁楼藏族自治乡入贡山做田野调查的时候，全村有70多户，近400人，以班姓居多。在白马人的祖训中有一条是不与外族通婚，这里的宗族和家庭成员以清晰的血缘和姻

---

① 白马人在20世纪50年代展开的民族识别工作中被识别为藏族，从民族分类意义上来说，它属于藏族的一个分支，所以地方志等历史典籍称之为白马藏族。后来白马人要求重新进行民族识别，根据名从其主的原则，最后将其归入待识别民族，所以本文对这个族群的称谓是白马人。参见王艳：《史诗的田野——白马人〈阿尼·格萨〉田野调查报告》，载《兰州大学学报》（社会科学版）2016年第5期。

② 2010年中央电视台CCTV10频道《探索发现》节目播出《探寻东亚最古老的部族》，这部纪录片拍摄于甘肃省文县铁楼藏族自治乡，"东亚最古老的部族"就是指祖祖辈辈生活在这里的白马人。根据复旦大学现代人类学研究中心该项目的负责人杨亚军博士介绍："白马人Y染色体是D型，拥有这种染色体类型的族群应该有4万年左右的历史。而一般黄种人的Y染色体大部分是O型，拥有这种染色体类型的种族应该只有2万年左右的历史。由此推断，现存的白马人是东亚先民的后裔，更是活在东亚大陆上的最古老的样本。"被访谈人：杨亚军（男，50岁，复旦大学现代人类学研究中心副教授）；访谈人：王艳，访谈地点：平武县白马藏族自治乡详述家；访谈时间：2014年4月22日。

③ 平武县县志编纂委员会编：《平武县志》，四川科学技术出版社，1997年，第219页。

④ 费孝通：《关于我国民族的识别问题》，载《中国社会科学》1980年第1期；孙宏开：《历史上的氐族和川甘地区的白马人——白马人族属初探》，载《民族研究》1980年第3期；四川省民族研究所编：《白马人族属问题讨论集》，四川新华印刷厂，内部刊印，1980年。

⑤ 赵世瑜：《传说·历史·历史记忆——从20世纪的新史学到后现代史学》，载《中国社会科学》2003年第2期。

⑥ 刘大先：《叙事作为行动：少数民族文学的文化记忆问题》，载《南方文坛》2013年第1期。

亲关系为基础连成亲属网。根据甘肃文县人贡山的班××讲述班家四兄弟打虎的传说：

> 我们四个村的祖先是兄弟，最早为了躲避兵荒从广元那边迁徙到了这里。一开始，我们的祖先想在白马河边的坝子居住，可是汉族也看中了这块地盘。汉族说，我们打赌吧，谁能先打到老虎谁就住在河边。农历正月十三，班家四兄弟上山打老虎了。老虎最先躲在麦贡山那边，老大从麦贡山往东面撵，第二天撵到了日资山，老二接着撵，到第三天老虎被撵到了中岭山，老三接着撵，最后到第四天的时候撵到了入贡山，四兄弟联手把老虎打死了，那天正好是正月十六。这个时候汉族赶了过来，把虎皮给扒了，拿着虎皮说老虎是他们打死的。班家四兄弟口说无凭，没有证据，就没有和汉族争，最后住到了山上，而汉族占了河坝。四兄弟按照打虎的顺序，老大住在麦贡山，老二住在日资山，老三住在中岭山，老四住在入贡山。我们每年正月十三到正月十六的时候跳池哥昼就是为了纪念打虎活动，追忆我们先祖迁徙的历史。①

王明珂称这种"弟兄祖先故事"为"根基历史"（primordial history），其叙述模式是有共同的起源（班家四兄弟），有血缘的延续（四个村子大多以姻亲的方式连成稳定的共同体），有空间领域及其区分（四个兄弟各占一个山头），他们广泛分布于岷江上游的族群以及羌族的村寨中，这里所说的岷江上游的族群包括白马人在内。据顾颉刚先生考证"'氐'与'羌'可分而实不易分"②，民族学家马长寿也言"氐（白马人）与羌自古以来便是两族，关系密切自不待言"③。"实不易分"是因氐与羌世世代代比邻而居、关系密切、难分彼此，所以有时又将之连称。在中国传统社会中，祖先是一个特殊的符号，这个符号涵盖了血缘上的关系和地缘上的联系。血缘和地缘的合一是社区的原始状态，血缘是稳定的、缺乏变动的，地缘是血缘的投影，祖先这个符号整合了一定区域的文化认同。④ 当地流传着一句谚语：亲戚三代，宗族万年。在这种传统而封闭的村落，只要村民说出自己的姓名，村里人根据姓氏就能判断他的亲属关系。白马人有祖先崇拜的民间信仰，在铁楼藏族自治乡有16个行政村，就属麦贡山、日资山、中岭山、入贡山这四个村子关系最为亲密，他们共同修建了一个神庙，神龛上供奉着同一个祖先，逢年过节都会前去祭拜。这也印证了《班家四兄弟打虎的传说》中的叙述，四个村子的祖先是四兄弟，除了在地缘上自西向东比邻而居以外，这四个村子有着共同的宗教仪式、共同的风俗习惯、共享的集体记忆。

相比较于文字记载的历史和口耳相传的叙事，姓氏是可追溯的、连续的、真实的、最古老的记忆符号。"'弟兄祖先故事'是讲述一群人共同起源的'根基历史'，与'历史'、'传说'等一起构成人们对'过去'的集体记忆，以共同的血缘传承关系凝聚一个人群（族群或民族）。"⑤ 班家四兄弟打虎的传说在当地流传甚广，上至耄耋老人，下至稚子幼童都能耳熟能详地复述出来。在瓦尔特·本雅明（Walter Benjamin）看来："讲故事是门复述的艺术，包含着丰富的人生经验的传递。讲故事的人所讲的是经验：他的亲身经验或别人

---

① 被访谈人：班××（男，52岁，文县入贡山村民）；访谈人：王艳；访谈地点：甘肃省文县铁楼藏族自治乡入贡山；访谈时间：2017年1月10日。
② 顾颉刚：《氐》，见《史林杂识初编》，中华书局，1963年，第68页。
③ 马长寿：《氐与羌》，上海人民出版社，1984年，第9页。
④ 费孝通：《乡土中国》，北京时代华文书局，2018年，第96、94页。
⑤ 王明珂：《羌在汉藏之间》，中华书局，2008年，第192页。

转述的经验。通过讲述，他将这些经验再变成听众的经验。"① 讲故事不仅仅是白马人茶余饭后的围炉夜话，在某些重要的、正式的、公开的场合，也是传统的传承并伴随着戏剧化的情感表达。故事依托的是记忆，它将零散的、碎片化的经验编织成一张记忆之网，叙述着族群起源和祖先迁徙的历史。

三、空间与记忆：地方的多元表述

"地方"不仅仅是古人"天圆地方"的宇宙观，更是一个承载着文化空间和社会秩序的表述单位。在这个空间里，文化的同质性成为划分的标准和界限。一个族群的边界很难去划定他的地理边界，族群内部成员认定的边界往往是社会的边界或者文化的边界。比如说，在四川平武县、九寨沟县和甘肃文县三点构成的地理版图上，除了白马人以外，还有泗耳藏族、虎牙藏族、羌族这些族群，历史上他们虽然比邻而居，但是语言不通、互不通婚、生活习俗也不一样。如何来区分"我族"与"他族"？族群的边界在哪里？笔者在田野调查中发现，白马人居住的藏彝走廊这一带自古以来就是多民族南来北往、迁徙流动、交融交汇的孔道。"'地方'的概念不单纯是一个空间界限，必须先找寻到其中的文化同质性，设立几个有说服力的文化标志，才能划定其边界。"② 根据四川平武白马藏族自治乡的旭××讲述诸葛亮一箭之地的传说：

  传说，历史上白马人居住的地域十分广阔，以四川江油中坝为界，南为川蜀大地，北为白马人统治的地域。古时候中坝的街道是鱼脊背形，东西走向，北面居住着白马人，南面居住着川蜀人，和睦相处，互不侵犯。三国时期，诸葛亮领兵四处征战，几千年来"井水不犯河水"的局面被打破，为了扩大疆域，诸葛亮向北进攻，夺下江油，白马人被迫退守黑石梁。诸葛亮既想开疆拓土，又不想费一兵一卒，于是和白马人的首领谈判。诸葛亮提出："我来射箭，箭上刻上我的名字，箭射到哪里，你们就退到哪里居住，让出一箭之地，从此和平相处，永不征战。"白马人连年征战，已经疲惫不堪，为了休养生息，便答应了一箭之地的协定。

  一箭能射多远啊！单纯的白马人没有想到，狡黠的诸葛亮趁着和白马人谈判之际，已经悄悄地命令士兵把刻着他的名字的箭插到了千里之外的松潘县一带。一箭之地竟是千里之外，白马人识破了诸葛亮的诡计，愤然拒绝。双方再次兵戎相见，诸葛亮足智多谋、用兵如神，一场恶战之后，白马人死伤无数。诸葛亮乘胜追击，很快就把白马人逼到四川平武县境内，在今天的木座乡境内有一个地方叫"杀氐坎"，据说就是当年诸葛亮追杀氐人的地方。③

这个传说里的核心人物诸葛亮是历史上真实存在的人物。在中国历史上，诸葛亮是"政治、军事、外交的全才，对蜀汉鞠躬尽瘁、死而后已，同时神机妙算，用兵如神，有着

---

① ［德］瓦尔特·本雅明：《无法扼杀的愉悦：文学与美学漫笔》，陈敏译，北京师范大学出版社，2016年，第54、49页。
② 陈泳超：《民间传说演变的动力学机制——以洪洞县"接姑姑迎娘娘"文化圈内传说为中心》，载《文史哲》2010年第2期。
③ 被访谈人：旭××（男，76岁，平武县白马藏族自治乡扒昔加村民）；访谈人：王艳；访谈地点：在四川省平武县白马藏族自治乡扒昔加；访谈时间：2016年11月23日。

超人的智慧,自信而潇洒,是一个理想中的'完人'"①。然而在白马人的历史记忆和族群叙事中他是工于心计、挟势弄权、阴险狡诈的军事首领,不仅用一支箭骗取了白马人的领地,还大肆屠杀白马人的先祖。笔者在去木座藏族乡调研的路上途经刻着"杀氐坎"三个字的石碑屹立在路边,司机说,过了这里就真正进入白马人的地盘了,这个石碑就是白马人与汉人的分界线。关于"杀氐坎"的来历,白马老人解释说:

> 传说白马人的祖先氐人被汉族追到了火溪沟内,汉族在这里大肆屠杀氐人,他们以为至此已把氐人斩尽杀绝了,就撤兵回去。哪知在深山之中还有氐人躲藏,他们因此侥幸逃过了屠杀。白马人为了让子子孙孙记住这段屈辱的历史,特地在此立了一个碑——杀氐坎。白马人的祖先在此惨遭屠杀,没有入土为安,立碑也是为了纪念他们。在当地人看来,杀氐坎以下的区域是汉族的聚居区,而杀氐坎以上的区域才是白马人的地盘。②

"杀氐坎"是白马人的"耻辱碑",何年何月何人所立均无从考证,但它作为历史的叙述真实地存在着。对于过去带来的创伤性记忆,"为了永不忘却而铭记是白马人对待集体性毁灭行为的恰当反映,这种近乎于种族清洗的屠杀方式,使这种创伤无法挽回、不可和解。救赎之路就是让其成为一种准宗教式的、纪念碑性的记忆,让其本身成为终点"③。每次讲到这个故事的时候,白马老人都是眉飞色舞、慷慨激昂、悲愤交加,有时甚至是潸然泪下,仿佛讲述的不是一个虚构的故事,而是一段真实的、屈辱的历史。或许是因为这是白马人多如牛毛的神话传说中,为数不多的和真实的历史人物相关的传说,又有一个石碑屹立在那里,更加印证了传说的真实性。当地人普遍认为,《诸葛亮一箭之地的传说》不是虚构的,而是真实的历史事件,这种创伤记忆在意识与无意识之间转化为"想象"的历史真实并给后代带来了深远的影响。在白马人的文化语境中,如果和诸葛亮相提并论是贬义的,甚至含有侮辱他人的意味,这显然与汉人对诸葛亮德配周公的赞誉相去甚远。"杀氐坎"也被视为汉藏之间的边界,虽然这个边界是一个虚拟的、想象的界线,只存在于当地人的观念之中,并不是真正意义上的地理分界线。

四、神话与记忆:仪式中的族源叙事

"神话"在亚里士多德(Aristotle)的《诗学》中意味着"情节""叙事性结构""寓言故事"。而在记忆研究中,它被赋予了一种不同的含义:"指具有象征价值并且被铭记而转换成记忆的一种理念、一个事件、一个人物或一种叙事。"④"在文化记忆中,基于事实的历史被转化为回忆的历史,从而变成了神话。"⑤ 白马人一年一度最重要的仪式是跳曹

---

① 贯井正:《〈三国志演义〉诸葛亮形象生成史》,博士学位论文,中国社会科学院,2002年,第14页。
② 被访谈人:旭××(男,76岁,平武县白马藏族自治乡扒昔加村民);访谈人:王艳;访谈地点:在四川省平武县白马藏族自治乡扒昔加;访谈时间:2016年11月23日。
③ [德]阿莱达·阿斯曼:《记忆还是忘却:处理创伤性历史的四种文化模式》,陶东风、王蜜译,载《国外理论动态》2017年第12期。
④ [德]阿莱达·阿斯曼:《历史与记忆之间的转换》,教佳怡译,载《学术交流》2017年第1期。
⑤ [德]扬·阿斯曼:《文化记忆:早期高级文化中的文字、回忆和政治身份》,金寿福、黄晓晨译,北京大学出版社,2015年,第46页。

盖。"曹盖"是白马语"tshɔ³¹gɛ³⁵"的汉字音译,本意指仪式中戴的面具,引伸义为山神。跳曹盖是给山神跳的祭祀舞蹈。白马十八寨流传着关于"跳曹盖"仪式的来源神话:

> 很久以前,白马人建立的政权被推翻之后,被汉人追杀,他们一路窜逃,逃到深山老林之中以求自保。后来,龙安土司掌管了这片土地,苛捐杂税多如牛毛,民不聊生。白马人不堪重负,心生一计,计划在每年过年进贡的时候刺杀土司,摆脱土司的欺凌。
>
> 于是,在正月初五晚上进城进贡的时候,两个年轻的白马小伙子扮成美女,四个彪形大汉护送进城。贪婪好色的龙安土司,看见白马人进贡的不仅有兽皮、猪肉、药材、美酒等土特产,还有两个美女,喜形于色,一一笑纳。土司见白马美女和彪形大汉都戴着面具,想让他们摘掉面具,看看庐山真面目。白马人向土司解释,戴着面具是要给土司献上精心准备的面具舞,六个白马人戴着面具在锣鼓声中翩翩起舞。土司边喝酒边欣赏舞蹈,很是尽兴,却不知是美人计,几杯蜂蜜酒喝下,眼神迷离,白马人趁机掏出藏在身上的匕首,趁其不备,一刀毙命。
>
> 六个白马人完成刺杀土司的任务后,返回白马山寨,消息早已传遍了白马十八寨,乡亲们听说作恶多端的土司死了,敲锣打鼓、载歌载舞、放炮迎接英雄凯旋归来。自此以后,为了歌颂这六个白马人英勇无畏、为民除害的壮举,白马人每年都会跳曹盖纪念他们。①

这是流传在四川平武白马藏族自治乡的神话,从功能上讲,这个故事完整地解释了白马人跳曹盖仪式的来源,为谁而跳,为何而跳。神话被植入仪式,用来解释祭祀的行为,并通过"仪式语言"② 一次又一次地展演白马先祖为了生存的英雄事迹。在这个故事中,有一个历史人物就是"龙州土司",因"在任开疆拓土,兴学化夷,创建城垣有功",朝廷"敕赐世袭,授龙州三寨长官司之职"。③ 根据道光《龙安府志·武备志·土司》记载:"薛严祖籍山东历城,后徙临邛郡。宋景定三年登进士,官龙州。进士陈文龙送行诗有'闻道邛人说,龙州地脉深'之句。度宗咸淳元年,守城有功,赐世袭。"④

龙州土司确有其人,而且影响甚巨,土司政治也在这片土地上盛行 700 多年,一直到 1956 年民主改革才结束。故事中龙州土司以及土司制度统治下的社会,都可以在历史典籍中找到文字记录。龙州土司的府邸由明代龙州宣抚司世袭土官佥事王玺、王鉴父子奉旨修建,是目前保存最为完好的明朝宫殿式佛教寺院建筑群,现在名为"报恩寺",坐落于平武县城中心。费孝通曾说:"(白马人)解放前受当地番官、土司、头人的奴役。1935 年,红军长征经过该地;尔后,惨遭国民党的屠杀,仅存五百余口,隐族埋名,依附于松潘藏族

---

① 被访谈人:旭××(男,76 岁,平武县白马藏族自治乡扒昔加村民);访谈人:王艳;访谈地点:在四川省平武县白马藏族自治乡扒昔加;访谈时间:2015 年 4 月 25 日。
② "仪式语言"是指舞蹈、音乐、游戏、竞争性行为、游行、戏剧化的感情表达(哭、笑、怒)等等,和它们之间的程式化搭配,来直接传达文化的含义。参见王霄冰:《文字、仪式与文化记忆》,载《江西社会科学》2007 年第 2 期。
③ 曾穷石:《土司制度的世界图式:一项"中间圈"政治过程的历史人类学研究》,博士学位论文,中央民族大学,2009 年,第 17 页。
④ 邓存咏等辑修:《龙安府志》(清道光板藏本),内部资料,1996 年,第 187 页。

大部落，和附近的其他一些少数民族一起被称为'西番'。"①

白马人深受番官、土司、头人的三重压迫，神话与历史、现实完全吻合，虽然没有文字记载这段历史，但在当地流传的故事、歌谣中都有关于白马人惨遭屠杀、隐族埋名的历史记忆，和现实社会情境都能互证互释。白马人有一首歌是这样唱的：

汉族住在平原大坝上，
我们住在高高的山上；
白马人和贪官总是合不拢，
他们把我们撵进了山沟沟；
……
住在这高高山上，贪官欺侮不了我们，
我们自己当家做主人，心里高兴，没有大灾难。
高高的山上，密密的山林四季长青，
四面山围拢，贪官不敢来侵犯；
……
我们自己当家做主，
四面高山，敌人不敢来侵犯。②

神话起源于宗教仪式并与之密切相关，它是"宗教仪式的口头部分，是宗教仪式表演的故事"。③白马人的跳曹盖仪式从一开始就伴随着神话，这些神话与宗教仪式相生相伴，从某种意义上来说，神话负责解释宗教仪式的功能和意义。"神话通常有强烈的宗教意味，甚至带有解释的任务，神话不是人们围坐篝火旁记诵的'粗浅之物'，而是在特殊仪式上叙述给成人的东西。"④它通常叙述的是世界的起源、人类的命运、祖先的来源等追溯人类/族群起源的问题，在无文字族群，神话产生于特定的历史情境之中，并不是历史之外的文本，而是历史真实的表述。笔者在田野当中不止一次地听到刺杀龙安土司的故事，在节庆、集会、祭祀仪式等公共空间里不断地被讲述和吟诵。不同寨子的人口述的文本大同小异，不同寨子的人在叙述的时候都会融入当地的、当下的生活习俗。事实上，故事已经不仅仅是一则"故事"，它已经转化为一种"记忆"成为穿越时空，连接过去与现在的桥梁，白马人透过这个平面的故事，建构了一个立体的、真实的历史空间。

五、结论

如果说拼音文字的发明掀启了人类历史上第一次媒介革命，人类从口耳相传时代跨入

---

① 费孝通：《关于我国民族的识别问题》，载《中国社会科学》1980 年第 1 期。
② 张金生、刘启舒：《中国白马人文化书系·杂歌卷》，甘肃人民出版社，2015 年，第 115—116 页。
③ [美] 勒内·韦勒克、奥斯汀·沃伦：《文学理论》，浙江人民出版社，2017 年，第 180—188 页。
④ [英] 杰克·古迪：《神话、仪式与口述》，李源译，中国人民大学出版社，2014 年，第 8—9 页。

了拼音文字传播时代①，那么文字与身俱来所拥有的权威性、垄断性和合法性一经发明便导致了神话传说元叙事的解体。但是，对于无字族群而言，文字并没有与语言交汇发生"最根本的爆炸"②，文字的缺席并没有构成对口头传统神圣性和权威性的挑战。在中国传统社会，"口头传统是人类认识世界和呈现世界的方式，是人类观念传承和知识传递的过程和结果"③。讲故事的人一般是巫觋、祭司或者是说唱艺人，他们不仅是拥有超凡记忆力的文学家，还是通晓诗歌韵律的表演艺术家，更重要的是他们深谙神话和历史，是地方性知识的保存者和传播者。白马人的口头传统是他们关于本族群历史最早的文化记忆，也是他们对社会结构最初的自我阐释，通过口耳相传的方式将本族群的思想观念、宗教信仰和地方性知识融入每一个个体的记忆。

文化记忆通过文字文本和文化文本传承，在有文字社会，文字代表着对过去权威的甚至是唯一的表述，"在无文字社会，文化记忆并不是单一地附着在文字文本之上，而是隐含在文化文本之中，如舞蹈、竞赛、仪式、面具、图像、韵律、乐曲、饮食、空间和地点、服饰装扮、文身、饰物、武器等。这些文化记忆的形式以更密集的方式出现在了群体对自我认知进行现时化和确认时所举行的仪式庆典中"④。无论是历史文献、口头传统、物像图像还是仪式庆典，都是关于过去真实的历史记忆，而记忆往往是零碎的，人们在仪式庆典过程中吟诵、歌唱、舞蹈以唤醒被时间模糊的记忆。记忆并没有把我们带进"过去"，而是把"过去"带到现在，记忆并不是对"过去"完全真实的再现，而是根据当下的要求重构"过去"，完成"追寻意义的努力"。⑤

20 世纪 90 年代爆发了全球性的"认同危机"，伴随着现代性的降临，在身份认同上，以"'自我认同'取代了'传统认同'"⑥，在此背景下，以文化身份认同取代了族群/民族认同。"人们正在根据文化来重新界定自己的认同。"⑦ 身份认同的过程其实是一个立足现在建构过去的过程，被时间遗忘、碎片化、无声的历史在当下个体的认同中弥合。"文化记忆的主要功能就是为身份'定位'"⑧：一方面，通过代代相传的集体记忆来确认文化的延

---

① 根据马歇尔·麦克卢汉的观点：文明史就是传播史，就是媒介演进史。他把媒介分为四期，分别是：口耳传播、拼音文字传播、机器印刷传播和电子媒介传播。参见[加]马歇尔·麦克卢汉：《理解媒介——论人的延伸》，译林出版社，2019 年。

② "在所有产生剧烈变革和能量喷发的大规模的杂交结合中，没有任何一种能够超越书写文化和口传文化的交汇。就社会和政治的角度而言，书写文化以看取代了语音文化所要求的听，这也许是任何社会结构中可能出现的最根本的爆炸。"参见[加]埃里克·麦克卢汉等编：《麦克卢汉精粹》，何道宽译，南京大学出版社，2000 年，第 267 页。

③ 朝戈金：《作为认识论和方法论的口头传统》，载《内蒙古社会科学》（汉文版）2019 年第 2 期。

④ [德]扬·阿斯曼：《文化记忆：早期高级文化中的文字、回忆和政治身份》，金寿福、黄晓晨译，北京大学出版社，2015 年，第 54 页。

⑤ Frederic Bartlett, *Remembering: A Study in Experimental and Social Psychology*, Combridge: Cambridge University Press, 1967, p.227.

⑥ [英]安东尼·吉登斯：《现代性与自我认同——晚期现代中的自我与社会》，夏璐译，中国人民大学出版社，2018 年，第 85—91 页。

⑦ [美]塞缪尔·亨廷顿：《文明的冲突》，周琪等译，新华出版社，2013 年，第 1 页。

⑧ 赵静蓉：《文化记忆与身份认同》，生活·读书·新知三联书店，2015 年，第 3 页。

续性，在对祖先的追忆和缅怀过程中延续着认同。"记忆是活动的历史，历史是固化的记忆。"① 记忆历史化之后，神话和历史之间不再是虚构和真实的区别，人们更愿意根据现在的自我认同去建构过去的历史真实。另一方面，通过口耳相传的神话传说与当下的社会情境互证互释，形成一个互文的文本，建构一个共享的过去，以此来确认自己的文化身份。"记忆维系了过去与当下、个体与群体、存在与形式的同一性。"② 白马人把神话与历史、地方与空间、仪式与物象通过时空关联与记忆对接，使记忆在时间上不断延续，在历史中不断重构，以此维系和加强身份认同感。

---

① 贺昌盛：《被给予的"记忆"——历史叙事的观念性建构》，见赵静蓉编：《记忆》，暨南大学出版社，2015年，第137页。

② 罗成：《"记忆"的文明史理解及诗意认知潜能》，载《文艺争鸣》2018年第10期。

"田野"与"踏查"
——兼论文学人类学跨学科研究方法的同一性问题

李 菲 邱 硕

一、引言：关于方法的同一性问题

新时期以来，中国文学人类学跨学科研究经历了快速发展的三个十年，一方面是其研究领域（文学作品—文学文本—文化本文）、研究议题（名词态的文化表述成果—动词态的文化表述过程—综合态的社会历史表述语境）与研究对象（口传、歌舞、仪式、图像、器物，乃至更具包容性的"非物质文化遗产"等）的不断扩展，另一方面是其学科内部尝试寻求研究方法整合与规范的努力。二者之间业已形成了一组不容回避的矛盾与张力，这组张力也日益成为文学人类学从跨学科之"领域"到跨学科之"学科"发展的重要推力。

作为西方人类学在中国本土化发展的产物，文学人类学的显著特点之一便是研究者多来自人文学科，尤其是以文学研究背景居多——不论是20世纪上半叶发端期以文史学家茅盾、闻一多、郑振铎等为代表的神话、歌谣、民间文学研究[①]，还是新时期学科复兴以来的从事神话-原型批评、文学仪式、文化表述研究，乃至近年来非遗研究的代表性学者和广大研究者队伍，大抵如此。这种学术背景的结构性生成，决定了在中国，文学人类学作为跨学科研究领域之"越跨"，必然是立足于"文学"之基础面向"人类学"进行的理论借鉴与方法移植，而不是反之。因而一个无法绕开的关键，便是文学人类学如何理解、移用乃至改造人类学"田野"方法的问题。

迄今为止，在围绕文学与人类学如何"跨"学科地展开研究方面，已有众多从神话、原型、母题、仪式、口头程式、文化展演、地方性知识等维度展开的理论讨论或个案分析。但比较之下，神话、原型、母题、仪式、口头程式、文化展演、地方性知识、族群理论等，均为人类学不同发展时期、不同理论流派、不同分支领域所提出并采用的特定理论方法，唯有"田野"，也称为"民族志""民族志田野"或"田野考察"，才在人类学方法论体系中具有元概念意义。因而，对致力于"跨学科"的文学人类学来说，要"跨"出文学的地盘，并不难，而要想真正"跨"入人类学的地盘，倘若离开"田野"这个原点，则难以体现出真正的"人类学性"。纵观各种文学人类学研究以及带着"文学人类学"标签的论说与研究，人类学关于"他者""族群""认同"等的概念、理论俯拾皆是，颇为时髦，却少有人真正关注、思考或正面指出文学人类学研究的"田野"究竟指的是什么？文学人类学研究应该怎样做田野？以及文学人类学的"田野"与人类学的"田野"到底是什么关系？等等。而这一点，恰恰是为何文学人类学研究往往在文学研究，尤其是民族民间文学领域广受追捧，却鲜能在"正宗"人类学圈子内引发反响或回应的真正原因。

---

① 刘锡诚：《中国民间文艺学史上的文学人类学学派》，载《湖北民族学院学报》2004年第4期。

汪晖曾慨叹说，五四启蒙运动兴起于"态度的同一性"，而失败于缺乏内在方法论基础的同一性。①今天的文学人类学研究在反思西方与汉文化自身的话语霸权，倡导跨文化、跨国家与跨族群理解，以及促进文化多元共生等方面已经达成了观念和态度的共识。而在方法上，尽管广泛借鉴人类学的神话、仪式、族群等理论，却很难正面回应人类学最为根本的"田野"问题。本文聚焦于"田野"概念在文学人类学研究中从观念到实践的多维意涵的分析与讨论，不敢说试图以此来达成文学人类学研究方法的某种"同一性"，但相信透过"田野"的元概念考察，以下问题的提出仍然是有意义的：当今文学人类学领域内不同的研究取向和研究范式之间究竟有没有内在的联系？如果文学人类学还需要成为一个整体和系统，各种不一定"兼容"的研究又如何实现跨学科研究的可对话性？②文学人类学如何体现"人类学性"？

二、两种田野观：跨学科方法的概念移用与本土改造

（一）"田野"概念的跨学科移用

作为西方人类学学科方法的元概念基础，从语义与语用维度来加以梳理，"田野"同时关联了英文的 Ethnography 与 Fieldwork，分别对应于"民族志"和"田野"两个概念，而它们彼此又有所重叠。在人类学中，"民族志"一词大致有三层含义：既指人类学知识生产的过程、方式与技术（fieldwork），也指其知识成果形态的描述或解释性文本（text），又可用来指传统人类学家指导其研究的思想体系、研究方法和操作策略的总和，因而也称"民族志学"（methodology）。也就是说，"田野"（fieldwork）对应的是"民族志"（ethnography）中的实践行为层面，指"进入特定社区运用参与性观察或访谈来了解社会行为，在一段时间内对民族和群体进行的直接研究"③。而这两个概念在经过中文翻译之后，其语义和语用却在文学人类学语境中发生了某些微妙的变化。

其一，除正式学术撰述在书面语中区分"民族志"和"田野"之外，在大多数情况下二者常常被等同起来使用，这一点，在人类学界与文学人类学界都一样。不仅人类学家常常避繁就简地说做"田野"，而不说做"民族志研究"，文学人类学界也将走出文本、走向现场称为去"田野"。这表明在一般性的理解中，Ethnography 与 Fieldwork 分别从学科话语生产范式与工作方式的不同侧面描述了同一套人类学研究方法——在此意义上说二者是一回事，大致不错。

其二，二者的这种等同性在文学人类学语境中却还隐含着其他的意味——对于大多数有着文学专业背景而又力图摆脱"文字中心主义"桎梏的研究者来说，"民族志"之"志"仍在字面上多少带有文字、书写与文本之嫌。因此，较为宽泛地将自己的实地走访、调查称为"做田野"，一方面相比传统的"文学"研究者，更具有远离书斋的"现场感"，另一

---

① 汪晖：《预言与危机——中国现代历史中的"五四"启蒙运动（上篇）》，载《文学评论》1989 年第 3 期；《预言与危机——中国现代历史中的"五四"启蒙运动（下篇）》，载《文学评论》1989 年第 4 期。

② 参考户晓辉对民俗学研究取向与研究方法之差异、沟通与整合问题的思考。户晓辉：《言归正传》，https://www.chinesefolklore.org.cn/blog/? action-viewspace-itemid-34446.html，2014 - 02 - 26/2019 - 03 - 09。

③ ［英］安东尼·吉登斯：《社会学》，赵旭东等译，北京大学出版社，2003 年，第 280—281 页。

方面也暗示了作为交叉学科的文学人类学,自不必拘泥于严格意义上的人类学"民族志"规范,可根据自己的理解采用多点、多时段田野、专题田野等方式,并在"做田野"的时间、空间及方法的深广度上保有相当的弹性和可操控空间。

其三,随着文学人类学研究的发展,"文本—本文""表征—表述""仪式—展演""证据—编码""大传统—小传统"等重要议题得到持续的凸显和深化,它们都旗帜鲜明地主张突破文学、文本、文献的桎梏,将研究的主阵地转移至更为深远广阔的社会文化关系之中。在此意义上,"田野"不仅是一种方法,也不仅是某处可供展开具体研究方法的地理空间,而成为同时容涵了地方情境、社会现场和历史过程等多维面向的全新视域。走出书本,走向田野,才能洞悉文化本文,追寻表述过程,见证活态展演,解密文化编码,激活民间传统。"田野"为文学人类学在"文学"之外开疆拓土预示了无限的可能,从而也成为文学人类学研究领域的某种"集体意识"或"集体无意识"。

(二) 将本土情境读入"田野"

当"田野"通过跨语境、跨学科移用,从西方人类学的经典方法被拉入中国本土文化的"粗糙地表",中国学者们根据自身知识传统和实践经验赋予"田野"以多重的意义和使用方法,自然是合理的。以当代西方思想史"概念祛魅"的反思路径来看,对于那些"元概念"或"超级概念",重要的并非是让人们在对其讨论过程中得出唯一正确用法的方式以消除"误解",而恰恰是让人们认清概念的实际运用情况,从而通过综观(perspicuous representation)的方式促成对世界的深入理解,看到观念与实践的复杂联系。① 因此,与严守西方人类学规范的"专业"人类学家相比,不论是民国"歌谣运动"诸先驱,还是新时期文学人类学复兴的旗手们,他们之中绝大多数人的传统"文人"身份或现代"文学"专业背景,都使得"田野"与中国文人的文化观、认知范式、社会经历等发生着千丝万缕的联系,从而逐渐契合为一种本土化的"田野"逻辑。

以新时期以来较早呼吁和推动文学人类学复兴的几位代表性学者为例,尽管人类学、民族学田野调查在 20 世纪后半叶的中国已经得到制度化发展,但当时他们却较少关注作为研究理论与技术方法的"田野",而重在从民间、民族与传统再发现的多重维度,发挥出"田野"的重要文化伦理价值与批判力量。

指向"野"的田野。如徐新建在《从文化到文学》一书中由跨文化比较视野出发,重新发现"民间文学"的意义。走向"田野",是从文学迈向文化的关键所在,需要承继民国歌谣运动以来"眼光向下"的传统。"田野"在此,与传统中国"文与野""朝与野"的官、士、民三分体系相关,代表着民间草根力量对官方、精英文化的挑战。他从传统"文学"观之外所看到的"野",不仅是民间文学活态生成传统的底层社会文化空间,也正是"民间文化之精华与活力所在,正是生命与自然共有的基本标志"。去田野,是去民间发现"民意"、"民事"与"民艺"的手段,"野"所代表的"原生性"与"非官方"属性,才是新时期思想解放时代背景下"第三世界"文化复兴的推动力量。②

指向"乡"的田野。对潘年英来说,"在田野中自觉",一方面源于他从 1980 年代开始在西南地区进行的少数民族文化考察,更激发了"不大写学术文章"的他将自己在"西南

---

① 李果:《哲学任务与"概念考察"》,载《中国社会科学报》2016 年 10 月 25 日,第 6 版。
② 徐新建:《从文化到文学》,贵州教育出版社,1991 年,第 376、380—382 页。

地区到处乱窜"的心得和感受,①写成考察笔记、图文并茂的文化游记,乃至创作人类学小说,从而自成一格,成为文学人类学写作的一位典范代表。从文本形态来看,其田野写作像报告文学、手记、散文、小说,但唯独不像田野民族志。而其"田野",如《百年高坡》《扶贫手记》,往往指向在现代化进程中被急遽抛入落后境地的西部民族乡村地区,折射出的是更具现实感和紧迫性的民族地区经济文化的当下困境,关注的是在保护传统与发展开发、国家与地方之间,以及西部民族乡村地区的权利和利益问题。

指向"古"的田野。叶舒宪、萧兵认为纸上的文献材料、地下挖掘出的考古材料以及跨文化的民族学与民俗学材料皆可作为证据而运用于历史研究。1994 年,叶舒宪教授在《诗经的文化阐释》一书的自序文《人类学"三重证据法"与考据学的更新》中,提出"三重证据法",即将由人类学所提供的"民俗、神话材料提高到足以同经史文献和地下材料并重的高度,获得三重论证的考据学新格局"。其目的是"用人类学新材料,以今证古",而"出发点是国学的革故鼎新"。因此,他"壮着胆子尝试用弗莱的原型论和列维-斯特劳斯的结构论去研究旧籍,重构太极两仪四象的神话宇宙模式和象征太阳运行之'道'的英雄史诗构架;又探'社稷'之源、高唐之秘,揭聊斋昼梦之由来,考狐鬼原型之变异"。叶舒宪"三重证据法"的关键,并不在于人类学"田野"方法本身,而是以"野"释古,将西方人类学田野所得资料与考据学的本土传统相结合,揭示古典文化的奥秘。②

综上,作为人类学中国化进程的特定产物,"文学人类学"概念的提出大概是全世界范围独有的现象。在将传统文学研究引入人类学视域的同时,文学人类学也将人类学的"民族志"田野方法重塑为中国"文学人类学"研究特有的多维田野观。在此过程中,研究者们一方面吸纳了西方人类学的实证主义方法,一方面又包容了本土语境中"田野"之"野"所蕴含的重返民间、现代性批判以及传统文化复兴的多重知识伦理;一方面将走出书斋做"田野"视为跨学科研究的新手段,一方面又在不同程度上改造了"田野"方法,将本土传统的采风和现代的文化游记等融入其中,乃至于针对中国文字文明历史久远、传世文献卷帙浩繁的特点,还有了非正式的"文献田野"之说。由此可见,将中国本土传统与当代情境诉求读入"田野",是为了"在援用人类学普遍原则和模式解析中国文化问题时突出阐发本民族最富特色的一面"。③

三、从观念到方法:"田野"再概念化的象限分析

中国知识分子对"野"的价值关怀,参与塑造了在"文字—文本"之外,作为"传统文化"与"社会现实"之隐喻的"田野"观,使人类学民族志田野在文学人类学的本土化改造中被重塑为一种多维的观念和方法,同时造成了某些容易引发混淆与错位的学科话语现象。

今天的现实境况是,越来越多人逐渐加入文学人类学研究,往往又带着不同的学术背景、预设和视角:有的固守神话-原型文本批评方法,毫不在意如今人类学学科内部早已发生的现代性反思浪潮;有的紧追族群、认同、编码、证据等流行概念,却对其背后的问题意识不甚了了;有的困于作家作品的思维陈框难以走出,因为研究对象碰巧是民族或民

---

① 潘年英:《在田野中自觉》,民族出版社,2006 年,第 285—286 页。
② 叶舒宪:《人类学"三重证据法"与考据学的更新》,载《书城》1994 年第 1 期,第 10—12 页。
③ 叶舒宪:《人类学"三重证据法"与考据学的更新》,载《书城》1994 年第 1 期,第 10—12 页。

间文学/文化，就贴上了"文学人类学"的标签；还有的则坚守典范的人类学田野考察方法，仅将自己田野采录的"口传"资料奉为唯一权威，罔顾此"口传"早在多民族互动历史过程中形成了文字、图像乃至多版本的共在体系。当然，笔者并非是想在如此复杂的学术生态中梳理所谓"正统"与"主流"，更不敢打击这门新兴学科好不容易才生长起来的这一点尚极微弱的方兴势头，而是想满怀危机意识地指出，今天文学人类学研究在方法和方法论问题上实际还存在着相当大的认知差异，并导致了相当多的"无焦点对话"。

一方面，大家都意识到"人类学"这个标签对于"文学人类学"之跨学科性的重要意义，因此一哄而上都来讲田野，做田野。另一方面，大家对何为"田野"，为何"田野"，以及如何"田野"，却往往很难从一般性的感受继续深入推进，对人类学田野民族志方法的程序、技术、工作范式等，有更扎实深入的理解和实践。因此，文学人类学研究很难在方法层面体现出人类学研究者所坚持的那种"人类学性"，也难以与人类学界真正展开富于深度和成效的对话、论争与交锋。上述情况，首先当然是由新时期以来文学人类学的发展现状和客观事实所决定的。作为一门新兴交叉学科，不能在发展初期就急于谋求某种定型或闭合，必定趋于开放。此外，不同的进入者在自己的视野中理解"田野"，往往你说或我做的"田野"可能也并非同一回事情。

因此，若以"田野"为跨学科方法的坐标原点来进行考察，可以看到，在文学人类学视野中，对其理解与实践形成了作为文化观念隐喻的"田野"和作为学科技术方法的"田野"的两极——前者指某些"文学人类学研究"虽然主要还是"文学"的研究，但已经体现出了对文字/文本中心主义的反思立场，并具有面向历史、民间和社会现实的价值取向；后者则指某些"文学人类学研究"在实践操作中切实运用了人类学的民族志田野作业方式。而在上述两极之间，更多的"文学人类学研究"则位于"田野"作为观念到"田野"作为方法的渐变轴上，或综合，或摇摆，在体现交叉学科开放性的同时，也不无遗憾地削弱了彼此间学术对话的效度（如图1所示）。

田野 文化观念隐喻	文学人类学	田野 学科技术方法
←---→		

"田野"

图1 "田野"概念：从观念到方法的渐变轴模型

进而，在此横向轴之上，再根据距离"田野"的远近叠加一条纵向轴——"文本—本文"，来考察文学人类学研究的不同对象取向。这一纵向轴的两端分别是不依靠田野采集的文学文本，如作家作品、传世文献等，以及必须从田野中方能获取的文化文本，如歌唱、仪式、非遗事象等。如此便形成四个象限区域（如图2所示）。

在研究对象取向和研究方法取向的双重参照之下，上述四个分析象限大致可以对应当前文学人类学界的几个主要分支领域：

（1）人类学诗学，在"田野"现场行走，感悟文化、反思文化、书写文化，但不重在具体如何做"田野"；

（2）"大传统"研究，总体上延续神话-原型分析方向，关注古代经典的文化释读，以"田野"为历史文化语境，却不必走出书斋；

（3）表述研究，一方面兼顾作品文本，另一方面走向田野寻找文化本文，以二者间的多维互动为焦点来考察文化表述行为的动态过程；

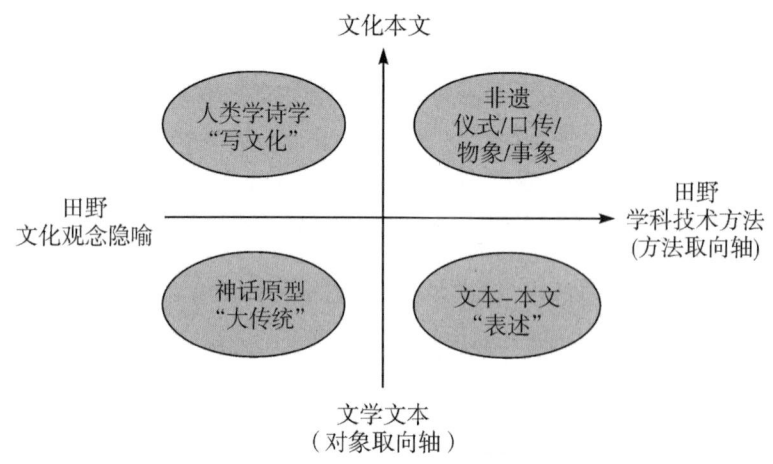

```
              文化本文
                ▲
                │
    ╭─────╮   ╭─────╮
   │人类学诗学│  │ 非遗   │
   │ "写文化" │  │仪式/口传/│
    ╰─────╯   │物象/事象│
                ╰─────╯
  田野                        田野
  文化观念隐喻 ─────────────→ 学科技术方法
                │              （方法取向轴）
    ╭─────╮   ╭─────╮
   │神话原型 │  │文本-本文│
   │ "大传统"│  │ "表述" │
    ╰─────╯   ╰─────╯
                │
              文学文本
             （对象取向轴）
```

图 2　"田野 – 文本"关联模型的四个分析象限

（4）近年来发展迅速的非物质文化遗产研究，采用较专业的人类学田野方法，对仪式、口传、展演、物象等文化文本进行广泛研究。

以上四个分支领域当然无法穷尽文学人类学研究的各种可能，但可较为清晰地反映出，文学与人类学两大学科之间从方法到对象发生的越界与交叉，且与"田野"概念的跨学科转译及再概念化始终不无关联。在此基础上，下文将进一步围绕"四重证据法"展开讨论，意在指出，"四重证据法"不仅是打通文学/文献"文本"与口传/器物/身体/图像等文化"本文"的一种有效分析框架，也为进一步理解什么是文学人类学"田野"提供了一个新的参照。

四、四重证据法与文学人类学的"田野"整合

20 世纪中叶以来，沿着王国维所开启的道路，我国历史学、古典文献学、民族考古学、上古文学、文化研究等多个领域都相继提出了多种"三重证据法"。如饶宗颐强调考古文字资料、考古资料与文学的"三重证据法"，以及曾宪通主张综合运用考古器物、出土文献、历史典籍以及民族民俗史料等的"多重证据法"[1]；徐中书强调历史文献、考古学资料与民族学资料参照印证的"古史三重证"法[2]；汪宁生提出考古学资料、文献记载与民族志资料相结合的三重证据法[3]；此外，还有黄现璠结合"口述史料"的"三重证据法"[4]；等等。因此，叶舒宪"三重证据法"的提出并非独创，更多地体现了中国人文社会科学界"涉古"学科和研究领域尝试研究方法变革的一种时代共识。对人类学民族学民间口传材料的重视则是其"三重证据法"的主要特点。[5]

---

[1] 曾宪通：《古文字资料的发现与多重证据法的综合运用——兼谈饶宗颐先生的"三重证据法"》，见中国古文字研究会、华南师范大学文学院编：《古文字研究》（第 26 辑），中华书局，2006 年，第 426 页。

[2] 周书灿：《论"古史三重证"》，载《青海民族大学学报》2010 年第 3 期。

[3] 孔令远：《汪宁生与中国民族考古学》，载《考古》2015 年第 2 期。

[4] 董志翘：《浅谈汉语史研究中三重证据法之运用——以马王堆汉墓出土简帛医方中的"冶""䏑"研究为例》，载《苏州大学学报》2017 第 1 期。

[5] 孟华：《符号学的三重证据法及其在证据法学中的应用》，载《证据科学》2008 年第 1 期。

2005 年，叶舒宪再次提出"四重证据法"，以"图像与物的叙事"为新的证据层级，实现了对"三重证据法"的拓展与提升。"四重证据法"的提出进一步激活了文学人类学研究方法的论争和探索。一般论者多强调其对图像学、符号学，尤其是证据科学的借鉴和创新，并以其为文学人类学"解码"华夏文明基因的有力武器。相比之下，笔者认为，"四重证据法"的重要意义不仅在于继续以"层累结构"揭示了文学人类学研究对新材料、新方法和新视野的范式包容度①，也为在当前重新思考文学人类学的"田野"理论与实践提供了一种新的可能。因为在更深层次上，无论是"四重证据"类型的生成、材料的获得，还是"证据间性"的阐发，其"人类学性"的体现恰恰在于背后有一套独特的"田野"观念/方法整合机制。

如上节所示，"四重证据法"的具体实践和应用，几乎囊括了从"田野"作为文化观念到"田野"作为技术方法的各个维度。就前者而言，叶舒宪对前文字时代"大传统"和文字时代"小传统"的再定义颠覆了传统文化"精英/草根"的二元结构；就后者而言，仅在 2006 年一年间，叶舒宪就"五出长城，二下长江"，后来又先后 11 次"踏查玉石之路"，展开了广泛而深入的田野调查，身体力行地示范了文学人类学如何走出文学/文献"文本"，从而迈向广阔的文化"本文"。

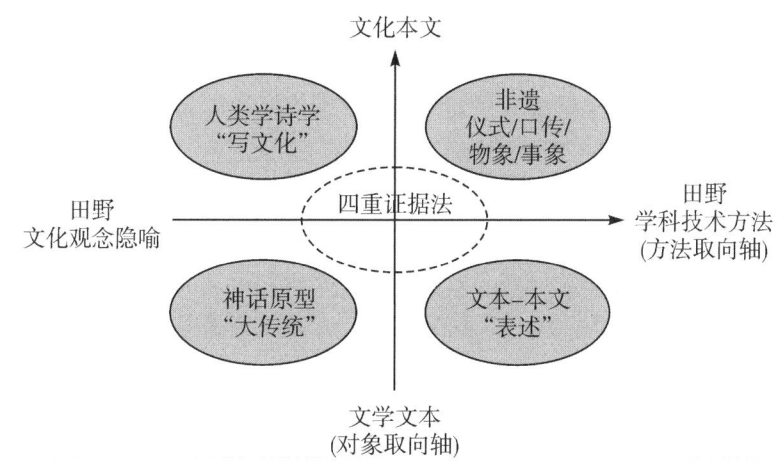

图 3　四重证据法对"田野—文本"多元实践的整合取向

具体来说，在"四重证据法"背后，"田野"有着多重、多维的指涉：

首先，为获取"一重证据"之传世文献，需要卷帙浩繁的"文献田野"；

其次，为获取"二重证据"之出土文献与"四重证据"之出土实物，需要亲赴考古发掘之出土现场和遗址现场；

再次，为获取"三重证据"之民间口传的活态文化资料，需要借鉴人类学田野考察方法，进行扎实的实地调查、访谈和参与观察；

最后，为获得"第四重证据"之传世古代艺术品、文物和一切古物，需要超越传统考古学、人类学"田野"藩篱，将考察主题辐射所至的诸如博物馆、古玩市场、市镇村落、关隘古堡，乃至无以计数的在今天或已断绝或仍为通途的山道水道，等等，统统都视为"证据现场"，纳入"田野"工作开展的范围。

---

① 李菲：《新时期文学人类学研究的范式转换与理论推进》，载《文艺理论研究》2009 年第 3 期。

在这个意义上,"四重证据法"力图构建的,好比一种文学人类学视域下的"田野"集成装置,贯通四个象限,以调动、激发跨学科"田野"方法的多种可能,包括作为民族民间文化之根隐喻的"田野"、考古学发掘的"田野"作业、人类学经典民族志"田野"调查、以文化行走重构大传统的证据"田野",以及带有民族志诗学意味的考察手记和"田野"写作,等等。上述多维"田野"观与"田野"方法的打通与整合也揭示出,中国文学人类学的当代发展与人类学在中国的本土化改造,可视为一个互为表里的过程。①

五、踏查、体认、格物:科学实证与人文阐释的分野与弥合

上述从观念到方法多维整合的文学人类学"田野"范式,在叶舒宪的"踏查"中得到了全面的体现和实践。在其出版的《玉石之路踏查记》一书中,叶舒宪将自己追寻玉石之路"西玉东输"先后11次的实地考察称之为"踏查",以这个独创的词语来指称自己的实地考察研究方法。而"踏查"区别于传统人类学"田野考察"的最为关键之处,还不在于其与后现代民族志类似,采取了多点、多时段,乃至多"证据"视角的调查方法和技术,而在于叶舒宪想籍此打通今天几已"断绝"的"格物致知"这一中国传统认知范式。

在《熊图腾》自序《2006,我的熊年》中,他写道:

> 对于人文学者来说,也许无论什么样的知识学习、传授方式都无法替代那种身临其境的现场的体验感。这种从亲历经验中获得的体悟,是学问境界真正突破所谓语言牢房和文字桎梏的拘限,而导向活的历史情境与真实世界的法宝。借用我们传统国学的一个说法,叫"格物致知"。②

在《玉石之路踏查记》中,他再次重申:

> 我们处在一个考古大发现层出不穷且日新月异的时代,古史研究者需要以高度的敏感紧紧跟随新发掘的遗址及文物,展开前沿式的追踪探索。唯文献马首是瞻的学问格局就此走向终结,而"格物致知"式的古老学问方式获得重新理解和再造的契机。③

他强调,文学人类学在本土文化研究中所实践的"格物致知",即"对本土文化的感同身受体认功夫",又借文学人类学研究会同仁朱鸿的文字加以进一步阐发:"凡要研究的,无论远近,一定要身临其境,望之,触之,问之,思之。即使所走之点完全遭毁,彻底夷平,甚至已经为高楼大厦所覆,也要徘徊想象,对接万古。"④

在此需要指出的是,若由"踏查"来反观"四重证据法",则在其概念与方法体系之中隐含着科学主义与人文精神两大取向的分野与张力。

从"四重证据法"的命名与技术操作来看,不论是"证据""编码""解码"的概念表

---

① 叶舒宪:《文学人类学的中国化过程与四重证据法——学术史的回顾及展望》,《社会科学战线》2010年第6期。
② 叶舒宪:《2006,我的熊年》,见《熊图腾——中华祖先神话探源》,上海锦绣文章出版社,2007年,第9页。
③ 叶舒宪:《从石峁到喇家:——史前西部玉器新发现的文化史意义》,见《玉石之路踏查记》,甘肃人民出版社,2015年,第36页。
④ 叶舒宪:《弄笔·弄瓦·弄璋——致陕西作家朱鸿》,见《玉石之路踏查记》,甘肃人民出版社,2015年,第223页。

述，还是对"符号证据学"和"证据法学"方法的借鉴和移植，都带有明显的实证主义色彩，对以多重"证据"和"证据间性"来解码上古文明基因的"正确性"与"科学性"，也怀有充分的方法论自信，体现出某种由"软科学"向"硬科学"范式靠拢的取向。其实，当我们回顾西方人类学两个多世纪的学科史就不难发现，在其发展历程中一直都存在科学实证和人文阐释的两大传统分野，前者如普里查德的非洲研究和马林诺夫斯基的经典民族志方法，后者如从弗雷泽《金枝》到格尔兹的"阐释人类学"。正如埃立克·沃尔夫所言，人类学是所有科学学科中最富人文特征的学科，也是所有人文科学中最富科学特征的学科。这致使后来的人类学追随者们都必然面对或科学主义或人文主义，或实证主义或阐释主义，以至于或定量研究或定性分析的取向与选择。由此来看，"四重证据法"内在的双重诉求——鲜明的现代"科学性"主张与传统"体认功夫"的人文品格，一方面深受文学、人类学、史学、考古学、证据法学等跨学科交叉视野的影响，另一方面恰恰也将上述人类学内部的两大方法论取向的分野复制到了自身的实践之中。人类学中国化过程以及文学人类学跨学科研究的复杂性与内在张力，也在今天最具代表性的文学人类学研究者身上得到了相当深刻的反映。

当然，在实证科学与体认传统的两端之间，内在张力的揭示并非是为了简单决定优劣与取舍，而是为了促进二者在交叉学科视域下的包容、兼蓄与补益，从而尝试激发出"格物致知"之学的当代方法论价值。以此为基础，"四重证据法"之"证""码""级"等核心概念，也应该得到更深入的理解：

首先，"证"不仅是证据、证实，也是主体在场的见证、体证。"踏查"不仅是实证主义手段的找证物、找证言、求证实，更是为了重返历史语境与文化本文，以己格物，从而揭示深层文化奥义的切身体证和顿悟。因而，正是由"朝圣牛河梁，恍悟熊图腾"，才有从对黄帝"有熊"名号考释出发对中华祖先神话探源做出的重新解读。[①]

其次，"码"也并非指向单维与唯一的"合理性"假设。"解码"不仅是寻求上古文化奥义编码之准确、正确"译出"，也并不回避将研究主体之个人思考与文化感悟向"码"中进行主观的"读入"。因为"码"与"证据"，作为符号现象，在本质上应该被还原为一种"意义生成机制而非证据事实本身"。[②]

再次，"级"与"重"指向多"重"证据与N"级"编码结构中至为关键的"间性"[③]，却并非案头的静态释读可以达成，唯有在"踏查"的田野体证中方能被激活。"踏查"之于四重证据法而言，不仅是二、三、四重证据的时空坐落和来源所在，更成为弥合证据链与N级编码体系的逻辑粘合剂。另外，"踏查"体证所自带的现象学还原意味，也提示"级"与"重"不可能天真地导向证据间乃至证据符号与待证事实之间的某种"唯一""真实"关联。"证据间性"的关系性本质在体证、直觉与思辨等复杂的"身体在场"机制中，必然为包容差异、对抗与质疑预留空间，有助于导向更富于启发意义的未知领域。这也对那些脱离"田野"，远离"现场"，不加反思、直接套用"四重证据法"的各种简单臆想式"经典重释"与"文化解码"提出了严正的警示。

---

① 叶舒宪：《熊图腾——中华祖先神话探源》，上海锦绣文章出版社，2007年，第21—45页。
② 孟华：《符号学的三重证据法及其在证据法学中的应用》，载《证据科学》2008年第1期。
③ 叶舒宪：《论四重证据法的证据间性：以西汉窦氏墓玉组佩神话图像解读为例》，载《陕西师范大学学报》（哲学社会科学版）2014年第5期。

综上,"踏查"无法纯然将"过去"当作"异乡",将"上古"当作时间"他者"而采取客观的科学态度,因此在"寻熊"与"访玉"的踏查之路上,研究者时而为遗址荒芜失落低回,时而为重大发现激愤昂扬,或实证、思辨、猜想,或将理论关怀、人文情怀以至情感情绪熔为一炉,呈现出自成一格的学术品格。"田野"也因而同时体现了历史的在场、意义的在场与主体的在场。"踏查"不仅尝试了多维"田野"观与方法的整合,也在实证与阐释的双向补益之间体现了文学人类学之于人类学范式的补充与突破。正在此意义上,彭兆荣评价"四重证据法"为"其(叶舒宪)学问之问学的整体性方法论的归纳,……同时也体现了当下人文社会科学所出现的新学科整合态势。"①

六、结语

以跨学科研究方法的同一性问题为起点,对于文学人类学如何"田野"的追问,不仅是关系到学科内部对话整合、良性发展的重要议题,也是这门交叉学科面对来自人类学界质疑与挑战而无法逃避的回应。那么,是否可以说文学人类学已经建构起了一种自己的"田野"方法呢?以叶舒宪的话来说,或许在这个问题背后,还联系着另一个值得反思的问题:中国的人类学界,又是否存在统一的本土理论和方法论呢?面对中国本土的厚重历史,所有的人文社会科学——不仅包括文学、人类学,也包括文学人类学,如果缺乏深切的人文关怀、高屋建瓴的理论抱负和问题意识,都终究难有大的理论建树。这样的文学人类学,即便再"人类学",田野做得再好,最终也只是匠人而已。②

本文对"田野"的讨论,因而是经由"再概念化"的路径来揭示学科实践与发展中某些令人困扰的问题,而不是为何为文学人类学"田野"寻找标准定义,固化操作程序。"田野"概念在新时期文学人类学 30 年发展中所催生的复杂观念与实践,既是文学人类学从"对象的学科"向"方法的学科"转向的重要基础,也有助于形成一种具有鲜明本土文化品格的认知范型,并将在不断的自我反思与调试之中,成为理解中华多元一体格局、讲好中国故事的利器。

---

① 彭兆荣:《格物致知:一种方法论的知识——以食物为例兼说叶舒宪的四重证据法》,载《思想战线》2013 年第 5 期。

② 叶舒宪教授对文学人类学研究方法的这一阐述,参见他与笔者于 2017 年 4 月 20 日的邮件交流。

甲骨文 "商" 字新解：柄形器立祭几上

丁 哲

一、诸家释 "商"

"商"，是商王朝、商族的名号，甲骨文 "商" 字从 "辛"、从 "丙"，主要有 ☒（《合集》33065）、☒（《合补》2218）、☒（《合集》371 正）、☒（《花东》36）、☒（《合集》7813）、☒（《合补》11299 反）等形。"商" 字的本义是什么？学术界历来观点纷呈，目前仍无法统一。张立东先生曾总括诸说①，划为四组，现因而申论之，复细分为十一说。

其一，释 "商" 为估量、猜测之义。许慎《说文解字》训 "商" 为 "从外知内也。从冏，章省声"；又释 "冏" 为 "言之讷也"。② 即认为 "商" 字本为讷于言而明于行，让人从外表估测内在之意，该字上部属声旁，为 "章" 字之省。但如郑杰祥先生指出，"章" 字多出现于金文，而罕见于甲骨文，且卜辞中最早的 "商" 字不从口，亦即原非冏，故许慎所释不确。③

其二，释 "商" 为器皿。康殷先生指出 "商" 字像侧视面的酒器斝，该字上部为斝柱，其下是三角形尖足。④ 刘兴隆先生也认为 "'商' 象酒具之形，口、颈、足皆明"⑤。吕琪昌释 "商" 字为海岱地区史前陶鬶的象形。⑥ 但 "商" 字与甲骨卜辞中与器皿相关的斝（☒）、鬲（☒）、鼎（☒）、簋（☒）、尊（☒）、爵（☒）等字相比，缺少表示主体器身的部分。张立东先生也指出释 "商" 为器皿，仅及器皿的柱、足⑦，故此说不可取。

其三，释 "商" 为璋。涂白奎先生认为 "商" 字为玉牙璋象形，上方为柄和阑，下为歧刃。⑧ 牙璋主要出现于龙山文化至夏代，乃是夏王朝的核心玉礼器，夏王朝政权的象征物。然而，此类玉器在殷墟时期并不流行，中原商墓罕见牙璋出土，将一种当时基本不使用、制作的玉器作为国号、族名，显然是说不通的。

其四，释 "商" 为乐器。姚孝遂、肖丁先生推测 "商" 字象某种管乐之类，但姚、肖也承认此释 "苦无佐证"。⑨

---

① 张立东：《钺在祭几之上："商" 字新释》，载《民族艺术》2015 年第 6 期。
② 〔汉〕许慎：《说文解字》，九州出版社，2001 年，第 125 页。
③ 郑杰祥：《释商》，载《驻马店师专学报》1988 年第 2 期。
④ 康殷：《古文字形发微》，北京出版社，1990 年，第 341 页。
⑤ 刘兴隆：《新编甲骨文字典》，国际文化出版公司，1993 年，第 117 页。
⑥ 吕琪昌：《也说 "商"》，载《东南文化》2003 年第 9 期。
⑦ 张立东：《钺在祭几之上："商" 字新释》，载《民族艺术》2015 年第 6 期。
⑧ 涂白奎：《璋之名实考》，载《考古与文物》1996 年第 1 期。
⑨ 姚孝遂、肖丁：《小屯南地甲骨考释》，中华书局，1985 年，第 15 页。

其五，释"商"为燕子。蔡先金先生认为"商"字上方的"辛"是鸟头，下部为尾翼。① 但此说无法解释包含双"辛"的"商"字，"🗙"显然与鸟形无涉。

其六，释"商"为酒器放于底座之上。李乐毅先生认为"商"是"赏"的本字，甲骨文"商"字像一个饮酒的器皿，放置在底座上面，表示这是用来赏赐的东西。② 姚孝遂③、张立东④先生均指出甲骨卜辞中不见假商为赏者，故此说不成立。

其七，释"商"为祭祀大火星的场景。朱芳圃先生指出"商"字为"象烛薪于架上，以祭大火星的形象"。⑤ 郑杰祥先生认为商之本字从丙、从辛，丙为岗台象形，辛象大火星宿状，"商"字本义当为古人于岗台之上祭祀大火星宿之意。⑥

其八，释"商"为祖先形象立于祭几上。张光直先生认为"商"字为"祭祖"或"祖先崇拜"的会意，"商"字上部代表头戴方帽的祖先正面人像（木质？），其下为祭几，如内有"口"字，则指祭祖者口中念念有词。⑦

其九，释"商"字上部为鸟（凤）冠。孙作云先生指出"商"字上部分为凤冠象形，下有长柄，柄端有钩所以插入地上，此物乃是凤族的"图腾柱"。⑧ 王玉哲先生认为"商"上部是"凤"字的鸟冠，下部象穴居形。⑨ 罗建中认为"商"字上部是殷人图腾——鸟的头部象形，也是殷人的族徽，下部象牌坊状，"商"字实为族徽立于牌坊之上。⑩ 胡阿祥先生亦认为"商"上部象凤冠，代表凤凰图腾，遂释"商"字为祭几上放置凤凰形象，口中念念有词进行祭拜。⑪ 以上释"辛"为鸟冠者，均是因为甲骨文"凤"字头顶有"辛"，但他们忽视了卜辞中还存在大量冠"辛"的"龙""妾""童"等字，"辛"冠非"凤"字独有，故此说难以成立。

其十，释"商"为鸟立土丘之形。其上方为玄鸟，下方为土丘，此为谌中和先生提出。⑫ 谌氏对于"商"的释读，仅适用于个别上方为三角形的"🙏"，况且将"▽"释为鸟，本身就较为牵强。

其十一，释"商"为钺在祭几之上。张立东先生认为"商"字上部的"辛"为倒立的"王"，象刃朝上的钺，其下为祭几，整字描绘了刃部向上的钺放在祭几上的礼仪场合。张

---

① 蔡先金：《说"商"》，载《东南文化》2000 年第 9 期。
② 李乐毅：《汉字演变五百例》，北京语言学院出版社，1992 年，第 288 页。
③ 于省吾：《甲骨文诂林》，中华书局，1996 年，第 2063 页。
④ 张立东：《钺在祭几之上："商"字新释》，载《民族艺术》2015 年第 6 期。
⑤ 朱芳圃：《殷周文字释丛》，中华书局，1962 年，第 36—37 页。
⑥ 郑杰祥：《释商》，载《驻马店师专学报》1988 年第 2 期。
⑦ 张光直：《商名试释》，见《中国青铜时代》，生活·读书·新知三联书店，1999 年，第 284—285 页。
⑧ 孙作云：《殷先祖以燕子为图腾考——从图腾崇拜到祈子礼俗》，见《中国古代神话传说研究》，河南大学出版社，2003 年，第 855 页。
⑨ 王玉哲：《商族的来源地望试探》，载《历史研究》1984 年第 1 期。
⑩ 罗建中：《商以"🙏"为族徽说——兼议郭沫若对"丙""妾""辛"的考释》，载《郭沫若学刊》1997 年第 4 期。
⑪ 胡阿祥：《商国号考说》，载《中国历史地理论丛》1999 年第 4 期。
⑫ 谌中和：《释"商"》，载《复旦学报》（社会科学版）2006 年第 6 期。

先生还指出甲骨"龙""凤"二字头顶之"辛"亦为钺，代表了它们在自己世界的王权。①但其忽略了"仆""妾""童"亦冠"辛"，如释"辛"为代表王权的钺，就无法合理解释"仆""妾""童"等字，"仆""妾""童"不能代表王权，而人头顶放置钺也是不合常理的。

此外，还有单独对"辛"字进行释义者。郭沫若先生认为"辛"字象剞劂刻刀，为黥面刑具，表现有罪之意。②宋镇豪先生认为"辛"是三角形冠饰之象形。③汪宁生先生认为"辛"象倒立人形，是表示死亡的符号。④

二、"商"为柄形器立祭几上

笔者以为诸家释"商""辛"，唯张光直先生之说近是，但仍不确切，"商"字确与祭祖相关，但"辛"字并非"祖先正面人像"。下面笔者对"商"字，特别是其上部"辛"字的释义，提出一点不成熟的看法。先以从"辛"的"瓒"字为线索展开讨论。

卜辞中有字如 ☗（《花东》493）、☗（《合集》4849反）、☗（《合集》17534），此字上方为"辛"符。方稚松先生释此字为"瓒"，指出"瓒"字象某玉件置于"同"中。⑤臧振先生也认为金文中的"瓒"字象玉件或圭璋植于鬲中待灌之形。⑥李小燕考察洛阳北窑M155：17复合式柄形器，发现复合柄形器的组合形式与甲骨文"瓒"字结构相类，柄形器、附件、漆筒可与"瓒"字的构形部件基本对应，遂以出土实物印证了"瓒"字的象形结构，认为"瓒"上方的"Π"或"日"为柄形器。⑦笔者赞同李晓燕将"瓒"字与复合式柄形器进行对应，但认为甲骨文从"辛"之"瓒"，如☗，金文从"辛"之"瓒"，如☗（斯尊《集成》5988），字构中象征玉柄形器的符号应为"平"，即"辛"。甲骨文"辛"字有"平""平""平"等形，字构中均出现明显的平顶、束颈、弦纹及插榫，确与柄形器形制相类。（图1）

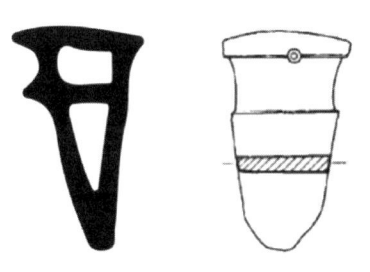

图1　甲骨文"辛"字与柄形器对比

---

① 张立东：《钺在祭几之上："商"字新释》，载《民族艺术》2015年第6期。
② 郭沫若：《释干支》，见《甲骨文字研究》，科学出版社，1962年。
③ 宋镇豪：《甲骨文中所见商代的墨刑及有关方面的考察》，见中国社会科学院考古研究所：《考古学集刊》（15），文物出版社，2004年，第53页。
④ 汪宁生：《释"辛"》，载《社会科学战线》2010年第2期。
⑤ 方稚松：《释殷墟花园庄东地甲骨中的瓒、祼及相关诸字》，载《中原文物》2007年第1期。
⑥ 臧振：《玉瓒考辨》，载《考古与文物》2005年第1期。
⑦ 李小燕、井中伟：《玉柄形器名"瓒"说——辅证内史亳同与〈尚书·顾命〉"同瑁"问题》，载《考古与文物》2012年第3期。

这样看来,"商"字上方之"辛"也应是柄形器象形。所以解读甲骨文"商"字含义,厘清"辛"与"商"的内在联系,关键在于阐明玉柄形器的神话意蕴和文化功能。柄形器,亦称"柄形饰",是贯穿夏、商、周三代中原地区传承不衰的玉器品类,学术界公认其属于一种宗教祭祀色彩浓郁的玉礼器,其下端大多有榫,榫上常带孔,当以竖立的形式插入漆木基座上进行使用。商代的柄形器可分为两个类型:其一,器表光素无纹。如殷墟妇好墓 M5:1295,扁平长条形,长由上至下渐薄,盝顶,束颈,颈上饰凸弦纹一周,末端出短榫。(图 2)其二,器表雕琢纹饰,多为花瓣纹。如殷墟郭家庄 M160:91,长条状,盝顶,束颈,颈上饰凸弦纹两周,器表雕琢花瓣纹五段,由上至下渐细,末端出尖状榫,整器犹如一柄形器承托于复瓣花簇之中,作竹节般笋抽。(图 3)此类花瓣纹柄形器,颇具隐喻涵义,其周身通常减地隐起对称的花瓣纹,左右花瓣内缘均斜刹向上,花瓣上下相叠,中轴以长直线贯之,恰好形成了程式化的甲骨"辛"字层层叠加效果,似乎在暗示"辛"与柄形器的关系。

图 2　妇好墓 M5:1295 柄形器　　图 3　郭家庄 M160:91 花瓣纹柄形器

商代玉柄形器的主要类型,在二里头文化皆已出现,然柄形器之祖形可追溯到后石家河文化。后石家河柄形器形态较为原始,基本显现出柄首、颈、身和末端的榫头等特征,如天门肖家屋脊 W6:29,扁柱体,方首,器身分四节,向下收细,近榫处又凸出一节,榫作钝尖状。二里头文化、商代接受了后石家河柄形器的传统,且在器形上向修长发展。分析三者器形,后石家河玉神祖像、柄形器与夏商柄形器之间确有发展关系,其中后石家河柄形器填补了后石家河神祖像向夏商标准柄形器演进之缺环。(图 4)殷墟黑河路 M5:11[①]柄形器顶端甚至雕出一侧面人头,更证柄形器为高度抽象化的神祖雕像。

关于柄形器的文化功能,叶舒宪先生作出了精辟的解答:玉柄形器实为玉神祖像的抽象版,作为先民信仰中的祖灵象征物或祖灵降临凭依物,柄形器寄托着祖灵神力无限,子子孙孙生生不息的祝祷意向。玉柄形器的出现与使用场合,应当与祭祀仪式行为相关。以

---

① 中国社会科学院考古研究所:《安阳殷墟出土玉器》,科学出版社,2005 年,第 28 页。

柄形器为代表的玉礼器，具有在沟通祖灵方面的中介物作用，发挥着某种与神明或祖灵相互认同的意义，代表祖灵之人间现实中的存在，起到化虚为实的作用。①

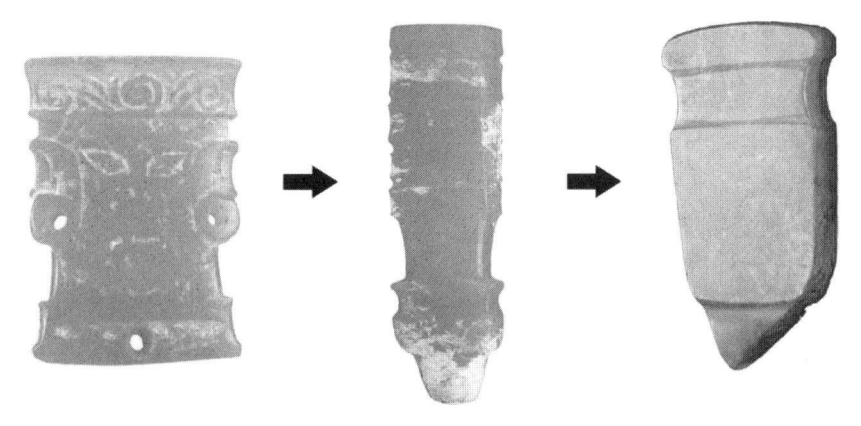

图4　后石家河玉神祖像、柄形器与商代柄形器的关系

玉柄形器的神话内涵和符号编码意义，契合着甲骨文"辛"字负载的祖灵崇拜信仰观念。张光直先生发现，殷人对先商时代高辛氏至王亥诸先祖均以辛日祭祀。②另外，甲骨文"帝"字，如（《合集》34149）、（《合集》30388）等，构形中均包含"辛"（辛）字符。帝即上帝，是商代信仰中最高地位的神祇。有多位学者论述殷商之"帝"即帝喾，如王国维先生指出帝喾为商人祖先契之父，其为商人自出之帝③；郭沫若先生认为商人的"帝"就是帝喾，兼有至上神和祖宗神的神格；④而帝喾名高辛氏，《史记·五帝本纪》有记："帝喾高辛者，黄帝之曾孙也。"⑤"辛"为商人高祖帝喾之名，所以"帝"会包含"辛"字符。或可认为甲骨文"帝"字表征的就是拟人化的玉柄形器。推测柄形器原本是高辛氏帝喾的显圣物，又拓展为广义祖灵的神圣象征符号，从而较为普遍地施用于商代贵族阶层的祖先祭祀活动中。

廓清了"辛"与帝喾之间的关系，也就不难理解为何个别"商"在"辛"字符左右出现一对鸱鸮的锐目，⑥甲骨文如（《合补》11299反），金文如（秦公镈《集成》267）。那是因为帝喾与商族图腾玄鸟本为一神。此论有据可依，《史记·殷本纪》载："殷契，母曰简狄，有娀氏之女，为帝喾次妃。三人行浴，见玄鸟堕其卵，简狄取吞之，因孕生契。"⑦商族始祖契为帝喾和简狄之子，契因简狄吞玄鸟卵所生，喾和玄鸟在某种程度上都

---

① 叶舒宪：《祖灵在天：玉人像与柄形器的故事五千年》，上海人民出版社，2021年。
② 张光直：《商名试释》，见《中国青铜时代》，生活·读书·新知三联书店，1999年，第284页。
③ 王国维：《殷卜辞中所见先公先王考》，见《观堂集林·卷九》，中华书局，1999年，第412—413页。
④ 郭沫若：《郭沫若全集·历史编》（第1卷），人民出版社，1982年，第326—329页。
⑤ 〔汉〕司马迁：《史记》，中华书局，1959年，第216页。
⑥ 孙新周先生曾将此字与史前鸮面岩画对比，以说明二者关联性。参见孙新周：《鸱鸮崇拜与华夏历史文明》，载《天津师范大学学报》（社会科学版）2004年第5期。
⑦ 〔汉〕司马迁：《史记》，中华书局，1959年，第91页。

是契之父,暗示二者相通。而誉即帝俊已成学界共识。① 古史神话中的帝俊正是一位鸟性大神,《大荒东经》云:"有五采之鸟,相向弃沙,惟帝俊下友。帝下两坛,采鸟是司。"② 吴其昌先生早已指出:"盖商民族心中之始祖,为天降鸟喙人神之神,宜其名夋。后世或以始祖为玄鸟,或以为帝俊。不知帝俊、帝喾、玄鸟,并为一身。"③ 据韩伟④、孙新周⑤、叶舒宪⑥等学者撰文考证,玄鸟即鸱鸮。那么在"辛"两侧添加鸱鸮标志性的造型符号——锐目,正是对帝喾的玄鸟神性予以标明。

需要补充一点,甲骨文中有一尚未得到辨识之字,🐦(《合集》11501),其左侧为一大鸟,约占字构三分之二,作侧身蹲踞状,屈膝团爪,长尾下垂,对鸮目、尖喙予以突出表现,造型与殷墟文物中的鸱鸮形象接近,字右下方为一"商",此字明显在强调商族与玄鸟图腾的渊源关系,或许表达的正是"玄鸟生商"的神话叙事。"🐦"与"🦅"字近类,均将"商"字与鸱鸮元素加以结合,二者涵意相通,故笔者认为"🐦"字为"商"之异构。赛克勒美术馆藏有一件柄形器(编号S1987.621),柄形器上方栖伏一只鸱鸮,将玉鸱鸮与柄形器二者结合为一器,与"🐦"字形构近类,更为我们论证玄鸟鸱鸮与帝俊及祖灵崇拜的内在联系,提供了很好的实物证据。(图5)

以上解决了"辛"字的问题,关于"商"字下方"丙"的释义,笔者接受张光直先生释作祭几的说法,也同意其对"口"字符的解读。按此,"商"字表征的就是柄形器竖置供奉 图5 赛克勒美术馆藏柄形器于祭几上进行祖灵祭祀的场景。(图6)若"商"字下面有口,当指祭祖之人口中念念有词。简言之,"商"就是祖灵祭祀。这与张光直先生提出"商"为祖先形象立于祭几上的观点较为接近,惟张先生释"辛"为祖先正面人像,笔者认为"辛"可明确为祭祖玉礼器——柄形器。

从考古材料看,玉柄形器发现数量甚多,如殷墟妇好墓出土柄形器达34件,且这种玉器流行贯穿殷墟各期,普遍出现于各等级墓葬之中。将殷墟社会最常见的玉器作为商王朝、商族名号的主要构形部件当然是合乎逻辑的。《礼记·表记》云:"殷人尊神,率民而事神,先鬼而后礼。"⑦ 祖先神灵崇拜,是商代宗教信仰最突出的特色。商人尊奉王室祖先为

---

① 韩江苏、江林昌:《〈殷本纪〉订补与商史人物徵》,中国社会科学出版社,2010年,第44—46页。
② 袁珂:《山海经校译》,上海古籍出版社,1985年,第247页。
③ 吴其昌:《卜辞所见殷先公先王三续考》,见《吴其昌文集·史学论丛》(上),三晋出版社,2009年,第157—158页。
④ 韩伟:《论甘肃礼县出土秦金箔饰片》,载《文物》1995年第6期。
⑤ 孙新周:《鸱鸮崇拜与华夏历史文明》,载《天津师范大学学报》(社会科学版)2004年第5期。
⑥ 叶舒宪:《玄鸟原型的图像学探源——六论"四重证据法"的知识考古范式》,载《民族艺术》2009年第3期。
⑦ 〔清〕阮元校刻:《十三经注疏》,中华书局,1980年,第1642页。

神（尤其重视先公、先王），相信祖先死后可以到达神界，并且继续监控、庇佑人间，这是商人进行祖灵祭祀的基础。如商人神话信仰中至上神帝俊，就是卜辞所见的高祖"夋";[①]卜辞中还有证明"河"（河神）、"岳"（岳神）为商人高祖的证据，如"辛未贞：求禾高祖河，于辛巳酒燎"（《合集》32028）。说明部分商人王室祖先在身死之后即进入神话信仰系统，成为自然神。从卜辞上看，最受到商人崇拜的是祖先神，其祭祀祖先神要比祭祀其他神祇频繁得多，仪式要隆重得多，祀典也非常的繁多。[②] 释"商"字为祖灵祭祀之会意，符合殷商时代的宗教文化背景。

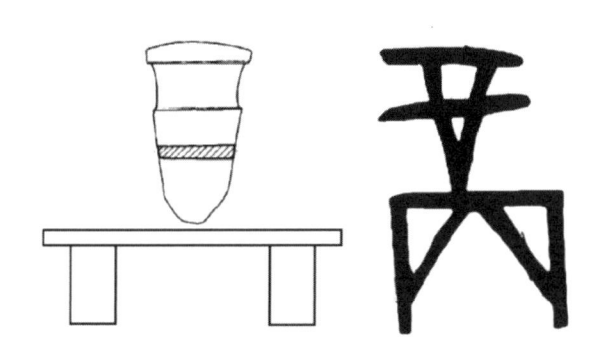

图6　柄形器立祭几与甲骨文"商"字

三、"龙""凤""仆""妾""童"冠"辛"之义

甲骨文"龙"字如 (《合集》6588)、 (《合集》27021)；"凤"字如 (《合集》13335)、 (《合集》21010)。二字头顶均有"辛"符，其形与"商"字所从之"辛"别无二致，应表示相近的意涵。

甲骨文"龙"字作高冠、弓身、蜷体、勾尾状。从"四重证据"即文物图像方面来看，此字与晚商玉龙的造型相类，如殷墟妇好墓M5：422，其中龙头之冠，呈蘑菇形，宽顶、束颈、直干，甲骨文"𐙓"应是其线条化写照。而玉龙的蘑菇形冠与柄形器也相近可比，二者上方均出现了明显的束颈，颈上多刻有两道横线，笔者认为蘑菇形冠与蘑菇本身无涉，而是经艺术处理，巧妙融入玉龙造型的柄形器。（图7）

晚商青铜器中的龙亦多具蘑菇形冠，如妇好墓M5：777青铜盘，盘内底饰蟠龙纹，龙头顶即有蘑菇形冠一双。（图8）商代玉器中，未见当世制作的玉凤，具有蘑菇形冠的禽鸟仅见鸱鸮，或许商人心目中的凤乃是鸱鸮。如妇好墓M5：354龙鸮复合形玉佩，此器最上为一龙，龙栖附于鸱鸮脊背，鸮爪抓攫下方神人羽冠，其中龙、鸮头顶均有蘑菇形冠。（图9）北京故宫博物院

图7　妇好墓M5：422玉龙

---

① 张开焱：《夔、䚈、夋、舜的演变关系再检讨》，载《湖北文理学院学报》2014年第1期。
② 常玉芝：《商代宗教祭祀》，中国社会科学出版社，2010年。

藏有一件晚商玉鸱鸮，直接照搬莲瓣纹柄形器作为头顶的高冠，更加说明了蘑菇形冠与柄形器的对应关系。（图10）卜辞所见动物字形者，仅见"龙""凤"二字冠"辛"，而殷墟出土动物题材器物中也只有龙、鸱鸮具备蘑菇形冠，这显现出"辛"与蘑菇形冠的内在联系，从而又印证了"辛"为柄形器象形的观点。

龙、凤为何头戴"辛"冠——柄形器？需要结合龙、凤的功能来认识。张光直先生曾指出商周青铜礼器上的动物是巫觋交通天地的动物助手形象，① 可从。作为此期青铜礼器的重要纹样题材，龙自然担负这一职能。

图8 妇好墓 M5: 777 青铜盘

图9 妇好墓 M5: 354 龙鸮复合玉佩　　图10 故宫博物院藏玉鸱鸮

关于凤，卜辞中有：

帝凤，九豕。（《合集》21080）

于帝史凤，二犬。（《合集》14225）

燎帝史凤，一牛。（《合集》14226）

翌癸卯，帝不令凤？贞：翌癸卯，帝其令凤？（《合集》672）

从上面几则卜辞可知，凤与帝关系密切，凤是帝的使者，凤听从帝的指令，凤是联系人神的媒介。

总而言之，在商人心目中，龙、凤具有上下天地、通灵达神的特殊功能。这也就不难理解晚商文字、玉器、青铜器中的龙、凤为何均以"辛"为冠。"辛"字之取象原型——玉柄形器，属于沟通神、人，联系圣、俗的媒介器物。某种程度上讲，柄形器正是一种可与神界交换认同信息——发射、接收神圣信号的"天线"。龙、凤头顶之"辛"冠，正是二者借以交通上下的神物，抑或作为龙、凤上下天地、通灵达神的能量标志。《论衡·龙虚》云："'龙无尺木，无以登天。'又（文）曰'升天'，又言'尺木'，谓龙从木中升天

---

① 张光直：《濮阳三蹻与中国古代美术上的人兽母题》，载《文物》1988年第11期。

也。"① 孙机先生认为商代龙题材文物的"辛"形冠，属于一类微型的"通天柱"，是龙升天通神的依凭，正是"尺木"。②通过上述分析，可知所谓"尺木"之说，实为后人对于商代传统原型文化符号的再编码，但"尺木"与柄形器的主要功能基本一致。

卜辞中除"龙""凤"外，还有"仆""妾""童"等字以"辛"为冠。"仆"字如 ![字] (《合集》17961)，"妾"字如 ![字] (《合集》657)，"童"字如 ![字] (《合集》30178)。学术界大多解读此三字与犯罪或奴隶相关，其头顶之"辛"为刑具或有罪的标志。③ 但如此就不能解释商人为何在自己神圣的国号、族名上方置以"辛"。关于"![字]"，宋镇豪先生敏锐地指出这个字像一位头戴玉饰、臀后有尾饰的巫觋，正在双手捧奉箕形器中冒气的热物向神灵祭祀。④笔者基本同意此说，再做些补充："![字]"曲腿蹲踞的造型，与卜辞中"![字]"字（《合集》637）相类，张开焱先生释此字为"夋"，即商人高祖神帝俊。⑤ "![字]"可能是一位正在行法通神的巫师，蹲踞的姿态是在模仿帝俊，巫师臀下之尾，当为鸟尾，佩鸟尾也是在模仿帝俊，因为帝俊亦即玄鸟。"![字]"头顶的"辛"冠，是巫师通神法力的象征，也可作为从事神职的标志。那么同样冠"辛"的"妾""童"身份应与"仆"接近，均属巫师等神职人员。⑥ 结合卜辞中关于"妾""童"进行祭祀、巫术活动的记载，可以印证上面对二者神职身份的推测。

有关"妾"的卜辞如：

出于王亥妾。（《合集》660）

出妾于匕（妣）己。（一《合集》904）

戊午卜，□：出且（祖）乙妾匕（妣）己一羊、二豕。 （一二《合集》19931）

出且（祖）丁妾匕（妣）己豕。（《合集》19931）

自乙且（祖）妾又。（《合集》32165）

壬寅卜：祝于匕（妣）庚眔小妾…（一《屯南》1060）

在以上卜辞中，"妾"均为参与祭祀先祖、先妣的神职人员，其中的"出"为商代的一种祭祀祖先神灵的祭名。

有关"童"的卜辞如：

□申卜：其去雨于□童，利。（《合集》30178）

此处的"童"应是在进行祈雨巫术。

除此之外，卜辞中还有一未识之字，如 ![字] (《合集》22399)、![字] (《合集》22451)。此

---

① 黄晖：《论衡校释》，中华书局，1990年，第289页。
② 孙机：《蜷体玉龙》，载《文物》2001年第3期。
③ 郭沫若：《释干支》，见《甲骨文字研究》，科学出版社，1962年。
④ 宋镇豪：《甲骨文中所见商代的墨刑及有关方面的考察》，见中国社会科学院考古研究所：《考古学集刊》（15），文物出版社，2004年，第53页。
⑤ 张开焱：《夒、嚳、夋、舜的演变关系再检讨》，载《湖北文理学院学报》2014年第1期。
⑥ 朱凤瀚先生也认为妾、童在商代未必是奴隶。 参见朱凤瀚：《说殷墟甲骨文中的"龙"字及相关诸字》，载《故宫博物院院刊》2000年第6期。

字为躬身人形符，头顶"辛"形冠，双手执奉一器，应在行祭祀之事，其身份显然与宗教神职相关，手持之物很可能为礼神的玉器。

具有蘑菇形冠的人形在晚商青铜器上的确存在，美国弗利尔美术馆藏人面盉（编号：F1942.1），器盖作人面，器身为龙体，这种人首龙身的器物显然在描绘神巫的形象，其头顶即有一对蘑菇形冠，与商代玉器、青铜器上龙、鸮（凤）之冠如出一辙。（图11）这尊青铜器与甲骨文中的冠"辛"人形诸字形成呼应。

图11 弗利尔美术馆藏人面盉

叶舒宪先生指出，甲骨文本质上属于象形写意文字，其保存着造字之初的大量集体表象、象征意象和模拟性形象[①]，因此在相当程度上遗留有神话思维的诸多元素。以早期文化文本的编码作为原初编码，后来出现的文字文本就是在文化文本的原初编码基础上进行承传延续，属于次级编码。建构了文化文本的原初编码，人类文明中逐次出现的文字文本，诸如甲骨文、金文等，都可以在原初编码的意义中，获得一种原初意义的源流传承与融会贯通，甚至可以结合玉器等物质符号形象，来重新解释不可识读的甲骨文、金文符号。本文就是在玉文化文本原初编码基础上，利用大传统的玉器符号原型与甲骨文字互阐互证，对甲骨卜辞文字文本进行神话学阐释的初步探索。

---

① 叶舒宪：《原型与汉字》，载《北京大学学报》（哲学社会科学版）1995年第2期。

"武乙射天"与晚商政局之考辨

——以"屯南"卜辞为中心

柴克东

20 世纪 20 年代初,王国维利用新发现殷墟卜辞佐证了《史记·殷本纪》有关商王世系的准确性,由此也进一步增强了史学界对于《殷本纪》中记载历代商王事迹作为"实录"的信心。《尚书·多士》曰"惟殷先人,有册有典",这些商代典册上的商王世系,可能辗转流传至西汉,被司马迁采录进《史记》当中。但西汉去殷商 800 余年,历代商王事迹在经两周史官的修整后,必定会有所损益,尤其是当周人以胜利者姿态去撰写前代历史时,难免会出现令子贡所感慨的"纣之不善,不如是之甚也"的情形。事实上,不独纣王的事迹遭到史官赠饰,《殷本纪》记载武乙因射天而遭天谴之事,也明显充满了奇异的神话色彩。幸运的是,地不爱宝,山川呈瑞,20 世纪 70 年代初发现的小屯南地卜辞(以下简称"屯南"卜辞),为揭开"武乙射天"的神秘面纱提供了难得的信史材料。笔者不揣固陋,尝试借助"屯南"卜辞对晚商政局及商周关系之演变作一检讨,庶几可补文献记载之缺憾。

一、"射天"与"射侯":古代战争中的厌胜之术

《史记·殷本纪》载武乙暴虐无道,其文曰:

> 帝武乙无道,为偶人,谓之天神。与之博,令人为行。天神不胜,乃僇辱之。为革囊,盛血,卬而射之,命曰"射天"。武乙猎于河渭之间,暴雷,武乙震死。①

历来论武乙者均信其震死之事乃不敬天而遭天谴,如《汉书·郊祀志》谓"帝乙嫚神而震死",颜师古《注》"帝乙,武乙也"。②

"射天"之事还见于宋康王,如《吕氏春秋·壅塞》曰:"宋王筑为蘗帝,鸱夷血,高悬之,射着甲胄,从下血坠流地。左右皆贺曰:'王之贤过汤、武矣。汤、武胜人,今王胜天,贤不可以加矣。'"高诱《注》"宋王,康王也"。③《史记·宋微子列传》:"(宋)君偃十一年,自立为王。东败齐,取五城;南败楚,取地三百里;西败魏军,乃与齐、魏为敌国。盛血以韦囊,悬而射之,命曰'射天'。淫于酒、妇人。群臣谏者辄射之。于是诸侯皆曰'桀宋'。"④ 偃即宋康王之名。

---

① 〔汉〕司马迁:《史记》,中华书局,1959 年,第 104 页。
② 〔汉〕班固:《汉书》,中华书局,1962 年,第 1193 页。
③ 许维遹:《吕氏春秋集释》,中华书局,2018 年,第 633 页。
④ 〔汉〕司马迁:《史记》,中华书局,1959 年,第 1632 页。

除射天之外，古人还有射侯之俗。所谓射侯，陈槃释云："以射制服诸侯之谓也。"①盖侯之本义为"矦"，像人持矢守边之意，后演变而为诸侯。射侯者，以布画诸侯之像，射之以使其驯服。《太平御览》卷七百三十七引《太公金匮》曰："武王伐殷，丁侯不朝。太公乃画丁侯于策，三箭射之。丁侯病困，卜者占云：'祟在周。'恐惧，乃请举国为臣。"②又《史记·封禅书》曰："苌弘以方事周灵王。诸侯莫朝周，周力少，苌弘乃明鬼神事，设射狸首。狸首者，诸侯之不来者。"裴骃《集解》曰"狸，一名不来"。③以上所引皆《封神演义》第四十八回《陆压献计射公明》情节之原型。

史籍所载之射天、射侯，实即古人惯行的厌胜之术。弗雷泽在《金枝》中将此种巫术统称为交感巫术，其说云："在各种不同的时代，许多人都曾企图通过破坏或毁掉敌人的偶像来伤害或消灭他的敌人。他们相信，敌人将在其偶像受创伤的同时，本人也受到伤害，在偶像被毁掉的同时，本人也会死去。这可能是'同类相生'这个原则最常见的应用了。只要从大量事实中列举少数例证，即可说明这种习俗在全世界流传之广和持续年代之久。"④基于此原则，古人认为一个盛血的皮囊、一张肖像，都代表原型本身，对皮囊和肖像进行的任何惩罚行为都可以影响到其原型。

宋康王为殷人之后，其射天行为若非史家杜撰，则足以证明殷人及殷裔并无"天神"偶像崇拜。许倬云指出："天神祭祀遍布甘陕，说明了天神崇拜的地域性。"⑤笔者认为，武乙射天之举即武乙针对以"天"为偶像的西部方国进行的旨在削弱对方力量的一种交感巫术。屈万里曾云："就先王'行事'之特征，而追命以'名符其实'之号，殷人已优知之。"⑥武乙之得名，实即源于武乙与西部方国之间旷日持久的战争。此一段历史，除《竹书纪年》有零星记载外，史书记载完全阙如。幸运的是，卜辞、金文中的相关记载可补文献之不足。

二、"屯南"卜辞所见武乙时期的对外战争

关于武乙、文武丁时期的卜辞，过去甲骨学界争议比较大的是对"历组"卜辞的断代。李学勤、裘锡圭、林沄、黄天树等先生认为历组卜辞的年代在武丁晚期至祖庚早期⑦，曹定云、刘一曼等学者则认为历组卜辞的年代主要在武乙、文丁时期⑧。20世纪70年代至21世

---

① 陈槃：《"侯"与"射侯"》，见《"中研院"历史语言研究所集刊》（第22本），1950年，第121页。
② 〔宋〕李昉：《太平御览》，中华书局，1960年影印宋本，第3267—3268页。
③ 〔汉〕司马迁：《史记》，中华书局，1959年，第1364页。
④ ［英］J. G. 弗雷泽：《金枝——巫术与宗教之研究》，汪培基、徐育新、张泽石译，商务印书馆，2012年，第27—28页。
⑤ 许倬云：《西周史》，生活·读书·新知三联书店，2012年，第122页。
⑥ 屈万里：《谥法滥觞于殷代论》，见《"中研院"历史语言研究所集刊》（第13本），1945年，第224页。
⑦ 李学勤：《论"妇好墓"年代及有关问题》，载《文物》1977年第11期；裘锡圭：《论"历组卜辞"的时代》，《古文字研究》（第6辑），中华书局，1981年，第263—321页；林沄：《小屯南地发掘与殷墟甲骨断代》，见《林沄文集》（文字卷），上海古籍出版社，2019年，第21—59页；黄天树：《殷墟王卜辞的分类与断代》，文津出版社，1991年，第187页。
⑧ 曹定云：《论武乙、文丁祭祀卜辞》，载《考古》1983年第3期。

纪初，随着小屯南地甲骨卜辞的不断出土，学者们逐渐倾向于认同后一种观点，即认为历组卜辞中的绝大多数是武乙、文丁时期的卜辞，只有极少数可定为康丁时期。① 曹定云、刘一曼在近期的研究中通过对历组卜辞中的父祖称谓、类型、出土地层多方面的考证，再一次重申历组卜辞的年代为武乙、文丁时期的立场，并指出除历组卜辞外，还有少部分无名组卜辞、黄类卜辞、何组卜辞也可能在武乙、文丁时期。② 常玉芝先生对此评价说："持'历组'卜辞为武乙、文丁卜辞的学者，给出了充分而翔实的论据。"③ 另黄天树将一些"无名黄间类"和"何组二类"的卜辞也定为武乙时期④，但由于无名黄间类卜辞主要记王田猎之事，何组二类卜辞数量很少，故本文的讨论主要以历组卜辞和少数无名组卜辞为据。

早在 20 世纪 50 年代，陈梦家与日本学者岛邦男曾先后对五期卜辞中的方国数目有过详细考证。岛氏尤其注重对五期卜辞中的商王室敌对方国与附属方国进行甄别。半个世纪以来，随着五期断代研究逐渐被贞人分组研究所取代，陈先生和岛氏的一些观点也遭到甲骨学界的扬弃。例如，岛氏考证武乙、文丁时期受商王征伐的方国有 16 个，这些方国中的绝大多数也同样出现在武丁时期。⑤ 岛氏对此没有做出解释。事实上，由于岛氏误将子组、自组、午组等原本属于武丁时期的卜辞定在武乙、文丁时期，导致其考证的许多方国其实属于武丁时期。⑥ 在对历组卜辞进行仔细研读后，笔者认为武乙、文丁时期受征伐的方国至少有 13 个，分别是召方、竹方、土方、𧴪、夷方、井方、䚄方、羌方、龙方、蝉方、絴方、大方、北方。⑦ 以下笔者将综合前辈学者的研究成果，对武乙与这些方国之间的战争进行还原，以此对武乙谥号"武"的缘由做出解释，并为后文继续讨论武乙射天提供史实依据。

（一）召方

武乙时期的卜辞中，见征伐次数最多的方国是召方。召字甲骨文作 ⚇ 或 ⚇。陈梦家认为召方即西伯戡黎的"黎方"，地在壶关兰亭，与安阳殷都隔太行山东西相望。⑧ 岛邦男认

---

① 参看郭振禄：《小屯南地甲骨综述》，载《考古学报》1997 年第 1 期；刘一曼、曹定云：《三论武乙、文丁卜辞》，载《考古学报》2011 年第 4 期。

② 曹定云、刘一曼：《四论武乙、文丁卜辞》，载《考古学报》2019 年第 2 期。

③ 常玉芝：《殷墟甲骨断代标准评议（二）——关于"历组"卜辞的时代问题》，见《甲骨文与殷商史》，上海古籍出版社，2019 年，第 101 页。

④ 黄天树：《殷墟王卜辞的分类与断代》，文津出版社，1991 年，第 235、294 页。

⑤ ［日］岛邦男：《殷墟卜辞研究》，濮茅左、顾伟良译，上海古籍出版社，2006 年，第 814 页。

⑥ 黄天树先生指出："旧以为第四期的自组、子组、午组等卜辞实际上是武丁时期的……董先生以为第四期的武乙、文丁卜辞，除了少量前辞作'干支卜贞'的武乙田猎卜辞之外，便被抽空了，'五期'框架中的第四档几乎成了'空档'。"（详见黄天树：《殷墟王卜辞的分类与断代》，文津出版社，1991 年，第 235 页）在小屯南地卜辞发现之前，真正的武乙卜辞数量非常稀少，所以岛氏对第四期卜辞的考证实际上是靠不住的。

⑦ 值得一提的是，"屯南"卜辞中频繁出现的"方"字，传统的解释依据陈梦家先生的意见，认为指位于晋南的一个名为"方"的方国（详见陈梦家：《殷虚卜辞综述》，中华书局，1988 年，第 270 页）。但美国汉学家夏含夷先生（EdwardL. Shaughnessy）认为卜辞中的"方"非指方国，而是"旁"之假借，其说曰："方之原义可定位旁边之旁。在卜辞用语中，此乃申引为殷畿之边地区；再申引之，即为住在边地区之人。"详见［美］夏含夷：《释"御"方》，见《古史异观》，上海古籍出版社，2005 年，第 88 页。

⑧ 陈梦家：《殷虚卜辞综述》，中华书局，1988 年，第 287 页。

为召方即召公奭的采地，位于殷都西南的召城附近。① 按岛氏所言召为召公采地说法可从，但其方位似不当远至殷都西南。《水经注·渭水》云"雍水又东径召亭南，……故召公之采邑也"，故召地当在陕西岐山县西南。② 卜辞显示，武乙时期对召方主要采取主动征伐的战略，武乙有时甚至会亲自督战，辞例如下：

（1）丙子卜：今日祟召方幸？
其雨？
庚辰卜：不雨？
庚辰卜：令王族比𠚑？
弜追召方？
弜□？
弗受佑？③
（2）庚申贞：于丙寅敦召方，受佑。在……（？）。
贞：……丁卯敦召方，受佑？
壬戌贞：🌱以众𠚑伐召方，受佑？（《屯南》1099）
（3）庚午贞：辛未敦召方，易日？允易日，弗及召方。④
（4）辛亥贞：王燎□征召方？
癸丑贞：王征召方，受佑？
乙卯贞：王征召方？
丙辰贞：王征召方，受佑？
其正？（《屯南》4103）
（5）丁卯贞：王比沚［戜］伐召方，受□？在祖乙宗卜，五月。兹见。
弜□？
辛未贞：王比沚戜伐召方？
丁丑贞：王比沚戜伐召？

"征""伐"在卜辞中常见，其用法与经传中相同，均表示主动出击之义。"𠚑"在卜辞中有两种用法，一为动词，一为官职名。⑤ 姚孝遂、肖丁说："'𠚑'用作动词时，乃指某种具体的军事行动而言，《金》508：'舌方其来，王逆伐'，逆伐谓迎击。'𠚑伐'疑为追击之义。"⑥ 与之相似的术语还有追、敦、及。"追"字，甲骨文作🦴，杨树达谓："象师

---

① ［日］岛邦男：《殷墟卜辞研究》，濮茅左、顾伟良译，上海古籍出版社，2006 年，第 777—778 页。
② 陈桥驿：《水经注校证》，中华书局，2007 年，第 441 页。
③ 中国社会科学院考古研究所编：《小屯南地甲骨》，中华书局，1980 年，第 190 片。后文引此书均以"《屯南》+ 片号"表示，不另加脚注。
④ 郭沫若主编，中国社会科学院历史研究所编：《甲骨文合集》（第 11 册），中华书局，1982 年，第 33028 片。后文引此书均以"《合》+ 片号"表示，不另加脚注。
⑤ 𠚑作职官名时专指"射𠚑"，饶宗颐先生说："𠚑为射官，故称'射𠚑'，此冠官名于人名前之例。"详见饶宗颐：《殷代贞卜人物通考》，见《饶宗颐二十世纪学术文集》，中国人民大学出版社，2009 年，第 367 页。
⑥ 姚孝遂、肖丁：《小屯南地甲骨考释》，中华书局，1985 年，第 121 页。

在前而人追逐之，盖追字用于战阵，见追者必为人也。"① 第（1）辞丙子日占卜内容是卜问战斗前的相关事宜。"祟"字，郭沫若谓有杀义②，故"祟召方幸"意为"以召方之俘虏作为人牲"。庚辰日卜问的内容是："是否令弭追击召方？"由该辞可知武乙时与敌方作战之前有杀俘以压胜敌方之仪式，此与武乙射天性质相同，为交感巫术之一种。

"敦"字有迫伐之意，文献和金文常见"敦伐""敦搏"之语，如《诗·常武》"铺敦淮濆"，《韩诗》作"敷敦淮濆"，铺、敷通假，敷即《诗·六月》"薄伐玁狁"之薄，亦即金文之"扑"字。宗周钟"王敦伐其至，扑伐厥都"③，不娶簋盖（《集成》4329）"女彶戎大敦搏"，都是指逼近敌军搏杀之意。所以第（2）辞是卜问在丙寅日这天逼近讨伐召方，是否受佑。

《说文》："及，逮也。"金文及字又作"彶"，上引不娶簋盖之"彶"可释为追义。又保卣铭文（《集成》5415）有"王令保及殷东国五侯"，此及字似不能释为追，当释为伐。及与追、伐义同，均用为主动出击时的语词。第（3）辞是在庚午日卜问次日辛未日要敦伐召方，天气会晴朗吗？④ 结果辛未日天气果然晴朗，但没有追上召方军队。由此可知"追"和"及"的区别，在于"追"表示追逐过程，而"及"则表示追逐结果。

第（4）辞"燎"字后可能是某位先王的日干名，意为向先王举行燎祭以告征伐召方事，祈求先王佑助。下面几辞反复卜问对召方的征伐是否顺利，足见商王对于此次军事行动之重视。

甲骨文"比"字写作 ，像二人屈体相暱；"从"字写作 ，像二人前后相随。就字形而言，二者难以区分。《合》6842 一辞，屈万里读为"王比望乘伐下旨"⑤，杨树达读为"王从望乘伐下旨"⑥。但就文理言之，卜辞中比、从之义当有所区别。以上引卜辞为例，屈先生释比为亲信、信任之意，谓："卜辞有曰比某人，或勿比某人者，皆卜其人之是否可亲信也。"⑦ 如从屈先生之说，则上辞当释为"王信任望乘攻伐下危"。杨先生则曰："此言王使望乘随王行而往伐，非谓王随望乘行也。此种用法之从字，传注家或释为'领'。《史记·春申君列传》云：'吴之信越也，从而伐齐。'索隐云：'从音绝用反。刘氏云：从犹领也。'按《史记》文谓：吴信越，故从越伐齐，谓率领越国伐齐，乃越跟随吴，非吴跟随越也。以今日口语释之，即'吴国带了越过伐齐国'也。"⑧ 两相比较，当以杨说为长。因此，第（5）辞王反复贞问的内容是是否要带领沚或去攻伐召方。

上引卜辞可证，武乙对召方主要采取主动攻伐战略，且多次御驾亲征，足见地处岐山

---

① 杨树达：《积微居甲文说·卜辞琐记》，中国科学院，1954 年，第 16 页。
② 郭沫若：《卜辞通纂》，见《郭沫若全集·考古编》（第 2 卷），科学出版社，1982 年，第 87 页。
③ 中国社会科学院考古研究所编：《殷周金文集成》（修订增补本），中华书局，2007 年，第 260 器"宗周钟"。下文引此书以"《集成》+器号"表示，不另加脚注。
④ "易日"的意思是"锡日"，即卜问帝是否会在久雨后放晴。详见饶宗颐《殷代贞卜人物通考》，见《饶宗颐二十世纪学术文集》，中国人民大学出版社，2009 年，第 76 页。
⑤ 屈万里：《甲骨文从比二字辨》，见《中央研究院历史语言研究所集刊》（第 13 本），商务印书馆，1948 年，第 214 页。
⑥ 杨树达：《积微居甲文说·卜辞琐记》，中国科学院，1954 年，第 21 页。
⑦ 屈万里：《甲骨文从比二字辨》，见《中共研究院历史语言研究所集刊》（第 13 本），商务印书馆，1948 年，第 214 页。
⑧ 杨树达：《积微居甲文说·卜辞琐记》，中国科学院，1954 年，第 21 页。

的召方对商王室的威胁之重。但在武丁时期的卜辞中，却少见伐召方之事，这暗示征召方是武乙在位期间特别制定的一项军事策略。考虑到召公奭对周代立国做出的巨大贡献，武乙的此项政策可能有敲山震虎之意。许进雄认为商人针对召方的军事行动其实是对周人的外围采取的削蔺手段①，此说极具启发性，但尚需联系武乙时期对西部地区的政策做综合判断。

（二）竹方

竹方是武乙时期临近召方的一个敌对方国，卜辞显示竹有时会与召方结盟来侵扰商，辞例如下：

（6）乙未卜，贞：召来，于大乙征
乙未卜，贞：召方来，于父丁征？
乙未卜，贞：竹来以召方，于大乙束？（《合》1116）

（7）□□卜，贞：竹来以召方，叙于大乙？（《合》4317）

竹方与商王室的关系时叛时服，《乙》4525 有"竹入十"，意为竹对商有所进献。又《粹》918"……取竹刍于丘"，是商对竹有所求索，"刍"指牲畜而言。由此可见，竹与召结为同盟而侵略商，是对商的一种叛离行为。后期卜辞没有出现伐竹方之事，表明竹可能已被武乙所征服。

卜辞中的"竹"即孤竹国之前身。竹与召关系之紧密，还可借助铜器铭文进行佐证。1974 年，辽宁喀左北洞村一号坑出土了一批殷末周初的青铜器②，唐兰最先指出，这批青铜器的所有者可能是古代的"孤竹国"③。曹定云以妇好墓出土石磬铭文以及金文族徽为据，进一步证明金文中的"孤竹"即殷商时期的"竹方"，在经历殷周变革后，竹方分裂成若干新氏族，孤竹为其中最为显赫的一支。④ 喀左出土的这一批孤竹国青铜器与燕国青铜器同出，说明西周建国后，竹因为与召关系紧密，在周成王分封召公之后于燕时，竹国之人与召氏大宗共同前往燕地。孤竹国在两周时期经历多次迁徙，其足迹所至，均体现出与当地文化合流的特征。崔向东指出："孤竹文化属于华夏文化体系，是商周文化的一部分。孤竹地处中原农耕文化和北方游牧文化的结合地带，这里多民族杂居，因此孤竹文化又受游牧文化影响，具有多元性。孤竹文化呈现出以商周华夏文化为基调和底色，吸收、融合其他民族文化的多元文化特色。"⑤ 这是很有见地的考证。

实际上，孤竹国在西周时的大规模迁徙是与燕国的命运息息相关的。西周中叶以后，北方的山戎与东胡等强族开始入侵由燕国所控制的燕山南北地区，燕国迫于压力开始退出冀北、辽西，冀北遂为山戎所占，而辽西则为东胡所居。居住冀北、辽西一带的孤竹族群或与东胡融合，或与山戎融合，或迁徙之别地。至东周时期，生活在东胡与山戎夹缝之中的孤竹人仍然保留着其族群固有鲜明特征。刘子敏以辽西地区存在的多种考古遗存为依据，

---

① 许进雄：《修订武乙征召方日程》，见《古文字研究》（第 20 辑），中华书局，2000 年。
② 辽宁省博物馆：《辽宁喀左县北洞村发现殷代青铜器》，载《考古》1973 年第 4 期。
③ 唐兰：《从河南郑州出土的商代前期青铜器谈起》，载《文物》1973 年第 7 期。
④ 曹定云：《殷代的"竹"和"孤竹"——从殷墟"妇好"墓石磬铭文论及辽宁喀左北洞铜器》，载《华夏考古》1988 年第 3 期。
⑤ 崔向东：《论商周时期的孤竹国——辽西走廊古族古国研究之一》，载《甘肃社会科学》2019 年第 3 期。

指出："在东周时期孤竹人的活动区内，既出土过东湖人特有的匕首式直刃青铜短剑，同时还有燕国风格的各种器物，而后者最终覆盖了孤竹人的活动区。"① 总之，自殷商时期作为殷人附属国的竹方在经历殷周革命、两周巨变的历史波澜后，仍然能够顽强地存活于强族之间，体现出其自身的韧性和活力。由文献、卜辞、金文以及考古证据形成的多重证据，使我们有机会对竹方的命运沉浮有了深入认识。

（三）土方

陈梦家认为，卜辞中的土方即两周时期的杜国，其地望在沁阳西北。岛邦男以"九日辛卯，允有来艰自北，㠱妻笒告曰：土方侵我田十人"（《合》6057）为据，认为"自北"即指土方，故土方位于北方，其具体位置在舌方之东，即位于殷北。② 陈槃在考证杜国之存灭时援引《殷虚卜辞综述》，认为陈梦家所云土方即杜国的说法可从，唯其地望，则认为岛氏的说法更为合理。不过陈槃进一步指出，土方在武丁时期受到征伐后遂西迁至杜陵古城，地在今西安东南十五里。③ 陈梦家和岛邦男二氏均认为土方在武丁之时被彻底征服，其后不见有征伐事。但小屯南地甲骨出土后，仍记有武乙伐土方之事，辞例如下：

（8）己酉贞：王亡㞢擒土方。（《屯南》994）

癸亥贞：王其伐𢀛羊，告自大乙。甲子自上甲告十示又一牛。兹用。在某四隹。

（9）弜兽乡，其令伐土方。（《屯南》1005）

（10）己丑贞：王寻告土方于五示，才衣，十月卜。

己丑贞：……

甲子贞：王比沚或……

弜（勿）比……（《屯南》2564）

第（8）辞具体意义难解，大意是卜问伐土方是否有所擒获。第（9）辞是武乙命令弜伐土方。第（10）辞被刻于一整块牛肩胛骨上，泐损严重，从凿、灼之迹象来判断为文武乙时卜辞。依据商王征伐某地的常例，首先要告祭祖灵以求佑助，其次则卜问天气，最后卜问派何人前往征伐，故以上引第（1）辞来解读（10）辞，大意是：己丑日向先王告祭攻伐土方事，次则卜问天气；甲子日卜问派沚或还是派弜前往征伐土方。总之，土方在武乙、文丁时期仍受到商的征伐，不过战争规模已大不如武丁之时。值得注意的是，弜、沚或所征之国多位于殷西北。祖庚、祖甲、康丁之世均不见有征伐土方事，并非因为土方已被完全消灭，而有可能是因为土方在被武丁征伐后开始沿汾水向西南迁徙，最后定居于渭水之南的陕西杜陵。武乙之时由于对召方的大规模用兵，而土方又位于商都与召方之间，故为避免腹背受敌，土方必然会首先遭到武乙的征伐。周灭商后，封土方为伯爵。杜伯其人，《左传》《国语》《墨子》均有记载，其真实性不容怀疑。

（四）羌方

关于羌方地望，历来说法不一。董作宾指出："（商）西土，自帝邱以西，包括河南省

---

① 刘子敏：《孤竹不是游牧民族》，载《延边大学学报》（哲学社会科学版）1994年第1期。
② ［日］岛邦男：《殷墟卜辞研究》，濮茅左、顾伟良译，上海古籍出版社，2006年，第745页。
③ 陈槃：《春秋大事表列国爵姓及存灭表譔异》，上海古籍出版社，2009年，第865—869页。

的豫西、陕西中部和南部。……羌方，当更在其西。"① 陈梦家认为羌为流动性游牧民族，居无定所，其活动区域或在晋南，或在河内太行山附近。② 岛邦男则认为羌方位于殷都以西，舌方以南。③ 董、陈二人的观点已部分地被考古学证据所证实。李峰在比较辛店文化与晁峪·石咀文化后认为董氏所说西土以西的羌方与此二种文化类型相吻合，说明武丁时期对羌方的征伐已迫使羌人迁徙至关中以西。④ 需要补充的是，卜辞显示商人对羌方的征伐持续至乙辛时期，只不过武丁之后对羌方的征伐次数明显下降。这说明羌方的大部在武丁之世逐渐迁徙至关中以西，而小部分的羌人则仍然活跃在殷都附近。武乙时期对羌方的征伐时有发生，辞例如下：

(11) 庚寅贞：王令并伐商？

庚寅贞：叀令🌱伐商？

庚寅贞：叀🌱令伐□？

癸卯贞：🌱在□，羌方弗灾？

□□贞：🌱在井，羌方弗灾？（《屯南》2097）

(12) 迟伐羌方，于之擒，灾，不雉众。（《屯南》3038）

第（11）辞庚寅日卜问的内容是：王命令并伐商？命令🌱伐商？命令🌱伐商？癸卯日卜问的内容是：羌方不会在🌱所驻守的某地造成灾害吧？不会在🌱所驻守的井地造成灾害吧？这条卜辞也可以佐证陈梦家先生所说的羌人为游牧民族的观点。武乙之时还有少部分羌人生活在殷都西北。第（12）辞是文武丁时期的卜辞⑤，卜问内容是王令迟征伐羌方，是否有所擒获。总之，武乙之时所侵伐的羌方是仍然生活在殷都西北方的羌方，而不是已经迁徙至关中以西的羌人。

陈梦家先生早年指出，商王室对羌方的征伐，意义极为重大。由商人祭祀多用羌人为人牲来看，羌可能与夏后氏为同族之人。⑥ 陈先生的观点，很可能是正确的。商人在取代夏的政权后，对其后裔进行了残酷镇压以防止其复辟，在精神上也采取厌胜之术，即在祭祀时通过伐羌仪式，使羌人在神鬼世界也永远臣服于商的先公先王，这是商人神权统治的一大特色。

（五）商

殷墟遗址的发掘证实武丁至乙辛时期商人的都城位于安阳。卜辞中的商并非商都，这是甲骨学家们都认同的事实。卜辞中带有"商"的地名还有"大商"（《合》28103）、"大邑商"（《合》36348）、"天邑商"（《合》36535）"中商"（《合》20453）、"丘商"（《合》7838）。对于这些商，诸家说法不一。董作宾首先提出商为商丘的说法，陈梦家、岛邦男都认为董说可从。唯陈梦家对诸商作了区分，谓："商，丘商——今商丘附近；大邑商——今

---

① 董作宾：《殷代的羌与蜀》，载《说文月刊》1942 年第 7 期。
② 陈梦家：《殷虚卜辞综述》，中华书局，1988 年，第 282 页。
③ ［日］岛邦男：《殷墟卜辞研究》，濮茅左、顾伟良译，上海古籍出版社，2006 年，第 780 页。
④ 李峰：《先周文化的内涵及其渊源探讨》，载《考古》1991 年第 3 期。
⑤ 中国社会科学院考古研究所编：《小屯南地甲骨》，中华书局，1980 年，第 1061 页。
⑥ 陈梦家：《殷虚卜辞综述》，中华书局，1988 年，第 282 页。

沁阳附近；天邑商——可能为朝歌之商邑，今淇县东北；中商——可能在今安阳。"① 岛邦男则认为商、大邑商、天邑商、中商、大商、丘商都是指商丘而言，不必将它们进行细分。②比较而言，岛氏的观点似乎更为合理。大邑商、天邑商的名称直到乙辛时期才出现，此前绝无此两种称呼；中商的称谓只见于武丁时期的师组卜辞中，大商的称谓仅一见，丘商的称谓也仅见于武丁卜辞时，而商的称谓则贯穿五期卜辞。所以大商、丘商、中商、大邑商、天邑商只是不同时期的贞人集团对于商的习惯性称谓，事实上都是指商丘而言。③

商对于商人具有非同寻常的意义，这可以从商人得名看出。但武乙时期却出现了匪夷所思的事情，即武乙多次遣将伐商，除上引第（11）辞外，还有以下辞例记载伐商的史实：

（13）丁巳卜：王令并伐商。（《合》33065）

（14）乙酉卜，贞：王又册于祖乙。

□卯贞：今夕令伐商？（《合》33066）

（15）辛卯卜，贞：今夕令伐商？（《合》33067）

第（13）辞出现的"并"与第（11）辞出现的"并"为同一人，是武乙时期伐商的主要将帅之一。第（14）辞乙酉日的占卜是向祖乙册告伐商的消息，几日后卜问当天夜里伐商是否可行。第（15）辞是在辛卯日卜问当夜是否可以伐商。几条卜辞都使用具有主动攻击意味的词语"伐"，且卜问干支均异，说明伐商是武乙对商采取的主动军事行动，并持续了一段时间。那么，武乙为什么会对同族之人采取军事征伐呢？文献对此没有任何记载，我们只能根据卜辞进行推测。

甲骨文中的"子"族是与殷王室同姓氏的一族。卜辞中经常见到"子某""某子"的称谓，白川静认为被称作子某的人是殷一族的王子。④ 岛邦男则认为子是被封于各方的王的代理者，是后世的子爵之爵名的渊源。⑤ 经笔者粗略统计，武丁时期的卜辞中出现七十一位子某，在这些子中，子商出现的频率要远远高于其他子，武丁经常卜问子商的健康（《合》914）、子商捕获的猎物（《合》10315）、子商之妻的分娩（《合》14036）、子商受年（《合》371）等情况，足见子商的地位要高于其他子某，故子商极有可能是被派往商地的武丁之子。至武乙时期，子商的名称却在卜辞中消失，而出现另一称谓——侯商（《屯南》1066、1059）。殷商时期的诸侯主要配置于边境，除从事征伐外，还有监视方国动静并向殷王报告的职责。武乙时期"侯商"的出现说明武丁至康丁时期商王室的影响力在不断下降，过去由王子代理的中心之地现在已成为边境之地。因此，武乙对商的征伐就只能解释为侯

---

① 陈梦家：《殷虚卜辞综述》，中华书局，1988年，第258页。

② ［日］岛邦男：《殷墟卜辞研究》，濮茅左、顾伟良译，上海古籍出版社，2006年，第692—693页。

③ 按卜辞中的"商"地究指何处，是古文字学家们争讼已久的话题。除"安阳说"与"商丘说"之外，陈絜先生又力主"郜邑"说，其具体地望在汶水下游，今山东东平县接山镇郜城村一带。详见陈絜：《冉方鼎铭与周公东征路线初探》，见李宗焜主编：《古文字与古代史》（第4辑），台湾"中央研究院"历史语言研究所，2015年，第261—290页；陈絜、赵庆淼：《"泰山田猎区"与商末东土地理——以田猎卜辞"盂"诸地地望考察为中心》，载《历史研究》2015年第5期。

④ ［日］伊藤道治：《中国古代王朝的形成——以出土的资料为主的殷周史研究》，江蓝生译，中华书局，2002年，第53页。

⑤ ［日］岛邦男：《殷墟卜辞研究》，濮茅左、顾伟良译，上海古籍出版社，2006年，第896—881页。

商的叛变。这意味着一旦商失守,那么位于商以东和以南的方国就会乘虚而入,直逼殷都安阳。从乙辛时期将商作为征伐夷方的军事据点以及称之为大邑商来看,武乙对商的征伐是成功的。

(六) 夷方

卜辞中除第二期不见有征伐夷方事,其他四期均有。康丁、武乙时期征伐夷方的辞例如下:

(16) 于□田朝伐永、夷方,擒戈,不雉众?大吉。(《屯南》873)

(17) 王族其敦夷方邑🐚,左、右其🐚?

弜🐚其眹🐚,于之若?(《屯南》2064)

(18) 王其征夷方。(《屯南》2738)

第(16)辞是康丁时期的卜辞,卜问内容为征伐永方、夷方之事。永在第一期卜辞中是武丁的贞人,根据卜辞人地同名的现象,永方在武丁时期是商的属国。至第三期康丁时期受商的征伐,说明这一时期永方叛离商。第(17)辞是武乙时期的卜辞,🐚象双手拿着工具往下撞击,表击打之意。该辞的意思是:王族要敦伐夷方的🐚邑,从左、右两面夹击,会成功吗?弜要打击🐚地,会成功吗?第(18)辞显示武乙亲自征伐夷方。

按"夷"字在卜辞中的写法有🐚、🐚、🐚等,多数学者都认同"纣克东夷而陨其身"(《左传·昭公十一年》)及"商人服象,为虐于东夷"(《吕氏春秋·古乐》)的记载,因谓"夷"即"东夷",位于殷都以东。但金文常见东夷、南夷称谓,可知夷并非仅指东夷而言。师酉簋(《集成》4289)、訇簋(《集成》4321)铭文中有"西门夷、彙夷、秦夷、京夷、弁身夷"等诸夷,而师西和訇所管辖的区域都位于宗周附近,这说明夷方或夷人在殷周之际可能像羌人一样分居各地。《左传·文公六年》曰"晋搜于夷",杜《注》云"夷,晋地"①,又庄公十六年"晋武攻伐夷,执夷诡诸",杜《注》云"夷诡诸,周大夫;夷,采地名"。②按晋武公即曲沃武公,因其祖桓叔初封曲沃而得名。庄公十六年(前678),曲沃武公灭晋侯缗,以所或晋宝器贿赂周僖王,僖王遂命曲沃武公代晋而为晋侯,"武"乃谥号。但晋武公伐夷在其受封晋侯之前,故所伐之夷当在曲沃附近,据此可知殷周之际夷人非指东夷一处也。武乙时期受到征伐的夷方与庄公十六年被晋武公所征伐的夷国为同一地。

(七) 井方

"井方"即文献中的"邢",甲骨文和金文写作井、井。井方的地望,陈梦家认为在

---

① 〔唐〕孔颖达疏:《十三经注疏·春秋左传正义》卷十九上"文公六年"(据嘉庆二十年江西南昌府刻本影印),中华书局,2009年,第4002页。

② 〔唐〕孔颖达疏:《十三经注疏·春秋左传正义》卷九"庄公十六年"(据嘉庆二十年江西南昌府刻本影印),中华书局,2009年,第3846页。

山西河津县①，胡厚宣认为在散关之东、岐山之南②，陈槃以《韩诗外传》"武王伐纣，至于邢丘"为据，认为此邢丘即周公之子所封之邢国③，三人推测的邢国地望两两之间相距遥远。1978 年，河北元氏县出土的臣谏簋（《集成》4327）铭云"唯戎大出于軝，井（邢）侯搏戎"，李学勤、唐云明两先生认为铭文中的"邢"即周公子受封之邢地，其中心区域当在河北邢台④。但邢台位于安阳正北偏东约 100 公里处，武王伐商或不至于采取如此迂回的路线。此邢地得名，当与西周诸侯国得名相似，可能因封地改迁而封国之名袭旧，如卫康叔之例。商末尹光鼎铭文（《集成》2079）有"乙亥，王在𬇛，在彔次，……隹王征井方"之语，彔地即上引师酉簋铭文中的彔地，其地在宗周附近，因此井方当离彔地不远。井方在卜辞中出现次数较少，武乙时期征伐井方的辞例如下：

（19）乙卯贞：井方其🅇我戍？（《屯南》2260）

上辞的🅇字，姚孝遂先生谓："过去所见资料皆为地名或方国名，无例外，而此处则用为动词，较为特殊，辞义不明，可能与军事行动有关。"⑤《屯南》的编者认为："此字仅见，不识。在此片卜辞中用为动词，义殆属侵扰之类。"⑥ 因此这条卜辞卜问井方会不会侵扰我戍地。从前引第（11）辞"🅇在井，羌方弗灾"来看，武乙对井方的战役取得胜利，并在井地派遣🅇以监视羌方的行踪。这可能暗示武乙占领井方后在此地设置了侯，🅇就是第一任井侯。《帝王世纪》云"邢侯为纣三公，以忠谏被诛"，说明邢侯在纣王时期位置已经相当显赫。

（八）䉒方

帝辛时期的卜辞中将"盂方、羌方、𢀛方、䉒方"称为四邦方（《合》36528），岛邦男据此认为䉒方的地望靠近羌方，大概位于在殷都以西。⑦ 武丁至康丁时期的卜辞中有卜问䉒方受年（《合》9776）、商王出现在䉒地（《合》8175）等情况，说明这一时期䉒方是殷的属国。至武乙时期，发生䉒方反叛的事情，武乙遣将征之，辞例如下：

（20）攻启䉒方，其乎伐，其每，不🅇戈？引吉。（《屯南》2613）

于省吾先生说："甲骨文的征伐方国，往往用联盟方国的将领率军在前，而商王或妇好则比次在后以督阵，因而称前军为启。"⑧ 故上辞的意思是令攻先行征伐䉒方，会顺利吗？占卜结果大吉。武乙时期对䉒方的征伐是成功的，此后再无出现征䉒方事。

（九）龙方

岛邦男指出，卜辞中的龙方有二："其一在西北，与羌方相近，受殷征伐；其二在东

---

① 陈梦家：《殷虚卜辞综述》，中华书局，1988 年，第 288 页。
② 胡厚宣：《殷代封建制度考》，见《甲骨学商史论丛初集》，河北教育出版社，2002 年，第 70 页。
③ 陈槃：《春秋大事表列国爵姓及存灭表撰异》，上海古籍出版社，2009 年，第 328 页。
④ 李学勤、唐云明：《元氏铜器与西周的邢国》，载《考古》1979 年第 1 期。
⑤ 姚孝遂、肖丁：《小屯南地甲骨考释》，中华书局，1985 年，第 102 页。
⑥ 中国科学院考古研究所编：《小屯南地甲骨》，中华书局，1980 年，第 994 页。
⑦ ［日］岛邦男：《殷墟卜辞研究》，濮茅左、顾伟良译，上海古籍出版社，2006 年，第 809 页。
⑧ 于省吾：《甲骨文字释林》，中华书局，1979 年，第 289 页。

北，凡卜问降旱、受年，有尤事、又作田猎等地即是。因此这二者是同名异地。"① 从下面的分析可知，岛氏的说法大体可从。武乙时期有关龙方的辞例如下：

（21）己卯贞：令甾以众伐龙方，戋？（《合》31972）

（22）癸未卜：龙来，以永方…乙酉，遘大…兹用。（《合》33189）

第（21）辞贞问令甾率众攻伐龙方，会不会有灾。第（22）辞龙方首领朝见商都，正遇上某位商先祖之祭仪，余意不明。这两辞表明武乙时期既存在受到征伐的龙方，又有臣服于王室的龙方，证明岛氏两个龙方的观点是正确的。唯岛氏认为臣服于商的龙方在安阳以东的说法有误。商末重器子龙鼎相传出土于河南辉县，其地在安阳西南方。如前文所述，卜辞中的子某是商王派往各地代为统治的王子，其地位非常高。故子龙即商王派往龙方的王子。子龙鼎被誉为商代第一重器，想来龙方在商末实力依然雄厚。

（十）蝉方

蝉方只出现在第四期卜辞中，是武乙征伐的对象，辞例如下：

（23）己巳贞：并甾伐蝉方，受又？

并弗受又？

四牛，其夕告上甲。（《合》33042）

（24）王其正…敦蝉眔……（《屯南》491）

并和甾所征伐的方国都位于殷都西北，故蝉方也位于殷西北地区。

（十一）絴方

絴方是殷的宿敌，除第二期祖庚、祖甲时期不见有关絴方的记载外，其余四期都是殷的敌对方国。帝辛时期的卜辞中将絴方与羌方、䎽方、䵼方合称为四邦方，是受征伐的对象，其地望当与此三方临近。武乙时期征伐絴方的辞例如下：

（25）癸子□：于一月伐絴眔召方，受又？（《合》33019）

上辞卜问在一月征伐絴方和召方，是否受佑。说明絴方和召方临近，同位于殷都以西。武乙时期征絴方辞仅此一见。

（十二）大方

武丁卜辞中记载有大方侵扰商边鄙二十邑之事（《合》6798），又有商王征伐大方（《合》20475）和执大方不获（《合》20468）之事，说明武丁时期大方是商的敌对方国。但同一时期的卜辞中又有名为子大（《合》7631）的人，依据子某的身份，子大是商王派往大方代为统治的商王子。对于大方与商王室这种时叛时服的关系，有两种可能：一种解释是武丁时期有两个大方，一臣服于商，一与商为敌；另一种解释是大方在一开始与武丁为敌，在受武丁征伐后始臣服于商。就商王室与其他方国的关系来看，两种解释都有前例可寻。第一种如存在两个龙方，第二种如商与周方（详后文）。第二期卜辞出现了贞人大（出组卜辞常见）和臣大（《合》914），其中贞人大服务于商王，而臣大则向商王室进献龟板。这说明名为大的两人都来自于大方。无论如何，贞人大和臣大的身份似乎更支持第二种解释，即至晚在祖甲时期，大方是商的属国。子大、臣大是商派往大方的人员，而贞人

---

① [日] 岛邦男：《殷墟卜辞研究》，濮茅左、顾伟良译，上海古籍出版社，2006年，第782页。

大则是大方派往商的人员。可以说商与大方在武丁时期正式结盟。但是到武乙时期，情况似乎又发生变化，辞例如下：

(26) 大方辈年？（《合》28004）

(27) 惠大方伐？（《屯南》1209）

第(26)辞的"辈年"是卜辞中的常用语，意为祈求年丰之意。商王关心大方的丰歉，说明大方是商的属国。该辞属于无名组卜辞，难以判断其到底属于哪一位商王在位时期。根据黄天树先生的考证，大部分的无名组卜辞属于康丁时期，少部分下限可能至武乙、文丁时期。① 第(27)辞出土于小屯南地，可以确定是武乙时期的卜辞，卜问内容为是否要征伐大方。据此判断，第(26)辞是康丁时期的卜辞，此时大方仍然为商的属国，而到武乙时期，大方反叛，由此受到武乙征伐。关于大方的地望，陈梦家先生认为在殷都西南靠近沁阳的地方。② 武乙时期征伐大方的辞例仅此一见，说明武乙对大方的征伐是成功的。

（十三）北方

卜辞中有北土，又有北方，二者有时非指一地。《合》32030："辛亥卜，北方其出？"其句式与"吾方其出"（《合》6078）、"方其出"（《合》3324）相同，因此北方可能指文献中的邶国。王国维在《北伯鼎跋》中谓："彝器中多北伯、北子器，不知出于何所。光绪庚寅，直隶涞水县张家洼又出北伯器数种，余所见拓本有鼎一、卣一。鼎文云：'北伯作鼎。'……'北'盖古之邶国也。自来说邶国者，虽以为在殷之北，然皆于朝歌左右求。今则殷之故虚得于洹水，大且、大父、大兄三戈出于清苑，则邶之故地，自不得不更于其北求之。"③ 王氏以涞水多出邶国器，因此认为邶国当在涞水附近，文献所记邶国在朝歌附近有误。魏建震先生进一步指出，周初所封之国，多以商代原有之国名为封国名。涞水不在商王畿范围内，故邶国初封之地当不在此。邶国始封之地应在今河南北部、河北南部一带。武庚叛乱后北奔，邶国亦随之北迁，周人平定武庚叛乱后，封召公奭于此，建国号"燕"以钳制邶国。④ 据此，则卜辞中的北方也应当在距离殷都以北的100多公里处。武乙时期有征伐北方之事，辞例如下：

(28) □□贞：🌱以……伐……于北土？

癸酉贞：🌱以伐……北土？

□寅贞：王……北方，惠□伐令🌱□方？

庚寅贞：王其正北方？（《屯南》1066）

值得注意的是，卜辞中有将北方与北土通用的现象，北方有时即指北土，而北土有时也指北方，如上辞中🌱所伐之北土与王所征之北方显系一地。但作为方位名的北土有时也用北方来表示，如康丁时期的卜辞："其耏于东方芇，擒？于北方芇，擒？"（《屯南》2170），武乙、文武丁时卜辞："北方受禾？西方受禾？东方受禾？"（《合》33244），这两处的北方显然指北土而言。总之，如第(28)辞所示，作为方国的北方曾被武乙征伐，而

---

① 黄天树：《殷墟王卜辞的分类与断代》，文津出版社，1991年，第267页。
② 陈梦家：《殷虚卜辞综述》，中华书局，1988年，第290页。
③ 王国维：《北伯鼎跋》，见《王国维全集》（第8卷），浙江教育出版社，2010年，第449页。
④ 魏建震：《邶国考》，载《河北学刊》1992年第4期。

且从周灭商后封武庚于北方来看，武乙对北方的征伐是成功的。毕竟北方距离殷都只有100公里左右，武乙是不会允许在王畿之内存在不安定因素。

以上通过对武乙与13个方国之间的战争的简要梳理，使我们得以管窥商晚政局，同时对武乙得名"武"的原因有所了解。史载武丁中兴所形成的巨大影响力在经历祖庚、祖己、祖甲、廪辛、康丁五位商王的统治后逐渐衰微。至武乙即位之初，商王室面临的局面已经非常紧迫，甚至连商丘这样对于商王室有着重要战略意义和历史意义的地方政权也开始反叛中央王权。所以，武乙在一开始即采用军事打击的方式来彰显其匡扶殷室的决心。括其要点，主要有以下几方面：

第一，武乙对于商王室面临的危机有着清醒的认识，并具有制定长远计划的远见卓识。武乙在即位之初没有贸然对西南方的夷人集团采取军事打击，而是集中力量解决殷都以北和以西的宿敌，同时对东南方的商丘反叛政权及时采取军事镇压，以防止夷人乘虚而入。

第二，武乙具有通观全局和分清主次的战略眼光。上举13个敌对方国中，除北方地处殷都以北、商地处殷都东南外，其余11个方国均位于殷都以西，说明武乙勠力征服的主要是西方的方国。召方和竹方是受武乙征伐较为频繁的两个方国，但武乙对竹方主要采取防御的措施，对召方则采取主动军事打击的措施。究其原因，在于竹方势力微弱，只是召方的附属国，无力对商王室造成本质性威胁；而召方是武乙拓殖西方的重要据点，武乙要防止召方与地处渭河流域的羌方、周方等方国结成同盟，从而对商的西进形成阻碍。

第三，武乙对敌对方国主要采取各个击破的战略手段。北方、绊方、蝉方、𢀩方、井方、大方、龙方等方国均位于殷都西北地区，这些方国由于地理位置彼此接近而容易结成同盟，武乙针对这些方国采取各个击破的战略。从这些方国在武乙时期的卜辞中偶尔出现的情况来看，武乙的征伐是成功的。

第四，武乙具有卓越的军事素养和审慎的态度。正如第（11）辞所示，由于羌人地处殷都西北，商丘地处殷都西南，武乙在准备对商采取军事打击之前不但反复卜问要派遣的将领，同时又对羌人的行动保持密切关注，以免腹背受敌。由此可见武乙在对敌作战时始终保持着高度的警惕性。

第五，武乙极度信赖祖先神灵在战争中发挥的效力。从上引卜辞可知，武乙在战争中对祖先神灵主要举行告、燎、杀俘等祭仪，一切战术的布置、军事将领的安排都由占卜所决定。战争所需要的理性和祭祀的无理性看似矛盾，实则在祖先崇拜根深蒂固的时代，武乙极其敏锐地意识到战争的胜利依赖于各种超越其控制能力以外的神灵的力量，同时武乙卓越的军事才能又不断强化了对自身所秉承的来自祖先神力的肯定。

总之，武乙绝非如《史记·殷本纪》所描写的那样暴虐无道，相反，武乙与武丁一样是一位具有卓越军事才能和远大抱负的中兴之主。如果没有武乙对西部方国的平定，那么帝乙、帝辛与商都以北的盂方以及西南方的夷方之间旷日持久的战争将不可能取得胜利。同时，武乙对敌作战的成功催生出商人对于自身能力的自信。这种自信在乙辛时期演变成一种过度的自负，以致将高高在上的"帝"的称号冠于商王庙号之前。武乙的射天之举以及纣王"我生不由命在天"的豪言壮语都由此自负而来。

三、天的信仰

在上文所考证的13个方国中，除北方位于殷都以北、商丘位于殷都东南外，其余11个方国均位于殷都以西，足见武乙匡扶殷室的第一步是首先解除来自西部的隐患。事实上，自武丁至武乙时期，与商人对峙最久的一群政体都是在殷都西北方向沿黄河分布。① 至乙辛时期，商人与西部方国之间的战事骤然减少，商王才能集中兵力去征伐殷都以北的盂方和东南方的夷方。据此可知武乙对西部方国的战争以胜利告终，其射天之举正是在这样的历史背景下发生的。

致使西部方国与商人之间形成旷日持久的战争因素是多方面的，其中对彼此所尊崇的至上神的否定是引发战争的因素之一。由于周初史料将天、帝等而视之，遂使人们产生这样的误解：似乎天和天命思想为周人所独有，并且周人对天的崇拜脱胎于商人对帝的崇拜；抑或周人与商人所崇拜的至上神在本质上是相同的，不过在商人则称之曰帝，在周人则称之曰天。② 笔者认为，形成这种误解的原因主要有两点：首先，迄今为止据以研究天、帝思想的文字材料（包括甲骨文、金文以及传世文献）是由建立王权的商周统治者所书写，而将高高在上的至上神塑造成统治者专属神形象，是商人和周人建立普世王权的必要手段③；其次，殷墟卜辞中的天字没有表示天神的内涵，许多学者据此认为殷商时期尚无天神崇拜信仰。这两点其实都犯了默证的错误：殷墟卜辞中的天字无天神之意，只能说明商人无天神崇拜信仰，不能说明商人之外的其他族群无此信仰。1977年发现的周原甲骨中有"□告于天，由亡咎"④ 的记载，其句式与何尊铭文（《集成》6014）"隹珷王既克大邑商，则廷告于天"的句式相同。这两处"天"明显指代天神，足以证明甲骨文天字的确有表示天神

---

① 有关晚商时期政治疆域的讨论，详见刘莉、陈星灿：《中国考古学：旧石器时代晚期到早期青铜时代》，生活·读书·新知三联书店，2017年，第370—371页。

② 许多中外学者对帝和天之间的因袭关系都曾做过探讨，其中大部分观点都认为天和帝是具有相同神格的至上神。 郭沫若认为殷代时已有至上神的观点，起初称为"帝"，后来称为上帝，在殷周之际又称为"天"，周人对天的信仰因袭了商人对帝的崇拜观念（详见郭沫若：《先秦天道观之进展》，见《郭沫若全集历史编》第一卷，人民出版社，1982年，第324页）。 许倬云认为商人也崇拜天，只不过商人表示天的字是"上"。 殷晚期的"上帝"即表"天帝"，周人承袭了卜辞中以"上"表"天"的用法（详见许倬云：《西周史》，生活·读书·新知三联书店，2012年，第119页）。 岛邦男认为殷代还没有将天字表示上帝之称的意思，卜辞中的"天"是"大"之意，至周初康王时才有了将天作为至上神解"帝"的意思，即天是帝的别称（详见［日］岛邦男：《殷墟卜辞研究》，濮茅左、顾伟良译，上海古籍出版社，2006年，第398页）。 本杰明·史华兹认为周人与殷人崇拜同一个高高在上的神，这个神的名字被殷人称为帝，被周人称为天（详见［美］本杰明·史华兹：《古代中国的思想世界》，程钢译，江苏人民出版社，2008年，第60页）。

③ 本杰明·史华兹指出，在中国，作为至上神的帝的兴起，与普遍王权的兴起之间有着特别紧密的联系，这种联系可以解释为什么商王要垄断与"帝"进行沟通的途径（详见［美］本杰明·史华云：《古代中国的思想世界》，程钢译，江苏人民出版社，2008年，第40页）。 夏含夷则通过《尚书·召诰》中周公与召公之间的分歧，指出对召公而言，周人享有天命是天自由赐予的，而不是如周公所言是由周人争取而来的。 召公的这一观点直接影响了后世天子作为天命唯一享有者的统治思想（详见［美］夏含夷：《周公东居于中国政治思想中君臣对立辩论的开端》，见《孔子之前：中国经典诞生的研究》，黄圣松等译，万卷楼图书有限公司，2013年，第118页）。 许倬云也指出：" '天命'是具有道德意味的普世诉求。 在《尚书》'金縢篇'就有过一次辩论：究竟'天命'降于周王还是降于周人？ 最后，他们的结论是降于周王。 如果当时的结论是降于周人，周人将是与古代犹太人一样，自认为是选民。 那么周的统治将没有办法收纳融合其他的族群。"（详见李峰：《西周的政体：中国早期的官僚制度和国家》，吴敏娜、胡晓军、许景昭等译，生活·读书·新知三联书店，2010年，序言第Ⅱ页）

④ 曹玮编著：《周原甲骨文》，世界图书出版公司，2002年，第70页。

的意思。那么，商人是出于何种考量而拒绝在卜辞中使用天的天神之意呢？其原因不外乎两点：第一，天神象征的是夏王朝的至上权威，商革夏命后对此权威采取否定态度；第二，商人出于某种宗教禁忌，拒绝在卜辞中保留夏的国号及其至上神信息。

《山海经·海外西经》中有天、帝争神的神话：

> 形天与帝至此争神，帝断其首，葬之常羊之山，乃以乳为目，以脐为口，操干戚以舞。①

许倬云先生曾指出："一般言之，《山海经》似为东方系统的神话书，夸说后羿，尊崇王亥帝俊，诩东方为'君子之国'。东方的传说把敌人形容得甚为不堪，正是古今相同的宣传技巧。"② 许先生的说法非常具有启发性。形天与帝争神的神话实际上反映了西方族群与东方族群之间为争夺最高统治而进行的战争。神话争斗的结果是帝取得胜利，形天虽然被断首，但仍然执干戚而舞。其深层的历史内涵则是来自东方的商人族群战胜西方族群并建立王权统治，但战败后的西方部族并没有屈服于商人的统治，而是仍在进行着顽强的反抗。

如果我们认同这一观点，即至上神帝的兴起与商朝及其统治氏族占据至高地位这一点正相合拍，那么与帝争神的形天也理应是西部方国所共同尊崇的至上神。这一至上神的流行也必然与某个部族在西部地区占据至高地位相合拍。这一推测将我们的注意力引向了大禹建立的夏王朝。众所周知，夏人先于商人建立统一王权，这是文献言之凿凿的事情。但由于卜辞中没有任何关于夏的记载，故有关夏的真实性始终无法被证实。笔者认为，卜辞不言天神、天命，与卜辞不言夏出自同样的目的，夏、天均为一种尊称，商人在推翻夏的统治后，为彰显其统治的合法性，用商人所尊崇的神灵——帝——取代了夏人所尊崇的神灵——天，并出于某种宗教禁忌而刻意掩盖夏、天的存在。③ 这种宗教禁忌，与武乙射天同样体现的是商人的神本思想。通过传世文献和金文，我们依然可以找出夏人尊天以及商革夏命的蛛丝马迹，如《大荒西经》中所记夏耕之尸的神话：

> 有人无首，操戈盾立，名曰夏耕之尸。故成汤伐夏桀于章山，克之，斩耕厥前。耕既立，无首，走厥咎，乃降于巫山。④

这则神话与形天与帝争神的神话异曲同工。郭璞注云："（夏耕之尸）亦形天尸之类。"⑤ 因此形天、夏耕之尸的原型是夏人所尊崇的至上神——天，帝断形天之首与商汤断夏耕之尸之首表达的都是商革夏命。

综上所述，来自西部的夏族首领大禹因治理水患而得到西部族群的拥护，由此建立王权统治，至上神天的观念随之产生。史载"禹会诸侯于涂山，执玉帛者万国"，玉帛的神话功能是沟通天人之际⑥，故万国诸侯所执玉帛间接证明天神崇拜在西方部族间的广为流行。西周中叶的遂公盨铭文有"天命禹敷土，随山濬川，迺差地设征，降民监德，迺自作配享

---

① 袁珂：《山海经校注》，北京联合出版公司，2014年，第196页。
② 许倬云：《西周史》，生活·读书·新知三联书店，2012年，第121页。
③ 郭沫若在解释周人称商为殷，称楚为荆时说"周人惯忌避敌国之国号"[详见郭沫若：《卜辞通纂》，见《郭沫若全集·考古编》（第2卷），科学出版社，1982年，第541页]，以此推之，卜辞之所以没有出现"夏"字，是因为商人"忌避敌国之国号"而另有它称。
④ 袁珂：《山海经校注》，北京联合出版公司，2014年，第347页。
⑤ 袁珂：《山海经校注》，北京联合出版公司，2014年，第347页。
⑥ 叶舒宪：《玉石神话信仰与华夏精神》，复旦大学出版社，2019年，第43页。

民,成父母"① 的记载,可知大禹在治理水患后向其他部族征收赋税,是得自上天的命令,天命观念的诞生即源于此。周克商后以"有夏"自居,其真实内涵并非周人乃夏人后裔,而是说源自西部的周人接受夏人的天命,代替商人而成为新的统治者。

总之,至上神天的信仰始自夏禹在西部地区占据至高统治,商革夏命后拒绝将天神纳入自己的神灵系统,由此导致与西部方国在至上神崇拜上的分歧,这可以说是引发商人与西部方国之间连年战争的原因之一。

四、武乙至乙辛时期的商周关系之检讨

英国著名学者杰西卡·罗森夫人在她那篇影响颇著的论文中,通过对商周青铜器风格的研究,将克商之前的周人比作顽固不化的野蛮人。按照罗森夫人的观点,周初文献将周人塑造成聪慧、公正、合法的政治家形象,是出于对自身野蛮本性的一种掩饰。②

笔者赞同罗森夫人通过物的叙事视角打破文献对周部族历史所做的诗性表述,这在一定程度上使人们对克商之前的周人有更全面的认识。但笔者并不认同罗森夫人将周人定义为野蛮人的说法。《诗经》《尚书》中对先周文化的表述虽然有夸饰的成分,但周人的政治智慧要远超出罗森夫人对野蛮的定义,尤其从武乙至乙辛时期周人的发展来看,正是赖于其杰出的政治智慧,周部族才能在方国林立的西部地区异军突起,并最终在甲子日一朝之内完成克商伟绩。

如前文所述,武乙的中兴计划是从解除商都以西的隐患开始。而刚刚从泾水上游迁徙至关中以西的周人却免于武乙的征伐③,其原因可以从两方面来解释。对商人而言,在西部地区扶植一个代言人,有利于维持商人在西部地区的统治。之所以选择周人,是因为商、周在很早以前就有过附属关系。从卜辞来看,武丁时期商周之间还有过婚媾关系,武丁的三位妻子中就有一位姬姓的女子。④ 对周人而言,要想在西部地区站稳脚跟,首先要避免与商人的正面冲突,其次还要与西部土著族群建立良好的同盟关系。正是在处理与商人及西部方国的关系中,周人表现出其非同寻常的政治智慧。

武乙时期的卜辞中有关周的记载很少,其中一条卜辞显示这一时期的周从属于商,辞例如下:

(29) 惠茜令周?

惠㐭令周?(《合》32885)

---

① 李学勤:《论遂公盨及其重要意义》,载《中国历史文物》2002 年第 6 期。

② Jessica Rawson, "Statesmen or Barbarians? The Western Zhou as Seen Through Their Bronzes," *Proceedings of the British Academy* 75 (1989), pp. 71 - 95. 罗森夫人在这篇文章中提出西周中叶礼制改革的观点,由此开辟了西方汉学界对西周史研究的一个全新领域。英美许多著名的学者如夏含夷、罗泰等人都对罗森的观点给予高度评价。

③ 根据《诗经·周颂·绵》,周人是在古公亶父的带领下从豳地前往岐山的。关于古公亶父迁来岐山以前的豳地,钱穆早些年曾提出过"周人源自山西说",邹衡、陈梦家先生都认同此观点。但自上世纪九十年代以来随着碾子坡遗址考古遗存的出土,人们多认同李峰的说法,即碾子坡遗址代表了周人迁来岐山以前的文化,这里很可能就是古公亶父所生活过的豳地。详见李峰:《先周文化内涵及其渊源探讨》,载《考古》1991 年第 3 期。

④ 《合》36276:"壬寅卜,贞:王宾武丁奭妣癸姬婢歲卯……亡尤?"武丁之后有三人,分别是妣戊、妣癸、妣辛,其中妣癸指的就是这位来自周部族的女子。

舌和🐚武乙是期著名的军事将领，由上文考证可知此二人经常担任伐商的重任。《说文》："令，发号也。"卜辞令字无一例外表上级对下级的命令，所以"令周"即意味着商、周之间的一种从属关系。令周的具体内容已不得而知，但根据《竹书纪年》，周人在武乙时期担负着征伐戎狄的重任：

> 三年，自殷迁于河北。命周公亶父赐以岐邑。
> 二十一年，周公亶父薨。
> 二十四年，周师伐程，战于毕，克之。
> 三十年，周师伐义渠，乃获其君以归。
> 三十四年，周公季历来朝，王赐地三十里，玉十瑴，马十匹。
> 三十五年，周公季历伐西落鬼戎。王畋于河、渭，暴雷震死。①

据《史记·周本纪》，周人在不窋之后曾经有过一段窜于戎狄之间的历史。至古公亶父之时，戎狄频繁侵扰周人，于是古公亶父率领族人从豳地迁至岐山，这一时期对应的正是武乙勠力开拓西部的时期。周人沿泾水南下定居岐邑后，即与先周人而来的姜姓部族结为同盟。《诗经·大雅·绵》"古公亶父，来朝走马。率西水浒，至于岐下。爰及姜女，聿来胥宇"，说明姬姜联盟最早是通过婚媾方式实现的。李峰根据宝鸡附近的刘家墓地同时出现的先周文化和姜人文化遗存，认为这里正反应出姬、姜文化交流融合的现象。② 姜人在商人统治时期是一个备受摧残的民族，尤其表现在商人将姜人用作主要的人牲来源。根据岛邦男的考证，姜人原来生活在殷都西北、靠近过河套地区。③ 后来迫于商人的压力而迁徙至关中以西的岐山。武乙之所以在周人迁来岐山后不久即承认其合法性，就是希望借周人而控制姜人，以防止其西进时受到姜人的阻力。由此可见，武乙对周人的主动示好是出自其拓殖西部的目的，而周人则利用其政治智慧在姜人和商人之间周旋，为此后的发展壮大奠定基础。

经过二三十年的经营，周人在岐山地区已具备一定的势力，于是有了伐程，伐义渠，伐西洛鬼戎诸战役。岛邦男认为"命周侯今生月，亡尤"（《合》20074）为武乙时期的卜辞，其中"侯"是诸侯国之意。如此说可信，则周在武乙时期为殷的诸侯国④，由季历担任为商人守边的责任。武乙赐季历地、马、玉，殆与金文中封侯之礼相同。此外，商王还通过缔结婚姻的方式来巩固商周之间的联盟，《诗经·大雅·大明》"挚仲氏任，自彼殷商，来嫁于周，曰嫔于京，乃及王季，维德之行"，通俗的说法认为挚是商王畿地区内的封国。

文丁即位之初，殷周之间尚保持着良好的从属关系，据《竹书纪年》：

> 二年，周公季历伐燕京之戎，败绩。
> 四年，周公季历伐余无之戎，克之，命为牧师。
> 七年，周公季历始伐呼之戎，克之。⑤

牧师一职，其性质与"服"相同。卜辞"服"通"䖍"，第四期卜辞中有"䖍周出"

---

① 张玉春：《竹书纪年译注》，黑龙江人民出版社，2002年，第164页。
② 李峰：《先周文化的内涵及其渊源探讨》，载《考古》1991年第3期。
③ ［日］岛邦男：《殷墟卜辞研究》，濮茅左、顾伟良译，上海古籍出版社，2006年，第780页。
④ ［日］岛邦男：《殷墟卜辞研究》，濮茅左、顾伟良译，上海古籍出版社，2006年，第792页。
⑤ 张玉春：《竹书纪年译注》，黑龙江人民出版社，2002年，第165页。

(《合》02816），可与《竹书纪年》相互印证。① 这一时期戎狄在殷都西北一带为患方炙，周人在未迁来岐山以前也常遭受戎狄之侵伐，故文丁封季历为牧师以讨伐之，周人借此机会开始向岐邑以东发展。从"侯"到"服"的身份转换，也表现出周人的不断发展壮大以及与商王室之间更为紧密的同盟关系。但到了文丁十一年，商周关系急转直下，《竹书纪年》载：

> 十一年，周公季历伐翳徒之戎，获其三大夫，来献捷。王杀季历。王嘉季历之功，赐之圭瓒、秬鬯，九命为伯，既而执诸塞库，季历困而死，因谓文丁杀季历。②

文丁时期的卜辞对殷周交恶也有所反应，辞例如下：

（30）癸卯卜，其克伐周。（《合》20508）

（31）惠卜伐周。（《合》22294）

文丁用这种极端的方式来遏制周人发展，显然是因为意识到周人在岐邑与商都中间地带的成功对武乙刚刚在西部地区建立的权威造成威胁。须知武乙与古公亶父的结盟是两个实力悬殊的部族以达到各自的政治目的为前提。周人希望在武乙针对西部地区大规模的征伐中免受其殃，而商王则视周人为安置在西部地区的一个军事据点。武乙、文丁希望通过周人与戎狄之间的战争来牵制双方的发展，而一旦周人的军事实力超出文丁的预期，就意味着武乙在西部地区30多年的经营可能功亏一篑。季历之死使原来潜藏于商周联盟背后的矛盾尖锐化，也在重视孝道的周人心中深埋下仇恨的种子。《竹书纪年》载帝乙即位的第二年"周人伐殷"，这显然是周人因季历之死而向商人展开的一次报复性行为。③ 从《周易·归妹》"帝乙归妹"④ 以及《竹书纪年》帝辛元年"命九侯、周侯、邗侯"之事来看，周人伐商的结局以失败告终，并且很快再次与商人结为同盟。周人深知以目前的实力来对抗强大的商王朝，整个部族有覆巢之险。

信仰认同是商周时期缔结同盟的重要前提。依常理，为商王守边并监督其他方国的周人容易成为西部方国的众矢之的，但周人却能在西部地区立足，并最终发展成西部最强大的政权。究其原因，与周人能够同时兼顾"天""帝"的信仰崇拜有关。

首先，周人敏锐地意识到西部方国对天、天命的尊崇与西部族群对夏王朝的留恋相关，尤其是在武乙针对西部地区大规模的军事征伐之时，更容易激起西部方国集体记忆中所保留的对前朝的情感。我们虽无法确知周人是否利用这一时机积极展开与西部族群的结盟，但通过周初青铜器铭文提供的证据，可知从文王即位至武王克商的50年间是周人与西部方国结盟的关键时期。邹衡先生曾对西周时期一个名为"天"的氏族进行研究，在50余件刻有"天"字的铜器中，有9件明确知道出土地点的青铜器无一例外位于西部地区。邹先生并以天姬自作壶铭文（《集成9552》）为据，认为天族为姬姓。此外，受郭沫若影响，邹先生认为西周铜器中常见的族徽"天鼋"即轩辕。《国语·周语》有"我姬氏出自天鼋"之

---

① ［日］岛邦男：《殷墟卜辞研究》，濮茅左、顾伟良译，上海古籍出版社，2006年，第902页。
② 张玉春：《竹书纪年译注》，黑龙江人民出版社，2002年，第165页。
③ ［美］倪德卫：《〈竹书纪年〉解谜》，魏可钦等译，上海古籍出版社，2015年，第182—183页。
④ 顾颉刚：《周易卦爻辞中的故事》，载《燕京学报》1929年第6期。

说，可证周人与天族同为黄帝之后。① 关于邹先生对周人与天鼋之间关系的论述，以及天族姬姓的观点，有学者提出过反对意见，② 但周族与天族之间的同盟关系，确可通过天亡簋铭文（《集成》4261）得以证实：

> 乙亥，王又大豊。王凡三方。王祀于天室，降。天亡佑王，衣祀于王。不显考文王，事喜上帝。文王监在上。不显王乍省，不貅王乍庸，不克乞衣王祀。丁丑，王乡，大宜。王降。亡勋爵，退囊。唯朕有蔑，每扬王休于尊。

天亡簋器形为四耳方座，器身和底座均刻有兽首卷尾，从观感上呈现出一种古朴深奥的趣致。铭文中提到的"天亡"其人，是天族中名亡之人。天亡协助武王在天室举行对文王的大丰祭仪，事后又协助武王举行乡礼和大宜之礼，足见其地位之高。周初天禾簋铭文（《集成》3603）云"天禾作父乙尊彝"，此天禾与天亡同为天族之人，可见周初确实有归属于周人的天族之人。

除明确用"天"象征族属的50余件青铜器外，还有上百件铸刻有天兽，如天鼋、天豕等形族徽的青铜器，这些族徽的真实意义已很难考证，但认为它们与西部地区的天神崇拜存在关联，应该是合理的。周人基于西部地区普遍流传的天神崇拜信仰而与西部方国进行结盟，还可以通过以下史实得以证明。在上文所考证的11个受武乙征伐的方国中，羌方、召方、井方、土方、大方后来都成为周的同盟国。

其次，周原甲骨文既有表示天神之意的"天"字，又有表示商人至上神之意的"帝"字。③ 这说明周人在保留其固有信仰的前提下，又接受商人的至上神崇拜。此外，周原甲骨显示，周王对商的先公先王也举行祭祀，辞例如下：

（32）癸巳，彝文武帝乙宗。贞：王其邵祭成唐，鼎御报二女。其彝血羝三、豚三，由又正。④

周王而祭祀商王祖先，使许多学者怀疑这片卜骨可能出自商人之手。⑤ 但联系这一时期的政治格局，笔者认为这正反映出周人在商周关系中所处的屈辱地位。如果说将帝纳入周人信仰体系体现出周人的宗教包容态度，那么将对方的祖先神纳入自己的祭祀系统，则可能是出于为争取部族生存不得已而为之的权宜之计。

五、小结

本文对武乙射天历史的解读，在一定程度上可以补充文献记载之不足。武乙是一位具有雄才大略的中兴之主，面对商王室江河日下的局面，武乙制定出切实可行的中兴计划：首先解除来自西部方国的隐患，然后再向北、向东、向南扩张商的势力。经过长达30多年的征伐，武乙终于在西部地区建立权威，虽赍志而没，但由于其在西部地区取得的成功，为帝乙、帝辛继续向北方、东南方的扩张奠定了基础。

同时要看到，随着每一次对西部方国作战的胜利，催生出武乙对于自身能力的自信。

---

① 邹衡：《论先周文化》，见《夏商周考古学论文集》，文物出版社，1980年，第338—340页。
② 刘桓：《商周金文族徽"天鼋"新释》，载《历史研究》2010年第1期。
③ 曹玮编著：《周原甲骨文》，世界图书出版公司，2002年，第84页。
④ 曹玮编著：《周原甲骨文》，世界图书出版公司，2002年，第1页。
⑤ 有关这片卜辞的讨论，详见[美]夏含夷：《周原甲骨：进入研究阶段吗？》，见《海外夷坚志：古史异观二集》，张淑一、蒋文、莫福权译，上海古籍出版社，2016年，第148—161页。

在神本思想的支配下，武乙必然将自身能力的提升与帝的超自然能力关联起来，于是人间的王和至上神帝之间的距离被拉近。乙、辛时期，对商王自身能力的肯定演变成一种彻底的自负，其具体表现就是将专属于至上神的称谓——帝——置于商王庙号之上。无怪乎帝辛在听闻周人东进的消息时会轻蔑地说出"我生不有命在天乎"，试想，已经抚有四方并秉承上帝至上权威的帝辛又怎么会将信仰天神的周人放在眼中呢？商朝的灭亡，从某种意义上可以说是上帝对商人开的一个巨大玩笑，因为这一意料之外的结局发生在帝辛结束对东夷的战争，完成武乙制定的中兴任务之时。

从季历之死到武王克商，短短 50 年间周人从面临覆巢之险到一举称霸中原，体现出其隐忍的性格和非凡的政治智慧。在建立王权统治后，周人仍然保留东方部族的帝崇拜，由此为建立神圣共同体奠定坚实的意识形态基础。

明代人的海外异国想象

——以《天下九边分野人迹路程全图》为中心

刘雪瑽

一、选题理由

在民间文学研究领域，地图一向是被忽视的材料。但事实上，在古代地图，尤其是世界地图中，包含了不少古人对于世界的想象，这方面的研究应该被划入神话学的范畴。正如葛兆光所言："地图作为一种书写，它却只是给了阅读者一个绘制者眼中的世界，这世界的大小、上下、方位、比例，都渗透了绘制者的观念。"① 受限于地理认知与测绘技术，古人无法客观地了解整个世界的形状与构成，因此他们在绘制地图时，大量依靠了想象。这种想象并非来自绘制者一人，而是源自当时时代集体所共有的、社会约定俗成的世界观。这种对于世界的想象通过民间神话、传说、民间读物、官方典籍，以及包括官方及坊间地图在内的各种载体而传播，并在传播的过程中不断被强化。因此，研究古代地图中的世界观对于民间文学而言，是具有一定的价值与意义的。

很少有学者从民间文学、神话学的视角研究中国古代地图，去关注其中蕴含的思想观念。王树连的《中国古地图上反映的宇宙观》一文提及了普遍的天圆地方宇宙观与同心圆宇宙观，但未关注"我国"与"他国"的关系。② 葛兆光的《宅兹中国》关注到古舆图与思想史的问题，认为地图绘制中除了知识的传统之外，还存在着想象的传统。③ 文中提到了华夷之间中央与四方、大国与小国的对比，但只是点到为止，并未展开论证。管彦波《明代的舆图世界："天下体系"与"华夷体系"的承转渐变》一文提到，在明朝人地理知识体系中仍以中国为中心，并将"山海经"式的世界想象加入真实的海外诸国，形成了多元的"世界图像"，但遗憾缺乏细致具体的分析。④ 学界对《天下九边分野人迹路程全图》的研究不多，目前仅见陈健的《〈天下九边分野人迹路程全图〉图说》与李孝聪的《传世15—17世纪绘制的中文世界图之蠡测》，但对此图都仅是简略介绍。另有一些舆图研究专著、古代地图集中也对此图有所收录。⑤

地图一向被划入历史地理学、地图学的研究领域。历史地理学关注的是不同历史时期

---

① 葛兆光：《"天下""中国"与"四夷"——作为思想史文献的古代中国的世界地图》，见王元化主编：《学术集林》（卷16），远东出版社，1999年，第44—72页。
② 王树连：《中国古地图上反映的宇宙观》，载《中国测绘》2004年第5期。
③ 葛兆光：《宅兹中国——重建有关"中国"的历史论述》，中华书局，2011年，第98页。
④ 管彦波：《明代的舆图世界："天下体系"与"华夷秩序"的承转渐变》，载《民族研究》2014年第6期。
⑤ 如曹婉如等编的《中国古代地图集·明代》及成一农汇编的《中国古代舆地图研究》，其中都对此图进行了简要介绍。

的地理环境及其演变规律；地图学关注的是地图的绘制历史、方法与技术。这两个学科都未从人的角度出发，去探讨地图中反映出的古代思想观念。本文尝试从民间文学、神话学的视角来观察古地图，探索其中蕴含了怎样的海外异国想象。

之所以选择明代，是因为这个时代是中、西世界观产生激烈碰撞的时期，明代人对海外的想象具有丰富的层次性。郑和下西洋与西方传教士带来的地理新知丰富了中国人对于世界的想象，对中国人的世界观进行了一定程度的重塑。而且，明代是我国地图出版的高峰期，相对于前代而言，这一时期绘制、刻印并传世至今的地图，在数量上有一个飞跃。

选择《天下九边分野人迹路程全图》进行研究，其原因与合理性有如下三点：

第一，此图是崇祯十七年（1644）由坊间制作的世界地图，能在一定程度上反映明代人关于海外异国的想象。图中央为大陆，四面环海，海中分布着众多岛屿。其中海外国家虚实夹杂：既有日本国、琉球国等真实的国家，又有长人国、三身国等想象中的国家。

第二，此图在明代众多世界地图中，是具有代表性的。这体现在三方面。首先，此图与明清时期的多幅地图有相互继承的关系，可以判断它们属于同一系统①。而既然这一系统的地图被反复翻刻，可进一步推断，它们在当时应该产生了不小的影响。其次，这一系统的地图中既有官刻，也有坊间刻印。而且时间从16世纪中叶跨度到18世纪中叶，流行了近200年的时间。可见这一系统地图的受众包括了官员与普通士绅、民间知识分子，并且在较长的时段中发挥了影响。最后，几乎完全翻刻自此图的《大明九边万国人迹路程全图》（1663年），目前已知共有5幅传世，其中3幅藏于京都大学图书馆、早稻田大学图书馆、哈佛大学图书馆。日本的两幅是在19世纪上半叶由日本书商梅村弥白重新刻印的，美国的1幅可能是由传教士带去的。时过境迁，一幅300年前由坊间刻印的地图至今仍有数幅存世，可见当时的印刷量不少，能在一定程度上代表了当时中国人普遍的世界观。

第三，笔者手中有此图的较为清晰的细节图，为研究提供了便利。

本文将以《天下九边分野人迹路程全图》为中心，从民间文学、神话学的视角切入研究，细致分析与论证这幅明代世界地图与当时人对海外异国的想象之间的关系。本文将探讨在西方地理新知传入中国的背景下，该地图中蕴含了明代人怎样的海外异国想象，并尝试找出域外知识的来源，进一步分析地图的功能。以下先介绍地图概况，再从中央与四方、大国与小国、正常与异常三个方面进行讨论。

二、《天下九边分野人迹路程全图》概况

《天下九边分野人迹路程全图》，崇祯十七年（1644）由金陵曹君义刊行，为木刻墨印，由12块拼接而成。学界多认为此图翻刻自《乾坤万国全图古今人物事迹》，是明朝末期坊间刻印的世界地图。除去上下文字、表格部分外，地图高92厘米，宽116厘米，为椭圆形构图。目前已知的2幅原图分别藏于中国国家图书馆、英国不列颠图书馆处，国家图书馆另藏有一复印件。

---

① 关于此图所隶属的系统，学界普遍认为《古今形胜之图》（1522—1566）影响了《乾坤万国全图古今人物事迹》（1593），这两幅图又共同影响了本文的目标地图——《天下九边分野人迹路程全图》（1644）。《大明九边万国人迹路程全图》（1663）又是目标地图的翻刻本。此外，有研究认为一幅近年新发现的地图《九州分野舆图古今人物事迹》（1583）也属于同一系统的地图。而笔者认为大英博物馆藏的《乾隆天下舆地图》（1743—1795）也是属于这一系统的世界地图。

图中四周为文字边框，中间为地图。地图上部正中题有"天下九边分野人迹路程全图"几字，上部两侧是 600 余字的"万国大全图说"，地图下部为"天下两京十三省府州县路程图"，标出了省建置数目、距其余各省里程数、户口、物产情况。地图右侧记述了"九边" 29 处关镇至北京的路程。地图左侧记述了域外 33 个国家的习俗、物产，以及距离两京的里程。图中大明位于全图中央，几乎占据了面积的二分之一以上，而世界的其余部分所占不到全图之半。全图包括了欧亚大陆、非洲、北美洲、南美洲以及传说中的南方墨瓦蜡泥加大陆，但是形状与实际情况出入较大。海外诸国以大小不一的椭圆小岛形状散布在四周海域中，一些国家在地图中用少量文字介绍了它的地理位置、历史、风俗、物产以及与我国交往的情况。

图 1 《天下九边分野人迹路程全图》

三、中央与四方

图中反映了方形大地的宇宙观，并体现了"我国在中央，诸夷在四方"的世界秩序。在地图中，"我国"不偏不倚位于正中心位置，而海外诸国被想象为围绕中央大陆的小岛，分布在周边海域中。

中国传统世界观是以"我"为中心的，胡厚宣认为早在殷商时期就已经有"我族"在中央的观念了。[①] 由《山海经》等上古文献可知，古人心中的世界图式是充满对称性的，九州之外有四海，四海之外有八极，而在如此对称、规整的世界之中，"我国"位于中央。图中不仅"我国"位于中央，四周也呈现对称的形状。地图上部中央写有北极，下部中央是南极。中央大陆四周环海：上有北海，下有南海；左有大西洋，右有大东洋；左下有西南海，右下有东南海。如此对称的构图，在体现了中国人传统审美观的同时，也隐含着世界呈现四平八稳的结构，"我国"安稳位于中央的民族心理。

---

① 胡厚宣：《论五方观念及"中国"称谓之起源》，见《甲骨学商史论丛初集》，齐鲁大学国学研究所，1942 年，第 383—388 页。

几千年来，中国人心中的世界图式都是"我在中央"的，16世纪西方传来的"地圆说"于国人而言是一记重击。将大地理解为球形破坏了中国几千年来建构的心理秩序，中心地位的丧失似乎意味着某种优越性的失去，这对于"天朝上国"的国民而言是无法接受的。对于西方已通过环球航行证实的"地圆说"，直到清朝初年仍有大批知识分子提出异议。如官员李光地曾说："自西人利玛窦辈入中国，言地原无上下、无正面，四周人着其上，中国人争笑之。"① 清初的知识分子尚不能接受，想来明代的多数知识分子与普通民众对"地圆说"的排斥之感就更为强烈了。而且，球形意味着没有绝对的中心，多数明代知识分子是无法接受"我国"不在中央的。

16世纪末，传教士利玛窦计划依靠世界地图来获取进入中国的资格。为了尽可能地获得认可，他将欧洲位于中心的世界地图进行了调整，重新选择将地球切开的经度，绘制了一幅中国位于世界中心的地图，但这依然令当时的文人大为不满。大臣魏濬曾撰文批判利玛窦地图，认为其将中国画得"居稍偏西，而近于北……其肆谈无忌若此"，"直欺人以其目之所不能见、足之所不能至，无可按验尔"②。魏濬看到的地图中，中国位于北半球，而南半球按实际比例绘制的汪洋大海也占据了面积的二分之一，中国自然是"近于北"的。而为表现完整的美洲大陆，利玛窦选择在西经20度处对地球进行切割，这样绘制的世界地图是以东经160度为中心的，于是造成了中国的"居稍偏西"。可见，利玛窦做出的妥协依然没有获得一些文人的认可，在他们心中，中国的位置哪怕稍稍偏离了中心都是无法接受的。显然，在明代中国人制作的世界地图中，"我国"的中心地位是无法撼动的。

在几幅由明代人制作的世界地图中，中国无一例外地被放置于世界中央。《天下九边分野人迹路程全图》中，中央是包括了亚、欧、非的大陆，大明朝的地理范围北以长城为界，西以黄河为界，东、南以海岸线为界。有趣的是，图中的大陆并没有位于整图的正中心，而是稍向西北偏移，这样一来，才能使明朝的疆域位于整图的正中心。可见，在明代人心中，不是大陆位于四海的中心，而是"我国"位于世界的中心。为了达到这个目的，地图上北面与西面的海域就远比东面、南面的海域显得狭长，客观上造成了构图上的不和谐感。但为了保证"我国"位于中心，地图的制作者放弃了对称的审美观，这也一定程度上反映出了地图制作者对于"我在中央"的执念。

观察图中出现的海外国家，南方最多，东方次之，北方更次，西方最少，虽然数量上分布不均，但均处于边缘地位。这体现了中心与边缘二元对立的华夷秩序。在传统华夷观中，"夷"血缘上的低劣是不可更改的，他们依据生活的不同区域被称为不同种类的"夷"，拥有各有不同但同样低劣的文化。他们尚未为"礼"所规训，仍处于"野"的状态。相对于"夷"而言，"华"具有绝对优势的血缘、地域与文化地位。在华夷秩序中，中心等同于优越的地位，边缘等同于低劣的地位。而有趣的是，地图的绘制者显然见过利玛窦绘制

---

① 〔清〕李光地：《榕村语录　榕村续语录》（上册卷二六），中华书局，1995年，第470页。
② 〔明〕魏濬：《利说荒唐惑世》，见〔明〕徐昌治编：《圣朝破邪集》卷三，收录于金程宇编：《和刻本中国古逸书丛刊》（第32册），凤凰出版社，2012年，第245、248页。

的世界地图或其仿制品，知道海外诸国的具体位置与真实形状①（当然中国人未必相信西方地图是更接近真实的），却依然将海外国家绘制成一个个简单的长圆形，让他们分布在中国周围的海域中。显然，地图中体现出来的世界图式，反映的是古人心中"我国"地位优于他国的思想观念。

四、大国与小国

图中大明的面积与其余国家的面积形成鲜明对比，大明所在的中央大陆占到整幅图面积的二分之一以上。在包括欧亚非在内的大陆中，大明的面积也占到了三分之二以上。地图用如此夸张的比例烘托出"我国"的优势地位，同样体现了华夷秩序。

中国自古喜好自称为"大国"，"大"显然不止是疆域面积上的大，更包含着地位高、文化优越之意；四夷之小，同样不仅限于面积上的小，还包含着地位低下、文化低劣之意。于是，为避免使四夷的地位得到突显，地图上自然不会将它们画得过大。从实证角度而言，以《大明九边万国人迹路程全图》为代表的中国传统世界地图中，中国的面积之大已经到了夸张的地步，是十分荒谬的，但这样的画法正是明代人对于华夷关系的心理认知的体现。在"庞大"中国的对比之下，海上小国自不必说，就连图中所绘的欧洲、非洲、南美洲、北美洲这样的大陆，都小得毫不起眼。我们看到非洲的面积几乎仅与四川省相等，整个欧洲的面积也不足大明的十分之一，美洲大陆甚至被画成了两个小岛，作为附属品围绕在中国四周。明清时期的知识分子对于利玛窦地图中所绘的中国之"小"感到愤愤不平。知府王泮曾对利玛窦地图表达过不满："世界唯中国独大，馀皆小，且野蛮。"②《皇明职方地图》的制作者陈组绶甚至将此现象的发生怪罪于罗洪先在绘制《广舆图》时将中国画得不够大，因此"使教外别传，诡而披地球，以神其说，小中国而大四夷也。嗟乎！此《广舆》之过也。……以此无稽之言，得小吾中国，是大可痛也！"③ 这也是为何在西方地理学新知传入之后，中国的世界地图哪怕付出"失真"的代价，也要固执地将"我国"放在最显著位置的原因。

事实上，无论是中心还是大国、边缘还是小国，它们在地图中都是具有隐喻意义的。如果用符号学理论来进行说明，中心与大国是能指，所指在于我国的绝对优越的地位；边缘与小国是能指，所指在于其余海外诸国都处于相对低劣的地位。在图中通过朝贡体现出了华夷秩序，海外诸小国要向中土大国朝贡。朝贡制度一直是我国外交政策的重要面向，并在明代达到了顶峰。④《天下九边分野人迹路程全图》上部的"万国大全图说"中列出了部分朝贡的国名：

> 所近中国奉贡之国：日本国、琉球国、朝鲜国、高丽国、安南国、交趾国、占城国、三佛济国、真腊国、满剌国、暹罗国、爪哇，所近中国之大国也。其余小国书备与后。各国所出人物，与相行，与异物，图中尽书。大汉国、纹身国、

---

① 此图的母本《乾坤万国全图古今人物事迹》中有言："近观西泰子之图说，欧罗巴氏之镂版，白下诸公之翻刻有六幅者，始知乾坤所包最钜。"可知地图绘制者见过利玛窦及其他西方传教士带来的世界地图，或至少见过其仿制图。
② 安田朴、谢和耐等：《明清间入华耶稣会士和中西文化交流》，巴蜀书社，1993年，第230页。
③ 引自《皇明职方地图》。
④ 李云泉：《万邦来朝：朝贡制度史论》，新华出版社，2014年，第51页。

瑞国、不死国、婆登国、都播国、婆罗揿国、巴赤吉、猴狲国、昆吾国、龟兹国、沙弼茶国、毛人国、丁灵国、乌伏部国、长臂国、长脚国、三首国、小人国、七番国、扶桑国、天竺国、西洋古里国、大秦、哈蜜国、穿胸国、摆里国、大罗、匈奴、鞑靼国、后眼、吐蕃国、可只国、蛇鲁国、采牙国、彪不刺国、深烈国、宾童龙国、登流眉国、诃陵国、撒马儿罕、西南夷、羽民国、女直国、莆家龙、白达国，各在各方。

"万国大全图说"中共列出了中国的奉贡之国58个，其中大国12个、小国46个。我们看到，12个大国均是位于中国东部、南部的邻国或是东、南临近海域中的国家，其中朝鲜、安南等国自古即与中国建立了朝贡关系。地图的制作者显然对这些大国也更为了解，一般都在其图中实际位置旁边附有方框，对其地理位置、与中国的交流史、行政区划、物产等情况进行了介绍。至于其余46个小国，则是"各在各方"，并非每一个都在地图中画出详细地理位置。显然对于地图的制作者而言，这些小国位于何处并不重要，是否真实存在也无关紧要，只要知道他们作为中国的奉贡之国，巩固着持续了千年的华夷秩序就可以了。而且，小国中的不死国、毛人国等10个国家①皆为想象中的海外异国，绝不可能真的给大明贡奉，因此这里的"贡奉之国"可以理解为一种修辞手法，是将该国纳入华夷秩序中的体现。图中文字内容也屡次提到海外之国是否奉贡，如真腊国处写道"洪武初奉贡，今不至"；其西提到另外几个图中不见的小国道"海内有百花、彭亨、日落多国，皆朝贡"。可见对于明朝而言，一个海外国家是否朝贡是判断两国之间关系的重要指标，而朝贡则代表着两国已建立交往。换言之，周边小国与中土大国的建交方式就是要向"我国"朝贡，以示归顺。

五、正常与异常

图中出现了大量的海外国名，其中不少都是想象中的国家，而且这些国家的国名往往体现出国民肢体上的异常，是一种海外异人"非人"观念的体现。

最早在远与异之间建立联系的应为《山海经》。在《海经》与《荒经》中记录的遥远国家之中，很多国民的形象颇为怪异，而他们的国家也往往由其国民的怪异形象来命名。先民对于远国异人肢体变形的想象，体现了华夏的自我中心主义，也能从中对比看出先民对于"自我形象"的认知。事实上，古代中国人不仅从未将"夷人"置于平等的地位，甚至不认为他们是人。如盛行于明代的《臝虫录序》中所言：

> 鳞虫三百六十，而龙为之长。羽虫三百六十，而凤为之长。毛虫三百六十，而麟为之长。介虫三百六十，而龟为之长。臝虫三百六十，而人为之长。臝虫者，四方化外之夷是也。何则人为臝虫之长？《书》曰：生居中国，故得天地之正气者为人；生居化外，不得天地之正气者为禽、为兽。故曰臝虫。孔子曰：治夷狄如治禽兽。其说有自矣。原其无伦理纲常，尚战斗，轻生乐死，虎狼之性也。贪货利，好淫僻，麀麚②之行也。故与人之性情，实相远矣。③

---

① 这10个想象中的海外异国分别为不死国、毛人国、丁灵国、长臂国、长脚国、三首国、小人国、穿胸国、后眼、羽民国。

② 疑为"麀"，形近而误写。

③ 〔明〕武纬子：《新刊翰苑广记补订四民捷用学海群玉卷》卷十，万历三十五年序潭阳熊冲宇种德堂刊本，第1页。

由此可见，古人将世间生物分为鳞虫、羽虫、臝虫等种类，每个大类中各包含着360（言其多）种动物，人也被包含在内。每个大类中均有"长"，意为最优越的物种，鳞虫中以龙为长，羽虫中以凤为长，臝虫中以人为长。那么，臝虫这一大类中除了"人"之外，其余物种为何呢？（其余不是人吗？）"四方化外之夷是也"。可见"夷人"与"华人"虽然同属"臝虫"，却绝非同一物种，无论是外貌特征还是文化、生活习性上都是有所差异的。甚至对于"华人"而言，"夷人"是"为禽，为兽"的，他们比起人而言，似乎更接近禽兽，因此天生要低劣于"华人"，需要为"华人"所教化、管理。至于海外四夷为何天生为禽为兽呢，是由于他们"生居化外，不得天地之正气"。美国亚裔学者邓津华认为，在中国传统观念中，"华"与"夷"之间的种种差异是由环境决定的，其中的决定性因素是"气"。气随地方而异，或优或劣，它不仅可以决定人天生的体质差异，而且可以决定风俗、文化差异。处于世界中心的"我国"拥有最优越的中原之气，因此产生了绝佳的华夏文明；距离世界中心愈远则气愈劣、愈邪，因此才会在"远国"产生"异人"。①

我们将《天下九边分野人迹路程全图》中的海外国家尽可能全面地进行了梳理，从"万国大全图说"中、地图左侧的文字说明中，以及地图上的文字标注中共梳理出 114 个国家。我们发现，图中的海外国家可以分为两类：真实的与想象的。其中想象中的国家有 17 个，占到了国家总数的约 15%。可见地图中的海外国家，是真实与想象互相掺杂的。值得注意的是，称其为"想象中的国家"是站在今人的角度。对于古人而言，传说中的海外国家也是真实的。那么，这些想象中的国家又是从哪里来的呢？关于远国异人的记载最早可上溯至《山海经》，此图中的海外异国也几乎都出自《山海经》。同时，晚明时期日用类书大量出版，其中"诸夷门"中对海外异国有图文并茂的介绍，这对于塑造民众的世界观起到了一定的作用。以目标地图为代表的一系列世界地图包含的大量海外异国，与"诸夷门"中的记载相辅相成，共同构建了明代人对于世界的想象。据鹿忆鹿研究认为，"诸夷门"中的异国记载多出自《异域志》及《臝虫录》，此二书同为明初流行的记录诸夷人物形象、风俗的图文书，后在流传过程中有了不同抄本与刻本，内容大同小异。而这二书中的内容也多出自《山海经》，并在此基础上有所补充。②而成书于1609 年的《三才图会》，虽由所属精英阶层的王圻及其子王思义编纂，但内容却充分吸收了民间文化的精华，是图文并茂的百科全书。此书在明朝晚期十分流行，影响很大，其中的"人物篇"中收录了大量的海外异国人物形象，学界普遍认为其图文皆源于《异域志》及《臝虫录》。我们可以将地图中出现的海外异国与日用类书中的相关记载、人物形象进行简单比对，以获得更全面的结论。

下表将对地图中的 17 个海外异国进行整理，理清其是否出自《山海经》，在《异域志》《三才图会·人物篇》中是否有载，或最早出自何处。

---

① 邓津华：《台湾的想像地理：中国殖民旅游书写与图像（1683—1895）》，杨雅婷译，台湾大学出版中心，2018 年，第 131—133 页。

② 鹿忆鹿：《〈臝虫录〉在明代的流传——兼论〈异域志〉相关问题》，载《国文学报》2015 年第 1 期。

表1 《天下九边分野人迹路程全图》想象中的国家

	图中国名	图中位置	《山海经》中的相关记载	《异域志》中的名称	《三才图会》中的名称
1	女人国	日本以东	《海外西经》：女子国在巫咸北，两女子居，水周之。一曰居一门中。 《大荒西经》：有女子之国	女人国	女人国
2	毛人国	日本以南	《海外东经》：毛民之国在其北，为人身生毛。一曰在玄股北。 《大荒北经》：有毛民之国，依姓，食黍，使四鸟。禹生均国，均国生役采，役采生修鞈，修鞈杀绰人。帝念之，潜为之国，是此毛民	长毛国	长毛国
3	小人国	日本以南	《海外南经》：周饶国在东，其为人短小，冠带。一曰焦侥国在三首东。 《大荒东经》：有小人国，名靖人	小人国	小人国
4	穿胸国	万国大全图说	《海外南经》：贯匈国在其东，其为人匈有窍。一曰在戴国东	穿胸国	穿胸国
5	川心国	日本以南	《海外南经》：贯匈国在其东，其为人匈有窍。一曰在戴国东	穿胸国	穿胸国
6	三首国	琉球以东	《海外南经》：三首国在其东，其为人一身三首	三首国	三首国
7	金齿国	琉球国以西		凿齿国	无
8	三身国	琉球国以西	《海外西经》：三身国在夏后启北，一首而三身。 《大荒南经》：有人三身，帝俊妻娥皇，生此三身之国，姚姓，黍食，使四鸟	三身国	三身国
9	长人国	南美洲西岸	《海外东经》：大人国在其北，为人大，坐而削船。一曰在䃌丘北。 《大荒东经》：有波谷山者，有大人之国。有大人之市，名曰大人之堂。有一大人踆其上，张其两耳	长人国	长人国
10	矮国	在疑似英国的岛屿北部			
11	丁灵国	万国大全图说	《海内经》：有钉灵之国，其民从䣛已下有毛，马蹄善走	丁灵国	丁灵国

明代人的海外异国想象

续表

	图中国名	图中位置	《山海经》中的相关记载	《异域志》中的名称	《三才图会》中的名称
12	长臂国	万国大全图说	《海外南经》：长臂国在其东，捕鱼水中，两手各操一鱼。一曰在焦侥东，捕鱼海中	长臂国	长臂国
13	长脚国	万国大全图说	《海外西经》：长股之国在雄常北，被发。一曰长脚。《大荒西经》：西北海之外，赤水之东，有长胫之国。	长脚国	长脚国
14	羽民国	万国大全图说	《海外南经》：羽民国在其东南，其为人长头，身生羽。一曰在比翼鸟东南，其为人长颊。《大荒南经》：有羽民之国，其民皆生毛羽	羽民国	羽民国
15	不死国	万国大全图说	《海外南经》：不死民在其东，其为人黑色，寿，不死。一曰在穿匈国东。《大荒南经》：有不死之国，阿姓，甘木是食	长生国	不死国
16	后眼	万国大全图说		后眼国	后眼国
17	木兰波	地图左侧文字		木兰皮国	木兰皮国

经过梳理可知，以上17个国家实际应为16个，其中"穿胸国"与"川心国"一个出现在"万国大全图说"中，一个出现在图中日本的南面，实际上是一个国家。其中除金齿国、矮国、后眼、木兰波等4个国家之外，全部可上溯至《山海经》。而且地图中标明了位置的国家中，除"女人国"外，均与《山海经》中记载的大致方位相符。我们看到《山海经》中有两处对"女子国"的记载，均在西方。后世《淮南子·地形训》中有"女子民"的记载，也是在西方。① 但到了《三国志》与《后汉书》中记录的海外"女子国"，则是收录在"东夷"的部分。② 由此可见，"女子国"的传说分为东女国与西女国两个体系，南宋时期的《岭外代答》中也是将"女子国"收录"东南海上诸杂国"。《天下九边分野人迹路程全图》中采取的是"东女国"的方位，但是国名最早源自《山海经》。此外还有两个国家毛人国与三身，在《山海经》中各有两处记载且位置相互矛盾。毛人国（毛民国）见于《海外东经》《大荒北经》，在地图中画在了中国东方的海域上。三身国见于《海外西经》《大荒南经》，在地图中画在了中国南方海域上。以上二国的地理方位虽在《山海经》

---

① 《淮南子·地形训》："凡海外三十六国。自西北至西南方，有修股民、天民、肃慎民、白民、沃民、女子民、丈夫民、奇股民、一臂民、三身民。"
② 《三国志·魏书·东夷传》："耆老言：有一国亦在海中，纯女无男。"《后汉书·东夷传》："又说，海中有女国，无男人。或传其国有神井，窥之辄生子。"

记载中有所矛盾，但是地图中取了二者之一来确定方位。

再看以上17个国与《异域志》《三才图会》的关系。对于这17个海外异国的名称，除不死国在《异域志》中被称为"长生国"外，其余名称几乎一模一样。而且17个国中，除矮国外，其余诸国在这两本书中都有收录，可见虽然多数异国最初源自《山海经》，但应该更直接地受到了同时代类书的影响。而先秦时期的《山海经》与明代的《异域志》《三才图会》等文献之间，则有《淮南子》《神异经》《博物志》《岭外代答》《事林广记》等文献，它们记录了中国人对海外四方的想象，也对源自《山海经》的海外异国形象不断继承与发展。

我们观察《异域志》或《三才图会·人物篇》中这些海外异国人物的形象，可以对地图中所体现的明代人的海外异国想象进行补充。以《三才图会》为例，女人国中之人虽然身体特征正常，但不少女子光天化日之下赤身裸体，这是处于化外之地不懂礼教、野性未被驯化的表现，其中体现出了明朝人对于海外异国怪异、不知礼数的想象。仔细观察，《三才图会》中的海外异人形象，裸露身体者众多。虽然未必都如女子国人一般不着寸缕，但丁灵国、穿胸国、三首国等国民形象，都是赤裸上身，而下身围着一块布或兽皮的男性形象。这都体现出了未进入文明、不懂礼教的海外异人想象。此外，他们多有肢体上的残缺、多余或不正常，充满了视觉上的怪异。残缺如穿胸国，图中国民胸前有一大洞，国中地位高贵者被地位低下者抬着走，抬的方式是一根竹竿贯穿胸口大洞。正常人若胸口有洞必死无疑，穿胸国人却生来具有这样的肢体残缺，是怪异的体现。肢体上的多余如三首国，图中之人一具躯体上长了三个头颅，分别看向不同的方向。肢体上的不正常如丁灵国，图中之人膝盖以上与常人无异，膝盖之下长出长毛，脚如马蹄一般，体现出他们像马一样善于奔跑的特性，而进一步分析则是将他们想象成如兽类、畜生一般的存在。

图2　女人国①　　　　　　　图3　穿胸国②

---

① 〔明〕王圻、王思义编：《三才图会》，上海古籍出版社，1988年，第827页。
② 〔明〕王圻、王思义编：《三才图会》，上海古籍出版社，1988年，第860页。

图4 三首国① 　　图5 丁灵国②

由此可见，地图中的海外异国大多可上溯至《山海经》，而更直接的影响应是《异域志》《嬴虫录》《三才图会》等晚明类书。或者可以说，这些类书中"诸夷门""人物篇"与目标地图所属的系列地图一起共同建构了明代人关于海外异国的想象，他们在视觉上的形象怪异，与常人不同，因此被明代中国人列入"非人"的范畴。

六、总结

本文以晚明坊间刻印的世界地图《天下九边分野人迹路程全图》为中心，探讨明代人心中的海外异国想象。经过以上论述可知，明朝时期，利玛窦等西方传教士已经将更为真实的世界地图传入中国。人们逐渐意识到世界是球形，而中国也并非处于绝对的世界中心。而且除了"我国"之外，世界上还有成百上千的其他国家与地区。但是即便如此，人们依然固守着传统的世界观，并将海外万国都纳入中国固有的华夷秩序。《天下九边分野人迹路程全图》中，中国被放置于中央，其面积也被绘制得极其广大，而其余诸国则呈小岛形状分布在四周海域，二者面积比例与实际比例出入甚大。而这样的绘制方法背后隐含的是华夏远优越于其余诸国的华夷观念。此外，我国的正常与他国的异常这组对比也强化了这种固有的华夷观念与海外异国想象。图中的海外国家虚实夹杂，想象中的国家其国民形象多十分怪异，甚至近似于"非人"的存在。我们看到，早在春秋战国时期甚至更早就建立的世界想象图式，直到明朝末期仍在沿用，并在民间具有重大影响。尤其是最早可上溯至《山海经》中的远国异人形象，在晚明日用类书中以图像配合文字的形式得以重述，这些类书在民间广为流传。本文所探讨的目标地图与这些类书一起共同塑造并强调了民间对于海外异国的想象。

至于地图中的域外知识，可分为两部分：一是真实存在的国家，二是当时人想象中的

---

① 〔明〕王圻、王思义编：《三才图会》，上海古籍出版社，1988年，第856页。
② 〔明〕王圻、王思义编：《三才图会》，上海古籍出版社，1988年，第847页。

国家。其各自的来源也有所不同。

第一类真实存在的国家是自古即知晓的，如朝鲜国、日本国等，它们与我国在地理位置上相邻，又很早就建立了外交关系，因此它们的地理位置是十分清晰的，在地图上也得到明显、清晰的体现。

第二类真实存在的国家位于南洋及西洋海域内，在前代文献中早有提及，但位置一直不明。明永乐三年（1405）至宣德八年（1433）郑和七下西洋，到达了东南亚、南亚、非洲的 300 余个国家和地区，不仅发现了很多前所未知的地区，而且证实了一些传说中地名确实为真，也验证了它们的真实位置。地图中记录有 10 个东南亚、南亚国家的详细地点①，或在图中标示，或注明了具体位置与路程。而且图中还标出了这几个国家的相对位置，如"安南即交趾国，地在广西云南界滨海""满剌国，在占城国南"等，大致正确。此外地图中左侧还注明了一些东南亚、南亚国家与中国之间的路程，如"占城国，放详②风顺，半月抵崖州③，至京师水路共有八千里""暹罗国，发洋至京师，水路一万五百里"等。从以上词条中皆能看出到达这些国家走水路的实际航程与距离，应该是总结自实际航行经验的，而且标注了"放详风顺"（"详"应为"洋"），顺风的情况下，半月抵达崖州，可见是实际经验的积累。这些知识与经验的来源都可能间接与郑和航海经验或《郑和航海图》有关。

第三类真实存在的国家是我国自古不知的，由西方传教士传入。将《天下九边分野人迹路程全图》与它的母本——1583 年季名台刻印的《九州分野舆图古今人物事迹》及 1593 年官刻的地图《乾坤万国全图古今人物事迹》进行比对④，可以看出地图中哪些新出现的国家、地名，是源自意大利传教士利玛窦于广东肇庆 1584 年制作的第一幅中文世界地图《山海舆地图》及其摹本。《乾坤万国全图古今人物事迹》中已经表现出了南美、北美的一些地名，例如在图右上部分有两个小岛，分别注名为加拿大、亚伯尔耕⑤；右下部分也分布着伯西儿（巴西）、孛露（秘鲁）等几个小岛，不过每个地名在此图中都作为大明周围海洋中的岛屿被标绘。⑥南美、北美的地名显然源于利玛窦世界地图，图中文字部分有言："近观西泰子之图说，欧罗巴氏之镂版，白下诸公之翻刻有六幅者，始知乾坤所包最钜。"可见梁辀在绘制该图的时候就参考了利玛窦的世界地图，以及在南京翻刻的西方传教士地图。

而《天下九边分野人迹路程全图》中出现了北美、南美两个岛屿（此地图不再像《乾坤万国全图古今人物事迹》一般将每个美洲国家都画为一个小岛，而是绘成北美、南美两

---

① 此 10 个国家分别为安南国、交趾国（安南、交趾皆为越南）、占城国（越南）、三佛济国（印尼）、真腊国（柬埔寨）、满剌国（马来西亚）、暹罗国（泰国）、爪哇（印尼）、天竺国（印度）、古里国（印度西南部）。

② 疑笔误，应为"洋"。

③ 崖州，今海南省三亚地区。

④ 参考韦胤宗：《加拿大英属哥伦比亚大学亚洲图书馆藏〈九州分野舆图古今人物事迹〉》，载《明代研究》2016 年第 27 期。文中研究认为，《九州分野舆图古今人物事迹》为《乾坤万国全图古今人物事迹》的母本，而《乾坤万国全图古今人物事迹》又是《天下九边分野人迹路程全图》的母本。因此可以说《九州分野舆图古今人物事迹》是《天下九边分野人迹路程全图》的母本。

⑤ 参考李兆良：《谁先发现美洲新大陆——中国地理学西传考证》，载《测绘科学》2017 年第 10 期。文中认为亚伯尔耕，英文 Apalchen，实际上就是指的美国。

⑥ 任金城：《国外珍藏的一些中国明代地图》，载《文献》1987 年第 3 期。

个大岛),分别位于大明东北角与东南角的海域中。其中南美有智勒国(智利)、金加西蜡(哥伦比亚、委内瑞拉、巴拿马)、孛露(秘鲁)、伯西儿(巴西)等,北美有亚泥俺国、加拿太国、沙尼乃国、摩可沙国、大入尔国、多朵德亚国等(以上六国皆属今加拿大、美国、墨西哥),这些都是从前中国人并不知晓的,其名称多直接承袭自利玛窦世界地图。此外,欧洲的国家也增添了不少,目前已辨析出来的有:德亚国(以色列)、以西巴尼亚(西班牙)、鲁西亚(俄罗斯)、翁加里亚(乌克兰)、波罗尼亚(波兰)、意大利亚(意大利)、弗朗察(法国)、谙厄利亚(英国)、卧兰帝亚(冰岛)等。这些国家的名称多为音译,且在此前的世界地图中从未出现过。观察利玛窦世界地图,图上音译也与目标地图的音译文字大致相同,因此可以判断其为直接来源。另外,传教士艾儒略依据庞迪我、熊三拔的抄本写成的《职方外纪》中,系统介绍了世界六大洲的地理概况与国家位置。此书于1623年由李之藻刻印,1644年刻印的《天下九边分野人迹路程全图》很可能也受到此书的影响。

至于当时人想象中的国家,除去前文所述的间接源自《山海经》的国家之外,其余的奇异国名可在《三才图会》及晚明日用类书的"诸夷门"中找到,可以说,这些国家属于当时民间普遍流传的知识体系中。另有一部分想象中的国家同样源自西方地图。如地图中的"矮国",位于地图西北海域中疑似英国的岛屿北端,并不见于中国本土文献记载。我们在利玛窦绘制于1602年的《坤舆万国全图》中找到了它,位于芬兰地区。图中有文字介绍:"国人男女长止尺余,五岁生子,八岁而老。常为鹳鹳所食,其人穴居以避。每候夏三月,出坏①其卵。云以羊为骑。"这让人联想到《太平广记》所记载的鹤民国:"西北海戍亥之地。地字原阙。据陈校本补。有鹤民国。人长三寸。日行千里。而步疾如飞。每为海鹤所吞。"② 这两处记录都提到矮人会被鸟吃,而北欧地区也流传有侏儒神话,因此此处的"矮国"很可能是传教士带来的欧洲传说在中国本土化的结果。

总之,明朝时期以"地圆说"为核心的西方地理学新知传入,中国人也逐渐接受了这些观念,并在地图中有所体现。但对西方地理学观念只是进行了选择性吸收,传统世界观的核心是没有改变的。我们看到,《天下九边分野人迹路程全图》只是将世界装入配有经纬线的球形的框架中,但这套西方地理观念实则是一个壳子,套在了传统地图的外面。壳子中的内容反映的仍然是可上溯至先秦时代的传统世界观与华夷观,以及对于海外异国的种种想象。中国人心中的世界秩序仍是由"中央的华夏"与"四方的蛮夷"构成的,为使这样的心理秩序不被破坏,地图中必须保证大陆的方形、"我国"位于世界中央,而且四周小国要前来朝贡。不断被补充的新的大陆名、远方国名,可以被纳入我国固有的世界秩序。因此无论是欧洲还是美洲,都与长人国、三首国一般,作为小小的岛屿环绕在中国四周的海上。

---

① 疑为笔误,应为"怀"。
② 〔宋〕李昉:《太平广记》卷四百八十,中华书局,1961年,第3958页。

"二重证据法"的海外传播及其启示

刘建树

一、王国维学术成就的西方影响：以考古学为中心

王国维作为近代学术史上的重要人物，对中国文学、中国美学、中国考古学研究都有重要的贡献。一部《人间词话》拓展了中国文学与美学研究的全新空间；他提出的"二重证据法"更是在方法论上对中国古史研究产生了革命性影响：

> 吾辈生于今日，幸于纸上之材料外，更得地下之新材料。由此种材料，我辈固得据以补正纸上之材料，亦得证明古书之某部分全为实录，即百家不雅驯之言亦不无表示一面之事实。此二重证据法，惟在今日始得为之。虽古书之未得证明者，不能加以否定，而其已得证明者，不能不加以肯定可断言也。①

王国维在中国文学与历史、考古方面的重要影响，使他成为海外汉学家的关注焦点之一。汉学家视野中的王国维主要以文学研究专家的身份出现，体现为诸多文学性研究著述对他的引述；也不乏中国历史研究者在各自的著述中对他的指涉。从文献的年限看，最早为1972年研究王国维词作的著述，作者涂经怡（Tu Ching-i）②；新近的文献则是2013年剑桥大学出版社出版的哥伦比亚大学华人教授李峰的专著《早期中国》③（该著述2022年已出中译本），对于王国维利用出土文献释古在中国古史研究中的奠基性意义予以肯定。这期间重要的文献还包括李又安（Adele Austin Rickett）的《王国维〈人间词话〉与中国文学批评》④，以及佐伊·勃纳尔（Joey Bonner）的《王国维学术传记》⑤（1986）。与此相比，国内即使在国际跨文化对话的视野下研究王国维，也只是聚焦于他在文学与哲学方向的成就。⑥

从以上有关王国维研究的英文文献类别、研究内容与年代分析，王国维学术的海外影响主要体现为文学方面的专项研究与史学方面的观点引述。就现有成果而言，多数还集中在文学研究，尤其是王国维译介西方文艺理论对革新中国文学作品的阐释方面；对于考古

---

① 王国维：《古史新证——王国维最后的讲义》，清华大学出版社，1994年，第2—3页。
② Tu Ching-i, "A Group of Wang Kuo-wei's Tz'u Poems: With an Introduction" in David C. Buxbaum and Frederick W. Mote, eds., *Transition and Permanence: Chinese History and Culture*, HK: Cathay Press, 1972, pp. 379 – 93.
③ Li Feng, *Early China: A Social and Cultural History*, Cambridge: Cambridge University Press, 2013, pp. 8 – 9.
④ Adele Austin Rickett, ed. & tr, *Jen-chien Tz'u-hua: A Study in Chinese Literary Criticism*, Hong Kong: Hong Kong University Press, 1977.
⑤ Joey Bonner. *Wang Kuo wei: An Intellectual Biography*, Cambridge: HUP, 1986.
⑥ 潘知常：《王国维——独上高楼》，文津出版社，2004年。

方向的贡献,则体现为中国古史研究者对于王国维"二重证据法"的引述,但并未以此作为研究方法运用于具体古史研究的案例。例如,"马伯乐认为中国史学情况也不例外,史学家应该严格地分别出土文字资料与传世文献的证据。这与当时某些中国学者(特别是刚刚提出'二重证据法'的王国维)的看法迥然不同"①。可见当时二重证据法并未在汉学家群体中产生影响,至少未产生重要影响。但从另一个角度看,这种中西在研究方法上的分野,在猎奇(exoticism)效应下,王国维的尝试未尝没有对西方有关专家产生吸引力。从研究的关注时段来看,海外关注王国维主要在20世纪70至80年代,引起关注较多的是《王国维学术传记》,体现为较之于其他作品而言更多的学术书评数量。后人在研究侧重点上的差异,或许也和王国维本人研究重点及其影响本身有关。王国维从哲学和文学转向古史考证,固然少不了地下新材料大发现的时代助缘,也有寄托个人情感的内在动机,更出于为中国文化应对西方文明之冲击、建立时代根基的理想。②

表 1 王国维英语世界研究状况表(部分)

作者	年份	文献类型	研究对象	备注
Tu Ching-i(华人)	1972	学术论文	王国维诗词研究	
Adele Austin Rickett	1977	专著	王国维诗词研究	
Joey Bonner	1986	专著	学术传记	
Li Feng	2013	专著	古史研究中关注二重证据	

二、《西观汉记》视域下的王国维西方接受

2018年出版的夏含夷所编《西观汉记——西方汉学出土文献研究概要》比较全面地梳理了西方汉学在中国古文字、出土文献、甲骨、金石学以及竹帛研究方面的代表性成就。研究材料的信息在时间跨度(始于1636)与更新年份(截至2015)上都有可观之处。《西观汉记》所呈现的西中文化交流图景,可以视为王国维"二重证据法"接受的文化大环境。我们可以从王国维二重证据法为什么(why)可以被汉学研究接受、接受了什么(what)、谁(who)在接受、何时(when)接受、在哪里(where)接受以及怎样(how)接受这样几个层面来考察。

表 2 王国维第二重证据古史研究影响状况(部分)

编者	年份	夏商内容	甲骨证据有/无	书名
Rev. J. Macgowan	1906	The Legendary Period	0	The Imperial History of China
Friedrich Hirth, PhD	1908	45-91	0	The Ancient History of China
Michael Loewe & Edward L. Shaughnessy	1999	the oracle bones; oracle inscriptions; evidence	Wang Guowei, 126	The Cambridge History of Ancient China

---

① [美]夏含夷:《西观汉记——西方汉学出土文献研究概要》,上海古籍出版社,2018年,第91页。

② 王国维:《古史新证——王国维最后的讲义》,清华大学出版社,1994年,第2—3页。

在接受缘起层面，"西方传教士到中国以后，通过报告等形式向西方介绍中国传统文化，引起西方学者们的广泛兴趣，其中以中国文字的性质问题最受人关注。当时西方学者们正好也在研究埃及象形文字，他们很自然会将中国文字和埃及文字联系起来"①。西方人研究东方文字的学术惯性，促成了他们对于中国文字研究的关注。中西方学者在研究视角上的差异，为"二重证据法"进入他们的视野创造了契机。"中国学者以为两汉以来的传统读法肯定渊源有自，有据可依，因此先秦出土文献和传世文献如果有不同之处，传世文献应该被视作标准，应该按照传世文献'改正'出土文献。而没有接受这样前提的西方学者就强调古文字与出土文献本身的价值。"②学人之间的私人交谊，也可能为塑造学术交流模式、提升交流质量起到某些作用。罗振玉与王国维在学术上众所周知的密切联系，使得前者的国际学术活动不自觉地提升了王国维的国际学术知名度。"伯希和和沙畹1909年在北京给罗振玉和王国维介绍西域文件的照片，罗、王才得见'古人之真本'。特别是王国维受了这个启发以后，改变了他自己的学术专业。这对中国二十世纪学术发展起了不可低估的作用。"③"1911年，当时西方汉学界最权威的教授沙畹发表了一篇简短的论文……后半部分介绍罗振玉1910年出版的《殷商占卜文字考》。"④

在接受内容方面，以哥伦比亚大学教授、华人学者李峰的一部著述《西周的灭亡》⑤为例，全书多处引述王国维对西周史中西周与周边关系的相关内容（共计6处），但未直接提及"证据"等字眼。在前引夏含夷等所著《剑桥中国古代史》中，则直接应用了王国维有关甲骨证据的相关内容。⑥再以《玦出周原——西周手工业生产形态管窥》⑦ 中的王国维为例，虽然作者在行文与参考书目中均未提及王国维，但其多重证据的方法中有王国维二重证据的痕迹。作者说自己的研究结论取之于多重证据（several lines of evidence），包括"考古环境下文物之间的空间关系、玉玦生产分段废料、个人对玉玦生产的实验性复原以及传世文本与铭文"。按照当下四重证据法的理念，传世文本与铭文属于一重证据的话，其他则属于第三重（虽然不一定完全涵盖）证据。或许二重证据法在当时的接受，与四重证据法在当下的接受一样，多少囿于各种主客观因素。李学勤在为叶舒宪《图说中华文明发生史》（2015）所作序中，认可著作"突破文字'小传统'的成见束缚"的创见，但对于四重证据法只字未提。或许是希望与书序的另一作者王仁湘在评论重点上相得益彰亦未可知，

---

① ［美］夏含夷：《西观汉记——西方汉学出土文献研究概要》，上海古籍出版社，2018年，第10页。

② ［美］夏含夷：《西观汉记——西方汉学出土文献研究概要》，上海古籍出版社，2018年，第40页。

③ ［美］夏含夷：《西观汉记——西方汉学出土文献研究概要》，上海古籍出版社，2018年，第326页。

④ ［美］夏含夷：《西观汉记——西方汉学出土文献研究概要》，上海古籍出版社，2018年，第91页。

⑤ Li Feng, *Landscape and Power in Early China: The Crisis and Fall of the Western Zhou 1045 - 771 BC*, New York: Cambridge University Press, 2006.

⑥ Michael Loewe & Edward L. Shaughnessy, *The Cambridge History of Ancient China*, Cambridge: Cambridge University Press, 1999, p.126.

⑦ Sun Zhouyong, *Craft Production in the Western Zhou Dynasty (1046 - 771 BC)*, Oxford: BAR Publishing, 2016, p. viii.

后者则将"四重证据法"提升到助益"中华文明探源工程"的高度。①毫无疑问,这种涉及国家文化乃至人类文明研究的重要课题一定会引发全球学术圈的关注。"《夏商周断代工程(1996—2000)阶段成果报告(简本)》在2000年出版之后,亦在西方学术界产生了很大反响。"②而这样的关注,自然会让四重证据法进入国际学术人的视界。

在接受主体方面,学术交流双方的视界融合或学术兴趣的契合,往往是促成成功交流的重要因素。在《西观汉记》里,我们可以梳理到以下的学术事件:

> (金璋)1917年的《象形之回顾》已经充分引用了罗振玉的《殷墟书契前编》(1913)、《殷墟书契精华》(1914)和《殷墟书契后编》(1916),三十年代发表的论文里也多利用了郭沫若的研究成果。③

> 1995年汪涛和其他两位考古学家在考古学的权威刊物《古代》上发表了一篇题为"早期书写的证据:实用性的还是礼仪性的"文章,对四种文明的材料进行了综合研究,指出在各个文明里,礼仪性的记录都镌刻在珍贵的材料上,而实用性的记载都记录在常见易得的材质上。④

> 文字所以处于中国文明的中心是由于两个作用:一是和神仙的沟通,一是王朝势力的标志。⑤

> (1958年当代法国最著名的中国古代文化史的专家汪德迈)在香港认识了饶宗颐先生,成了一辈子的好朋友,也从饶先生那里开始学习甲骨文。⑥

通过梳理以上学术或文化事件可知,与王国维有着密切学术渊源的罗振玉在西方汉学界有比较高的学术知名度;汪涛等考古学者对于镌刻材料与镌刻内容之间关系的研究则与四重证据法玉成中国的思路不谋而合。汉学家们也认识到了文字通神的文化或意识功能,而无文字之前的玉器通神在思路上正与其契合。文集中所记汪德迈与饶宗颐的遇合,则为提升以饶宗颐为首倡者之一的"三重证据法"的海外接受创造了更有利的条件。

至于接受时机、接受媒介以及接受方式,文集所论不多。如论及西方甲骨学的起落时,作者提及"2000年以后西方甲骨学又进入了一个比较安静的时期。这一方面是因为老一代教授们退休以后没有学生来继业,另一方面也是因为在中国'简帛热'的影响下西方学术研究多集中于战国秦汉时代"⑦。但对于"四重证据法"而言,中华文明起源研究尚在进行,人类命运共同体的时代主题下正呼唤中国智慧的力量,"四重证据法"的国际学术受众

---

① 叶舒宪:《图说中华文明发生史》,南方日报出版社,2015年,第4页。
② [美]夏含夷:《西观汉记——西方汉学出土文献研究概要》,上海古籍出版社,2018年,第245页。
③ [美]夏含夷:《西观汉记——西方汉学出土文献研究概要》,上海古籍出版社,2018年,第90页。
④ [美]夏含夷:《西观汉记——西方汉学出土文献研究概要》,上海古籍出版社,2018年,第21页。
⑤ [美]夏含夷:《西观汉记——西方汉学出土文献研究概要》,上海古籍出版社,2018年,第22页。
⑥ [美]夏含夷:《西观汉记——西方汉学出土文献研究概要》,上海古籍出版社,2018年,第116—117页。
⑦ [美]夏含夷:《西观汉记——西方汉学出土文献研究概要》,上海古籍出版社,2018年,第86页。

大有可期。在接受媒介方面,《西观汉记》的附录二"西文期刊刊名和中文译文"提供了曾经发表中国出土文献研究成果的大量学术期刊,有200余种。考虑到"四重证据法"在中国文学人类学这一跨学科研究中的重要作用,它在国际学术界的考古学、人类学、中国文学、神话学,乃至证据学等方面都将引发相关同行的关注或共鸣,因此有更丰富的交流平台可供选择。

在如何进行学术交流方面,《西观汉记》提供了诸多的范例式内容。

"(1906年)在其所著《早期中国书写》里,方法敛对《说文解字》的六书做了相当详尽的说明,还引用了两种出土文献作为例证。一个是青铜器铭文的《散氏盘》,这是西方学术界第一次引用铜器铭文作为历史语言证据。另一个且更引起大众注意的是,方法敛在这次演讲里首次提到了清朝末年刚刚发现的甲骨卜辞。"①这里对学术史的梳理可以为四重证据法国内研究者准确定位自己的国际与谈人提供有效的信息。而下面对于不同阶段研究心态的概括则可为把握对话的目的提供一定的借鉴。不可否认,在跨文化的初级阶段,猎奇总是存在的,这种猎奇中甚至有怀疑的因素。"十九世纪初基督教传教士进入了中国,已不像耶稣会传教士那样猎奇,而比较倾向于实用的知识。"②但四重证据法一旦展示出自己强大的解释力,则其在比较神话学研究的引领下在人类文明探源研究中的实用性必然与其理论解释力相得益彰。

跨文化学术交流中的语言问题,也在《西观汉记》里有所探讨:"第二次世界大战以后的甲骨文研究经历了很大改变。……中国学者,诸如董作宾、吴世昌、李济和郑德坤,他们要么是自己用英文写作,要么是别人给他们翻译(诸如杨联陞翻译了董作宾的文章)。"③"李零当时住在美国西雅图,他的中文原文由当地华盛顿大学教授鲍则岳翻译成英文并整理,以适合西方读者的要求。这篇文章的一个特点是能融合中国和西方的观点。"④

以上两则都涉及学术翻译中的译者资质问题。在当下"中华学术外译"工程与中华文化走出去的背景下,翻译时机自不必说,但是完成合格的学术翻译,尤其做到适合而非迎合西方读者的要求,尚待努力。仅以"四重证据法"系列学术著作外译来看,与国内其他学科和其他学者相比,文学人类学这一学科以及叶舒宪个人的著述外译在数量上和规格上不算首屈一指也已经是名列前茅。但其国际影响力,尤其国际学术著述中的引用指数,还须拭目以待。提升中国学术译介成果的国际影响力与接受度,或可将比较文学研究中的译介学方法引入,但如上所见,译介人员的学术语言素质也是重要的因素。此外,提升中国文学人类学研究的国际学术影响力还可以在拓宽国际教育内涵方面进行尝试,通过培养国际背景的学生,让他们不自觉地成长为中国学术的国际传播者。"(司礼义)以如此有限的作品在西方语言学与古文字学界获得如此之大的影响,另外一个原因是他在华盛顿大学

---

① [美]夏含夷:《西观汉记——西方汉学出土文献研究概要》,上海古籍出版社,2018年,第4页。

② [美]夏含夷:《西观汉记——西方汉学出土文献研究概要》,上海古籍出版社,2018年,第10页。

③ [美]夏含夷:《西观汉记——西方汉学出土文献研究概要》,上海古籍出版社,2018年,第92页。

④ [美]夏含夷:《西观汉记——西方汉学出土文献研究概要》,上海古籍出版社,2018年,第392页。

培养出好几位权威学者。"①

此外,学术会议、学术访谈、同行评议著述、访学、国际学术著述合作等也将提升学者的国际学术交流潜力,改善学术交流效果。如《西观汉记》所记:"八十年代,美国学术刊物《古代中国》(Early China)组织了三次与甲骨文有关的'论坛',形式类似中国国内学术刊物的'笔谈'。"②在中国文学人类学类似学术活动中吸收国际参与者,必然会提升"四重证据法"的国际影响力。仅以目前所见,叶舒宪已与 Mineke Schipper 以及 Yin Hubin 已合编过 China's Creation and Origin Myths: Cross-cultural Explorations in Oral and Written Traditions(Brilliant 2011)文集,今后应不断加中外专家合作编纂的学术活动。如夏含夷所述,"西方汉学家非常关心出土文献学与古文字学方法论,提出了一系列方法论的原则和做法"③。作为无国界方法论的四重证据法,它和考古学、神话学等学科的密切关系,一定会吸引更多的国际关注。

当然,我们也要警醒,即使在当下学术国际化水平很高的背景下,文化国际化程度已经很高,但仍然不能排除跨文化交流中西方中心主义作祟的可能:"鲍则岳在这些文章中一直利用非常细致的文献学方法去训读《老子》的原来意义。他的方法与中国传统校雠学方法十分相似,可是他自己追根到十九世纪初年德国学者乐克曼(1793—1851)对希腊古典文学所做的研究工作。"④

四重证据法是中国学者对中国文学人类学苦心孤诣研究的结果,在研究中国文化史与中国神话史等方面已经显示了强大的解释力,但其国际接受度在诸多方面还需要更多的努力。

---

① [美]夏含夷:《西观汉记——西方汉学出土文献研究概要》,上海古籍出版社,2018 年,第 98 页。

② [美]夏含夷:《西观汉记——西方汉学出土文献研究概要》,上海古籍出版社,2018 年,第 112 页。

③ [美]夏含夷:《西观汉记——西方汉学出土文献研究概要》,上海古籍出版社,2018 年,第 446 页。

④ [美]夏含夷:《西观汉记——西方汉学出土文献研究概要》,上海古籍出版社,2018 年,第 356 页。

陇东地区出土多孔玉刀初探

冯玉雷

2022年6月24—30日，得到甘肃庆阳市文旅局支持，我们先后参访陇东地区正宁县博物馆、宁县博物馆、庆阳市博物馆、华池县博物馆、庆城博物馆、环县博物馆、镇原县博物馆、合水县博物馆及老虎咀遗址、南佐遗址，重点考察史前多孔玉刀。这批多孔玉刀出土或征集自陇山以东、晋陕以西的陇东地区，特征鲜明，但由于种种原因，未能刊布。为了引起学界注意并进行研究，本文抛砖引玉，做了初步分析，祈请方家指正。

一、多孔玉刀的命名及出土概况

夏鼐《商代玉器的分类、定名和用途》所称"边刃器"，"可分为二种：一种为尖端长条形，直背凸刃，另一端常有方形（或长方形）的柄，可以安把。另一种作为长方形（包括梯形）或半月形，近背部有一孔或多孔。前一种主要是模仿铜弯刀的玉弯刀。商代才开始出现。妇好墓共出7件，其中精致的标本，刀面雕刻有花纹，沿背部有锯齿形的扉棱，后一种在妇好墓中出土梯形的和半月形的刮刀各1件……这种刀在中国新石器时代已盛行石制的，但商代玉制的不多。商代早期另有一种大型多孔梯形玉刀，妇好墓没有出土，但二里头出土过2件，有三孔或七孔，通长52和65厘米。刃部在较长的一边。陕西榆林地区神木县石峁曾出土过黑玉制的2件，有三孔或五孔，通长为49和55厘米"[①]。

本文依据目前考古界比较认可的说法，将两孔以上的刀类边刃器统称为多孔刀、多孔石刀或多孔玉刀。

多孔长刀在石峁遗址出土比较集中，例如戴应新公布征集的石峁玉刀40件，芦山峁遗址征集到1件七孔玉刀，新华遗址99K1出土玉刀5件。在陕西其他地方及山西、内蒙古、甘肃、青海等地都出现龙山文化、齐家文化多孔玉刀。陕西陇县王马咀出土1件五孔大玉刀。山西陶寺遗址出土玉刀35件，下靳遗址出土双孔玉刀7件，碧村遗址出土三孔刀、双孔刀各1件。据甘肃省博物馆王裕昌统计，甘肃中西部地区和东部地区共出土齐家文化玉刀7件。据青海文物考古研究所前所长任晓燕统计，青海出土齐家文化玉刀及刀形玉器7件。

除了玉刀，还有石刀出土。例如，陶寺遗址出土的双孔刀中，大理石制成的有2件，各类石制的3件；清凉寺墓地M146出土1件大理石双孔刀，清凉寺墓地二期M145出土1件九孔石刀，M73出土1件七孔石刀，M61出土1件五孔石刀，M110出土1件三孔石刀；甘肃皇娘娘台出土穿孔石刀39件。

陇东各博物馆藏多孔玉刀很少正式刊布，因此，有必要进行调查和研究。

2017年4月底到5月初去，参加"第十一次玉帛之路（陇东陕北道）文化考察活动"，

[①] 夏鼐：《商代玉器的分类、定名和用途》，载《考古》1983年第5期。

历时 14 天，行程 3500 多公里，穿越甘陕宁三省区，途经 26 个市县区，参观 28 个博物馆，考察 30 多处遗址，但对陇东地区库藏玉器未能参访。2022 年 6 月 24—30 日，先后参访陇东地区各县博物馆，近距离观摩库藏多孔玉刀和条形玉器，首先按照考察时间顺序进行介绍，也将本次调查中看到的库藏联璜璧组件等文物同时刊布。

（1）联璜璧组件，正宁县博物馆藏，高 6 厘米，外孔直径 8 厘米，内圆直径 7 厘米，目测为马衔山玉料。

（2）条形玉器，庆阳市博物馆藏，长 45 厘米，顶部有切割痕，切割痕靠内有一钻孔，靠外似为欲截去残料，目测可能是鸳鸯玉料。张多勇教授在吴家岭遗址调查时，70 岁的赵青海回忆"有玉戈 1 件，有孔，黑色，被村支书挂在家里，后被河南籍医生朱国斗收集"。吴家岭遗址不可能出土玉戈，推测很可能属于庆阳博物馆藏那类"玉条形器"。

（3）三孔玉刀形器，庆阳市博物馆藏，目测玉料与台北故宫博物院藏（购玉0151）齐家文化双刃玉刀相类似，可能是祁连山玉料。这件玉刀虽然钻孔方式承袭了石峁玉刀"3 + 1"的风格，但形制更像江淮地区出土的多孔石刀。

图 1　庆阳博物馆藏三孔玉刀

（4）玉刀残件，庆阳市博物馆藏，目测为甘肃玉料。

（5）玉琮或琮形玉镯，目测为马衔山玉料。

（6）多孔玉刀，华池县博物馆藏，长 52 厘米，宽 7 厘米，重量 660 克。该博物馆将其命名为"碧玉刀"，被定为三级文物，新石器时代，为华池县公安局移交。登记资料描述："碧玉磨制，表面打磨光滑，半透明。器形呈长方形，两端为弧形，一侧为背，一侧为刃，刃锋利。"这件大玉刀比较古朴，未钻孔。目测为甘肃玉料。

（7）蛇纹双孔玉刀，华池县博物馆藏，长 14 厘米，宽 5 厘米，重量 80 克。以前被定为三级文物，时代是西周，来自华池县五蛟乡马河村。描述为："器型呈长方形，两面开刃，背部两端各钻一孔，蛇纹玉，黑中泛黄，半透明。"目测为甘肃玉料。

图 2　华池县博物馆藏双孔玉刀（蛇纹石玉）

（8）青玉三孔钺，华池县博物馆藏，应该是玉刀，长 18.7 厘米，宽 8.4 厘米，厚 0.7 厘米，重量 126 克。来自华池县五蛟乡马河村，以前被定为新石器时代、一级文物。描述为:"青玉琢磨成型,表面打磨光滑,玉质纯正,有沁斑,半透明。三孔均系单面钻孔,器形呈梯形状,一侧为弧形,四面磨刃。完整的玉器实属罕见,且时代较早,堪称玉器中的瑰宝。"目测为甘肃玉料。

(9) 玉斧,华池县博物馆藏,呈长方形片状,一端钻有孔,长 10 厘米,宽 2.6 厘米,重量 28 克,半透明,有杂色沁斑。三级文物,被定为周代(误,应该与石峁文化同时期),来自华池县紫坊乡王湾村。目测是鸳鸯玉料,可能是仰韶文化或常山下层文化时期的玉钺。

(10) 三孔玉刀,庆城县博物馆藏,玉刀刃长 42 厘米,肩长 40 厘米,宽 9.8 厘米。青色泛黑,做工精美,浑朴大气。目测为甘肃透闪石玉料。

(11) 玉琮或琮形玉镯,四边各有两道竖分割线,四个边角处各有两道横线刻痕。

(12) 七孔梯形玉刀,环县博物馆藏,长 36 厘米,宽 9 厘米。

(13) 五孔玉刀,环县博物馆藏,长 24.5 厘米,宽 8.8 厘米。

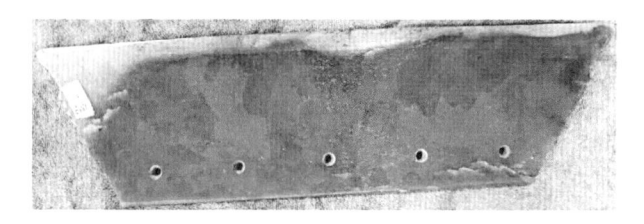

图 3 环县博物馆藏五孔玉刀,长 24 厘米

图 4 环县博物馆藏五孔玉刀

(14) 双孔玉铲,环县博物馆藏展出,长 17.7 厘米,宽 5.5 厘米。

(15) 环县博物馆藏展出 4 件有孔玉刀。

(16) 青玉铲,环县博物馆藏展出,长 12.7 厘米,宽 6.7 厘米。

(17) 1936M50 三孔石刀,环县博物馆藏展出,器形与庆阳博物馆玉刀及江淮地区石刀相似。

(18) 四孔大玉刀,合水博物馆藏,长 34.7 厘米,宽 12.5 厘米,厚 0.5 厘米。来自合水县太白乡葫芦河村,记录标签显示入库时间是 1987 年元月 14 日。这件玉刀被定为周代蛇纹石四孔玉刀。

图 5 合水县博物馆藏四孔大玉刀,长 34 厘米

（19）联璜璧组件，2片，镇原县博物馆藏，长 27.5 厘米，宽 16.6 厘米，厚 1 厘米。镇原县孟坝镇赵咀村出土，常山下层文化。

二、常山下层文化：孕育齐家文化玉礼器的重要基础

学界基本认为齐家文化早期形成于六盘山两侧及甘肃东部、东南部至宁夏南部一带。在这个区域，有从仰韶文化发展而来的常山下层文化，距今约 4900 年。常山下层文化发现于甘肃省镇原县城南茹河南岸阶地上，1979 年，中国社会科学院考古研究所泾渭工作队胡谦盈组织发掘并命名为"常山下层文化"，所属地域在陇东地区和宁夏南部，是齐家文化的源头。① 郎树德也认为常山下层文化是齐家文化的源头："大地湾一期—相当于半坡类型的仰韶早期—相当于庙底沟类型的仰韶中期—相当于西王村类型的仰韶晚期（暂称作大地湾仰韶晚期遗存）—常山下层文化—齐家文化。"② 镇原县发现常山下层文化遗址 300 多处，且多与仰韶文化共存。据张多勇在镇原县和庆阳市境内调查，"发现镇原县及其周边的陇东各县境内还有大量的常山下层文化遗址……特别是陇东地区尤为密集，镇原县最多"③。

常山下层文化与它之前的仰韶文化相比，成组的玉礼器大量出现，折射出常山人的物质生活比较富裕，这从石斧、骨刀、石刀、陶刀、陶水管及深腹罐等出土文物上可以得到印证。庆阳市海拔相对高差 1204 米，北部马家大山最高为 2089 米。陇东地区的董志塬位于陕甘宁盆地（鄂尔多斯盆地）西南部，属黄土高原、陇东高原的一部分，也是黄土高原最大一块塬面，马莲河、蒲河、洪河、四郎河、葫芦河 5 条河流流过，较大的支流有 27 条。土地肥沃，气候适宜，可耕可种。这种地理环境是常山下层文化获得较大发展的基础。

镇原县老虎咀遗址出土过玉璜、玉璧，大塬遗址出土玉环（现藏庆阳市博物馆，圆环形，蛇纹玉，好大于肉，直径 10 厘米）和玉斧（现藏镇原县博物馆，长 10 厘米，宽 4 厘米，呈楔形）。庆城县玄马乡吴家岭遗址 1981 年出土一件玉环，外径 11.5 厘米，好径 6.5 厘米（在庆城县博物馆文物账上登记的是仰韶文化遗址）。我们于 2022 年 6 月 27 日下午参访庆城县博物馆，看到博物馆临时展厅展出三件出自吴家岭遗址的玉璜，受侵蚀非常严重，呈白色。张多勇 2016 年 7 月 3 日在吴家岭遗址调查，并确认庆城县博物馆库藏三孔玉刀 1981 年出土于庆阳市西峰区什社乡永丰村："……在堡子南崖面处裸露一白灰面，长 2 米，厚 15 厘米。在原村部所在地，堡子北门附近捡到两件常山下层文化篮纹陶片。"④ 庆阳地区博物馆藏多孔玉刀多系征集，这件是文化层和出土地都比较明确。我们于 2022 年 7 月 27 日晚上向张多勇教授求证，出土玉刀的地方只有常山下层文化。那么，这件大玉刀制作、使用的时代可能会到常山下层文化时期。

常山下层文化很多遗址都出土玉环，特别是吴家岭遗址，"20 世纪 70 年代农田基本建设，平田整地时在路东出土直径超过 1 米的大缸，在路西出土玉环很多，均是相互叠压，一摞十几个，大约有十几摞，有玉戈 1 件，有孔，黑色，被村支书挂在家里，后被河南籍医生朱国斗收集。据 77 岁的王忠信回忆，1974 年修梯田，出土很多玉环，有黑色、黄色、

---

① 中国社会科学院考古研究所泾渭工作队：《陇东镇原常山遗址发掘简报》，载《考古》1981 年第 3 期。
② 郎树德、许永杰、水涛：《试论大地湾仰韶晚期遗存》，载《文物》1983 年第 11 期。
③ 参见张多勇、王博文、缪喜平：《常山下层文化遗址调查及其玉器、篮纹陶器研究》一文。
④ 参见张多勇、王博文、缪喜平：《常山下层文化遗址调查及其玉器、篮纹陶器研究》一文。

灰色……可见，路西是一个祭祀场所，用玉环当是祭天，农田基建时期可能破坏了此处祭祀遗址"①。邓淑苹认为黄河上中游先民大约自公元前3500年庙底沟文化时期就可能形成"天圆地方的宇宙观"与"同类感通的思维"，先民以石攻玉制作大量的、毫无生活功能的圆璧、方琮，最初个别埋藏，约在先齐家文化时期就发展成组，且叠压埋藏的礼制。吴家岭玉环叠压现象可能也是这种礼制的反映。

数量如此之多的玉环反映出祭礼的隆重，也反映出当时农业经济的繁荣和组织管理能力。"相互叠压"的摆放方式又与龙山文化、齐家文化时期玉璧与铜环的组合相同，例如石峁出土玉璧与多件套铜环组合成祭天神器，甘肃也发现玉器与铜环组合器。刘国祥等学者认为"祭天神器"是祭祀太阳，如果能够确证，那么，从关桃园白玉环发展而来的玉环、陶环、石环、铜环等环形器都与祭祀太阳有关。

单孔石刀、双孔石刀在全国各地都有较多发现，而三孔以上的多孔石刀则多发现于南方地区，特别是长江中下游地区。如江苏南京北阴阳营遗址出土过三孔、五孔、七孔石刀，安徽潜山薛家岗遗址出土过三孔、五孔、七孔、九孔、十一孔、十三孔石刀。王方在《夏风西渐——试析二里头文化对古蜀玉器的冲击与影响》②中认为多孔石刀最早出现在北阴阳营文化中。现藏于南京博物院的北阴阳营文化七孔石刀长22.6厘米，宽6.25厘米，厚1.2厘米，扁平带弧，窄条形，由闪长岩制成，周身磨光，下部有刃，刀背附近有七个横列圆孔。这件七孔石刀出土于墓葬中，伴出物有石锛、穿孔锄、斧等生产工具和罐式鼎、三足盉、圆底钵、豆等生活工具，也有玉璜、玉玦、玉管等墓主人生前使用的装饰品。七孔石刀体型庞大，钻孔排列有序，做工精细，显然不适合作为工具使用，而是作为表达对农业生产崇拜、敬畏的礼器性质。1956年安徽省芜湖市大荆山出土一件三孔石刀，长14.5厘米；宽6.1厘米；厚1.5厘米，造型扁平，刀体近似于长方形，棱角较分明，石刀的一边有刃，刃为两面研磨的正刃，刃边略呈弧形，刀身中上部有三个圆形钻孔，孔与孔之间等距，石质青灰，表面光滑，磨制精细。1993年京九铁路施工时在湖北武穴鼓山发现一件深灰色板岩三孔石刀，长达24.4厘米，宽12.6厘米，厚0.35厘米，横长方形，背略外弧，近刀背处对钻三孔，弧刃，刃面扁平，周边略薄。很明显这两件多孔石刀都是礼器。《武穴鼓山：新石器时代墓地发掘报告》解析出鼓山墓地的文化特征以薛家岗文化因素为主，同时具有油子岭、屈家岭、马家浜、崧泽文化等因素。

2024年3月，江苏金坛区三星村遗址出土了大量距今约6300年的新石器时代骨器、玉器、石器等，其中一件宽度约为36厘米的大穿孔石钺是迄今发现的中国保存完好的史前最大石钺，它所在的墓葬面积明显大于周边普通墓葬，男性墓主人腰部边放置了1件石钺、1件石斧和1件三孔石刀。

随着石刀取材从石头向玉石转化，其功能也越来越抽象为与宗教、祭祀有密切关系的形而上的、纯粹意义上的礼器。安徽省萧县博物馆收藏一件造型奇特的新石器时代玉刀，长11.3厘米，重72.78克，玉质素白，略泛黄色晕，质地坚硬，刀作握孔式，弦形刃，两端各有三道瓦楞纹，尾背有一圆孔。显然，这件极富庄严感的玉刀并非实用工具，而是级别颇高的礼器。栾丰实、袁波文认为大型玉刀受到良渚文化因素影响而形成，并对中原地

---

① 参见张多勇、王博文、缪喜平：《常山下层文化遗址调查及其玉器、篮纹陶器研究》一文。
② 中国社会科学院考古研究所、广东省博物馆、广东省文物考古研究所等编：《夏商玉器及玉文化学术研讨会论文集》，岭南美术出版社，2018年，第212页。

区龙山文化和二里头文化玉器产生和发展产生了直接或间接影响。①

《尚书·顾命》记周康王即位时的陈设说："越玉五重：赤刀、大训、弘璧、琬、琰，在西序；大玉、夷玉、天球、河图，在东序。"孔颖达疏引郑玄云："大玉，华山之球也。"邓淑苹认为"大玉"是太行山以西，黄河上中游的玉器。主要范围是黄河上游的甘青宁高原与黄河中游的晋陕高原。黄河上中游既有丰富的玉矿，也有本土萌芽发展的玉器文化，最重要的是传递先民"天圆地方"宇宙观，以及"制器尚象""同类感通"的感应哲理，都萌芽发展自黄河上中游。最早可溯自约公元前3500年的庙底沟文化。②

考古发掘和矿石开采活动表明，甘肃武山、积石山、马衔山、祁连山、马鬃山、三危山旱峡等地都有玉矿发现。马衔山、河西走廊地区还发现玉作坊，而且伴随玉作坊、岗哨、住所等手工业加工生产遗址。甘肃优质玉料开发利用才能保障大型玉器的加工制作。戴应新认为："石峁玉料来自陕西蓝田和甘肃、青海的玉矿。"王炜林、孙周勇对比研究石峁、新华遗址玉器，认为："这两处遗址显然已经成为了河套地区玉器消费和流通的中心。"③韩建业认为："神木石峁、延安芦山峁等遗址很可能就是玉器西传的关键点。石峁石城体量庞大，当为龙山时代陕北等地的区域中心，在其强势影响下，玉器等因素西向波及甘肃自在情理之中，甚至不排除从甘肃等地获取玉料资源的可能性。"④甘青地区与陕北交流的重要通道主要是从陇西地区和河西走廊向东，过陇中，翻越陇山，再经过陇东地区，横穿子午岭到达陕北。而从天水出土镶嵌绿松石铜牌饰后情况推断，甘肃与二里头的交流要么翻越关山，要么直接顺渭河而下。而这个路线也是传统的"玄玉东输"⑤的路线，即便是常山下层文化、龙山文化和齐家文化时期，这条玉路上除了输送透闪石等玉料，产于武山的鸳鸯玉也还在使用。石峁玉器中有鸳鸯玉料材质即是证明。

常山下层文化分布区正好是甘肃玉料资源与陕北、山西及河套地区等玉器消费中心的中间地带，齐家文化也正是在这种特殊环境和时代背景下形成。虽然齐家文化在交流互动中也吸收了大汶口、客省庄等文化因素，但常山下层文化毫无疑问是根植在其文化传统中的决定性因素。

仰韶文化早中期大体上代表了平等的氏族社会，晚期以后至龙山时代则进入"邦国林立"的复杂社会。仰韶到龙山的转变大致发生在庙底沟晚期至龙山早期，距今约5000—4500年。庙底沟晚期（距今约5300—4900年），社会已经发生重要变化。龙山早期，屈家岭文化北扩强劲势头减弱，大汶口文化晚期强势进入中原，与晋南、豫西、关中、陇东等地庙底沟二期文化呈对峙状态，东方礼制促进了中原龙山时代社会复杂化进程。例如，陶寺、清凉寺、下靳等地受大汶口文化影响，随葬多孔石刀可追溯至江淮地区北阴阳营和薛家岗文化。这个阶段的陇东地区属于常山下层文化，社会复杂化程度也比较高。以前专家说屈家岭、大汶口文化影响到黄河中游地区是先进入晋南、陕北，继而西进到陇东等地区。

---

① 栾丰实、袁波文：《花厅墓地玉器再认识——兼论中国史前时期海岱系玉器文化的形成》，载《东南文化》2020年第3期。
② 王炜林：《庙底沟文化与璧的起源》，载《考古与文物》2015年第6期；论证见邓淑苹：《"玉帛文化"形成之路的省思》，载《南方文物》2018年第1期。
③ 王炜林、孙周勇：《石峁玉器的年代及相关问题》，载《考古与文物》2011年第4期。
④ 韩建业：《齐家文化的发展演变——文化互动与欧亚背景》，载《文物》2019年第7期。
⑤ 叶舒宪：《玄玉时代——五千年中国的新求证》，上海人民出版社，2020年。

但是杨官寨、南佐等遗址考古证明，它们至少同期也溯河进入关中地区，然后沿泾河进入陇东地区。南佐遗址出土大米碳化物、白陶、陶环、陶镯、绞丝陶环及屈家岭文化风格多角形陶环就是那个时代的烙印。《帝王世纪》记载黄帝当上部落首领的时间是公元前2698年。20世纪初年，金石名物学家马衡提出：中国人信奉的祖先黄帝，其实就是黄地的神圣化表达。华夏共祖黄帝，也就是对华夏农业社会赖以生存的黄土地的人格化。南佐遗址终止时间据测是公元前2600年，纪录片《黄土大塬》称是主动放弃且人工有序填埋。王岸柳认为这与黄帝南下东进晋南豫西与炎帝、蚩尤逐鹿中原、争霸盐湖获得成功有关。①

常山下层文化的墓葬更接近于大汶口文化，遗址发现窑洞式居室，室内地面为白灰面和红烧土。吴家岭居室遗址的白灰层厚10厘米，上覆红烧土，厚8厘米；而在庆城玉刀出土地西峰区永丰村西沟沿"堡子南崖面处裸露一白灰面，长2米，厚15厘米"。镇原老虎咀遗址发现城墙和陶排水管道，大塬遗址出土玉石璧和玉钺，孟坝镇赵咀村出土两件联璜璧组件，均长27.5厘米，宽16.6厘米，厚1厘米，体积较大，玉质目测是马衔山料。正宁县博物馆藏联璜璧组件高6厘米，外圆直径8厘米，内圆直径7厘米。虽然是征集而来，但从玉质和做工对比分析，应该属于同一时期。与清凉寺墓地出土的联璜璧相比，它们更为古朴，时代更早。吴家岭等地遗址出土的玉璜可能也与北阴阳营、薛家岗及大汶口文化影响有关，也有可能，联璜璧是常山下层先民融合玉璜、玉璧形状与功能创造的另类大型祭天礼器。邓淑苹比较"甘青宁地区出圭与征集的三璜联璧或四璜联璧，在每组上的单片大致等大，排好时单片之间的空隙大致呈从中央向周围放射的辐射状，确实有些像马厂文化彩陶上出现的所谓'写实的太阳纹'。但后者并未成为甘青史前彩陶的主流纹饰。倒是齐家文化玉质的联璧，围圈以及秦魏家、大何庄出土的石围圈，可能承载了相同的创型理念……这种回环旋绕、永无终始的设计，或许传递生生不息、'连续'与'永恒'的意念"②。

玉璜体型小，主持祭祀者只能佩戴，而联璜璧无法佩戴，可能作为通天神器摆放到祭祀台等显耀位置接受众人顶礼膜拜，强化庄严、虔诚和神圣。这也是社会复杂化的具体体现。多孔玉刀可能是在继承本地文化传统基础上，接受北阴阳营、薛家岗、龙山等文化影响，利用甘肃玉料创造的大型祭天玉礼器。庆城博物馆藏三孔大玉刀有明确出土地点和清晰文化层，为我们深入研究树立了可资参考的时代坐标。多孔刀来源于生产，属于非军事类武器的祭祀礼器，是用于播种和收割祭祀的礼玉。陇东地区社会经济的主要支柱是农业生产，而对生产工具和农业成果的掌控是社会复杂化的重要内容。

距今4500年以后，由于气候变冷、人口膨胀、战争等原因导致人群大规模、远距离迁移。距今约5800—4300年，中国出现红山文化、良渚文化和石家河文化等以玉礼器为主要特征的史前社会，但在距今4300—3800年，玉文化入主黄河上游与北方地区，出现山西襄汾陶寺文化、运城清凉寺墓地、陕西神木石峁文化及横跨于青藏高原、黄土高原、内蒙古高原之间的齐家文化等用玉中心，墓葬、祭祀遗存甚至建筑中都广泛使用玉器。韩建业认为齐家文化早期绝对年代约在公元前2400—前2200年。常山下层文化不但是齐家文化的重要源头，也为黄河与北方地区的玉文化繁荣奠定了基础。

---

① 王岸柳、刘毅、陆建芳：《逐鹿中原，碰撞融合——论河东盐湖与中华文明起源》，载《文化中国学刊》2023年第4期。

② 邓淑苹：《论黄河上中游史前玉器文化》，见《庆祝郭大顺先生八秩华诞论文集》（上册），文物出版社，2018年，第80—107页。

三、陇东多孔玉刀特征

根据对陇东地区博物馆藏多孔玉刀调查研究，初步形成如下认识。

（一）风格多样

陇东地区各博物馆展出、馆藏的多孔玉刀和多孔石刀并不多，仅我们调查的这 16 件多孔刀中，材质和风格都呈现出多样特点。从材质上看，可分为石质、蛇纹石、青玉、青白玉、碧玉、墨玉、布丁石等。从器形考察更为复杂，大概可以分为八类：①材质普通，制作风格和造型显然是从外地传入，如环县博物馆藏展出 1936M50。②外地造型、制作技术与本地玉料结合，如庆城博物馆三孔玉刀、环县博物馆七孔玉刀。③做工简单，两端为弧形，无钻孔，如华池县博物馆碧玉刀。美国哈佛大学博物馆藏 1 件类似造型玉刀，但有五孔，排列讲究。④类钺形，有两孔或三孔，如华池县博物馆青玉琢磨成型的三孔玉刀，环县博物馆展出 3 件。⑤类铲形，环县博物馆藏。⑥两边为梯形，基本对称，从钻孔排列空间比例考察，似乎计划要钻三孔，但不知为何只钻了两孔。老虎咀出土的双孔石刀和双孔蚌刀也是两边梯形，镇原县博物馆藏。⑦刀身较宽、较厚、较大，做工精良，两边呈不对称梯形，从钻孔位置判断，有意为之，较宽一边也视为刃部。合水博物馆藏。⑧刀身较宽、较厚、较大，做工非常精良，两边为对称梯形，钻四孔（迄今为止出土多孔刀钻孔大多数都是奇数，这件玉刀却是四孔，比较独特），且各自中间有 8 个扉棱。庆城博物馆藏。美国伍斯特博物馆有类似造型 1 件，但两边没有扉棱，钻三孔。美国自然历史博物馆也藏 1 件类似形状者，但比较短，刀身很宽，钻两孔。

对材质的选择和造型特征反映出当时陇东地区居住人群的复杂性。

（二）时代较早

由于多孔玉刀多集中发现于石峁，因此研究者普遍认为石峁是西北特色多孔玉刀的发源地。但石峁及附近的河套、山西等地区没有发现玉矿资源地，迄今为止也没有发现玉作坊遗址。而且，石峁多孔玉刀、玉璋显示设计风格、制作工艺、材料选择都已经相当成熟，这不符合原生地特征。

陶寺遗址双孔刀出土位置，除 M3015 斜向平置在头端左侧，其余都是纵向平置在下肢旁，与下肢旁发现的玉石钺放置方向一致。质量上，软玉制成的有 2 件，大理石制成的 2 件，各类石质制成的 3 件。下靳墓地共出土双孔刀 7 件，其中 6 件顺向立放或平直于墓主左臂外侧靠近墓壁处，刃部向下或平行于墓主，1 件置于墓主右股骨上。有双孔刀出土的 7 座墓葬中有 4 座残留有木棺腐朽后的板灰痕迹，其中 2 座还有壁龛，并且出土双孔刀的墓葬多有钺伴出，可以认为这些拥有双孔刀的墓主人生前就是具有较高或者较为特殊的身份地位，刀钺组合可能是身份地位的象征。仰韶文化区使用钺作为身份象征的传统比较久远，刀钺组合是仰韶文化向龙山文化转变过程中吸收外来文化因素出现的新现象，目的在强化身份、地位和特权，而且根据出土情况判断，多孔刀后来居上，更为重要。特别指出的是，陶寺多孔刀玉质仅有 2 件，石质 5 件，下靳墓地多孔刀也是石质居多。下靳墓地属于庙底沟二期文化晚期阶段，与陶寺遗址早期接近，也与陇东地区的常山下层文化相当。

老虎咀遗址出土 1 件玉瑗，玉质青绿色，不规整，有边刃。赵旭信捐赠故宫博物院联璜璧时还有 1 件同样出自甘肃省镇原屯字白马的玉环（编号新 196664），"玉质青绿色，有绺裂，曾断裂，后粘补。外缘还有红色沁斑。玉环内外圈均不圆。外径 9.65 厘米，内径 6.5 厘米，厚 0.4 厘米。玉环中间微弧凸，两边缘渐收成刃状，但不锋利。……这件玉环无论从玉料还是造型特征看，似乎和齐家文化有所区别，反而与东北地区出土的玉器相似。联想到近些年齐家文化地区常常出土具有其他文化区域特征的玉器，笔者认为这件玉器并非齐家文化，而是来源于东北地区文化的玉器，与吉林出土的史前玉器有一定的相似性，推测是通过上层交流或者战争到了齐家文化地区"①。我们赞同徐琳对玉料的判断。2022 年 7 月 31 日，我们与徐琳交流，她认为与双璜联璧一起出在镇原的玉环边缘是刃边，红山文化特征，玉料也是红山的，应该是红山文化。

台南艺术大学黄翠梅、叶贵玉二位学者在 2010 年于内蒙古赤峰市召开的"中国玉文化传统与文明社会学术研讨会"上，提出环太平洋地区玉文化，以中国东部沿海、南太平洋、南美洲三大玉文化圈为源。以此为背景观察，史前玉器与彩陶在中国核心地区的交流，也可视为欧亚大陆与环太平洋这两大块文化区的结合，在此大背景下形成的中华文明起源自身的发展道路与特点，如兼容并蓄、多元一体、连绵不断，在世界上是独一无二的。

栾丰实认为清凉寺多孔石刀"不属于晋陕地区龙山玉石器文化基本内涵的构成部分"②。那么，环县 1936M50 三孔石刀也很可能是江淮地区薛家岗文化人群在本地制作或者带来。而庆阳博物馆藏三孔玉刀则可能是薛家岗文化人群选用玉料，制作时尽量接近本土化。环县博物馆其他三孔、两孔玉刀则显示了本土风格。而七孔、五孔玉刀用料都可能用甘肃透闪石，它们无论做工还是体积都很大。

环县带扉牙五孔玉刀做工有大汶口风格，目测为甘肃马衔山玉料。如前引文所证，扉牙通过对羽、鸟特征的刻画与表现，目的就要强化其神圣性、身份及地位的合法性和不可动摇性。因此，这类带有明显大汶口文化特色的多孔刀制作、使用年代至少与庆城博物馆藏三孔玉刀同期，但早于石峁、二里头同类风格玉刀。

七孔玉刀与出土于安徽潜山薛家岗第三期文化的七孔石刀形制、钻孔数和排列方式非常相像。薛家岗七孔石刀略呈长方形，上部略宽，刀背平直，长 32.5 厘米，宽 9.5 厘米，厚约 1 厘米；同期还出数件三孔、五孔、七孔、九孔、十一孔、十三孔石刀，其中一件十三孔石刀长达 51.6 厘米，可谓是石刀中的佼佼者。薛家岗文化年代为距今 6000—5000 年，具有其第三期文化特征的多孔刀出现在陇东黄土高原，客观上也印证了屈家岭文化向北扩张时的强劲势头，而甘肃透闪石玉料的选择则证明这件玉刀是本地制造。很可能，那个时期就有来自薛家岗的人在这里交流或定居。环县 1936M50 三孔石刀也可以旁证。

图 6　环县博物馆藏三孔石刀

---

① 徐琳：《故宫博物院藏齐家文化玉璧综述》，载《故宫博物院院刊》2016 年第 3 期。
② 栾丰实：《试论陕北和晋南的龙山时代玉器——以石峁、碧村和陶寺为例》，载《中原文物》2021 年第 2 期。

图7　环县博物馆藏七孔大玉刀，长36厘米，目测为马衔山黄玉料

2017年5月5日上午，我们参观靖边博物馆之后，沿青兰高速到宁夏盐池，然后上定武高速前往环县。那次考察前期准备期间，叶舒宪先生提及陇东北部与宁夏交接处有个叫青冈峡的地方值得注意。《旧五代史·康福传》记载康福被唐明宗调往镇守灵州时途经其地。严耕望先生认为唐代长安与灵州之间交通线路主要有三条，"而邠、宁、庆道尤为主线。"陇东地区至少有七条线路通往宁夏，它们之间互有联系，形成路网。定武高速横穿盐池荒漠地，《武经总要》中称"瀚海"。环江发源于盐池县，流经青冈峡，在庆城南与柔远河合流后称为马莲河。沈浩注对这条通道有考证。① 马莲河是泾河上游最大支流，泾河在陕西关中地区汇入渭河。泾河正是大汶口文化进入陇东高原的重要通道。齐家文化形成后，陇东地区通往宁夏的七条线路也是与陕北、内蒙古交流的道路。

环县博物馆藏8件多孔刀，风格多样，可能与这种首当其冲的地理位置有关。不管带扉牙多孔玉刀最早产生于石峁还是陇东地区，可以认为环县五孔玉刀和七孔梯形玉刀就是与石峁文化密切交流的重要证据。

（三）承前启后，开启西北玉文化新时代

西北地区第一件玉器出土于关桃园（本名官道塬，因当地方言称作'关桃园'而误记），该遗址位于陕西省宝鸡市陈仓区拓石镇官道塬村附近黄土台地上，1980年文物普查时发现，2002年陕西省考古研究所和宝鸡市文物工作队联合进行发掘，陕西文物考古研究院研究员张天恩主持挖掘。《陕西宝鸡市关桃园遗址发掘简报》介绍："石器均为生产工具，石铲、石斧、石锛以磨制为多，刮削器均为打制而成。玉器只玉环……玉环标本H183：1（图一二，6；封二，2），磨制，断面呈枣核形。工艺考究，表面光洁，晶莹润泽。径2.6、高1.5厘米。"② 出土这只白玉环的文化层属于前仰韶文化遗址。出土前仰韶文化一期、二期、三期的完整系列陶器或陶片，而秦安大地湾彩陶只有前仰韶文化一期文物，缺二期和三期的文物。此外还有仰韶早期和晚期遗物（缺仰韶文化中期）、客省庄文化、西周、春秋战国、汉代文物，内容非常丰富。当时考古队和《考古与文物》对这件白玉环比较重视，发表时特意放在封二，重点推出。关桃园考古成果在2003年申报全国十大考古发现，评审汇报时却因为有这件出自前仰韶文化灰坑的白玉环遭到评审专家质疑，认为7000多年前不可能有玉器，以三票之差而落选。

甘肃省文物考古研究所编《秦安大地湾——新石器时代遗址发掘报告》、叶舒宪《大地湾出土玉器初识——第十三次玉帛之路文化考察秦安站简报》、张正翠《大地湾遗址出土

---

① 沈浩注：《唐宋时期青岗峡与青岗岭之地望考辨》，载《西夏研究》2015年第3期。
② 陕西省考古研究所、宝鸡市考古工作队：《陕西宝鸡市关桃园遗址发掘简报》，载《考古与文物》2006年第3期。

玉器的初步研究》以及郎树德《回忆有关大地湾玉器鉴定的相关问题》①，论证了武山鸳鸯玉最早在仰韶文化时期就已经开发利用。大地湾出土的23件玉器标本中，有7件透闪石玉，9件蛇纹石玉，还有3件是玉石原料，其中第二期（距今6500—5900年）出土蛇纹石玉料，第四期出土1块透闪石玉料和1件石璧。这表明距今5500年至4900年间，甘肃葫芦河流域先民已经采用透闪石玉料资源，与此同时或稍后的陕西高陵杨官寨先民、河南灵宝西坡仰韶文化先民还只有蛇纹石和方解石的材料。张天恩在《仰韶文化玄玉的认定及意义》②中说："玄玉之名见于先秦文献。随着考古发现和相关传统文化考察活动的收获，可以确认以仰韶文化早期偏晚的史家类型所出的墨绿或黑色的蛇纹岩为主，及透闪石类工具类玉器，应是仰韶玄玉之始。玄玉在庙底沟类型时期有所发展，在其晚段已出现彰显身份的玄玉斧、钺，及装饰用器，进入繁盛时期。受玉料资源限制和文化传统观念影响，仰韶玄玉形成了种类少、色深黑和形简素等特征，并影响到后来龙山时期石峁、陶寺及齐家等文化的玉器审美取向和制作工艺，以及夏代核心玉礼器牙璋（或玄圭）的材质选择。"

长期以来，学界认为"仰韶无玉"。但是，近年来考古发现和学术研究成果表明，齐家文化玉器虽然在交流发展受到其他文化影响，但根本上还是有其发展的固有传统。

甘肃广河半山瓦罐咀遗址和常山下层文化遗址、菜园遗址中都出土了玉琮或玉璧。王炜林也强调，杨官寨石璧层的确认打破了学界以前有关中原地区璧琮可能来自良渚的结论，最起码璧琮这种传统应该在庙底沟文化时期已经存在。③就是说，黄河中上游先民的用玉传统始于大地湾二期（距今6500—5900年），到庙底沟文化时期（3500年以后）已经出现礼拜天地神祇的璧、琮。仰韶文化早期中段龙岗寺第345号墓平面图墓主为30—35岁男性，左手上1件玉斧钺，2件石铲放置右腿，分别长46.8厘米、48厘米，基本横置，刃端向外。邓淑苹称2件"石铲"为"石斧钺"，并推测"可能在公元前4200年至公元前3800年仰韶早期中晚段玉石斧钺的尺寸、质地及磨制精致程度已开始成为社会中领导者的身份标志"④。宝鸡关桃园前仰韶遗址中就出现这类大型有刃石器，《陕西宝鸡市关桃园遗址发掘简报》："刀标本H112：2（封二，1），经消磨加工而成，制作精良，是一件骨质的复合工具。有微曲的刀身直柄，两者之间有一凸齿形小格，柄手稍加宽。手端呈凹腰状，刀身靠刃的一侧。自刀尖至胳部有刻槽，当时用以嵌夹石刃，柄及身饰有刻纹。通长21.3、柄长10、宽2、厚0.5厘米。"7000多年前的先民能够制作体积如此大、如此精良考究的骨质复合工具，令人惊诧。不过，它与同期出土的白玉环互相印证了当时超常的手工制作水平。以它们入葬，显然有标志身份的作用。由此可见，仰韶文化制作大型工具的传统渊源很早。

我们调查中在庆阳博物馆发现1件库藏的条形玉器，长45厘米，顶部有切割痕，武山切割痕靠内有一钻孔，靠外似为欲截去残料。目测可能是武山鸳鸯玉料。因为这件玉器并非考古出土，我们根据玄玉时代的审美取向推测，很可能是从石铲或石斧钺转变为玉铲或玉斧钺的例证。目前正在挖掘的庆阳南佐遗址（距今5200—4600年）似乎能支撑这种推测。其后，铲形器或条形器的传统和甘青地区玉文化持续发展，用玉从较为单一的深色调

---

① 郎树德：《回忆有关大地湾玉器鉴定的相关问题》，载《丝绸之路》2022年第1期。
② 张天恩：《仰韶文化玄玉的认定及意义》，载《中原文化研究》2022年第1期；人大复印资料《历史学文摘》2022年第2期全文转载。
③ 王炜林：《庙底沟文化玉璧的起源》，载《考古与文物》2015年第6期。
④ 邓淑苹：《"玉帛文化"形成之路的省思》，载《南方文物》2018年第1期。

蛇纹石玉到多种色调的优质透闪石玉，例如《中国出土玉器全集》收录了青海、甘肃、宁夏等地出土器形较大的玉铲形器或条形器。宁夏固原上台村出土齐家文化玉铲形器，长30厘米，宽3.4—4.3厘米，厚0.5—0.7厘米，青色，长条形，后部有一孔，孔两面对穿，刃部锋利且有使用痕迹，通体磨制光亮，做工精细，该玉铲形器现藏于原州区文物管理所。甘肃省东乡县出土齐家文化玉铲，长33.2厘米，宽3.6厘米，灰绿色，青玉，有褐色斑块，扁平长条状，平顶略窄，一侧斜角，两侧斜直，刃部略宽，双面直刃，顶端有一圆形穿孔，中孔为单面钻孔，钻孔处留有破茬，通体表面边缘打磨圆润光滑，现藏于甘肃省博物馆。青海省同德县巴沟乡宗日遗址出土齐家文化玉铲，长29厘米，宽3.3—4厘米，厚0.9厘米，墨绿色，扁平，窄长条形，素面，通体磨光，玉铲表面磨成微弱槽面，标准单面钻孔，端刃，双面磨刃，现藏于青海省博物馆。甘肃玉门火烧沟文化遗址出土的条形玉器，长12.7厘米，宽1厘米，厚0.8厘米，现藏甘肃文物考古研究所。描述为："黑灰色，扁平体，长条形。系用自然玉料磨制而成，一端平直，穿一圆孔，另一端呈弧形，光素无纹。"

（四）为齐家文化繁荣奠定坚实基础

齐家玉文化以仰韶文化发展而来的常山下层文化为主体，吸收大汶口文化、红山文化、老虎山文化、龙山文化等文化元素，同时，因为特殊的地理位置，又接受来自西方的青铜文化，率先掌握冶金技术，可谓"铜石并用"，玉礼器体系也得到极大发展。齐家文化时期玉料资源比较丰富，叶茂林认为齐家文化玉器以透闪石软玉和大理石质居多，也有阳起石软玉和蛇纹石等，常见白玉、青玉、碧玉、墨玉、黄玉、青白玉、糖包玉、布丁石等。① 2009年，甘肃省博物馆成立了齐家文化玉器研究课题组，并向国家文物局申报了"甘肃、青海、宁夏三省区博物馆馆藏齐家文化玉器的调查与综合研究"课题。2009—2011年，课题组先后八次前往甘肃省、青海省、宁夏回族自治区39家省、市、县博物馆和文物考古研究所进行现场调查收藏品共计500余件，按其功用分为礼器、工具、饰品三大类：礼器类包括玉琮、玉璧、环、瑗、多璜联璧、玉璜、玉钺、玉璋、多孔玉刀等；工具类包括玉铲、玉斧、玉凿、玉锛、玉刀、玉纺轮等；饰品类有玉腕饰、玉佩饰、玉发箍、玉管饰、玉挂件等。② 1975年，武威皇娘娘台齐家文化墓群出土323件玉器，其中M48大墓出土玉璧达83件之多。20世纪80年代末以来，港台文物商人涌入甘肃收购齐家古玉，引发农民大规模挖掘，临夏、定西、民和一带盗挖成风。据临夏当地参与过挖古玉的人回忆，多的时候，一次就曾掘到数十件玉器，多者竟达百余件，有些墓中的玉璧从小到大叠压成宝塔状，一次挖下来就能装满一手推车，数量巨大。

故宫博物院现藏齐家文化玉璧、玉琮、玉环、玉刀、玉斧、玉璜、玉锛等玉器有200多件。其中，玉璧器形大者较多，例如编号"故84597"玉璧外径约31—33厘米，厚约2.3厘米；编号"故83997"外径21.9—23.3厘米，内径4.7—5.2厘米，厚0.5—0.6厘米；编号"故85738"玉璧外径19.8—20厘米，内孔径4.6—5.3厘米，厚1.2—1.8厘米。新中国成立后新收新196662、新196663玉双璜联璧外径20.2—20.4厘米，内径7.5厘米。③

---

① 叶茂林：《浅谈齐家文化玉器》，载《中国文物报》2001年10月17日。
② 王裕昌：《甘、青、宁博物馆馆藏齐家文化玉琮、玉璧研究》，载《丝绸之路》2011年第12期。
③ 徐琳：《故宫博物院藏齐家文化玉璧综述》，载《故宫博物院院刊》2016年第3期。

还有为数不详的玉器在民间收藏或流失海外。

齐家文化玉器不但数量多、种类多，器形普遍比较大。据邓淑苹调查，著名的"静宁七宝"本应该是 8 件。当初发现时是四璧、四琮同埋一坑，后在公安人员向民众追讨时，有 1 件玉璧因破损而未上缴。已征集 3 件玉璧外径为 27.3—32.1 厘米，器形较大。宁夏隆德沙塘乡出土的璜联璧组件宽 25.1 厘米，高 17.5 厘米。2018 年 5 月，东乡县五家乡政府辖区牛沟村出土七联璧直径 74 厘米，孔径 24.5 厘米，是迄今为止发现的齐家文化玉璧体积最大者。1975 年在陕西陇县王马咀村东塬遗址内出土 1 件大型玉器，首端刃宽 32.5 厘米，下端宽 28.5 厘米，侧刃部高 77.5 厘米，无刃边高 68.5 厘米，通体钻有五孔。王马咀村东塬遗址文化内涵丰富，有仰韶文化庙底沟类型的器物、陕西龙山文化至西周时期陶片。刘云辉先生根据它的玉色、材质、形制、工艺特征以及带有突出的刃部造型确认其属于齐家文化中晚期器物，是迄今为止发现齐家文化等级最高玉礼器，定名五孔玉刀，制作年代相当中原夏时期中后段。1976 年甘肃会宁县头寨子镇牛门洞遗址出土的会宁牛门洞遗址出土 1 件玉璋，长达 54.2 厘米，宽为 9.9 厘米，厚度仅为 0.1—0.2 厘米，是齐家文化玉器中尺寸最大的重器之一。这件玉器稍逊于 2002 年青海省民和县喇家遗址出土复原长 60 厘米大玉刀。喇家遗址出土的 140 厘米大石磬也是体积超常。

甘肃出土铜环与玉璧叠压现象，这说明齐家文化较早把青铜器纳入礼器系统，反映了开放和吐故纳新精神。齐家文化进入中期后，开始向甘肃青海、内蒙古等地扩张。多孔玉刀也随之传到甘肃中西部、南部地区及河西走廊，青海宗日、大通、民和等地。在这个过程中，齐家文化仍然不断吸收来自中原地区和长江流域及中亚、西亚地区的文化因素，不断发展壮大。

四、结语

关于齐家文化开始和结束的时间学界认识不尽一致，但基本都在公元前 2300—前 1600 年之间，因此，齐家文化对二里头文化也产生过较大影响。有研究者对马鬃山玉矿遗址人骨鉴定，均处于夏代纪年范围内，即公元前 20—前 17 世纪，"从人骨上得到的清晰直接证据，与历史文献和考古资料相结合，能够更明确马鬃山地区在我国北方地区早期文化交流中的重要地位"①。马鬃山玉矿与敦煌旱峡玉矿开发时间相当，但都比马衔山玉矿迟很多。这客观上反映出马衔山玉矿为齐家文化及常山下层文化提供玉料。齐家文化时期甘肃玉料开发者已经长途运输到中原地区，这条路线也是随着齐家文化向西扩展过程中形成的。周穆王西巡的路线很可能就是马鬃山玉料进入中原的路线。

根据调查研究，我们推测陇东地区多孔玉刀可能是在继承本地玉文化传统基础上，吸收大汶口、北阴阳营、薛家岗文化多孔石刀的造型风格，利用甘青地区透闪石、布丁石、蛇纹岩等材质创造的一种与农业生产密切相关的大型礼器，最早形成于常山下层文化时期，在齐家文化时期发展到繁盛，由于地理位置处于"西玉东输"的关键地区，对石峁、陶寺、清凉寺等地也产生过深刻影响。

---

① 陈靓、任雪杰、凌雪等：《甘肃省肃北县马鬃山地区先民的生物考古学研究》，载《第四纪研究》2022 年第 4 期。

附录一　文物彩图

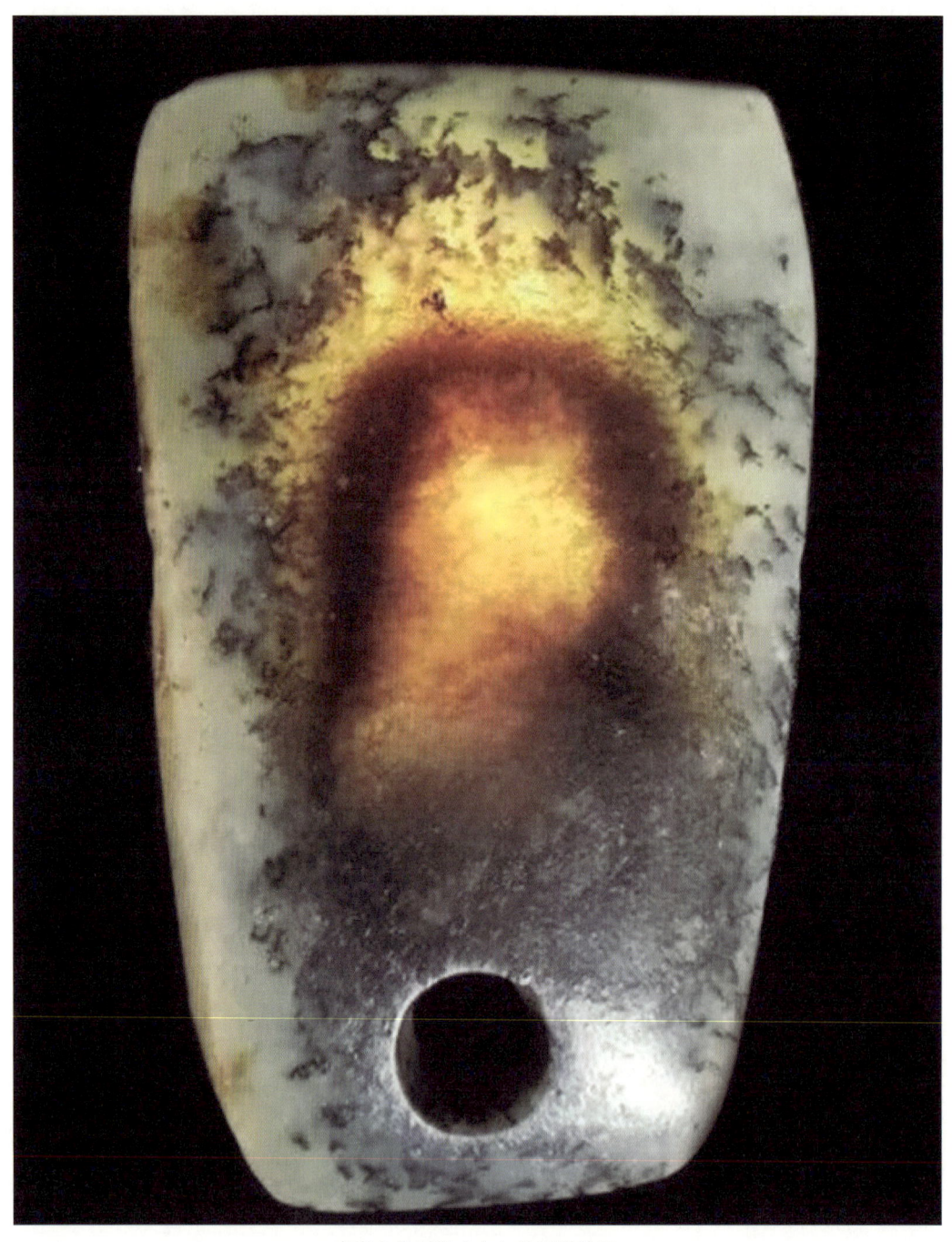

齐家文化玉斧（圭）的光照效果

红山文化玉雕C形龙，距今约5500年。2022年摄于朝阳市博物馆

附录一 文物彩图 481

红山文化圆雕玉蚕

什么是文化大传统?安徽凌家滩出土双兽首玉鹰,中央刻画同心圆和八角星,距今 5300 年

西汉玛瑙雕天熊尊,私人藏品

英国剑桥大学菲茨威廉博物馆藏红山文化玉雕顶熊神像正反面

上五千年的玄幻生物形神像，红山文化牛角形玉神像（左角残断），距今约 5500 年。2022 年摄于朝阳市博物馆

红山文化玉雕独角兽形神像，距今约 5500 年，北京妙悟斋艺术馆藏品

商代白玉熊龙正面反面

东周时期玉面具,北京妙悟斋艺术馆藏品

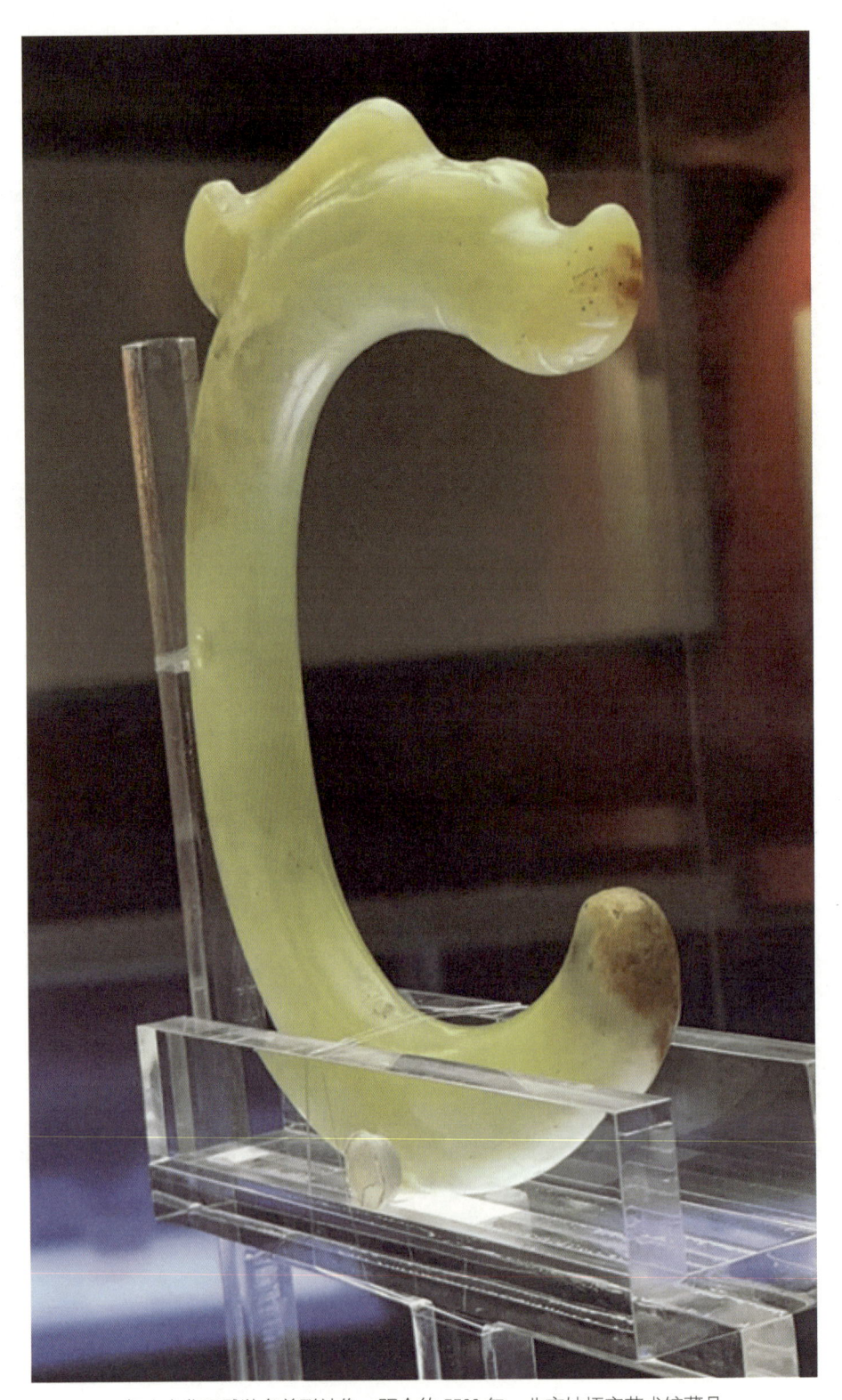

红山文化玉雕独角兽形神像，距今约 5500 年，北京妙悟斋艺术馆藏品

美国克利夫兰博物馆藏红山文化玉雕四角牛首人身神像，距今约 5500 年

附录二 作者名录

序言一 叶舒宪的神话原型研究
王振复，复旦大学中文系

序言二 "神话学者叶舒宪"与"学者叶舒宪神话"
王子今，中国人民大学国学院

序言三 峰峦千仞，波澜万顷——读《叶舒宪先生学术理论与方法研究文集》
臧克和，华东师范大学中文系

序言四
田兆元，华东师范大学社会发展学院

序言五 真正的旗手
徐新建，四川大学文学与新闻学院

一、学术思想研究篇

神话学助力上海交大文科建设——叶舒宪教授与神话学研究院
杨庆存，上海交通大学人文学院
郑倩茹，上海交通大学人文学院

温润如玉 坚韧如钢——谈谈叶舒宪教授及其领军团队
王一川，北京师范大学文学院

何为中国：叶舒宪认知中华文明起源的学术贡献
胡建升，上海交通大学人文学院

叶舒宪：指引我生命的神话
杨朴，吉林师范大学文学院

大笔如椽绘宏图、大气磅礴开新篇——叶舒宪教授在文学人类学、美学文化学领域的杰出贡献
祁志祥，上海交通大学人文艺术研究院

文学可以如是说：人类学的一种关涉——兼述叶舒宪教授的相关研究
彭兆荣，厦门大学人类学系

从金枝到玉叶：《中华文明探源的神话学研究》读后感——兼论良渚文化与帝舜"班瑞群后"问题
田兆元，华东师范大学社会发展学院

文学人类学学科述论
李永平，陕西师范大学文学院
邱玉祺，陕西师范大学文学院

早期中国与神话历史研究——关于中国文学人类学"四重证据法"的对话
谭佳，中国社会科学院文学研究所
韩鼎，河南大学历史文化学院
李川，中国社会科学院外国文学研究所

"世界眼光"与"中国学问"——叶舒宪神话学思想论略
苏永前，西安外国语大学中文学院

探寻中国文化编码：叶舒宪的神话研究述论
王倩，扬州大学文学院

中国古典文学研究与文化人类学——以叶舒宪的研究为例
吴广平，湖南科技大学人文学院

新时期文学人类学的本土化建构：从比较神话学谈起
公维军，江苏大学文学院
许悦，江苏大学文学院

浅谈"神话观念决定论"与神话研究范式转型
苟世祥，四川省社会科学院神话研究院

叶舒宪文学人类学的理论视野
赵周宽，西安外国语大学中国语言文学学院

原型何在？何以中国？神话何为？
林科吉，四川省社会科学院文学研究所

口头、仪式与经典：文学人类学的研究范式再思考
梁昭，四川大学文学与新闻学院

探寻远古文明之旅的新路标——读叶舒宪《熊图腾：中华祖先神话探源》
陈定家，中国社会科学院文学研究所

新发现常山下层文化新遗址调查与其玉器、篮纹陶器研究
张多勇，北方民族大学中华民族共同体学院
王博文，甘肃省镇原县博物馆

互文与共生：文学人类学"三驾马车"学术写作的互文性初论
陈泉宇，昆明理工大学艺术与传媒学院
巴胜超，昆明理工大学艺术与传媒学院

玉成中国·人物·文化文本——叶舒宪文化人类学理论对中国设计学的启示
熊承霞，上海理工大学出版印刷与艺术设计学院

四重证据法与跨文化阐释
陈敏，西安外国语大学翻译与跨文化研究院

叶舒宪教授教学思想与实践探赜
金立江，吉林师范大学文学院

格物致知：从"霜落熊升树"到《熊图腾》
梅雪容，上海交通大学人文学院

传播符号学视域下文学人类学的价值阐释
许在元，上海交通大学人文学院

立论与立人：文学人类学理论方法在研究生教育（2002－2023）中的应用考察——基于 258 篇硕士、博士学位论文的计量分析
秦崇文，华中科技大学人文学院

"玉教"何以可能，何以可为？——以涂尔干宗教社会学理论为参照
许诗怡，中央党校文史教研部

文化叙事的跨学科探索：时间性和物质性之于四重证据
张安雯，上海交通大学人文学院

理论的激情，激情的理论——论文学人类学理论建构的激情
吴越，上海交通大学人文学院

探索台湾岛上的神话信仰：读《宝岛诸神——台湾的神话历史古层》
苏映竹，上海交通大学人文学院

二、跨学科研究篇

再谈红山文化的熊崇拜
郭大顺，辽宁省文物考古研究院

语言相对论
纳日碧力戈，内蒙古师范大学民族学人类学学院
邹君，云南大学民族学与社会学学院

维柯与赫尔德：一种奥尔巴赫式的关联
张辉，北京大学中文系

从神话学立场论夏朝的存在
陈连山，北京大学中文系

神话文本：从天地创生到万物显灵
徐新建，四川大学文学与新闻学院

唤醒记忆、疗治创伤与生态重建——以阿来长篇小说《云中记》的叙事分析为中心
宋炳辉，上海外国语大学社会科学研究院比较文学研究所

仰韶文化玉器的再认识
张天恩，陕西省考古研究院

中国南方汉藏语系民族犬祖神话比较研究
那木吉拉，中央民族大学蒙古语言文学系

中国神话叙事研究三条主要路径及成果概观
张开焱，厦门大学嘉庚学院

"禹兴西羌"说考辨
杜美娟，北京语言大学文学院
刘宗迪，北京语言大学文学院

黄帝神话的在地化生产及其文化产业开发
黄景春，上海大学中文系

文化记忆与身份认同：白马人族源神话的多元叙事
王艳，西北民族大学新闻传播学院

"田野"与"踏查"——兼论文学人类学跨学科研究方法的同一性问题
李菲，四川大学文学与新闻学院
邱硕，四川省社会科学院文学研究所

甲骨文"商"字新解：柄形器立祭几上
丁哲，上海交通大学人文学院

"武乙射天"与晚商政局之考辨——以"屯南"卜辞为中心
柴克东，上海交通大学人文学院

明代人的海外异国想象——以《天下九边分野人迹路程全图》为中心
刘雪瑽，北京大学外国语学院

"二重证据法"的海外传播及其启示
刘建树，西安电子科技大学外国语学院

陇东地区出土多孔玉刀初探
冯玉雷，西北师范大学甘肃文化发展研究院

后 记

我们的师者叶舒宪先生七十华诞将至，怀着感恩与祝福的心情，组织了"叶舒宪先生七秩华诞纪念文集"征稿活动。经过一年多的筹集征稿，以及大半年的收稿编辑，最终编辑为《圭璋特达：叶舒宪先生学术理论与方法研究文集》与《温其如玉：叶舒宪先生师友问学录》两部书稿。

叶舒宪先生是一位新时代的大先生。我们有幸追随他学习跨学科研究，目睹他是如何踏遍祖国大地，立足中国本土材料，建构中国本土文化理论。他奉献学术、追求真理、敢为人先的学术精神，激励和鼓舞着我们这些后来者。

叶舒宪先生是一位理论创新的真旗手。人的精力有限，而知识是无涯的，他将有限的精力投入到跨学科研究的无限工作之中，不知疲倦地深耕细作，孜孜不倦，数十年如一日，决不妥协，决不言弃，精诚所至，金石为开，提出认知中国的整体全新理论命题，为跨学科的整体研究与范式革新，建言献策，功泽学界。

叶舒宪先生是一位和蔼可亲的真师者。荀子曾云："学莫便乎近其人。"他为人平易，待人真诚，广交天下各界朋友，怀有一颗慈悲心怀，乐于助人，不断提携新人，启迪后贤，乐此不疲，可爱可敬。

感谢诸多师友积极赐稿。两部文集所收文章近百篇，内容丰富，故事感人，范围极广，涉及叶舒宪先生的学术思想、学术方法、理论创新、跨学科研究以及动人故事，从诸多方面充分展示了叶先生的学术贡献、感人魅力与人格力量。

感谢陕西师范大学出版总社冯晓立主任的鼎力帮助，以及杨杰副主任，张旭升、王丽君等编辑的辛苦付出，令两部书稿能够顺利出版。

感谢叶舒宪先生的长期教诲与大力支持，真诚祝福吾师：温其如玉，福寿骈臻！

胡建升
记于癸卯之秋